박문각 임용   동영상강의 www.pmg.co.kr

KORea Special Education Teacher

2026 특수교사임용시험 대비

김남진 편저

KB203325

김남진

KORSET

특수교육 ④

본 교재는 대한민국 특수교사를 꿈꾸는 예비특수교사들의 임용시험 준비를 위한 수험서이다. 이에 저명한 영역별 전공서적을 참고하여 핵심 개념들을 중심으로 재구조화하였으며 편저자의 개인적인 의견은 추가하지 않음을 원칙으로 함으로써 사실 그대로를 전달하는 데 초점을 두고자 하였음을 우선적으로 언급하고자 한다. 개정판에서 중점을 둔 부분은 다음과 같다.

첫째, 기본 개념에 대한 이해를 바탕으로 지식을 적용하고 활용하는 능력을 키우도록 하였다. 요약·정리된 교재는 학습에 있어 시간을 절약해 주는 이점이 있음은 인정하는 바이나 해당 개념을 충분히 이해하는 데는 한계가 있을 수밖에 없으며 연속선상에서 해당 개념을 활용하는 데도 동일한 문제가 수반될 수밖에 없다. 따라서 주요 개념의 전후 맥락을 충분히 설명하는 데 집중하였다.

둘째, 특수교육학에서 사용되고 있는 다양한 용어, 개념들을 비교할 수 있도록 함으로써 자기주도적 학습을 가능하게 하였다. 특수교육학은 최상위의 응용학문으로 다양한 용어들이 혼재되어 사용되고 있다. 뿐만 아니라 개별화를 특성으로 하는 만큼 학자들의 입장 차이도 다양하다. 아이러니하게도 이와 같은 특수교육학의 학문적 특성은 수험생들의 자기주도적 학습을 가로막는 장애물로 작용하고 있다. 이에 본문을 중심으로 지나치지 않은 선에서 용어의 개념, 여타 문헌의 내용, 내용 간 비교, 동의어 등을 제시하여 수험생들의 자기주도적 학습에 도움을 주고자 하였다.

셋째, 기출연도를 추가하였다. 기출연도의 추가 여부는 장단점이 분명한 만큼 다년간 편저자가 고민해 온 요소이다. 그러나 많은 수험생들의 요구가 있었고, 기본이론을 학습하는 데 있어 주요 내용을 중심으로 큰 틀을 잡을 수 있다는 장점을 우선적으로 감안하여 이번 개정판에는 기출연도를 2009년도부터 제시하였다.

이전의 교재에 더해 이상의 세 가지 사항을 수정·보완하였으나 아쉬움은 여전할 것이란 것을 과거의 경험에 비추어 너무나 잘 알고 있다. 이는 순전히 원고를 작성한 편저자의 능력이 부족한 것인 만큼 지속적으로 보완해 나갈 것임을 약속한다.

마지막으로 다시 시작하는 마음으로 집필한 개정판이 대한민국의 특수교사가 되고자 하는 이 땅의 모든 예비교사들에게 조금이나마 도움이 되었으면 하는 소박한 바람을 가져본다.

2025년 2월

김남진

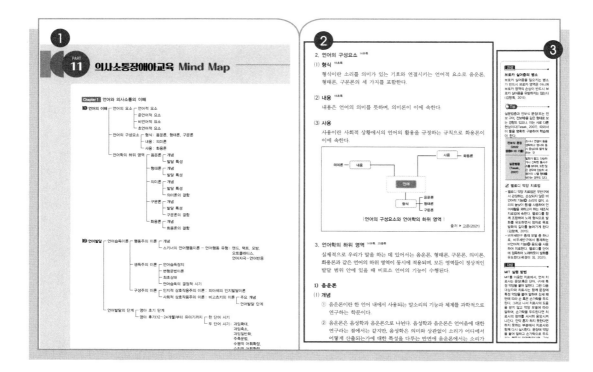

❶ 마인드 맵 학습 시 해당 영역의 내용을 언제나 확인할 수 있도록 함과 동시에 영역의 체계를 명확히 수립할 수 있도록 구성하였다.

❷ 본문 영역별 관련 내용을 빠짐없이, 쉽게 그리고 풍부한 예시를 제시함으로써 어렵고 복잡했던 특수교육학의 개념들을 정리할 수 있도록 하였다.

❸ 날개 본문과 관련하여 알아 두어야 할 개념을 다양한 방법을 통해 보강·설명하였다.

Tip	학습 시 유의사항
📝	용어의 보충 설명
비교	문헌 간 내용 비교
자료	관련 본문의 위치, 내용 이해를 위한 추가 내용
동	동의어

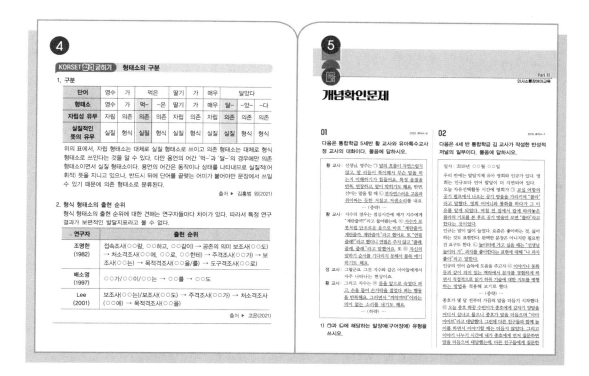

❹ KORSET 합격 굳히기 　　본문의 기본 개념을 좀 더 깊이 이해할 수 있도록 보충·심화 부분을 설정하여 충분한
　　　　　　　　　　　　 예를 중심으로 설명하였다.

❺ 개념확인문제 　　　　 본문에서 학습한 핵심 개념과 내용을 기출문제를 통해 확인하며 기본을 튼튼히 할
　　　　　　　　　　　　 수 있도록 하였다.

이 책의 차례

Part × **14**
전환교육

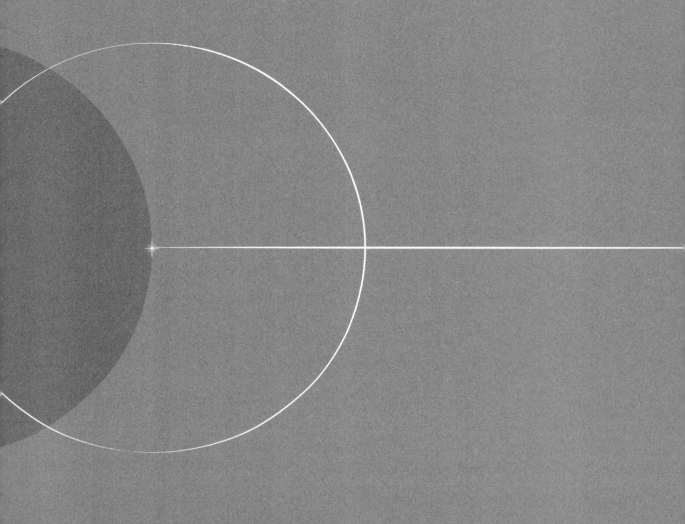

김남진

KORSET

특수교육 4

의사소통장애아교육

Chapter 1 언어와 의사소통의 이해

❶ 언어의 이해 ─ 언어의 요소 ─ 언어적 요소
　　　　　　　　　　　　├ 준언어적 요소
　　　　　　　　　　　　├ 비언어적 요소
　　　　　　　　　　　　└ 초언어적 요소
　　　　　　　├ 언어의 구성요소 ─ 형식 : 음운론, 형태론, 구문론
　　　　　　　　　　　　　├ 내용 : 의미론
　　　　　　　　　　　　　└ 사용 : 화용론
　　　　　　　└ 언어학의 하위 영역 ─ 음운론 ─ 개념
　　　　　　　　　　　　　　　├ 발달 특성
　　　　　　　　　　　　　├ 형태론 ─ 개념
　　　　　　　　　　　　　　　├ 발달 특성
　　　　　　　　　　　　　├ 의미론 ─ 개념
　　　　　　　　　　　　　　　├ 발달 특성
　　　　　　　　　　　　　　　└ 의미론의 결함
　　　　　　　　　　　　　├ 구문론 ─ 개념
　　　　　　　　　　　　　　　├ 발달 특성
　　　　　　　　　　　　　　　└ 구문론의 결함
　　　　　　　　　　　　　└ 화용론 ─ 개념
　　　　　　　　　　　　　　　└ 화용론의 결함

❷ 언어발달 ─ 언어습득이론 ─ 행동주의 이론 ─ 개념
　　　　　　　　　　　　　　└ 스키너의 언어행동이론 − 언어행동 유형 : 맨드, 택트, 모방,
　　　　　　　　　　　　　　　　　　　　　　　　　　　오토클래티스,
　　　　　　　　　　　　　　　　　　　　　　　　　　　언어자극−언어반응
　　　　　　　　├ 생득주의 이론 ─ 언어습득장치
　　　　　　　　　　　　　├ 변형문법이론
　　　　　　　　　　　　　├ 최초상태
　　　　　　　　　　　　　└ 언어습득의 결정적 시기
　　　　　　　　└ 구성주의 이론 ─ 인지적 상호작용주의 이론 : 피아제의 인지발달이론
　　　　　　　　　　　　　└ 사회적 상호작용주의 이론 : 비고츠키의 이론 ─ 주요 개념
　　　　　　　　　　　　　　　　　　　　　　　　　└ 언어발달 단계
　　　　　　└ 언어발달 단계 ─ 영아 초기 단계
　　　　　　　　　　　　└ 영아 후기(12~24개월)부터 유아기까지 ─ 한 단어 시기
　　　　　　　　　　　　　　　　　　　　　└ 두 단어 시기 ─ 과잉확대
　　　　　　　　　　　　　　　　　　　　　　　　├ 과잉축소
　　　　　　　　　　　　　　　　　　　　　　　　├ 과잉일반화
　　　　　　　　　　　　　　　　　　　　　　　　├ 주축문법
　　　　　　　　　　　　　　　　　　　　　　　　├ 수평적 어휘확장
　　　　　　　　　　　　　　　　　　　　　　　　├ 수직적 어휘확장
　　　　　　　　　　　　　　　　　　　　　　　　└ 전보식 문장

❸ 의사소통의 이해 ┬ 의사소통의 개념
├ 의사소통 관련 용어의 구분 ┬ 말(speech) : 호흡, 발성, 공명, 조음
│ ├ 언어(language)
│ └ 의사소통(communication)
├ 의사소통 능력의 발달 ┬ 의사소통 발달 단계 ┬ 1. 전의도적 단계(언향적)
│ │ ├ 2. 의도적인 비구어 단계(언표내적)
│ │ └ 3. 의도적인 상징적 의사소통 단계(언표적)
│ └ 언어 전 의사소통 발달 단계(의사소통 행동 발달 단계)
└ 대화 능력의 발달 ┬ 대화 참여 기술의 ┬ 말차례 주고받기 능력
│ 발달 ├ 대화 주제관리 능력
│ └ 의사소통 실패 해결 능력 : 발화 수정 전략,
│ 명료화 요구 전략
└ 참조적 의사소통의 ┬ 개념
발달 └ 화자의 참조적 ┬ 전제기술
의사소통 능력 ├ 결속표지와 같은 특정한 방식
│ 으로 그 정보를 전달하는 능력
└ 상대방의 반응에 대해 적절한
피드백을 줄 수 있는 능력

❹ 의사소통장애의 개념 ┬ 장애인 등에 대한 특수교육법 ┬ 정의
│ └ 진단·평가 영역 : 구문검사, 음운검사, 언어발달검사
└ 미국 언어청각협회(ASHA)

Chapter 2 조음·음운장애

❶ 조음·음운장애의 이해 ┬ 조음·음운장애의 개념
└ 조음장애와 음운장애 ┬ 조음장애
├ 음운장애
└ 조음장애와 음운장애의 비교

❷ 조음·음운장애의 원인 ┬ 기질적 원인 ┬ 구개파열
│ ├ 혀의 구조적 이상
│ ├ 청력의 이상
│ └ 중추 혹은 말초신경계의 이상
└ 기능적 원인 ┬ 지능
├ 청각적 변별능력
├ 입 근육의 운동능력
├ 잘못된 습관
└ 문화적 영향

❸ 조음 · 음운장애의 진단 · 평가 ┬ 검사 종류 ┬ 선별검사와 심화검사
                                    │   └ 표준화검사와 비표준화검사 ─ 비표준화검사 ┬ 자발화 검사
                                    │   ├ 말명료도 검사
                                    │   ├ 자극반응도 검사
                                    │   └ 문맥검사
                                    └ 진단에 필요한 평가기준

❹ 조음 · 음운의 산출과 오류 유형 ┬ 자음과 모음의 산출 방법 ┬ 자음 : 조음 위치에 의한 분류,
                                    │   │   조음 방법에 의한 분류
                                    │   └ 모음 : 모음 사각도
                                    ├ 개별음소의 조음오류 형태 ┬ 생략
                                    │   ├ 대치
                                    │   ├ 왜곡
                                    │   └ 첨가
                                    └ 음운 과정의 오류 형태 ┬ 생략 및 첨가 음운변동
                                                             └ 대치 음운변동 : 조음 위치, 조음 방법, 동화,
                                                                               긴장도, 기식도

❺ 조음 · 음운장애의 ┬ 전통적 접근법 ┬ 반 리퍼의 전통적 치료기법
** 중재방법**   │   ├ 짝자극 기법 ┬ 개념 : 핵심단어, 훈련단어
                        │   │   ├ 프로그램의 단계별 내용 ┬ 1. 단어 수준
                        │   │   │   ├ 2. 문장 수준
                        │   │   │   └ 3. 회화 수준
                        │   │   └ 장단점
                        │   ├ 조음점 지시법
                        │   └ 조음조절 프로그램
                        ├ 언어 인지적 접근법 ┬ 변별자질 접근법 ┬ 개념
                        │   │   ├ 프로그램의 구성 ┬ 1. 확인 단계
                        │   │   │   ├ 2. 변별 단계 : 최소대립쌍
                        │   │   │   ├ 3. 훈련 단계
                        │   │   │   └ 4. 전이 ─ 훈련 단계
                        │   │   ├ 변별적 자질의 종류
                        │   │   └ 장단점
                        │   └ 음운변동 접근법
                        ├ 의사소통중심법
                        └ 교실에서의 조음 · 음운장애 중재방법

② **음성장애의 원인** ┬ 기능적 음성장애의 원인 : 성대 비대증, 성대 결절, 성대 폴립, 변성기 음성장애,
　　　　　　　　　　　　　　　　　기능적 발성장애, 근긴장성 발성장애, 기능적 무성증
　　　　　　　　　├ 기질적 음성장애의 원인 : 성대 유두종, 접촉성 궤양, 후두횡격막, 라인케 부종,
　　　　　　　　　　　　　　　　　후두염, 성대 휘어짐, 후두외상, 성대 고랑
　　　　　　　　　└ 신경학적 음성장애의 원인 : 연축성 발성장애, 성대마비, 파킨슨병, 근무력증, 후두암

③ **음성장애의 예방** ┬ 가정에서의 예방
　　　　　　　　　　　└ 학교에서의 예방

④ **음성장애의 중재방법** ┬ 의학적 처치와 행동적 음성치료
　　　　　　　　　　├ 행동적 음성치료 ┬ 직접 치료 : 하품－한숨 기법, 부드러운 시작, 저작하기,
　　　　　　　　　　　　　　　　　　　　　　　노래조로 말하기 기법
　　　　　　　　　　　　　　　　　└ 간접 치료 : 음성 위생 프로그램, 수분 섭취, 음성 휴식
　　　　　　　　　　└ 음성치료 ┬ 성대 남용 및 오용으로 인한 음성장애의 치료방법
　　　　　　　　　　　　　　　├ 심리적 이상으로 인한 음성장애의 치료방법
　　　　　　　　　　　　　　　└ 신경 손상으로 인한 음성장애의 치료방법

Chapter 5 **말운동장애**

① **말운동장애의 이해** ┬ 말운동장애의 개념
　　　　　　　　　　　└ 말운동장애의 종류 ┬ 말실행증
　　　　　　　　　　　　　　　　　　　　└ 마비말장애

② **말실행증** ┬ 말실행증의 개념
　　　　　　├ 말실행증의 특성
　　　　　　└ 말실행증의 중재방법

③ **마비말장애** ┬ 마비말장애의 개념
　　　　　　　├ 마비말장애의 유형 및 특성
　　　　　　　└ 마비말장애의 중재방법 ┬ 화자 중심적 치료
　　　　　　　　　　　　　　　　　└ 의사소통 중심적 치료

Chapter 6 **단순언어장애**

① **단순언어장애의 개념**

② **단순언어장애의 진단 기준** ― 진단 기준 : 언어, 지능, 청력, 신경학적, 구강, 사회성

3 **단순언어장애의 언어적 특성** ┬ 음운론적 영역
　　　　　　　　　　　　　　├ 의미론적 영역
　　　　　　　　　　　　　　├ 형태론 및 구문론적 영역
　　　　　　　　　　　　　　└ 화용론적 영역

4 **중재 프로그램** ┬ 청지각 훈련
　　　　　　　├ 청각적 주의집중 훈련
　　　　　　　├ 상위언어인식 ┬ 음운자각
　　　　　　　│　　　　　　├ 단어자각
　　　　　　　│　　　　　　├ 구문자각
　　　　　　　│　　　　　　├ 의미자각
　　　　　　　│　　　　　　└ 화용자각
　　　　　　　├ 수용언어 지도
　　　　　　　├ 표현언어 지도 ┬ 반복 재생하기
　　　　　　　│　　　　　　├ FA 질문법
　　　　　　　│　　　　　　└ W–질문법
　　　　　　　└ 부모 및 교사중재

Chapter 7 실어증

1 **실어증의 이해** ┬ 실어증의 개념
　　　　　　　└ 실어증의 원인

2 **실어증의 종류** ┬ 유창성 실어증 ┬ 베르니케 실어증 ┬ 착어 ┬ 음소착어
　　　　　　　│　　　　　　│　　　　　　│　　├ 의미착어
　　　　　　　│　　　　　　│　　　　　　│　　├ 형식착어
　　　　　　　│　　　　　　│　　　　　　│　　└ 신조착어
　　　　　　　│　　　　　　│　　　　　　├ 자곤
　　　　　　　│　　　　　　│　　　　　　└ 탈문법증
　　　　　　　│　　　　　　├ 연결피질감각 실어증
　　　　　　　│　　　　　　├ 전도 실어증
　　　　　　　│　　　　　　└ 명칭 실어증
　　　　　　　└ 비유창성 실어증 ┬ 브로카 실어증 : 실문법증
　　　　　　　　　　　　　　├ 연결피질운동 실어증
　　　　　　　　　　　　　　├ 혼합연결피질 실어증
　　　　　　　　　　　　　　└ 전반 실어증

3 **실어증의 중재방법**

Chapter 8 자발화 평가

1 자발화 평가의 이해 ─┬─ 자발화 평가의 개념 ─┬─ 장점
 │ └─ 단점
 └─ 자발화 평가 및 분석 절차 ─┬─ 1. 자발화 표본의 수집
 ├─ 2. 자발화 표본의 전사
 └─ 3. 자발화 표본의 분석 ─┬─ 의미론적 측면
 ├─ 구문론적 측면
 └─ 화용론적 측면

2 의미론적 분석 ─┬─ 개별 의미유형 분석 ─┬─ 체언부
 │ ├─ 용언부
 │ ├─ 수식부
 │ ├─ 대화요소
 │ └─ 개별 의미유형 및 의미관계 보고 방법
 ├─ 구나 절 간의 의미관계 분석 ─┬─ 복문 구별 요령
 │ ├─ 구나 절 간의 의미관계 분석 방법
 │ └─ 구나 절 간의 의미관계 보고 방법
 └─ 어휘다양도 ─┬─ 개념 : 아동이 사용한 다른 낱말의 수/아동이 사용한 전체 낱말의 수
 └─ 분석 방법

3 구문론적 분석 ─┬─ 평균발화길이 ─┬─ 개념
 │ └─ 종류 ─┬─ 형태소에 의한 ─┬─ 평균형태소길이 : 각 발화 형태소 수의 합/
 │ │ 발화길이 산출 방법 │ 총 발화의 수
 │ │ ├─ 최장형태소길이
 │ │ └─ 평균구문길이
 │ ├─ 낱말에 의한 ─┬─ 평균낱말길이 : 각 발화 낱말 수의 합/
 │ │ 발화길이 산출 방법 │ 총 발화의 수
 │ │ └─ 최장낱말길이
 │ └─ 어절에 의한 ─┬─ 평균어절길이
 │ 발화길이 산출 방법 └─ 최장어절길이
 └─ 문법 형태소 및 구문유형의 분석 ─┬─ 문법 형태소 분석
 └─ 구문유형 분석

4 화용론적 분석 ─┬─ 문장의 자율성 분석
 ├─ 문장의 적절성 분석
 └─ 언어기능의 다양성 분석 ─┬─ 초기 구어기능 분석 : 명명, 반복, 대답, 행동 요구, 대답 요구,
 │ 부르기, 인사, 저항, 연습
 └─ 대화기능 분석 : 요구, 반응, 객관적 언급, 주관적 진술,
 대화내용 수신표현, 대화내용 구성요소,
 발전된 표현

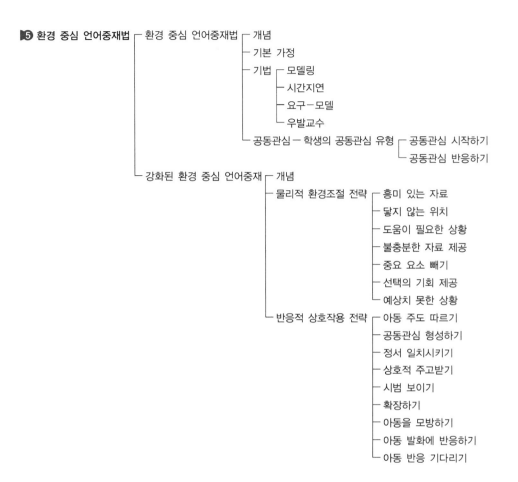

🚩5 **환경 중심 언어중재법** ─┬─ 환경 중심 언어중재법 ─┬─ 개념
　　　　　　　　　　　　　　│　　　　　　　　　　　├─ 기본 가정
　　　　　　　　　　　　　　│　　　　　　　　　　　├─ 기법 ─┬─ 모델링
　　　　　　　　　　　　　　│　　　　　　　　　　　│　　　├─ 시간지연
　　　　　　　　　　　　　　│　　　　　　　　　　　│　　　├─ 요구─모델
　　　　　　　　　　　　　　│　　　　　　　　　　　│　　　└─ 우발교수
　　　　　　　　　　　　　　│　　　　　　　　　　　└─ 공동관심 ─ 학생의 공동관심 유형 ─┬─ 공동관심 시작하기
　　　　　　　　　　　　　　│　　　　　　　　　　　　　　　　　　　　　　　　　　　　└─ 공동관심 반응하기
　　　　　　　　　　　　　　└─ 강화된 환경 중심 언어중재 ─┬─ 개념
　　　　　　　　　　　　　　　　　　　　　　　　　　　├─ 물리적 환경조절 전략 ─┬─ 흥미 있는 자료
　　　　　　　　　　　　　　　　　　　　　　　　　　　│　　　　　　　　　　├─ 닿지 않는 위치
　　　　　　　　　　　　　　　　　　　　　　　　　　　│　　　　　　　　　　├─ 도움이 필요한 상황
　　　　　　　　　　　　　　　　　　　　　　　　　　　│　　　　　　　　　　├─ 불충분한 자료 제공
　　　　　　　　　　　　　　　　　　　　　　　　　　　│　　　　　　　　　　├─ 중요 요소 빼기
　　　　　　　　　　　　　　　　　　　　　　　　　　　│　　　　　　　　　　├─ 선택의 기회 제공
　　　　　　　　　　　　　　　　　　　　　　　　　　　│　　　　　　　　　　└─ 예상치 못한 상황
　　　　　　　　　　　　　　　　　　　　　　　　　　　└─ 반응적 상호작용 전략 ─┬─ 아동 주도 따르기
　　　　　　　　　　　　　　　　　　　　　　　　　　　　　　　　　　　　├─ 공동관심 형성하기
　　　　　　　　　　　　　　　　　　　　　　　　　　　　　　　　　　　　├─ 정서 일치시키기
　　　　　　　　　　　　　　　　　　　　　　　　　　　　　　　　　　　　├─ 상호적 주고받기
　　　　　　　　　　　　　　　　　　　　　　　　　　　　　　　　　　　　├─ 시범 보이기
　　　　　　　　　　　　　　　　　　　　　　　　　　　　　　　　　　　　├─ 확장하기
　　　　　　　　　　　　　　　　　　　　　　　　　　　　　　　　　　　　├─ 아동을 모방하기
　　　　　　　　　　　　　　　　　　　　　　　　　　　　　　　　　　　　├─ 아동 발화에 반응하기
　　　　　　　　　　　　　　　　　　　　　　　　　　　　　　　　　　　　└─ 아동 반응 기다리기

🚩6 **부모를 통한 언어중재방법**

01 언어와 의사소통의 이해

01 언어의 이해

1. 언어의 요소

성공적인 의사소통을 위해서는 다음과 같은 언어의 요소를 이해하고 사용할 수 있어야 한다. [16초특]

(1) 언어적 요소

의사소통을 위한 말과 언어를 포함한다.

(2) 준언어적 요소 [16초특·중특, 22중특, 25유특]

억양, 강세, 속도, 일시적인 침묵 등과 같이 말에 첨가하여 메시지를 전달하는 것을 의미한다.

(3) 비언어적 요소 [25유특]

① 몸짓, 자세, 표정 등과 같이 말이나 언어에 의존하지 않고 메시지를 전달하는 것을 의미한다.

② 사회적 상호작용은 구어적 의사소통뿐만 아니라 비구어적 의사소통, 예를 들어 몸짓이나 표정 등을 통해서 이루어지기도 한다.

• 언어습득이 이루어지기 이전 단계에서 일반학생들은 비구어적 신호들을 통해 자신이 원하는 바를 표현하고 이를 통해 상호작용한다.

(4) 초언어적 요소

언어 자체를 사고의 대상으로 하여 언어의 구조나 특징을 인식하는 능력을 의미한다.

준언어적 요소
🔁 반언어적 요소

[자료]

비언어적 요소
의사소통을 할 때에는 말이나 글도 중요하지만, 얼굴표정, 옷차림, 태도, 예의, 몸짓 등 비언어적 요소가 의미 전달에 큰 비중을 차지하므로 비언어적 의사소통 방법도 잘 이해하고 활용하는 것이 중요하다(초등 국어 4-1 교사용 지도서, 2019).
🔁 비구어적 요소

초언어적 요소
🔁 상위언어적 요소

✏️ **상위언어(초언어)**
상위언어는 언어를 정렬시키거나 언어를 사용하는 능력, 즉 의사소통하거나 말하기 위해 언어를 사용하고 분석하는 능력을 의미한다. 그것은 언어에 대해 생각하고 이를 의사소통의 수단으로서의 기능들로부터 분리하여 실체로 여기는 것을 수반하며, 언어가 올바른지에 대하여 판단하기 위해 언어를 사용하고 교정하는 것이다. 이는 언어의 요소들에 대한 인식이며, 언어를 어떻게 통제하여 사용하는지에 대한 도구로서 여기는 것이다. 상위언어는 상위언어능력, 상위언어인식, 상위언어기능, 초언어능력과 같이 다양하게 표현되어져 왔다.
📝 운율을 가진 단어를 확인하고 생성하는 것

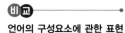

언어의 구성요소에 관한 표현

곽미영 외(2020) 권순우 외(2020)	언어의 구성요소
2014 유아A-7 기출 2014 초등A-6 기출	언어의 주요 요소
2020 중등A-7 기출	언어의 3가지 하위 체계 구성요소

형식
🈺 형태

언어학의 하위 영역
🈺 언어의 하위 체계, 언어학적 영역

✏️ **음운**
'물'과 '불'은 'ㅁ'과 'ㅂ'에 의하여 서로 다른 의미를 가진 말이 된다. 이처럼 음운은 말의 뜻을 구별해 주는 가장 작은 소리의 단위(단어의 의미를 변별하는 최소의 단위)로, 분절 음운인 음소와 비분절 음운인 운소로 나뉜다.

음소 (분절 음운)	자음	굴, 둘, 물의 'ㄱ, ㄷ, ㅁ' 등
	모음	발, 벌, 불의 'ㅏ, ㅓ, ㅜ' 등
운소 (비분절 음운)		소리의 길이, 높낮이, 세기

출처 ▶ 김홍범 외(2021)

2. 언어의 구성요소 [14유특]

(1) 형식 [18초특]

형식이란 소리를 의미가 있는 기호와 연결시키는 언어적 요소로 음운론, 형태론, 구문론의 세 가지를 포함한다.

(2) 내용 [18초특]

내용은 언어의 의미를 뜻하며, 의미론이 이에 속한다.

(3) 사용

사용이란 사회적 상황에서의 언어의 활용을 규정하는 규칙으로 화용론이 이에 속한다.

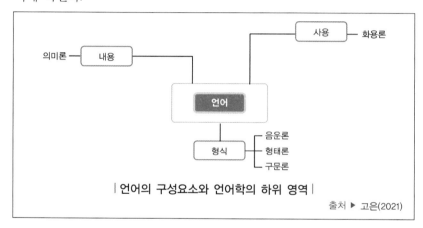

| **언어의 구성요소와 언어학의 하위 영역** |

출처 ▶ 고은(2021)

3. 언어학의 하위 영역 [14유특, 25중특]

실제적으로 우리가 말을 하는 데 있어서는 음운론, 형태론, 구문론, 의미론, 화용론과 같은 언어의 하위 영역이 동시에 적용되며, 모든 영역들이 정상적인 발달 범위 안에 있을 때 비로소 언어의 기능이 수행된다.

1) 음운론

(1) 개념

① 음운론이란 한 언어 내에서 사용되는 말소리의 기능과 체계를 과학적으로 연구하는 학문이다.

② 음운론은 음성학과 음운론으로 나뉜다. 음성학과 음운론은 언어음에 대한 연구라는 점에서는 같지만, 음성학은 의미와 상관없이 소리가 어디에서 어떻게 산출되는가에 대한 특성을 다루는 반면에 음운론에서는 소리가 어떤 체계와 기능을 갖느냐를 다룬다는 점에서 차이가 있다.

○ 음성학은 사람의 입에서 만들어지는 물리적인 말소리, 즉 음성을 기본단위로 한다.

○ 음운은 음소와 운소로 구분된다. 음소는 분절 음운으로서 자음과 모음을 말하며 운소는 장단, 억양, 강세 등과 같은 비분절 음운을 가리킨다.

(2) 발달 특성

일반적인 음운 발달 특성은 다음과 같다.

① 자음보다 모음을 먼저 습득한다.

② 자음의 경우 양순음이 가장 먼저 습득되고, 마찰음과 파찰음이 가장 늦게 습득된다.

③ 유성음이 무성음보다 먼저 습득된다.

④ 분절음보다 초분절음(억양과 강세 등)을 먼저 습득한다.

○ 분절음은 자음이나 모음 등의 이름을 가지고 있고 조음의 특징을 가지고 있는 소리를 말한다.

○ 초분절음은 강세나 고저 또는 장단에 의해 만들어지는 소리를 의미한다.

> **예** '잘 있었어↓'와 '잘 있었어↑'의 경우 소리의 높이에 따라 전자는 서술의 뜻을, 후자는 의문의 뜻을 갖게 된다.

⑤ 축약 현상이 나타난다.

- 축약 현상은 발성할 때 끝음절을 생략하고 말하는 것으로 복잡한 음운의 경우에는 단순화시켜서 습득하는 경향을 보인다. 이는 의도적인 것이 아니라 조음하기 어려운 음운을 생략하거나 축약하여 말하는 것이라고 볼 수 있다. **예** '할머니' → '함니', '빠이빠이' → '빠빠이'

⑥ 대치 현상이 나타난다.

- 대치 현상은 발음하기 어려운 특정한 음을 다른 음으로 바꾸어 발음하는 것으로서, 조음기관이 제대로 발달하지 못한 상태에서 나타난다. **예** '노래' → '노내', '과자' → '가자'

자료

음성과 음운의 차이

음성	음운
발음 기관을 통해 발음되는 물리적이고 구체적인 소리	머릿속에 기억되어 있는 심리적이고 관념적인 소리
사람마다 다른 개별적인 소리	모든 사람이 동일한 음가로 생각하고 있는 보편적이고 추상적인 소리
의미 변별의 기준이 되지 못함	의미 변별의 기준이 됨
어떤 나라, 어떤 시대에도 관계없이 일반적인 말소리임	특정한 국어의 음운 체계와 밀접한 관계를 가짐

출처 ▶ 김홍범 외(2021)

음소

음소는 말을 하거나 듣는 사람에게 소리의 차이를 일으키게 하는 자음과 모음으로 구성된 최소의 음성단위를 말한다. 예를 들면, '책'과 '색'은 첫 음소인 /ㅊ/과 /ㅅ/으로 인해서 다르게 들린다. '상'과 '산'도 끝 음소인 /ㅇ/과 /ㄴ/이 다르기 때문에 마찬가지로 별도의 음소이다. 그러나 말(馬)과 말(言)은 서로 의미가 다르지만 동일한 [mal]의 음성기호를 갖기 때문에 동일한 음소다.

초분절음

동 운소

✎ 형태론
단어의 어형(語形) 변화를 다루는 문법의 한 분야이다. 한 언어에서 형태소들이 결합하여 낱말을 형성하는 체계 또는 규칙으로, 형태소 및 낱말을 기본 단위로 한다 (특수교육학 용어사전, 2018).
동 어형론

✎ 형태소
형태소는 의미를 가지고 있는 가장 작은 말의 단위이다. 여기서 말하는 '의미'는 어휘적 의미뿐만 아니라, 문법적 의미도 포함한다 (김홍범 외, 2021).

실질 형태소
동 어휘 형태소

형식 형태소
동 문법 형태소

✎ 실질 형태소와 형식 형태소

실질 형태소 (어휘 형태소)	체언, 수식언, 독립언, 용언의 어근
형식 형태소 (문법 형태소)	조사, 어미, 접사

💡 Tip
특수교육 분야에서는 형식 형태소보다는 문법 형태소라는 용어를 보다 자주 사용하는 경향이 있다.

✎ 자립 형태소와 의존 형태소

자립 형태소	명사, 대명사, 수사, 관형사, 부사, 감탄사
의존 형태소	용언의 어간과 어미, 조사, 접사

2) 형태론

(1) 개념

① 형태론이란 한 언어에서 형태소들이 결합하여 낱말을 형성하는 체계 또는 규칙을 말한다. 즉, 단어를 형성하는 규칙이다.

② 형태론의 기본단위인 형태소는 더 이상 쪼갤 수 없는 의미의 최소단위로, 모든 단어는 최소한 한 개 이상의 형태소로 이루어진다.

예 '옷', '강', '벌'과 같은 단어들은 한 개의 형태소이자 한 개의 음절 그리고 한 단어로 이루어져 있다.

㉠ 형태소는 가지고 있는 의미 유무에 따라 어휘적 의미를 가지고 있는 실질 형태소와 문법적 의미를 가지고 있는 형식 형태소로 나눌 수 있다.

예 '돼지들'의 '돼지'는 어휘적 의미를 가지고 있는 실질 형태소, '-들'은 접미사로서 형식 형태소에 속한다.

㉡ 형태소는 자립성에 따라 형태소가 문장에서 독립적 단어로 사용할 수 있는 자립 형태소와 다른 형태소에 부착되어야만 쓰일 수 있는 의존 형태소로 나눌 수 있다.

예 '맏형'이라는 단어에서 '형'은 자유롭게 독립적으로 사용될 수 있으므로 자립 형태소이고, '맏'은 다른 형태소와 결합하지 않으면 안 되기 때문에 의존 형태소가 된다.

(2) 발달 특성 [10중특]

형태소 발달에는 다음과 같은 일정한 순서가 있다.

① 형식 형태소는 실질 형태소보다 늦게 습득된다.

- 아동의 초기 형태소 발달과정을 보면, 기능어를 생략하고 일반적으로 내용어만을 가지고 연결하는 전보식 문장 형태를 보이다가, 점차적으로 형식 형태소가 출현하게 되는데, 이때부터 문법성을 갖춘 문장을 형성하게 된다.

② 어휘량이 늘어나고 낱말이 조합되면서 형식 형태소가 나타나기 시작한다.

③ 대명사의 경우 1인칭, 2인칭, 3인칭의 순서로 획득한다.

④ 부정부사의 경우 '아니(안)'가 '못'보다 일찍 습득된다.

⑤ 동사의 어미는 서술형(다, 라, 자), 과거형(ㄴ, 았, 었), 미래형(ㄹ) 순으로 습득된다. 국어에서 진행형 형태소(-ㄴ, -ㄴ다)가 가장 늦게 습득된다.

- 형태론적 발달에 문제를 보이는 아동은 동사시제를 정확하게 사용하지 못하거나 또는 파생접사를 사용하여 어근의 품사를 바꾸는, 예를 들면 '꿈꾸다'라는 동사를 '꿈꾸기'라고 변화시키거나, '불(不)'이라는 접두사를 이용하여 '불일치', '불가능' 또는 '불허가' 등의 파생어를 생성하는 데 어려움을 갖는다.

⑥ 장소격 형식 형태소는 목적격이나 도구격보다 일찍 출현한다.

KORSET 합격 굳히기 형태소의 구분

1. 구분

단어	영수	가	먹은		딸기	가	매우	달았다		
형태소	영수	가	먹-	-은	딸기	가	매우	달-	-았-	-다
자립성 유무	자립	의존	의존	의존	자립	의존	자립	의존	의존	의존
실질적인 뜻의 유무	실질	형식	실질	형식	실질	형식	실질	실질	형식	형식

위의 표에서, 자립 형태소는 대체로 실질 형태소로 쓰이고 의존 형태소는 대체로 형식 형태소로 쓰인다는 것을 알 수 있다. 다만 용언의 어간 '먹-'과 '달-'의 경우에만 의존 형태소이면서 실질 형태소이다. 용언의 어간은 동작이나 상태를 나타내므로 실질적(어휘적) 뜻을 지니고 있으나, 반드시 뒤에 단어를 끝맺는 어미가 붙어야만 문장에서 쓰일 수 있기 때문에 의존 형태소로 분류된다.

출처 ▶ 김홍범 외(2021)

2. 형식 형태소의 출현 순위

형식 형태소의 출현 순위에 대한 견해는 연구자들마다 차이가 있다. 따라서 특정 연구 결과가 보편적인 발달지표라고 볼 수 없다.

연구자	출현 순위
조명한 (1982)	접속조사(○○랑, ○○하고, ○○같이) → 공존의 의미 보조사(○○도) → 처소격조사(○○에, ○○로, ○○한테) → 주격조사(○○가) → 보조사(○○는) → 목적격조사(○○을/를) → 도구격조사(○○로)
배소영 (1997)	○○가/○○이/○○는 → ○○를 → ○○도
Lee (2001)	보조사(○○는)/보조사(○○도) → 주격조사(○○가) → 처소격조사(○○에) → 목적격조사(○○을)

출처 ▶ 고은(2021)

3) 의미론

(1) 개념

① 의미론이란 언어의 의미를 연구하는 언어학의 한 분야로서 말의 이해 및 해석에 관한 영역이다.

② 의미론의 주성분은 단어이다.

  ㉠ 단어란 문법상의 뜻과 기능을 가진 언어의 최소단위를 말한다.

  ㉡ 한 개의 형태소가 단어가 되기도 하고, 2~3개의 형태소가 합쳐져서 단어가 되기도 한다.

  예 '하늘'은 한 개의 형태소로 된 단어이며, '꽃집'은 두 개의 형태소가 결합한 한 개의 단어이다.

✎ **의미론**

형태소, 단어, 구, 절, 문장의 의미와 특정한 발화가 어떻게 특정한 의미를 갖는지에 대한 연구이다. 의미론은 단어의 의미를 다루는 어휘 의미론과 문장의 의미를 다루는 형식 의미론으로 나뉜다. 전통적으로 어휘의 의미는 활발하게 연구되었으나 문장의 의미는 최근에 관심이 모아지고 있다(특수교육학 용어사전, 2018).

✎ **단어**

단어는 낱말이라고도 하며, 원칙적으로는 자립성이 있어야 하므로 '의미를 지니고 홀로 자립하여 쓰일 수 있는 말'의 정의만으로도 충분하지만, 우리말에서는 '조사'도 단어로 인정하기 때문에 '홀로 쓰일 수 있는 말에 붙어 쉽게 분리되는 말'이라는 정의도 포함되어야 단어의 정의로 적합하다(김홍범 외, 2021).

✏️ 접속 부사
• 앞의 체언이나 문장의 뜻을 뒤의 체언이나 문장에 이어 주면서 뒤의 말을 꾸며 주는 부사. '그러나', '그런데', '그리고', '하지만' 등이 있다[초등 국어(3-1) 교사용 지도서].
• 앞의 문장을 뒤의 문장에 이어 주면서, 뒤 문장을 꾸며 주는 부사이다(김홍범 외, 2021).
📗 예 병사들은 굶주리고 지쳐 있었다. <u>그러나</u> 결코 포기하지 않고 전진했다.
🔵 접속사, 이음부사, 이음어찌씨

| 자료 |

의미론적 결함
• 속담이나 은어 사용에 대한 이해가 부족함
• 단어찾기에 어려움을 보임
• 제한된 어휘만을 과도하게 사용함
• 사용하는 어휘의 수가 적음
• 막연히 '~것' 등의 표현을 많이 함
• 부적절하게 틀린 단어를 사용함
출처 ▶ 고은(2021)

(2) 발달 특성

어휘 습득 과정에서 나타나는 일반적인 특성은 다음과 같다.

① 수용언어가 표현언어보다 먼저 발달한다.

② 동사보다는 명사를 먼저 습득한다.

　• 24개월경부터는 동사 산출이 급격히 증가하고, 36개월경이 되면 접속사가 출현하기 시작한다.

③ 보통명사를 고유명사보다 먼저 습득한다.

보통명사	어떤 종류 전체를 나타내는 명사 예 꽃, 산 등
고유명사	하나뿐인 특정한 사람이나 사물의 이름 예 개나리꽃, 북한산 등

④ 일상생활에서 자주 사용되는 단어를 먼저 습득한다.

⑤ 추상적인 개념을 표현하는 단어(예 생각하다, 느끼다)보다는 구체적인 행위(예 간다, 먹다)를 표현하는 단어를 먼저 습득한다.

⑥ '고양이'나 '자동차'라는 이름보다는 '야옹', '빵빵'이라는 의성어를 먼저 습득한다.

(3) 의미론의 결함 ^{10중특, 20초특, 21중특, 24중특}

언어의 의미론적 측면에 결함이 있는 학생은 다음과 같은 문제를 나타낼 수 있다.

① 낱말의 뜻이 은유적으로 쓰일 때 그것을 이해하지 못하며, 은유적인 표현도 제한되어 있다.
　📗 "내 얼굴에 먹칠을 하지 말아라."라는 말에 대해서 "닦으면 되지요."라고 말한다.

② 말하는 사람의 입장에서 표현되는 의미를 자기의 입장으로 전환시키는 데 어려움을 나타내므로 상대어(예 여기-저기, 이-저)의 이해나 사용에 어려움을 보인다.

③ 때때로 신조어(신어)를 사용하기도 한다.

④ 가상적인 낱말의 사용을 이해하지 못한다.
　📗 고유의 이름이 없는 사물에 가상적인 이름을 붙이거나, 고유의 이름이 있는 사물에 가상적인 이름을 붙여 명명하지 못한다. "이게 의자라고 치고 여기에 앉자."라고 했을 때 "이건 돌이지 의자가 아니야."라고 할 수도 있다.

⑤ 범주를 나타내는 낱말에 대한 이해나 표현에 어려움을 나타낸다.

⑥ 수용어휘 및 표현어휘의 수와 의미관계의 유형이 제한되어 있다.

⑦ 기능적인 낱말들(예 사회어)은 그것이 지닌 의사소통적 영향력 때문에 쉽게 배우더라도 실체나 행위, 수식 등의 내용을 담은 낱말의 사용은 제한될 수 있다.

⑧ 만지거나 조작할 수 있는 사물에 대한 낱말들에 비하여 동작이나 과정 또는 상태를 나타내는 낱말의 사용이 제한될 수 있다.

⑨ 2~3세 아동의 의미발달과정에서 잠시 나타나는 과잉확대 또는 과잉축소 현상을 오래도록 보일 수도 있다.

⑩ 낱말의 이름을 상기하는 데 어려움을 나타내기도 하는데, 이런 경우 낱말의 이름보다는 그 낱말의 감각적, 기능적 특징만을 설명하기도 한다.

⑪ 부적절한 단어(틀린 단어)를 사용한다. 예 짜장면을 마셔요.

⑫ 접속문의 의미를 이해하는 데 어려움을 나타낸다.

예 "철이와 영은이가 학교에 갔다."라는 문장에서 '철이'가 학교에 간 것은 이해하지만 '영은이'가 학교에 간 것은 이해하지 못할 수도 있다.

4) 구문론

(1) 개념

① 구문론이란 형태소 및 단어의 배열에 의하여 구, 절, 문장을 형성하는 체계 또는 규칙을 말한다.

② 구문론의 주성분은 문장이며, 문장은 단어들이 일정한 규칙에 의해서 연결되고 조직된 형태를 말한다.

③ 학생이 사용하는 문장의 길이는 구문발달의 지표가 될 수 있으며, 실제로 평균발화길이(MLU)는 언어발달과 밀접한 관계가 있다.

④ 문장은 서술, 부정, 의문 등 사용해야 할 문장의 기능에 따라 그 구성을 달리한다.

⑤ 문장은 주어와 서술어의 관계에 따라 단문과 복문으로 구분되며, 복문은 내포문과 접속문으로 나눌 수 있다.

㉠ 주어와 서술어의 관계가 한 번 나타나는 문장은 단문, 두 번 이상 나타나는 문장은 복문이라 한다.

㉡ 복문은 두 개 이상의 단문이 이어지거나, 하나의 문장이 다른 문장 속에 안겨 여러 겹으로 된 문장을 말한다. 한 문장이 그 속에 다른 단문을 한 성분으로 안아서 복문을 이루는 것을 내포문이라고 하고, 단문이 대등하게 혹은 종속적으로 이어지는 것을 접속문이라고 한다.

✏️ **구문론**

단어의 배열에 의하여 구, 절, 문장을 구성하는 규칙이다. 달리 말하면 문장에서 단어의 순서와 배열, 문장 구성 규칙 등의 문법과 관련된 언어의 내적 구조를 의미한다. 문법에 맞지 않는 의사소통을 시도할 경우 정확한 의미가 전달되기 어렵다. 모리스(C. Morris)는 구문론은 기호들 사이의 형식적 관계라고 하였다(특수교육학 용어사전, 2018).
통 **통사론**

자료

구와 절

구(句)란 두 개 이상의 어절이 모여 하나의 문장 성분(명사구, 동사구, 형용사구, 부사구, 관형사구)을 이루지만 자체 내에 주어와 서술어 관계를 형성하지 못한 것을 말한다. 반면에 절(節)이란 주어와 서술어 관계를 가지고 있지만 독립적으로 사용하지 못한다는 점에서 문장과 구별된다(고은, 2021).

어절	• 문장을 구성하는 기본 문법 단위 • 띄어쓰기 단위와 일치
구	• 두 어절 이상이 모여 하나의 단어와 동등한 기능을 함 • 단, 어절 수가 많아도 문장 구조를 못 갖추면 구임
절	• 두 어절 이상이 모임. 문장 구조를 갖추어 다른 문장의 성분이 되는 단위
문장	• 생각이나 감정을 완결된 내용으로 표현하는 최소의 언어 형식

자료

평균발화길이

평균발화길이에 대한 자세한 내용은 'Chapter 07. 자발화 검사' 참조

단문
통 홑문장

복문
통 겹문장

내포문
통 안은 문장

접속문
통 이어진 문장

> **단문과 복문 예시**

> (가) <u>가을 하늘이</u> <u>높다</u>.
>   주어   서술어
> (나) 우리 학교 운동장에는 아주 새 <u>미끄럼틀이</u> 한쪽 구석에 <u>놓여 있다</u>.
>   주어   서술어
> (다) <u>철수는</u> 밥을 <u>먹고</u> 학교에 <u>갔다</u> <u>와서</u> 낮잠을 <u>잤다</u>.
>   주어   서술어   서술어 서술어   서술어

단문은 (가)와 같이 주어와 서술어가 한 번씩 나오는 문장이다. (나)와 같이 관형어, 부사어 등 부속 성분이 많이 나타나서 문장이 길어지더라도 주어와 서술어의 관계가 한 번만 이루어지면 단문이다. (다)는 주어는 한 번 나왔지만 서술어가 '먹고', '갔다', '와서', '잤다' 네 번이 나타났으므로 복문이다. (다)는 (라)와 같이 다시 쓸 수 있다.

> (라) <u>철수는</u> 밥을 먹고 <u>철수는</u> 학교에 갔다 <u>철수는</u> 와서 <u>철수는</u> 낮잠을 잤다.

(라)는 같은 주어가 네 번 반복되었으므로 하나를 제외하고 나머지를 생략하면 (다)가 된다. 이 문장은 주어와 서술어의 관계가 네 번 나타난 복문이다.

출처 ▶ 김홍범 외(2021)

(2) 발달 특성

구문발달에는 다음과 같은 경향성이 나타난다.

① 연령이 증가할수록 문장의 길이가 길어진다.

② 초기의 단문 형태는 연령증가와 함께 감소되고, 대신 복문이 출현한다.

③ 연령이 증가할수록 복문 가운데 접속문보다 내포문의 사용이 증가한다.

  ㉠ 초기 단계에서는 접속문의 '나열'구조가 가장 많이 사용되고, 연령이 증가할수록 다른 접속문 형태가 증가한다.

  ㉡ 내포문에서는 명사절을 가진 내포문이 가장 빨리 출현한다.

④ 복문 내에서의 절 사용과 시제 및 피동·사동 접사 사용은 학령기에 들어서까지도 발달 과정을 거친다.

⑤ 의문문은 서술문보다 늦게 출현한다.

  • 의문사의 출현 순서는 연구자들마다 조금씩 차이를 보이지만, 일반적으로 '무엇'과 '누구'를 가장 먼저 습득하고 시간 개념인 '언제'는 늦게 출현한다.

⑥ 부정문의 경우에는 '안'이 '못'보다 먼저 나타난다.

(3) 구문론의 결함 10중특, 20초특

구문론적인 결함의 예는 다음과 같은 것들이 있다.

① 낱말의 순서를 바꾸어 문장을 만드는 경우가 많다.

② 문장의 평균발화길이가 짧다.

③ 복문을 이해하거나 표현하는 데 어려움을 나타낸다. 특히 내포문에서 주절과 종속절의 관계를 이해하여 문장 전체의 뜻을 파악하는 데 어려움을 나타낸다.

④ 문장을 구성하는 동안 긴 휴지기간을 보인다.

⑤ 의미 없이 자리만 채우는 말(예 채워진 쉼, '우' '어' '음')을 사용한다.

⑥ 더 많은 언어기술을 요구하지 않는 상투적인 구를 많이 사용한다.

5) 화용론

(1) 개념

① 화용론이란 실제 상황적 맥락에서 화자와 청자에 의해서 쓰이는 말의 기능으로 '어떻게 말이 사용되는가'에 대한 문제를 다룬다.

ㄱ 화용이란 문법적으로 완벽한 언어를 사용하는 능력과는 다른, 전체 담화 맥락을 잘 파악하고 상대방과 성공적인 대화를 이끌고 유지하는 것을 말한다.

ㄴ 화용(론)적 능력이란 상대방에게 자신의 의사소통 의도를 효과적으로 전달하고 이것을 파트너 지향적인 형태로 바꿀 수 있는 능력을 말한다.

16중특

• 화용(론)적 능력을 위해서는 상호작용이 잘 이루어져야 하며, 대화의 시작과 끝, 주제유지 그리고 화자－청자 교대가 적절히 이루어지는 것을 전제로 한다.

② 화용론의 주성분은 담화다.

ㄱ 담화란 넓은 의미에서의 실제 사용되는 모든 대화, 모든 의사소통 행위를 포함한다.

ㄴ 좁은 의미의 담화는 의사소통을 목적으로 구체적인 두 명 이상의 대화 참가자가 화자와 청자의 역할과 발화 순서를 교대로 하면서 수행하는 의사소통의 유형을 의미한다.

자료

구문론적 결함
• 문법적으로 부정확한 문장을 구사함
• 단순한 문장만 사용함
• 틀린 문장 어순을 사용함
출처 ▶ 고은(2021)

화용(론)적 능력

고은 (2014)	본문 참조
김영태 (2019)	화용론적 능력이란 말하는 사람에게 있어서는 듣는 사람의 의도를 인식하고 이해하는 능력을 의미하며, 듣는 사람에게 있어서는 말하는 사람의 의도를 인식하고 이해하는 능력을 의미한다.

✎ **담화에 대한 여러 정의**
담화는 여러 개의 문장이 일관된 주제를 이루며 연결되어 있는 구성체로 정의되기도 한다. 담화와 텍스트를 구분하여 담화는 구어를, 텍스트는 문어를 가리키기도 하고, 구어와 문어를 통칭하여 담화라고 하기도 한다(김홍범 외, 2021).

KORSET 합격 굳히기 **화용언어능력**

화용언어능력이란 언어사용의 원리, 언어형식과 의도된 의미와의 관계를 모두 잘 이해하고 문맥에 적합한 언어와 몸짓을 사용하여 적절하고 효과적인 의사소통을 하는 능력을 의미한다. 즉, 가지고 있는 언어적 지식을 활용하여 실제적인 의사소통에서 효과적으로 표현하는 능력이다.

출처 ▶ 고은(2021)

자료

화용론적 결함
• 청자가 이미 들은 정보와 잉여적 표현을 사용함
• 청자에게 분명하게 설명하는 기술이 부족함
• 무언가에 대하여 적절하게 지속적으로 설명하는 기술이 부족함
• 주제를 소개하고 유지하고 변화시키는 견지에서의 대화적 통제가 부족함(새로운 주제를 서투르게 소개하고 대화과정에 참여하지 못할 수도 있음)
• 다른 사회적 상황에서 대화 스타일 변경에 어려움이 있음 (**예** 또래 대 성인, 친한 관계 대 낯선 관계)
• 분명하게 진술되지 않은 자료로부터 추론하는 데 어려움이 있음

출처 ▶ 고은(2021)

(2) **화용론의 결함** ¹⁵유특, ¹⁷중특, ²⁰유특, ²⁴유특

화용론의 결함은 다음과 같은 형태로 나타난다.

① 문장에 표면적으로 나타나는 낱말의 의미만 이해하고, 그 속에 숨겨져 있는 상대방의 의도를 파악하지 못한다.
  • 문맥의 단서보다는 현재의 문장에 표면적으로 드러나는 개개 낱말의 의미에만 치중하는 경향이 있다.

② 상대방의 비언어적 의도를 파악하는 데 어려움을 보인다. 특히, 얼굴표정이나 강세, 억양 등에 전달되는 비언어적인 의도를 파악하지 못한다.

③ 대화를 시작하고 유지하는 데에 어려움을 보인다.

④ 의사소통 순서를 잘 지키지 못하여 상대방이 말하는 도중에 끼어들거나, 대답을 기다리지 않고 질문만 하기도 한다.

⑤ 원인−결과 관계를 이해하는 데 결함을 나타내기 때문에 이야기 전체의 의미를 해석하거나, 종말을 추측하거나, 모순점을 찾으라는 과제에 대하여 어려움을 나타낸다.

⑥ 간접적인 표현이나 완곡한 표현을 이해하지 못한다.

⑦ 제한된 의사소통 기능만을 나타낸다.
  예 물건이나 행동을 요구하기는 하지만 자발적으로 정보를 요청하거나 의견을 표현하지는 않는다.

⑧ 상대방의 전제나 가정에 대한 인식이 부족하다.

⑨ 인칭(**예** 나-너), 위치(**예** 여기-저기), 시간(**예** 아까, 이따가) 등을 나타내는 상대어나 지시어, 관계어 등의 사용에 결함을 보인다.

⑩ 의미론적 결함이 동반된 경우에는 상대방의 말을 부분적으로 또는 완전히 반복하는 반향어나 기계적인 상투어의 사용을 보이기도 한다.

KORSET 합격 굳히기 **화용론의 연구주제**

화용론은 직시, 전제, 함의, 함축, 화행, 협력원리 등을 연구주제로 한다.

1. 직시

① 직시의 사전적 의미는 대상을 지시하는 기능을 말하는 것으로 인칭대명사, 지시대 명사, 장소부사, 시간부사 등의 시제가 포함된다.
   - 의사소통 상황에서 직시는 화자와 청자의 역할, 시간 및 장소를 지시하는 기능을 한다.
② 정확한 직시가 이루어지기 위해서는 화자의 의도된 직시대상을 청자가 바르게 이해 해야만 한다.
③ 직시는 맥락을 전제로 하며, 기본적으로 자기중심적인 관점에서 표현된다.

> **예 1**
> "저희가 그때 만났었죠?"
>
> **예 2**
> "이것(화자 가까이에 있는) ... 주세요." / "그것(청자 가까이에 있는) ... 주세요." / "저것(화자와 청자로부터 멀리 떨어져 있으나 장면 내에 있는) ... 주세요."

2. 전제

① 전제란 발화된 문장에 부수적으로 전달되는 의미를 말한다.
② 담화에는 많은 성분이 생략되는 경우가 많다. 관용적으로 주어가 생략되기도 하고 서술어까지 생략되기도 한다. 그럼에도 불구하고 담화가 가능한 것은 장면이나 맥 락의 도움을 받기 때문이다.
③ 화자는 상대방에게 이야기할 때 상대방이 어느 정도의 배경지식을 가지고 있는가를 잘 파악하고 있어야 한다.

> **예** "예삐가 어제 새끼를 낳았어."
> (→ 청자는 예삐가 화자가 키우던 강아지 이름이라는 것을 알고 있어야 한다.)

3. 함의

함의는 사용된 언어 의미의 논리적 관계로부터 추론되는 것으로서, 그 명제 내용이 참 이면 당연히 그와 관련되어 결과도 참이 되는 내용을 말한다. 예를 들면, "철수가 그 개미를 죽였다."라는 문장이나 발화가 참이라면 당연히 "그 개미는 죽었다."도 참으로 받아들여진다.

4. 함축

① 함축은 추론에 의해 얻어진 의미로서 청자나 독자가 주어진 말이나 글의 표면에 나 타나지 않았어도 미루어 짐작할 수 있는 내포된 의미다.
② 함축은 전제와 함의와는 다르게 당연히 참이 되지는 않는다.

> **예** 순신 : "이제 다 나았어?"
> 길동 : "어제부터 학교에 다시 나가." (→ 어느 정도 나았을 것이라고 추정은 하지만, 완전히 다 나았다는 것을 의미하지는 않는다.)

비교

전제와 함의

1. 전제와 함의는 모두 추론성을 가지고 있으며 비맥락성이다. 즉, 맥락의 영향을 받지 않고도 추론이 가능하다.
2. 차이점이라고 한다면, 전제는 명제를 부정하여도 참이 되는 성질을 갖는다. 그러나 함의는 부정문에서는 참이 유지되지 못 한다.

> ㄱ. 어제 식당은 진짜 맛있었어.
> ㄴ. 어제 식당은 맛이 없었다. (부정문)
> ㄷ. 어제 식당에 갔다.

이 경우에는 부정문에서도 일치 성을 가지므로 ㄱ과 ㄴ은 모두 ㄷ 을 전제한다. 즉, 명제가 부정이 되어도 의미가 보존되는 것이다. 그러나 다음의 예시는 다르다.

> ㄱ. 철수는 미국에 이민 갔어.
> ㄴ. 철수가 한국을 떠났어.

이 경우에 ㄴ은 ㄱ의 함의다. 만약 ㄱ이 참이 아니라면, ㄴ은 참일 수 도 있지만 거짓일 수도 있기 때 문이다. 이처럼 주문장을 부정문 으로 바꾸었을 때 정보의 의미가 더 이상 참이 되지 않는 것을 '함 의'라고 한다.

출처 ▶ 고은(2021)

5. 화행

① 화행(발화 행위)이란 발화를 통해 행동이 수반되는 것을 말한다. 즉, 일상생활에서 어떤 문장을 발화하여 특정한 의미를 전달하고, 전달되는 의미에 따라 그 발화가 특정한 행위로 인식되는데, 이와 같이 문장을 발화함으로써 이루어지는 언어 행위를 의미한다.

② 직접화행과 간접화행으로 구분할 수 있다.

　㉠ 직접화행은 발화문의 구조와 수반되는 행동이 직접적으로 관련되는 것이다.

　㉡ 간접화행은 직접적인 언어로 표현하지 않고 상황이나 맥락의 도움을 받아 의도를 간접적으로 드러나게 하는 것이다.

> **예** 직접화행 : "과자 좀 줄래?"
> 　　간접화행 : "맛있겠다." / "맛있냐?"

6. 협력원리

그라이스(Grice)는 원활한 대화 진행을 위한 요건으로 협력의 원리를 제시하였다. 협력의 원리는 다음의 네 가지 격률로 구분된다.

① 양의 격률(The maxim of quantity)
- 주고받은 대화의 목적에 필요한 만큼만 정보를 제공하라.
- 필요 이상의 정보를 제공하지 말라.

② 질의 격률(The maxim of quality)
- 진실한 정보만을 제공하도록 노력하라.
- 증거가 불충분한 것은 말하지 말라.

③ 관련성의 격률(The maxim of relevance)
- 적합성이 있는 말을 하라.

④ 태도의 격률(The maxim of manner)
- 명료하게 표현하라.
- 모호한 표현은 피하라.
- 중의성은 피하라.
- 간결하게 말하라.
- 조리 있게 말하라.

> **예 1**
> "저희 반에는 담임 선생님이 한 분 계시는데, 선생님 성함이 ○○○이신데, 저는 그 ○○○ 담임 선생님이 참 좋아요."의 발화는 필요 없는 말을 덧붙임으로써 양의 격률을 어긴 경우다.
>
> **예 2**
> "오늘 무슨 영화 볼까?"라는 질문에 "날이 추우니까 삼겹살 먹으러 가자."라고 답을 한다면 이는 동문서답이기 때문에 관련성 격률의 위배다.

출처 ▶ 고은(2014, 2021)

02 언어발달

1. 언어습득이론

1) 행동주의 이론

행동주의는 언어습득을 자극과 반응을 통해 만들어지는 결과로 보았다.

(1) 개념

① 파블로프(Pavlov), 왓슨(Watson)에서 출발한 행동주의는 스키너(Skinner)의 조작적 조건화와 반두라(Bandura)의 사회학습 이론으로 발전하였다.

② 행동주의는 모든 행동을 학습의 결과로 보았던 것처럼 언어 또한 모방, 강화 그리고 확장을 통하여 학습된다고 주장하였다.

(2) 스키너의 언어행동 이론 ^{25유특}

① 스키너의 언어행동 이론에 따르면, 언어는 하나의 행동이며, 언어행동은 청자와 화자에게 영향을 미친다.

② 언어행동 유형에는 맨드(mand), 택트(tact), 모방, 오토클래티스(autoclitics) 그리고 언어자극－언어반응(interbal)이 있다.

- 맨드, 택트 그리고 모방은 연령이 증가하면서 점차 감소하는 반면에, 오토클래티스, 언어자극－언어반응은 사용 횟수가 증가하는 경향을 보인다.

맨드	• 'mand'는 'command'와 'demand'의 단어에서 만들어진 용어로서, 아동이 무엇인가를 요구하고 부모가 그 요구를 충족시켜 주는 과정에서 만들어지는 언어행동이다. • 맨드는 언어습득 시 가장 먼저 사용되는 언어유형이다. • 맨드는 자연스러운 강화를 통해 나타난다. ⑩ 목이 마르면 '물'을 말하거나 가리키기 혹은 잡아끌기 등의 방식을 통해 표현하는 것이다. / 못되게 구는 친구에게 "하지 마!"라고 말했더니 그 친구가 나쁜 행동을 중지했다면, 청자의 행동에 의해 형성된 언어기능으로서 맨드에 해당한다.

오토클래티스
🔵 꾸밈어

언어자극－언어반응
🔵 내적 언어, 상호적 언어

택트	• 'tact'는 'contact'라는 단어에서 유래한 용어다. • '접촉' 또는 '지칭'의 의미를 가지고 있는 택트는 단순히 욕구충족이 아니라 어떤 사물과 접촉하였을 때 이루어지는 방법이다. 예 창밖에 눈이 내리는 것을 보고 "눈."이라고 말하자 엄마가 "정말 눈이 펑펑 오네!"라고 말하거나, 혹은 놀이터의 그네를 보고 "(그)네네"라고 말하자 엄마가 그 말에 의미를 싣고 "저기 그네가 있네, 한번 가 볼까?"라고 반응해 주는 것처럼 사물과 접촉하여 습득되는 언어유형이다. / TV에 나온 사자를 보고 "사자."라고 말하자, 엄마가 "그렇지. 똑똑해." 등의 칭찬을 해준다.
모방	• 엄마 또는 주변 사람의 말을 듣고 따라 말하는 언어행동이다. 예 동화책을 보면서 엄마가 "옛날에 토끼가 살았어요."라고 말하자 아동이 "오끼"라고 그 말을 따라 하는 것이다. / "길동아, 이건 뜨거워."라고 말하자 "뜨(거)워?"라고 따라 말한다. • 모방 과정에서 정확한 발음이 아니더라도 그 반응 자체에 강화를 주는 것이 좋다.
오토클래티스	• 언어발달 초기 단계에서는 거의 나타나지 않던 문법이 성인의 발화를 통해 점차 문법적인 규칙을 습득하고 상황적 맥락 속에서 청자의 반응을 고려하여 발화하게 되는 언어행동이다. • 상황적 맥락 속에서 청자의 반응을 고려하여 사용하는 가장 복잡한 언어행동에 해당한다. 예 처음에는 "줘."라고만 말하던 아이가 "빨리 주세요." 또는 "뽀로로 인형 주세요." 등으로 말함으로써 청자에게 자신이 원하는 바를 더 정확하게 전달할 수 있다. / "저기 토끼 있어."라고 말하던 아동이 "저기 토끼가 있는 것 같아." "내 생각에는 저기 분명히 토끼가 있어."로 이야기한다.
언어자극 - 언어반응	• 질문에 대답하면서 생겨나는 언어행동을 의미한다. 예 "안녕하세요?"라고 말하면서 "네, 안녕하세요?"라고 답을 하는 것에서부터 "왜"라는 질문에 "왜냐하면…."으로 답하거나, 어떤 사람이 "실과 ○○"라고 말할 때 "바늘"이라는 단어를 결합하는 것까지 아동이 언어환경에서 직접 경험함으로써 그 상황에 적절한 언어 표현을 터득하게 된다. / "사과 같은 내 얼굴"이라고 엄마가 노래를 시작하면(언어자극) "예쁘기도 하지요."(언어반응)라고 뒤의 구절을 말한다.

출처 ▶ 고은(2021), 내용 요약정리

KORSET 합격 굳히기   언어행동 기능의 조작

언어행동	전제조건	결과	조작활동
맨드	특정한 동기나 상황	직접적 효력	교사 : 왜 뭐하고 싶어? 아동 : 화(소리를 내지 않고 입모양으로) 교사 : 우리 ○○이, 화장실 가고 싶구나.
택트	물리적 환경과의 접촉	사회적 효력	교사 : (그림카드를 보여 주며) 이건 무엇일까요? 아동 : 토끼 교사 : 참 잘했어요.
모방	다른 사람의 언어적 행동	사회적 효력	교사 : 완전 잘했어요, (박수를 치며) 훌륭해! 아동 : 훌늉해?
오토클래티스	자신의 언어적 행동	직접적 효력	아동 : 아이스크림 줘. ↓아동 : 아이스크림 하나만 더 먹고 싶어요. ↓아동 : 딸기 말고 민트 아이스크림 주세요.
언어자극 - 언어반응	다른 사람의 언어적 행동	사회적 효력	교사 : (신체놀이 시간에 익숙한 멜로디와 함께) 코는 어디 있나? 아동 : 여기 교사 : 입은 어디 있나? 아동 : 여기

출처 ▶ 고은(2021)

2) 생득주의 이론

생득주의에서는 인간의 언어습득이 경험에 의한 축적이 아니라 인간 고유의 타고난 능력에 의해 가능하다고 보았다. 선천적으로 타고난 능력은 지능과는 무관하며, 모든 언어에는 보편문법이 있고, 문법은 인간 정신에 내재하는 특성을 반영하고 있다는 데에서부터 생득주의는 출발하고 있다. 촘스키(Chomsky)의 주요 개념들은 다음과 같다.

(1) 언어습득장치 17유특

① 촘스키는 인간은 언어를 학습할 수 있도록 준비된 장치, 즉 언어습득장치(Language Acquisition Device, LAD)를 가지고 태어난다고 주장하였다.

    ㉠ 인간은 누구나 LAD를 가지고 있기 때문에 특별히 배우지 않고도 최소한의 언어환경에 노출만 된다면 누구나 언어를 습득할 수 있다는 것이다.

ⓒ 인간은 LAD에 의해 문법규칙을 습득하는 것이 가능하며, 무한대의 문장을 생성할 수 있고, 지능과 상관없이 모국어를 습득할 수 있다.

② 촘스키는 인간에게 언어습득장치가 존재한다는 근거를 다음 네 가지로 설명하고 있다.

㉠ 모든 언어의 심층구조는 같다.

ⓒ 모든 유아는 언어입력이 충분하지 않아도 언어와 문법규칙을 습득하고 무한대의 문장을 생성해 낼 수 있다.

ⓒ 최소한의 언어환경에 노출된다면, 계획적인 언어훈련 없이도 언어를 습득할 수 있다.

② 지능이 뛰어난 유아와 그렇지 않은 유아 모두 언어를 습득할 수 있다.

(2) 변형문법이론

① 촘스키는 언어에 대한 지식을 '언어능력'으로, 언어의 실제 사용을 '언어수행'으로 구별하고, 추상적 언어지식인 언어능력에 초점을 두었다.

언어능력	사람이 태어날 때부터 가지고 있는 언어에 대한 잠재적 지식을 의미한다.
언어수행	실제로 말을 할 때 자신이 가지고 있는 언어능력을 사용하는 발화를 말한다.

② 변형문법은 변형이 적용되기 전의 심층구조와 변형의 적용을 받은 표층구조로 나누어 설명할 수 있다.

㉠ 심층구조와 표층구조는 다음과 같이 정의된다.

심층구조	머릿속에서 어떻게 해야겠다는 생각을 하게 되는 문장을 의미한다.
표층구조	심층구조를 언어습득장치에 의해 생활 속에서 쓰이는 문장으로 나타낸 것이다.

ⓒ 표층구조는 현실의 말에 가까운 구조인 반면에 심층구조는 현실의 말의 배후에 있는 추상적인 존재이다.

• 문법적 요소가 빠진 심층구조에 변형이 적용되어 문장의 표층구조가 만들어진 것이다.

③ 변형문법이론에 있어서는 이 두 구조가 변형이라는 조작에 의해서 결합된다고 보는 데에서 출발한다.

(3) 최초상태

① 최초상태란 우리가 이 세상에 태어날 때 보편문법을 학습할 수 있도록 선천적으로 결정되어 있는 상태를 뜻한다.

② 최초상태를 안정상태로 발전시키기 위해서는 언어경험이 필요하지만, 이때 언어경험은 촉매제의 역할을 할 뿐 본질적인 변화를 가져오는 것은 아니며 언어습득의 본질은 언어습득장치에 있다는 것이 생득주의 이론의 핵심이다.

(4) 언어습득의 결정적 시기 [17유특]

① 결정적 시기란 특정 뇌 능력의 발달에 최적인 기간을 의미한다.

② 레너버그(Lenneberg)는 언어습득의 결정적 시기를 생후 2세부터 사춘기까지로 보았다.

③ 영유아기는 언어습득에 중요한 시기이므로 풍부한 언어자극이 필요하다.

3) 구성주의 이론

구성주의 이론은 피아제와 같은 인지적 상호작용주의는 언어를 습득해 나가는 인지적 과정에 역점을 두고 있으며, 비고츠키가 대표하는 상호작용주의는 개인과 환경 간의 상호작용 과정 자체가 언어를 구성하는 출발점이라고 보았다.

(1) 인지적 상호작용주의 이론

① 파아제에 따르면, 언어는 인지적 성숙의 결과로 획득되는 것 중 하나다.

　㉠ 언어발달은 인지의 기본적이고 일반적인 변화(감각운동기 – 구체적 조작기 – 형식적 조작기)에 기초한다.

　㉡ 언어는 감각운동 발달과정과 밀접한 관계를 가지고 있으며, 인지는 언어획득에 선행된다고 주장하였다.

｜자료｜

결정적 시기

• 어떤 특별한 심리적 특성이나 행동의 획득이 이루어지는 특정한 시기이다. 이 시기가 지나면 지속적인 자극을 제시하여도 특정한 심리적 특성이나 행동의 출현이 매우 어렵기 때문에 이 시기를 결정적 시기라고 한다. 주로 조류의 각인과 관련하여 결정적 시기가 설명되는 경향이 있다. 특수교육에서 결정적 시기의 의미는 장애학생에게 발달의 단계에 맞는 필요한 교육의 기회를 놓치지 말아야 한다는 의미로 해석되는 경향이 있다(특수교육학 용어사전, 2018).

• 아동의 발달과정에는 결정적 시기가 존재하며 출생 후 조기에 찾아오는 이 시기는 특정 학습경험에 대하여 가장 민감하고 수용적이므로 이 시기를 놓쳤을 경우 다른 보상에 의한 동등한 발달을 기대하기 어려운 것으로 주장된다(이소현, 2020).

🔵 민감기

---

② 피아제의 인지발달이론에서 사용되는 대표적인 개념들은 다음과 같다.

25초특

도식	도식이란 사물이나 사건 또는 사실에 대한 전체적인 윤곽이나 개념을 말한다.
동화	동화란 이미 경험이나 학습을 통해 형성된 기존의 도식에 맞게 새로운 자극을 이해하는 것을 말한다. 즉, 새로운 자극이 들어왔을 때 자신이 가지고 있는 도식에 맞추려고 하는 인위적 과정이라고 할 수 있다.
조절	조절이란 기존의 도식이 변경되고 새로운 도식이 만들어지는 것이다.
평형화	평형화는 동화와 조절 간의 균형이 이루어지는 것이다.
대상영속성	대상영속성이란 물체를 기억에 표상하는 능력을 말한다.
모방	• 모방은 외부세계를 이해하고 효과적으로 상호작용하는 행위이다. • 모방능력은 언어습득을 위한 필수요건이다.

<table>
<tr><td rowspan="5">자기중심적 언어</td><td colspan="2">• 자기중심적 언어란 상대방과 대화를 한다기보다는 자신에게 말하는 것처럼 독백 느낌의 말을 하는 것이다.
　- 자기중심적이란 다른 사람의 입장에서 볼 수 없는 아동의 사고 경향을 말한다.
• 자기중심적 언어에는 반복, 개인적 독백, 그리고 집단적 독백이 있다.</td></tr>
<tr><td>반복</td><td>특정한 누군가에게 말하려는 의도 없이 단지 즐거움을 얻기 위해 단어를 되풀이하는 형태다.</td></tr>
<tr><td>개인적 독백</td><td>혼자 있을 때 큰 소리로 자기 자신에게 말하는 것이다.</td></tr>
<tr><td>집단적 독백</td><td>두 명 이상의 아동들이 함께 있는 상태에서 서로에게 말을 하고 있는 것 같지만 실제로는 한 명의 아동이 혼잣말을 하고 다른 아동들은 주의를 기울여 듣지 않고 있는 형태다.</td></tr>
<tr><td colspan="2">• 피아제에 따르면, 언어발달은 자기중심적 언어에서 사회화된 언어로 발달한다.</td></tr>
</table>

출처 ▶ 고은(2021). 내용 요약정리

자료

자기중심적 언어

'자기중심적'이란 다른 사람의 입장에서 볼 수 없는 유아의 사고 경향을 말한다. 세상을 자신의 방식으로 이해하고, 다른 사람이 자기와 똑같이 생각한다고 믿기 때문에 타인의 마음을 읽을 수 없다. 이러한 자아중심성은 언어에서도 나타난다. 피아제에 따르면, 언어발달은 자기중심적 언어에서 사회화된 언어로 발달한다. 자기중심적 언어에는 반복, 개인적 독백, 집단적 독백이 있다(고은, 2021).

(2) 사회적 상호작용주의 이론

① 사회적 상호작용주의 이론은 부모나 다른 사람이 유아와 언어적 상호작용을 함으로써 언어습득이 이루어진다고 보는 이론이다.

② 사회적 상호작용주의 이론의 대표적인 학자인 비고츠키의 이론을 구성하는 주요 개념은 다음과 같다. ^{13유특(추시), 14유특, 16유특, 22초특}

근접발달영역	• 근접발달영역(ZPD)이란 실제적 발달수준과 잠재적 발달수준 간의 차이를 말한다. • 실제적 발달수준이란 이미 완성된 지적 발달수준을 말하며, 잠재적 발달수준이란 현재는 혼자 해결하지 못하지만 다른 사람의 도움을 받아 학습하면 주어진 문제를 해결할 수 있는 발달수준을 의미한다.
비계	• 비계(scaffolding)란 학습자가 처음 과제를 대할 때 문제에 쉽게 접근할 수 있도록 기호나 언어적 장치를 제시해 주는 교수·학습방법을 말한다. • 비계설정이란 아동이 현재 혼자서 자신의 능력에 미치지 못하는 목표를 성취할 수 있도록 발판을 만들어 주는 것이라 할 수 있다.
외적 언어와 내적 언어	• 외적 언어는 남에게 소리 내어 하는 말이며, 내적 언어는 자기 자신에게 소리 없이 하는 말이다. • 외적 언어가 사회화된 언어로서 다른 사람과 의사소통하려는 의도를 가지고 있다면, 내적 언어는 자신의 행동과 사고를 조절하는 기능을 가지고 있다. • 초기 단계에서는 밖으로 소리를 내어 말을 하지만, 시간이 지나면서 큰 소리로 하던 혼잣말은 점차 속삭임으로 변하고 다시 내적 언어로 변하게 된다.
아동지향적 말	• 아동지향적 말이란 아동과 대화를 할 때 나타나는 성인 말의 특성으로 부모나 성인이 아동에게 말할 때 무의식적으로 천천히 큰 소리로 또박또박 말하는 것, 말할 때 중간에 쉬는 간격을 많이 주고 과장된 억양을 사용하는 것과 같은 것을 말한다. • 아동지향적인 말은 아동의 언어습득에 결정적인 영향을 미친다. 　- 달콤한 단어들, 사랑이 가득한 느낌, 부드러운 목소리 그리고 과장된 얼굴표정들이 아동의 관심을 집중시키고 상호교환을 촉진하기 때문이다.

출처 ▶ 고은(2019). 내용 요약정리

자료

외적 언어와 내적 언어

비고츠키는 언어의 형식을 외적 언어와 내적 언어로 분류하였다. 외적 언어는 남에게 소리 내어 하는 말이며, 내적 언어는 자기 자신에게 소리 없이 하는 말이다. 외적 언어가 사회화된 언어로서 다른 사람과 의사소통하려는 의도를 가지고 있다면 내적 언어는 자신의 행동과 사고를 조절하는 기능을 가지고 있다(고은, 2021).

아동지향적 말
🔁 모성어, 엄마말투

③ 비고츠키가 제시한 언어발달 단계는 다음과 같다. [16유특, 17유특]

전언어 단계
🕞 원시적 단계, 초보적 단계

상징적 언어 단계
🕞 외적 언어 단계, 소박한 심리 단계

1단계	전언어 단계	• 0~2세 영아기 • 울음과 같은 정서 방출 • 타인의 목소리에 대한 사회적 반응 • 부모가 어떤 대상을 특정 단어와 빈번히 짝지어 줌으로써 단어들의 조건반사적 학습
2단계	상징적 언어 단계	• 2세 이후 • 의사소통을 위한 외적 언어(사회적 언어) 단계 • 사고가 단어로 변형 • 문법의 내면적 기능은 인식하지 못함
3단계	자기중심적 언어 단계	• 3~6세 • 외적 기호를 내적 문제해결의 보조수단으로 사용 (손가락으로 수를 세거나, 자신이 활동하는 동안 독백을 하는 형태) • 스스로에게 조용하게 말하는 혼잣말 형태
4단계	내적 언어 단계	• 말이 사고로 내면화된 단계 • 자기중심적 언어의 성숙으로 나타남(머릿속으로 수를 세며 논리적 기억을 사용)

출처 ▶ 고은(2021)

2. 언어발달 단계

(1) 영아 초기 단계

① 울음 단계

신생아의 울음은 반사적 반응으로 나타나며 출생 후 약 1개월까지의 울음은 미분화된 울음이다. 그러나 점차 영아의 울음소리에는 상황에 따른 메시지가 담긴다. 즉, 울음이 분화되기 시작한다.

② 쿠잉 단계

㉠ 약 2개월 정도가 되면 나타난다.

㉡ 초기 쿠잉은 우연히 산출되는 소리지만 점차 자신의 의도에 따라 발성의 폭을 넓혀간다.

㉢ 이때부터 엄마는 아기의 소리에 반응을 보이면서 아기는 엄마의 말소리에, 엄마는 아기의 말소리에 주의를 기울이고, 서로 눈을 맞추고, 경청하는 등의 상호 교환적 의사소통을 시작한다.

③ 옹알이 단계

㉠ 6개월 정도가 되면 영아의 발성소리는 점차 옹알이 형태로 바뀐다.

㉡ 초기 옹알이(6~8개월)는 반복적 옹알이 단계로 동일한 자음반복이 특징적이며, 9~12개월경에는 자음과 모음이 말소리와 비슷하게 조합되는 음절성 옹알이 단계가 나타난다.

④ 몸짓언어 ^{22유특, 25초특}

㉠ 일반적으로 영아기, 특히 첫 단어가 출현하기 이전에 나타나는 의사소통의 형태는 몸짓언어이다.

㉡ 몸짓이나 제스처를 통한 비구어적 의사소통 능력은 선천적으로 내재된 범언어적 능력이며, 모든 인간은 태어날 때부터 표현적 몸짓을 가지고 태어난다.

㉢ 몸짓언어를 통한 비구어적 의사소통 행동들은 사회성 발달과 정서적 영역에서 매우 중요한 역할을 한다.

㉣ 몸짓언어는 지시적·표상적·관습적 몸짓으로 구분할 수 있다.

지시적 몸짓	• 뻗기, 건네주기, 보여주기, 가리키기 등으로 맥락에 의해 화자의 의도를 파악할 수 있는 몸짓을 말한다. • 대개 8~10개월 사이에 나타나는데, 어떤 사물이나 사건이 존재할 때 수행되는 몸짓이다.
표상적 몸짓	• 이 닦기, 머리 빗기, 잠자기, 전화하기 등과 같이 상징적 의미가 일관성 있게 보이는 몸짓을 말한다. • 어떤 대상이나 행위의 특성을 표상해서 행동으로 묘사하는 몸짓이다. • 일반적으로 12개월경에 나타난다. • 연령이 높아질수록 지시적 몸짓이 줄고 표상적 몸짓 출현이 높아진다.
관습적 몸짓	• 손 흔들기, 고개 끄덕이기, 고개 젓기 등과 같이 몸짓의 형태와 의미가 문화적으로 정해진 몸짓을 말한다. ⑩ 고개를 아래위로 끄덕이는 것은 우리에게는 '예'의 의미이지만 불가리아나 그리스에서는 '아니요'의 의미를 갖는다.

자료

몸짓언어를 의사소통 수단으로 이용하는 예시

동호: (신혜와 민수를 바라본다.)
신혜: 동호야, 너도 같이 할래?
동호: (고개를 끄덕인다.)
민수: 그래, 동호야, 우리 같이 모래 구덩이 만들자.
신혜: (동호에게 모래를 파는 행동을 보이며) 이렇게. 이렇게 파면 구덩이가 생겨.
민수: 우리처럼 이렇게 모래를 파는 거야.
동호: (신혜가 가진 꽃삽을 향해 손을 내민다.)
민수: 응? 뭐가 필요해?
신혜: (옆의 나뭇가지를 동호에게 주며) 자, 이거!
동호: (나뭇가지를 밀어내며, 다시 한 번 꽃삽을 향해 손을 내민다.)
민수: (신혜를 바라보며) 동호가 꽃삽이 필요한가 봐.
신혜: 아, 꽃삽! 자. 동호야, 너도 해봐.
동호: (꽃삽을 받아들고 모래를 파기 시작한다.)

◎ 비구어적인 의사소통 수단으로서의 몸짓언어는 참조적 · 상징적 · 의미론적 · 화용론적 기능이 있다.

참조적 기능	손가락이나 머리 또는 눈으로 대상을 가리키는 기능을 한다. 예 가까이에 있는 물컵이 필요할 때 상대방에게 머리나 손가락으로 가리킨다.
상징적 기능	실제적인 의사소통에서 음성언어와 동일한 기능을 갖는다. 예 주먹으로 위협하는 동작을 한다.
의미론적 기능	몸짓을 구어 표현에 첨가함으로써 구어적 표현을 강조하고 보충해 주는 기능이 있으며, 또는 구두 표현과 상반된 의미를 전달하는 기능을 하기도 한다. 예 보충의미 : 긍정적인 답변에 머리를 끄덕이는 몸짓 　　상반된 의미 : 상대방이 심각하게 말하고 있는데 미소를 짓는 몸짓
화용론적 기능	대화를 유지시키는 수단이 된다. 예 누군가가 말을 끊으려고 할 때 손을 가볍게 막는 몸짓, 역으로 상대방의 말을 제어할 때도 신호를 줄 수 있다.

출처 ▶ 고은(2021)

(2) 영아 후기(12~24개월)부터 유아기까지

① 한 단어 시기

　㉠ 생후 12개월 정도가 되면 유아는 하나의 단어로 자신의 의사를 표현하기 시작한다.

　㉡ 한 단어가 한 문장을 대표하므로 '일어문 시기'라고도 한다.

　㉢ 영아가 사용하는 한 단어는 많은 의미를 가지고 있기 때문에 상황적 맥락 속에서만 이해될 수 있다.

② 두 단어 시기

　㉠ 약 18개월이 되면 두 개의 단어를 연결하여 아주 초보적 문장으로 말을 하게 된다.

　㉡ 두 단어 시기는 '이어문 시기'라고도 한다.

ⓒ 두 단어 시기에 나타나는 대표적인 어휘발달의 특징은 다음과 같다.

13초특, 22초특·중특, 24유특, 25초특

과잉확대	• 과잉확대는 유아가 아직 알고 있는 어휘의 양이 부족하고 정확한 지식이 형성되지 않아서 생기는 현상으로, 잠깐 동안 나타났다가 어휘력과 지식이 증가하면서 점차 사라진다. 🅔 성인 남자를 모두 '아빠'라고 하는 말하는 것, 네 발 달린 동물을 모두 '강아지'라고 말하는 것 / 탈것은 모두 '차'라고 부르는 경우
과잉축소	• 과잉축소는 단어가 가지고 있는 본래의 뜻보다도 더 좁은 의미로 사용하는 현상으로, 자신이 가지고 있는 경험 속에서만 단어의 의미를 제한하는 것으로, 어휘력이 증가하고 지식이 증가하면서 곧 사라진다. 🅔 유아는 '의자'가 앉는 데 사용되는 개념이라는 것을 아직 알지 못하기 때문에, 자기가 아는 특정한 대상만을 '의자'라고 말하는 경우 / 자기 집 강아지만 '강아지'고 다른 종류의 강아지는 '강아지'라고 하지 않는 것 / 자가용만 '차'고 택시는 '차'가 아니라고 하는 경우
과잉일반화	• 과잉일반화는 유아가 언어를 배우는 과정에서 사용규칙을 일반화시키는 것이다. • 특히 문법습득 과정에서 많이 나타나는데, 가장 대표적인 것은 주격 조사의 과잉일반화이다. 🅔 "삼춘이 …" / "선생님이 …" / "밥이 맛있어요."를 "밥이가 맛있어요."라고 말하는 것
주축문법	• 주축문법은 주축이 되는 단어를 중심으로 새로운 단어를 조합하여 문장을 표현하는 것으로, 두 단어 시기의 유아 말에서 관찰된다. 　– 두 단어 조합에서 축이 되는 단어를 '주축어'라고 한다. 주축어는 고정된 위치를 취하며, 개방어에 비해 증가 속도가 느리고, 단독으로 사용되지 않으며, 모든 개방어와 조합될 수 있다는 특징이 있다. 　　🅔 "엄마 + 쉬." "엄마 + 어부바." 또는 "안 + 가." "안 + 밥."이라고 했을 때 '엄마'와 '안'은 주축어다. 　– 개방어는 주축어에 합쳐지는 단어를 말한다. • 주축문법은 초기 두 단어의 조합은 설명할 수 있지만 모든 단어 조합과 모든 의미를 설명하기에는 부족하다는 지적을 받는다.

과잉확대, 과잉축소, 과잉일반화

고은(2021 : 135)의 문헌에서는 과잉확대(overextention), 과잉축소(underextention), 과잉일반화(overgeneralization)를 구분하여 사용하는 데 반해, 김영태(2019 : 41)의 문헌은 과대일반화(over-extention or overgeneralization), 과소일반화(underextention or undergeneralization)로 구분하여 설명한다.

저자 용어	고은 (2021)	김영태 (2019)
과잉확대	과잉확대	과대일반화
과잉축소	과잉축소	과소일반화
과잉일반화	과잉일반화	–

이와 관련하여 고은(2021)은 국내 언어치료학 사전의 내용을 토대로 다음과 같이 설명하고 있다. "과잉확대는 언어의 의미론적 측면에서 어떤 단어에서 그 단어가 의미하는 것보다 광범위하게 사용되는 경우다. 반면에 과잉일반화란 아동이 과거시제, 단수와 복수 등과 같은 구문기능을 사용하는 법을 배우게 될 때 나타난다. 즉, 과잉확대는 초기 언어발달과정에서 모든 단어들의 1/4을 실제보다 더 큰 의미범주의 단어로 사용하는 현상이며, 과잉일반화는 문법습득과정에서 나타나는 시스템적인 오류를 말한다."

	수평적 어휘확장	• 수평적 어휘확장은 유아가 단어의 여러 가지 속성을 알고 다양한 상황에서 그 단어의 의미를 경험함으로써 한 단어의 관습적 의미를 이해하며 이를 통해 어휘를 배우는 것을 말한다. • 수평적 어휘확장은 유아가 알고 있는 단어의 속성에 새로운 속성을 추가하여 그 단어의 의미를 풍부하게 해준다. 예 유아는 개의 여러 가지 속성, 몸집의 크기, 털, 생김새, 촉감, 형태 등을 연결하여 개라는 단어의 의미를 풍부하게 한다. 또한 처음에는 집에서 기르는 애완견만 알다가 기능에 따라 안내견 등이 있음을 알게 되면서 유아는 그 단어의 의미를 확장해 간다.
수평적 어휘확장과 수직적 어휘확장	수직적 어휘확장	• 수직적 어휘확장은 유아가 어떤 어휘의 개념 속성을 학습하게 되면 이와 관련된 단어들을 하나의 의미 집합체로 구성할 수 있게 되어 어휘를 학습하게 되는 것을 말한다. 예 개의 속성을 알게 된 유아는 개가 염소, 말, 양과 같은 동물과의 관계를 알면서 동물이라는 집합체로 이해하게 된다.
전보식 문장		• 전보식 문장이란 조사와 연결어 등을 생략하고 명사와 동사 중심으로 짧게 말하는 것을 의미한다. 예 "고모가 커피를 좀 더 달래요." 대신 "고모 커피 줘."라고 줄여서 하는 말 / "나는 바나나가 더 좋아요." 대신 "나 바나나 좋아." 라고 하는 말

✎ 전보식 문장
조사나 관계사 등이 빠진 핵심어, 중심어로 이루어진 문장이다. 문해 발달 초기나 언어장애가 있는 경우에 나타날 수 있다(특수교육학 용어사전, 2018).

㉣ 두 단어 시기가 시작되고 약 2~3개월이 지나면 세 단어를 조합하여 말하기 시작하고 이때부터 실질적인 어휘폭발기가 시작된다. [14유특]

• 어휘폭발 혹은 어휘급성장이란 18개월을 전후하여 표현어휘가 급속하게 증가하는 현상을 말한다. 즉, 어휘습득 비율이 빠르게 상승하는 것이다.

• 어휘폭발의 원인은 여러 가지 이론으로 설명되는데 빠르게 발달하는 음운적 진보, 통사적 패턴 체계 또는 인지적 진보와 의미론 습득이 역동적으로 합해져 발생하는 것으로 보고 있다.

 자료

어휘폭발기
생후 2년이 지나면서 어휘폭발기에 접어든다. 어휘폭발기가 시작되면 하루에 거의 3~4개 정도의 새로운 어휘를 습득하면서 36개월경이 되면 거의 500개의 표현어휘량을 갖는다(고은, 2021).

비교

어휘폭발의 원인
• 이 시기의 영유아들은 모든 것에는 이름이 있다는 사실을 알게 된다.
• 인지발달이다.
• 음운발달이다.
• 사회적 발달이다.
　　출처 ▶ Owens, Jr.(2015)

03 의사소통의 이해

1. 의사소통의 개념

① 의사소통이란 사람들 간에 생각이나 감정 등을 교환하는 총체적 행위를 의미한다.

② 의사소통은 구어나 문어를 통한 언어적 요소는 물론 제스처나 자세, 얼굴 표정, 눈맞춤, 목소리, 억양 등과 같은 비언어적 요소를 통해서도 이루어질 수 있다.

2. 의사소통 관련 용어의 구분

의사소통의 정의를 일상에서 간혹 혼용되어 사용되기도 하는 '말' 그리고 '언어'와 비교하여 구체적으로 살펴보면 다음과 같다.

(1) 말(speech)

① 구강 산출에 의한 언어(구어)의 생성을 의미한다.

예 한두 단어를 말할 수 있다.

② 호흡, 발성, 조음기관을 통해 산출되는 소리이면서 거기에는 전달하고자 하는 의미가 포함되어 있어야 한다. [10유특]

호흡	폐에서 숨을 내뱉는 과정으로 말 생성의 원동력이 된다.
발성	성대가 수축될 때 공기가 진동하는 과정에서 소리를 만들어 낸다.
공명	공기가 목, 입, 그리고 비강을 통과하면서 소리의 성질을 만들어 낸다.
조음	• 구강 안에서 모음과 자음들을 만드는 과정을 말한다. • 조음기관은 혀와 입술 등과 같은 동적 구조와 인두와 같은 정적 구조를 모두 포함한다(혀, 입술, 치아, 치조, 구개 등).

(2) 언어(language)

① 음성이나 문자를 통하여 생각과 감정을 표현하는 체계적인 수단을 의미한다.

② 언어는 형식, 내용, 그리고 사용을 갖추어야 한다.

예 언어규칙을 문법에 맞게 알고 읽고 쓸 줄 안다.

(3) 의사소통(communication)

① 구어나 문어를 통하여 지식, 생각, 의견, 감정 등을 교환하는 과정을 말한다.

② 두 사람 혹은 그 이상의 사람들 사이의 정보교환으로서 사회적 행동의 한 형태이다.

✍ 공명

공명은 진동계가 그 고유 진동수와 같은 진동수를 가진 외부의 힘을 주기적으로 받아 진폭이 뚜렷하게 증가하는 현상을 가리킨다. 즉, 말소리 산출 시 음원이 되는 구강, 비강, 인두강 내에 있는 공기분자의 음향적 공명을 말한다. 이러한 현상을 이용하면 세기가 약한 파동을 큰 세기로 증폭시킬 수 있다(최성규 외, 2015).

✍ 조음

소리는 성문(성대 사이의 공간)에서부터 인두, 연구개, 경구개, 치조, 치아, 입술로 이어지는 성도라 부르는 상기도를 지나면서 혀와 연구개의 위치, 턱의 움직임, 기관의 좁힘점, 기류의 압력 등에 따라 만들어지는 것이다. 이러한 과정을 조음이라고 한다(고은, 2021).

📕 자료

호흡, 발성, 공명, 조음

호흡, 발성, 조음 및 공명기관에 대한 자세한 내용은 본 장의 '[KORSET 합격 굳히기] 언어기관의 생리학적 이해' 참조

KORSET 합격 굳히기 **언어기관의 생리학적 이해**

1. 호흡기관
① 공기를 허파 안으로 빨아들이는 호흡작용을 흡기, 허파 밖으로 빠져나가는 것을 호기라고 한다.
② 흡기는 호흡의 능동적인 작용으로, 숨을 들이마시면 횡격막은 하강하고 흉곽은 위로 그리고 바깥쪽으로 이동하여 폐의 공간을 확장시켜 준다.
③ 호기는 수동적인 작용으로, 횡격막은 제 위치로 돌아오게 되고 흉곽은 아래로 그리고 안쪽으로 이동한다.

구분	횡격막	흉곽	폐의 용적	압력
흡기	아래로	위로	커짐	감소
호기	위로	아래로	작아짐	증가

2. 발성기관
① 발성은 폐에서 생성된 공기를 기도압력을 이용하여 목소리로 전환하는 것을 말한다. 그 기능은 후두가 담당한다.
② 폐에서 만들어진 공기는 폐의 폐포에서 기관지를 통해 기도를 타고 올라와 후두를 지나게 된다.
  • 폐에서 올라오는 공기는 닫혀 있는 성문 아래에서 압력을 형성한다. 폐쇄된 성대 점막을 뚫고 나오는 하기도의 압력을 성문하압이라고 한다.
③ 후두를 지나는 공기는 성대에 부딪히게 되는데, 이때 성대가 진동하게 되고 이 진동이 바로 목소리가 된다.
  • 성대 접촉이 불충분할 경우에는 속삭이는 음성이 산출될 수 있으며, 반대로 지나치게 접촉될 때에는 쥐어짜는 억압된 음성이 산출된다.

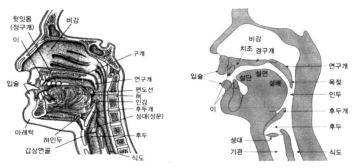

| 말 산출기관 |

3. 조음 및 공명기관
① 조음이란 구강 안에서 모음과 자음들을 만드는 과정을 말한다.
  ㉠ 폐에서 나온 기류가 성문을 통과할 때 진동이 생기지만 그 자체로 소리가 만들어지는 것은 아니다.
  ㉡ 소리는 성문에서부터 인두, 연구개, 경구개, 치조, 치아, 입술로 이어지는 성도라 부르는 상기도를 지나면서 연구개의 위치, 턱의 움직임, 기관의 좁힘점, 기류의 압력 등에 따라 만들어지는 것이다. 이러한 과정을 조음이라 한다.

② 주기적 에너지원의 진동 횟수가 같거나 비슷해지면 자연적으로 강도의 증가 현상이 나타나는데, 이를 공명이라고 한다.
  ㉠ 성대에서 산출된 소리는 성도 내의 공명강을 통과하면서 변화한다. 공명강에는 구강, 비강, 인두강이 있으며, 이들은 소리 생성이 아닌 소리의 특성에 영향을 준다.
  ㉡ 공명기관의 공간 크기와 면적 등은 공명의 성질을 결정한다.
③ 조음이 조음기관의 움직임에 따라 결정되었다면, 공명은 공명강의 용적과 형태에 의해 서로 다른 울림으로 생성된다.

출처 ▶ 고은(2021)

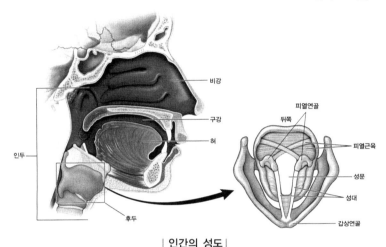

| 인간의 성도 |

출처 ▶ Bear et al.(2018)

3. 의사소통 능력의 발달

(1) 의사소통 발달 단계 ¹⁹유특, ²³초특

단계	내용
전의도적 단계 (prelocutionary)	• 학생이 자신의 의도를 정확하게 표현하지 못하므로 대화 상대자가 학생이 표현하고자 하는 의도를 주도적으로 해석해야 하는 단계이다. ⑩ 아기가 울면 배고프다는 신호로 여기고 양육자는 우유를 먹인다. 즉, 구체적으로 우유를 달라고 운 것은 아니지만 양육자의 도움을 요구하는 의사소통 기능을 수행한다.
의도적인 비구어 단계 (illocutionary)	• 학생이 정확한 발음의 구어는 아니지만 관습적인 몸짓이나 부정확한 발음(거의 발성 수준) 혹은 일정한 행동이나 몸짓 등으로 표현하는 단계이다. ⑩ 학생이 병을 잡으려고 할 때 병을 한 번 보고 양육자를 쳐다본 후 다시 병을 바라본다. 이는 병을 달라는 의도적 행동이다. / 요구하는 상황에서 '으', '거' 등의 소리를 내거나 가지고 싶은 물건이 있으면 몸을 앞뒤로 흔드는 행동으로 표현한다.

Tip
• 시험에서는 문제에 '의사소통 발달 단계'(2023 초등B-5 기출) 또는 '언어 전 의사소통 발달 단계'(2019 유아A-8 기출)라는 표현을 포함하여 내용을 구분 짓도록 하고 있다.
• 의사소통 발달 단계는 '의사소통 의도 표현'의 발달 과정을, 언어 전 의사소통 발달 단계는 '의사소통 행동 발달'의 과정으로 표현되기도 한다(곽경미 외, 2021).

의사소통 발달 단계

Snell et al. (2010)	박은혜 외 (2019)	김혜리 외 (2021)
전의도적 단계 (언향적)	전의도적 단계	전의도적 단계
의도적/ 비상징적 단계 (언표내적)	의도적인 비구어 단계	의도적/ 비상징적 단계
언어적 의사소통 단계 (언표적)	의도적인 상징적 의사소통 단계	언어적/ 상징적 단계

✎ 전의도적 및 의도적 의사소통

의도성의 수준	정의
전의도적	의사소통 상대가 해석해야 하는, 학습되지 않은 행동이나 반사적인 것
의도적	의사소통 상대에게 영향을 미치려고 의도한 의식적인 의사소통

출처 ▶ Brown et al.(2017)

| 의도적인
상징적 의사소통 단계
(locutionary) | • 구체적인 의도를 가지고 상대방을 향해 단어나 기타 상징체계를 사용하여 지적하거나 표현하는 단계이다.
• 학생은 병을 지칭하는 '벼~벼' 소리를 통해 병을 달라고 요구한다. |

출처 ▶ 김혜리 외(2021), 박은혜 외(2023). 내용 요약정리

(2) 언어 전 의사소통 발달 단계(의사소통 행동 발달 단계)

언어발달에 기초가 되는 의사소통 행동의 발달을 단계별로 살펴보면 다음과 같다.

단계	내용
초보적 의사소통 행동 단계	• 초보적 의사소통 행동 단계(0~3개월)에서는 울음, 미소, 눈 맞춤 따위의 초보적인 의사소통 행동들을 보이는데, 이러한 행동들은 아직 반사적이다. 　－ 이 기간 동안 신생아는 자신의 행동이 환경이나 다른 사람에게 어떤 영향을 미치게 되는지 미처 인식하지 못한다. • 관심도 사물이나 사람 각각에게는 집중되더라도 사물과 사람을 함께 통합하여 연관 짓지는 못한다. 예를 들어, 엄마가 태엽을 감아 준 장난감을 가지고 놀다가 그것이 멈췄을 때, 자신의 손을 뻗쳐 그것을 잡으려고는 하지만, 옆에 있는 엄마를 '행위자'로 활용하지는 못한다. 　－ 즉, 아직 수단－목적 관계나 인과성 개념이 형성되지 못해서 '행위자'와 '목적(사물)'의 관계를 이해하지 못한다.
목표지향적인 의사소통 행동 단계 (언향적 단계)	• 목표지향적인 의사소통 행동 단계(4~7개월)가 되면 유아는 자신의 소리 내기, 몸짓, 눈 맞추기 등의 행동이 성인의 행동이나 환경에 영향을 미칠 수 있다는 것을 깨닫게 된다. 그러나 유아의 관심과 행동은 즉각적인 목표에 한정되어 있어서, 의사소통적인 신호도 즉각적인 목표 성취에 제한된다. • 아직까지 사물과 사람의 인식이 확실히 분리되지 않아서, 갖고 싶은 사물을 손을 뻗쳐 잡을 수 없을 때 칭얼대거나 웃음을 터뜨려 성인이 그 물건을 집어 주게는 하지만, 성인의 얼굴을 쳐다보거나 그 물건을 요구하는 좀 더 변별적인 행동은 나타나지 않는다. • 이 시기에 부모들은 유아의 전의도적(preintentional) 행동에다 의사소통적인 의도를 연결시켜 줌으로써 유아가 의사소통의 가치를 인식하는 데 중요한 역할을 한다.

자료

언향적, 언표내적, 언표적

오스틴(Austin)과 그의 제자 써얼(Searle)의 언어행위 이론(화행이론)에 따르면 하나의 언어표현은 세 가지 차원의 의미를 지니고 있는데, 그것이 바로 언향적(prelocutionary communicative behaviors) 의미, 언표내적(illocutionary communicative behaviors) 의미, 언표적(locutionary communicative behaviors) 의미다.

언향적 (언표외적)	• 4~8개월 • 아동의 행동에 의도가 포함되어 있지 않음
언표내적	• 8~12개월 • 의도적 의사소통 행동이 나타나며 목표를 이루기 위해 수단을 사용함 • 관습적 몸짓, 발성을 사용하여 의도 표현
언표적	• 12개월 이후 • 언어를 사용하여 의도를 표현함

출처 ▶ 고은(2021), 곽경미 외(2021)

도구적인 전환기 행동 단계	• 목표지향적인 의사소통 단계와 의도적인 의사소통 단계 사이에는 점차적인 도구적 전환 시기(8~11개월)가 관찰된다. • 유아는 미리 계획된 목적을 이루기 위해서 분명한 신호를 보내게 된다. 예를 들어, 유아는 안아 달라고 팔을 벌리거나 성인들의 관심과 웃음을 자아내기 위하여 여러 가지 우스꽝스러운 행동을 하기도 한다. • 많은 시행착오를 거쳐서 자신이 보내는 신호와 결과 사이의 '수단-목적' 관계를 깨닫게 된다.
언어 이전의 의도적 의사소통 행동 단계 (언표내적 단계)	• 언어 이전의 의도적 의사소통 행동 단계(11~14개월)가 되면 유아는 의도적인 의사소통 행동을 보여 준다. 　－ 의도적인 의사소통이란 유아 자신이 신호를 보내기 이전에 그 신호가 상대방에게 어떤 영향을 미쳐서, 어떤 행동적인 결과를 초래하리라는 인과관계를 충분히 이해하는 것을 의미한다. 그래서 그 목적이 달성되거나 그렇지 못하리란 확신이 설 때까지 계속해서 의사소통을 시도해 보는 것이다. 　－ 이 시기의 유아의 의사소통은 의도적이기 때문에 자신의 행동이 성인의 주의를 충분히 끌지 못했을 때 다른 여러 가지 방법을 써서라도 그 목적을 성취하려고 시도한다. 　❻ 과자 봉지에 손이 미치지 못할 때 손을 뻗쳐 보기도 하고, 말이나 소리를 내보기도 하며, 엄마와 과자봉지를 번갈아 쳐다봄으로써 그 의도를 명확히 보여 주기도 한다. • 관습적인 몸동작들이 많이 사용되는데 이들은 초기적 의사소통 행동보다 좀 더 발달된 행동 형태로서 뚜렷하게 의사를 내포하는 행동을 의미한다. 　❻ 집게손가락을 펴서 정확하게 자신이 원하는 물건을 가리키거나 흥미로운 장난감을 들어 부모에게 보여 주거나, 또는 고개를 숙여 인사하는 행동들을 보여 준다. 　－ 관습적인 몸동작들은 억양을 변화시키는 발성 패턴을 동반하게 되고, 이러한 발성들은 곧 기능적인 초어(proto-words)로 발전하게 된다. • 정상적인 아동은 3세 정도가 되면 대화를 부드럽게 이끌어 나가는 대화의 규칙이나 과정들에 대한 이해가 많이 발달한다. 그러나 실제로 아동은 언어를 통한 의사표현이 있기 전인 약 10~12개월 정도에 언어 이전기적 의사소통 행위를 발달시킨다. 예를 들어, 아동은 가는 사람에게 손을 흔들어 인사(❻ '빠이빠이')를 한다거나, 고개를 상하 또는 좌우로 흔들어 긍정이나 부정의 의사표현을 한다. 이러한 의사소통 행위들은 언어를 통한 의도 표현의 전형이 되는 것이다.

- Halliday는 10~18개월 정도에 나타나는 의사소통 행위들을 그 기능에 따라 다음과 같이 분류하였다.

도구적 기능	− 자신의 물질적 필요나 욕구를 채우기 위한 의사소통 행위 − '원해요/주세요'와 같은 의사를 내포하고 있다. − 문헌에는 '물건 요구하기' 기능으로도 소개되어 있다.
조정적 기능	− 다른 사람을 조절 또는 통제하기 위한 의사소통 행위 − "하라는 대로 하세요"와 같은 의사를 내포하고 있다. − 문헌에는 '행동 요구하기' 또는 '지시하기'의 기능으로도 소개되어 있다.
상호작용적 기능	− 다른 사람과 교류 또는 상호작용을 하기 위한 의사소통 행위 − 인사하기, 타인을 위한 공통적인 관심이나 활동에 끌어들이기 등의 기능을 나타낸다. − 이것은 "나와 너"의 의사를 내포하며 '주고 받기' 기능이라고도 불린다.
개인적 기능	− 자신의 존재를 알리고자 하는 의사소통 행위 − "저 여기 있어요"와 같은 의사를 내포하고 있다.
발견적 기능	− 환경을 탐구하고 정리하려는 의사소통 행위 − "왜 그런지 말해 주세요."와 같은 의사를 내포하고 있다. − '정보 요청하기'의 기능으로도 불린다.
가상적 기능	− 가상적인 상황을 만드는 의사소통 행위 − "우리~척해요."와 같은 의사를 내포하고 있다.

| 언어적 의사소통 행동 단계 (언표적 단계) | • 언어적 의사소통 행동 단계(14~16개월)는 아동이 말을 사용함으로써 자신이 원하는 의사소통의 목적을 달성하게 되는 시기이다.
• 초기 단계에서는 흔히 말과 몸동작이 함께 동반되기도 하는데 이때의 '말'은 발성을 통한 구화뿐 아니라, 수화나 언어보조기 등을 통한 언어도 포함된다. |

출처 ▶ 김영태(2019). 내용 요약정리

4. 대화 능력의 발달

1) 대화 참여 기술의 발달

대화 참여 기술이란 대화를 적절하게 시작하고, 상대방의 선행 발화에 적절하게 반응하며, 주제를 유지하면서 순서적으로 말차례를 주고받고, 듣는 이의 피드백에 따라 반응을 수정하는 것을 포함하는 포괄적인 능력을 말한다.

(1) 말차례 주고받기 능력

① 말차례 주고받기를 구성하는 말차례는 상대방이 말을 시작하기 전까지 화자가 주제에 대해 말하는 발화로 정의된다. 그리고 한 쌍의 말차례는 한 사람이 한 번씩 말차례를 주고받는 것으로 정의할 수 있으나, 말을 주고받기 위해서는 적어도 세 번의 말차례(예 화자의 말, 상대방의 반응, 그에 따른 화자의 반응)가 바뀌는 것을 살펴보는 것이 좋다.

② 말차례에서 나타날 수 있는 오류는 상대방의 말이 끝나기 전에 끼어드는 중첩, 지나친 자기중심의 발화를 하는 발화방향의 오류, 상대방의 말에 대해 시간 내에 반응하지 못하거나(반응률 오류), 상대방의 말에 의미적으로 관계없는 말(의미연결 오류)을 하는 등의 오류가 나타날 수 있다.

(2) 대화 주제관리 능력 [16중특]

대화 주제관리 능력은 대화 주제를 시작하는 능력, 대화 주제를 유지하다가 잘 바꾸는 능력 그리고 대화를 자연스럽게 잘 끝내는 능력이 포함된다.

(3) 의사소통 실패 해결 능력

두 사람 이상이 서로 대화를 할 때 의사소통의 실패(또는 단절)가 일어날 수 있는데, 이런 상황을 해결하는 능력을 습득하는 것 또한 대화기술에서 매우 중요하다. 의사소통의 실패 원인이 파악되면 그 문제를 해결하려는 시도가 있어야 하는데, 발화 수정 전략과 명료화 요구 전략으로 구분할 수 있다.

① 발화 수정 전략

　㉠ 발화 수정 전략은 말하는 사람의 입장에서 자신이 무엇을 잘못 말했는지 분석해서 수정하는 전략을 의미한다.

자료

의사소통의 실패
의사소통의 실패는 여러 가지 측면에서 나타날 수 있다.
예 목소리 크기 오류, 음운 오류, 어휘 오류, 내용/정보 오류, 화용 오류, 비구어 오류, 미완성 오류, 기타 오류
출처 ▶ 김영태(2019)

비교

발화 수정 전략
발화 수정 전략은 학자들마다 분류체계가 다르기 때문에 문헌마다 소개되는 세부 전략에 있어서도 차이를 보인다.

김영태 (2019)	• 본문 참조 • Gallagher의 분류체계(반복, 개정, 반응하지 않음)와 Brinton 등의 분류체계(반복, 개정, 첨가, 단서 추가, 부적절한 반응)를 정리하여 제시한 것이다.
고은 (2018)	• Jenkins의 분류체계에 따라 반복, 수정, 부연 설명, 구어 확인, 비구어 반응, 부적절한 반응으로 분류하였다.

ⓒ 발화 수정 전략의 구체적인 형태는 다음과 같다.

세부 전략	정의
반복	이전 발화 전체 혹은 부분을 반복하는 것
개정	이전 발화의 문장 형태를 구조적으로 변화시키는 것
첨가	이전 발화에 특정 정보를 더하는 것
단서 추가	이전 발화의 용어를 정의, 배경정보에 대한 설명, 발화 수정 자체에 대해 말하는 것

출처 ▶ 김영태(2019)

② **명료화 요구 전략** 21중특, 22중특

ㄱ 명료화 요구 전략은 듣는 사람의 입장에서 자신이 이해할 수 없었던 부분에 대하여 수정해서 다시 말해 줄 것을 요구하는 것을 의미한다.

ㄴ 명료화 요구 유형은 다음과 같다.

명료화 요구 유형	정의	예
일반적 요구	• 원래 발화의 의미를 다시 묻는 경우 끝을 올리는 억양으로 이전 발화의 어떤 부분에 대해 반복해 줄 것을 요구함 • 주로 "응?" "뭐라고?" "못 알아 듣겠다."	길동 : 나 어제 할머니 집에 갔어요. 순신 : 응?(혹은 뭐라고?)
확인을 위한 요구	• 화자의 발화의 일부 혹은 전체를 반복함으로써 원래 발화의 의미를 확인하는 것 • 주로 끝을 올리는 억양이므로 '예/아니오' 질문과 비슷함	길동 : 나 어제 할머니 집에 갔어요. 순신 : 어제?(혹은 할머니 집?)
발화의 특별한 부분 반복 요구	• 원래 발화의 구성요소의 일부를 의문사로 바꾸어 질문하여 특별한 부분을 반복해 줄 것을 요구하는 경우	길동 : 나 어제 할머니 집에 갔어요. 순신 : 어제 어디에 갔어?

출처 ▶ 김영태(2019)

명료화 요구 전략
❀ 명료화 요구하기

|자료|

명료화 요구하기
명료화 요구하기는 아동이 잘못 발화한 부분에 대해 반복하거나 재형성하도록 요구하는 피드백이다. 직접적으로 "다시 한 번 말해 줄래?"라고 요구할 수도 있지만, 교사의 입장에서 아동이 말한 메시지를 좀 더 명료화시키는 방법도 있다. 첫째는 질문하기로서, 아동의 말을 끝까지 들은 후 명확하지 않은 부분에 대해서 물어보는 것이다. 둘째는 의역하기다. 아동의 말을 듣고 교사가 이해한 대로 "네가 방금 말한 것은 ~라는 거지?"라고 다시 말해 주는 것이다(고은, 2014).

2) 참조적 의사소통의 발달

(1) 개념

① 참조적 의사소통은 대화 상대방의 입장을 고려하여 특정한 정보를 제공하고 이해하는 능력이다.

  ㉠ 화자 능력에는 청자가 파악할 수 있도록 사물의 특징들을 변별하고, 일관적인 메시지로 이러한 특징들을 제시하며, 도움이 되지 않는 중복적인 정보를 제외하는 능력이 포함된다.

   • 또한 좋은 화자는 청자가 자신에게 주목하도록 조절할 수 있어야 하며, 청자가 화자의 말을 이해하지 못한다고 하였을 때 자신의 말을 수정할 수 있어야 한다.

  ㉡ 청자 능력은 화자의 말에 얼마나 적절한 반응을 하느냐, 즉 목표 참조물을 얼마나 정확하게 파악하는가로 측정한다.

   • 특히 학생이 부적절하거나 불충분한 정보를 들었을 때 그에 대해 적절하게 질문을 할 수 있는지를 아는 것은 중요하다.

② 참조적 의사소통을 성공적으로 수행하는 데 기초가 되는 세 가지 능력은 다음과 같다.

화자의 청자에 대한 분석 기술	• 청자의 관점을 분석하여 청자의 관점에서 메시지를 구성할 수 있는 능력이다. • 한 주제에 대해 갖고 있는 정보의 양은 사람마다 각기 다르므로 효율적인 의사소통을 위해서 화자는 청자가 정보를 얼마나 필요로 하느냐에 따라 그들의 메시지를 수정할 수 있어야 한다.
화자의 과제분석 기술	• 특정한 의사소통 과제에 대한 정보 처리요구에 대처하는 능력이다. • 참조적 의사소통을 성공적으로 수행하기 위해서 화자는 자신이 말하려고 하는 정보가 참조물과 비참조물을 구별해 줄 수 있어야 한다는 것을 이해해야 한다.
청자의 정보 분석 기술	• 화자가 산출한 정보를 들은 후에 그 정보를 분석하는 능력을 말한다. • 연구에 의하면 나이가 어린 아동은 정보가 불완전한 것을 인식하는 데 어려움을 보인다고 밝히고 있다. 이렇게 정보의 애매모호함을 파악하지 못하는 것은 청자 역할일 때는 피드백을 제공하는 어려움과, 화자 역할일 때는 피드백을 사용하는 어려움과 각각 관련이 있을 것으로 보았다.

출처 ▶ 김영태(2019). 내용 요약정리

자료

참조적 의사소통 예시

지적장애 아동의 말하는 스타일에 대한 연구는 그들이 청자의 이해 능력을 고려하기는 하지만, 정보를 요구하는 것에 대해서는 자주 실패한다고 보고했다. 이러한 문제를 확인하기 위해 아동이 지시하는 대상을 확인하는 연구가 수행되었다. 즉, 그들이 무엇에 대해 말하는지 또는 누구에게 분명하게 말하는지와 관련된다. 이러한 능력을 알아보는 연구는 대부분 장벽 게임을 실시했다. 예를 들면, 두 명의 지적장애 아동이 스크린을 가운데 두고 양쪽으로 앉아서 서로를 볼 수는 없지만, 서로들을 수 있도록 배치한다. 두 아동에게 특이한 기하학 형태의 그림을 제공한다. 한 친구가 그림한 장을 선택한 후, 반대편에 앉아 있는 다른 친구도 자신과 같은 그림을 선택할 수 있도록 그림을 설명한다. 스크린은 제스처나 지시 대상 언어의 사용을 볼 수 없게 가려 주는 역할을 한다. 아동은 최대한 자세하게 특정 어휘를 사용해서 설명해야만 한다. 경도 및 중등도의 지적장애 성인을 대상으로 장벽 게임을 실시한 연구에 따르면, 대상자들은 효율적 정보를 제공하지 못하며, 이러한 결과는 여러 연구가 일관적인 결과를 보여주고 있다. 반면 화자가 비장애 성인인 경우에는 그림을 정확하게 선택할 수 있었다.

출처 ▶ Reed(2017)

KORSET 합격 굳히기 **참조적 의사소통을 위한 기술**

Sonnenschein과 Whitehurst는 참조적 의사소통에는 본질적 지식, 수행기술, 절차에 대한 지식과 같은 특정한 기술이 필요하다고 제안하였다.

본질적 지식	의사소통하려는 사건에 대한 지식으로, 예를 들어 3세 아동이 새로운 장난감을 어떻게 조립하는지 친구에게 설명하기 위해서는 아동 자신이 조립 방법에 대해 알고 있어야 한다는 것이다.
수행기술	어휘 능력, 지각 및 운동 능력 등을 포함한다.
절차에 대한 지식	다양한 의사소통 상황의 규칙에 대한 지식으로, 어떤 의미에서는 메타커뮤니케이션 지식의 하위기술이라고도 할 수 있다.

참조적 의사소통의 기술 중 본질적 지식과 수행기술의 습득은 매우 이른 시기에 이루어지지만 절차에 대한 지식의 습득은 점진적으로 이루어진다고 보았다. 그러므로 참조적 의사소통 과제에서 학령전 아동이 실패하는 중요한 원인은 이러한 절차에 대한 지식의 결함을 꼽았다.

출처 ▶ 김영태(2019)

(2) **화자의 참조적 의사소통 능력** [21중특]

화자의 참조적 의사소통 능력은 말하는 사람이 듣는 상대방으로 하여금 특정 대상을 정확하게 파악할 수 있도록 언어적으로 표현하는 능력을 말한다. 상대방에게 말하는 내용을 정확히 전달하기 위해서는 다음과 같은 능력이 필요하다.

① 듣는 사람에게 어떠한 정보가 필요한가를 결정하는 전제기술

전제는 문맥이나 상대방의 사전지식에 대해 말하는 사람이 어떻게 가정하고 있는지를 말하며, 이러한 가정에 의해서 말하는 방식이나 내용이 수정되는 것이다.

예 도둑질은 나쁘다는 것을 아는 아동에게는 "그걸 가져가면 도둑질이 되니까 안 되겠지?"라고 할 수 있지만, 그렇지 못한 아동에게는 "그걸 가져가면 주인이 슬퍼하니까 안 되겠지?"라고 하는 것이 더 효과적으로 전달될 것이다.

② **결속표지와 같은 특정한 방식으로 그 정보를 전달하는 능력** [21중특]

㉠ 결속표지(cohensive device)는 발화를 관계없이 연속적으로 나열하기보다 통일된 이야기로 만들기 위해 문장을 묶는 언어적 표지이다.

㉡ 결속표지는 다음과 같은 기능을 한다.

- 가리킴말을 써서 문장 속에 포함된 낱말을 이해하기 쉽게 만든다.
- 접속사나 연결어미를 써서 문장과 문장 사이의 관계를 명확하게 해준다.
- 중복되는 부분을 생략해서 불필요한 부분까지 다 듣지 않게 해준다.

✎ **결속표지**
- 다른 문장에 있는 요소를 참고해야만 의미해석이 가능해지는 요소를 '결속표지'라고 한다. 즉, 결속표지는 문장 간 의미적인 결속을 만들어 내는 가시적인 문법적 장치이다. '그는 거기에 갔다'와 같은 문장을 예로 들어보면 다음과 같다. 이 문장만으로는 '그'가 누구이고 어디에 간 것인지 이해할 수 없다. 이 문장을 접하는 청자 혹은 독자는 이 문장과 의미적으로 관련된 다른 문장이 있을 것을 전제하게 되고 그 문장을 찾아 '그'와 '거기'에 대한 의미를 '회복'할 수 있게 된다. 여기에서 '그'와 '거기'는 문장 간을 이어주는 결속표지가 된다(양수진, 2000).
- 문장을 서로 연결하기 위해 사용되는 언어적 장치로 어휘적 결속, 생략, 접속사, 연결어미, 대명사 등이 포함된다(심현섭 외, 2019).
⑧ 결속장치

가리킴말의 사용	• 가리킴말은 다양한 품사에서 쓰일 수 있어서 대명사, 지시 형용사(이/그/저), 시간부사(지금/아까/나중에), 장소부사 (여기/저기), 동사에도 사용된다.
접속사나 연결어미의 사용	• 문장과 문장 사이에 접속사나 연결어미를 사용하면 각각의 문장을 듣고 그 관계를 유추하는 것보다 훨씬 효과적이다. • 접속사나 연결어미를 사용하면 추가(그리고, -고)나 반전 (그러나, ~지만), 원인(~니까)이나 이유(~려고) 등의 다양한 문장 간 관계를 좀 더 정확하게 전달해 준다.
중복되는 부분의 생략	• 중복되는 부분의 생략은 말의 의미를 전달하는 중요한 기술이다. 　– 수업 시간에 "선생님, 화장실 가고 싶은데 (화장실) 갔다 와도 돼요?"라고 낱말을 생략하는 것이 보다 자연스러울 것이다. 　– 아침에 부은 얼굴을 쳐다보며 "너 어제 저녁에 라면 먹고 잤지? 내가 (너 어제 저녁에 라면 먹고 잔 거) 다 알아."에서처럼 중복되는 문장을 생략하는 것이 전부 말하는 것보다 더 효율적으로 전달될 것이다.

출처 ▶ 김영태(2019). 내용 요약정리

③ 상대방의 반응에 대해 적절한 피드백을 줄 수 있는 능력

상대방의 지식에 대한 전제를 바탕으로 말을 했는데 상대방의 대답이나 반응이 적절치 못하다면 말하는 사람은 자신의 전제를 바꾸어 다시 표현할 수 있어야 한다.

> **예** "그걸 가져가면 도둑질이 되니까 안 되겠지?"에 대한 반응이 "그럼 도둑질하지 않고 가져갈 거야."라면, 아동의 '도둑질' 개념에 대한 전제를 바꾸어 다시 말해야 할 것이다.

KORSET 합격 굳히기 　결속표지의 유형

결속표지는 이야기의 연결을 얼마나 자연스럽게 하는가를 평가해 주는 기준이 될 수 있다. 결속표지에는 지시, 대치, 접속 그리고 어휘적 결속 등이 있다. 결속표지의 사용은 언어에 따라 다소 차이가 있는 것으로 보인다.

지시	선행 또는 후행 문장에서 언급되는 사물, 사람, 사건 등의 실제를 지시 **예** 이거, 저거, 여기, 저기, 다음
대치	청자와 화자가 공유하고 있다고 여겨지는 정보를 지시하되 공유 정보의 자리에 다른 낱말을 대신하여 사용함 **예** 같은 거(same), 그거(that), 그렇게(so)
접속	문장 간의 내용을 논리적으로 연결하는 의미체로서 문장 간의 관계를 밝힘 **예** 첨가 관계(~하고, 그리고), 반전 관계(~지만, 그러나), 시간 관계, 인과 관계
어휘적 결속	사람, 생물, 사물, 무생물, 추상적 의미체, 행동, 장소, 사실들을 의미하는 명사를 사용해 전, 후 문장과의 관계를 분명히 함(앞선 문장에 나타난 참조물을 동일어휘 또는 유사어휘를 사용해 참조하는 것) **예** A : <u>고향</u>은 우리에겐 어머니와 같다고 생각한다. 　　B : <u>고향</u>은 누구나 그렇게 생각한다.

출처 ▶ 김영태(2019)

비교

결속표지의 유형

김영태 (2019)	지시, 대치, 접속, 어휘적 결속
양수진 (2000)	우리말 결속표지의 유형 : 지시, 대치, 생략, 어휘적 결속
Halliday 등 (1976)	영어권 결속표지의 유형 : 지시, 대치, 생략, 어휘적 결속, 접속

04 의사소통장애의 개념

1. 장애인 등에 대한 특수교육법

(1) 정의 [10중특]

> 의사소통장애를 가진 사람은 다음 각 목의 어느 하나에 해당하여 특별한 교육적 조치가 필요한 사람을 말한다.
>
> 가. 언어의 수용 및 표현 능력이 인지능력에 비하여 현저하게 부족한 사람
> 나. 조음능력이 현저히 부족하여 의사소통이 어려운 사람
> 다. 말 유창성이 현저히 부족하여 의사소통이 어려운 사람
> 라. 기능적 음성장애가 있어 의사소통이 어려운 사람

(2) 진단 · 평가 영역

「장애인 등에 대한 특수교육법 시행규칙」의 제2조 제1항(장애의 조기발견)과 관련하여 별표에 명시되어 있는 의사소통장애의 진단 · 평가 영역은 다음과 같다.

① 구문검사

② 음운검사

③ 언어발달검사

2. 미국 언어청각협회

미국 언어청각협회(ASHA)가 제시한 의사소통장애의 정의를 통해 의사소통장애의 정의, 하위 유형 등을 살펴보면 다음과 같다.

> Ⅰ. 의사소통장애는 개념이나 구어, 비구어 및 그래픽 상징체계를 수용하고 전달하고 처리하는 능력에 있어서의 손상을 의미한다. 의사소통장애는 청각, 언어 또는 말의 처리과정에서 분명하게 나타날 수도 있다. 의사소통장애는 경도에서 최중도에 이르는 범위를 보이며 발달적이거나 후천적으로 나타난다. 한 가지 이상의 의사소통장애가 혼합적으로 나타나기도 한다. 의사소통장애는 주 장애로 또는 기타 장애의 2차적인 장애로 나타날 수 있다.
>
> A. 말장애는 말소리의 발성, 흐름, 음성에 있어서의 손상을 의미한다.
> 　1. 조음장애는 말의 이해를 방해하는 대치, 탈락, 첨가, 왜곡으로 특징지어지는 말소리의 비전형적인 산출을 의미한다.
> 　2. 유창성장애는 비전형적인 속도, 리듬 또는 음절, 어절 단어, 구절의 반복으로 특징지어지는 말하기 흐름의 방해를 의미한다. 유창성장애는 과도한 긴장, 힘들여 애쓰는 행동, 2차적인 매너리즘과 함께 나타날 수 있다.

3. 음성장애는 자신의 나이나 성별에 부적절한 음성의 질, 높이, 크기, 공명 지속시간에 있어서의 비정상적인 산출이나 결여를 의미한다.

B. 언어장애는 말, 문자, 기타 상징체계의 이해 및 활용에 있어서의 손상을 의미한다. 언어장애는 (1) 언어의 형식(음운론, 형태론, 구문론), (2) 언어의 내용(의미론), (3) 언어의 의사소통기능(화용론)에 있어서의 손상을 포함한다.

(1) 언어의 형식
   a. 음운론은 언어의 소리 체계와 소리의 합성을 규정하는 규칙을 의미한다.
   b. 형태론은 단어의 구조와 단어 형태의 구성을 규정하는 체계를 의미한다.
   c. 구문론은 문장을 만들기 위한 단어의 순서와 조합 및 문장 내에서의 요소들 간의 관계를 의미한다.

(2) 언어의 내용
   의미론은 단어와 문장의 의미를 규정하는 체계를 말한다.

(3) 언어의 기능
   화용론은 기능적이고 사회적으로 적절한 의사소통을 위해서 이상의 언어 요소들을 조합하는 체계를 말한다.

Ⅱ. 의사소통의 다양성
A. 의사소통의 차이/방언은 지리적, 사회적, 문화/민족적 요소를 반영하고 이들에 의해서 결정되는 개인의 집단이 사용하는 상징체계의 다양성을 의미한다. 상징체계의 지리적, 사회적, 문화/민족적 다양성은 말이나 언어장애로 간주되어서는 안 된다.

B. 보완/대체 의사소통 체계는 심각한 표현 및 언어 이해의 장애를 지닌 개인의 손상과 장애 패턴을 위해서 일시적이거나 영구적으로 보상하고 촉진하려고 시도하는 의사소통 체계다.

01 **조음 · 음운장애의 이해**

1. 조음 · 음운장애의 개념 15유특, 25중특

① 조음 · 음운장애란 조음기관의 이상이나 음운지식 또는 기능적 결함에 의해 정상적인 조음이 되지 않는 경우를 말한다.

② 조음 · 음운장애는 조음장애와 음운장애를 포함한 개념으로서, 조음기관의 이상으로 나타나는 발음상의 문제뿐만 아니라 음운체계에 대한 지식의 부재로 인해 나타나는 음운상의 문제를 모두 포함하고 있다.

③ 조음 · 음운장애는 기능적 조음 · 음운장애와 기질적 조음 · 음운장애로 구분되기도 한다.

　㉠ 기능적 조음 · 음운장애는 일반적으로 뚜렷한 원인이 밝혀지지 않은 말소리의 문제를 의미한다.

　㉡ 기질적 조음 · 음운장애는 조음기관의 해부학, 생리학 및 신경학적인 문제로 인한 구개열, 뇌성마비, 청각손실 등의 명백한 원인이 밝혀진 말소리의 문제를 의미한다.

④ 최근에는 말소리장애(speech sound disorder)로 지칭된다.

2. 조음장애와 음운장애

(1) 조음장애

① 조음장애란 조음기관을 통하여 말소리가 만들어지는 과정의 결함을 말한다.

② 조음장애는 말 내용이나 말 자체에 주의를 끌 정도로 왜곡된 말을 사용하거나 그 때문에 사회적인 부적응을 초래한 상태로 조음기관의 위치 및 운동에서 잘못된 배치, 타이밍, 방향, 압력, 속도 혹은 혀, 입술, 연구개, 인두 등의 통합운동 등의 잘못으로 어음이 바르지 못한 것을 지칭한다.

③ 조음장애는 조음 · 음운장애라는 용어로 많이 사용되고 있다.

(2) 음운장애 ^{15초특}

① 음운장애란 연령에 적합한 음운지식이나 능력이 부족하여 정상적인 음운규칙을 단순화하거나 나름대로의 대치규칙을 사용하는 장애이다.

② 말소리의 규칙을 습득하고 사용하는 데 문제가 있는 경우로서, 독립된 음소는 발음할 수 있으나 단어 내 음소들이 결합되면 그 변화에 따라 오류를 보인다.

③ 만들어진 조음을 단어에서 정확하게 사용하는 기능의 문제이기 때문에 말장애가 아닌 언어장애의 일부로 보기도 한다.

(3) 조음장애와 음운장애의 비교 ^{24초특}

조음장애와 음운장애는 개념적으로는 다르지만, 임상에서는 독립적으로 나타날 수도 있고 동시에 나타날 수도 있는데, 조음장애와 음운장애의 특성은 다음과 같다.

조음장애	음운장애
• 몇 개의 특정 음에서만 오류를 보인다. • 특정 음에서 일관적인 오류를 보인다. • 말을 산출하는 조음기관의 이상으로 나타난다. • 조음기관을 통하여 말소리가 만들어지는 과정에서의 결함을 말한다.	• 복합적인 조음오류를 보인다. • 오류가 일관적이지 않다. • 문맥이나 단어의 위치에 따라 오류가 나타난다. • 조음기관의 결함은 보이지 않는다. • 음운지식이나 능력의 부족으로 정상적인 음운규칙을 사용하지 못하고 오류음운 패턴을 사용하는 것을 말한다. • 말소리를 듣고 말소리의 구조를 인지하거나 변별하는 능력에 결함을 보인다.

출처 ▶ 고은(2021)

---

02 조음 · 음운장애의 원인

1. 기질적 원인 ^{15중특}

(1) 구개파열

① 구개파열이란 안면기형 중 하나로, 구강과 비강 사이에 파열이 생긴 것을 의미한다.

② 일반적으로 구개파열은 비강 통로를 막아 주는 연인두 폐쇄 기능이 떨어져서(즉, 연인두 폐쇄 부전) 비음 산출이 많으며, 특히 충분한 구강압을 형성하는 데 어려움을 보인다. 따라서 단어를 산출할 때 지나치게 콧소리가 나며 파열음과 마찰음 그리고 파찰음에서 보상조음이 나타난다.

[자료]

연인두 폐쇄 부전으로 인한 말소리장애의 특성
• 모음, 구강자음, 유음 등의 과비음화
• 구강 공기압력의 약화로 인해 파열음, 마찰음, 파찰음의 왜곡
• 폐쇄음의 성문폐쇄음화 및 마찰음의 인두마찰음화

출처 ▶ 곽경미 외(2021)

✎ 보상조음
구개파열 아동에게서 나타나는 보상조음은 연인두 폐쇄 부전으로 인하여 기류가 비강으로 빠져나가고, 구강 내의 압력이 형성되지 못함에 따라 특정한 말소리 산출을 잘못 학습하여 조음하는 것을 말한다.

파열음
🔵 폐쇄음

(2) 혀의 구조적 이상

① 설소대 단축증, 대설증, 소설증, 혀 내밀기 등은 조음능력에 영향을 미칠 수 있다.

② 대표적으로 설소대 단축증은 구강 바닥에서 혀를 연결해 주는 조직이 짧아서 혀를 내미는 데 문제를 보이는 경우를 말한다.

(3) 청력의 이상

① 말소리는 상당부분 모방과 강화를 통해 이루어진다고 볼 때, 청력 이상으로 자신의 말소리를 피드백하지 못하고 상대방의 소리를 듣지 못한다면 실질적인 소리의 모방은 불가능하다.

② 청력손실 시기와 정도 그리고 유형에 따라 차이가 있지만 대부분의 청각장애 학생들은 조음장애를 갖고 있다.

(4) 중추 혹은 말초신경계의 이상

신경계 이상으로 인한 대표적인 조음·음운장애의 유형으로는 마비말장애, 말실행증, 발달적 말실행증 등이 있다.

마비말장애	• 말 메커니즘의 근육에 대한 통제가 상실되거나 약화됨으로써 조음점을 찾거나 연속적으로 조음기관을 움직이는 기능이 떨어진다. • 구어를 산출하기 위한 근육운동의 결함이라고 볼 수 있다.
말실행증	• 뇌손상으로 인해 말소리 산출에 요구되는 프로그램과 말 운동 연쇄능력이 손상되어 있는 상태이다. • 조음기관운동에 문제가 없기 때문에 혼잣말이나 지시받지 않은 말은 잘 산출하지만, 의도적으로 발화하려고 하면 비정상적으로 음이 산출되는 경우이다.
발달적 말실행증	• 말실행증의 시작이 아동기일 경우에는 발달적 말실행증이라고 부른다. • 존재 여부에 대한 논란이 많다.

자료

말실행증, 마비말장애에 대해서는 추후 구체적으로 다루어진다.

말실행증
🔵 구어실행증

2. 기능적 원인

기능적 원인은 음운지식이나 능력 부족 또는 잘못된 습관으로 인해 조음오류를 보이는 경우로서, 특별한 원인을 규명하는 것은 기질적 원인과 달리 매우 어렵다.

⑴ 지능

① 조음기관의 결함을 가지고 있지 않은 지적장애 학생들은 인지손상이 없는 학생과 비교하여 잦은 조음오류를 보인다.

② 음을 결합하는 능력과 음소-음절-단어 간의 관계를 지각하고 이해하는 기술의 결함은 발음상의 오류를 유발한다고 볼 수 있다.

⑵ 청각적 변별능력

① 청각적 변별능력이란 소리 간의 차이 또는 목표음과 오조음의 차이를 변별하는 것을 말한다.

② 조음·음운장애와 변별능력 간의 상관관계 여부는 항상 일치하지는 않지만, 조음·음운장애를 가지고 있는 학생들이 보다 낮은 말소리 변별능력을 가지고 있다는 주장과, 음운인식 훈련이 조음·음운 능력을 향상시킨다는 결과들이 많은 연구에서 입증되었다.

⑶ 입 근육의 운동능력

많은 조음·음운장애 학생들은 일반학생과 비교하여 구어산출기관의 운동 수행능력이 낮은 것으로 나타났다.

⑷ 잘못된 습관

① 가족과 주변사람들은 학생의 조음에 영향을 미칠 수 있다.

• 모든 학생에게서 발견되는 것은 아니지만 많은 경우 잘못된 언어습관(예 지나치게 큰 소리로 말하기, 너무 빨리 말하기)을 가진 부모를 둔 자녀들은 불명료한 말을 사용하는 경우가 많다.

② 말을 할 때 입을 크게 벌리지 않고 우물거리면서 말하는 습관을 가진 학생들도 말의 명료도에 문제를 갖는다.

⑸ 문화적 영향

① 가정에서 사용하는 언어의 영향으로 다른 언어의 조음을 잘 산출하지 못하는 경우이다.

② 문화적인 요인은 조음장애로 간주하지 않으나, 지속적으로 문제를 보일 경우에는 치료의 대상의 된다.

✿ 조음·음운장애의 원인 요약

	원인	결함
기질적 요인	신경운동 결함	• 중추신경과 말초신경계의 이상으로 생겨나는 마비말장애, 말실행증
	구개이상 (구개파열)	• 구강과 비강이 완전히 닫히지 않음으로 인하여 폐쇄음, 마찰음, 파찰음에서 특히 오류가 많음
	부정교합	• 치열, 특히 윗니와 아랫니 사이의 부정교합은 심미적인 문제뿐만 아니라 /ㅅ/과 /ㅈ/음의 오류를 보임
	혀의 이상	• 대설증 또는 소설증, 설소대 단축증 등으로 인하여 말소리 산출에 제약이 따름
	청력손실	• 정확히 듣지 못함으로 인하여 말소리를 정확하게 산출하지 못함
기능적 요인	낮은 지능	• 인지능력의 결함으로 인하여 말소리의 차이를 청각적으로 잘 변별하지 못함
	어음지각 및 음운인식능력의 결함	• 청력은 정상이나 청지각과 관련된 처리능력이 부족함
	개인·환경적 요인	• 잘못된 모델을 통해 오류가 고착화된 상태 • 적절한 언어자극의 부족과 부적절한 보상으로 인한 습관적인 조음오류

출처 ▶ 고은(2021)

03 조음·음운장애의 진단·평가

1. 검사 종류

(1) 선별검사와 심화검사

자료

선별검사
• 공식 선별검사: 한국어 자음 선별검사(김민정, 배소영, 2000)
• 비공식 선별검사: 숫자 세기, 주소 말하기, 요일 세기 등의 기계적 발화, 질문에 대답하기, 음운발달 순서를 고려한 몇 개의 낱말 말하기 등

선별검사	• 선별검사의 목적은 정상적인 범위 내에서 의사소통할 수 있는 사람과 의사소통장애자를 빠른 시간에 구별하는 것이다. • 조음선별검사는 보통 5분 내에 실시될 수 있으며, 표준화된 선별검사를 활용할 수도 있으나 비공식적인 절차를 통해 실시하는 것이 일반적이다.
심화검사	• 특정 목적을 가지고 목적에 맞게 검사를 제작하여 평가하는 검사다. **예** 특정 자음에 대하여 음절 수, 모음 맥락, 음절구조, 낱말 혹은 문장 환경, 음소빈도, 음운변동 등 더 구체적으로 살펴보고 싶은 부분을 정해 두고 이에 맞게 검사 내용을 구성·제작하여 진행하는 것이다.

(2) 표준화검사와 비표준화검사

표준화
검사
	• 규준이 있는 검사로 또래집단과 비교가 가능하다.
	• 짧은 시간 안에 다양한 조음 정보를 수집할 수 있다.
	• 경제적이며 검사 절차와 분석이 용이하다.
	• 검사 단어들이 실제 발화에서의 조음 능력을 대표하지 않을 수 있다.
	• 국내에서 출판된 조음·음운장애 표준화 검사도구는 세 가지이다.
	    − 우리말 조음−음운평가 수정판(U-TAP)
	    − 아동용 발음평가(APAC)
	    − 한국어 표준 그림조음음운검사(KS-PAPT)	

비표준화 검사	• 자발적인 연결 발화를 수집하여 분석하는 방법이다. • 실제 조음음운 능력을 가장 잘 반영하는 방법이다. • 신뢰도와 타당도 확보, 또래 학생과 비교하기 어렵다. • 모든 음운을 포함하지 않을 수 있다. • 비표준화검사의 종류는 다음과 같다.	
	자발화 검사	• 자발화검사는 표준화검사를 실시하지 못할 만큼 언어나 조음 능력이 낮은 학생부터 조음문제가 경미하여 표준화검사에서 일상생활 조음문제가 나타나지 않는 학생까지 광범위하게 요구된다.
	말명료도 검사	• 말명료도는 청자가 화자의 말을 얼마나 잘 이해할 수 있는지를 보여 주는 지표이다. 📌 학생이 발음하는 것을 교사가 알아듣는 정도 • 보통 말명료도는 말샘플을 수집하여 음절 또는 어절 명료도를 분석하거나 평정법으로 평가한다. 그 외 말명료도가 매우 낮은 경우는 폐쇄형 낱말 확인과제로 말명료도를 평가하기도 한다.
	자극반응도 검사	• 자극반응도란 오류를 보이는 음소에 대하여 청각적·시각적 또는 촉각적인 단서나 자극을 주었을 때, 목표하는 음소와 유사하게 반응하는 능력을 의미한다. 17중특, 22중특 • 자극반응도 검사는 오조음한 음소에 대해 검사자가 촉진적 자극(청각적, 시각적, 촉각적 단서)을 제공하였을 때 대상자의 산출에 미치는 영향을 평가한다.

✏️ **말명료도**

화자의 말소리를 다른 사람들이 알아들을 수 있는 정도이다. 명료도는 장애의 정도, 중재의 필요성, 중재를 위한 목표 선정 및 예후 등에 영향을 미칠 수 있다. 명료도에 영향을 미치는 요인은 말소리 오류의 수, 오류 유형 및 일관성, 말속도, 음성, 유창성 정도, 비언어적 단서의 사용, 화자와의 친숙도, 주변 환경, 메시지의 복잡성 등 다양하다. 말명료도 측정 방법은 화자의 연속적인 발화를 녹음하여 전반적인 명료도를 평정 척도를 이용하여 평가하는 주관적인 방법과, 발화한 전체 낱말 또는 어절 수를 알아들은 낱말이나 어절의 수로 나누어 비율로 계산하는 객관적 방법이 있다(특수교육학 용어사전, 2018).
🔁 구어명료도

	• 일반적으로 다음의 자극들을 제공한다. 　－ 시범을 보여 주고 단어수준, 음절수준, 음소 　　수준으로 따라 말하게 한다. 　－ 조음 위치나 조음 방법에 대해 시각, 청각, 　　촉각적 단서를 제시하거나 구체적으로 설 　　명한다. • 자극반응도가 있다는 것은 말소리 습득에 결 　정적인 방해가 되는 심각한 구조적 장애가 없 　으며, 치료효과가 긍정적일 수 있음을 의미 　한다. • 자극반응도가 좋은 말소리는 자연성숙으로 　발달될 가능성도 높기 때문에 치료의 필요 　성을 결정할 때 자극반응도 평가는 중요하다.
문맥검사	• 말소리는 문맥에 따라 다르게 산출되기 때 　문에 오조음되던 음소가 특정 문맥에서 정조 　음될 수 있으며, 이러한 촉진문맥을 치료과 　정에서 목표음을 유도할 때 사용할 수 있다.

출처 ▶ 강은희 외(2019), 곽경미 외(2021)

2. 진단에 필요한 평가기준 [18초특, 24중특]

자음정확도와 음소오류	• 자음정확도는 전체 음소 중 바르게 조음된 음소의 수의 비율을 　의미한다. $$자음정확도(\%) = \frac{바르게\ 조음한\ 자음\ 수}{조음해야\ 할\ 총\ 자음\ 수} \times 100$$ **예** 10개의 자음을 발음해야 하는 상황에서 8개를 정확하게 산출하였다면 　자음정확도는 80%라고 보고한다. • 자음정확도는 목표음소의 정확도를 볼 수 있도록 해준다. • 음소오류의 종류 : 첨가, 생략, 대치, 왜곡
발달연령	• 정상 아동들의 발달연령과 비교하기 위한 방법이다. • 흔히 습득연령과 습관적 연령 같은 말소리발달연령을 언급하고 　있다. 　－ 습득연령은 특정 음소를 75~90% 이상의 아동들이 바르게 발 　　음하는 발달시기를 말한다. 　－ 습관적 연령은 특정 음소를 50% 정도의 아동들이 바르게 발 　　음하는 발달시기, 즉 아동들이 오류보다는 바르게 발음하는 　　것이 많아지기 시작하는 발달시기를 말한다.

오류 음운변동 발생빈도와 출현율	• 오류 음운변동 분석은 오류의 패턴을 찾을 수 있도록 해준다. 따라서 최근에는 음운변동이라는 표현보다 오류 음운패턴이라고 표현한다. • 오류 음운변동 분석은 음소정확도 분석으로는 찾을 수 없는 오류의 패턴을 찾을 수 있다는 장점이 있다.
자극반응도	• 흔히 자극반응도를 검사할 때는 우선 말소리목록 검사를 하고 나서 그때 보인 오류음소들에 대해서만 검사하게 된다. • 자극반응도가 높은 음소부터 지도한다.
오류 자질 분석	• 오류를 보이는 음소들을 조음위치, 조음방법, 발성유형 등에 따라 구별하여 오류음소의 공통된 자질을 찾아내는 방법이다. 📝 /ㅍ, ㅌ, ㅋ, ㅊ/에서 오류를 보이는 아동은 '기식성' 자질의 습득이 잘 되지 않았다고 볼 수 있다.
말명료도	• 말명료도는 다음과 같은 방법으로 산출한다. $$말명료도(\%) = \frac{청자가\ 바르게\ 받아\ 적은\ 발화\ 낱말(혹은\ 음절)\ 수}{화자가\ 의도한\ 발화\ 낱말(혹은\ 음절)\ 수} \times 100$$ • 말명료도는 다음과 같은 요소의 영향을 받는다. 　- 오류음소의 수가 많을수록 이해하기 어렵다. 　- 오류를 보이는 음소가 일관되지 않은 패턴을 보이면 이해하기 어렵다. 　- 오류를 보이는 음소가 우리말에서 사용빈도가 높으면 이해하기 어렵다. 　- 목표음과 오조음 사이에 변별자질이 클수록 이해하기 어렵다. 　- 첨가나 생략 부분이 많을 때 이해하기 어렵다. 　- 운율적 요소의 결함이 동반될 때 이해하기 어렵다. 　- 내용의 친숙도가 낮을수록 이해하기 어렵다. • 청자변인으로는 화자와 청자 간의 친숙도, 청자의 언어이해력과 추리력 그리고 듣고자 하는 동기부여 등이 해당한다. • 일반적으로 말소리의 치료 순서를 정할 때, 전반적인 말명료도에 영향을 많이 주는 오류부터 치료할 것을 권한다.
말용인도	• 화자의 말에 대한 호감도의 정도, 즉 '문제없이 정상적인 발화로 받아들일 수 있는 마음에 드는 정도'라고 할 수 있다. • 분절적 요소뿐 아니라 초분절적 요소도 크게 영향을 준다.

출처 ▶ 고은(2021), 심현섭 외(2017)

📝 자극반응도

아동이 어두에 나오는 /ㄱ/에서 오류를 보였다면, 먼저 /ㄱ/나 '가방'을 발음해 주면서 모방하게 한다. 그래도 못한 경우 설압자로 조음점인 연구개와 혓몸을 짚어 주고 발음하게 해볼 수 있다.

04 조음 · 음운의 산출과 오류 유형

1. 자음과 모음의 산출 방법

(1) 자음

① 자음의 산출을 분류하는 가장 일반적인 방법은 조음의 위치 및 조음 방법에 따른 것으로 다음과 같다.

㉠ 조음 위치에 의한 분류는 소리를 낼 때 공기의 흐름에 장애가 일어나는 위치가 어디인지에 따라 분류한 것이다.

㉡ 조음 방법에 의한 분류는 어떤 방법으로 공기의 흐름을 방해하여 소리를 내느냐에 따라 분류한 것이다.

기준	구분	설명
조음 위치에 의한 분류	양순음 (입술소리)	• 양 입술을 모아서 내는 소리 • 'ㅂ, ㅃ, ㅍ, ㅁ'이 이에 속한다.
	치조음 (잇몸소리)	• 혀끝과 윗잇몸(치조)이 닿아서 나는 소리 • 'ㄴ, ㄷ, ㄸ, ㅌ, ㄹ, ㅅ, ㅆ' 등이 이에 속한다.
	경구개음 (센입천장소리)	• 혀의 앞부분과 경구개(센입천장) 사이에서 나는 소리 • 'ㅈ, ㅊ, ㅉ' 등이 이에 속한다.
	연구개음 (여린입천장소리)	• 혀의 뒷부분과 연구개(여린입천장) 사이에서 나는 소리 • 'ㄱ, ㄲ, ㅋ, ㅇ' 등이 이에 속한다.
	성문음 (후음, 목청소리)	• 목청에서 나오는 소리 • 'ㅎ'이 이에 속한다.
조음 방법에 의한 분류	파열음	• 성문을 통하여 입(구강)으로 올라온 공기의 흐름을 입술 또는 혀로 완전히 막았다가 순간적으로 터뜨리면서 내는 소리이다.
	마찰음	• 매우 좁은 공간을 통하여 공기가 빠져나가면서 마찰되어 나는 소리이다.
	파찰음	• 짧은 시간 동안 공기를 폐쇄시켰다가 마찰시켜 조음한다. 파열음의 특성과 마찰음의 특성을 함께 가지고 있다.
	비음	• 연인두를 열어 공기가 비강으로 올라가게 하여 조음한다.
	유음	• 청각적으로 흐르는 듯한 느낌을 주는 소리이다.

자료

장애음과 공명음
파열음, 마찰음, 파찰음, 비음, 유음은 소리의 특성에 따라 크게 장애음과 공명음의 두 가지로 묶을 수 있다. 파열음, 마찰음, 파찰음은 발음할 때 일어나는 공기의 방해 정도가 비음이나 유음에 비해 크다. 또한 평음, 유기음, 경음의 구별이 존재한다. 그래서 이 자음들을 장애음이라고 부른다. 반면 비음과 유음은 비록 공기가 방해를 받기는 하지만 그 정도가 상대적으로 약할 뿐만 아니라 입안 또는 코안에서의 울림이 크다. 그리고 특수한 경우가 아니면 항상 성대의 울림을 동반한다. 이런 점을 반영하여 비음과 유음을 묶어서 공명음이라고 부른다.
출처 ▶ 이진호(2020)

✎ 파열음
파열음은 조음체가 조음점을 막아서 폐에서 나오는 공기의 흐름을 완전히 차단했다가 한꺼번에 터트려서 내는 자음이다. 이러한 파열음의 조음은 크게 '폐쇄-지속-파열'의 세 단계를 거친다고 한다. 어떤 위치에서 공기의 흐름을 막으면 압력이 커져 결국에는 터지는데 이것이 파열음의 발음 과정이다. '파열음' 대신 '폐쇄음'이라는 용어를 사용하기도 하는데 이것은 조음 단계 중 첫 번째 과정인 '폐쇄'를 중시한 결과이다 (이진호, 2020).
🔵 폐쇄음

② 조음 위치와 방법을 교차하였을 경우 조음되는 자음의 종류를 살펴보면 다음과 같다.

✿ 국어의 자음 분류표

조음 방법 \ 조음 위치		양순음	치조음	경구개음	연구개음	성문음
파열음 (폐쇄음)	예사소리(평음)	ㅂ	ㄷ		ㄱ	
	된소리(경음)	ㅃ	ㄸ		ㄲ	
	거센소리(격음)	ㅍ	ㅌ		ㅋ	
마찰음	예사소리(평음)		ㅅ			ㅎ
	된소리(경음)		ㅆ			
파찰음	예사소리(평음)			ㅈ		
	된소리(경음)			ㅉ		
	거센소리(격음)			ㅊ		
비음		ㅁ	ㄴ		ㅇ	
유음			ㄹ			

③ 자음은 조음 위치와 방법에 따라 분류하는 것이 일반적이지만 울림의 여부, 소리의 세기에 의해 분류하는 방법도 있다.

㉠ 울림 여부에 의한 분류

유성음	• 성대진동을 동반하는 소리이다. • 'ㅁ, ㄴ, ㅇ, ㄹ' 등이 이에 해당한다.
무성음	• 성대를 진동시키지 않고 내는 소리이다. • 'ㄱ, ㄲ, ㅋ, ㄷ, ㄸ, ㅌ, ㅂ, ㅃ, ㅍ, ㅅ, ㅆ, ㅈ, ㅉ, ㅊ, ㅎ' 등이 이에 해당한다.

㉡ 소리의 세기에 의한 분류

• 무성음은 소리의 세기에 따라 예사소리(평음), 된소리(경음), 거센소리(격음)로 나뉜다.

• 예사소리에 비해 된소리는 목청이 긴장되어 발음되고, 거센소리는 목청에서 강한 기류(기식)를 동반하여 발음한다.

예사소리(평음)	ㄱ, ㄷ, ㅂ, ㅅ, ㅈ
된소리(경음)	ㄲ, ㄸ, ㅃ, ㅆ, ㅉ
거센소리(격음)	ㅋ, ㅌ, ㅍ, ㅊ

🔆 Tip

조음 위치와 방법을 기준으로 국어의 자음 분류표를 명확히 기억해야 한다.

예사소리
🔄 평음, 이완음

된소리
🔄 경음, 긴장음

거센소리
🔄 격음, 기식음, 유기음, 기음

✍ 기식성

기식성이란 폐쇄음의 개방으로 기류가 방출되고 난 후에 후두에서 난기류가 생성되는 것을 의미하는데, 소리는 이 기식성의 유무에 따라서 기식성이 있는 유기음과 기식성이 없는 무기음으로 나눌 수 있다(신지영, 2022).

▐ 자료

유기음과 무기음
유기음의 조음에는 두 성대 사이의 거리가 멀어서 성대 사이로 기류가 빠지면서 성문 마찰이 동반되는 반면에 무기음의 조음에는 두 성대 사이가 거의 붙어 있어서 성문 마찰이 동반되지 않는다(김수진 외, 2020).

KORSET 합격 굳히기   **우리말 자음의 발달(우리말소리 습득연령)** 13유특

구분	음소발달 단계			
연령	완전습득 단계 (95~100%)*	숙달 단계 (75~94%)	관습적 단계 (50~74%)	출현 단계 (25~49%)
2:0~2:11	ㅍ, ㅁ, ㅇ	ㅂ, ㅃ, ㄴ ㄷ, ㄸ, ㅌ ㄱ, ㄲ, ㅋ ㅎ	ㅈ, ㅉ, ㅊ, ㄹ	ㅅ, ㅆ
3:0~3:11	+ ㅂ, ㅃ, ㄸ, ㅌ	+ ㅈ, ㅉ, ㅊ, ㅆ	+ ㅅ	
4:0~4:11	+ ㄴ, ㄲ, ㄷ	+ ㅅ		
5:0~5:11	+ ㄱ, ㅋ, ㅈ, ㅉ	+ ㄹ		
6:0~6:11	+ ㅅ			

*: 바르게 발음한 아동의 백분율

출처 ▶ 김영태(1996), 심현섭 외(2024에서 재인용)

(2) **모음** 24초특

모음의 산출 방법은 혀의 높이, 혀 위치(전−중−후)와 입 모양 등에 따라 분류하며 이를 모음 사각도로 나타내면 다음과 같다.

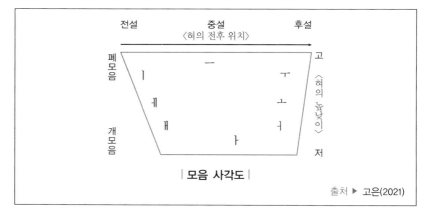

| 모음 사각도 |

출처 ▶ 고은(2021)

모음 사각도

출처 ▶ 김홍범 외(2021)

혀의 높낮이에 따른 분류	고모음 (폐모음)	혀끝이 입천장에 가깝게 하고 입을 좁게 열어서 조음되는 모음
	중모음	발음할 때 고모음보다 입이 더 열려서 혀의 위치가 중간인 모음
	저모음 (개모음)	혀끝이 입천장에서 멀리 떨어지고 입을 크게 열어서 조음하는 모음
혀의 전후위치에 따른 분류	전설모음	입천장의 중간점을 기준으로 하여 혀의 최고점이 앞부분에 있을 때 발음되는 모음
	후설모음	입천장의 중간점을 기준으로 하여 혀의 최고점이 뒷부분에 있을 때 발음되는 모음
입술의 원순상태에 따른 분류	원순모음	입술을 둥글게 오므려서 내는 모음
	평순모음	입술을 펴서 내는 모음
조음 위치의 변화 여부에 따른 분류	단모음	음소를 발음할 때 입이나 혀의 위치가 변하지 않는 모음
	이중모음	발음하는 동안 입술 모양이나 혀의 위치를 처음과 나중을 서로 달라지게 하여 내는 모음 📦 ㅑ, ㅒ, ㅕ, ㅖ, ㅘ, ㅙ, ㅛ, ㅝ, ㅖ, ㅠ, ㅢ

출처 ▶ 고은(2021), 김홍범 외(2021)

자료

국어의 모음

모음(총 21개)

단모음(10개)	이중모음(11개)
ㅏ ㅐ ㅓ ㅔ ㅗ ㅚ ㅜ ㅟ ㅡ ㅣ	ㅑ ㅒ ㅕ ㅖ ㅗ ㅘ ㅙ ㅛ ㅖ ㅠ ㅢ

자료

단모음 체계도

혀의 최고점 위치 / 입술모양 / 혀의 높이	전설모음		후설모음	
	평순모음	원순모음	평순모음	원순모음
고모음	ㅣ	ㅟ	ㅡ	ㅜ
중모음	ㅔ	ㅚ	ㅓ	ㅗ
저모음	ㅐ		ㅏ	

출처 ▶ 김홍범 외(2021)

2. 개별음소의 조음오류 형태 13초특, 13유특(추시)

(1) 생략 18초특, 23초특

① 단어에서 특정 음소가 빠져 버리거나 음가가 없이 발음하는 오류이다.

   📦 /고기/-/오기/, /별/-/벼/

② 생략은 초성을 생략할 수도 있고 종성을 생략할 수도 있다.

   • 일반학생의 경우에는 음운발달과정에서 초성보다 종성 생략을 더 오랫동안 보이는 경향을 보인다.

③ 생략은 '−' 혹은 '∅'로 표기한다.

(2) 대치 17유특

① 목표음을 다른 음으로 바꾸어 발음하는 오류를 말한다.

   📦 /사탕/-/타탕/, /선생/-/떤댕/

② 대치는 자신이 발음하기 어려운 음소를 자신이 발음할 수 있는 음소로 산출하는 것이다.

③ 발달과정에서 모든 아동들은 대치현상을 보이며 성장하면서 사라진다.

(3) 왜곡

① 목표음소를 변이음의 형태로 바꾸어 발음하는 오류를 의미한다.

　　예 /서울/-/-tʃʃel/

② 대치와 명확하게 구분하기 어려운 경우가 많다.

③ 대부분 모국어에서 잘 사용하지 않는 음소로 대치되거나 마치 청각장애 학생의 조음 패턴(예 혀가 구강에 꽉 찬 소리나 혀가 입 밖으로 나오는 소리)과 같이 소음이나 콧소리가 첨가되어 발음하는 경우가 이에 해당된다.

(4) 첨가

① 목표음소 외의 음소를 첨가하는 오류 형태로, 필요 없이 음이 삽입되는 경우이다.

　　예 /우산/-/-쿠산/, /커피/-/-커오피/

② 모음 또는 자음이 첨가될 수 있다.

③ 청각장애 학생들의 경우에는 단모음을 이중모음으로 발음하는 형태도 흔히 관찰된다.

3. 음운 과정의 오류 형태

한 음운이 일정한 환경에서 변하는 현상을 음운변동이라고 한다. 음운변동은 힘을 덜 들이고 발음하려는 경향 때문에 소리의 변화가 생기게 되는데, 놓이는 위치에 따라 혹은 인접하는 음운끼리 변할 수도 있다. 다음의 음운 과정의 오류 형태는 정상적인 음운변동 현상이 아닌 경우로서, 개개의 음소는 산출하지만 글자 묶음 속에서 오류를 보이는 경우다.

(1) 생략 및 첨가 음운변동

분류	하위 유형	내용 및 예시
음절구조	음절 생략	음절이 생략되는 경우 예 /장난깜/ → /난깜/
	초성 생략	단어나 음절의 첫 자음이 생략되는 경우 예 /사탕/ → /아탕/
	종성 생략	단어나 음절의 받침소리가 생략되는 경우 예 /풍선/ → /푸선/
	첨가	소리가 첨가되는 경우 예 /오뚜기/ → /코뚜기/

✎ 음운변동
• 국어에서 어떤 형태소의 음운이 일정한 환경에서 변하는 현상을 음운의 변동이라고 한다. 음운은 놓이는 위치에 따라 변할 수도 있고, 인접하는 음운의 영향을 받아서 변할 수도 있다.
• 음운의 변동에는 크게 대치(또는 교체), 축약, 탈락, 첨가 등이 있다.
출처 ▶ 김홍범 외(2021)

조음 방법	마찰-파찰음 생략	마찰음(ㅅ, ㅆ, ㅎ)이나 파찰음(ㅈ, ㅉ, ㅊ) 생략 예 /썰매/ → /얼매/
	파열음 생략	ㅂ계열, ㄷ계열, ㄱ계열 생략 예 /김밥/ → /임밥/
	비음 생략	비음(ㅁ, ㄴ, 받침 ㅇ)이 생략되는 경우 예 /단추/ → /다추/
	유음 생략	유음(ㄹ)이 생략되는 경우 예 /말/ → /마/
조음 위치	양순음 생략	양순음이 생략되는 경우 예 /김밥/ → /김바/
	치조음 생략	치조음이 생략되는 경우 예 /장난깜/ → /장나깜/
	경구개음 생략	경구개음이 생략되는 경우 예 /깡총/ → /깡옹/
	연구개음 생략	연구개음이 생략되는 경우 예 /깡총/ → /까초/
	성문음 생략	성문음이 생략되는 경우 예 /호랑이/ → /오랑이/

(2) 대치 음운변동 13유특(추시), 15초특, 17유특·초특, 18초특, 20유특·중특, 23중특, 24유특, 25초특

분류	하위 유형	내용 및 예시
조음 위치	전설음화	목표음의 조음점보다 혀를 앞쪽으로 움직여 조음이 이루어지는 경우(전방화) 예 /짝자꿍/ → /딱따꿍/, /자동차/ → /자돈차/
	후설음화	목표음의 조음점보다 혀를 뒤쪽으로 움직여 조음이 이루어지는 경우(후방화) 예 /책상/ → /핵상/
	양순음화	다른 음소가 양순음으로 대치될 경우 예 /장난깜/ → /방난깜/
	치조음화	다른 음소가 치조음으로 대치될 경우 예 /호랑이/ → /호란이/
	경구개음화	다른 음소가 경구개음으로 대치될 경우 예 /토끼/ → /초끼/
	연구개음화	연구개음이 아닌 음소가 연구개음으로 대치되는 경우 예 /김밥/ → /김방/
	성문음화	성문음이 아닌 음소가 성문음으로 대치되는 경우 예 /모자/ → /모하/

조음 방법	파열음화		예 /모자/ → /모다/
	마찰음화		예 /책상/ → /색상/
	파찰음화		예 /눈썹/ → /눈첩/
	유음화		예 /오뚜기/ → /오뚜리/
	비음화		예 /로보트/ → /로모트/
동화	방향	순행동화	앞에 있는 음소의 영향을 받아 뒤의 음소가 변화 예 /가방/ → /가강/
		역행동화	뒤에 있는 음소의 영향을 받아 앞의 음소가 변화 예 /가방/ → /바방/
	연접	연속동화	인접한 음소에 의한 동화 예 /장난깜/ → /장낭깜/
		불연속동화	다소 인접하지 않은 음소에 의한 동화 예 /장난깜/ → /깜나깜/
	조음 위치	양순음 동화	예 /연필/ → /염필/
		치조음 동화	예 /자동차/ → /자돈차/
		경구개음 동화	예 /자동차/ → /자종차/
		연구개음 동화	예 /풍선/ → /풍껀/
		성문음 동화	예 /호랑이/ → /호랑히/
	조음 방법	파열음 동화	예 /짝짜꿍/ → /따따꿍/
		마찰음 동화	예 /책상/ → /색상/
		파찰음 동화	예 /자동차/ → /자종차/
		비음 동화	예 /못/ → /몬/
		거센소리 동화 (기식음 동화)	예 /깡총/ → /캉총/
		된소리 동화	예 /장난깜/ → /깜난깜/
긴장도	이완음화		긴장음들의 긴장성이 상실될 때 예 /땅콩/ → /강콩/
	긴장음화		긴장음이 아닌 음소에 긴장성을 첨가하였을 때 예 /김밥/ → /김빠/
기식도	기식음화		기식음이 아닌 음소에 기식성을 첨가하였을 때 예 /나무/ → /파무/
	탈기식음화		기식음들의 기식성이 상실될 때 예 /책상/ → /내상/

✎ 동화
- 동화란 어떤 음이 인접하는 다른 음의 영향을 받아서 그 음과 같거나 유사한 음으로 바뀌는 것을 말한다. 인접한 음소에 의한 동화는 연속동화, 다소 인접하지 않은 음소에 의한 동화는 불연속동화라 한다(고은, 2021).
- 동화는 한 음운이 앞이나 뒤에 있는 음운의 영향을 받아 닮아가는 현상을 말한다. 비음화(비음동화)와 유음화를 합쳐 자음동화라 한다(김흥범 외, 2021).

|자료|

긴장도 및 기식도
긴장성과 기식성에 대한 자세한 내용은 본 장의 04 조음 · 음운장애의 중재방법 중 '(1) 변별자질 접근법' 참조

05 조음 · 음운장애의 중재방법

1. 전통적 접근법 15중특, 18초특

전통적 접근법에는 조음점 지시법, 청지각 훈련, 짝자극 기법, 조음조절 프로그램 등이 있다. 이와 같은 전통적 접근법에서는 일반적으로 개별 음소에 초점을 두고 오류음소에 독립적으로 접근함으로써 음소의 정확도를 높이는 것을 목표로 한다.

1) 반 리퍼의 전통적 치료기법

① 조음장애를 치료하는 데 사용되는 일반적인 단계에 관한 것으로 Van Riper에 따르면, 조음치료의 기초는 학생이 자신의 조음이 틀렸다는 것을 인식하는 데에서부터 출발한다.

② 자신의 조음이 다른 사람들과 다르다는 것을 스스로 지각하지 못하는 한 학생의 조음은 향상될 수 없다.

조음치료는 아래 표와 같은 단계로 진행된다.

단계	내용
1. 확인	• 무엇이 오조음이고 무엇이 목표음(정조음)인지를 확인한다. • 학생들은 아직 오조음과 목표음의 차이를 인식하지 못하기 때문에 이 단계에서는 말소리에 대한 청지각과 주의를 기울이는 법을 배운다.
2. 비교	• 자신의 발음을 스스로 듣고 자신의 오조음을 인식한다. • 치료사는 청각적 피드백을 정확하게 할 수 있도록 도와주어야 한다.
3. 변화	• 목표음이 형성될 때까지 조음방법을 변화시킨다. • 치료사는 조음점을 지시해 주고, 학생은 자신의 감각을 활용하여 정확한 발음 산출을 하기 위한 조음운동 훈련이 필요하다.
4. 수정	• 새로 학습한 조음방법을 확립하는 데 초점을 둔다. • 현 단계에서는 상황에 따라 오조음이 나올 수도 있기 때문에 반복해서 훈련하여야 한다. • 처음에는 독립된 음소를 훈련하여 학생이 음소에 대한 감각 · 청각적 특성에 집중할 수 있도록 하고, 점차적으로 음절－단어－문장 순으로 훈련한다.
5. 안정	• 단어에서 사용되는 음소들을 입술과 혀의 다양한 위치에서 산출하도록 학습한다. 　예 /술레/에서 조음점을 변화시키면서 /쥴레/, /질레/, /슐레/ 등으로 바꾸어 가면서 감각적인 피드백을 가볍게 변화시킬 수 있다. • 시간적 압박과 스트레스 상황에서도 목표음을 산출할 수 있을 때, 비로소 안정적이 되었다고 할 수 있다.

Tip
전통적 접근법과 언어 인지적 접근법의 종류 및 차이를 구분하여 학습하여야 한다.

자료

전통적 접근법과 언어 인지적 접근법의 차이점

구분	전통적 접근법	언어 인지적 접근법
정의 및 이론	• 원인: 조음기관의 운동조절이 어려움 • 조음위치나 방법을 훈련	• 원인: 음운지식이 부족하다고 가정 • 음운인식을 학습하도록 함
대상	• 운동능력의 부족 • 특정 음운에 대한 조음이 나타나지 않는 경우 • 왜곡 오류와 첨가 오류를 보이는 경우 • 학령기, 성인	• 음운지식의 부족 • 유사한 패턴을 보이는 음소와 오류 패턴을 치료목표로 함 • 생략, 대치, 동화 오류를 보이는 경우 좀 더 자연스러운 맥락에서 치료 • 어린 아동
방법	• 운동 능력을 키움 • 쉬운 목표음부터 시작 • 반복 훈련 강조	• 음운지식을 확립시킴 • 의미 있는 목표음부터 시작 • 목표음과 오조음을 대조
치료 기법	• 짝자극기법 • 조음점 지시법	• 변별자질 접근법 • 음운변동 접근법

출처 ▶ 곽경미 외(2021)

전통적 접근법
🔠 말운동 접근법, 운동기반 접근법, 운동 접근법, 음성학적 치료 접근법

자료

어두, 어중, 어말의 구분

음소	이		
	어두	어중	어말
ㄹ	리	이리	일

주) 문맥검사 양식의 일부임

출처 ▶ 강은희 외(2019)

목표음소: /ㄱ/		
2 음절	어두	가위, 가지, 가을
	어중	아기, 사과
	어말	천막, 호박, 장독
3 음절	어두	강아지, 고양이, 경찰차
	어중	저고리, 바가지
	어말	발바닥, 손바닥, 도시락

출처 ▶ 석동일(2004)

핵심단어
🔵 열쇠단어

훈련단어
🔵 목표단어

자료

단어 선택의 실제
프로그램의 실제에서 핵심단어와 훈련단어는 정의에서 규정한 조건을 갖춘 단어이어야 하지만 어두 또는 어말에 적절한 단어가 없는 경우는 어중위치의 단어를 선택하여 실시할 수 있다(석동일, 2004).

자료

핵심단어와 훈련단어의 짝을 '단위반응'이라고 하며, 10개의 훈련단어의 각각과 핵심단어의 짝을 '훈련조'라고 한다.

2) 짝자극 기법

(1) 개념 [23초특]

① 짝자극 기법은 핵심단어와 훈련단어의 짝에 의해 조음치료를 하는 방법이다.

- 핵심단어의 학습결과가 훈련단어로 전이된다는 것을 기본원리로 한다.

② 핵심단어와 훈련단어의 조건은 다음과 같다. [18유특, 24유특]

핵심단어	• 핵심단어는 학생이 나타내는 오류음(표적음)을 포함한 단어에서 10번 가운데 9번을 정조음하는 단어로 규정한다. • 핵심단어가 학생의 어휘 가운데서 발견되지 않으면 가르쳐서 핵심단어를 만든다.
훈련단어	• 훈련단어는 핵심단어와 짝지어서 훈련시킬 단어로 표적음을 3번 가운데 2번 이상 오조음하는 단어로 구성된다. • 훈련단어는 표적음의 위치가 핵심단어와 같아야 한다.
공통 조건	• 어두 또는 어말위치에 단 한 번 표적음을 내포하고 있어야 한다. • 가능한 한 학생들과 친숙한 단어를 선택함을 원칙으로 한다. • 구체적인 물질명사이어야 한다. • 모두 그림으로 그릴 수 있어야 한다.

③ 핵심단어와 훈련단어는 반드시 동일한 음소로 구성하지 않아도 되며, 올바르게 발음할 때마다 토큰을 강화물로 사용한다.

(2) 프로그램의 단계별 내용 [24유특]

구조화된 치료 기법으로 단어수준에서 시작하여 문장과 회화수준으로 진행한다.

| 짝자극 기법 예시 |

출처 ▶ 고은(2021)

단계	내용
단어 수준	• 핵심단어 '가방'을 지도한다. • '가방'을 지적하면 학생이 발음하고, 다음 훈련단어인 '감'을 제시하면 '감'을 발음한다. • 가방-감, 가방-공, 가방-가지, 가방-교회 등으로 이행한다. ··· (중략) ··· • 핵심단어 '달력'을 지도한다. • '달력'과 다양한 훈련단어를 짝지어 학습한다. 　⑩ 달력-약, 달력-주먹, 달력-북 등
문장 수준	• 핵심단어 '가방'에 해당하는 질문에 훈련단어를 넣어 반응 문장을 완성하게 한다. 　⑩ 가방 옆에 무엇이 있어요? 　　- 가방 옆에 감(훈련단어)이 있어요. 　　- 가방 옆에 거울(훈련단어)이 있어요.
회화 수준	• 표적음소를 포함하는 회화에 참여하여 연속적으로 바르게 발음하도록 한다. 　⑩ 집에는 무엇이 있어요? (교사는 표적음 /ㄱ/을 포함하는 반응을 유도할 수 있는 질문을 한다.) 　　- 우리집에는 금붕어, 냉장고, 가위가 있어요.

출처 ▶ 고은(2021)

(3) 장단점

장점	• 특수한 장비를 요구하지 않는다. • 준전문가도 쉽게 적용할 수 있다. • 다양한 연령과 능력수준에 맞게 적용할 수 있다. • 단시간 내에 많은 음소에서 탁월한 조음의 개선을 가져올 수 있다. • 학습과정에서 학생의 내적 동기유발을 제공함으로 인해 치료진전이 빠르게 나타난다.
단점	• 핵심단어를 만들어야 할 경우에는 너무 많은 시간과 노력이 요구된다. • 자연스러운 일상생활 상황을 반영하기에는 제한이 있다.

자료

회화수준 전개 예시

A단계	표적음소 /ㄱ/를 포함하는 회화에 참여하여 4개의 연속 바른 발음하기
B단계	표적음소 /ㄱ/를 포함하는 회화에 참여하여 7개의 연속 바른 발음하기
C단계	표적음소 /ㄱ/를 포함하는 회화에 참여하여 10개의 연속 바른 발음하기
D단계	표적음소 /ㄱ/를 포함하는 회화에 참여하여 13개의 연속 바른 발음하기

출처 ▶ 석동일(2004)

자료

짝자극 기법의 적용 한계

짝자극 기법은 핵심단어와 훈련단어의 선택에 제한을 받으므로 모든 국어의 음소에 다 적용하는 데는 어려움이 있다. 따라서 비교적 단어의 선택과 질문문장의 구성이 용이한 /ㄱ/, /ㄴ/, /ㄷ/, /ㅁ/, /ㅂ/, /ㅅ/, /ㅈ/, /ㅌ/, /ㅍ/, /ㅎ/ 등의 음소 치료에 적절한 기법이다(석동일, 2004).

조음점 지시법
통 조음지시법, 조음적 자극법

3) 조음점 지시법

(1) 개념 ^{24초특}

① 조음점 지시법은 수동적 방법의 하나로 치료사가 지시해 주는 대로 조음 위치와 방법을 지각하는 훈련이다.

② 어음은 언제나 단 한 가지로 발음된다는 가정에 의해서 목표음소에 대한 입술, 혀, 턱 등 조음기관의 바른 위치와 공기 흐름의 바른 사용을 가르친다.

  ㉠ 치료사는 설압자나 면봉 등을 이용하여 조음점을 지적해 준다.

  ㉡ 구강모형이나 그림, 거울 등을 사용하여 입술과 혀의 위치를 지도할 수도 있다.

  ㉢ 조음점을 지적하기 위해 치료사의 손가락, 거울, 조음 구조도 등을 이용할 수도 있다.

(2) 장단점

장점	손이나 그림을 통한 조음점 지시법은 구체적 조작기에 있는 초등학교 연령의 학생들에게 효과적이다.
단점	개별음의 정확도는 높일 수 있으나 전후 문맥에서 발생되는 오류를 중재하기는 어렵다.

4) 조음조절 프로그램

(1) 개념

① 조음조절 프로그램은 /ㅂ/, /ㄴ/, /ㄷ/, /ㅅ/, /ㄹ/, /ㅈ/, /ㄱ/, /ㅎ/ 등 총 8개의 음소를 무의미 음절로부터 단어 수준, 구 수준, 문장 수준, 이야기 수준, 읽기 그리고 대화로 나눈 단계별 학습으로 구성되어 있는 단일음소 접근법이다.

  ㉠ 단어 수준은 목표음소가 어두, 어말, 어중, 중복으로 있는 경우로 위계화되어 있다.

  ㉡ 단어 수준이 끝나면 구 수준으로 넘어가게 된다. 구 수준에서는 2어절(예 벽돌과 나무, 어린이집의 버스)부터 4어절(예 운전자가 바르게 준수하는 교통법규) 따라 하기 훈련이 이루어진다.

  ㉢ 문장 수준에서는 문장 읽기와 그림을 보고 문장 산출하기 훈련이 이루어지며, 읽기 단계에서는 문단을 읽는 훈련을 한다.

  ㉣ 이야기 수준에서는 교사가 들려주는 이야기를 듣고 그림을 보면서 다시 학생이 이야기하게 된다.

비교

전통적 접근법의 종류
심현섭 등(2017)의 문헌에는 전통적 접근법의 종류로 조음점 지시법을 포함하여 다음과 같은 방법들이 소개되고 있다.

운동 감각적 기법	조음지시법과 유사한 방법으로, 개별음소보다는 음절, 낱말, 구 또는 문장을 이용한다.
열쇠 낱말법	짝자극법의 일종으로, 아동이 목표음소를 정확하게 발음하는 낱말을 찾아내어서 그 음소를 연장하여 반복적으로 연습시키다가, 점차 목표음소를 독립적으로도 바르게 발음할 수 있게 하는 방법이다.
점진적 접근법	아동이 목표음소를 정확하게 발음하기 어려운 경우, 목표음소와 유사한 중간단계의 발음에 대해서도 강화해 줌으로써 점진적으로 목표음소를 조음하도록 하는 것이다.
바이오 피드백 기법	일반적으로 의식적인 수준에서 사용될 수 없는 수행 정보를 학습자의 현재 수행 수정을 위해 제공하는 것이다.

② 조음조절 프로그램은 각 하위 단계마다 자극, 단서, 반응, 강화계획, 도달준거로 되어 있다.

자극	• 치료사가 제시하는 자극을 말한다.
단서	• 환자의 차례임을 가르쳐 주는 것으로 환자의 이름을 불러 주는 것을 말한다.
반응	• 환자가 어떻게 반응을 해야 하는가에 대한 내용이다.
강화계획	• 환자가 정반응을 했을 때 강화하는 것을 의미한다. • 강화의 방법도 다양하게 실시할 수 있으며, 강화계획의 변동도 가능하다.
도달준거	• 환자가 다음 단계로 이행할 수 있는 기준으로써 각 단계마다 준거는 달라진다. • 연속해서 그 준거의 수만큼 목표음소에 정조음하면 그 단계는 통과하게 된다. • 만약에 준거에 도달하지 못하게 되면 전 단계와 실패한 단계 사이의 활동을 구안하여 실시하도록 한다. 전 단계는 통과를 한 것이므로 다시 전 단계를 반복하는 것은 별 의미가 없다.

(2) 장단점

장점	광범위한 환자들에게 사용할 수 있다.
단점	강력한 강화가 계속적으로 주어지지 않으면 대부분의 환자가 싫증을 느끼게 되어 모방에 의존하고 있다.

2. 언어 인지적 접근법 15중특, 18초특

기존의 전통적인 치료방법들이 단일 음소에서 나타난 오류에 독립적으로 접근하였다면, 언어 인지적 접근법에서는 언어의 공통적 요인에 주목한다. 즉, 학생의 오류음소에 나타나는 공통적인 특성을 분석하여 공통적인 오류 특성을 치료에 우선 적용하면 여러 음소가 동시에 중재된다는 이론에 근거한다. 따라서 변별자질 접근법과 음운변동 접근법은 모두 개별음소를 목표로 하지 않으며, 반응 일반화가 용이하다는 장점을 갖는다.

1) 변별자질 접근법

(1) 개념 17중특

① 변별자질 접근법은 학생이 보이는 오류 패턴에 어떤 자질적 특성이 있는가를 분석하는 방법이다.
  • 오류를 보이는 음소가 가지고 있는 음운론적 규칙이나 양식을 알게 하는 방법이다.

언어 인지적 접근법

🔄 언어적 접근법, 언어학적 치료접근법

비교
언어 인지적 접근법의 종류

고은 (2021)	변별자질 접근법, 음운변동 접근법
곽미영 외 (2020)	대조짝을 이용한 접근법, 음운변동 치료기법, 주기법, 음운인식 치료기법, 의사소통 중심법, 하이브리드 접근법
김수진 외 (2020)	음소대조를 이용한 접근법, 음소 자질대조를 이용한 접근법(변별자질 접근법, 최소대립자질 접근법, 최대대립자질 접근법), 음운변동 접근법, 주기법, 상위음운지식 접근법
심현섭 외 (2017)	최소대립자질 치료법, 최대대립자질 치료법, 다중대립자질 치료법, 음운변동 접근법, 주기법

자료
주기법과 상위음운지식 접근법

주기법	• 전반적인 말명료도 개선을 목표로 하며 일정한 주기를 단위로 목표를 바꾸어 진행한 뒤 전체 목표를 다 다룬 후 다시 처음부터 진행하는 방법 • 부적절한 음운패턴을 없애기보다는 적절한 음운패턴을 습득하도록 하는 방법 • 음운변동을 이용한 접근법 • 개별음소들의 정확도보다 전반적인 말의 명료도가 목표 • 대상: 심한 조음음운장애 아동 또는 말명료도가 매우 낮은 아동
상위음운지식 접근법	• 음운장애 아동들이 음소들의 길이, 방법, 위치와 같은 특성을 통해 분류되는 음운구조를 파악하는 상위언어학적 지식이 부족하다는 근거에서 출발해 아동의 규칙체계를 변화시키면 산출이 변화한다는 원리 • 음운구조에 대한 지식이 부족하다는 가정 • 최소대립쌍을 이용한 치료법 • 대상: 심도의 음운장애를 갖고 있는 아동

출처 ▶ 곽경미 외(2021)

② 오류의 패턴을 찾아서 교정하면 동일한 자질을 가진 다른 음소들의 오류가 동시에 개선된다는 데에 중재의 초점을 두고 있다.

㉠ 학생이 보이는 오류 패턴에 어떤 특징적 자질이 있는지 없는지를 먼저 분석하여야 한다.

㉡ 이때 기본 가정은 일단 하나의 표본 음성이 정확히 조음되면 그와 동일한 자질을 가지고 있는 다른 음성에 일반화된다는 것이다.

③ 음운론에서의 변별자질이란 어떤 음성요소가 다른 음성요소로부터 구별되는 데 필요한 음운상의 특징을 말한다. 즉, 음소 간에는 공통된 자질과 서로 구별 짓는 자질이 있는데, 이처럼 음소대립을 초래하는 음성적 자질을 변별자질이라고 한다.

• 대표적인 자질에는 자음성, 공명성, 성절성, 지속성, 소음성 등이 포함되며, 유무에 따라 (＋), (－)로 표기한다.

⑩ 자음성이라는 자질은 자음과 모음을 구별하기 위하여 사용되며, 모든 자음은 [＋자음성]을 갖는다.

(2) 프로그램의 구성 15초특, 23중특

변별자질 접근법은 다음과 같은 네 가지 기본 단계로 구성된다(Blance).

단계	내용
확인 단계	• 학생이 치료에 사용될 어휘의 개념을 아는지를 알아본다. ⑩ '공'과 '곰'을 선택하였다면, 그림이나 사진을 보여 주고 학생에게 "이게 뭐지?"라고 질문한다.
변별 단계	• 학생이 변별자질을 지각할 수 있는지를 알아본다. • 교사(또는 치료사)가 단어를 발음하면 학생이 해당 그림을 가리킨다. 　－ 변별자질의 지각 여부를 파악하기 위해 최소대립쌍을 사용한다. 　⑩ /마늘/과 /바늘/, /불/과 /붓/과 같은 최소대립쌍에 해당하는 단어를 발음하면 학생은 해당 그림 또는 단어를 선택한다. **최소대립쌍** 15초특, 18초특, 23중특 • 최소대립쌍이란 말소리 하나를 교체함으로써 의미의 변별이 생기는 단어의 쌍을 의미한다. 　⑩ '공'과 '곰'은 연구개음－양순음의 최소대립쌍, '달'과 '살'은 폐쇄음－마찰음의 최소대립쌍에 해당한다. • 어떤 두 단어가 최소대립쌍을 이루려면 교체되지 않는 음소와 교체되는 음소의 위치가 동일해야 하며, 그 외의 위치에 있는 음소들은 모두 일치해야 한다. • 최소대립쌍 훈련의 목적은 학생의 말소리 오류 패턴을 찾아 음운론적 규칙을 확립시키는 것이다.

변별적 기능
어떤 음성들이 한 언어 안에서 의미를 분화시킬 때 그것을 변별적이라고 하며 그러한 기능을 변별적 기능이라고 한다. 이와 같이 변별적 기능을 갖는 소리들은 음운의 자격을 얻게 된다(김홍범 외, 2021).

최소 대립과 최소대립쌍
• 단어를 구성하고 있는 나머지 요소는 모두 같고 오직 한 가지 요소에 의해서만 의미가 구별되는 경우는 '최소 대립'이라 하고 최소 대립을 이루는 단어의 짝(⑩ 방－빵, 불－벌, 발－밥)을 '최소대립쌍'이라 한다(김홍범 외, 2021).
• 최소대립쌍을 설정할 때 중요한 것은 양적 대등성과 질적 대등성의 두 가지를 생각할 수 있다. 양적 대등성은 최소대립쌍을 이루는 단어는 두 단어의 음운 개수가 동일해야 한다는 조건이다. 질적 대등성은 최소대립쌍을 만드는 두 소리의 성질이 동질적이어야 한다는 조건이다. 음소는 음소끼리, 운소는 운소끼리 최소대립쌍을 이루어야 하며 자음, 모음, 반모음도 각각 해당 부류의 소리끼리 최소대립쌍을 이루어야 한다(이진호, 2020).

최소대립쌍
⑤ 최소낱말짝

훈련 단계	• 최소대조를 인식하고 단어를 발음한다. • 학생에게 그 단어를 말하도록 하고 교사(또는 치료사)는 학생이 발음한 단어와 일치하는 그림을 가리킨다. **예** 학생이 /공/과 /곰/을 발음하면 교사는 해당 그림을 가리킨다.
전이−훈련 단계	• 학생이 표적단어를 발음할 수 있게 되면 길고 복잡한 문장에서 훈련한다.

KORSET 합격 굳히기　**최소대립자질, 최대대립자질**

변별자질에 있어서는 한 가지 자질에서만 차이가 나는 쌍을 최소대립자질이라고 하는 반면에, 최대대립자질이란 최대한 많은 자질에서 차이가 나는 낱말쌍을 의미한다. '살'과 '쌀'은 발성 자질 하나에서만 차이가 나는 최소대립자질인 반면에, '강'과 '땅'은 조음 위치, 조음 방법 그리고 발성자질 모두에서 차이를 보이는 최대대립자질에 해당한다. 만약 /ㄷ/의 발음에서 오류가 있는 아동에게 음운적 치료접근 시 최소대립자질을 이용한다고 할 경우에는 '동−총'보다는 '동−똥'이 적합하다.

출처 ▶ 고은(2021)

(3) 변별적 자질의 종류

① 주요 분류 자질

주요 분류 자질은 분절음, 즉 음소에 속하는 자음, 모음, 반모음을 구분하는 데 쓰인다.

[자음성]	조음 과정에서 공기의 방해가 존재하는지 그 유무에 대한 자질 → 자음은 [+자음성], 모음과 반모음은 [−자음성]
[성절성]	단독으로 음절 중성의 기능을 하는 성질(음절에서의 쓰임새) → 모음은 [+성절성], 자음과 반모음은 [−성절성]

	자음	모음	반모음
자음성	+	−	−
성절성	−	+	−

자료

+, −의 의미

변별적 자질은 그 앞에 '+', '−' 값을 표시하게 된다. '+'는 해당 변별적 자질의 내용을 지닌다는 의미이고 '−'는 그렇지 않다는 의미이다. 이처럼 변별적 자질은 기본적으로 이분법적인 특징을 지닌다(이진호, 2020).

자료

반모음

반모음의 음성학적인 특성은 장애를 받지 않고 만들어지는 단모음과 유사하지만, 반모음이 홀로 음절을 형성할 수 없는 특성은 자음과 유사하다. 그래서 반모음을 반자음이라고 부르기도 한다. 또한 반모음은 조음 동작의 변화 속도가 빨라서 길이가 짧으며 음성적으로는 미끄러지는 듯한 특성을 가지고 있기 때문에 활음이라 부르기도 한다. 반모음은 온전한 모음이 아니기 때문에 반달표(ˇ)를 하여 'ㅗ/ㅜ, ǐ'로 표시한다(김홍범 외, 2021).

② **자음 분류 자질** [13유특(추시)]

㉠ 자음 분류 자질은 음운 체계에서 자음들을 분류하는 기준과 직접적인 관련을 맺는다.

㉡ 자음 분류 자질은 자음의 조음 위치에 대한 자질과 조음 방법에 대한 자질로 나눌 수 있다.

조음 위치 자질	[전방성]	조음점이 치조를 포함하여 그보다 앞쪽인 성질 → 양순음과 치조음은 [+전방성], 　　경구개음과 연구개음은 [−전방성]
	[설정성]	혀끝이 중립적인 위치보다 높이 올라가는 성질 → 치조음과 경구개음은 [+설정성], 　　양순음과 연구개음은 [−설정성]

구분	양순음	치조음	경구개음	연구개음
전방성	+	+	−	−
설정성	−	+	+	−

조음 방법 자질	공명음과 장애음의 구분	[공명성]	성대 진동이 자동적으로 동반되며 울림이 큰 성질 → 공명음(비음, 유음)은 [+공명성], 장애음 　　(파열음, 마찰음, 파찰음)은 [−공명성]
	파열음, 마찰음, 파찰음, 유음과 비음의 구분	[지속성]	공기의 흐름이 막히지 않고 계속되는 성질 → 마찰음과 유음은 [+지속성], 　　파열음, 파찰음, 비음은 [−지속성]
		[비음성]	공기가 코 안으로 흐르는 성질 → 비음은 [+비음성], 나머지는 [−비음성]
		[소음성]	좁은 틈으로 공기를 빨리 통과시켜 소음을 동반하는 성질 → 파찰음 및 마찰음의 일부(ㅅ, ㅆ)는 　　[+소음성], 나머지는 [−소음성]

구분	파열음	마찰음	파찰음	비음	유음
지속성	−	+	−	−	+
비음성	−	−	−	+	−
소음성	−	±	+	−	−

평음, 유기음, 경음의 구분	[긴장성]	후두와 그 주위 근육이 긴장되는 성질 → 유기음과 경음은 [＋긴장성], 　　평음은 [－긴장성]
	[유기성]	성문으로부터 강한 기식이 동반되는 성질 → 유기음은 [＋유기성], 　　평음과 경음은 [－유기성]

구분	평음	유기음	경음
긴장성	－	＋	＋
유기성	－	＋	－

③ 모음 분류 자질

혀의 위치	[후설성]	혀가 중립적인 위치보다 뒤에 놓이는 성질 → 후설모음은 [＋후설성], 　　전설모음은 [－후설성]
혀의 높낮이	[고설성]	혀의 중립적인 위치보다 높아지는 성질 → 고모음은 [＋고설성], 　　중모음과 저모음은 [－고설성]
	[저설성]	혀가 중립적인 위치보다 낮아지는 성질 → 저모음은 [＋저설성], 　　고모음과 중모음은 [－저설성]
입술 모양	[원순성]	입술 모양이 동그랗게 오므라드는 성질 → 원순모음은 [＋원순성], 　　평순모음은 [－원순성]

⑷ 장단점

장점	• 말산출과 직접적으로 관련된 조음에 기초한 자질들의 체계를 이용할 수 있다. • 여러 가지 음소들이 공통적으로 포함하고 있는 특정 자질을 훈련하면 그 효과가 공통 자질을 갖고 있는 음소로 일반화될 것이라는 기대를 갖게 한다.
단점	• 변별자질은 원래 임상치료를 목적으로 사용하기 위해 설계된 것이 아니다. 　－ 변별자질은 세계 언어체계 속에서 음소의 분절요소를 찾아내고 분류하기 위해 사용된 일련의 분석과정에서 도출된 것이어서 임상치료에 사용하기에는 부족하거나, 반대로 번거로울 수 있다.

KORSET 합격 굳히기 · **변별적 자질**

1. 한 음소는 여러 가지 음성적 특성이 모여서 이루어진 복합체이다. 자음 'ㅁ'은 두 입술을 이용하며, 입안에서는 공기를 막았다가 터트리지만 코안으로는 공기를 계속 흐르게 하여 내는 소리이다. 모음 'ㅜ'는 입술을 둥글게 오므리며 혀의 최고점을 뒤쪽의 높은 곳에 두어 발음하는 소리이다. 이처럼 음소를 이루는 음성적 특징을 바탕으로 음소를 더 작게 쪼개어 표시한 단위를 변별적 자질이라고 한다.

2. 변별적 자질의 '변별적'은 소리를 구분해 준다는 의미를 지닌다. 그런데 이때의 소리는 더 정확히는 음소를 가리킨다. 음소의 자격을 가지는 소리들을 서로 구별해 주는 것이 변별적 자질이다. 이것을 바꾸어 말하면 음소가 아닌 단순한 변이음의 차이를 구별하는 데에만 쓰이는 자질은 변별적 자질이라고 하기 어렵다.

3. 변별적 자질을 사용했을 때의 이점은 다음과 같다.
   ① 성질이 비슷한 음소들을 묶을 때 매우 편리하다. 음성적 공통점을 지니는 음소들의 묶음을 흔히 자연 부류라고 하는데 변별적 자질을 이용하면 자연 부류를 쉽게 나타낼 수 있다.
   ② 음성적 성질이 대립되는 음소들의 관계를 나타내는 데 유용하다. 어떤 음성적 속성에서 서로 반대되는 모습을 보이는 음소들은 변별적 자질의 '+', '−' 값을 통해 대립을 효과적으로 보여 줄 수 있다.
   ③ 음운 현상을 설명하는 데에도 유리하다. 가령 어떤 음소는 인접한 다른 음소의 특징에 닮아서 동화되는 경우가 많은데 이런 경우는 변별적 자질을 통해 매우 쉽게 설명할 수 있다. 즉, 인접한 음소의 변별적 자질 값에 동화가 되어 다른 음소도 동일한 변별적 자질 값을 지니게 되었다고 함으로써 음운 현상의 본질을 포착하는 데 더 다가서게 되는 것이다. 변별적 자질이 음소들의 관계 포착에 유용하기 때문에 음소들의 영향 관계로 일어나는 음운 현상의 기술에도 도움이 되고 있다.

출처 ▶ 이진호(2020)

---

2) 음운변동 접근법 ^{17초특, 20중특, 24중특}

① 음운변동 접근법은 자연음운론에 근거하여 학생의 부정적 음운변동을 분석하여 그 결과에 기초하여 치료하는 방법이다. 즉, 말소리 발달 과정에서 남아 있는, 발음을 단순화하는 비정상적인(또는 부정적인) 음운변동 현상을 제거해 주는 방법이다.

  ㉠ '국물'이라는 단어를 읽을 때 /궁물/이라고 읽어야 한다. 이것은 긍정적인 음운변동이고 이것이 국어 음운규칙의 비음동화 현상이다. 그러나 '국물'을 /국문/이라고 읽거나 말한다면 같은 비음동화 현상이더라도 이것은 부정적인 음운변동 현상이 되는 것이다.

  ㉡ 조음오류는 학생이 단순히 특정 음소를 습득하지 못하였기 때문이 아니라, 학생 나름대로 성인의 음운규칙을 단순화하거나 대치규칙을 사용하기 때문에 생기는 것으로 보기 때문에 학생이 성인의 말을 똑같이 따라 할 수 있을 때까지 이들 규칙을 하나씩 버리게 되면서 점차 발전하게 된다고 본다.

② 음운변동 분석이란 학생이 산출하는 발음에서 산출되지 말아야 하는 음운규칙이 나타난 것에 대한 분석으로, 크게 생략 및 첨가 음운변동과 대치 음운변동으로 나눌 수 있다.

   ㉠ 생략 및 첨가 음운변동은 음절구조, 조음 방법 그리고 조음 위치에 따른 음소 및 음절의 생략, 첨가로 나뉜다.

   ㉡ 대치 음운변동은 조음 위치, 조음 방법, 동화, 기식도 변화에 따른 음소의 대치과정이다.

③ 목표음을 지도할 때 문맥적 훈련에 중점을 두어 진행한다.

④ 음운변동 접근법은 자음이나 모음의 정확도만으로 찾아내기 어려운 학생의 조음오류 양상을 찾을 수 있고, 그 오류 양상을 제거하면 여러 개의 오류음을 동시에 수정할 수 있는 장점이 있다.

   • 개별 조음오류 현상에 접근하는 것보다 일반화 가능성이 높아지기 때문이다.

     예 조음평가 결과 ㄷ/ㄱ, ㅈ/ㅋ, ㄸ/ㅊ 등의 대치가 자주 나타났다면 후설음화가 자주 나타난다고 보고, 치료의 초점을 개개의 다른 음을 가르치기보다 학생에게 나타나는 비정상적인 후설음화 변동을 제거함으로써 여러 개의 오류음을 동시에 수정하는 데 둔다. / 'ㄱ/ㅋ, ㄷ/ㅌ, ㅈ/ㅊ, ㅂ/ㅍ'과 같은 오류패턴의 경우에는 탈기식음화의 현상을 없애는 데 초점을 두고 중재를 할 수 있다.

3. 의사소통중심법 [25중특]

① 의사소통중심법은 자연스러운 학습 환경 속에서 말소리를 치료하도록 하는 접근법이다.

   ㉠ 자연스럽게 언어를 사용하는 환경에서 말소리를 가르치는 방법이다.

   ㉡ 그림카드를 이용하여 반복적으로 발음 연습을 시키는 방법 대신, 실생활과 유사한 사물이나 활동 속에서 자동적인 조음훈련을 유도함으로써 일반화를 촉진한다.

   ㉢ 학생을 훈련시킨다는 차원이 아니라 학생이 능동적인 주체가 되는 즐겁고 재미나는 학습원리를 추구한다.

② 의사소통에 기초한 반응과 강화를 강조한다.

     예 치료할 때 상황이나 사건을 구성하여 학생이 말하면 언어치료사는 의사소통에 기초한 반응, 즉 의미에 적절하게 피드백을 주고 다시 말할 수 있도록 유도한다.

③ 전통적인 조음치료방법을 부분적으로 사용하기도 하는데, 집단치료나 일상생활의 의사소통에 활용하기 위한 보조적인 차원에서 수용되는 것이다.

- 집단 치료계획을 수립할 때는 일상적인 의사소통 경험과 유사한 활동을 선택하도록 하고, 학생을 조정하기보다는 환경을 조정하여 학생이 자연스럽게 반응하도록 하여야 한다. 특히 집단 내의 의사소통이 긍정적인 경험을 제공하도록 프로그램을 구성하여야 한다.

④ 문헌에서 제시하는 의사소통중심법의 기본 원칙은 다음과 같다.

⑦ 실제 의사소통과 유사하게 하여 훈련 상황에서 일반화가 되도록 해야 한다.

- 목표발화는 학생이 일상생활 속에서 자주 쓰이는 것으로 선택한다. 특히 학생이 그 말을 함으로써 환경이나 다른 사람의 행동을 조정할 수 있는 의사소통적인 효과가 큰 것으로 선택한다.

  ⓔ /ㄱ/을 훈련할 때 제한적으로만 사용 가능한 '감'과 같은 어휘보다 '간다, 잘 가, 갈게'같이 의사소통적인 효과가 큰 어휘로 훈련한다.

⑥ 목표음소는 의사소통적인 발화 속에 포함되도록 계획을 세운다.

- 의미를 내포하는 언어학적 단위(낱말이나 구)부터 의사소통적 상황에서 치료를 시작한다.

⑥ 목표발화에 대하여 의사소통적 내용에 맞는 강화를 사용한다. 칭찬이나 강화물을 사용하기보다는 발화 의도에 적절한 반응으로 강화해 준다.

4. 교실에서의 조음·음운장애 중재방법

조음장애를 가지고 있는 학생을 지도할 때 교사는 다음과 같은 점을 고려하여 접근하여야 한다.

① 아동의 발달단계에서 습득 시기가 빠른 음소부터 지도한다.

② 일상생활에서 사용 빈도수가 높은 음소부터 지도한다.

③ 자극반응도가 높은 음소부터 지도한다.

④ 오류의 일관성이 없는, 즉 가끔 올바르게 발음하기도 하는 음소부터 지도한다.

⑤ 첫음절에 가장 집중이 잘 되기 때문에 가르치고 싶은 음소는 초성에 놓인 것부터 하는 것이 좋다. 예를 들면, 유음 /ㄹ/의 경우 /라면/이 /신라/보다 더 효과적이다.

⑥ 단음절이 다음절 단어보다 조음하기 쉬우므로 /자동차/보다는 /차/라는 단어를 먼저 사용한다.

⑦ 명사, 단단어, 의미적으로 쉬운 개념을 갖는 단어를 먼저 가르친다.

⑧ 음운인식에 대한 지식이 형성되지 않은 혹은 결함을 가지고 있는 학생 에게는 행위와 함께 전달하는 것도 효과적이다.

• 손바닥에 철자를 쓴다거나, 몸 전체를 이용하여 /i/, /a/, /o/ 등의 모음을 모방한다거나, /h/음 같은 경우에는 숨을 뺄 때 가슴에 손을 얹고 기류를 느끼게 하는 것도 좋다. 무성음과 유성음에서 문제를 보이는 학생은 자신의 손을 후두에 대고 떨림을 인지하도록 하는 것이 도움이 된다.

⑨ 목표로 하는 음소나 단어 앞에서는 잠깐 휴지를 두어야 한다.

• 학생이 집중할 수 있는 시간을 준 다음 천천히 그러나 약간 강세를 두고 반복해서 조음을 해주어야 한다. 그래야만 학생이 교사가 주는 수정 모델에 청각적으로 주의를 기울일 수 있다.

⑩ 선택 질문을 줌으로써 학생이 특정 발음을 하되, 교사의 발음을 한 번 듣고 발음할 수 있는 기회를 준다.

• "이것은 어떤 나무일까요?"라고 질문을 하기보다는 "이것은 사과나무 일까요, 이과나무일까요?"라고 물어 봄으로써 학생이 음의 차이를 스스로 지각하고 목표음을 산출할 수 있도록 한다.

⑪ 학생이 잘못된 조음을 하였을 때 교사는 즉시 피드백을 해주어야 한다.

㉠ "아니야, 틀렸어. 다시 말해 봐." 식의 피드백은 학생이 자신의 오류에 대해 정확하게 인식하지 못하게 하며, 오히려 회피행동을 유도할 수 있으므로 피해야 한다.

㉡ 학생이 발음을 잘했을 때는 칭찬해야 하지만, 너무 의도적으로 과장 하여 그때그때 칭찬을 하는 것보다는 "오늘은 /ㅅ/ 발음이 참 좋았어." 등의 자연스러운 강화가 바람직하다.

01 **유창성장애의 이해**

1. 유창성장애의 개념

① 말의 유창성은 말의 흐름이나 속도에 대한 일반적인 현상으로 어떤 노력이나 머뭇거림 없이 쉽고 자연스럽게 말하는 것이다. 즉, 말을 하는 동안 음, 음절, 단어, 구 등을 서로 자연스럽게 연결하여 말하며, 말하는 도중에 머뭇거림이나 반복이 거의 나타나지 않는 것이다.

② 정상적이라고 할 수 없을 정도로 말하는 속도가 너무 느리거나 빠르거나, 혹은 불규칙적일 때 그리고 말의 흐름이 깨질 때 유창성장애라고 한다.

2. 유창성장애의 유형 [20유특]

말더듬	• 말소리나 음절의 반복, 소리의 연장, 소리의 막힘 등으로 인하여 말의 흐름이 순조롭지 않은 현상이다. • 이러한 일차적인 증상이 더 심해지면 말더듬에서 빠져나오려는 탈출행동, 회피행동과 같은 부수행동이 생긴다.
말빠름증	• 말의 속도가 너무 빨라서 생기는 유창성장애의 하위 유형이다. • 말의 리듬이 불규칙하고 발음이 엉키는 듯하며, 강세 높낮이가 없이 단조로운 어조로 말을 하는 것이 특징이다.

02 **말더듬**

1. 정상적인 비유창성과 병리적인 비유창성

(1) 정상적인 비유창성

① 발달기 말더듬의 특징

ⓐ 일반적으로 3~4세 정도가 되면 대부분의 아동들은 단어나 음절을 반복하는 경향을 보이는데 이것을 발달기 말더듬이라고 한다.

• 발달기에 나타나는 말더듬은 대부분 3세 전후에서 길게는 취학 전까지 관찰되다가, 전문적인 언어치료를 받지 않고도 자연스럽게 없어지는 것이 일반적이다.

ⓛ 발달기 동안의 말더듬 증상이 심해지거나 6개월 이상 지속되거나 말에서 근육의 긴장이 느껴질 경우에는 전문가의 진단을 받아 볼 필요가 있다.

ⓒ 말더듬이 발달기 말더듬에서 발전되는 것이라고 보는 연구도 있으나 최근 연구들은 말더듬이 반드시 발달기의 말더듬 단계를 거치는 것은 아니라고 주장한다.

② 정상적인 비유창성의 특징

㉠ 정상적인 비유창성은 병리적인 비유창성과 비교하였을 때 청자가 비정상적이라고 느끼지 않는다는 특징을 갖는다.

㉡ 정상적인 비유창성의 경우에는 음이나 음절의 반복보다 단어의 반복이 주로 나타나고 근육의 긴장이 느껴지지 않는다.

㉢ 비유창성을 보인 것에 대해 긴장과 고통 등이 나타나지 않는다.

✿ 정상적인 비유창성의 특징

유형	내용 및 예시
간투사 (삽입)	의미전달내용과 관계없는 낱말이나 구를 말하는 것으로 별다른 질적 양상이 동반되지 않는다. 예 음…, 그니까…
미완성 또는/그리고 수정	발화나 낱말을 끝맺지 않은 경우, 그리고/또는 이미 산출한 말의 발음, 낱말, 통사구조 등을 바꾸어 다시 말한다. 예 학교에 갔는데… (미완성) 최 선생님이 아니 아니 강 선생님이… (수정)
주저 (쉼)	발화 중간이나 발화 간에 나타나는 1~3초 정도의 침묵으로 별다른 질적 양상이 동반되지 않는다. 예 교육이 철학을… (3초 이하의 쉼) 논하자면
반복	음절, 낱말이나 구, 어절 등을 1~2회 반복하되, 별다른 질적 양상이 동반되지 않는다. 예 느낌에 대해서는 느낌에 대해서는…

출처 ▶ 고은(2021), 곽경미 외(2021)

(2) 병리적인 비유창성

① 병리적인 비유창성은 음이나 음절의 반복과 연장 그리고 막힘 증상이 자주 나타난다.

② 말을 할 때 손, 발, 얼굴, 때로는 몸 전체를 움직이는 탈출행동이 나타난다.

③ 지속 정도에 따라 말에 대한 공포심과 회피 증상이 나타난다.

｜자료｜

정상적인 비유창성의 기준 (권도하 외, 2011)

• 총 비유창성률이 9% 이하 (2~3세)
• 총 비유창성률이 7% 이하 (4~6세)
• 단어부분반복의 단위 반복 수가 2회 이하
• 비유창성 형태가 삽입, 쉼, 수정이 일반적임

출처 ▶ 신명선 외(2021)

｜자료｜

병리적인 비유창성의 특징

유형	내용
간투사	간투사를 3회 이상 반복하거나 간투사를 말할 때 시각적 긴장과 같은 질적 양상이 동반된다.
미완성 또는/그리고 수정	미완성 또는/그리고 수정이 연속적으로 일어나거나, 시각적 긴장과 같은 질적 양상이 동반된다.
주저	주저함이 3초 이상 지속되거나 시각적 긴장과 같은 질적 양상이 동반된다.
반복	음절, 낱말, 구, 어절 등이 3회 이상 반복되거나 긴장 등을 동반하여 나타난다.
비운율적 발성	연장, 막힘, 깨진 낱말(낱말 내에서 나타나는 멈춤) 현상이 나타난다.

출처 ▶ 곽경미 외(2021)

✎ **말더듬**

말의 흐름이 유창하지 않고 근육에 비정상적으로 과도한 힘이 들어가는 특징이 있는 말장애이다. 유창성장애로 혼용되어 사용하기도 하지만 엄밀한 의미에서 유창성장애를 말더듬, 속화, 신경성 유창성장애로 나눌 경우 유창성장애의 한 유형이다. 말더듬은 일차적으로 음이나 음절의 반복, 연장, 막힘 행동이 공통적으로 나타나고, 심해지면 이차적 특징으로 말더듬에서 벗어나려는 탈출행동과 말을 더듬을 가능성이 있는 상황을 벗어나려는 회피행동이 나타난다. 또한 말에 대한 이러한 부정적 감정과 태도는 말더듬 현상을 더욱 악화시킨다. 말더듬 현상은 2~5세에 주로 시작하며, 정상적 비유창성과 병리적 비유창성으로 분류된다. 정상적 비유창성은 정상적 언어발달 과정에서 말의 정상적 흐름이 깨어지는 현상으로, 성장하면서 자연 치유되나 병리적 비유창성은 성인기까지 말더듬 현상이 지속적으로 나타난다. 말더듬 발병의 원인에는 사회 · 심리적 요인, 생리학적 요인, 심리 · 언어학적 요인이 있으나, 그 원인이 명확하게 규명되지는 않았다. 말더듬 현상은 음이나 음절의 반복, 연장, 막힘, 투쟁 순으로 진전되므로 조기 진단과 중재가 요구된다(특수교육학 용어사전, 2018).

2. 말더듬의 원인

(1) 심리 사회적 요인

① 심리 사회적 측면에서는 말더듬을 심리적인 부적응으로 본다.

② 말더듬에 대한 대표적인 심리 사회적 요인은 다음과 같다.

심리 역학적 이론	Freud의 정신분석적 관점으로서 정신적 이상심리에서 그 원인을 찾고자 한다.
진단 기인론	말더듬은 부모의 귀로부터 시작된다. 부모가 학생의 정상적인 비유창성을 말더듬으로 진단하고 그에 대한 부정적인 반응을 보임으로써 말더듬이 진행된다고 본다.
상호작용 가설	말을 더듬는 화자와 말을 듣는 청자 간의 상호작용으로 말을 더듬게 된다. • 화자의 말더듬 정도 • 화자의 말더듬에 대한 청자의 민감성 • 청자의 반응에 대한 화자의 민감성
예기투쟁 가설	말을 더듬을 것이라고 스스로 예견하고, 더듬지 않으려고 노력함으로써 말을 더듬게 된다.
학습이론	말더듬에 대해 심한 야단을 맞거나 주변으로부터 모멸감을 받은 학생은 그후 비슷한 상황에서 항상 말을 더듬게 된다. 우연히 말을 더듬는 행위가 잘못 강화를 받고 고착된다.

출처 ▶ 고은(2021)

(2) 심리 언어학적 요인

① 심리 언어학적 측면에서는 말더듬 증상이 나타나는 발화지점에 초점을 맞춘다.

② 말더듬에 대한 심리 언어학적 요인은 다음과 같다. [19중특]

음운론적 측면	• 첫 단어, 단어의 첫음절, 초성에서 발생한다. • 모음인 경우보다 자음에서 더 자주 더듬는다. • 특정 음에서 특히 말을 자주 더듬는다. • 파열음이나 파찰음에서 막힘이 자주 나타난다. • 마찰음에서는 연장이 자주 나타난다.
형태론적 측면	• 기능어(조사나 접속사)보다 내용어(명사, 동사, 형용사, 부사)에서 더 자주 더듬는다. • 비교적 긴 단어에서 더 많이 나타난다. • 사용 빈도가 높은 단어보다 잘 사용하지 않는 단어에서 더 더듬는다.
구문론적 측면	• 문장의 길이가 길수록 출현빈도가 높아진다. • 문장 구성이 복잡할수록 출현빈도가 높아진다.

✎ **내용어**

내용어는 메시지 전달의 주요 어휘를 이루는 낱말들로 문장을 구성하기 위한 문법기능어(⑩ 조사)에 비하여 쉽게 습득된다(김영태, 2019).

화용론적 측면	• 대화 상대자가 친숙하고 허용적일수록 말을 더듬는 빈도가 낮아진다. • 의사소통 스트레스 정도가 높을수록 빈도가 높아진다. • 상대방의 말이 빨라질수록 더 더듬는다.

(3) 생리학적 요인

생리학적 관점에서는 말더듬의 원인을 유전과 중추신경계의 이상에서 찾는다. 말더듬의 원인이 되는 주요 생리학적 요인은 다음과 같다.

유전적 요인	• 말더듬은 유전적 소인으로 인해 발생한다. 229명의 유창성 장애를 가지고 있는 사례의 55%가 언어장애의 가족력을 가지고 있는 것으로 나타났다. • 유전이라기보다는 부모가 가지고 있는 기질적인 영향으로 보는 것이 타당하다는 지적도 있다.
근육의 불협응	• 말더듬은 미세한 근육조절능력의 결함으로 생겨난다. • 심한 말더듬의 경우에는 비정상적인 호흡 패턴이 나타난다. 말을 더듬을 때는 더욱 호흡이 빨라지고 막히면서 불규칙한 호흡이 생겨나며, 말더듬은 호흡−발성−조음 간의 불협응으로 발생한다.
뇌기능의 장애	• 좌반구와 우반구 간의 협응이 잘 이루어지지 않는다. • 언어를 관장하는 뇌조직 간의 신호전달의 문제다. • 왼손잡이를 오른손잡이로 강요할 때 좌반구와 우반구의 불균형으로 말더듬이 유발될 수 있다. • 우반구의 지배를 받는 것으로 알려진 노래를 부를 때는 말더듬의 증상이 나타나지 않는다. • 교통사고 후유증이나 뇌손상 이후 말더듬이 발생할 수 있다.

3. 말더듬의 특징

(1) 핵심행동 ^{15유특, 19중특}

말더듬은 일차적으로 음이나 음절의 반복, 연장, 막힘 행동이 공통적으로 나타난다. 일반적으로 말더듬의 핵심행동은 반복으로 시작해서 증상이 심해지면 연장이 나타나고 더 심해지면 막힘이 나타난다.

① 반복

　㉠ 말소리나 음절 또는 낱말을 1회 이상 되풀이하는 것이다.

　㉡ 말더듬 초기에 가장 빈번히 관찰되는 행동이다.

　㉢ 다음 말소리가 나올 때까지 한 소리나 낱말에 고착되어 계속적으로 되풀이한다. 📌 "머머머머리가 아파요."

Tip

'말더듬 행동 유형'이란 핵심행동, 부수행동의 탈출행동과 회피행동을 포함한다.

핵심행동
🔁 일차행동, 공동행동

② **연장** ¹⁴중특

ㄱ 소리나 공기의 흐름은 계속되나 한 소리에 머물러 있는 상태이다.

ㄴ 일반적으로 반복보다 늦게 나타나는 행동으로 연장을 보이는 경우는 반복을 보이는 경우보다 좀 더 심화된 말더듬 단계에 도달한 것으로 본다.

ㄷ 일반적으로 화자의 말소리가 0.5초 이상 연장되면 들었을 때 유창성이 깨어졌다고 인식하게 된다. **예** "수~~(우)박 주세요."

③ **막힘** ²²중특

ㄱ 혀, 입술 또는 성대 등이 고착되어 목소리가 전혀 나오지 않는 긴장 상태이다. 이때 막힘의 소리가 들리기도 하고 들리지 않을 수도 있다.

• 조음의 포즈는 취하고 있지만 소리가 나지 않을 때 '막힘'이라고 한다.

ㄴ 가장 늦게 나타나는 핵심행동에 해당된다.

ㄷ 말의 흐름이 부적절하게 중단되고 조음기관의 움직임이 고착된다.

부수행동

🔵 이차행동, 수반행동

✏️ **탈출행동**
일반인들은 말을 하다가 머뭇거림이 나타나면 멈추거나 통제를 할 수 있지만, 말더듬인들은 말더듬이 한 번 시작되면 의도적으로 말을 멈추거나 말더듬 행동에서 쉽게 빠져나올 수가 없게 된다. 이러한 말더듬 행동에서 빠져나오려고 하는 자신만의 비정상적인 행동을 탈출행동이라고 한다. 이러한 탈출행동의 양상은 말더듬인들마다 다르며 믿기 어려울 만큼 매우 다양하다(곽미영 외, 2020).

⑵ **부수행동**

말더듬이 심해지면 이차적 특징으로 말더듬는 순간을 벗어나려는 탈출행동과 말을 더듬을 가능성이 있는 상황을 벗어나려는 회피행동이 나타나기도 한다. 또한 말에 대한 이러한 부정적 감정과 태도는 말더듬을 더욱 악화시킨다.

① **탈출행동** ¹⁴중특, ¹⁷유특

ㄱ 말을 더듬는 도중에 말더듬에서 벗어나려고 취하는 신체적 행동을 의미한다.

예 한숨을 쉬는 행동, 흡기를 하는 행동. 호흡을 멈추는 행동, 눈을 꼭 감는 행동, 혀를 밖으로 내미는 행동, 입술을 뾰족하게 내미는 행동, 머리나 사지를 흔드는 행동, 발로 바닥을 차는 행동 등

ㄴ 탈출행동이 말더듬에서 빠져나오는 보상을 가져오지만 그 효과가 오래가지 못하므로 또 다른 탈출행동을 찾게 된다. 이러한 과정을 거치다 보면 탈출행동이 점점 더 복잡해지고 말더듬 행동은 점차 악화된다.

② 회피행동 ^{23초특}

㉠ 말을 더듬을 가능성이 있는 '상황'을 피하는 행동을 말한다.

> **예** 사람과 마주치지 않도록 주의하는 노력, 자주 더듬는 낱말을 피하면서 말하거나, 그 낱말 앞에 다른 표현을 붙여 말하거나 에두르기를 하는 행동 등

㉡ 회피행동의 유형을 구체적으로 살펴보면 다음과 같다.

동의어로 바꿔 말하기	똑같은 의미를 가지고 있는 단어로 바꿔 말한다. **예** /진짜?/ → /리얼리?/, /식사/ → /밥/
돌려 말하기 (에둘러 말하기)	말을 더듬을 확률이 높은 단어 대신 다른 단어를 사용한다. **예** '고향이 어디세요?' → '이쪽 사람이세요?' '박○○ 선생님이...' → '영어 선생님이...'
순서 바꾸어 말하기	문장의 첫 단어가 어려운 경우에는 문장 안에서 순서를 바꾸어 말한다. **예** '소풍 가니까 좋다' → '좋아 소풍 가니까'
대용어 사용하기	명사 대신 대명사 등을 사용한다.
간투사 사용하기	어려운 단어 앞에 '어', '그', '음' 등의 무의미한 말소리를 넣어서 불안감을 감추려고 한다.
상황회피	전화벨이 울리면 얼른 화장실 가는 척하거나 끊어 버린다.
사람회피	전혀 대화에 끼고 싶지 않다는 듯 눈을 마주치지 않거나 딴전을 부린다.

출처 ▶ 고은(2021)

> **핵심행동과 부수행동 예시**
>
> 김 교사: 선생님, 우리 반의 홍길동은 말을 더듬는 것 같아요.
>
> 이 교사: 길동이가 어떻게 말을 더듬던가요?
>
> 김 교사: 예를 들면, 길동이는 말을 할 때 ① "ㅂㅂㅂㅂ보여요."라고 하기도 하고, ② "보――――여요"라고 하기도 하고, ③ "――――보여요." 라고 하기도 해요.
>
> 이 교사: 또 다른 행동은 보이지 않나요?
>
> 김 교사: 길동이는 말을 더듬다가 ④ 갑자기 고개를 뒤로 젖히기도 해요.
>
> **설명** 핵심행동 중 ①은 반복, ②는 연장, ③은 막힘에 해당한다. 그리고 ④는 부수행동 중 탈출행동에 해당한다.

비교

탈출행동과 회피행동의 동의어

부수행동을 구성하는 탈출행동과 회피행동과 관련하여 탈출행동, 회피행동이라는 용어는 동일하게 사용되고 있으나 동의어는 서로 다르게 표현되고 있다.

구분	특수교육학 용어 사전 (2018)	고은 (2021)	곽미영 외 (2020)	심현섭 외 (2017)
탈출행동	탈출행동	탈출행동 (투쟁행동)	도피행동	탈출행동
회피행동	회피행동	회피행동 (도피행동)	회피행동	회피행동

자료

회피행동

말더듬 초기에는 회피행동이 나타나지 않지만 말더듬이 점차 심화되면서 탈출행동이 시작되고 더 진전되면서 회피행동이 나타난다. 회피행동은 음/단어 공포, 상황공포에 직면하지 않기 위해 하는 다양한 행동을 말한다. 가능한 한 사람들을 만나지 않으려고 하고, 부득이하게 사람을 만나야 할 때는 가능한 한 말을 적게 하려고 한다. 다른 사람들이 말을 걸거나 질문을 하지 않도록 시선을 피하거나, 눈을 감고 생각에 잠겨 있는 것처럼 행동하거나 딴전을 피운다. 부득이하게 자기가 말을 해야 하는 상황이면 웃는 표정으로 동의를 표하거나, 간단한 몸짓이나 제스처로 의사표시를 하거나, '예', '아니요'와 같은 간단한 표현을 한다. 질문에 대한 답을 알고 있더라도 말더듬 행동에 대한 두려움으로 모르는 것처럼 행동한다 (곽미영 외, 2020).

KORSET 합격 굳히기   **회피행동의 유형**

말더듬인들이 자주 나타내는 회피행동의 몇 가지 유형은 다음과 같다.

1. 거부행동
① 자기가 말을 할 기회를 거부하고 회피하는 행동을 의미한다.
② 알면서도 모르는 척하는 것이나 시선을 회피하는 행동들이다.
③ 심한 경우에는 전화를 받지 않거나 의도적으로 휴대전화를 갖지 않고, 처음 만난 사람들과 말을 할 때 청각장애인인 것처럼 행동한다.

2. 바꾸어 말하기
① 말을 더듬을 것 같은 단어를 다른 표현으로 바꾸어 말하는 것을 의미한다.
② 동의어로 대치하기(밥 먹었니? → 식사했니?), 에두르기(물 좀 주세요. → 목이 많이 마르네요.), 순서 바꾸어 말하기(집이 어디야? → 어디야 집이?), 전보문식 표현하기(오늘은 금요일이라서 학교에 갔어. → 오늘 금요일 학교.) 등이 있다.

3. 연기책략
① 더듬을 것 같은 단어를 말하기 전에 시간을 끄는 방법을 동원하는 것을 말한다.
② 말을 하는 도중에 삽입어를 많이 사용하거나 정상적으로 말한 단어나 구를 반복한다. 말을 더듬는 사람들은 삽입어를 말더듬을 감추고 방지하기 위한 책략으로 사용한다.

출처 ▶ 곽미영 외(2020)

(3) **심리적 · 학업적 특성**

① 대표적인 심리적 특성으로는 부모의 기대에 미치지 못한다는 죄책감과 사람들과의 접촉에서 느끼는 수치심, 좌절감 그리고 낮은 자아개념 등을 들 수 있다.

• 말더듬을 계속하게 되면 차츰 자신은 말에 대한 장애가 있는 사람 또는 말더듬이라는 부정적인 자아개념을 갖게 된다.

② 학업적 특성으로는 언어와 관련된 교과에서 낮은 수행능력을 보이는 것을 제외하고는 뚜렷한 차이를 보이지 않는다.

KORSET 합격 굳히기 말더듬 진단·평가

대상자의 구어를 대표하는 표본을 얻은 후에 말더듬 행동을 평가하기 위하여 다음과 같은 변수들을 분석해야 한다.

말더듬 빈도	• 말을 더듬는 단어는 어떤 특정한 단어의 발화 바로 앞에 혹은 동시에 1개 이상의 말더듬 행동이 일어나는 것을 말하며, 말을 더듬었는지 또는 더듬지 않았는지의 이원적인 결정을 한다. • 이원적 판단시스템은 측정이 용이하고 객관도와 신뢰도를 높일 수 있다는 장점이 있지만 대충적인 계수이기 때문에 말더듬 현상을 정확히 기술하기는 어렵다. • 어떤 단어를 말하기 전이나 말을 할 때 여러 가지 말더듬 행동이 일어날 수도 있지만 그렇다고 하더라도 단지 말을 더듬는 단어는 한 단어로 계산한다. 예 "자자자전 자전거 자전거 타요."라는 발화에서 말을 더듬는 단어는 '자전거' 한 단어이다.
말더듬 비율	• 1분 동안 더듬는 단어 수를 측정하는 것으로 정확도를 높이기 위하여 녹음을 하거나 녹화를 하는 것이 좋다. • 말한 시간 : 말을 더듬는 단어 수 = 60 : X $$= \frac{말더듬\ 단어\ 수 \times 60}{말한\ 시간}$$ • 말더듬 증상은 수시로 변할 수 있으므로 검사에서 말을 더듬는 비율의 수치가 절댓값은 아니다.
총비유창지수	• 음절 총비유창지수(%SS) $= \dfrac{비유창\ 음절\ 수}{전체\ 음절\ 수} \times 100$ • 단어 총비유창지수(%SW) $= \dfrac{비유창\ 단어\ 수}{전체\ 단어\ 수} \times 100$
말더듬 형태	• 말더듬 형태는 어떻게 더듬었는가에 해당하며, 심한 정도를 결정하는 데 도움이 된다. 예 매우 자주 막힘을 보이는 학생은 똑같은 빈도로 단어반복을 하는 학생보다 더 심한 것으로 평가된다.
지속시간	• 비유창한 단어를 발화하면서 가장 오랫동안 머무른 3개의 시간을 평균하여 산출한다. • 지속시간이 길수록 심한 경우이며, 치료 후 말더듬 빈도는 같더라도 지속시간이 단축되었다면 진전이 되었다는 것을 시사한다.
구어속도	• 구어속도는 분당 말한 단어나 음절 수를 측정하는 것이며, 분당 읽은 단어나 음절 수로 측정할 수도 있다.
부수행동	• 치료사는 평가를 하는 동안 대상자가 나타내는 모든 특이한 부수행동의 유형과 빈도를 기록해야 한다. 또한 이러한 요인들이 말을 하는 동안 항상 나타나는지 또는 비유창한 구어를 하는 동안에만 나타나는지 주의 깊게 관찰해야 한다.
감정 및 의사소통 태도	• 치료를 계획하거나 치료 효과를 평가하기 위해서는 말더듬인들의 정서적 특성을 파악할 수 있어야 한다.

출처 ▶ 곽미영 외(2020)

[자료]

총비유창지수

말더듬 증상은 수시로 변할 수 있다는 말더듬 비율의 특성을 감안한다는 전제하에 Bloodstein은 말더듬의 경우 읽기평가에서 약 10%에 해당하는 단어에서 비유창성을 보인다고 하였으며, 이승환 (2005)은 100단어 발화 시 10회 이상의 비유창성이 나오면 말더듬으로 간주하고 그 이하는 정상적인 비유창성으로 분류하고 있다. 즉, 전체 발화의 10%를 기준으로 정상적인 비유창성과 병리적인 비유창성을 구분하고 있다 (고은, 2021).

[자료]

말더듬 진단·평가 예시

나 나 나 나, (막힘)코로나 ㅂ ㅂ ㅂ 바이러스 너무 무----서워

• 말더듬 비율
  - 비유창 단어 수 : 4
  - 말한 시간 : 12초
  12 : 4 = 60 : X
  12X = 240
  X = 20(SW/M)

• 음절 총비유창지수(%SS)
  - 전체 음절 수 : 13
  - 비유창 음절 수 : 4
  $\dfrac{4}{13} \times 100 = 30.77$(%SS)

• 단어 총비유창지수(%SW)
  - 전체 단어 수 : 5
  - 비유창 단어 수 : 4
  $\dfrac{4}{5} \times 100 = 80$(%SW)

출처 ▶ 곽경미 외(2021)

4. 말더듬의 중재방법

(1) 말더듬 수정법 ^{13중특, 24유특}

① 말더듬 수정법은 자신의 말이 더듬어지는 순간을 수정하는 것이다.

- 말을 더듬는 순간에 화자가 가능한 한 긴장과 투쟁 없이 말을 더듬는 방법을 배우는 것이다.

② 말더듬을 피하려고 애쓰고 두려운 단어나 상황을 피하려고 하는 것 때문에 말더듬이 발생한다고 본다.

- 학생 자신의 비유창성을 수용하고 부정적인 감정과 태도를 갖지 않도록 한다.

③ 말더듬 수정법은 피하지 말고 말을 계속하는 것을 강조하기 때문에 '보다 유창하게 더듬기'라고도 한다.

④ 말더듬 수정법의 목표는 다음과 같다.

㉠ 수치심과 두려움을 감소시킨다.

㉡ 의사소통에서 좀 더 부드러운 방법으로 말을 더듬도록 하는 것이다. 말을 더듬지 않으려는 회피와 노력은 결국 말더듬을 악화시키므로 말에 대한 공포감을 줄이고 긍정적인 태도를 갖게 되면 말의 유창성이 만들어진다는 것이다.

- 핵심행동뿐만 아니라 부수행동도 치료의 대상에 포함시킨다.

㉢ 말더듬 수정법은 자발 유창성을 궁극적 치료 목표로 하지만, 성인의 경우 조절된 유창성과 수용 말더듬도 받아들여 자발 유창성, 조절 유창성, 수용 말더듬 모두를 가능한 치료 목표로 두고 있다.

⑤ Van Riper는 다음과 같이 6단계에 걸쳐 말더듬 수정법을 시행할 것을 제시하였다. 첫 글자를 따서 MIDVAS라고 한다.

말더듬 수정법의 단계

Van Riper의 말더듬 수정법은 6단계로 제시되는 것이 일반적이지만 심현섭 외(2017)의 문헌에는 확인, 둔감화, 수정 그리고 확립의 4단계로 소개되고 있다. 여기서 수정은 6단계의 접근(A)에 해당한다.

단계	내용
동기 (Motivation)	• 치료사에 대한 신뢰를 갖는다. • 자신의 말더듬을 직시하고 수용한다.
확인 (Identification)	• 자신의 말더듬 증상을 스스로 확인한다. • 1차적 증상, 2차적 증상, 느낌, 태도를 스스로 확인한다. – 거울이나 비디오 또는 치료사가 보여 주는 모방을 통해 자신이 어떻게 말하는지를 보고 듣는다. – 말을 더듬을 때 자신에게 나타나는 탈출행동과 회피행동을 확인한다. – 이제까지 주변사람들이 자기 말에 어떻게 반응했었는지, 스트레스를 유발했던 의사소통 상황은 무엇이었는지, 힘든 단어는 무엇인지 등에 대해 솔직하게 이야기한다.

PART 11

둔감 (Desensitization)	• 두려움과 부정적인 감정을 감소시킨다. • 자신이 말을 더듬는다는 사실을 인정하고 청자의 반응에 무감각해지도록 한다.
	– 말을 더듬는 증상을 보이면 치료사의 신호에 따라 말을 멈춘다. – 두 번째 신호를 주면 음이나 음절을 연장하거나 반복하면서 편하게 말을 더듬는다. – 말을 더듬으면서 갖게 되었던 긴장을 점차 해체시킨다. – 치료사–전화통화–낯선 사람 등으로 대화상황을 바꾸어 가면서 주변 반응에 둔감해지는 훈련을 한다.
변형 (Variation)	• 고착된 말더듬의 형태를 변형시킨다.
	– 낱말공포 : 예상되는 단어를 빼고 읽는다. – 긴장된 연장 대신에 모든 단어를 반복한다.
접근 (Approximation)	• 말더듬의 증상을 준비하기, 이끌어 내기, 취소 기법을 사용하여 쉽게 더듬는 말더듬 형태로 접근해 나간다. • 취소 → 이끌어 내기 → 준비하기 순으로 지도하고, 실제에서는 준비하기 → 이끌어 내기 → 취소 순으로 적용하도록 한다.

> **Tip**
> 6단계 중 접근 단계에 주의를 기울여 학습해야 한다.

	준비하기	• 말을 더듬을 것으로 예상되는 단어를 의식적으로 쉽게 천천히 시작하고 조절하면서 말한다. 10중특, 13중특 • 방법 – 말산출과 관련된 근육의 긴장을 줄이고 말한다. – 긴장이 풀린 낱말의 말소리들을 연결하면서 동시 조음하도록 한다. – 긴장되지 않은 낱말을 말하기 시작하면 말소리에 집중하지 않고 말소리 사이에 신경쓰고 발음하도록 한다.
	이끌어 내기	• 말더듬이 나타나면 말을 멈추고 천천히 부드럽게 이끌어 낸다. **예** ㅂㅂㅂ (쉼) 밥~을 주세요. • 방법 – 준비하기를 이용하다가 실패할 경우 이용한다. – 말을 하다가 더듬게 되면 나머지 부분은 부드러운 연장으로 낱말을 끝낸다.

준비하기
⑧ 예비책, 예비동작

이끌어 내기
⑧ 빠져나오기, 말소, pull out

취소
🔵 취소기법

🔵🔵
취소, 이끌어 내기, 준비하기
• 고은(2판, 2014) : 본문 참조
• 고은(3판, 2021)

취소	말을 더듬게 되면 잠시 멈춘다. 그리고 긴장되어 있는 구어 메커니즘을 이완시킨 후 자신의 방식을 천천히 재검토한 후 처음부터 다시 시도한다.
이끌어 내기	말을 더듬는 순간에 잠깐 멈춘 상태에서 단어를 잘 조절하여 단어의 마지막 부분을 부드럽고 조금 느린 발화로 말하기를 완성하는 방식이다.
준비 하기	말을 더듬을 것으로 예상된다면, 그 단어를 말하기 전에 준비 자세를 갖춘다.

• 심현섭(2024)

취소	말을 더듬을 때 그 말을 더듬어서 끝낸 후, 잠시 말을 쉬었다가 다시 그 낱말을 편안하게 시도하는 것이다.
이끌어 내기	이전 방법대로 더듬는 것이 아니라 아직 말을 더듬는 상황에 있을 때 그 나머지 말을 쉽게 이끌어 내는 것을 말한다.
준비 하기	자신이 공포를 느끼거나 말을 더듬을 것으로 예상되는 낱말에서 천천히 쉽게 시작하고 조절하는 것을 말한다.

취소	• 말을 더듬기 시작하더라도 일단 그 말을 더듬어서 끝낸 후, 잠시 말을 쉬었다가 다시 그 말을 편안하게 시도한다. 🔵 ㅂㅂㅂ밥을 (쉼) 밥을 주세요. • 방법 － 이끌어 내기를 사용하다 실패한 경우 이용한다. － 말더듬이 나타나면 말을 멈추고 말더듬 당시의 느낌과 다른 느낌을 가지고 말을 시작해 본다.
안정 (Stabilization)	• 치료실 밖에서 효과를 검증해 본다. － 두려운 상황에 들어가서 일부러 말을 해본다. － 거짓 말더듬을 일부러 연출해 본다. － 스스로 치료사의 역할을 한다.

출처 ▶ 고은(2014, 2021), 곽경미 외(2021)

KORSET 합격 굳히기   유창성 유형

1. 자발 유창성
① 정상 언어 사용자의 유창성을 말한다.
② 긴장이나 투쟁행동, 반복이나 막힘과 같은 비정상적 말더듬을 보이지 않고 말을 힘들이지 않고 하는 것이다.
   • 즉, 말에 별도의 노력을 들이거나 주의를 기울이지 않고도 자기 생각에만 집중하여 유창하게 말을 하는 상태를 말한다.

2. 조절 유창성
① 자발 유창성과 비슷하지만 말하는 사람이 자신의 말을 계속 들으면서 비교적 정상으로 말을 유창하게 유지하기 위하여 말하는 방법을 바꾸는 것을 말한다.
② 조절 유창성에서는 말의 속도나 리듬이 이따금 변화하는 것을 관찰할 수 있으며, 말더듬는 사람은 이를 위해 노력을 기울이게 된다.

3. 수용 말더듬
① 말더듬이 지각되기는 하지만 아주 심한 막힘은 아니며, 막히는 순간이 있지만 말을 더듬는 사람 자신은 이에 대해 당황이나 공포를 느끼지 않고 편안하게 더듬는 것을 말한다.
② 말하는 사람은 자신의 말을 바꾸려 노력을 기울이지 않으며 말더듬에 구애받지 않고 말하는 것을 의미한다.

출처 ▶ 심현섭 외(2017)

⑵ 유창성 완성법

① 유창성 완성법은 유창한 말을 체계적으로 수립하여 차츰 말더듬는 순간을 유창한 말로 바꾸도록 하는 방법이다.

    ㉠ 행동수정이론의 조작적 조건화와 프로그램 원리를 기초로 하여 특정한 상황에서 유창한 말을 하도록 확립시킨 후 차츰 일반 상황에서도 유지할 수 있도록 유도하는 방법이다.

    ㉡ 초반에는 짧은 발화 내용을 말하도록 하고 점차 긴 발화 내용을 유창하게 말하도록 유도하는 방법이다.

② 유창성 완성법은 새로운 언어 패턴을 중재하여 말을 유창하게 하고 궁극적으로는 말더듬 증상을 없애는 것을 목적으로 한다.

③ 유창성 완성법은 말을 할 때 나타나는 부정적인 감정과 태도 등의 감소를 직접적인 목표로 삼지 않는다. 즉, 유창성이 증가하면 부정적 감정은 저절로 사라질 것이라고 본다.

④ 유창성 완성법에서 사용하는 주요 기법에는 호흡 훈련, 말을 천천히 하기, 휴지와 분절화 기법 등이 있다.

호흡 훈련	• 호흡과 발성을 별도로 훈련하는 것보다는 호흡과 발성을 함께 하는 것이 좋다.
	  – 올바른 호흡 훈련은 새로운 언어 패턴을 학습하기 전에 필수적으로 선행되어야 하지만, 호흡법만을 가지고 훈련하는 것은 말의 유창성을 증진시키는 데 큰 도움이 되지 않는다.
	• 호흡이 중요한 이유는 말더듬이 고착된 경우에는 흡기 과정에서 발성을 하는 비정상적인 발성이 나타나기 때문이다.
	  – 호흡과 발성의 협응이 깨어져 버린 발화는 우선 지속 시간이 짧고 억압된 음성으로 산출된다. 따라서 이완된 발성은 말의 유창성에 영향을 주기 때문에 적절한 호흡 훈련이 필요하다.

<aside>
✏️ **유창성 완성법**

유창성 완성법은 말더듬의 표면적 특징에 초점을 두는 경향이 있어 호흡, 발성, 조음 등 구어 산출 메커니즘의 비정상적인 사용을 변경하려는 데 그 목적이 있다. 이 접근법은 말더듬과 관련된 공포나 불안, 태도 등과 같은 말더듬 성인의 내면적 특성을 직접적으로 다루지 않는다. 유창성 완성법에서는 유창한 구어를 산출하는 방법을 새롭게 학습하여 말더듬이 발생되지 않는다면 말더듬으로 인해 부수적으로 발생하는 인지적 혹은 정서적 측면의 문제는 자연적으로 감소될 것으로 기대한다(신명선 외, 2021).

🔁 유창성 형성법
</aside>

말을 천천히 하기 (DAF 기기의 활용)	• 말을 천천히 하기 기법은 말더듬 증상을 어느 정도 완화시키는 효과를 갖는다. 　− 방법으로는 메트로놈이나 DAF(delayed auditory feedback : 지연청각 피드백)가 사용되기도 한다. • DAF는 말을 하고 나서 몇 초 후에 다시 이어폰을 통해서 스스로 자기 말을 듣는 기기로써, 지연되는 시간은 1/5∼1/4초 정도로 스스로 조절할 수 있다. 　− 지연된 말을 듣기 위해서 화자는 말의 속도를 늦추게 되고 탈출행동을 감소시키는 효과를 기대할 수 있다. 　− 지연시간을 1/20∼1/10초로 단축시키게 되면 말의 속도가 좀 더 빨라지면서 유창성이 높아질 수 있는데, 지연시간은 개인의 말더듬 정도와 선호도에 따라 달리해야 한다.
휴지와 분절화 기법	• 말더듬 현상을 주의 깊게 관찰해 보면 문장 내에 휴지가 불필요한 음절이나 소리로 대치되어 있는 것을 발견할 수 있다. 　− 일반적으로 말의 휴지는 특정한 학습을 통해서 이루어지는 것이 아니라 자동화된 말의 시스템 내에서 자연스럽게 이루어진다. 그러나 말더듬의 경우에는 증상의 경중에 상관없이 모든 단어와 단어 사이 혹은 발화 첫음절 앞에 비의도적인 음이 삽입되어 있다. • 이러한 비의도적인 음을 제거하는 것을 기본목적으로 하는 것이 바로 휴지와 분절화 기법이다. 　− 휴지와 분절화 기법은 말막힘 상태에서 말을 산출하려고 하면 할수록 더욱 탈출행동이 가중되고 말더듬 증상을 악화시키므로 완전히 말에서 빠져나오는 것을 기초로 한다. 　− 문장 내에 휴지가 소음으로 채워지고 호흡이 들숨 상태로 머무르게 되면, 후두의 압박감을 가중시키면서 다음에 오는 단어에서 다시 막힘 증상이 오기 때문에 발성기관의 근긴장도의 완화가 이루어져야 한다.

✿ 말더듬 수정법과 유창성 완성법 비교

비교 항목	말더듬 수정법	유창성 완성법
치료목표 행동	• 더듬는 순간	• 유창성 유도방법
유창성 목표	• 자발 유창성 또는 조절 유창성 또는 수용 말더듬	• 자발 유창성 또는 조절 유창성
심리 및 태도	• 심리 및 태도를 치료의 주요 대상으로 한다. • 느낌 등을 치료하지 않고 핵심행동만을 치료할 경우 말더듬이 재발할 가능성이 많다고 생각한다.	• 심리 및 태도에는 거의 관심을 두지 않는다. • 핵심행동이 치료되면 심리 등은 저절로 정상으로 돌아온다고 생각한다.
유지방법	• 취소, 이끌어 내기, 준비하기의 유지와 느낌 등의 변화에 관심을 가지고 살핀다.	• 유창성 유도방법의 유지를 점검한다.
치료방법	• 언어치료사와 대상자의 상담식 상호작용 • 객관적인 자료 수집을 중요시하지 않는다.	• 엄격하게 구조화된 언어치료사와 대상자의 상호작용 • 프로그램화된 치료 과정 • 객관적인 자료 수집을 매우 중요시한다.

출처 ▶ 이승환(2005)

유창성 완성법과 말더듬 수정법의 비교

유창성 완성법	• 치료의 목표를 구어 유창성에 한정한다. • 객관적인 자료 수집을 강조한다. • 체계적인 절차에 따라 치료가 진행된다. • 내면적인 특성은 다루지 않는다. • 새로운 말하기 방식을 학습하여 모든 발화에 적용한다. • '유창하게 말하기'에 초점을 둔다. • 자발 유창성, 조절 유창성을 목표로 한다.
말더듬 수정법	• 치료의 목표에 불안, 태도, 회피 등을 포함한다. • 주관적인 관찰을 강조한다. • 유연한 절차에 따라 상담과 치료가 진행된다. • 내면적인 특성을 중요하게 다룬다. • 말더듬이 나타나거나 예기될 때 말더듬을 조절한다. • '보다 쉽게 더듬기'에 초점을 둔다. • 자발 유창성, 조절 유창성, 수용 말더듬 모두 목표가 될 수 있다.

출처 ▶ 신명선 외(2021)

(3) **통합적 접근법**

① 통합적 접근법이란 말더듬 치료가 한 가지로 치우치는 것보다는 개별적 원인과 지속되는 원인을 종합적으로 살펴 종합적인 도움을 주고자 하는 접근법이다.

  • 복합적인 원인과 다양한 요인이 작용하여 말더듬이 지속된다는 의견을 보이며 등장하였다.

② 말더듬 수정법과 유창성 완성법을 통합하여 대상자는 유창하게 말할 수 있는 기술을 배울 뿐만 아니라 자신의 말더듬는 순간을 수정하도록 배운다.

  • 자신의 언어행동과 습관을 변화시키는 동시에 자신의 언어에 대한 부정적 감정을 없애고 말을 더듬는 상황을 피하지 않게 한다.

③ 통합적인 접근법에서는 다양한 모형이 나올 수 있는데, 치료를 시작하기 전 치료의 목표와 치료의 과정에 대한 대상자와 언어치료사의 공통적인 동의가 필요하다. 보편적인 절차는 다음과 같다.

통합적 접근법의 절차
(Guitar et al., 1982)
① 유창성을 확립하고 전이시키는 단계
② 유창성을 방해하는 요인에서 둔감해지도록 돕는 단계
③ 말을 더듬는 순간 이를 수정할 수 있도록 하는 단계
④ 유창성을 유지하는 단계
출처 ▶ 심현섭 외(2017)

확인 단계	치료의 첫 단계 목적은 말더듬에 대하여 보다 객관적이 되도록 하는 것이고 말더듬에 대한 두려움을 없애는 것으로, 이를 위해 다음과 같은 활동을 한다. • 말더듬 이해하기 • 말더듬에 접근하기 • 말더듬 분석하기 • 청자의 반응에 대한 두려움 감소시키기 • 말더듬 경험에 대한 두려움 감소시키기
확립 단계	다음과 같은 방법을 이용하여 조절 유창성을 확립한다. • 유연한 속도 • 부드러운 시작 • 가벼운 접촉 • 고유수용감각
전이 단계	조절 유창성으로 유창한 구어, 말더듬, 예기된 말더듬을 대체하는 단계이다. 조절 유창성의 측면과 함께 태도적 측면에서 접근행동을 증가시키는 절차를 추가로 실시할 수 있다. • 조절 유창성의 상황 전이 • 접근행동의 증가
유지 단계	유지 단계의 목표는 치료실 내에서 도달한 행동적 및 인지적 변화를 지속시키는 것으로, 스스로 치료사 되기와 장기적인 유창성 목표 설정하기가 될 수 있다.

출처 ▶ 신명선 외(2021). 내용 요약정리

✎ 접근행동
전이 단계에서 공포 단어를 사용하거나 공포 상황에 들어가는 것은 매우 중요한 접근행동이다. 말더듬인의 회피 사용을 제거하거나 줄이기 위하여 일상생활에서 일반적으로 사용하는 회피 단어와 상황을 위계화하여 진행할 수도 있다(신명선 외, 2021).

5. 부모교육 및 교사교육

(1) 부모교육

① 부모는 전체적으로 자신의 말 속도를 늦추고 학생의 발화가 끝난 후에 잠시 휴지를 둔 후 대화를 계속하는 것이 좋다.

② 말을 더듬는다는 사실을 은폐하지 않는다.

③ 부모의 말 패턴을 변화시킨다. 이를 위해 다음과 같은 사항을 검토한다.

　㉠ 나는 천천히 그리고 도중에 쉼을 주면서 말을 하고 있는가?

　㉡ 아이의 말이 끝나고 잠시 시간을 두고 대답하는가 아니면 속사포처럼 말하는가?

　㉢ 짧고 단순한 문장을 사용하고 있는가?

　㉣ 아이의 말을 가로막지는 않는가?

ⓜ '혼자'가 아니라 '함께' 말을 하고 있는가?

ⓗ 대화 상황이 딱딱하거나 엄격하지 않은가?

ⓢ 항상 아이와 눈을 맞추고 말하는가?

ⓞ 아이가 '엄마'를 여러 번 불러야 하지 않는가?

ⓩ 발음이 정확하지 않거나 단어 사용이 적절치 않을 때 다시 말해 보라고 하지 않는가?

ⓩ "이렇게 말해 봐.", "저렇게 말해 봐." 하면서 좋은 의도의 필요치 않은 충고를 하지 않는가?

④ 말의 유창성에 대한 일관되고 긍정적인 피드백을 한다.

⑤ 말을 더듬는 것에 대해 허용적인 태도를 보인다.

⑥ 자녀가 말을 더듬는다는 것에 대해 부모 자신이 가지고 있는 부정적인 느낌이나 생각을 버린다.

⑦ 말더듬의 치료 방법과 관련 정보들을 안다.

(2) **교사교육** 09유특, 19유특, 23초특

① 부정적 정서(벌, 좌절, 불안, 죄의식)를 감소시켜 줘야 한다.

② 말을 더듬어도 괜찮다는 허용적 분위기를 조성해 준다. 필요한 경우 교사가 약간 말을 어눌하게 하는 모습을 보여 주는 것도 괜찮다.

③ 질문 시 유의해야 할 점은 다음과 같다.

㉠ 질문할 때는 짧고 간단한 문장으로 한다.

㉡ 잘 알지 못하는 답을 할 때는 말더듬의 빈도가 높아지므로 예상치 못한 질문은 피하는 것이 좋다.

㉢ 다른 학생에게 먼저 질문함으로써 말더듬 학생이 준비할 수 있는 시간을 준다.

㉣ 지나치게 개방형 질문을 자주 사용하면 학생의 말더듬은 심리·학업적 영역에도 부정적인 영향을 미칠 수 있다.

④ 학생이 말을 하려고 할 때는 절대로 중단하거나 다른 학생이 끼어들지 않도록 하고, 교사가 충분히 그 학생에게만 집중하는 모습을 보여 준다.

⑤ 놀림을 당하지 않도록 반 아이들을 대상으로 사전교육을 시킨다. 우리는 모두 다 조금씩 말을 더듬는다는 사실과, 상대방의 태도에 따라 더 말 더듬을 수 있다는 주의도 함께 준다.

⑥ '말더듬이'라는 용어를 사용하지 않도록 한다.

▌자료 ▌

개방형 질문과 폐쇄형 질문
구어에서 개방형 질문은 다양한 대답이 나올 수 있는 대답으로서 학생의 참여와 동기가 높아지는 장점이 있다. 반면에 폐쇄형 질문은 "예" 또는 "아니오" 등의 긍정과 부정의 대답을 요구하거나 선택적 답지 가운데 하나의 응답을 요구하는 질문 형태를 말한다. 그러나 읽기 질문의 형태에서 개방형은 대개 '어떻게', '왜' 등의 의문사를 사용하여 학습자의 추론을 요구하는 경우를 말하며, 폐쇄형 질문은 질문의 답을 제재 문면에서 바로 찾을 수 있는 경우(무엇, 어디, 언제, 누구 등의 의문사 사용)를 말한다(고은, 2021).

⑦ 듣기가 답답하거나 학생이 힘들게 말하더라도 "이 말을 하려는 거지?" 하면서 나머지 말을 대신 해주지 않는다.

⑧ 수업시간에 '읽기' 순서를 면제해 주기보다는, 짝을 이루어 2명씩 함께 읽도록 하는 방법을 사용하는 것이 좋다. 이때 다른 아이들과 동일한 규칙을 주어야 한다.

⑨ 교사가 치료사처럼 "다시 말해 봐."라든지, "이렇게 해 봐."라고 말하지 않는다.

⑩ 아이의 말을 이해하지 못했다면 이해한 척하지 말고 "미안해. 중간 단어를 이해 못했어."라든지, "길동이가 뭘 어쨌다고? 다시 한 번 말해 줄래?" 라고 구체적으로 요구하는 것이 좋다.

⑪ 말을 더듬는 아이들은 말로 자신의 부당함이나 상황을 잘 표현하지 못한다. 구두적 직면을 두려워하기 때문에 사실이 드러나지 않는 경우가 많다. 따라서 또래아이들과의 갈등상황이 발생할 경우 교사는 아이에게 설명할 수 있는 시간을 충분히 주고 들어 주려는 자세가 필요하다.

⑫ 편안하고 수용적인 학급 분위기를 조성한다.

⑬ 교사는 말의 속도를 늦추고, 학생의 발화가 끝난 후 바로 대답하지 말고 시간 간격을 둔 후에 반응한다.

03 말빠름증

1. 말빠름증의 원인

말빠름증의 기질적 원인으로 유전적 원인 또는 운동중추신경을 담당하는 대뇌피질의 미세한 손상 등이 언급되기도 한다.

2. 말빠름증의 특징 [17유특]

① 말의 반복이나 머뭇거림 등은 나타나지 않지만, 자연스럽지 않은 동시조음, 말소리의 생략, 대치 또는 왜곡 등으로 인해 청자에게 내용 전달이 잘 되지 않는다. 그러나 본인은 이와 같은 자신의 문제를 자각하지 못한다.

② 말빠름증을 보이는 사람은 말이 너무 빨라서 발음이 뒤섞이고 심지어 말소리 위치를 바꾸는 실수를 보이기도 한다.
　　예 '오늘 날씨가 매우 좋아요.' → '오늘 맬씨가 나우 좋아요.'

③ '아, 저, 그리고, 근데'와 같은 간투사나 필요 없는 접속사를 첨가하고 표현을 반복하는 경우가 많다.

✎ **말빠름증**
말의 속도가 너무 빨라서 말을 이해하기 어려운 유창성장애의 일종이다. 말빠름증의 주 특징은 빠른 말 속도로 인하여 음을 생략 또는 대치하는 조음 문제, 불규칙한 리듬 또는 단음조, 단어 전체 또는 구의 부분 반복 등이다. 말빠름증은 말 이외에도 읽기장애, 쓰기장애, 단어 찾기와 정교한 협응 활동 문제, 듣기 문제 등을 동반할 수 있다. 말빠름증을 가진 사람은 자신의 언어 문제를 의식하지 못하는 경향이 있다. 말빠름증은 간혹 말더듬과 혼동되기도 한다(특수교육학 용어사전, 2018).
🔵 속화

✎ **동시조음**
성도라고 하는 제한된 공간에서 모든 음소가 개별적인 분절성을 가지고 산출되는 것은 불가능하다. 조음 기관의 연속적인 움직임으로 인해서 중첩이 발생하는데 그것을 동시조음이라 한다. 이러한 자연스러운 동시조음 현상을 잘 활용하지 못하면 음의 연결이 매우 부적절하게 들린다(고은, 2021).

④ 준언어적 측면에서는 다음과 같은 특징이 나타난다.
　㉠ 말이 빠르고 속도가 불규칙하다.
　㉡ 리듬이 부적절하다.
　㉢ 강세, 높낮이가 없이 단조로운 어조이다.
　㉣ 큰 목소리가 점점 작아진다.
　㉤ 단어 사이의 쉼이 부족하다.

⑤ 말더듬과는 다음과 같은 차이점을 갖는다.
　㉠ 말에 대한 불안이나 회피 증상이 나타나지 않는다.
　㉡ 주의를 기울이면 말의 속도를 조절할 수 있다.
　㉢ 말의 산출과정보다는 말을 산출하기 전에 머릿속으로 생각하는 시간적인 지각의 결함이라고 할 수 있다.
　㉣ 조음의 생략이나 대치 또는 스코핑 등의 문제를 보인다.
　㉤ 읽기・쓰기 문제를 동반하는 경우가 많다.

⑥ 일반적으로 말빠름증을 보이는 학생들은 종종 지나치게 활발하고, 충동적이거나 산만한 행동을 보이는 경우가 많다.

3. 말빠름증의 중재방법

① 말빠름증에 대한 별도의 치료법으로 알려진 것은 많지 않으나 차츰 구체적인 평가와 치료법들이 소개되고 있다.

② 말빠름증을 치료할 때 말더듬 치료법이 원용되기도 한다.

③ 말빠름증을 위한 근본적인 중재는 학생이 시간을 두고 말할 수 있는 조용하고 편안한 분위기를 조성해 주는 것이다.

④ 상대방의 말이 빠르면 빠를수록 학생의 말은 함께 빨라지고, 상대방이 초조해하면 할수록 학생의 말은 더욱 빨라지기 때문에, 대화 상대자는 스스로 말을 천천히 하는 모델링을 보여 주어야 한다.

✎ **스코핑(scoping)**
두 개 이상의 단어를 압축해서 발화하는 것
🔈 "내가 어제 집에 갈 때 그랬다."를 "내어집가따."로 발화하는 것

✿ **말더듬과 말빠름증의 차이**

구분		말더듬	말빠름증
주요 증상		• 음/음절의 반복 및 연장, 막힘	• 말의 빠른 속도, 불규칙적인 말의 비율 • 단어 및 구 반복
문제 인식		• 인식한다.	• 별로 인식하지 못한다.
말의 속도		• 정상 또는 느리다.	• 빠르다.
말에 대한 공포		• 있다.	• 별로 없다.
심리적 특성		• 좌절, 죄의식, 불안, 회피가 나타난다.	• 당황, 불안, 회피가 나타나지 않는다.
조음장애		• 없다.	• 나타난다.
구문론적 문제		• 구문론적 문제는 거의 나타나지 않는다.	• 비조직적 문장구조와 문법적 오류가 나타난다.
말할 때	집중할수록	• 더 많이 더듬는다.	• 증상이 더 좋아진다.
	외국어를 말할 때	• 더 많이 더듬는다.	• 증상이 더 좋아진다.
	알코올 섭취 시	• 더 나아진다.	• 더 나빠진다.
	반복 요구 시	• 더 나빠진다.	• 더 좋아진다.
	낯선 대화 상대자와 말할 때	• 더 나빠진다.	• 더 좋아진다.
읽기	모르는 텍스트	• 더 좋지 않다.	• 증상이 더 나아진다.
	잘 아는 텍스트	• 더 나아진다.	• 더 나빠진다.
글씨		• 경직되고 힘이 들어간다.	• 흘려 쓰는 경향이 있다. • 읽기와 받아쓰기 오류가 많다.
행동		• 경직되고 소극적인 모습	• 참을성이 없고 조심성 없는 모습
증상의 진행		• 변화가 심하다.	• 일정하다.
치료 동기		• 높다.	• 별로 없다.
치료		• 자신의 말에 대한 무관심 • 조음과 무관	• 자신의 말을 끊임없이 조정 • 조음에 집중

출처 ▶ 고은(2021)

Chapter

04 음성장애

01 음성장애의 이해

1. 음성장애의 개념 20유특

① 음성장애는 음성을 산출하는 기관의 기질적인 문제나 심리적인 문제 또는 성대의 잘못된 습관으로 인하여 강도, 음도, 음질, 그리고 유동성 (상황에 따른 목소리의 변화) 등이 성과 연령, 체구와 사회적 환경들에 적합하지 않은 음성을 말한다. 이 가운데 한 가지 이상이 정상범위에서 벗어날 때 음성장애가 있다고 말한다.

예 길동이는 말을 할 때 부자연스러운 고음과 쥐어짜는 듯한 거칠고 거센소리를 낸다.

㉠ 목소리의 크기가 대화 상황에 적합해야 한다. 지나치게 작지도 크지도 않아야 한다.

㉡ 목소리의 음도가 나이와 성별에 적합해야 한다.

㉢ 목소리의 질이 좋아야 한다. 즉, 목소리가 맑고 소음이 없어야 한다.

㉣ 목소리의 유동성(유연성)이 있어야 한다. 즉, 자신의 의도를 제대로 전달하기 위해 음도와 크기를 적절히 변형할 수 있어야 한다.

② 음성장애는 다음의 세 가지 유형을 포함한다.

| 강도장애 | • 강도장애란 음성을 전혀 낼 수 없거나, 음성이 지나치게 크거나 너무 작아서 상대방에게 유쾌하지 않은 느낌을 주거나, 이야기의 내용이 충분히 전달되지 않는 경우이다.
– 소리의 크기는 진폭에 따라 달라진다. 진폭이 큰 소리를 내기 위해서는 성문하압의 압력이 커서 성대가 열릴 때 공기입자들이 상대적으로 넓은 정도로 퍼져 나가야 한다. 그런데 성문하압의 압력이 너무 낮을 경우에는 음성의 크기가 비정상적으로 작아진다.
• 대부분의 강도장애는 신체적인 문제를 가지고 있지 않는 한 심리적인 문제가 대부분이다. |

✎ 음성장애

화자의 음조, 강도, 음질, 공명과 관련한 기본 음성적 특성이 정상인의 목소리와 편차를 보이는 말(구어) 장애의 한 유형이다. 이 편차는 대화 시 부적절한 주의를 끌게 하거나, 청자나 화자에게 서로 부정적 영향을 미치거나, 개인의 연령, 성별, 문화, 사회적 위치에 적합하지 않아서 지속적으로 대화를 방해하는 경우를 말한다. 음성장애는 발성장애와 공명장애로 나뉜다. 발성장애는 성대의 종양이나 염증으로 인한 기질적인 경우와 소리 지르기 같은 성대의 남용 및 오용과 관련한 기능적인 경우로 나뉘며, 공명장애는 비강의 공명이 지나치게 많은 경우와 충분하지 못한 경우로 나뉜다(특수교육학 용어사전, 2018).

✎ 음도

기본주파수에 대응되는 지각적인 소리의 높낮이를 말함

┃자료┃

성문하압

성문은 공기가 통과하는 성대의 틈새이며, 성문하압은 성대 아래의 압력을 말한다. 성대는 불수의 근이기 때문에 스스로 움직이지 못하며, 폐의 압력이 증가하고, 그 압력이 성대 쪽으로 이동하면서 성대의 진동을 만들어 낸다. 따라서 소리를 만들어 내기 위해서는 충분한 성문하압이 만들어져야 한다. 이때 특정 기준보다도 성문하압이 작을 경우에는 성대가 진동하지 못한다(고은, 2021).

기본주파수

고은 (2021)	본문 참조
최성규 외 (2015)	기본주파수는 성문에서 나오는 성문주파수로 성문의 길이와 두께의 차이가 성문주파수를 결정한다. 일반적으로 아동이 여성보다, 여성이 남성보다 기본주파수가 높은 것은 성문의 길이가 짧고, 두께가 얇기 때문이다. 일반적으로 아동은 350Hz, 여성은 250Hz, 남성은 150Hz의 기본주파수를 가진다. 그리고 기본주파수의 표준편차는 50Hz이다.

자료

배음

음성에서 배음이 좋은 소리란 정배수 주파수가 동시에 나오는 소리로서 만약 기본주파수가 100Hz라면 200Hz, 300Hz, 400Hz로 만들어지는 것을 말한다(고은, 2021).

✎ **성대프라이**

성대가 이완된 상태에서 공기 흐름과 성문하압 없이 개인의 생리적 주파수 영역 가운데 최저 음역 수준에서 산출되는 음성

음도장애	• 음도장애란 연령과 성에 따라 기대되는 음도보다 지나치게 높거나 낮은 경우를 말한다. • 기본주파수는 남성의 경우 125±20Hz이고, 여성의 경우 225±20Hz 정도다. 음도는 1초당 성대의 진동이 얼마나 자주 만들어지느냐에 따라 결정된다. **예** 성대가 초당 300번 진동하였다면 300Hz가 되는 것이다. 　－ 성대의 질량, 긴장도 그리고 탄력성은 주파수를 결정짓는 요인이다. 　－ 단조로운 음성 : 말을 할 때 음도의 변화가 거의 없다. 　－ 음도 이탈 : 말을 하는 동안 음도가 갑자기 위아래로 변한다.
음질장애	• 좋은 음질이란 음향적으로 소음이 적고 배음이 많은 목소리를 말한다. • 음질장애 중에서 자주 나타나는 증상은 쉰 목소리, 과대비성, 기식성 음성(숨찬 소리), 성대프라이 등이다.

③ 음성장애를 가진 사람들이 가장 많이 호소하는 증상을 유형별로 살펴보면 다음과 같다.

　• 목쉰 소리, 성대 피로, 기식화된 소리, 발성 폭의 축소, 무성증, 높낮이 일탈 또는 부적절하게 높은 소리, 쥐어짜는 소리, 떨림

2. 음성장애의 유형 [11중특]

음성장애 유형의 분류는 학자마다 다르나 Boon 등은 음성장애의 유형을 기능적 음성장애, 기질적 음성장애 및 신경학적 음성장애로 분류하였으며, 이는 임상현장에서 많이 사용되고 있다.

기능적 음성장애	성대에는 특별한 병변이 없으나 성대의 오용이나 남용 등과 같은 음성 과기능으로 발생한 음성장애를 통칭한다.
기질적 음성장애	음성에 영향을 주는 후두의 기질적 질병으로 인해 발생하는 음성장애, 즉 발성기관의 구조적 손상이나 기질적 질병에 기인된 음성장애를 통칭한다.
신경학적 음성장애	발성이나 호흡에 관련된 근육이 신경학적 문제로 인해 정상적이지 못할 경우에 발생하는 음성장애를 통칭한다.

02 음성장애의 원인

1. 기능적 음성장애의 원인

(1) 성대 비대증

① 성대의 지속적인 오용이나 남용은 성대 앞쪽의 1/3 지점에서 성대 비대를 초래한다.

② 성대가 비대해지면 음도가 저하되고, 바람 새는 소리 등의 특징이 나타난다. 양측의 굳은살로 인해 성대가 완전히 닫히지 못하기 때문에 틈 사이로 공기가 새어 나가는 숨소리가 많이 들린다.

③ 성대 결절 또는 성대 폴립이 동반되는 경우는 쉰 목소리가 나기도 한다.

(2) 성대 결절

① 성대 비대증을 치료하지 않고 장시간 방치해 두면 성대에 '굳은살' 같은 것이 생기는데, 이를 성대 결절이라고 한다.

② 일반적으로 양측성이며 성대의 약 1/3 지점에서 발생한다.

③ 일상생활에서 성대 결절을 유발하는 상황은 다양하나 주로 지나치게 큰 소리로 계속 말하거나, 습관적으로 과다한 기침이나 헛기침을 하거나, 스포츠 경기를 관람하며 열광적으로 응원하는 경우 등과 같이 지속적인 음성 남용이나 무리한 발성에 의해 생긴다.

④ 증상으로는 지속적으로 쉰 목소리 그리고 잦은 음성 피로 현상이 나타난다.

⑤ 만일 치료되지 않으면 굳은살이 커지기 때문에 성대의 무게가 증가하게 되어 음성의 기본주파수가 낮아진다.

(3) 성대 폴립

① 후두에 말미잘 모양의 물혹이 생기는 질환으로서 성대 점막의 안쪽에 출혈이나 부종이 생겨 점차 폴립으로 발전되어 가며, 대개 편측성이다.

② 결절이 좁은 모양의 굳은살이라면, 폴립은 성대 한쪽으로 점막을 뚫고 연조직이 둥근 모양으로 돌출한 형태를 보인다.

③ 폴립은 장기간의 성대 오용보다는 한 번의 성대 외상으로 발생할 수 있는데, 운동경기장에서 갑자기 소리를 오래 지르는 경우, 성대점막의 미세혈관 구조의 외상으로 인해 발생하기도 한다.

④ 폴립으로 인해 성대가 완전히 닫히지 않게 되어 쉰 목소리, 숨소리가 나며 소리를 크게 낼 수 없다.

┃자료┃

성대 비대증 발생 지점
성대 앞쪽의 1/3 지점에서 성대 비대증이 발생하는 이유는 이 지점이 성대가 서로 최대한 떨어졌다 접촉하는 곳으로서 부딪히는 힘이 가장 큰 곳이기 때문이다(심현섭 외, 2017).

✎ **음성 피로**
음성 피로는 중추 및 말초성 요인으로 인해 근 수축력에서 생리학적인 감소가 나타나는 것을 말한다. 음성 피로는 특정한 병변이나 후두 및 성대의 구조적 변화를 동반하지 않으나 과도한 음성 사용, 가창 부족, 정서 및 신체적 스트레스 등의 요인과 관련이 있다. 음성 피로의 주된 특성은 안정된 음성을 산출하고 지속하는 데 점점 더 많은 노력이 필요하다고 본인 스스로 느끼는 것이다. 음성 피로의 다른 특징으로는 쉰 목소리, 음역과 음도의 감소, 발성을 위한 호흡지지의 감소 등이 있다 (Ferrand, 2016).

폴립
🔵 용종

(4) 변성기 음성장애

① 변성이란 사춘기에 접어들어 성대가 커짐에 따라 남학생은 1옥타브, 여학생은 3~4세미톤(semitone) 정도 소리의 높낮이가 자연적으로 내려가는 음도 변화를 말한다.

② 변성기가 2년 이상 지속되고 16세가 지나도록 변성기를 거치지 않을 경우에는 변성기 음성장애라고 한다.

③ 자주 나타나는 증상으로는 후두에 이상이 없음에도 불구하고 음도가 완전하게 내려가지 않아 약 1/2옥타브 정도만 내려감으로써 상대적으로 자신의 음성이 또래에 비해 높다고 느낀다.

④ 일반적으로 후두 크기의 변화로 인해 만들어진 새로운 음성을 지각하면서 자신의 음도를 거기에 맞춰 가게 된다.

(5) 기능적 발성장애

① 기질적 또는 구조적 병리현상 없이 발생하는 음성장애로서 성대 접촉이 잘못된 방법으로 이루어져 성대가 너무 느슨하거나 또는 너무 과도하게 접촉함으로써 발생한다.

　㉠ 내부적 그리고 외부적 스트레스 요인이나 개인적 특성과 아주 밀접하게 관련되어 있다.

　㉡ 기능적 발성장애를 가진 사람들은 후두 근육을 증가시킴으로써 반응하고, 정상인두와 후두 감각에 과도하게 민감해질 수 있다.

② 기능적 발성장애 증상의 폭은 성대 부분뿐만 아니라 성대의 윗부분도 과도하게 긴장되어 성대가 제대로 열리지 않아 거친 소리가 나는 증상에서부터, 성대가 느슨하게 접촉하여 숨소리가 많이 들리는 증상까지 매우 넓다.

(6) 근긴장성 발성장애

① 성대의 내부 근육뿐만 아니라 외부 근육이 과도하게 긴장됨으로써 정상적인 음성 산출이 영향을 받게 되는 경우를 말한다.

② 목소리를 내는 데 힘이 들며 목이 조이는 듯한 소리를 낸다.

③ 자신이 긴장 상태에 있는가를 확인하기 위해서는 '아' 소리를 내면서 방패연골 위에 손을 올려놓고, 성대를 움직일 때 통증의 느낌 없이 성대를 쉽게 움직일 수 있으면 긴장되어 있지 않은 상태다.

✎ **방패연골**
흔히 남자들에게서 목 앞으로 목젖이 튀어나왔다고 하는 부분
🔁 갑상연골

(7) 기능적 무성증

① 후두검사 결과가 정상임에도 불구하고 전혀 소리를 낼 수 없고 속삭이는 목소리로 말하는 것이 특징이다.

② 기능적 무성증은 히스테리나 스트레스와 같은 심리적 요인에 의해 발생한다.

2. 기질적 음성장애의 원인

기질적인 원인에 의해 발생하는 음성장애의 종류는 다양하며 대부분 의학적 또는 수술적 처치가 요구된다.

(1) 성대 유두종

① 성대에 바이러스가 침입하여 성대의 상피층에 생기는 무사마귀 모양의 성대종양으로서 주로 4~6세 아동에게 많이 발생한다.

② 호흡을 곤란하게 하여 심하면 기도를 막아 생명에 위협을 가할 수도 있기 때문에 감기나 알레르기가 아니면서 학생이 며칠 동안 쉰 목소리를 내는 경우, 즉시 이비인후과 전문의의 진찰을 받아야 한다.

(2) 접촉성 궤양

① 성대의 호미연골의 성대돌기에 생기는 작은 궤양이며 붉은색을 띤다.

② 주로 과도한 헛기침, 지속적으로 오랫동안 성대를 심하게 접촉하는 경우, 수술 시 기도로 관을 삽입한 경우, 위산역류 등의 다양한 원인으로 발생한다.

③ 낮에 말을 많이 하면 성대의 피로를 느끼며 점차 쉰 목소리로 변하게 된다.

(3) 후두횡격막

① 가장 많이 관찰되는 선천적 후두기형으로, 태아 발달 시기에 정상적으로 성대가 분리되지 못해 나타난 결과이다.

② 일반적으로 성대의 전반부가 막으로 둘러싸여 있으나, 심한 경우에는 막이 성문을 거의 덮고 있다.

③ 외과적인 수술로 막을 제거하여야 한다.

④ 유전적인 원인 외에도 오랫동안 지속된 후두감염이나 외상으로 인해 양쪽 성대의 안쪽 표면 가장자리가 부풀어, 손상된 조직의 표면이 하나로 융합된 경우도 있다.

자료

폴립과 유두종의 구분
폴립은 가장자리가 매끄럽지만 유두종은 혹 자리가 매끄럽지 않고 거친 느낌이 있다.

자료

접촉성 궤양
궤양은 점막 표면에 생기는 병변으로 표면조직의 손실로 인해 나타나며 염증과 함께 나타나는 경우가 종종 있다. 성대의 접촉성 궤양은 성대돌기를 덮고 있는 점막이 딱딱한 표면에 반복적으로 부딪히면서 발생한다. 점막은 얇고 섬세하지만 유연하지 못한 연골 위에 있기 때문에, 단단한 물질 (예를 들면, 기관 내 삽입되는 튜브, 혹은 반대편의 피열연골)과 연골 사이에 끼여 손상되기 쉽다. 이는 점막을 헐게 만들며 이로 인해 궤양이 생기게 된다(Rerrand, 2016).

호미연골
🔵 피열연골

(4) 라인케 부종

① 라인케 공간은 성대상피의 바로 밑에 자리 잡고 있는 막이다.

② 라인케 부종은 성대의 조직 변화로 인해 그 공간에 액체가 고여 성대가 부은 상태로, 대개 양측성을 띤다.

③ 원인은 밝혀져 있지 않으나 담배와 같은 자극물에 성대가 지속적으로 노출되는 경우에 발생하는 것으로 추정하고 있다.

④ 성대부종으로 인해 성대의 무게가 증가하기 때문에 매우 낮은 목소리가 산출된다.

(5) 후두염

① 성대가 박테리아나 바이러스에 감염되어 붓고 빨간색으로 변하는 것을 후두염이라고 한다.

② 담배, 술 또는 약물과 같은 해로운 물질에 노출되거나 먼지, 음성 남용으로도 발생할 수 있다.

③ 목이 마르고 계속해서 불편한 느낌이 든다. 음도가 평소보다 높거나 낮게 되며, 큰 소리를 내기 힘들다.

(6) 성대 휘어짐

① 성대가 활 모양으로 휘어져 있기 때문에 완전히 닫히지 않는 현상을 성대 휘어짐이라고 한다.

② 노년에 접어들면서 성대가 노화되기 때문에 성대근육의 탄력이 감소되어 성대가 휘어지기도 하며, 되돌이후두신경이나 위후두신경이 손상될 때 발생하기도 한다.

③ 성대가 휘어 공기의 낭비가 많기 때문에 바람 새는 소리가 많이 나며, 성대 피로가 쉽게 온다.

(7) 후두외상

① 성대가 외적인 충격을 받았을 때 후두외상이 생기는데, 충격 부위에 따라 여러 증상이 나타난다.

② 교통사고, 화학물질에 의한 사고, 화재로 인한 가스 호흡 등이 원인이다.

자료

진성대의 구조

두 개 층	다섯 개 층		세 개 층
덮개		상피 (상피층)	점막
	고유층	표층 (라인케 공간, 얇은층)	
몸체		중층 (중간층)	인대
		심층	
		근육 (성대근)	근육

출처 ▶ 곽경미 외(2021)

(8) 성대 고랑

① 성대의 가장자리를 따라 홈이 파인 것을 성대 고랑이라고 한다.

② 성대의 한쪽 또는 양쪽 면에 홈이 생기는 경우도 있는데, 정확한 원인은 아직 밝혀지지 않고 있다.

③ 파인 홈 때문에 성대가 완전히 닫히지 않아 목소리에 숨소리가 나며 정상적인 성대의 진동이 이루어지지 않는다.

3. 신경학적 음성장애의 원인

신경학적 음성장애는 호흡과 성대근육이 제대로 통제되지 않아 성대가 과도하게 닫히거나, 제대로 닫히지 못하는 경우가 많다. 성대가 과도하게 닫혀 있는 경우에는 긴장되고 쥐어짜는 목소리가 나오게 되는데, 연축성 발성장애에서 주로 관찰된다. 성대가 제대로 닫히지 않는 경우에는 목소리가 약해지고 숨소리가 많이 들리게 되는데, 성대마비, 파킨슨병 및 근무력증에서 주로 관찰된다.

(1) 연축성 발성장애

① 경직형 발성장애라고도 불리며, 자신도 모르게 성대에 경련이 발생하여 말이 갑자기 막히거나 열리는 현상을 말한다.

② 정확한 원인은 밝혀지지 않았으나 심리적·생리학적 원인이 동시에 작용하여 생기는 것으로 추측하고 있다.

③ 세부 유형으로는 갑자기 성대가 닫히는 내전형, 갑자기 성대가 열리는 외전형 그리고 혼합형이 있다. 주로 많이 관찰되는 유형은 내전형이다.

　㉠ 내전형의 목소리 특징은 말을 하는 데 매우 힘이 들어가 쥐어짜는 소리를 낸다.

　㉡ 외전형에서는 갑자기 성대가 열려 공기가 성대로 흘러나오기 때문에 목소리에 바람 새는 소리가 많이 들린다.

(2) 성대마비

① 성대를 조절하는 신경이 마비된 경우에 발생한다.

② 원인으로는 교통사고, 목 또는 심장 수술, 바이러스 감염, 뇌내출혈 등을 들 수 있다.

③ 성대마비는 성대 사이에 틈을 만들기 때문에 바람이 새는 쉰 목소리가 나게 된다.

(3) 파킨슨병

① 대뇌 기저핵의 도파민이 점차 사멸하여 발생하며, 주로 진전(떨림), 근육의 강직, 몸동작이 느려지는 등의 운동장애가 나타난다.

② 파킨슨병으로 인한 운동장애가 음성 산출에 관한 근육에도 영향을 미쳐서, 목소리 크기가 눈에 띄게 작아지고 바람 새는 소리가 많이 들린다. 또 말의 억양이 매우 단조로우며 발음도 부정확하다.

(4) 근무력증

① 신경근육 접합부에 발생하는 질병 중 가장 흔하고 대표적인 것으로 변동성 근력 약화와 근육의 피로감이 주요 증상이다.

② 근무력증으로 인해 음성 산출기관의 근력 약화와 피로감이 나타날 수 있는데, 말을 처음 시작할 때는 큰 소리로 하지만 시간이 지날수록 말 산출 근육이 극도로 피로해져서 말소리가 거의 들리지 않게 된다.

(5) 후두암

① 50~70세 사이의 성인에게서 주로 발병하며, 과다한 흡연, 알코올 섭취 등이 원인이다.

② 작은 종양이 성대의 한쪽만을 침범한 경우는 방사선치료만으로도 가능하지만 심한 악성종양의 경우는 후두를 떼어 내기도 한다. 성대를 떼어 낸 경우에는 대체 발성법으로 식도발성을 배우거나 전기인공후두를 착용해야 한다.

03 음성장애의 예방

1. 가정에서의 예방

① 학생의 음성 남용을 피하기 위해 가족 구성원은 상황에 적절한 크기로 대화를 하고 있는가를 돌아보고, 조용히 말하는 습관을 갖도록 하여야 한다.

② 학생이 극도로 시끄러운 환경(예 TV가 항상 켜져 있다거나, 라디오에서 시끄러운 음악이 나온다거나)에서 말을 하고 있는지를 살펴보고, 가급적 불필요한 소음원을 제거하는 것이 좋다.

③ 주변 소음이 클 경우에는 자신도 모르는 사이에 목소리의 크기가 커지게 되므로, 가급적 소음 속에서 말하는 것은 피하도록 한다.

2. 학교에서의 예방 [16초특]

① 학급 안의 소음을 줄인다.

② 학급 밖의 소음이 클 경우에는 음성 사용을 자제하도록 한다.

③ 교사 스스로 좋은 음성을 모델링해 준다.

④ 학급 내에서 귓속말을 하지 않도록 한다. 고성을 지르는 것만큼 속삭이는 소리를 내는 것도 성대에 좋지 않기 때문이다.

⑤ 생수를 자주 마실 수 있도록 생수를 교실에 비치해 둔다.

⑥ 체육시간에 응원을 할 때는 음성 대신 손뼉이나 도구(예 깃발 등)를 사용하도록 한다.

⑦ 음악시간에는 과도하게 음도를 높이거나 힘을 주지 않도록 한다.

⑧ 친구를 부를 때에는 다가가서 말하거나 손을 흔들어서 신호하도록 한다.

⑨ 운동하는 동안 음성 남용이 쉽게 발생할 수 있다는 것을 염두에 두고, 음성보다는 손 신호를 사용하도록 한다.

⑩ 교실 내에서 음성 오용과 남용을 줄일 수 있는 방법을 개발한다.

04 음성장애의 중재방법

1. 의학적 처치와 행동적 음성치료

① 음성장애 환자를 위한 임상적 중재 전략은 크게 의학적 처치와 행동적 음성치료의 두 가지 범주로 나눌 수 있다.

　㉠ 의학적 처치는 약물 처치와 수술 처치로 다시 나뉜다.

　㉡ 행동적 음성치료는 후두의 구조와 기능에 대해 환자에게 알려 주고 음성 위생 프로그램을 만들어 주며 잘못된 음성 산출 습관을 수정하는 전략을 가르치는 데 중점을 둔다.

　　행동적 음성치료
　　등 행동적 처치

② 의학적 처치와 행동적 음성치료는 상호 보완적이다.

　예 성대 용종을 수술로 제거받은 환자는 용종의 재발을 막기 위해 성대에 부담을 덜 주는 방식으로 음성을 산출할 수 있는 방법을 배울 필요가 있다.

2. 행동적 음성치료

- 행동적 음성치료는 쉰 목소리, 기식성, 긴장성 음성, 부적절한 음도 등과 같은 음성 문제, 성대의 과내전 혹은 과소내전 등과 같은 음성 문제의 증세나 음성과용 혹은 생활방식과 같은 음성 문제의 원인에 중점을 둔다. 어떤 기법은 구체적으로 명시된 과정을 따라 진행하게 되고, 다른 어떤 기법은 느슨하게 구조화된 원칙에 따라 진행되며, 또 다른 일부는 두 전략을 같이 사용하기도 한다.

- 행동적 음성치료는 전통적으로 직접 치료와 간접 치료로 나뉜다. 대부분의 음성치료 전문가는 직접 치료와 간접 치료를 함께 사용하는데, 이러한 조합은 대부분의 경우 효과가 매우 크다.

직접 치료	간접 치료
• 후두 마사지 • 하품-한숨 기법 • 저작하기 • 혀 위치 변경 • 복식호흡 • 호흡 및 발성 협응 • 음도변이와 조절 • 음성강도 조절 • 강한 성대 접촉 제거 • 최적 음도 확립 • 음도 산출의 전방 이동 • 최적 공명 배우기 • 성대의 효율적 폐쇄 기법 • 성대 협응과 지구력 최적화시키기 • 생체피드백	• 음성 휴식 • 음성 위생 • 환자 교육 • 상담 • 청능 훈련 • 성대에 손상을 주는 행동 제거 • 음성 사용 일기 쓰기 • 자극성 있는 것들 피하기 • 환경 변화 • 수분 섭취 • 위산역류 제거

출처 ▶ Ferrand(2016)

(1) 직접 치료

- 직접 치료는 음성효율을 증가시키고 음질을 개선시켜 주는 특정 방법에 초점을 맞춤으로써 성대 건강에 나쁜 영향을 미치는 음성 산출 습관을 수정하고 후두의 병리적 상태를 개선시키는 데 목표를 두고 있다.
  - 직접 치료에는 성대 과기능의 경우 성대에 힘을 덜 줄 수 있도록 고안된 방법, 성대 과소기능의 경우 성대내전의 힘을 증가시킬 수 있도록 고안된 방법 등이 포함된다.

- 많은 직접 치료 기법은 기본적으로 총체적인 특성을 가지고 있으며 호흡, 발성, 공명 등 말소리 산출 하위체계 간의 적절한 균형을 촉진시키는 데 초점을 둔다.

① 하품-한숨 기법 [11중특]

　　㉠ 하품-한숨 기법은 환자로 하여금 들숨은 하품을 하듯이 들이쉬고 날숨은 한숨을 쉬듯이 내쉬게 한다.

　　㉡ 하품은 인두를 확장시키고 후두를 하강시킨다. 후두의 하강은 한숨의 초반부까지도 지속되는 것으로 나타난다. 하품을 한 뒤 한숨을 내쉴 때 환자로 하여금 성도가 전체적으로 이완되어 있는 감각을 느껴보게 한다. 차차 발성을 시도해 보고 이 기법에 익숙해짐에 따라 길이를 점진적으로 늘여간다.

　　㉢ 환자가 하품과 한숨 없이도 성도의 이완을 조절할 수 있게 되면 하품과 한숨은 점차 줄여간다. 후두가 낮아졌다는 것은 손으로 만져보면 알 수 있다. 후두가 올라가면 후두 위치를 낮추기 위해 다시 하품-한숨을 도입한다.

　　㉣ 발성은 후두가 하강한 상태를 지속할 수 있게 될 때 도입하여 차차 더 긴 발화로 늘여간다.

　　㉤ 하품-한숨 기법은 다음과 같은 절차로 진행된다.

> 1. 하품의 생리를 설명한다. 즉, 흡기를 지속적으로 하면서 상후두가 최대로 넓어지고 후두가 저하되도록 인식시킨다.
>
> 2. 환자가 하품을 한 후에 약한 소리를 내면서 부드럽게 호기를 하도록 한다.
>
> 3. 하품을 이용한 목소리를 쉽게 내게 되면 /ㅎ/으로 시작하는 단어나 입을 벌릴 수 있는 모음인 /아/로 시작하는 단어를 하품을 한 번 할 때마다 발성하게 한다. 이후에는 숨 한 번에 5개 단어까지 말할 수 있도록 한다.
>
> 4. 한숨을 이용한 발성을 위해서는 하품을 한 후에 입을 크게 벌리고 편하고 지속적인 호기를 하도록 지도한다. 이후에 하품을 하지 않은 상태에서 정상적으로 입을 크게 벌리고 빨리 흡기를 한 후 지속적인 한숨을 내도록 한다.
>
> 5. 이완된 한숨을 내게 되면 먼저 한숨을 조금 내쉰 후에 /하/ 소리를 내도록 한다. 이후에 /ㅎ/으로 시작한 단어들을 발성하게 한다.

② 부드러운 시작 [11중특]

　　㉠ 부드러운 시작은 하품-한숨 기법의 한숨과 비슷한 방법을 이용한다. 발성을 시작하기 전에 약간의 숨을 내쉬어 줌으로써 성대가 강하게 닫히는 것을 막는다.

　　㉡ 하품-한숨 기법과 마찬가지로, 성대가 더 긴장해 있을 때와 덜 긴장해 있을 때의 차이를 느끼는 데 초점을 둔다.

자료

하품 – 한숨 기법
- 대상: 음성 과기능 환자
  - 예) 성대 결절, 성대 폴립, 성대 비대, 연축성 발성장애 등
- 방법
  - 하품 뒤에 부드럽게 호기 발성
  - /ㅎ/ 또는 개모음으로 시작하는 발화과제(단어, 구문, 문장)를 부드럽게 말하게 함
  - 환자가 부드러운 발성을 유지할 경우 하품을 소거시킴
- 효과: 후두 하강 및 이완, 인두 이완으로 이완되고 편안한 발성 산출

　　　　출처 ▶ 곽경미 외(2021)

│자료│ ●

저작하기

• 대상 : 발화 시 입을 작게 벌리
거나 이를 물고 발화하는 습관
이 있으며, 성대 과기능이 있
는 환자
• 방법
  − 저작하며 수 세기, 발화과제
    (단어, 구문, 문장)를 연습함
  − 이 방법은 일시적으로 사용
    한 뒤 점차 정상적인 구강
    움직임으로 바꿔감
• 효과 : 전반적인 발성 및 조음
기관의 이완, 부드러운 성대접
촉을 유도해 음질 향상
출처 ▶ 곽경미 외(2021)

③ 저작하기

㉠ 하악 혹은 입술의 움직임 없이 이를 물면서 말하는 경향이 있는 과
기능성 음성질환 환자들에게 주로 사용된다.

㉡ 자연스럽게 음식을 저작하는 동작은 성도의 긴장을 방해한다는 가
설에 기초하여 환자가 저작 동작을 취하는 동안 소리를 내보도록 한다.
환자가 이완된 음성 산출을 차차 수월하게 하게 되면 저작 동작도
이에 맞춰 차차 줄여간다.

㉢ 저작하기는 다음과 같은 절차에 따라 진행된다.

> 1. 환자에게 비디오 촬영 등을 통해 입을 안 벌리고 말하는 것을 인식
>   하게 한다.
>
> 2. 치료자가 먼저 과장된 저작법을 보여 주고 환자로 하여금 따라
>   하게 한다. 특히 입을 상하뿐만 아니라 좌우로도 많이 벌리게 유도
>   한다. 약 3개 정도의 과자를 입에 물고 있는 모양으로 저작하는
>   모양을 취한다.
>
> 3. 저작이 이루어지면 저작하는 동안 의미 없는 소리를 내도록 한다.
>
> 4. 의미 없는 소리 내기가 이루어지면 수를 세면서 저작하기를 한다.
>
> 5. 마지막으로 문장을 읽을 수 있을 정도로 시행하고, 간간히 처음 촬
>   영한 비디오와 현재를 비교하면서 저작의 익숙 정도를 판단한다.

④ 노래조로 말하기 기법

㉠ 노래조로 말하기란 율동적으로 말하기 혹은 하나 혹은 두 개의 음조
에서 단어 혹은 소리를 암송하듯이 부르는 것을 말한다.

㉡ 노래조로 말하기는 제한된 몇 개의 음표를 이용한 단순한 멜로디에서
매우 복잡한 구조를 가진 음악에 이르기까지 매우 다양하다.

㉢ 치료적 기법으로 사용할 때의 노래조로 말하기의 특징은 음도의 상승,
모음의 연장, 음절의 강세 약화 혹은 제거, 부드러운 발성 시작 등을
들 수 있다. 이러한 요소들은 발성을 더 완화된 상태에서 할 수 있게
하는 데 도움이 된다.

㉣ 일단 환자가 노래조로 말하기를 일관적으로 수행할 수 있게 되면 환
자는 노래조로 말하기와 평상시대로 말하기를 교대로 하되 편하고
이완된 발성이 지속되도록 유의한다.

│자료│ ●

노래조로 말하기

• 대상 : 음성 피로, 강한 성대접
촉, 음성을 과다하게 사용하는
환자
• 방법
  − 강세 없이 운율을 일정하게
    유지하며 특정한 음에서 노
    래하듯 발화과제(단어, 구문,
    문장 등)를 산출하는 것
  − 이때 부드러운 성대접촉으
    로 발성할 수 있도록 유도해
    야 하며, 이 방법은 치료 시
    일시적으로 사용함
출처 ▶ 곽경미 외(2021)

KORSET 합격 굳히기 **직접 치료**

본문에 소개된 직접 치료 방법 외에도 생체피드백과 호흡지지 및 호흡-발성 협응의 증가 등이 있다.

1. 생체피드백
① 생체피드백은 환자가 보이는 음성행동의 생리학적 측면에 대한 정보를 제공해 주는데, 이는 청각적, 시각적, 촉각적, 운동감각적 통로를 통해 이루어진다.
② 생체피드백은 말소리 산출과 관련된 생리적 측면을 성문하압, 복부 및 흉곽이 움직이는 정도, 음압 등으로 바꾸어 보여 준다.
③ 생체피드백은 녹음기를 이용한 청각적 정보 제공, Visi-Pitch나 후두 내시경 혹은 후두 근전도를 이용한 시각적 정보 제공 등이 포함된다.
④ 생체피드백은 호흡지지를 증가시키는 데에도 유용하다.

2. 호흡지지 및 호흡-발성 협응의 증가
① 많은 음성치료 프로그램의 중요한 부분 중 하나는 발화를 위한 호흡지지의 수준을 높이기 위해 호흡 패턴을 수정하는 것이다. 일반적인 전략은 발화를 위한 호흡 시 환자들에게 흉곽이나 쇄골과 연결된 근육보다는 복근을 사용하도록 가르치는 것이다 (이를 횡격막, 혹은 복부-횡격막 호흡, 복식호흡이라고 한다).
② 복근을 사용하는 것은 후두내근 및 외근의 긴장을 감소시키면서 호흡할 수 있는 매우 효율적인 방법이다. 환자가 호흡 시 복근을 사용하는 것을 배우는 것은 자신이 다른 근육을 사용하고 있다는 것을 깨달으면 좀 더 수월해진다.
③ 신경학적 문제가 있어 호흡근육에 문제가 있는 환자는 날숨의 힘을 증가시키기 위해 보철장치를 이용하는 것이 유용하다.

출처 ▶ Ferrand(2016)

⑵ **간접 치료**

• 간접 치료의 경우 음성장애가 과도한 음성 사용 요구, 음성 과다 사용 행동, 건강한 음성 산출 방법에 대한 이해 부족, 스트레스, 갈등, 불안 혹은 걱정 등의 개인적인 요인 때문에 나타난다는 것을 전제로 한다. 그러므로 간접 치료는 환자가 음성 산출과 관련된 기본 지식을 이해하고, 주변 환경과 생활방식을 수정하여 건강한 음성 산출을 촉진하고, 음성 산출 능력을 개선시킬 수 있도록 하는 데 목표를 두고 있다.

• 치료는 음성 문제를 지속시키는 요인을 수정하는 데 초점을 두고 있는데 여기에는 대개 음성 위생, 수분 섭취, 음성 휴식, 이완기법, 환자 교육 등이 포함된다.

음성 위생 프로그램
🔴 성대-위생 교육, 음성위생법

① 음성 위생 프로그램

  ㉠ 가장 흔히 사용되는 간접 치료 기법으로 성대건강에 나쁜 영향을 미치는 습관과 생활방식을 구분하고 제거하며 음성을 더 건강한 방법으로 산출할 수 있도록 촉진해 주는 프로그램이다.

  ㉡ 음성 위생 프로그램의 첫 번째 목적은 과도하게 많이 말하기, 시끄러운 곳에서 말하기, 소리 지르기, 빈약한 발성법으로 노래 부르기, 과도하게 기침하기, 헛기침하기 등 음성외상 행동을 구분해서 감소시키는 것이다. 그 외 성대에 영향을 미치는 행동, 즉 흡연, 과음 등도 줄여야 할 행동이 된다.

  ㉢ 음성외상 행동을 구분해 내는 전략 중 하나는 특정한 날을 정해 대상이 눈을 떴을 때부터 잠들 때까지의 모든 행동을 체계적으로 검토하는 것이다.

  ㉣ 음성 문제에 영향을 미치면서 고칠 여지가 있는 요소들을 임상가와 환자가 함께 구분해 낸다. 일단 그런 행동들을 구분해 내면, 환자(그리고 보호자)는 매일 목표행동의 달성 정도를 기록한다. 임상가는 이 기록을 매 치료 회기를 시작할 때마다 검토하며 필요에 따라 치료 목표를 수정할 수도 있다. 이러한 유형의 훈련은 기초선과 진전기록을 함께 보여 주므로 환자의 동기부여에 유용하다.

  ㉤ 음성 위생 프로그램이 효과적이기 위해서는 환자 개개인의 생활방식에 맞게 만들어져야 한다.

② 수분 섭취

  ㉠ 적절한 수분 섭취는 건강한 성대기능의 중심이다.

  ㉡ 수분 섭취의 정도에 따라 성대의 점탄성에 영향을 미치는 정도가 달라진다. 대개 환자들에게 하루에 8잔 이상 마시는 게 좋다고 권하는 경우가 많지만, 이는 환자마다 다르게 적용되어야 한다.

✏️ **점탄성**
물체에 힘을 가했을 때 점성 유동과 탄성 변형이 동시에 나타나는 성질

③ 음성 휴식

  ㉠ 음성 휴식은 의사들이 후두수술 전에 내리는 처방이기도 하지만 음성 위생 프로그램에 포함되기도 한다.

  ㉡ 음성 휴식은 절대적인 경우와 상대적인 경우가 있다.

   • 절대적인 음성 휴식은 환자가 처방받은 기간 동안 음성을 전혀 쓰지 않는 것을 말한다. 절대적인 음성 휴식은 대개 후두수술을 받은 환자들이 성대의 점막 상처가 아무는 것을 촉진하고 흉터가 생기지 않도록 하기 위해 적용된다.

   • 상대적인 음성 휴식은 말하는 양과 음성강도를 줄이는 것을 말한다.

KORSET 합격 굳히기 **음성 위생 프로그램 예시**

1. 헛기침을 하거나 습관적으로 기침을 자주 하는 것은 성대 조직에 손상을 줄 수 있습니다. 대신, 아래와 같이 해보세요.
   ① 목을 이완시키기 위해 하품을 해보세요.
   ② 천천히 무언가를 삼켜 보세요.
   ③ 물을 한 모금 삼킨 후 잠시 목을 이완시켜 보세요. 그다음 천천히 말을 해보세요.
   ④ '소리 안 내고 기침하기(silent cough)' 기법을 사용해 보세요.
   ⑤ 허밍을 해보세요 : 음성을 산출할 때 그 공명의 느낌에 집중하세요.
   ⑥ 필요하면 사탕을 빨아 보세요(기침을 멈추기 위해 먹는 사탕, 특히 멘톨이나 민트가 들어있는 종류는 피하세요).
   ⑦ 수업을 할 때 헛기침을 자주 하는 습관이 있다는 걸 깨달아야 합니다.

2. 큰 소리로 말하거나 소리 지르기, 환호성 지르기, 비명 지르기 등은 성대 조직에 손상을 줄 수 있습니다. 대신 아래와 같이 해보세요.
   ① 몸짓을 사용하거나 멀리 떨어져 있을 때에는 주의를 끌기 위해 도구를 사용하세요. 📖 손뼉치기, 휘파람 불기, 종 울리기, 나팔 불기 등
   ② 학생들의 주의를 끌기 위한 수신호 혹은 사인을 정해서 지속적으로 사용하세요. 바람직하지 못한 행동을 하는 학생에게 말을 해야 한다면 그 학생에게 걸어가서 조용히 말하세요(이때에는 소리 지르는 것보다 이렇게 하는 것이 더 효과적일 수 있습니다). 이 원칙을 당신의 자녀들이나 애완동물에게도 활용하세요.

3. 시끄러운 곳에서 오랫동안 말하는 것은 음성 피로나 성대긴장 증가의 원인이 됩니다. 시끄러운 상황이란 교실에서 일어나는 소음, 커다란 음악 소리, 텔레비전, 파티, 음식점, 자동차, 버스, 비행기 등의 소음이 나는 상황을 말합니다. 대신 아래와 같이 해보세요.
   ① 대화를 할 때에는 배경소음을 최대한 줄이세요. 📖 시끄러운 음악이나 텔레비전 끄기
   ② 학생(혹은 청중)이 조용히 하고 주목할 때까지 기다리세요.
   ③ 조용한 음식점, 부스, 혹은 구석에 있는 자리를 선택하세요.
   ④ 대화 상대자를 마주보고 대화하세요.
   ⑤ 당신과 대화 상대자의 거리를 가깝게 해야 목소리를 크게 내지 않아도 대화를 할 수 있습니다.
   ⑥ 얼굴이 환하게 보이는 곳에 앉으세요.
   ⑦ 조음 동작을 크게 하세요.
   ⑧ 남의 말을 경청하는 습관을 들이세요.

4. 일상적으로 자주 사용하지 않는 소리(속삭이는 소리, 으르렁거리는 소리, 꽥꽥거리는 소리, 동물이나 기계 소음 흉내 내는 소리 등)는 성대조직에 손상을 줄 수 있습니다. 대신 아래와 같이 해보세요.
   ① 공연 등에서 목소리로 효과음을 내야 한다면 성대근육의 긴장이나 음성 남용을 최소화시켜야 한다는 것을 항상 염두에 두세요.
   ② 학생에게 뭔가를 소리 내어 읽어 줄 일이 생길 때, 위에서 언급된 일상적으로 사용하지 않는 소리의 사용은 최대한 피해야 합니다.

… (중략) …

7. 말하려고 하는 것을 한숨에 다 말하려고 하면 말을 시작할 때 갑자기 강하게 시작해야 하므로 성대가 강하게 부딪히게 되고 '음', '아' 등의 간투사를 많이 사용하게 되어 성대에 또 다른 부담을 줄 수 있으므로 피해야 합니다. 대신 아래와 같이 해보세요.
① 말은 편하게 천천히 시작하세요.
② 말을 시작할 때 어깨, 가슴, 목과 목구멍이 이완되어 있도록 하세요.
③ 문장을 시작할 때 호흡근육과 기류를 충분히 활용하세요.
④ 목소리를 밀어내기 위해서 가슴, 어깨, 목이나 목구멍에 힘을 주지 마세요.
⑤ 복부와 흉곽이 자유롭게 움직일 수 있도록 해주세요.
⑥ 말하는 동안 이를 강하게 물거나 턱을 강하게 다물고 있지 마세요.
… (하략) …

출처 ▶ Ferrand(2016)

3. 음성치료

(1) 성대 남용 및 오용으로 인한 음성장애의 치료방법 [11중특]

① 음성의 남용 및 오용으로 인한 음성장애 치료의 첫 단계에서는 우선 성대에 부정적인 영향을 주는 성대행동을 확인하고, 그 행동의 사용 빈도를 점차 감소시켜 결국 환자에게 적합한 음성 산출 유형으로 바꾸어 주는 것을 목표로 한다.

㉠ 목표를 달성하기 위해 환자에게 습관화된 성대 사용 패턴을 가능한 한 의식적으로 사용하지 말고, 말하는 시간을 줄일 것을 권유한다.

㉡ 그러나 이미 습관화된 음성 산출 행동을 고치는 것은 쉽지 않다. 따라서 치료효과를 높이기 위해 언어치료사는 상담을 통해 음성장애가 왜 발생하였는가를 이해할 수 있도록 적절히 설명해 주어야 한다. 또한 치료하는 동안에도 환자에 대한 계속적인 정신적 지원과 격려가 필요하다.

② 음성 남용 및 오용의 행동을 감소시키기 위해 학생에게 많이 사용하는 방법 중 하나는 하루 동안 얼마나 자주 큰 소리로 말하였는가, 매우 흥분된 상태에서 얼마나 자주 말하였는가를 스스로 기록하게 하는 것이다.

㉠ 학생의 심한 과잉행동으로 인하여 음성치료가 거의 효과를 보지 못한다면 소아정신과의 협조를 받아야 한다.

㉡ 성인 환자의 경우에는 가능한 한 말하는 시간을 제한하는 것이 매우 중요하다.

③ 음성 남용 및 오용 기능에 대한 또 다른 치료법으로 음성 위생 프로그램을 들 수 있다.

④ 후두의 과기능과 강한 성대접촉을 줄이는 방법으로 널리 쓰이는 기법에는 하품-한숨 기법, 부드러운 시작, 저작하기 등이 있다.

자료

음성치료
언어치료사는 음성장애의 진단 및 평가 후에 다양한 치료방법 중 가장 적절한 방법을 찾아야 한다. 음성장애의 원인에 따라 그 치료방법이 각기 달아야 하지만, 기능적 음성장애와 기질적 음성장애를 위한 치료법이 전혀 다르거나 새로운 것은 아니다. 특정 음성치료법은 기능적 음성장애뿐만 아니라 기질적 음성장애를 치료하기 위해서 사용되기도 한다. 또한 많은 음성치료법이 발성기관뿐만 아니라 호흡기관이나 공명기관을 적절히 사용하는 것에 치료의 초점을 두는 경우도 있다(심현섭 외, 2024).

자료

음성치료에 대한 접근
심현섭 등(2024)의 문헌에서는 음성치료에 대한 접근을 다음 네 가지 유형으로 제시하고 있다.
- 성대 남용 및 오용으로 인한 음성장애
- 심리적 이상으로 인한 음성장애
- 신경손상으로 인한 음성장애
- 후두절개로 인한 음성장애

(2) **심리적 이상으로 인한 음성장애의 치료방법**

① 기능적 발성장애

㉠ 기능적 발성장애의 경우에는 음성의 완전한 회복이 가능하며, 성대를 가능한 한 내전시켜야 하기 때문에 기침하기, 목 가다듬기, 하품하기, '아' 발성하기 등의 방법이 사용된다.

• 목 가다듬기란 목청을 가다듬으며 내는 소리를 길게 늘여 음을 시작하는 것이다.

㉡ 기능적 발성장애에 대한 음성치료방법은 환자에게 문제를 설명하고 토론하는 데서 시작된다. 치료방법으로는 행동수정 접근법이 유용하다.

② 근긴장성 발성장애

근긴장성 발성장애는 긴장된 근육을 이완하기 위해 '하품-한숨 기법'과 '손가락 조작법' 등을 사용한다.

③ 변성기 가성

변성기 가성의 음성치료를 위해서는 성대의 크기가 나이에 적합한지, 성호르몬 분비에 이상은 없는지에 대한 전문의의 소견이 전제되어야 하며, 나이나 성별에 맞지 않는 높은 소리를 낮추는 데 목적을 둔 치료방법을 사용한다.

(3) **신경 손상으로 인한 음성장애의 치료방법**

① 연축성 발성장애

㉠ 대체로 내전형 음성장애 환자에게 제시되는 치료 대안으로는 행동적 음성치료, 되돌이후두신경 절제수술 후 음성치료, 보툴리눔 독소(상품명 BOTOX) 주사 후 음성치료와 같은 방법이 있다.

㉡ 일반적으로 연축성 발성장애 환자에게는 행동적 음성치료를 우선적으로 시도한다. 만약 치료효과가 거의 나타나지 않는다면 외과적인 수술을 권유하고 있다.

㉢ BOTOX 치료법은 묽게 희석된 보툴리눔 독소를 소량 성대근육에 주사하여 성대를 마비시켜서 성대근육의 불수의적 수축을 막는 방법이다.

• 치료효과를 극대화하기 위해서는 BOTOX 주사 후에 이완요법과 하품-한숨 기법을 사용하는 행동적 음성치료가 계속 진행되어야 한다는 주장도 있다.

• 이 치료법의 큰 단점 중 하나는, 정상 음성을 계속적으로 유지하기 위해서는 3~4개월 주기로 BOTOX 주사를 계속 맞아야 한다는 것이다.

| 자료 |

손가락 조작법

• 음도를 낮추기 위해 혹은 후두의 움직임을 느끼기 위한 목적 등으로 손가락으로 환자의 갑상연골을 누르는 기법

• 대상: 다양한 음성장애군(변성발성장애, 편측성 성대마비, 발성 시 후두가 상하로 지나치게 움직이는 환자)

• 방법
  - 손가락 조작법을 통한 음도 하강(단모음 연장발성 시 손가락으로 갑상연골을 살짝 누르기)
  - 손가락 조작법을 통한 편측성 성대마비 환자의 음질 개선(마비가 있는 쪽 갑상연골을 살짝 누르고 발성하였을 때 효과가 없을 경우 마비가 없는 쪽 갑상연골을 누르고 발성 지도)
  - 손가락 조작법을 통해 후두의 상하 운동 느끼기

출처 ▶ 곽경미 외(2021)

② 성대마비

㉠ 편측성 성대내전마비

- 편측성 성대내전마비 환자의 경우, 한쪽 성대가 마비되어 있기 때문에 성문이 꽉 닫히지 않아 공기가 새어 숨소리가 많이 들리며 쉰 소리가 들린다. 이러한 음성장애 환자에게는 '밀기 접근법'이 사용된다. [11중특]

- 밀기 접근법의 목적은 환자가 손으로 벽이나 책상을 밀면서 발성하게 함으로써, 마비된 쪽의 성대 대신 마비되지 않은 성대를 평상시보다 더 움직이게 하여 성대의 접촉을 돕는 것으로 다음과 같은 절차에 따라 이루어진다.

> 1. 팔 굽혀펴기에서 밀어올리는 순간, 의자를 순간적으로 잡는 순간, 가슴까지 양팔을 올리고 손가락을 서로 낀 후 바깥쪽으로 당기는 순간, 팔을 어깨만큼 올린 상태에서 갑자기 내리는 순간, 주먹을 갑자기 쥐는 순간 등에 파열음으로 시작하는 단어(예 팝, 밥, 픽, 팍)를 소리 내어 성대 접촉을 유도한다.
>
> 2. 성대 접촉 소리가 유도되면 지속 모음을 내면서 지속적인 힘을 주어서 좀 더 효과적인 음성이 나도록 유지한다.

- 밀기 접근법을 통해 계속적인 치료를 받으면, 성대마비 환자의 음성의 크기는 정상에 접근하게 된다.

- 또 다른 치료방법으로는 성대마비로 생긴 공기 사용의 비효율성을 막기 위한 목적으로, 매번 숨을 내쉴 때마다 산출하는 낱말 수를 평상시보다 대폭 줄여 말하면서 자주 숨을 들이마시게 하는 방법이 있다. [11중특]
  - 말을 적게 하고, 빠르게 숨을 쉬며 힘주어 음을 시작하게 하는 것이다.

- 이외에 Boone과 McFarlane은 손가락 조작법, 반삼킴, 머리가누기 등의 방법을 제시하고 있다.

㉡ 양측성 성대내전마비

편측성 성대내전마비와 달리 양측성 성대내전마비 또는 외전마비(성대가 열리지 않음)로 인한 음성장애의 경우에는 수술과 행동적 음성 치료가 동시에 요구된다.

자료

밀기 접근법

밀기 접근법은 이후 '노력성 폐쇄기법'으로 발전하였다.

자료

머리가누기(머리 위치 변경)

- 대상: 다양한 음성장애 환자 및 신경학적 장애환자군(편측성 성대마비, 연하 시 흡인 등)
- 방법
  - 머리가누기 + 다른 음성촉진 접근법
  - 머리 위치를 다양하게 변경하며 가장 좋은 음질이 산출되는 위치를 찾음
    예 편측성 성대마비 환자의 경우 머리 위치를 좌우로 변경해 봄, 성대 과기능 환자의 경우 턱을 당기고 머리를 숙이게 해봄
    출처 ▶ 곽경미 외(2021)

KORSET 합격 굳히기 공명장애

1. 공명장애의 개념

① 공명은 진동계가 그 고유 진동수와 같은 진동수를 가진 외부의 힘을 주기적으로 받아 진폭이 뚜렷하게 증가하는 현상을 가리킨다.
- 말소리 산출 시 음원이 되는 구강, 비강, 인두강 내에 있는 공기분자의 음향적 공명을 말한다. 이러한 현상을 이용하면 세기가 약한 파동을 큰 소리로 증폭시킬 수 있다.

② 구강, 비강 또는 인두강 중 어느 한 곳에 공기의 흐름을 방해하는 장애물이 있어 공명의 문제가 발생하는 말장애를 공명장애라고 한다.

③ 음성장애와의 차이점은, 음성장애는 주로 후두, 즉 성대 및 성문에서 발생하지만, 공명장애는 상후두강에서 발생한다.

자료

공명강

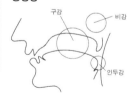

2. 공명장애의 유형

과다비성	• 모음과 유성자음을 산출할 때 비강을 통해 기류가 너무 많이 방출되기 때문에 비강에서 공명이 심하게 일어나게 되어 심한 콧소리가 산출되는 경우이다. 　− /p/와 같은 무성자음을 산출하는 동안에는 과대비성이 발생하지 않는다. • 연인두 기능부전이 원인이다.
과소비성	• 비강의 통로가 폐쇄되어 비강으로 통하는 공기가 감소함으로써 비강에서 공명이 적절히 이루어지지 않기 때문에 발생한다. • /ㅁ, ㄴ, ㅇ/과 같은 비음을 산출하는 동안에 주로 발생하며, 비음이 /ㅂ, ㄷ, ㄱ/으로 지각될 수 있다. • 과소비성이 지속적으로 발생하지 않고 간헐적으로 발생한다면 말실행증으로 의심할 수 있다. • 코막힘, 알레르기성 비염, 후비공 폐쇄 등의 이유로 발생한다.
맹관공명	• 비강 및 인두 주변에서 공명된 소리가 구강 또는 비강의 막힘 문제로 인해 소리가 입 안쪽에서 웅얼거리듯 들리는 현상을 말한다. 　⑩ 편도가 너무 커서 말소리가 인두에 갇혀 있거나, 또는 비강의 통로가 구부러져 비강에 갇혀 있기 때문에 소리가 웅얼거리는 목소리로 지각된다. • 과소비성의 변형된 형태로 방해 정도가 다르며, 모든 음소에 영향을 미친다. • 편도비대, 성도 중 특정 구간 폐쇄, 청각장애, 뇌성마비 등 다양한 원인으로 발생한다.
혼합공명	• 과다비성과 과소비성이 혼재되어 나타나는 경우를 의미한다. • 동일한 화자가 발화 중 시간을 달리하여 구강음을 산출할 때에는 과다비성을, 비음을 산출할 때에는 과소비성을 보이는 것이다.

출처 ▶ 심현섭 외(2017, 2019). 내용 요약정리

자료

공명장애의 유형

맹관공명, 과다비성, 과소비성, 혼합공명으로 공명장애의 하위 유형을 구분하는 것이 일반적이다. 실제로 임상에서 진단 및 치료에 역점을 두는 공명장애의 하위 유형에는 과다비성, 과소비성, 맹관공명, 혼합공명이 있다(심현섭 외, 2019).

자료

맹관공명

• 맹관공명은 혀를 과하게 뒤로 이동하여 상대적으로 구강공명이 감소하는 경우를 말한다. 이때는 주로 구인두 쪽에서 공명이 일어나는데, 소리가 바깥으로 나오지 못하게 무엇인가를 덮어 놓은 듯하며, 분명하지 않은 소리로 지각된다(심현섭 외, 2019).

• 맹관공명은 음량이 낮고 털털거리는 소리의 음성을 설명하기 위해 사용되는 용어이다. 이러한 음질은 음성신호가 구강이나 비강을 통해 빠져나가는 동안 큰 편도나 삐뚤어진 비중격과 같은 형태의 방해물에 의해 차단당했을 때 발생한다 (Ferrand, 2016).

말운동장애
🔄 운동말장애, 운동구어장애, 신경말장애, motor speech disorder

💡**Tip**
2009 유아1-12 기출에서는 운동말장애라는 표현이 사용되었으나 최근의 문헌에서는 주로 말운동장애로 표현되고 있다.

💡**Tip**
말실행증과 마비말장애를 총칭하여 말운동장애라고 한다.

✏️ **실행증**
실행증은 숙련된 운동이나 몸짓이 부자연스럽거나 동작이 소실된 상태의 장애이다. 여기서 동작은 반복적으로 학습되어 이미 숙련된 운동이나 몸짓을 말한다. 실행증에는 비구어실행증과 말실행증(구어실행증)이 있다. 비구어실행증은 사지실행증, 구성실행증, 착의실행증, 구강실행증, 얼굴실행증 등으로 다시 나뉜다(김향희, 2015).

✏️ **모색현상**
모색현상은 입술이나 혀를 끊임없이 움직이면서 조음기를 어디에 두어야 할지 혹은 어떻게 모양을 내야 할지 등의 조음 위치 및 방법을 탐색하는 행동이다(김향희, 2015).
🔄 탐색활동

📋 **자료**

실어증
실어증에 대한 자세한 내용은 'Chapter 07. 실어증' 참조

01 말운동장애의 이해

1. 말운동장애의 개념

① 말운동장애란 신경학적 손상으로 구어 산출과 관련한 근육 움직임의 문제로 인하여 야기되는 말장애이다. 즉, 어떤 신경학적 장애나 손상의 결과로 야기되는 움직임의 문제와 관련있는 말의 어려움이다.

② 말운동장애는 아동들과 성인들 모두에서 말을 산출하기 위해 사용되는 움직임 패턴의 계획, 협응, 타이밍, 집행에 영향을 미치는 신경학적 장애의 이질적인 그룹이다.

2. 말운동장애의 종류

① 말운동장애는 대표적으로 말실행증과 마비말장애로 구분하는 것이 일반적이다.

② 말운동장애는 중추신경계나 말초신경계의 손상에 기인한 신경말장애이다.

02 말실행증

1. 말실행증의 개념 [13중특]

① 말실행증이란 근육 마비나 약화 현상 없이 말소리를 내기 위해서 필요한 운동을 시작하고 실행하는 데 어려움을 나타내는 증상을 의미한다. 즉, 일종의 운동 계획 장애이다.

　㉠ 후천적인 뇌손상으로 인하여 근육의 마비나 약화 현상 없이, 조음기관의 위치를 프로그래밍하거나 일련의 조음운동을 체계적으로 수행하는 데 어려움을 보이는 말장애이다.

　㉡ 근육 약화나 협응 곤란은 없지만 말 산출 근육의 프로그래밍 문제로 조음 및 운율 오류를 보인다.

② 발화 시 입술을 끊임없이 움직이면서 정확한 조음의 위치나 방법을 찾는 듯한 모색현상이 관찰된다.

③ 대부분의 경우 실어증을 동반하지만, 말실행증만 따로 관찰되는 경우도 있다.

2. 말실행증의 특성 ^{13중특}

① 말실행증 학생은 말하기뿐만 아니라 쓰기에서도 오류를 보인다.

- 쓰기를 할 때 내부말 체계를 통해야 하기 때문이며, 쓰는 과정에 관여하는 음송(rehearsal) 단계의 오류가 쓰기에 반영되기 때문이다.

② 말실행증 학생은 모음보다 자음에서 더 많은 오류를 보인다.

③ 말실행증 학생은 음소나 음절의 위치를 서로 교환하는 오류를 자주 보인다.

④ 말실행증 학생은 비일관적인 조음오류를 보인다.

⑤ 말실행증 학생과 전도 실어증 학생의 구별이 쉽지 않다. 둘 다 자발화에서 음소착어가 많이 관찰되며, 따라말하기 능력이 떨어지기 때문이다.

- ㉠ 일반적으로 말실행증 학생의 오류는 전도 실어증 학생의 오류에 비하여 목표단어에 포함되는 음소들로 대치되는 경우가 많다. 따라서 좀 더 그 오류 패턴을 예측하기 쉬운 것으로 알려져 있다.
- ㉡ 말실행증의 오류는 첫음절에서 많이 관찰되는 것에 비하여 전도 실어증의 오류는 끝음절에서 많이 관찰된다.

자료

전도 실어증
본서의 'Chapter 07. 실어증' 참조

3. 말실행증의 중재방법

① 말실행증 치료의 일반적인 초점은 말 산출 하위체제 중 주로 문제를 나타내는 조음 및 운율이 되어야 하며, 이러한 목표를 달성하기 위해 모델링, 지시하기, 단서 주기, 피드백, 리듬의 사용, 총체적 의사소통 등의 치료 방법들을 사용할 수 있다.

② 말실행증의 치료를 위해서는 언어학적 길이가 짧은 단어, 유의미한 단어, 음소조합이 간단한 단어, 가시성이 높은 단어, 자동적이고 친숙한 단어 등을 우선 적용하는 것을 고려해야 한다.

③ 말실행증 치료의 원리는 다음과 같다.

- ㉠ 반복수행을 원칙으로 한다.
  - 명료한 말 산출을 반복하면 말 산출을 위한 운동 프로그래밍의 개선이 나타나기 때문이다.
- ㉡ 성공률이 높은 쉬운 활동부터 실시한다.
  - 자동적인 구어에서부터 자발적인 말 산출 과제 순으로 실시하는 것이 효과적이다.
  - 자극이 복잡하고 길수록 오류가 많아지므로 소리, 단음절, 단어 등 비교적 단순한 자극에서 시작하여 그 복잡성과 길이를 점차 늘려가도록 해야 한다.

자료

비구어 구강운동 연습

- 마비말장애 아동의 의사소통 능력 극대화라는 일차적 치료 목적을 달성하기 위한 치료 접근 방법으로 직접 치료 방법과 간접 치료 방법을 활용할 수 있다.
- 직접 치료는 환자에게 실질적으로 적용되는 치료법을 일컬으며, 약물적 접근법, 보철적 접근법, 수술적 접근법, 행동적 접근법 등을 포함한다. 어떤 치료법을 적용할 것인지는 마비말장애의 유형과 중증도에 따라 다르다.
  - 행동적 접근법은 치료사가 마비말장애를 극복하기 위한 치료법을 환자에게 적용하는 것이다. 이때 대부분의 치료들은 비구어 훈련과 구어 훈련을 함께 실시한다. 비구어 훈련은 비구어 구강운동 연습(nonspeech oral motor exercises, NOME)이라고 한다. 대표적인 예로는 근력 향상을 위하여 조음기를 대고 저항하면서 움직이는 것, 운동 범위를 향상시키기 위하여 신장하는 것, 협응기능을 향상시키기 위하여 여러 구강 구조의 움직임을 순서화하는 것 등을 들 수 있다.
- 간접 치료의 접근 방법은 대체적으로 중증도에 상관없이 환자의 의사소통 환경을 조절한다든지, 환자의 직업을 바꾼다든지 등의 의사소통의 주변 환경을 변화시키는 것이다.

구강실행증

구강실행증은 구강 구조를 자발적으로 움직이는 동작에서의 어려움이다. 예컨대, 혀를 내밀도록 지시하면 수행하지 못하나 아이스바를 빨도록 하면 문제없이 잘 빤다. 구강실행증은 '혀 내밀기' 등 도구가 필요 없는 동작이나 '빨대로 빠는 흉내' 등 도구를 필요로 하는 동작을 수행하도록 하여 검사한다(김향희, 2015).

- 만약 소리, 단음절 등의 단계에서도 모색이 두드러지거나 오류가 많이 관찰된다면 비구어적 구강운동 과제를 사용하여 집중적인 훈련을 시행해야 한다.

ⓒ 가능한 한 기능적이고 유용한 단어에 초점을 둔다.

- 말실행증 학생들이 일상생활에서 사용하는 유의미한 단어를 산출하기가 더 쉬우며, 유의미 단어가 조음정확성을 판단하는 데 더 용이하기 때문이다.

ⓔ 말실행증 학생에게 자신의 구어에 대한 자기모니터링을 학습시킨다.

- 말실행증 학생들은 자신의 구어문제를 인식하고 있기 때문에 목표 음절, 단어 및 구가 적절하게 산출되었는지에 대해 자신의 발화를 판단하는 자기점검이 필요하다.

ⓜ 치료원리에 대한 정보를 말실행증 학생이나 보호자들에게 반드시 제공해야 한다.

④ 이상에서 제시된 것 외에 다음과 같은 방법을 치료에 적용할 수 있다.

㉠ 말실행증 정도가 아주 심하여 자발화가 거의 불가능하다면 기침하기, 웃기, 노래부르기 등의 과제를 활용하여 반사적인 단계에서 점차 수의적인 단계로 옮겨가야 한다.

㉡ 말실행증 학생의 말 속도를 느리게 하도록 하여 조음의 정확도를 높여야 한다. 조음 차이를 구별하는 청각 훈련을 거치고 언어치료사의 모델링을 따라 하게 하며, 말실행증 학생의 이해 정도에 따라 차트나 그림 등을 이용하여 조음 위치와 방법 등에 대한 간단한 설명을 곁들이는 것도 효과적이다.

㉢ 훈련을 할 때는 시각적 단서(visual cue, 예 "내 입을 잘 쳐다보면서 들어 보세요.")를 활용하는 것이 좋다. 또한 말실행증 학생의 반응에 대한 피드백을 주어 자가수정을 하도록 지도하는 것이 중요하다.

- 거울 등의 도구를 이용하여 피드백을 줄 수도 있는데, 이는 치료사가 말실행증 학생의 조음을 함께 관찰하면서 연습할 수 있기 때문에 효과적이다.

㉣ 구강실행증을 함께 보이는 경우의 예후는 단순 말실행증보다 좋지 않는데, 이때는 구강실행증 치료를 먼저 하는 것이 바람직하다.

㉤ 말실행증과 실어증을 함께 보이는 경우에는 실어증과 말실행증 치료를 병행하는 것이 좋다.

03 마비말장애

1. 마비말장애의 개념

① 마비말장애란 중추 및 말초신경계의 손상으로 조음, 호흡, 발성, 운율 등에 관련한 구어 메커니즘의 근육 통제 및 문제를 발생시키는 구어장애이다.

- 정상적인 말하기는 호흡, 발성, 공명, 조음, 운율 등을 담당하고 있는 여러 발화 하부체계의 구조가 정상적인 상태여야 하며, 이들 기관 간의 기능이 조화롭게 이루어져야 비로소 가능하다. 일반적으로 중추 및 말초신경계의 손상은 이러한 발화 하부체계에 부정적인 영향을 미치게 되며, 그 결과 호흡, 발성, 조음, 공명, 운율 등을 포함한 말기능의 요소, 즉 속도, 강도, 범위, 타이밍 그리고 정확성이 비정상적으로 된다.

② 말 산출과 관련된 근육의 약화, 불협응 등에 의한 말장애로 정확한 말소리 산출에 어려움을 보인다는 점에서 프로그래밍의 문제인 말실행증과 차이가 있다. [13중특]

- '말운동 계획·프로그래밍' 단계에서 손상이 보이는 경우에는 말실행증이라는 진단이 내려지고, '말집행' 단계에서의 장애는 마비말장애라고 불린다.

✿ 말실행증과 마비말장애의 차이점

말실행증	마비말장애
말소리 대치	말소리 왜곡
비일관적인 말소리 대치	매우 일관적인 말소리 오류
중성모음이 종종 자음군 사이에 삽입됨	자음군 단순화
목표음소에 대한 들을 수 있거나 조용한 모색행동	목표음소에 대한 들을 수 있거나 조용한 모색행동이 거의 없음
반복, 연장, 첨가의 특성을 보이는 느린 말 속도	빠르거나 느린 말 속도
유창하게 말하는 구간이 있음	온전한 말을 보이는 시기가 없음
연쇄적 또는 자동적 말은 종종 유창하지만, 자발적 말은 유창하지 못함	연쇄적 또는 자동적 말과 자발적 말 사이에 차이가 없음, 두 가지 모두 영향을 받음

출처 ▶ Owens et al.(2018)

2. 마비말장애의 유형 및 특성

① 마비말장애는 최소한 일곱 가지 유형으로 분류되는데, 이완형, 경직형, 실조형, 과소운동형, 과다운동형, 편측 상부 운동신경형, 혼합형 등을 포함하며, 하위 유형에 따라 다양한 특성을 나타낸다.

마비말장애의 유형

마비말장애 유형으로 경직형, 이완형, 과소운동형, 과다운동형, 실조형의 기본적인 다섯 가지 유형을 비롯하여 혼합형을 포함한 총 여섯 가지 유형을 소개하였다. 그 후, 1985년 Duffy에 의하여 편측 상부 운동신경형이 추가된 후, 현재 총 일곱 가지 유형의 분류로 알려져 널리 사용되고 있다. 이 중에서 편측 상부 운동신경형의 경우에만 해부학적 용어를 유형 분류 체계에 적용하여 명명하였고, 나머지 유형들은 모두 운동장애의 특징에 의거하여 분류된 유형들이다(김향희, 2015).

심현섭 외 (2017)	본문 참조
곽미영 외 (2020)	심현섭 등(2017)과 동일
Owens et al. (2018)	이완형, 경직형, 실조형, 과소운동형, 과다운동형, 혼합형

⚙ 마비말장애의 분류, 병소, 주요 장애 특성 및 말 특징

유형	병소	주요 특징	과제 종류			기타 특징
			모음연장	교대/일련운동	문구 읽기	
이완형	하부 운동신경	약화	계속적인 과비음, 비강 기류, 계속적인 기식	점차적으로 느려짐	느림	천명, 이중발성
경직형	상부 운동신경 [양측]	경직	쥐어짜는 음성의 질 소리 높낮이와 크기의 제한성, 간헐적인 과비음	느리지만 규칙적임	느림	—
실조형	소뇌	불협응	소리 크기, 높낮이의 불규칙성	속도, 소리 높낮이, 크기 등이 변이적임	조음의 정확성 감소, 소리 크기와 높낮이의 변이성	하부 말체계의 부조화성
과소 운동형	추체외 회로	강직 및 저하된 운동	발성부전	빠른 속도	발성부전, 소리 높낮이와 크기의 단조로움	—
과다 운동형	추체외 회로	불수의적 운동	소리 높낮이, 크기 급변 증상	소리 높낮이, 크기, 속도 등의 갑작스러운 변화	소리 높낮이, 크기, 속도 등의 갑작스러운 변화	—
편측 상부 운동신경형	상부 운동신경 (한쪽)	약화, 불협응	—	부정확한 조음, 느린 속도	부정확한 조음, 느린 속도	—
혼합형	여러 군데	여러 가지	—	—	—	혼합된 마비말장애에 따라 특징이 달라짐

출처 ▶ 심현섭 외(2017)

② 순수한 마비말장애 학생은 언어의 형식적 자질들의 조절 능력은 양호한 편이며, 읽고 이해하거나 듣고 이해하는 능력도 양호하다. 이와 같이 마비말장애는 언어적인 측면에 손상이 없다는 점에서 실어증과 구분된다.

③ 마비말장애 학생은 일관된 조음오류를 보인다.

　　㉠ 마비말장애 학생의 조음오류는 단어 대 문장, 읽기 대 대화, 자동적인 구어 대 자발적인 구어 등과 상관없이 일관되게 나타난다.

　　㉡ 마비말장애가 보이는 조음오류의 일관성은 조음오류가 비일관적으로 나타나는 말실행증과의 두드러진 차이점으로 볼 수 있다.

3. 마비말장애의 중재방법

마비말장애의 치료는 크게 화자 중심적 치료와 의사소통 중심적 치료로 나눌 수 있다.

(1) 화자 중심적 치료

마비말장애는 구어 산출 하위체계에 전반적인 문제를 나타내므로 호흡, 발성, 공명, 조음, 운율 및 명료도의 문제들을 개선하는 데 치료의 초점을 둔다. 이와 같은 체계적인 호흡 훈련, 조음 지도 및 운율 지도 등을 통해 말명료도를 향상시킬 수 있다. [13중특]

호흡	마비말장애의 호흡치료는 말 산출을 위한 호흡량을 늘리고, 정상적인 흡기 및 호기의 패턴과 말호흡 패턴을 확립하는 것이 중요하다.
발성	마비말장애의 발성치료는 쉬운 발성의 시작, 단조로운 음도 및 강도의 개선, 최적의 음도 및 강도의 산출, 음질의 개선 등이 중요하다.
공명	마비말장애의 공명치료는 과대비성을 감소시키고, 연인두 폐쇄를 강화하며, 적절한 구강공명을 형성하는 것이 중요하다.
조음	마비말장애의 조음치료는 구강조음기관의 기능 및 조음정확도를 향상시키는 것이 중요하다.
운율 및 명료도	마비말장애의 운율치료는 억양을 다양하게 하고, 말 속도를 정상화하며, 적절한 간격으로 한 호흡의 발화길이를 증가시키는 것이 중요하다.

(2) 의사소통 중심적 치료

① 마비말장애 환자와 청자 간의 의사소통을 증진시키기 위하여 행해질 수 있는 전략을 구사하는 것이다.

② 말의 명료도를 증진시키는 목적이 아니라 말의 이해 가능도를 향상시키고자 화자 전략, 청자 전략, 상호작용 전략을 구사하는 것이다.

화자 전략	청자에게 신호를 보내 준비시키기, 의사소통이 어떻게 이루어져야 하는지 알리기, 문맥을 정하고 주제 확인하기 등을 들 수 있다.
청자 전략	눈맞춤 유지하기, 물리적 환경을 변화시키기(例 주변 소음 줄이기, 화자−청자 간 거리 좁히기), 청력 및 시력을 극대화시키기 등이 있다.
상호작용 전략	상호작용 시간 조정하기, 말하기 및 듣기의 최적 환경 조성하기, 피드백 방법 정립하기 등이 있다.

06 단순언어장애

01 단순언어장애의 개념

① 언어발달지체, 언어발달장애와는 구분되는 개념이다.

언어발달지체	• 언어발달지체란 발달과정에서 언어영역이 시간상으로 지체되는 것을 말한다. • 동일한 생활연령 집단과 비교하여 언어발달이 늦은 아동을 언어발달지체 아동이라고 한다. • 언어발달지체는 뇌성마비와 같은 구조적 결함, 지적장애, 청각장애 또는 자폐성장애와 같은 사회정서적인 요인으로 인하여 언어발달상에서 지체가 나타나는 경우를 모두 포함한다.
언어발달장애	• 언어발달장애란 다양한 영역에서의 언어구조(음운론, 형태론, 구문론, 의미론, 화용론)에서 결함을 보이는 경우를 말한다. • 아동이 사용하는 언어가 질적으로 기술할 수 있는 만큼의 특수성을 가지고 있고, 시간이 지나도 스스로 회복할 수 없는 언어구조상의 결함을 보이는 아동이 이에 해당한다.

• 언어발달지체와 언어발달장애는 초기 단계에서는 서로 비슷해 보이지만, 점차 다른 양상을 보인다.

② 단순언어장애란 감각적·신경학적·정서적·인지적 장애를 전혀 가지고 있지 않고 언어발달에만 문제를 보이는 경우를 말한다.

　㉠ 단순언어장애를 가정하기 위해서는 일차적으로 다른 영역에서의 발달장애나 질병요인이 완전히 배제되어야 한다.

　㉡ 단순언어장애는 일차적으로 수용언어나 표현언어상의 심각한 결함을 보이는 발달적 언어장애이며, 동시에 언어발달상의 지체현상을 가지고 있다.

　　• 수용언어 또는 표현언어 능력이 지체되기도 하고, 수용언어 능력과 표현언어 능력이 모두 지체되기도 한다.

출처 ▶ 고은(2021)

③ 단순언어장애의 원인에 대해서는 밝혀진 바가 거의 없다.

- 단순언어장애의 원인으로 추정되는 것은 유전적 요인, 신경생리학적 요인, 청지각의 낮은 수행능력, 청각적 단기기억의 결함 그리고 환경적 요인까지 매우 다양하지만, 명확한 원인이 밝혀진 것은 아니다.

02 단순언어장애의 진단 기준 09유특, 21중특

단순언어장애에 대한 진단 기준은 학자마다 차이를 보이는데, Leonard가 제시한 기준은 다음과 같다.

① 지능이 정상 범주에 속하여야 한다.

- 비언어성 지능검사로 측정한 지능지수가 85 이상이어야 한다.

② 언어 능력이 정상보다 지체되어야 한다.

- 표준화된 언어검사를 실시하였을 때 그 결과가 최소한 −1.25 표준편차(SD) 이하에 속하여야 한다.

③ 청력에 이상이 없어야 하며, 진단 시 중이염을 앓고 있지 않아야 한다.

④ 뇌전증이나 뇌성마비와 같은 뇌손상 및 신경학적 이상을 보이지 않아야 하며, 뇌전증이나 신경학적인 문제로 인해 약물을 복용한 경험도 없어야 한다.

⑤ 말 산출과 관련된 구강 구조나 기능에 이상이 없어야 한다.

⑥ 사회적 상호작용 능력에 심각한 이상이나 장애가 없어야 한다.

- 사회적 · 정서적 영역의 발달에 이상이 없어야 한다.

자료

단순언어장애의 지능
비언어성 지능검사에서 85 이상이라고 명시한 것은 일반적인 진단적 범주이며, 지적장애를 가진 아동을 배제하기 위해 설정한 기준선이다(고은, 2021).

자료

단순언어장애의 언어 능력
스타크(Stark) 등은 동일한 생활연령에서 수용언어가 6개월, 표현언어가 1년 그리고 통합언어발달이 1년 이상 지체되는 것을 기준으로 제시하고 있다(고은, 2021).

✿ 단순언어장애 진단 기준

구분	내용	수준
언어	표준화된 언어검사	표준편차 −1.25 이하
지능	비언어성 지능검사	지능지수 85 이상
청력	청력문제, 중이염	없음
신경학적	뇌손상 및 신경학적 이상	없음
	약물 복용 경험	없음
구강	구강구조/기능 문제	없음
사회성	사회적 상호작용 문제	없음

출처 ▶ 강은희 외(2019)

➤ 단순언어장애 학생의 진단 · 평가 결과 예시 1

• 현재 ○○중학교 재학 중
• 언어 능력에 영향을 미칠 수 있는 지능이나 청력, 신경학적 손상 등이 없음
• 사회 · 정서적 영역의 발달에 이상이 없음
• 표준화된 언어검사 결과 −1.5SD임

➤ 단순언어장애 학생의 진단 · 평가 결과 예시 2

• 생활연령 : 7세 2개월
• K-WISC-Ⅲ 결과 : 동작성 지능지수 88, 언어성 지능지수 78
• 취학 전 아동의 수용언어 및 표현언어 발달 척도(PRES) 결과 : 수용언어 발달연령 64개월, 표현언어 발달연령 58개월, 통합언어 발달연령 61개월
• 언어 문제 해결력 검사 결과 : 원점수 17점, 백분위 9
• 순음청력 검사 결과 : 양쪽 귀 모두 10dB
• 사회성숙도 검사 결과 : 사회성 지수 90
• 구강조음기제에서 특이사항 관찰되지 않음
• 사회 · 정서적 문제를 보이지 않음

03 단순언어장애의 언어적 특성

1. 음운론적 영역

① 대부분의 단순언어장애 학생은 외부 사람들이 학생의 말을 이해하는 데 어려울 정도로 발음에 문제를 보인다.

- 부정확한 발음 때문에 다른 영역에서의 결함이 눈에 띄지 않을 만큼 조음장애는 두드러진다.

② 기질적으로는 문제가 없음에도 불구하고, 문장 내에서 음운상의 오류를 자주 보이는 특성이 있다.

- 음운 규칙과 음운변동 현상을 이해하고 정확하게 발음하는 데에 어려움을 갖는다.

2. 의미론적 영역

① 첫 낱말 출현 시기가 다소 지체된다. 그러나 낱말 유형은 정상 언어발달 아동들과 유사하다.

② 단순언어장애 학생의 어휘 사용은 양적으로나 질적으로 빈약하다는 특징을 갖는다.

③ 빠른 연결 능력이 부족하기 때문에 새로운 낱말을 습득하는 데 어려움을 보인다.

④ 낱말 찾기의 어려움으로 인해 어떤 상황에서 그에 적절한 단어를 쉽게 찾지 못해서 에둘러서 표현하거나 모호하게 표현한다.

3. 형태론 및 구문론적 영역

① 형태소의 습득과 산출은 단순언어장애 학생들이 정상적인 언어발달을 하고 있는 학생들에 비해 가장 많은 차이를 보이는 부분이다.

ㄱ) 문법 형태소를 이해하는 능력이 지체되어 있다.

ㄴ) 형태소의 오류를 인지하는 데 어려움을 보인다.

② 정상적인 언어발달을 보이는 학생들에 비해 비교적 늦은 약 3세 무렵에 구문 산출을 시작하고 특정 구문오류를 더 오래 나타내기도 하며, 구문을 다양하게 확장하는 능력도 부족하다. 그러나 발달의 순서는 정상적인 순서를 따른다.

✎ **빠른 연결**

- 빠른 연결이란 아동이 새로운 단어에 대해 최소한의 노출만으로도 그 단어가 어떠한 대상을 지칭하는지 빠르게 찾아내어 이를 해당 단어의 음운형태와 연합시켜 내는 것을 말한다(고은, 2021).
- 빠른 연결은 아동이 성인의 분명한 지도가 없어도 단어와 그 지시물을 한두 번만 접하고 그 연결을 이끌어 내는 것으로 언어습득기에 매우 중요한 원리이다. 예를 들어, 컵은 아동이 이미 알고 있는 단어이고 '미도'는 알지 못하는 단어라고 할 때 "미도 줄래?"라고 지시하면 18개월의 어린아이조차도 새 단어에 대한 직접적인 학습 없이도 추측하고 배우게 된다(곽미영 외, 2020).
- 빠른 연결 전략은 아동이 사물에 대한 인지적 직관력이나 통찰력에 의존하여 새로운 낱말의 뜻을 추측하거나 학습하는 것으로, 어떤 낱말을 단 한 번 듣고도 그 낱말과 참조물(사물이나 동작)과의 관계를 빠르게 연결하는 것이다. 물론 이렇게 제한된(1~2회 정도) 노출만으로 실제적인 학습이 이루어지는 것은 아니며 다시 여러 가지 전략(반복, 연습, 조직화)을 사용하여 장기기억에 저장함으로써 아동의 어휘지식으로 전환될 수 있다(김영태, 2019).
- 🔗 빠른 이름 연결하기, 일견낱말 습득 전략, fast mapping

4. 화용론적 영역

① 언어를 표현하는 데 어려움이 있어 말 대신 제스처를 사용하는 경우가 많다.

② 또래와의 상호작용이 정상적인 언어발달을 보이는 학생들보다 적고 대화 중간에 끼어들지 못하는 경우가 많다.

③ 대화 상대방이 충분한 정보를 주지 않았을 때 하는 명료화 요구와 상대방이 명료화 요구를 했을 때 수정해서 이야기할 수 있는 발화수정 전략과 같은 능력이 정상적인 언어발달을 하는 학생들에 비해 지체되어 있다.

④ 일반적인 상식이나 이전 발화를 바탕으로 지금의 발화를 이해하는 전제나 참조적 기능과 추론능력이 지체된다.

• 이와 같은 이유로 단순언어장애 학생은 대화에 적극적으로 참여해도 대화를 효율적으로 이끌지 못한다.

✿ 단순언어장애 학생의 언어 특징

구분	언어 특징
의미	• 어휘 목록이 적음, 더 느린 어휘 습득, 더 적은 어휘 다양성 • 불완전한(표면적, 부분적) 낱말의 의미 • 새로운 어휘 습득 속도가 느리며 문맥 내에서의 새로운 어휘에 대한 더 많은 노출이 필요함 • 낱말찾기의 어려움을 보임(인출 실패)
형태·구문	• 조사, 시제 오류 많음 • 같은 또래에 비해 더 짧은 발화길이 • 구문적으로 더 단순하고 제한된 변형 유형과 종속관계의 제한적 사용
화용	• 의사소통 개시 적음 • 대답하기 기능은 많이 사용하나 진술, 설명, 승인 등의 기능은 낮음 • 또래의 대화 개시에 덜 반응적임 • 발화 상호작용 유지에 어려움(주제 유지, 말차례 유지 등) • 대화에 적절하지 않은 엉뚱한 말, 갑작스러운 주제 변화를 보임 • 명료화 요구하기 : 명백한 반응을 보이지 못하고, 이해가 부족함을 인식했어도 명료화 요구를 하지 않음 • 수정하기 : 제한적인 레퍼토리를 사용, 동등한 구문적·의미적 요소로의 대체를 거의 사용하지 않음

출처 ▶ 강은희 외(2019)

자료

단순언어장애의 언어 및 의사소통 특성

의미	• 초기 낱말 산출 지체(어린 정상아동들과 비슷한 유형) • 어휘 습득 지체 • 동사 습득 어려움 • 낱말 찾기 결함 • 의미관계 산출 제한 • 빠른 연결 어려움
구문 및 형태	• 구문 산출 지연 및 구문 이해 어려움(정상아동들과 비슷한 패턴) • 문장 구성요소 생략 • 형태소 습득 및 사용의 어려움 • 형식 형태소(문법 형태소) 이해의 어려움
화용 및 담화	• 언어 표현력의 제한으로 인한 제스처 사용(정상아동과 유사한 의사소통 기능) • 화용 능력의 결함 • 제한된 발화 수정 전략, 명료화 요구하기 능력 • 전제, 참조적 기능 사용의 어려움 • 대화 시 적극적인 태도를 보임

출처 ▶ 곽경미 외(2021)

04 중재 프로그램

단순언어장애 중재 프로그램은 단순언어장애의 원인으로 추정되는 청지각의 결함, 청각정보 처리의 결함, 청각적 단기기억의 결함, 상위언어 기능의 결함에 초점이 맞추어진다.

1. 청지각 훈련

① 청지각의 결함은 말소리를 정확하게 이해하지 못하고 정확하게 발음하지 못하는 주요 원인이 된다.

② 청지각은 영아기부터 발달해 가는 것으로서, 청지각의 하위 개념은 다음과 같다.

청각적 이해력	소리를 듣고 의미를 알고, 말을 듣고 이해하는 능력
청각적 변별력	같은 소리인지, 같은 음절인지, 같은 음소인지 등을 구별하는 능력
청각적 기억력	들은 말을 그대로 재현하거나, 청각적 정보를 순서대로 기억하는 능력
청각적 종결력	단어 중에서 빠진 소리를 인식하고 찾아내는 능력
청각적 혼성력	각각의 소리를 단어로 연결하고 종합하는 능력

③ 단순언어장애 학생의 경우에는 정상적인 청력을 가지고 있음에도 불구하고 낮은 청지각과 음운인식의 결함을 보이는 경우가 많다. 청지각 훈련은 음운인식 능력을 향상시키기 때문에 함께 묶어서 프로그램을 구성하는 것이 효과적이다.

• 청지각 훈련이 어떻게 이루어지는지를 이해하기 위해 청지각 훈련을 바탕으로 한 음운인식 프로그램의 예를 제시하면 다음과 같다.

15초특, 24초특

단계	활동
I (소리 수준)	• 주변에서 나는 소리를 집중해서 듣고, 그 소리가 무엇인지 안다. • 주변에서 나는 소리와 말소리를 구별할 줄 안다. • 남자/여자 목소리를 구별할 줄 안다.
II (문장 수준)	• 문장을 듣고 해당하는 그림을 고를 수 있다.

✎ 청지각
• 청지각이란 귀로 듣고, 정확히 인식하고, 변별하고, 이해하는 과정을 말한다(고은, 2021).
• 청각으로 받아들인 정보를 심리적으로 판별, 해석, 조직하는 것으로 어떤 청각적 사건에 대한 청자의 경험, 기억, 집중, 학습을 포함한다(특수교육학 용어사전, 2018).

✎ 음운인식
음운인식 능력이란 소리 구조 혹은 낱말의 음운적 구조에 대한 개인의 상위언어적(metalinguistic) 능력으로, 낱자의 소리들을 변별할 수 있고, 각각의 소리들이 결합하여 낱말을 이루는 것을 이해하고, 음소나 음절을 분절하고 결합하거나 말소리를 분류하는 것과 같이 구어의 소리를 다양한 방식으로 조작할 수 있는 능력을 말한다(김영태, 2019).

◎Tip
청지각 훈련의 활동 내용과 관련한 문제는 다음과 같은 형태로 출제된다.

2015 초등B-7 기출) 다음은 소망이가 듣기 어려워하는 말소리를 중심으로 청지각 훈련을 적용한 활동의 일부이다. 아래의 빈칸에 들어갈 내용을 쓰시오.

청지각 훈련	소망이를 위한 활동의 예
자음과 모음 카드를 가지고 글자를 구성한다.	/ㅅ/과 /ㅏ/가 만나면 무슨 소리가 될까요?
같은 음절로 시작되는 단어를 찾는다.	'사자', '사과', '아빠' 중에서 시작하는 말이 같은 것은 무엇일까요?
첫소리가 같은 단어를 찾는다.	'상자', '송편', '책상' 중에서 시작하는 말소리가 같은 것은 무엇일까요?
–	'살'에서 /ㅅ/ 대신에 /ㅆ/을 넣으면 무슨 소리가 될까요?

Ⅲ (단어 수준)	• 문장에서 단어를 쪼갤 줄 안다. 　－ 호랑이와 토끼가 만났어요. 　　→ /호랑이와/ /토끼가/ /만났어요/ • 단어를 듣고 그림카드를 고를 수 있다. 　－ 딸기 어디 있을까요?
Ⅳ (음절 수준)	• 단어를 듣고 음절의 수를 셀 줄 안다. 　－ /호랑이/는 몇 개의 음절로 이루어졌을까요? • 같은 음절로 시작되는 단어를 찾을 수 있다. (두운인식) 　－ /사과/ /사슴/ /나비/ 중 첫음절이 다른 것은 무엇일 　　까요? • 같은 음절로 끝나는 단어를 찾을 수 있다. (각운인식) 　－ /가방/ /나방/ /가을/ 중 끝음절이 다른 것은 무엇일 　　까요? • 두 개의 음절이 합해지면 만들어지는 소리를 안다. 　－ /나/와 /무/를 합치면 어떤 소리가 될까요? • 하나의 음절을 빼면 만들어지는 소리를 안다. 　－ /사마귀/에서 /마/를 빼면 어떤 소리가 될까요? • 다른 음절로 바꾸어 만들어지는 소리를 안다. 　－ /바다/의 /바/를 /자/로 바꾸면 어떤 소리가 될까요?
Ⅴ (음소 수준)	• 음절을 듣고 음소 수를 셀 줄 안다. 　－ /창/은 몇 개의 소리로 이루어졌을까요? • 같은 음소로 시작되는 단어를 찾을 수 있다. 　－ /고기/ /기차/ /오리/ 중 첫소리가 다른 것은 무엇일 　　까요? • 같은 음소로 끝나는 단어를 찾을 수 있다. 　－ /수박/ /주먹/ /구멍/ 중 끝소리가 다른 것은 무엇일 　　까요? • 두 개의 음소가 합해지면 만들어지는 소리를 안다. 　－ /ㄱ/과 /ㄴ/를 합하면 어떤 소리가 될까요? • 하나의 음소를 빼면 만들어지는 소리를 안다. 　－ /나비/의 /ㄴ/을 빼면 어떤 소리가 될까요? • 다른 음소로 바꾸어 만들어지는 소리를 안다. 　－ /방/의 /ㅂ/을 /ㄱ/으로 바꾸면 어떤 소리가 될까요?

출처 ▶ 고은(2021)

2. 청각적 주의집중 훈련

① 학생의 청각적 주의집중은 말소리 변별, 청각적 이해력 그리고 기억력을 가능하게 하는 기본적인 전제조건이다.

② 청각적 주의집중은 학생이 지루해하지 않고 자연스러운 방법으로 유도할 수 있는 놀이 활동 속에서 이루어지는 것이 좋다.

│자료│

청각적 주의집중 훈련 예시

"선생님이 말하는 시간을 잘 듣고 그려 보세요."

✏️ **상위언어 능력**

- 상위언어 능력은 언어를 사고의 대상으로 다룰 수 있으며, 언어의 구조적 속성이나 특성에 대해 고찰할 수 있는 능력이다. 상위언어적 인식은 아동의 언어가 숙달되고 난 뒤에 나타난다. 아동이 모국어에 숙달되고 난 뒤 외국어를 습득하면서, 모국어 문장과의 어순 차이를 지각하였다면 이 아동은 상위언어 능력을 가진 것이다. 이러한 상위언어적 기술의 발달은 언어 사용, 인지발달, 읽기능력, 학업 성적, 지능, 환경적 자극, 놀이 등과 연관된다(곽미영 외, 2020).
- 상위언어(metalinguistic) 능력이란 언어의 본질과 기능에 대하여 사고하고 반영하는 능력으로 언어의 주요 성분에 대한 인식 능력이다(석동일, 2004).
🔵 상위언어적 인식, 상위언어적 판단

상위언어의 하위 영역
🔵 상위언어기술의 영역

[자료]

상위언어의 하위 영역

상위언어 능력이 어떤 영역으로 구성되어 있는가에 대해서는 연구자들 간에 일치된 정의가 없다. 단어인식, 통사인식, 화용인식의 세 영역으로 구분하기도 하고 음운자각, 단어자각, 통사자각, 그리고 화용자각 등 네 영역으로 분류하기도 한다(마송희, 2003 ; 최예린, 2008). 그리고 언어에 대해 판단하기, 언어의 규칙 적용하기, 언어 수정하기, 언어에 대한 설명 제공하기, 언어의 단위 구분하기, 언어 연습과 언어로 놀이하기 등의 여섯 영역으로 구분하는 학자도 있다(마송희, 2003).

음운 자각	• 음절을 음소로 분절하는 것으로서 단어를 음소로 나누고, 음소를 다시 단어로 합성해 내는 능력
단어 자각	• 단어가 가지고 있는 물리적 속성과 추상적 속성을 이해하는 능력 • 개념 형성과 추상적 사고에 대한 인지적 유동성
구문 자각	• 문법에 맞는 문장을 사용하는지에 대한 자각
의미 자각	• 의미가 맞는 문장을 사용하는지에 대한 자각
화용 자각	• 자신의 발화가 상황에 적절한지 혹은 목적 달성에 적합한지 등을 스스로 점검, 조절하는 것

3. 상위언어인식 [21중특]

① 상위언어인식은 언어 자체를 사고의 대상으로 취급하면서 언어의 구조적 특성을 인식하고 조작하는 능력을 말한다.

② 언어의 어떤 부분을 사고대상으로 하느냐에 따라 상위언어기술의 영역을 음운자각, 단어자각, 구문자각, 화용자각 등으로 분류할 수 있다.

- 상위언어의 하위 영역이 어떻게 구성되어 있는가에 대해서는 일치된 정의가 없다.

상위언어기술 영역	설명
음운자각	• 구어에서 사용되는 단어들 속에 들어 있는 여러 가지 단위들을 분리하거나, 이런 단위들을 다시 결합하여 재합성될 수 있다는 것을 아는 것이다. 예 '돼지'라는 단어를 듣고 2음절로 만들어졌다는 것을 판단할 수 있고, '다람쥐'와 '도깨비'의 첫 글자 초성이 동일한 음소를 가진다는 것을 아는 것
단어자각	• 단어자각은 단어가 가지고 있는 물리적 속성과 추상적 속성을 이해하는 능력을 말한다. 예 '돼지'라는 단서 속에는 포유동물 돼지가 갖는 물리적 속성과 '많이 먹는 사람', '삼겹살', '더러움' 등의 추상적인 속성을 포함하고 있다. 이러한 개념 형성과 추상적 사고에 대한 인지적 유동성이 바로 단어자각 능력이다. • '서점 – 책방'과 같이 사물의 이름이 바뀌어도 속성이 바뀌지 않는다는 것을 아는 능력을 말한다.
구문자각	• 구문자각은 말의 언어학적 구조와 관련된 것으로 문법에 맞는 문장을 사용하는지에 대해 자각할 수 있는 능력을 말한다. 예 '밥이 맛있어요.'나 '선생님이 철수에게 책을 읽었다.'와 같은 문장이 문법적으로 맞는지를 판단할 수 있는 능력 • 문법적으로는 맞지만 의미가 맞지 않는 문장의 오류를 판단하는 것은 의미자각에 해당하며 구문자각과 함께 분석할 수 있다. 예 '동생이 아빠를 낳았다.'나 '밥을 마셔요.'와 같이 문법적으로는 맞지만 의미가 맞지 않는 단어를 사용한 경우
화용자각	• 화용자각은 자신의 발화가 상황에 적절한지 혹은 목적 달성에 적합한지 등을 스스로 점검하고 조절하는 것을 말한다. 예 적절치 못한 말이 튀어나왔을 경우 또는 대화자의 연령이나 지위에 맞지 않는 단어나 존칭을 썼을 때에도 스스로 옳고 그름을 판단한다. 화용인식에 결함이 있는 경우에는 대화의 상황적 맥락과 대화 규칙 등에 대한 정/오답에 대한 판단 능력이 낮다.

출처 ▶ 고은(2021). 내용 요약정리

✿ 상위언어인식 훈련 예시

구분	검사자	반응의 예
음운영역	연필로 동가미를 그려요.	틀렸어요, 동그라미를 그려요.
	시장에서 살을 사요.	틀렸어요, 쌀을 사요.
	친구하고 술래잡기를 했어요.	맞았어요.
의미영역	아빠가 화장을 해요.	틀렸어요, 엄마가 화장을 해요.
	다리를 건너다가 다리를 다쳤어요.	맞았어요.
	시장에 가면 동물들이 많아요.	틀렸어요, 동물원이에요.
구문영역	학교를 공부를 해요.	틀렸어요, 학교에서 공부를 해요.
	토끼가 당근에게 먹어요.	틀렸어요, 토끼가 당근을 먹어요.
	목욕탕에서 세수를 해요.	맞았어요.
화용영역	'할머니는 잘 있니?'라고 말해요.	틀렸어요, '잘 계시니?'예요.
	'너무 시끄럽지 않아요?'라는 말은 무슨 뜻일까요?	조용히 하라는 말이에요.
	생일에 친구가 선물을 주자, '안녕하세요.'라고 해요.	틀렸어요, '고마워'라고 말해요.

출처 ▶ 고은(2021)

4. 수용언어 지도

수용언어 지도에 있어서는 다음과 같은 전략이 효과적이다.

① 목표단어는 독립된 명사 혹은 동사 중심이 아닌 문맥상에서 가르친다. 그림카드를 이용하여 사물의 이름을 배우는 것이 아니라 놀이 형식으로 반복해서 새로운 단어를 듣고 이해하도록 한다.

② 단어를 미리 말해 준다. 교사는 행위나 사건을 보여 주기 전에 먼저 학습해야 할 단어를 명명해 준다.

③ 학생이 목표어휘를 정확히 이해했는지 못했는지는 학생의 반응으로 알 수 있다. 이때 교사는 비구어적 단서를 모두 제거한 상태에서 확인해야 한다.

┃자료┃

수용언어 지도 예시

• 목표어휘: 트럭

교사: "우리는 트럭이 필요해요."(교사와 아동은 공사장 놀이를 한다. 박스에 담겨 있던 작은 돌들을 교실 구석에 쏟고 교사는 아동에게 묻는다.) "이제 어떻게 이 돌들을 저쪽으로 옮기지요? 트럭에 실어 볼까요?"(교사와 아동은 준비된 모형 트럭에 돌들을 옮긴다.) "자, 이제 트럭을 어디로 몰까요?" (이때 비구어적 단서를 전혀 주지 않는다.)

아동: "저기"(손가락으로 가리킨다.)

5. 표현언어 지도

표현언어 지도는 수용언어와 병행적으로 이루어지는데, 우선은 어휘에 대한 이해 여부를 확인해야 한다. 표현언어 지도에는 크게 세 가지 전략이 효과 적이다.

① 반복 재생하기

　㉠ 교사가 하나의 문장을 계속 모델링해 주다가, 어느 순간에 마지막 단 어를 말하지 않고 학생을 (기다린다는 눈빛으로) 응시한다.

　㉡ 학생이 반복된 단어를 말하도록 하는 것이 목적이며, 학생이 목표단 어를 산출하지 않을 경우에는 교사가 단어를 말해 준다.

② FA 질문법

　㉠ 두 개의 단어 가운데 하나를 선택할 수 있는 질문을 던지는 방법이다.

　㉡ FA(forced alternative) 질문법은 일어문과 이어문 단계에서 주로 사용된다.

③ W-질문법 [20초특]

　㉠ 누가, 무엇을, 어디서, 언제 등에 해당하는 답변을 유도함으로써 학 생의 표현언어 결함을 개선하고자 하는 방법이다.

W-질문법	질문 내용
누가(who)	이 사람은 누구예요?
어디(where)	어디로 소풍을 간 거예요?
무엇을(what)	소풍 가서 무엇을 하고 놀았어요?
언제(when)	소풍을 언제 간 거예요?
왜(why)	왜 이 친구는 앉아 있어요?

　㉡ 교사는 학생의 어휘발달 수준에 적합한 질문을 해야 하는데, 단순언 어장애의 경우에는 W-질문법이 효과적이다.

　㉢ '왜'에 해당하는 질문은 어려울 수 있으며, '어떻게'라는 질문은 학생이 답변을 구성하는 데 있어서 혼란스러울 수 있으므로, 폐쇄형 질문과 단답형 질문에서 단계적으로 접근하는 것이 좋다.

자료

반복 재생하기 지도 예시
• 목표어휘 : 던지자
(교사와 아동은 '퐁당 퐁당 돌을 던지자'를 말하면서 작은 연못 에 돌 던지기 놀이를 한다.)
교사 : "퐁당 퐁당 돌을 던지자." (몇 번을 반복한다.)
"퐁당 퐁당 돌을 ⋯." (잠시 쉼을 주고 아동을 기다린다는 듯 쳐다본다.)
아동 : "⋯ 던지자."

자료

FA 질문법 지도 예시
• 목표어휘 : 수박
(교사와 아동이 과일가게 놀 이를 한다.)
교사 : "오늘은 어떤 과일을 드 릴까요? 수박이 참 맛있 어요."
아동 : "⋯."
교사 : "어떤 과일을 드릴까요? 수박이 참 맛있어요."
아동 : "응."
교사 : "수박 아니면 라면?"
아동 : "수박"

W-질문법
🔄 Wh-질문법

자료

W-질문법 지도 예시
(주어를 빼고 말하는 경우가 자주 있는 홍길동의 언어적 특성을 개 선하기 위해 교사는 W-질문법을 이용하였다.)
홍길동 : 먹어요 사과.
교 사 : 누가 사과를 먹었나요?

6. 부모 및 교사중재

부모
중재
	• 대화의 주제와 방법은 학생 중심이 되어야 한다. 의사소통이 상호적으로 이루어지기 위해서는 학생의 눈높이에 부모가 맞추어야 한다.
	• 몸짓이나 표정을 최대한 사용한다.
	  — 학생으로 하여금 소통되고 있다는 느낌을 갖게 해 주는 것이 무엇보다도 중요하기 때문이다.
	• 단순언어장애 학생들은 새로운 낱말을 습득하는 데 어려움을 보이기 때문에 중요한 단어를 말할 때는 목소리를 높이고 악센트를 주어야 한다. 그리고 새로운 단어는 두 번씩 반복해 주는 것이 좋다.
	• 학생의 발화에 항상 반응해 준다.
	  — 학생으로 하여금 말하고자 하는 욕구를 자극해 주기 때문이다.
	• 올바르게 질문하는 것은 매우 중요하다.
	  — '예/아니오' 또는 머리를 끄덕이는 것으로 대답할 수 있는 질문은 개방형 질문에 비하여 언어를 촉진하지는 않지만 최소한 즉시 답을 얻을 수 있는 장점이 있다.
	  — 가장 경계해야 할 질문의 형태는 끊임없이 묻는 것이다. 학생에게는 표현의 즐거움 대신 압박감만을 남긴다.

교사
중재
	• 학생의 말을 이해하기 힘들 때
	  — 학생의 말하는 바를 이해하지 못했다면, 최소한 교사가 이해한 한두 개의 단어를 가지고 질문하는 것이 좋다.
	  예 "어제? 아, 어제 어디를 갔었어?"
	• 또래가 학생의 말을 따라 하거나 놀릴 때
	  — 의학적 용어는 피하되, 학생이 수용할 수 있는 정도에서 정확한 용어로 설명해 주어야 한다.
	• 학생의 언어 모델로서의 교사
	  — '너무 긴 문장을 사용하지는 않는가?', '학생의 질문에 바람직한 답을 하고 있는가?', '학생에게 바람직한 형태로 질문하고 있는가?'와 같은 자신의 언어행동을 주시하여야 한다.

01 실어증의 이해

1. 실어증의 개념

① 실어증은 대뇌의 언어중추에 손상을 입었을 때 나타나는 부분적이거나 전반적인 언어이해, 언어표현, 언어사용의 장애를 통칭하는 용어이다.

- 정상적으로 언어를 습득한 이후, 후천적 뇌 또는 중추신경계의 손상으로 인해 생기는 언어장애이다.

② 실어증의 언어문제는 크게 유창하게 말하는 능력의 저하, 낱말 떠올리기의 어려움, 문법과 구문의 상실 등이 있다.

③ 실어증의 증상은 언어적인 문제뿐만 아니라 읽기, 쓰기, 셈하기 등의 여러 가지 의사소통 양식에 장애를 나타낸다.

2. 실어증의 원인

실어증의 원인은 뇌졸중과 같은 혈관성 질환과 뇌외상, 뇌염, 뇌종양과 같은 비혈관성 질환이 있다.

02 실어증의 종류

- 실어증의 분류는 전통적으로 이분법을 사용하여 수용성 대 표현성 실어증, 감각성 대 운동성 실어증, 유창성 대 비유창성 실어증으로 나뉜다.

유창성 실어증	• 낱말대치, 신조어 그리고 종종 장황한 구어 산출이라는 특징을 가진다. • 유창성 실어증의 상해는 뇌 좌반구의 뒤쪽 부분에서 발견되는 경향이 있다.
비유창성 실어증	• 느리고 힘든 말, 그리고 낱말을 인출하고 문장을 형성해 내기 위해 투쟁하는 모습이 특징이다. • 일반적으로 손상 위치는 전두엽 내부 또는 그 인접 장소이다.

✍ 신경언어장애

신경언어장애는 선천적 혹은 후천적인 원인으로 신경계가 손상되어 생기는 언어장애 현상이다. 여기서 언어라는 용어에는 문자언어로서의 언어(language)뿐만 아니라 음성언어인 말(speech)까지 포함하기도 한다. 그러므로 신경언어장애는 신경학적 원인으로 발생하는 언어장애인 실어증뿐만 아니라 말장애인 마비말장애, 말실행증, 신경학적 말더듬, 신경학적 음성장애 등을 아우른다(김향희, 2015).

| 자료 |

비유창성 실어증의 특징

비유창성 실어증 성인들은 전형적인 화자들에 비하여 느린 속도, 단조로운 억양, 부적절한 장소에서 지나치게 긴 휴지, 그리고 다양하지 못한 강세패턴을 보인다(Owens et al., 2018).

- 임상현장에서는 이분법보다 좀 더 세분화하여 실어증을 발화의 유창성, 청각적 이해력, 따라말하기 능력 그리고 이름대기 능력을 측정하는 네 가지 과제의 수행력에 따라 베르니케 실어증, 연결피질감각 실어증, 전도 실어증, 명칭 실어증, 브로카 실어증, 연결피질운동 실어증, 혼합연결피질 실어증, 전반 실어증의 여덟 가지 유형으로 구분한다(미국 보스턴 실어증학파의 분류기준).

  ― 실어증의 여덟 가지 유형 중 대표적인 네 가지 증후군은 브로카 실어증, 베르니케 실어증, 전반 실어증, 명칭 실어증이다.

✿ 실어증 유형 분류 기준표

구분	베르니케 실어증	연결피질 감각 실어증	전도 실어증	명칭 실어증	브로카 실어증	연결피질 운동 실어증	혼합 연결피질 실어증	전반 실어증
유창성	+	+	+	+	−	−	−	−
청각적 이해력	−	−	+	+	+	+	−	−
따라말하기 능력	−	+	−	+	+	+	+	−
이름대기 능력	−	−	−	−	−	−	−	−

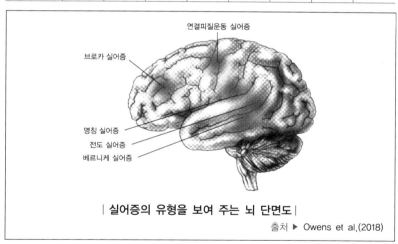

| 실어증의 유형을 보여 주는 뇌 단면도 |

출처 ▶ Owens et al.(2018)

자료

실어증의 유형

후버(Huber) 등은 브로카 실어증, 베르니케 실어증, 전반 실어증, 명칭 실어증을 표준 실어증이라고 하고, 나머지 네 가지 유형은 비표준 증후군으로 분류하였다. 비표준 증후군은 진단과정에서 다른 증후군과 비교할 때 따라말하기 능력이 상대적으로 우수한지 여부를 가지고 진단한다(고은, 2021).

자료

웨스턴 실어증 검사에서 제안된 실어증 유형 분류 기준표

실어증 유형	평가도구의 항목			
	유창성	알아 듣기	따라 말하기	이름 대기
전반 실어증	<5	<4	<5	<7
브로카 실어증	<5	>3	<8	<9
혼합연결 피질 실어증	<5	<4	>4	<7
연결피질 운동 실어증	<5	>3	>7	<9
베르니케 실어증	>4	<7	<8	<10
연결피질 감각 실어증	>4	<7	>7	<10
전도 실어증	>4	>6	<7	<10
명칭 실어증	>4	>6	>6	<10

출처 ▶ 강은희 외(2019), 이향희(2015)

자료

실어증 유형 구분도식

1. 유창성 실어증

(1) 베르니케 실어증 ^{13중특}

① 유창성 실어증의 하나인 베르니케 실어증은 대답하기나 말 주고받기에 멈춤이 거의 없이 문장들이 폭발적으로 빠르게 연결되는 데 반해 청각적 혹은 시각적으로 제시되는 언어자극에 대한 이해력이 상대적으로 저하된다는 특징을 보인다.

② 베르니케 실어증을 유발하는 부위는 측두엽을 중심으로 일차 시각영역, 각이랑, 모서리위이랑 등이 포함되는 광범위한 영역이다.

③ 언뜻 듣기에는 길고 유창한 발화를 구사하나 음소착어, 의미착어, 형식착어, 신조착어 등을 보이므로 발화를 이해하기 힘들다.

  ㉠ 착어란 유창하고 문법적으로 적절히 말하지만 목표단어 대신 비슷하게 들리는 소리로 말하거나 의미적으로 유사한 단어를 산출하는 말을 의미한다.

  🔟 의도한 낱말이, 이를테면 car를 truck으로 말하는 것처럼 의미에 의거하여, 그리고 car를 tar라고 하는 것처럼 유사한 소리에 의거하여, 또는 기타 관련성에 의거하여 연합된다.

  ㉡ 착어의 유형은 다음과 같다. ^{22중특}

음소착어	단어 내 일부 음소를 다른 음소로 대치하여 반응하는 것을 의미한다. 🔟 장화 → /징화/, 신발 → /신번/
의미착어	목표단어 대신 그 단어와 의미적으로 연관된 다른 단어로 대치된 반응을 보이는 것을 의미한다. 🔟 칫솔 → /치약/, 자물쇠 → /열쇠/
형식착어	한 개 이상의 음소대치로 인해 다른 의미 있는 단어로 변하는 경우를 말한다. 🔟 신발 → /신방/, 북 → /붓/, 사과 → /사자/
신조착어	해당 언어의 사전에는 존재하지 않는 비단어 혹은 신조어 (🔟 남족 개냥, 함녀)를 만들어서 표현하는 것을 말한다.

④ 전혀 알아듣기 어렵게 중얼거리는 자곤(jargon)을 사용하는 자곤 실어증을 보이기도 한다.

⑤ 베르니케 실어증 환자들은 기능어(조사, 어미 등)의 사용이 부적절하거나 과다하게 많은 탈문법증을 보이기도 한다.

  • 탈문법증이란 기능어를 사용하기는 하지만, 문장 내에서 단어배열이 제대로 되지 않으며 불필요하게 문장이 길어지거나 단어나 문장이 중첩되는 발화를 말한다.

⑥ 사물이나 그림의 이름을 잘 명명하지 못하거나 인출하지 못하여 단어 대신 '그거', '저거' 등의 대용어를 많이 사용하면서 발화의 내실이 떨어지는 허구어의 양상을 보이기도 한다.

📕 자료

베르니케 영역과 실어증

소위 '베르니케 영역'이 손상되지 않아도 베르니케 실어증이 유발될 수 있다. 한편, 대다수의 베르니케 실어증의 병소 부위가 중심고랑 뒤쪽에만 국한되어 있으므로 환자의 사지 운동기능이 정상인 상태에서 언어장애만 두드러진다(김향희, 2015).

형식착어

🔷 타단어화 음소착어

✏️ **자곤**

의미 없거나 관련없는 말들이 전형적인 억양패턴으로 산출된다. 반응은 비록 무의미한 것들로 이루어져 있지만 종종 길고 구문적으로는 정확한다. 자곤에는 신조어가 포함되기도 한다(Owen et al., 2018). 보다 자세한 내용은 [KORSET 합격 굳히기] 자곤의 이해' 참조

✏️ **탈문법증**

탈문법증(paragrammatisms)이란 문장 내에서 단어 배열이 제대로 되지 않으며 문장이 교착되는 현상을 말한다. 즉, 어순이 문법에 맞지 않게 형성되고 형식 형태소(문법 형태소)들의 쓰임이 정확하지 않은 경우로 문장의 끊김, 문장 부분의 중복, 문장의 교착, 굴절어미와 기능어의 대치와 같은 특징을 내포한다.

🔟 "나는 일 년 전부터 에… 나는 그만뒀지.", "이 아이가 신발을 입고 애기가 입고 있다."

🔷 착문법증, 과도 문법증

---

⑦ 알아들을 수 없으므로 따라말하기 능력도 상당히 떨어진다.

⑧ 쓰기장애도 심한 편으로 쓰인 글자나 문장을 잘 알아보기 어려운 자곤 실서증이 관찰된다.

⑨ 베르니케 실어증 치료법을 통해 청각적 이해력을 증진시킬 수 있다.

  ㉠ 청각적 이해력 장애를 보이는 베르니케 실어증 환자에게 단어와 그림 간의 짝짓기 연습을 시킴으로써 시각적 양식을 통한 청각적 양식의 문제해결을 꾀하는 방법이다.

  ㉡ 과제로는 단어와 그림의 짝짓기, 큰 소리로 단어 읽기, 그림만 보고 단어 따라말하기, 단어를 듣고 그림 고르기 등이다.

KORSET 합격 굳히기 　**자곤(jargon)의 이해**

1. 자곤은 유창한 언어 산출을 보이고 있으나, 듣는 사람의 입장에서는 의미를 알 수 없거나 이해하기 어려운 상태를 말한다.

2. 자곤을 구체적인 사례를 통해 살펴보면 다음과 같다.

> ① 치료사: 아들은 무슨 일을 하세요?
>   환　자: /그거 막 그래 맞다 …… 뿌웅 뿌웅 타고 아닌나 그러니까 비행지 비행지 타/
>   치료사: 비행기 타고 외국에 자주 나가세요?
>   환　자: /그래 그래 자주 자주 나가. 우리 아주('아들'을 의미)는 집에 안 와. 뿔랜드('폴란드'를 의미) 그 뭐꼬 막 안 가나 내가 그냥 막 그냥 쓰러('마음이 아파'를 의미)/
>
> ② (그림묘사: 당근을 썬다)
>   환　자: /그저 골, 골 갖고 무시 무시 달굴 저 저 거 거 거 마담 마담 판 까루/
>
> ③ (그림묘사: 거실에서)
>   환　자: /그러니까 이는 남자가 하는데 그 뭐 뭐꼬 텔레비하고 아마 자는데 있고 그러니까 여기는 …… 그 그 집 여자는 뭐 하는데 하모 하모 우리 우리 전화 웃네 그러니까 서 서 어 요거는 아는데 아 거 그러니까 읽는다 읽지/
>
> ④ (그림묘사: 해변가)
>   환　자: /아이 참 여자가 우우우우산 우산 있잖아 있잖아 여기 있고 그래서 말이야 사사사사람이 걷고 저리로 두두두둘 아이 찬 손 잡고 그래서 그래서 내 말은 걷고 있네 그리고 아이 참 서서 노노노놀고 아닌데 이거 이거 뭐하냐면 서서 선이 아이 참 저 뒤 그래서 아니 있고 아 파파파파 크도 본다 아이 씨 있잖아 아줌마 여기 말이야 있고 그거 할버지 노네/
>
> ⑤ 치료사: 지난 수요일엔 왜 병원에 안 오셨어요?
>   환　자: /아니 그 아니 그 뭐꼬 …… 내가 아니 우리 집사람이 아니 그러니까 바빠 바빠서 아니 집에 그 그 그러니까 다음에 여행 아니 ……/

출처 ▶ Tesak(2007)

✏️ **실서증**
- 신경쓰기장애로서 쓰기능력이 상실되는 경우를 말한다(고은, 2021).
- 실서증은 문어장애의 한 아형으로서 다양한 원인 질환에 의해 후천적으로 발생한 '철자 및 쓰기장애'를 통칭한다(김향희, 2015).
- 쓰기의 결함. 실어증 성인의 쓰기는 오류로 가득 차고 잘 형성되지 못한다. 실어증 성인은 자신들이 말할 수 있는 바를 쓰지 못하기도 한다. 실문법증, 자곤, 신조어가 구어에서뿐 아니라 문어에서도 나타날 수 있다(Owens et al., 2018).
- 뇌손상으로 인해서 비교적 독립적으로 나타나는 쓰기장애를 실서증이라고 한다(Tesak, 2007).

(2) 연결피질감각 실어증

① 연결피질감각 실어증의 특징은 청각적 이해력이 떨어지고 유창한 듯한 발화를 보이는 면에서는 베르니케 실어증과 비슷하지만 따라말하기 수행력이 보편적으로 유지된다는 것이 베르니케 실어증과는 다른 점이다.

② 따라말하기 수행력이 상대적으로 유지되므로 실어증 검사의 점수가 베르니케 실어증에 비하여 높은 편이다.

(3) 전도 실어증

① 전도 실어증은 표현력이나 이해력에 비하여 구나 문장의 따라말하기 수행력이 현저히 떨어진다.

② 따라말하기 대신에 받아쓰기 과제를 주면 과제를 뇌 속에서 한 번 음송한 후에 써야 하므로 받아쓰기 과제에서도 오류가 보이게 된다.

③ 발화는 유창하게 들리나 음소착어가 빈번하다.

④ 청각적 이해력은 보존되므로 자신의 말을 듣고 자기 피드백이 가능하기 때문에 말할 때 거듭해서 자가수정하는 경향을 보인다.

⑤ 그 밖에도 이름대기, 읽기 등에서도 오류가 보인다.

⑥ 전도 실어증을 일으키는 병소 부위로 가장 잘 알려진 곳은 이해중추와 표현중추를 잇는 활모양 섬유다발이지만 모서리위이랑, 뇌섬, 후상측두엽 등과 그 아래 백질 등의 주변영역 손상도 전도 실어증을 유발한다.

명칭 실어증
🔁 이름 실어증

(4) 명칭 실어증 [13중특]

① 명칭 실어증은 일반적으로 가장 경미한 유형의 실어증으로 사물, 사람, 동작을 칭하는 단어를 말하거나 알아듣는 데 어려움을 보인다. 그러나 하부측두엽 등의 손상으로 심한 명칭 실어증이 생기는 경우에는 쉬운 단어나 친한 친구의 이름조차도 명명하거나 이해하지 못하여 실어증 중 증도가 심할 수 있다.

② 실어증 증세가 회복되어 가면서 최종적으로 명칭 실어증을 거치기도 한다.

③ 모든 실어증 환자들은 조금이라도 명칭 실어증을 보이고, 다양한 병소의 뇌손상으로 명칭 실어증이 올 수 있어서, 병소 부위만으로는 차별화되지는 못한다.

④ 말을 할 때에 목표단어를 말하지 못하고, 대신 빙빙 돌려 이야기하는 에둘러 말하기, 착어, 대명사 대치(⑩ 그거, 저기) 등을 보인다.

2. 비유창성 실어증

(1) 브로카 실어증 ^{13중특}

① 비유창성 실어증의 대표적인 유형이다.

② 브로카 실어증은 좌측 대뇌반구의 전방, 즉 앞쪽 부분인 브로카 영역의 집중적인 손상과 연합되어 있다. 이 브로카 영역은 운동계획 및 작업기억을 관장한다.

③ 브로카 실어증의 가장 주요한 특징은 표현의 어려움이다.

    ㉠ 구사하는 길이가 짧고, 내용어(⑩ 명사, 동사) 위주이되 기능어를 생략하는 전보 구어 형태의 실문법증을 보인다.

    ㉡ 운율이 비정상적으로 단조롭고, 속도가 느리며, 낱말 사이의 쉼이 길다.

④ 발화상의 특징은 쓰기에서도 느리고 힘든 특성으로 나타난다.

⑤ 브로카 환자들은 청각적 이해력이나 문장 독해력은 비교적 좋은 편이나, 길고 복잡한 문장 구조를 이해하는 데에는 어려움을 보인다.

    ㉠ 청각적 이해 과제 중 예/아니요 질문에 대한 수행력은 좋은 편이지만 개방형 질문에서는 질문을 이해하고도 단어 인출의 어려움으로 인해 착어(⑩ 칠일 → 치질, 우체국 → 우태국)를 보이기도 한다.

    ㉡ 브로카 실어증 환자처럼 비교적 청각적 이해력은 어느 정도 유지되지만 비유창한 환자들에게 사용되어온 대표적인 치료법으로는 멜로디 억양 치료법(Melodic Intonation Therapy, MIT)이 있다. ^{13중특}

        • 멜로디 억양 치료법은 노래 형식으로 발화 길이를 늘려가는 방식으로, 이를 통해 표현력을 향상시킬 수 있다.

⑥ 따라말하기에서도 대체적으로 어려움을 보인다. 1음절 단어를 따라말하는 것도 어려워한다.

KORSET 합격 굳히기   실문법증의 이해

1. 실문법증(agrammatism)은 다음 증상들의 복합적 출현에 대한 상위개념이다(Tesak, 1990).
   ① 폐쇄적 낱말부류 요소(자유문법 형태소와 의존문법 형태소)의 생략 내지는 과소 사용
   ② 개방적 낱말부류(특히, 명사와 동사)의 과잉 사용
   ③ 굴절된 동사 형태를 부정형으로 대치하는 경우
   ④ 축소된 문장길이
   ⑤ 단순화된 통사론

2. 실문법증을 구체적인 사례를 통해 살펴보면 다음과 같다.

> ① 치료사 : 병이 났을 때 상황을 설명할 수 있겠어요?
>   환　자 : /…… 어 어 아따 …… 빵 …… 빵 …… 힘이 빠졌어 어어 병원 갔지 ……/
>
> ② 치료사 : 가나다 병원에서 언어치료를 받으셨습니까?
>   환　자 : /어 예 하지 ……/

자료

브로카 실어증의 병소

브로카 실어증을 일으키는 병소가 반드시 브로카 영역은 아니며 브로카 영역의 손상이 반드시 브로카 실어증을 유발하지는 않는다(김향희, 2015).

Tip

실문법증과 전보식 문장(또는 전보 구어, 전보체)을 같은 형태로 보는 경향도 있으나, 이는 서로 다른 현상이다(Tesak, 2007). 따라서 이 둘을 명확히 구분하여 학습해야 한다.

전보식 문장 (2022 중등B-10 기출)	조사나 연결어 등을 생략하고 명사와 동사 중심으로 짧게 말하는 것
실문법증 (Tesak, 2007)	발화가 짧고, 단순하거나 간략한 통사구조를 보이며, 또한 많은 경우에 단순히 내용어의 나열 형태로 보이는 경우도 있다.

멜로디 억양 치료법

• 멜로디 억양 치료법은 우반구에서 관장하는, 손상되지 않은 비언어적 기능(⑩ 소리의 길이, 소리의 높낮이 등)을 사용하여 언어재활을 꾀하고자 하는 재조직 치료법에 속한다. 멜로디를 함께 조합하여 노래 형식으로 발화를 유도하면서 점차로 목표 발화의 길이를 늘려가게 된다(김향희, 2015).

• 비우세반구 중재 모델 중 하나로, 비우세반구에서 통제하는 비언어적 기능(⑩ 음도)을 사용하여 치료한다. 멜로디를 단어에 접목하여 노래하듯이 발화를 유도한다(곽경미 외, 2021).

자료

MIT 실행 방법

MIT를 이용한 치료에서, 먼저 치료사는 문장(혹은 단어, 구)에 특정 억양을 붙여 말한다. 그런 다음 대상자와 치료사는 함께 문장에 특정 억양을 붙여 말하며 강세 패턴에 따라 손 혹은 손가락을 두드린다. 그러고 나서 치료사의 도움을 받지 않고 억양 모델에 따라 말하며, 손가락을 두드린다면 치료사의 참여를 서서히 용암시켜 나간다. 만약 혼자 하지 못한다면 하지 못하는 부분에서 치료사와 함께 다시 실시한다. 문장에 억양을 붙여 말하고 손가락으로 두드리는 행동이 안정화된다면, 구어 산출을 자연스러운 억양으로 수정해 나간다(곽미영 외, 2020).

③ 치료사 : 당시 마비 증세가 있었나요?
　환　자 : /어 예 마비 …… 됐지/

④ 치료사 : 병 나시기 전에 무슨 일을 하셨어요?
　환　자 : /…… 방 …… 기계 오븐 …… 아따/ (제과점 운영에 대해 설명)

⑤ 치료사 : 치료 끝나고 집에 가서 주로 뭐하세요?
　환　자 : /텔레비전 …… 뉴스/

⑥ 환　자 : /수 갑 ……/ (목표문장 : 경찰이 범인에게 수갑을 채운다.)

⑦ 환　자 : /선생님 …… 쓴다/ (목표문장 : 선생님이 학생들에게 광복절에 대해
　설명한다.)

⑧ 환　자 : /신문 본다/ (목표문장 : 아버지가 신문을 읽는다/본다.)

⑨ 환　자 : /아이가 운다 …… 깼다/ (목표문장 : 아이가 컵을 깨뜨려서 울고 있다.)

출처 ▶ Tesak(2007)

(2) 연결피질운동 실어증

① 브로카 실어증처럼 비유창한 발화가 특징이며 말을 시작하는 데 어려움을 보이면서 늘리고 머뭇거린다.

② 따라말하기는 비교적 잘 유지되는 편이다.

③ 이 유형에 속하는 환자들은 이름대기 과제 중에서 대면 이름대기 검사보다는 통제단어연상 과제에서 어려움을 나타낸다.

(3) 혼합연결피질 실어증

① 언어의 이해력과 표현력이 전반적으로 손상되고 따라말하기 능력만 어느 정도 남아 있다.

② 어떤 때에는 검사자의 지시문까지 따라말하면서 반향어 증상을 보이기도 한다.

(4) 전반 실어증

① 전반 실어증은 가장 심한 실어증 유형이다.

- 우성반구의 전두엽, 측두엽, 두정엽 등의 피질뿐만 아니라 피질하의 백질까지 포함하는 광범위한 뇌영역의 병소가 그 원인이다.

② 이해 및 표현 모두에서 광범위하고 극심한 어려움을 보인다. 단어조차 이해하지 못하는 경우가 많으며 간혹 자신의 신상(⑩ 본인의 이름)에 관련된 '예-아니오' 질문이나 '눈을 감아 보세요' 등의 간단한 지시문에는 정반응을 하기도 한다.

③ 환자는 보속증 경향이 있다.

- 보속증이란 바로 앞에서 발음된 말소리나 단어를 비의도적으로 반복하여 말하는 것을 의미한다.

④ 무의미한 음절(예 '어어-', '어더')만을 되풀이하거나, 질문에 자동적으로 한 가지 표현(예 '잘 모르겠어요')만 계속해서 말하기도 한다.

⑤ 자동발화(예 숫자 세기)는 검사자가 먼저 시작하는 경우에 나머지를 말할 수도 있다.

⑥ 따라말하기도 어려우며, 읽기나 쓰기도 거의 불가능하다.

⑦ 전반 실어증 환자들에게 사용하는 대표적인 언어치료법으로는 시각동작치료(Visual Action Therapy, VAT)가 있다.

- 전반 실어증 환자들은 청각적 이해력과 표현력이 매우 저하되어 있으므로 이 방법에서는 환자에게 동작만을 사용하게 하여 치료를 돕는다.

KORSET 합격 굳히기 음소 착어증과 보속증

1. 음소 착어증에는 전형적으로 네 가지 음운변동의 형태가 있으며, 이 음운변동은 각각 독립적으로 나타나거나 복합적으로 나타날 수도 있다.
   ① 첨가
   ② 대치
   ③ 삭제(elision)
   ④ 치환(metathesis)

2. 음소 착어증의 대부분은 위의 네 가지 변동 형태의 복합적인 원인을 갖고 있다.

3. 이와 같은 단순한 기술 외에도 이러한 현상은 보다 세밀하게 분석될 수 있다. 분석에 있어서는 예를 들어, 문맥이 하나의 역할을 할 수 있다.
   ① 뒤에 나오는 말소리가 선행된다면 이를 예기(anticipatory)라고 한다.
   ② 앞서 발음된 말소리가 반복된다면 이를 보속증이라고 한다.

예

자극	반응	자극	반응
가방	가방	비누	비누
창문	강문*	칫솔	비누*
		수건	비누수건*
		치약	비누*

③ 이웃한 말소리가 서로 영향을 미친다면 이를 동화라고 하며, 이 경우에는 음성학적 관점 또한 하나의 역할을 할 수 있다.

④ 경우에 따라서는 자음군에 모음이 삽입되어 새로운 음절이 생기는 경우도 있다.

출처 ▶ Tesak(2007)

보속증

- 보속증은 앞서 말한 말소리나 음절, 낱말 혹은 문장(내지는 문장의 일부분)을 비의도적으로 반복하는 현상을 말한다. 보속증은 화자에게 의식적 혹은 무의식적으로 나타날 수 있으며, 즉각적 혹은 지연되어 나타날 수도 있다. 전반 실어증에만 나타나는 특징은 아니다(Tesak, 2007).

- 보속증은 자극이 주어지지 않은 상태나 자극이 일단 멈춘 상태에서도 특정한 반응을 계속해서 반복하는 증세이다. 보속증은 발화상에서도 관찰될 수 있고, 동작에서도 나타날 수 있다. 일부 연구자들은 보속증이 억제가 제대로 되지 않아 생긴다고 주장한다(김향희, 2015).

시각동작치료(VAT)

- 언어이해력이나 표현력이 상당히 저하된 전반 실어증 환자들에 자주 사용하는 시각동작치료는 인지적 처리모델에서 나온 치료법이다. 이 방법에서는 환자로 하여금 언어자극 대신에 비구어적 양식인 동작을 사용하게 하여 치료를 돕는다(김향희, 2015).

- VAT는 손상된 언어를 치료하는 것이 아니라 제스처, 얼굴표정과 같은 방법을 통해 의사소통을 촉진시키는 방법이다. 그러나 이 방법을 통해 제스처와 같은 동작을 사용하여 의사소통을 적절하게 할 수 있다면 다음 단계로 넘어가 손상된 언어 영역을 개선시키는 것을 최종 목표로 한다(곽미영 외, 2020).

자료

VAT 실행 방법

VAT를 이용한 치료에서 모든 치료활동에 치료사와 대상자 모두 구어를 사용해서는 안 된다. VAT 프로그램은 크게 세 단계로 구성되며, 각 단계는 여러 하위 수준, 즉 모방하기, 그림 맞추기, 사물기능 표현하기, 동작 그림과 사물 연결하기, 팬터마임 시연하기, 사물에 따라 팬터마임 시연하기 등으로 구성되어 있다. 이러한 하위 수준에서 100% 성공해야 다음 수준으로 넘어간다(곽미영 외, 2020).

✿ 유창성 실어증과 비유창성 실어증의 특징

실어증 유형	말산출	말이해	말의 특성	읽기이해	이름대기	따라말하기
베르니케 실어증	유창 또는 과잉유창	손상 또는 저조	구어착어, 자곤	손상됨	손상에서 저조	손상에서 저조
연결피질 감각 실어증	유창성	저조함	착어, 보속이 나타날 수 있음	손상에서 저조	심하게 손상됨	보존됨
전도 실어증	유창성	경도 수준의 손상에서 적절함	착어 및 부정확한 어순 및 잦은 자기 교정 시도, 적절한 조음 및 구문	적절함	일반적으로 손상됨	저조함
명칭 실어증	유창성	경도에서 중등도 수준의 손상	낱말인출 결함 및 이름대기 오류, 적절한 구문 및 조음	적절함	말과 쓰기 모두에서 심하게 손상됨	적절함
브로카 실어증	비유창성	상대적으로 적절함	짧은 문장과 실문법증, 느리고 힘든 말, 조음 및 음운론적 오류	보존된 수준에서 저조	저조함	저조함
연결피질 운동 실어증	비유창성	경도 손상	손상되고 힘든 말, 말의 시작이 어려움, 구문오류	보존된 수준에서 저조	손상됨	적절함
전반 실어증	비유창성	저조함, 한 낱말 또는 짧은 구로 제한됨	적은 낱말 또는 상동적 표현의 자발적인 능력 제한	저조함	저조함	저조함, 한 낱말 또는 구로 제한됨

출처 ▶ Owens et al.(2018)

03 실어증의 중재방법

① 실어증 치료에 앞서 환자의 예후를 판단해 보는 것이 중요하다.

 ㉠ 보편적으로 뇌손상 범위가 클수록, 나이가 많을수록 그 예후는 좋지 않다.

 ㉡ 뇌손상 범위가 같은 경우에는 일반적으로 뇌출혈이 뇌경색에 비하여 예후가 좋다고 알려져 있다.

 ㉢ 왼손잡이나 양손잡이 환자가 오른손잡이 환자에 비하여 일반적으로 예후가 좋다.

② 치료의 초점은 평가결과에 따라 달라지기는 하나 치료방법을 구성하는 데는 일반적으로 몇 가지 원칙이 있다.

 ㉠ 모든 실어증 환자가 어느 정도 청각적 이해력에 장애가 있으므로 이해력 증진을 위한 치료(예 베르니케 실어증 치료법)를 포함해야 한다.

 ㉡ 환자에게 주어지는 자극을 환자의 상태에 맞게 조정하되 자극의 길이, 연관관계, 단서, 입력방법 선택 등을 고려하여야 한다.

 ㉢ 모든 자극은 반응을 유도할 수 있도록 구성되어야 하고 최대한의 반응 수를 목표로 하여야 한다.

08 자발화 평가

01 자발화 평가의 이해

1. 자발화 평가의 개념 ^{13유특, 25유특}

① 자발화 평가란 학생의 평상시 언어 수준을 알 수 있으며, 아직 의미 있는 언어를 사용하기 이전 아동의 언어발달 수준을 알 수 있는 비표준화 검사이다.

　㉠ 학생의 자연스러운 생활 속 말소리 산출을 분석하기 위하여 가장 적절한 분석 방법이다.

　㉡ 표준화된 검사도구를 실질적으로 사용할 수 없는 장애학생의 언어 수준을 평가하는 데 있어서 자발화의 분석은 매우 유용하다.

② 선별보다 진단에 목적을 두는 평가 방법이다.

③ 교사는 자발화 평가를 통해 다양한 영역에 대해 평가할 수 있다.

　㉠ 조음평가를 할 수 있다.

　㉡ 각 언어 영역별 능력, 즉 의미론적 능력, 구문론적 능력, 화용론적 능력을 측정할 수 있다.

　㉢ 자발적 의사소통의 정도를 알 수도 있다.

④ 자발화 평가의 장단점은 다음과 같다. ^{13중특, 25유특}

장점	• 구체적인 교수목표를 파악하는 데 유용하다. • 학생의 성취 수준 또는 일간 혹은 주간 진보 정도를 점검할 때도 사용될 수 있다. • 일상생활에서 학생이 사용하는 말을 평가한다는 점에서 매우 적합하다.
단점	• 말 표본을 얻는 것이 항상 쉽지만은 않으며 시간과 노력이 많이 소요된다. • 학생이 의도적으로 특정 단어 혹은 발화 자체를 회피할 수 있다는 문제점이 나타날 수 있다.

2. 자발화 평가 및 분석 절차

자발화 평가 및 분석은 일반적으로 자발화 표본 수집 → 자발화 표본의 전사 → 자발화 표본 분석의 절차를 따른다.

(1) 자발화 표본의 수집 ¹⁶초특

자발화 평가를 통해 언어 영역별 능력을 알아보기 위해서는 자연스러운 상황에서의 자발화 표본의 수집이 요구된다.

① 자발화 대화방식

　㉠ 대표적인 언어표본을 구하기 위해서는 여러 사람과의 대화를 골고루 수집하여야 한다. ⁰⁹유특

　　• 자발성은 대화상황과 상대자에 따라 다를 수 있으므로 여러 사람과의 대화에서 수집하는 것이 필요하다.

　㉡ 아동은 대체로 낯선 사람보다는 익숙한 사람에게 말을 많이 하는 경향이 있으므로, 언어치료사가 아동의 언어표본을 수집할 때는 아동의 마음을 열고 대화할 수 있도록 우선 친밀감을 형성하는 것이 중요하다.

　㉢ 또래와의 대화를 표집하는 경우에는 아동의 목소리를 구별하기가 매우 어렵다는 점을 유의해야 한다. 특히 오디오 녹음기만 사용할 경우 성별, 연령에 관계없이 아동의 목소리를 구분하기 어려운 경우가 많다.

　㉣ 아동의 발화는 대화 상대방 외에도 상대방이 어떤 방식으로 대화를 이끄는가에 따라 다를 수 있다.

　　• 대화 상대방이 계속 질문을 하면 아동의 발화는 주로 대답하는 것이 될 수밖에 없다. 그러므로 발화를 유도할 때는 아동 스스로 말을 하도록 호기심을 자극하는 것이 좋다.

　　• 스스로 발화를 시작하지 않을 때는 여러 단계의 질문으로 유도해 볼 수 있다.
　　　– 높은 수준의 발화를 유도하기에는 개방형 질문(예 "어때?", "어떻게?", "왜?")이 폐쇄형 질문(예 "뭐야?", "어디서?", "어떤 거?")보다 더 효과적이다.
　　　– '예/아니오' 질문(예 "네가 길동이니?")이나 단답식 질문(예 "길동이 몇 살?")은 자발적인 발화를 유도하기에는 적절치 못하다.

　㉤ 대화를 이끌어 갈 때는 아동이 발화를 끝내거나 새로 시작할 시간을 충분히 주어야 한다.

　　• 언어표본을 위한 대화 상대방은 대화 도중의 침묵에 너무 민감하게 반응하지 말고 아동의 주도를 따라가는 것이 더 중요하다.

② 상황적 문맥 및 자료

ㄱ 아동의 언어표본이 편협해지지 않도록 하기 위해서는 될 수 있으면 두 곳 이상의 장소에서 표본을 수집하는 것이 바람직하다. [16유특]

- Miller(1981)는 아동의 언어는 장소나 상황에 따라서 달라질 수 있으므로 다양한 장소에서 수집된 표본이 더욱 대표적이라고 주장한다.

ㄴ 흔히 사용되는 상황과 자료들은 동화책 보고 얘기하기, 사건위주의 그림을 보고 상황 설명하기, 사진첩을 보고 얘기하기, 소꿉놀이, 의사놀이 등이다.

- 조금 성장한 아동에게는 가족, 애완동물, 친구, 좋아하는 놀이나 프로그램, 경험 등을 물어보는 것도 많이 쓰이는 방법이다.

③ 언어표본의 크기

대표적인 표본을 얻기 위해서 얼마나 많은 발화가 필요한가에 대해서는 다소 차이가 있으나, 연구자들이 추천하는 표본의 크기는 50~200개 발화까지 그 범위가 다양하며, 어떤 이들은 녹음한 테이프로 30분 정도를 추천하기도 한다.

④ 언어표본의 수집 방법에 대한 권고사항

ㄱ 가능하면 아동의 표현에 대해 질문을 하거나 모방을 강요하기보다는 아동의 말을 유도하는 간접적인 말이나 아동의 행동을 표현하는 말 또는 독백으로 시작한다.

예 "어? 이건 어디에 쓰는 거지?", "이거 내가 갖고 싶은데…" 등

ㄴ 아동의 수준에 맞는 질문이나 놀이를 통해서 아동을 대화 속으로 끌어들인다.

ㄷ 검사자가 대화의 주제를 선택하기보다는 아동이 주도하는 대로 따라가 주는 것이 좋다.

ㄹ 검사자는 가능한 질문을 자제한다.

- 직접적인 질문보다는 아동의 발화에 대해 "더 말해 봐라."와 같은 대응이 더 적절하다고 할 수 있다.
- 3세 이상의 아동이 수줍어서 잘 이야기를 하지 않는 경우에는 선택형 질문(예 "우리 소꿉놀이 할까? 병원놀이 할까?")을 함으로써 아동의 부담감을 덜어 줄 수도 있다.

ㅁ 검사자는 아동의 발화 수준에 맞춰 자신의 말을 조절해야 한다.

ㅂ 발화 사이의 쉼(pause)에 대해 너무 민감하게 반응하지 않는 것이 좋다.

- Stickler(1987)는 8초 이상의 침묵이 흐를 경우에는 검사자가 혼잣말이나 아동의 행동을 표현하는 말을 하면서 아동의 발화를 유도하는 방법을 권하고 있다.

ⓢ 언어표본을 수집하기 위해서 검사자는 다양한 놀잇감을 준비하는 것이 좋다.

ⓞ 아동의 자발적인 발화를 유도하기 위해서는 검사자가 다소 어리석은 행동이나 말을 하는 것이 도움이 된다.

(2) 자발화 표본의 전사

① 언어표본의 기록

㉠ 언어표본을 기록하는 방법으로는 즉석에서 받아쓰는 방법, 오디오 녹음 후 전사하는 방법, 그리고 비디오 촬영 후 전사하는 방법이 있다.

즉석에서 받아쓰는 방법	발화가 많지 않은 경우에만 한정적으로 가능하다는 단점이 있다.
오디오 녹음 후 전사하는 방법	발화와 함께 동반된 몸짓이나 태도 등을 놓칠 수 있다는 문제가 있다.
비디오 촬영 후 전사하는 방법	• 촬영자가 따로 있거나 아동이 고정된 자리에만 있어야 한다. • 말의 명료도가 오디오 녹음보다 떨어진다.

• 언어표본을 기록하는 각각의 방법이 갖고 있는 단점을 보완하기 위해 연구자들은 아동의 발화를 30분 정도 녹음하고 비디오로 녹화하여 분석하는 방법을 많이 사용하고 있다.

㉡ 표본을 수집할 때는 아동의 발화 자체만을 기록하기보다는 그 말을 할 때의 상황과 아동의 말을 유도한 대화 상대자의 말(예 질문)도 같이 기록한다.

• 발화를 통하여 의미 분석이나 화용 분석을 할 때 아동 발화의 언어적 또는 상황적 맥락을 이해하는 것이 중요하기 때문이다.

• 아동이 말과 함께 한 소리나 몸짓도 중요한 자료가 될 수 있다.

• 아동의 발화가 자발적인 것인지 모방에 의한 것인지를 기록해 놓은 것도 화용 분석에 좋은 자료가 될 수 있다.

㉢ 언어표본을 수집한 후 낱개의 발화로 정리할 때의 유의사항은 다음과 같다.

• 아동의 발화뿐 아니라 아동이 말하기 이전에 한 상대자의 말이나 행동과 그때의 상황 등을 기입한다. 그러나 오직 아동의 문장에만 문장번호를 붙인다. 09유특

• 아동과 상대방의 모든 발화는 한글의 철자법에 맞춰 기록하되, 불분명한 발음이나 아동 특유의 발음 등은 국제음성기호(IPA)를 써서 기록하여 그 옆에 추측되는 낱말을 써 넣는다.
예 엄마, 나 ki(김) 줘.

- 아동이 뭔가 낱말을 말하긴 했으나 알아들을 수 없을 때에는 그 음절 수 만큼 '×'를 표시해서 기록하고, 이와 같은 불명확한 음절이 전체의 50% 이상을 차지할 때는 문장번호를 붙이지 않는다.

② 아동의 발화는 다음과 같이 정리할 수 있다.

상황	상대자의 말	발화 번호	아동의 말	아동 말의 자발성 (즉각모방, 지연모방, 자발)	동반된 소리 또는 몸짓
의사놀이를 하면서	누가 의사할까?	1	길동이가	자발	자신을 가리킴
	그럼 내가 환자다.	2	내가 환자다	즉각모방	─

② **발화의 구분** 13유특, 16유특 · 중특

㉠ 발화의 구분은 연구자에 따라 차이가 있는데, 일반적으로 말의 시작과 끝에 휴지를 지니고 있고 문미 억양구, 경계 억양이 나타나거나 화자가 바뀌는 경우로 한다.

㉡ 발화를 구분하는 데 있어서는 다음과 같은 원칙들이 일반적으로 적용된다.

발화의 구분 원칙	예
발화는 대화의 차례와는 구별되기 때문에 아동이 한숨에 말한 것을 모두 하나의 발화로 분석하지 않는다. – 말차례가 바뀌지 않았으나 종결어미, 종결억양, 휴지의 출현 그리고 내용의 완결성이 있을 경우 발화로 구분한다.	"뺏었어. 그래서 울었어." 발화 1: 뺏었어. 발화 2: 그래서 울었어. **설명** "뺏었어. 그래서 울었어."라고 아동이 한숨에 말했다 하더라도 "뺏었어" "그래서 울었어"의 두 발화로 분석하여야 한다.
2회 이상 동일한 발화가 단순 반복되었을 때는 최초 발화만 분석한다.	"공을 차! 차!" 발화 1: 공을 차.
아동이 스스로 수정하거나 새로운 의미의 첨가 없이 낱말이나 구를 반복할 때는 한 문장 안에 넣되 괄호로 구분하고 분석에서 제외한다.	"이렇게, 목 이렇게 해봐." 발화 1: 목 이렇게 해봐. **설명** "(이렇게) 목 이렇게 해봐"라고 표기하고 "목 이렇게 해봐"만을 분석한다.
시간의 경과(3~5초 이상)나 두드러진 운율의 변화, 주제의 변화가 있을 때는 발화 수를 나눈다.	"내 거 줘 (5초 경과) 빨리." 발화 1: 내 거 줘. 발화 2: 빨리. **설명** "내 거 줘 빨리"라고 붙여서 분석하기보다는 "내 거 줘"와 "빨리"의 두 발화로 분석하는 것이 더 낫다.

발화
발화에 대한 정의는 다소 다른데, Owens는 발화란 "말끝을 내리거나, 쉬거나, 혹은 다른 생각이 난 표시로 숨을 쉬는 것과 같은 행동에 의해서 서로 분리되는 문장이나 그보다 더 짧은 말"이라고 정의하였다(김영태, 2019).

비교

발화, 음성, 음향
발화는 단어나 문장이 음성이나 문자로 실현된 것을 말한다. 한편 음성은 음성 기관을 통해서 조음되는 소리를 모두 가리키는 개념이고, 음향은 음성이 아닌 동물의 울음소리나 물체에서 나는 소리와 그 울림을 말한다(김홍범 외, 2021).

같은 말이라도 다른 상황이나 문맥에서 표현되거나 새로운 의미로 표현되었을 때는 발화 수를 나눈다.	(엄마 사진을 보면서) "엄마" (엄마가 오니까) "엄마!" 발화 1: 엄마. 발화 2: 엄마. **설명** 아동이 엄마 사진을 보면서 "엄마"라고 말하고, 다시 엄마가 오니까 엄마를 보면서 "엄마"라고 말했다면 "엄마"가 비록 같은 말이라도 두 발화로 구분한다.
습관적으로 사용하는 간투사는 분석에서 제외한다. ※ 간투사를 많이 쓴 아동에 대해서는 표본자료의 10%에 해당하는 발화까지만 간투사를 포함해서 분석하고, 나머지는 괄호처리하여 분석에서 제외한다.	"(뭐) 집에 가면 (뭐) 그래요." 발화 1: 집에 가면 그래요. **설명** 습관적으로 첨가시키는 요소를 모두 분석하면 아동의 언어 수준을 과대평가하는 위험을 초래할 수 있다. 그러므로 간투사를 쓴 발화가 많은 아동에 대해서는 표본자료의 10%에 해당하는 발화까지만 간투사를 포함해서 분석하고 나머지는 괄호 처리하여 분석에서 제외한다.
'아', '오' 등의 감탄하는 소리나 문장을 이어가기 위한 무의미 소리들 (**예** '음', '어……' 등의 말이음)은 분석에서 제외한다.	"(아~) 신발 신겨 줘." 발화 1: 신발 신겨 줘. **설명** "아~신발 신겨 줘"라고 하는 경우 "아"는 괄호처리하고 "신발 신겨 줘"만 분석한다.
노래하기, 숫자 세기 등과 같이 외워진 자동구어는 발화로 구분하지 않고 분석에서 제외하는 경우가 많다. ※ 발화 속에 자동구어가 내포되어 있을 때는 하나의 낱말로 보고 분석에 포함시킨다. **예** "나 일이삼사 알아"에서 '일이삼사'가 '숫자'를 의미하는 어휘로 쓰였으므로 하나의 낱말로 취급하여 분석한다.	(장난감 블록을 쌓으면서) "(하나, 둘, 셋, 넷…) 엄마 밥 다 되었어?" 발화 1: 엄마 밥 다 되었어? **설명** "하나, 둘, 셋, 넷…"과 같이 숫자만 나열하는 경우는 발화로 취급하지 않는다.

(3) **자발화 표본의 분석**

아동의 언어표본을 수집하고 전사한 후에는 다음과 같은 언어의 세 가지 측면을 분석할 수 있다. 09유특, 13중특

- 의미론적 측면
- 구문론적 측면
- 화용론적 측면

자료

개별 의미유형 분석 방법

• 개별 의미유형의 분석은 크게 두 가지 방법으로 실시할 수 있다. 한 가지는 아동의 발화 중 단단어로만 된 발화와 다수의 낱말로 된 발화를 분리하여 분석하는 방법이고, 다른 하나는 두 종류의 발화를 분리하지 않고 함께 분석하는 방법이다.

• 분석 방법의 결정은 아동의 발화 수준으로 결정한다. 아동의 발화가 주로 단단어인 경우에는 전자의 방법으로 하고, 그렇지 않은 경우에는 후자의 방법으로 하는 것이 바람직하다. 예를 들어, 아동발화의 80% 이상이 단단어인 경우, '엄마', '아빠', '맘마', '지지'와 같은 호칭이나 단순한 명명하기(달라는 의미에서)가 대부분인데, 이렇게 단순한 말들을 세분화된 의미유형으로 분석하는 것은 의미도 없고 가능하지도 않다. 반면, 50% 이상의 발화가 두 낱말 또는 세 낱말로 이루어진 경우, 너무 단순한 단단어 의미분석체계를 이용하면 많은 정보를 놓치게 될 위험이 크다.

출처 ▶ 김영태(2019)

02 의미론적 분석 11중특, 21유특, 25초특

> 의미론적 분석을 할 때는 다음의 절차를 따르는 것이 편리하다.
>
> • 분석할 발화가 단문인지, 복문인지를 구분한다.
> • 단문일 경우에는 문장 내 의미유형 및 의미관계를 분석한다.
> • 복문일 경우에는 우선 문장 간 의미관계를 분석하고, 다음에 각 단문의 문장 내 의미유형 및 의미관계를 분석한다.
> • 개별 의미유형의 분석에서는 아동이 어떤 의미유형을 많이 사용하는지, 어떤 의미유형이 아직 나타나지 않는지, 그리고 이러한 특성이 일반아동의 발달특성과 어떻게 다른지를 분석한다.
> • 의미관계 분석에서는 아동이 어떤 의미관계를 주로 사용하는지, 또한 일반아동의 의미관계와는 어떻게 다른지를 분석한다.

1. 개별 의미유형 분석

개별 의미유형의 분석은 발화 속에 있는 모든 의미유형을 개별적으로 분석하여 아동의 전반적인 의미 패턴을 찾고자 하는 것이다. 즉, 아동이 사용한 의미들의 유형 빈도를 산출해서 아동이 특히 어떤 유형을 많이 사용하며 어떤 유형은 사용하지 않는지를 분석하는 것이다. 이러한 분석의 결과는 일반 또래아동의 발달형태와 비교하여 치료목표를 선정할 때 참고자료로 사용할 수 있다.

(1) 체언부

체언은 문장 속의 주체나 객체의 역할을 하는 것으로 명사, 대명사, 수사를 포함한다. 체언의 문법적 특성은 조사의 도움으로 여러 가지 문장성분으로 기능할 수 있으며, 어미 활용을 하지 않는다는 것이다. 체언에는 행위자, 경험자, 소유자, 공존자, 수여자, 대상, 실체, 인용/창조물 등과 같은 의미유형들이 있다.

① 행위자

㉠ 동작을 하는 주체로, 흔히 동사에 대한 주어의 역할을 한다.

㉡ 행위자는 행위의 주체이며 그때의 행위는 주로 관찰 가능한 동작이어야 한다.

㉢ 행위자는 사람이나 동물, 자동차와 같이 움직이는 것도 되지만, 때로는 의인화된 인형이나 사물일 수도 있다.

> **행위자 예시**

예 1

상황 : 밥그릇이 엎어져 있고 아동은 아가 인형을 안고 있음.

성인 : "누가 그랬어?"

아동 : (아가 인형을 가리키며) "아가."

→ "아가"는 '행위자'로 분석한다.

예 2

상황 : 아동이 아가 인형에게 이불을 덮어 주고 등을 두드려 주면서,

아동 : "아가 자."

→ "아가"는 '행위자'로 분석한다.

예 3

상황 : 아동이 움직이는 그림책의 달님을 움직이면서,

아동 : "달님 가."

→ "달님"은 의인화된 '행위자'로 분석한다.

② 경험자

㉠ 어떤 경험이나 상태/상황을 겪는 사람으로 동작보다는 감정이나 상태의 주어 역할을 한다.

㉡ 아동은 사물을 의인화해서 표현하는 경우가 많기 때문에 사람 외의 사물을 의인화하여 경험자로 표현할 때도 있다.

> **경험자 예시**

예 1

상황 : 꽃을 꺾는 그림책을 보며,

아동 : "나무가 아파요."

→ "나무"는 '경험자'로 분석한다.

예 2

상황 : 괴물 인형을 아동에게 주면서,

성인 : "너 이거 가질래?"

아동 : (고개를 돌리며) "난 싫어."

→ "난"은 '경험자'로 분석한다.

예 3

상황 : 아동이 아가 인형의 손에 밴드를 붙여 주고 있음.

성인 : "아가가 어디 아프니?"

아동 : "손이 아파."

→ 이때의 "손"은 상태서술인 "아파"의 '경험자'라고 할 수도 있으나 "내가 손이 아파"라는 표현을 생각해 보면 '경험자'는 "내가"로 나타나게 되어 "손"을 '경험자'로 하는 것은 어색하다. 그러므로 이런 경우에는 '경험자'보다는 '실체'로 분석하는 것이 바람직하다.

③ 소유자

대상을 소유하거나 대상이 소속되어 있는 사람이나 사물을 의미한다. 소유자는 주어나 목적어의 역할을 한다.

> **▶ 소유자 예시**
>
> **예 1**
> 상황 : 성인이 아가 인형의 신발을 들어올리며,
> 성인 : "이거 ○○(아동이름) 신발이니?"
> 아동 : "아가 양말."
> → "아가"는 '소유자'로 분석한다.
>
> **예 2**
> 상황 : 아동과 함께 모형집에 들어가며,
> 성인 : "여긴 누구네 집이지?"
> 아동 : "○○(아동이름) 집."
> → "○○이(아동이름)"는 '소유자'로 분석한다.

④ 공존자

㉠ 행위자와 함께 행위를 수행하는 사람이나 상태를 경험하는 사람이다.

㉡ 때로는 행위자나 경험자와 함께 쓰이기도 하고(예 "아가하고 내가"), 때로는 행위자나 경험자가 생략되어 쓰이기도 한다(예 "아가하고").

㉢ 공존자는 공존격 조사 '고'나 '하고' 등과 흔히 같이 쓰이지만, 의미분석에서는 조사가 없더라도 공존자의 의미이면 '공존자'로 분석한다.

> **▶ 공존자 예시**
>
> **예 1**
> 상황 : 성인이 아가 인형을 뉘이며,
> 성인 : "누구하고 잘까?"
> 아동 : (자기가 아가 인형 옆에 누우며) "엄마하고 자지."
> → "엄마하고"는 '공존자'로 분석한다.
>
> **예 2**
> 상황 : 성인이 아가 인형의 손에 밴드를 붙여 주며,
> 성인 : "많이 아프지?"
> 아동 : (자신의 손가락을 들어올리며) "나하고 아가하고 아파요."
> → 이때의 "나하고"와 "아가하고"는 모두 공존격조사를 쓰고 있으므로 [공존자-공존자-상태서술]로 분석할 수도 있으나, [공존자-경험자-상태서술]로 분석하는 것이 의미유형 간의 관계를 더 잘 나타낸다.

⑤ 수혜자

　　㉠ 행위의 대상이 되는 사람이나 사물을 나타내는 의미이다.

　　㉡ 수혜자는 '에게'나 '한테'와 같은 여격조사와 함께 쓰일 수도 있고, 그렇지 않을 수도 있다.

　　㉢ 의미분석에서는 비록 조사가 생략되거나 다른 조사로 잘못 쓰이더라도 의미를 중심으로 분석해야 한다.

> **수혜자 예시**
>
> **예 1**
> 　상황: 성인이 주전자를 들어 보이며,
> 　성인: "누구 물 마실 사람 있어요?"
> 　아동: (커피잔을 들어올리며) "나 물 줘."
> 　→ "나"는 '수혜자'로 분석한다.
>
> **예 2**
> 　상황: 장난감 아이스크림을 돼지, 말, 소 인형에게 주면서,
> 　아동: (강아지 인형을 보면서) "똘똘이 안 줘."
> 　→ "똘똘이"는 '수혜자'로 분석한다.

⑥ 대상

　　㉠ 행위의 대상이 되는 사람 또는 사물로, 목적어의 역할을 하는 의미이다.

　　㉡ '목적'이란 용어는 형식에 중점을 둔 용어이므로 의미에 좀 더 적합한 '대상'으로 대치한다.

> **대상 예시**
>
> **예 1**
> 　상황: 백설공주 책을 보며,
> 　성인: "공주님이 왜 쓰러졌어?"
> 　아동: "사과 먹었어요."
> 　→ "사과"는 '대상'으로 분석한다.
>
> **예 2**('수혜자'의 예에서)
> 　상황: 성인이 주전자를 들어 보이며,
> 　성인: "누구 물 마실 사람 있어요?"
> 　아동: (커피잔을 들어올리며) "나 물 줘."
> 　→ "물"은 '대상'으로 분석한다.

⑦ 실체

　　㉠ 행위 없이 명명된 사물이나 소유물, 또는 "-이다"와 같은 서술의 대상이 되는 의미로, 'A는 B'다(예 "이건 사과다")와 같은 표현에서 'A'를 '실체'로 분석한다.

　　㉡ 아동이 사용한 의미가 명사이기는 하지만 그 의미가 확실치 않을 때 분류하는 의미로, 내용어이기는 하지만 특정 의미로 구분되지 않는 낱말들에 대해서도 '실체'로 분석한다.

> **실체 예시**

예 1

상황 : 아동의 장난감상자 속에서 총을 꺼내며,

성인 : "이게 뭐야?"

아동 : "총."

→ "총"은 '이건 총이다'의 문장 속에서 그 의미를 갖는 것이므로 '실체'로 분석한다. 그러나 다음의 예에서는 같은 "총"이라도 그 의미유형이 다르다고 할 수 있다.

〈비교〉

상황 : 아동의 장난감상자 속을 들여다보며,

성인 : "뭘 가지고 놀까?"

아동 : "총."

→ 이때의 "총"은 '총을 가지고 놀아요'라는 문장 속에서 그 의미를 갖는 것이므로 '실체'보다는 목적어를 나타내는 '대상'으로 분석하는 것이 더 낫다.

예 2

상황 : 요리하는 놀이를 하면서,

성인 : "어? 이거 썰어야 하는데"

아동 : "이게 칼이야."

→ "이게"는 '실체'로 분석한다.

예 3

상황 : 청개구리 이야기책을 보여 주면서 이야기를 시작하는데,

아동 : "그 얘기 알아."

→ 구문형식으로 보면 "얘기"는 "알아"의 목적어 같으나 안다는 것은 '행위'보다는 상태를 나타내는 '상태서술'에 더 가까우므로 목적을 갖는다는 것이 의미적으로 어색하다. 그러므로 이때의 "얘기"는 '실체'로 분석한다.

예 4

상황 : 커피잔에 각설탕을 넣으면서,

성인 : "몇 개 넣어 드릴까요?"

아동 : "다섯 개."

→ 이때의 "개"는 개별적인 의미를 갖는다기보다는 "다섯"과 함께 하나의 의미를 갖는다. 그러므로 비록 문법적으로는 "개"가 양수사(**예** -송이, -개, -마리 등)로서 한 낱말이지만, 의미적으로는 '실체'라는 하나의 덩어리로 보는 것이 더 타당하다. 이에 조금 더 확장된 예를 **예** 5에서 살펴본다.

예 5

상황 : 커피잔에 각설탕을 다 넣고 나서,

성인 : "설탕이 몇 개지?"

아동 : "설탕이 다섯 개야."

→ "설탕이"는 형식적으로 '경험자' 같으나 "나 설탕 다섯 개야"라는 문장은 [경험자-실체-상태서술]로 분석하게 되므로, "설탕이"는 '경험자'보다는 '실체'로 분석하는 것이 더 타당하다. 그러므로 이 발화는 [실체-상태서술]로 분석한다.

⑧ 인용/창조물

 ㉠ 인용/창조물은 어떠한 행동이나 현상을 인용하거나 그로 인해 만들어진 것을 의미하는 것으로 보어의 역할을 한다.

 ㉡ 아동의 발화 중에는 '-가 되다', '-로 변하다', '-로 만들었어', '-라고 했다' 등의 이름을 짓거나 물리적 상태의 변화를 나타내는 표현이 많이 나오는데, 이것을 '대상'이나 '실체'로 처리하기에는 적절하지 않기 때문에 '인용/창조물'이라고 한다.

> **인용/창조물 예시**
>
> **예 1**
> 상황 : 피노키오 이야기책을 가리키며,
> 성인 : "피노키오 얘기 아니?"
> 아동 : "피노키오가 사람이 되었어."
> → "피노키오"는 '경험자'로, "사람"은 '인용/창조물'로, "되었어"는 '상태서술'로 분석하여, 이 발화는 [경험자-인용/창조물-상태서술]로 분석한다.
>
> **예 2**
> 상황 : 아가 사진을 보면서,
> 성인 : "이건 누구지?"
> 아동 : "나 오빠 되었지?"
> → "나"는 '경험자'로, "오빠"는 '인용/창조물'로, "되었지"는 '상태서술'로 처리하여, 이 발화는 [경험자-인용/창조물-상태서술]로 분석한다.

(2) **용언부**

용언은 문장 안에서 서술하는 역할을 하는 동사와 형용사를 말한다.

① 행위

 ㉠ 행위자(생물 또는 무생물)에 의해 관찰될 수 있는 움직임이나 활동을 나타내는 의미로서 동사의 역할을 한다.

 ㉡ 행위는 적극적인 행동을 의미하는 것이므로 그 주체가 '경험자'가 될 수는 없다.

 ㉢ 두 개 이상의 동사를 겹쳐서 사용할 경우 문법적인 유형에 관계없이 하나의 의미로 처리한다. 그러므로 복합동사(예 "왔다 갔다 한다"), 본동사-보조동사(예 "들고 간다"), '-(해) 봐' 유형(예 "있어 봐"), '-(해야) 돼' 유형(예 "먹어야 돼") 등과 같이 여러 개의 동사가 겹쳐서 사용된 경우에는 모두 '행위' 하나의 의미로 분석한다.

 ㉣ 형식적으로는 '목적어-명사'로 표현되는 동사(예 "잠을 잔다", "청소를 한다")도 의미적으로 하나의 의미를 나타낸다면 하나의 '행위'로 분석한다. "코 자다"와 같이 유아적 표현으로 하나의 의미를 나타내는 것도 하나의 '행위'로 분석한다.

자료

용언

용언	• 문장에서 서술어의 기능 • 형태의 변화가 있는 말 : 변하지 않는 어간+변하는 어미
동사	• 주어의 움직임이나 과정을 나타내는 품사
형용사	• 주어의 성질이나 상태를 나타내는 품사

> **행위 예시**

예 1

상황 : 아동이 아가 인형의 엉덩이를 때리고 나서 안아 주며,

아동 : "아가가 우네."

→ "아가"는 '행위자'로, "우네"는 '행위'로 처리하여, 이 발화는 [행위자-행위]로 분석한다.

예 2

상황 : 물건을 건네주며,

아동 : "쥐고 있어 봐 이거."

→ 비록 "쥐고 있어 봐"가 낱말은 세 개지만, 의미는 하나이므로 '행위'로 처리하고, "이거"는 '대상'으로 처리한다. 그러므로 이 발화는 [행위-대상]으로 분석한다.

예 3

상황 : 장난감 가스레인지를 보며,

성인 : "이거 어떻게 틀어?"

아동 : "이거 돌려야 돼."

→ "돌려야 돼"는 '행위'로 분석한다.

예 4

상황 : 그림책에서 빗질을 하고 있는 아저씨를 보며,

성인 : "이 아저씨는 뭘 쓸고 있나?"

아동 : "아저씨 마당을 청소를 해."

→ 이 경우 "아저씨"는 청소를 하는 '행위자'이고, "마당을"은 청소의 '대상'이고, "청소를 해"는 청소하는 '행위'로 분석하는 것이 좋다. 만약, "청소를 해"를 형식만 보고 [대상-행위]로 한다면 문장 내 의미들의 관계가 [행위자-대상-대상-행위]가 되므로 어색하다. 그러므로 이 발화는 [행위자-대상-행위]로 분석하는 것이 타당하다.

② 서술

사물이나 사람이 경험하는 소극적인 상태나 느낌을 나타낸다. 그러므로 '행위자'를 주체로 갖지 않고 주로 '경험자'나 '실체'를 주체로 갖는다. 서술은 상태동사나 형용사의 역할을 한다. 서술은 상태서술, 실체서술, 부정서술로 세분화할 수 있다.

㉠ 상태서술

- 마음이나 느낌, 상태를 나타내는 의미로, 동사나 형용사의 역할을 한다. 예를 들어, '-싶다(원한다)', '안다', '느낀다', '있다', '병들다', '아프다', '되다', '필요하다', '죽다' 등과 같이 문법적으로는 동사지만 상태를 나타내는 것과 '좋다', '예쁘다', '밉다' 등과 같이 문법적으로는 형용사지만 상태를 나타내는 것이 있다.

- 영어의 피동사처럼 행위가 가해져서 나온 결과의 상태를 나타내는 표현들(예 비치다, 부딪히다, 막히다, 써있다)도 '상태'로 봐야 한다.

- 상태서술 앞에 '을(를)'의 목적어 형식을 가진 명사가 있을 경우(예 "영어 알아"), 그 명사는 '대상'으로 하기보다는 '실체'로 처리하는 것이 더 의미적으로 타당하다.

⇨ 상태서술 예시

예 1

상황 : 물건 숨기고 찾기 놀이를 하며,

아동 : "나는 알지."

→ "나"는 '경험자'로, "알지"는 '상태서술'로 해서 [경험자−상태서술]로 분석한다.

예 2

상황 : 남자 아동이 다치는 그림을 보며,

아동 : "오빠가 피 나."

→ "오빠"는 '경험자'로, "피 나"는 '상태서술'로 처리하여 [경험자−상태서술]로 분석한다.

예 3

상황 : 물의 형태가 변하는 그림책을 보며,

성인 : "왜 물이 딱딱해진 거야?"

아동 : "물이 얼음이 되었어."

→ "물"은 '경험자'로, "얼음"은 '창조물'로, 그리고 "되었어"는 '상태서술'로 처리하여 [경험자−창조물−상태서술]로 분석한다.

예 4

상황 : 달이 호수에 비치는 그림을 보며,

성인 : "어? 달이 여기 또 있네."

아동 : "달이 물에 비쳐."

→ "달"은 '경험자'로, "물"은 '장소'로, "비쳐"는 '상태서술'로 처리하여 [경험자−장소−상태서술]로 분석한다.

예 5

상황 : 숨바꼭질을 하면서,

아동 : "머리가 보여."

→ "머리"는 '실체'로, "보여"는 '상태서술'로 처리하여 [실체−상태서술]로 분석한다. 여기서 "머리"를 '경험자'라고 생각할 수도 있는데, 그렇다면 "난 머리가 보여"라는 문장을 분석할 때 모순이 생긴다. 만약 "머리"를 '경험자'로 처리한다면 [경험자−경험자−상태서술]이 되는데, 여기서의 실제 경험자는 "나"지 "머리"가 아니기 때문이다. 그러므로 "머리가 보여"에서의 "머리"는 '실체'로 처리하는 것이 타당하다.

예 6

상황 : 아이가 집 앞에 혼자 앉자 있는 그림을 보며

아동 : "아이가 외로움을 느껴."

→ "아이"는 '경험자'로, "외로움"은 '실체'로, "느껴"는 '상태서술'로 처리하여 [경험자−실체−상태서술]로 분석한다. 이때 "외로움을 느껴"는 형식적으로는 [대상−행위]이지만, 의미상 부적절하므로 [실체−상태서술]로 분석하는 것이 옳다.

예 7

상황 : 숨바꼭질을 하면서,

아동 : "노래를 하고 싶어."

→ 이 발화는 '상태서술'로 분석한다. '−하고 싶다'는 내적 상태를 나타내는 하나의 의미로 보는 것이 타당하다. 그리고 '노래를 하다'는 의미적으로 '노래 하다'와 같다고 볼 수 있다. 그러므로 형식적으로는 [대상−행위−행위]이지만, 의미적으로는 '상태서술' 하나의 의미를 가지고 있다고 볼 수 있다.

ⓒ 실체서술

보어의 역할을 하여 '무엇은 무엇이다'에서 '-이다'를 붙일 수 있는 의미유형이다.

> 실체서술 예시

예 1
상황 : 그림책을 보면서,
아동 : "이건 사과야."
→ "이건"은 '실체'로, "사과야"는 '실체서술'로 분석한다.

예 2
상황 : 아동이 간식을 먹고 있을 때,
성인 : "뭐 먹니?"
아동 : (그릇을 들어 보이며) "젤리야."
→ 비록 실체가 생략되기는 하였으나 "이거 젤리야"라는 문장으로 볼 수 있으므로 "젤리야"는 '실체서술'로 분석한다.

예 3
상황 : '5'를 가리키며
아동 : "5는 다섯이야."
→ 이 경우 "다섯이야"가 보어의 역할을 하므로 [실체-실체서술]로 분석한다.

ⓒ 부정서술

낱말 속에 부정적 의미가 내포된 경우(예 싫다, 아니다, 없다)에는 그 상태와 부정적 의미를 고려하여 부정서술로 처리한다. 단, 용언의 앞이나 뒤에 부정어(예 안, 못)가 붙어서 부정적 의미를 나타내는 경우에는 [부정-용언(행위, 서술)]으로 처리한다(예 "못 가"나 "안 가"는 [부정-행위]로 분석한다).

> 부정서술 예시

예 상황 : 동물원 그림책을 보면서,
아동 : "원숭이가 없어."
→ "원숭이"는 '경험자'로 "없어"는 '부정서술'로 하여 [경험자-부정서술]로 분석한다. 그러나 아동이 "원숭이가 안 해"라고 한다면, "원숭이"는 '행위자'로, "안"은 부사의 형태를 가진 '부정', 그리고 "해"는 '행위'로 하여 [행위자-부정-행위]로 분석한다.

(3) 수식부

수식언은 문장 속에서 체언이나 용언, 또는 수식언을 수식하는 말을 의미한다.

① 체언수식

사물이나 사람을 지시하거나 그 크기, 모양, 질 등을 나타내는 의미유형이다. 체언수식은 주로 관형사의 역할을 하며, 체언수식의 대상은 실체, 대상, 행위자, 경험자, 소유자 등 체언으로 사용되는 의미유형들이다.

> 📗 상황 : 새 신발을 자랑하며,
> 아동 : "예쁜 신발"
> → "예쁜"은 '체언수식', "신발"은 '실체'로 보아 [체언수식−실체]로 분석한다. 만약 아동이 "예쁜 신발이야"라고 말한다면 [체언수식−실체서술]로 분석한다.

② 용언수식

행위나 서술, 또는 부사를 수식하는 의미유형으로 부사의 역할을 한다. 행위를 수식하는 경우는 시간, 방법, 기간, 방향, 빈도 등으로 행동을 꾸며 주는 것이며, 서술을 수식하는 경우는 서술의 시간, 방법, 질, 강도 등을 나타낸다.

> 📗 1
> 상황 : 그림책을 보며,
> 아동 : "멍멍이가 빨리 온대."
> → "빨리"는 "온대"라는 행위를 꾸며 주므로 [행위자−용언수식−행위]로 분석한다.
> 📗 2
> 성인 : "언니가 좋아? 오빠가 좋아?"
> 아동 : "언니 정말 미워."
> → "정말"은 "미워"라는 상태서술을 꾸며 주므로 [실체−용언수식−상태서술]로 분석한다. 여기서 "언니"는 미워하는 주체가 아니기 때문에 '경험자'로 하지 못하며, "미워"가 상태서술이기 때문에 '대상'이 되지 못한다. 그러므로 '실체'로 처리한다.
> 📗 3
> 상황 : 무릎의 상처를 쳐다보며,
> 성인 : "언제 이렇게 됐어?"
> 아동 : "조금 전에."
> → "조금"은 "전에"라는 시간(때)을 수식하므로 [용언수식−때]로 분석한다('때' 의미유형은 '배경 → 때' 참조).

③ 배경

㉠ 체언이나 용언을 직접 꾸며 주기보다는 체언이나 용언의 뜻을 변형(📗 "안 해."에 있어서 "안")하거나 그 배경(장소, 시간, 이유, 조건 등)을 첨가하는 의미이다. 그러므로 주로 부사어에 해당한다.

✏️ **수식언**
다른 말을 수식하는 기능을 하는 단어들을 수식언이라고 한다. 수식언에는 관형사와 부사가 있다 (김홍범 외, 2021).

✏️ **관형사**
관형사는 체언이나 체언 구실을 하는 말 앞에 놓여서 그 내용을 꾸며 주는 단어이다. 체언에는 명사, 대명사, 수사가 있고, 체언 구실을 하는 말에는 명사구와 명사절이 있다(김홍범 외, 2021).

✏️ **부사**
부사는 용언이나 문장을 꾸며 주는 단어이다. 부사는 용언인 동사나 형용사뿐만 아니라 명사, 관형사, 부사를 꾸며 주기도 한다 (김홍범 외, 2021).

ⓛ 배경에는 부정, 때, 장소, 도구, 이유, 조건, 비교, 재현, 양보 등과 같은 의미유형들이 있다.

부정	거부, 거절, 부인, 부재, 중단 등의 의미로 행위나 상태서술에 대한 부정으로 사용된다. 대체로 '마', '못', '안', '아니', '그만' 등의 부정어(영어의 'not')가 이에 속한다. ⓔ 상황 : 찰흙놀이를 하다가 잘 안 되니까, 　　아동 : "나 안 해." 　　→ "나"는 '행위자', "안"은 '부정', "해"는 '행위'로 [행위자-부정-행위]가 된다.
때	때는 행위나 서술과 관련된 시기를 나타내는 의미이다. ⓔ 상황 : 엄마와 놀이를 하다가 엄마가 누우니까, 　　아동 : "이제 안 해?" 　　→ "이제"는 '때', "안"은 중단을 나타내는 '부정', "해"는 '행위'이므로 [때-부정-행위]로 분석한다.
장소	사물이나 사람이 놓여 있는 곳이나 어떤 행동이 취하여지는 지점을 나타내는 의미유형이다. 우리말에는 여러 낱말들이 중복되거나(ⓔ "여기 소파에서 잤어요."의 경우 '여기'와 '소파에서') 합하여 (ⓔ "무대 위에서 노래했어요."의 경우 '무대'와 '위에서') 한 장소를 나타내기도 하는데, 그런 경우 1개의 의미유형으로 분석한다. ⓔ 상황 : 아동이 아빠의 가방을 들고 나옴, 　　성인 : "아빠 어디 가세요?" 　　아동 : "아빠 회사 가." 　　→ "아빠"는 '행위자', "회사"는 '장소', "가"는 '행위'를 나타내므로 [행위자-장소-행위]로 분석한다.
도구	행위자나 경험자가 그것을 가지고 특정한 행위나 상태를 보이는 의미유형이다. ⓔ 상황 : 색종이로 모양 오리기를 하면서, 　　성인 : "뭘로 자를까?" 　　아동 : "가위로 잘라." 　　→ "가위"는 '도구', "잘라"는 '행위'이므로 [도구-행위]로 분석한다.
이유	행위나 서술과 관련된 이유나 의도, 또는 원인을 나타내는 의미유형이다. ⓔ 상황 : 아동이 아가 인형을 두드려 주며, 　　아동 : "아파서 코 자." 　　→ "아파서"는 '이유'로 하고, "코"는 아동 특유의 수식어로 "자"라는 '행위'를 꾸며 주는 것이므로 '용언수식'으로 처리한다. 그러므로 이 발화는 [이유-용언수식-행위]로 분석한다.
조건	행위나 서술에 전제되는 의미유형을 나타낸다. ⓔ 상황 : 아빠 안경을 쓰고 아가 인형에게 큰 소리로, 　　아동 : "그러면 안 돼." 　　→ "그러면"은 '조건', "안"은 '부정', 그리고 "돼"는 '상태서술'로 처리하여 [조건-부정-상태서술]로 분석한다.

비고	대상이나 실체를 직접적으로 또는 간접적으로 대조시켜서 표현하는 의미유형이다. ⑩ 상황 : 엄마와 함께 아가를 바라보다가, 　　아동 : "나보다 밉지?" 　　→ "나보다"는 '비교', "밉지"는 '상태서술'이므로 [비교-상태서술]로 　　분석한다.
재현	사람, 사물, 사건 등이 반복되는 것을 나타내는 의미유형이다. ⑩ 상황 : 아동이 곰 인형에게 숟가락으로 떠먹이는 놀이를 하며, 　　아동 : "또 먹어." 　　→ "또"는 '재현', "먹어"는 '행위'이므로 [재현-행위]로 분석한다.
양보	행위나 상태서술을 양보하거나 허용하는 의미유형이다. ⑩ 상황 : 엄마가 손을 씻으라고 자꾸 말하니까, 　　아동 : "더러워도 돼." 　　→ "더러워도"는 '양보', "돼"는 '상태서술'이므로 [양보-상태서술]로 　　분석한다.

(4) 대화요소

대화요소(Communicative Device, CD)란 문장 속의 다른 낱말들과의 의미 관계를 형성하지 않고 독립적인 기능을 하는 말을 의미한다.

의미유형	정의	예
① 주의 끌기	주의를 끌기 위하여 이름이나 다른 표현을 사용하는 것으로, 호칭이나 부르기의 대화요소적 기능을 가지고 있다.	상황 : 장난감 상자를 보고 엄마를 부르며, 아동 : "엄마, 장난감요." → "엄마"는 '주의끌기', "장난감요"는 '실체서술'로 처리하여 [CD(주의끌기), 실체서술]로 분석한다.
② 되묻기/ 확인하기	상대방에게 다시 말해 달라고 표현하는 대화의 구성요소이다.	상황 : 아동이 가자고 조르면서, 아동 : "가자, 응?" → "가자"는 '행위'인데 "응?"은 그 말을 확인시키는 것이므로 'CD(되묻기)'로 처리하여 [행위, CD(되묻기)]로 분석한다.
③ 감탄	놀라거나 당황할 때 나오는 소리(⑩ 애, 왜, 아이!, 아이고!)이다.	상황 : 선물상자 뚜껑을 열어 보고, 아동 : "와! 이거 내 거야?" → "와"는 CD(감탄), "이거"는 '실체', "내"는 '소유자', "거야"는 '실체서술'로 처리하여 [CD(감탄), 실체-소유자-실체서술]로 분석한다.

④ '예/아니오' 대답	'예/아니요' 질문에 대하여 수긍 또는 부인하는 대화 요소이다.	성인 : "너 과자 다 먹었어?" 아동 : "응, 먹었어." → "응"은 "먹었어"의 '행위'와 중복되는 것으로 [CD(대답), 행위]로 분석한다. 같은 맥락에서 아동이 "아니, 안 먹었어"라고 말했다면 [CD(대답), 부정-행위]로 분석할 수 있다.
⑤ 강조	본 진술을 강조하는 대화 요소로 그 부분이 없어도 문장의 의미가 변하지는 않는다.	상황 : 팔짝 뛰기를 시범 보이며, 성인 : "인제 네가 해봐." 아동 : "아냐, 못해." → "아냐"는 '부정'이지만 "못해"만으로도 [부정-행위]의 의미는 모두 표현될 수 있다. 그러므로 "아냐"를 '부정'으로 처리하여 [부정-부정-행위]로 분석하기보다는 '강조'로 처리하여 [CD(강조), 부정-행위]로 분석하는 것이 발화의 의미를 더 잘 나타내 준다.
⑥ 동반소리	낱말이라기보다는 문장 내에서 함께 사용하는 소리로, 문장 내에서 다른 낱말들과 의미관계를 보이기보다는 독립적인 대화 요소로 나타날 때 동반소리(예 "치-", "에잇!")로 분류한다.	상황 : 동생을 안고 있는 엄마 품에 파고드는 것을 보며, 성인 : "네가 ○○(동생이름) 동생이지?" 아동 : "치! 아냐." → "치"와 "아냐" 사이에는 의미관계가 있다고 보기가 어렵다. 그렇다고 "치"를 CD(감탄)으로 보기에는 어색하다. 그러므로 이 발화는 [CD(동반소리), 부정서술]로 분석한다.
⑦ 인사	자동화된 인사(예 "안녕?") 부분을 나타낸다.	상황 : 등교놀이를 할 때 다른 친구를 보며, 아동 : "안녕? 잘 있었어?" → "안녕"은 'CD(인사)'로 처리하고 [CD(인사), 서술수식-상태서술]로 분석한다.
⑧ 접속	단문 속에 사용되는 접속사를 나타낸다.	상황 : 엄마가 토라진 척을 하니까, 아동 : "그런데 내가 나빴어." → "그런데"는 'CD(접속)'으로, "내가 나빴어"는 '경험자-상태서술'로 처리하여 [CD(접속)-경험자-상태서술]로 분석한다.

⑨ 자동구	생각해서 창의적으로 하는 말이기보다는 외워진 표현을 의미한다. 즉, 숫자 세기, 철자 외우기, 노래 등 독립적인 의미 없이 외워서 사용하는 상용구이다.	상황 : 검사자와 함께 그림책을 보다가 갑자기, 아동 : "일, 이, 삼, 사, 오." → 'CD(자동구)'로 분석한다.
⑩ 기타	이상의 유형으로 분류되지 않는 것은 기타유형으로 처리한다.	—

자료

자동구 분석

자동구는 처음부터 발화번호에서 제외하는 경우도 많다. 그러나 아동 말의 대부분이 자동구일 때는 기록하여 CD(자동구)로 분석한다 (김영태, 2019).

⑸ **개별 의미유형 및 의미관계 보고 방법**

① **개별 의미유형 분석의 보고 방법**

아동의 각 발화에 대한 의미관계 분석이 끝나면 그 속에 포함된 의미유형들의 빈도가 어떤지 다음과 같은 개별 의미유형 분석표를 이용하여 보고할 수 있다.

문장 구성요소	개별 의미유형	출현빈도	문장구성요소 내에서의 비율(%)
체언부	실체	∨ ∨ ∨ 3	12.5
	대상	∨ ∨ ∨ ∨ ∨ ∨ ∨ ∨ 8	33.3
	행위자	∨ ∨ ∨ ∨ ∨ ∨ ∨ ∨ ∨ ∨ 10	41.7
	소유자	∨ ∨ 2	8.3
	공존자	∨ 1	4.2
	경험자	0	0
	수혜자	0	0
	인용/창조물	0	0
	계	24	
용언부	행위		

② **문장 내 의미관계의 기록 방법**

㉠ 문장 내 의미관계 분석은 주로 2~4단어를 연결하여 단문으로 표현하는 아동의 발화 분석에 사용된다.

㉡ 의미관계를 분석할 때는 다음과 같은 양식을 이용하여 각 의미관계의 빈도 및 백분율을 산출한다.

㉢ 아동이 사용한 의미관계의 비율이 기록되면, 일반아동의 의미유형 발달순서나 연령에 따른 빈도와 비교하여 그 결과를 해석할 수 있다.

2낱말 의미관계			3낱말 의미관계			4낱말 의미관계		
의미관계	빈도	백분율	의미관계	빈도	백분율	의미관계	빈도	백분율
실체−서술			실체−배경 −서술			행위자− 배경−대상 −행위		
대상−행위			대상−배경 −행위			행위자− 대상− 용언수식− 행위		
배경−행위			행위자− 대상−행위			체언수식− 대상−배경− 행위		
배경−서술			행위자− 배경−행위			소유자− 실체−배경− 서술		

2. 구나 절 간의 의미관계 분석

아동의 복문 발화는 먼저 구나 절 간의 의미관계를 분석하고, 각 문장 속에 있는 구나 절의 의미관계를 다시 분석해야 한다. [13중특]

(1) 복문 구별 요령

① 단문과 복문의 차이는 주어와 용언(행위 또는 서술) 간의 관계에 있다. 관계가 한 번 맺어지면 단문, 두 번 이상 맺어지면 복문이다.

② 아동의 불완전한(단문처럼 사용하는) 복문의 경우는 단문 취급을 한다.
예 "내가 그걸 먹으려고" → [행위자−대상−행위]

③ '(동사) + −싶다'는 영어로는 'want to V'로 복문이지만, 우리말에서는 '싶다'가 독립적으로 쓰일 수 없으므로 '상태서술'의 의미유형으로 처리한다.
예 "먹고 싶다" → 단문으로 처리하여 [상태서술]

④ 복합동사는 1개의 의미유형으로 분석한다. 그러나 행위를 나열한 경우에는 복문으로 취급한다.

> **예** ㉠ "빠져나갔어."
> ㉡ "우리 공부하고 놀았어."
> ㉢ "비디오 보면서 놀았어."
> → ㉠의 경우 복합동사이므로 [행위]로 분석한다. 그러나 ㉡과 ㉢의 경우는 두 개의 용언을 갖는 복문이다. ㉡의 경우는 "우리 공부했다"와 "우리 놀았다"가 합쳐진 것이므로 복문으로 취급해야 한다. 이때 문장 간의 의미관계는 '시간연결'이다. ㉢의 경우 "비디오 보았다"와 "놀았다"가 합쳐진 것으로, 이때의 문장 간 의미관계는 '동시연결'이다('문장 간 의미관계 분석 방법' 참조).

⑤ 의존명사(예 '거' '것' '지' 등)가 발화에 있을 경우, 의존명사가 이끄는 명사구 속에 체언-용언으로 이루어진 의미관계가 있으면 복문으로, 없으면 단문으로 처리한다. 예를 들어, "이거는 집을 고치는 거야"라는 발화에서, 발화 전체의 큰 의미관계는 "이거는 ○○야"라는 '실체-실체서술'의 관계이다. 여기서 "○○야" 부분에는 "집을 고친다"의 '대상-행위'의 의미관계가 더 들어 있다. 그러므로 이 발화는 복문으로 분석한다.

⑥ 배경어(예 부사구)의 경우도 그 구 속에 주부-술부의 의미관계가 있으면 복문으로, 그렇지 않으면 단문으로 처리한다.

> 예 ㉠ "배불러서 못 먹어." [이유-부정-행위]
> ㉡ "나는 배불러서 못 먹어." [이유연결(경험자-행위)-부정-행위]
> ㉢ "나는 배불러서 밥을 못 먹어." [이유연결(행위자-상태서술)-대상-부정-행위]
> ㉣ "엄마는 내가 배부르면 밥을 안 주셔." [행위자-조건연결(행위자-상태서술) -대상-부정-행위]
> → ㉠~㉣의 경우는 단문으로 취급한다. 즉, ㉠은 [이유-부정-행위]로 ㉡은 [행위자-이유-부정-행위]로 분석한다. 그러나 ㉢과 ㉣의 경우는 단문으로 취급하여 의미유형을 병렬적으로 나열하면 모순이 생긴다. 즉, ㉢을 단문으로 분석하면 [경험자-이유-대상-부정-행위]가 되어 '경험자'와 '행위'가 대등하게 공존하는 모순이 생긴다. 이 경우 복문으로 보아서 [이유연결(행위자-상태서술) -대상-부정-행위]로 분석하면 이러한 문제가 해결된다. ㉣의 경우도 마찬가지로, 단문으로 취급하여 의미유형을 병렬적으로 나열하면 [행위자-경험자- 상태서술-대상-부정-행위]의 이상한 의미관계가 된다. 그러므로 이 경우에도 복문으로 처리하여 [행위자-조건연결(행위자-상태서술)-대상-부정-행위]로 분석하면 된다.

⑦ 인용구 속에도 주부-술부의 의미관계가 있으면 복문으로, 그렇지 않으면 단문으로 처리한다. 단문으로 처리할 때는 '인용'으로 하고 복문으로 처리할 때는 '인용내포'로 분석한다.

> 예 "'우우' 그랬어." [인용-행위]
> "'너 가' 그랬어." [인용내포(행위자-행위)-행위]

⑧ 접속구 속에도 주부-술부의 의미관계가 있으면 복문으로, 그렇지 않으면 단문으로 처리한다.

> 예 "그럼 죽어." [조건-상태서술]
> "네가 그러면 아가가 아파." [조건연결(행위자-행위)-경험자-상태서술]

(2) 구나 절 간의 의미관계 분석 방법

① 나열

같은 의미유형들이 나열되어 있거나, '-(하)고'와 같은 연결어미에 의해 나열되어 주부-술부의 관계가 2개 이상 나타난 경우이다.

> 예 "내가 아기를 안아 주고 뽀뽀하고" [행위자-대상-행위나열]
> → 기록할 때 문장 간의 의미관계로는 [나열]로 기록하고, 문장 내 의미관계로는 [행위자 -대상-행위나열]로 기록한다.

② **연결**

접속사나 연결어미에 의해 한 발화가 두 개 이상의 절로 구성된 것으로 두 절이 의미적으로 대등한 경우이다. 연결의 문장 간 의미관계는 '배경'에 해당하는 의미유형들(⑩ 때, 장소, 이유, 조건 등)에 '연결'만 붙여서 표기한다. 연결관계가 많이 나타나는 배경 의미유형들은 때, 조건, 이유, 양보 등이다.

때연결	한 구나 절에서 나타난 사건이 다른 구나 절에서 나타난 사건과 시간적 선후관계('고' '-고 나서' '-한 후에')나 동시성('-(하)다가' '-하면서')을 나타내는 의미관계이다. 이러한 발화는 문장 간 의미관계는 '때연결'로 하고, 문장 내 의미관계는 '때'로 기록하면 된다. ⑩ "미끄럼 타고 나서 그네 타요." [때연결(대상-행위)-대상-행위] 　→ 문장 간 의미관계 : [때연결] 　　 문장 내 의미관계 : [배경(때)-대상-행위], [대상-행위]
조건연결	한 구나 절에서 나타난 사건이 다른 구나 절에서 나타난 사건과 상반되거나('나' '-아도' '-지만' '-라도'), 가정이나 조건을 나타내거나('-면' '-라면' '-거든' '-더라도'), 첨가의 관계를 나타내거나('-뿐 아니라' '-ㄹ수록'), 혹은 배경을 나타내는('-는데' '-ㄴ데') 의미관계이다. 이러한 발화는 문장 간 의미관계는 '조건연결'로 하고, 문장 내 의미관계는 '조건'으로 기록하면 된다. ⑩ "거기 올라가면 교회가 보여." [조건연결(장소-행위)-실체-상태서술] 　→ 문장 간 의미관계 : [조건연결] 　　 문장 내 의미관계 : [배경(조건)-실체-상태서술], [장소-행위]
이유연결	한 문장이 다른 문장의 의도('-려고' '-고자' '-러')나, 이유 또는 원인('-으니까' '-으므로' '-아서')이 되는 의미관계이다. 이러한 발화는 문장 간 의미관계는 '이유연결'로 하고, 문장 내 의미관계에서는 '이유'로 기록하면 된다. ⑩ "친구가 때려서 발로 찼어." [이유연결(행위자-행위)-도구-행위] 　→ 문장 간 의미관계 : [이유연결] 　　 문장 내 의미관계 : [배경(이유)-도구-행위], [행위자-행위]
양보연결	한 사건이 다른 사건에 대한 양보('-아도' '-할지라도')나 무관함을 나타내는 ('-거나' '-든지') 의미관계이다. 이러한 발화는 문장 간 의미관계는 '양보연결'로 하고, 문장 내 의미관계는 '양보'로 기록한다. ⑩ "내가 아무리 졸라도 아빠는 안 들어줘." [양보연결(행위자-용언수식-행위)-행위자-부정-행위] 　→ 문장 간 의미관계 : [양보연결] 　　 문장 내 의미관계 : [배경(양보)-행위자-부정-행위], 　　　　　　　　　　　 [행위자-용언수식-행위]

③ 내포(embedding)

내포는 한 발화 안에서 한 문장이 다른 문장을 구나 절의 형식으로 안고 있는 것이다. 대체로 한 절은 다른 절의 주부와 술부 사이에 위치하지만 내포는 주부가 생략될 수도 있다. 꾸밈절이 있는 모든 개별 의미유형은 '○○내포'로 분석할 수 있다.

예 "자던 멍멍이가 갑자기 일어났어." [행위자내포(행위-행위자)-용언수식-행위]
→ 문장 간 의미관계 : [행위자내포]
　문장 내 의미관계 : [행위자-용언-행위], [행위-행위자]

(3) 구나 절 간의 의미관계 보고 방법

각 발화에 대해 문장 간의 의미관계를 분석한 후에는 다음과 같은 문장 간 의미관계 분석표를 이용하여 아동이 나열, 연결, 내포 등의 문장 간 의미관계를 얼마나 많이 사용하는지, 세부적으로 어떤 유형의 문장 간 의미관계를 많이 사용하는지 등을 분석한다.

문장 간 의미관계		빈도	백분율
복문형태	의미관계		
나열			
연결	때		
	조건		
	이유		
	양보		
	기타		
	계		
내포	행위자		

3. 어휘다양도

(I) 개념 10중특, 11중특, 13중특, 16유특, 17중특, 22초특

① 어휘다양도(Type-Token Ratio, TTR)란 아동의 발화를 낱말단위로 구분한 뒤 서로 다른 낱말 수(Number of Different Words, NDW)를 전체 낱말 수(Number of Total Words, NTW)로 나눈 값으로 얼마나 다양한 낱말을 사용하는가를 측정하는 방법이다.

$$어휘다양도(TTR) = \frac{아동이\ 사용한\ 다른\ 낱말의\ 수}{아동이\ 사용한\ 전체\ 낱말의\ 수}$$

자료

내포

내포는 그 경우가 매우 다양하게 나타날 수 있다.

행위자 내포	자던 멍멍이가 갑자기 일어났어.
경험자 내포	아프던 아가가 이제 나았대.
소유자 내포	여기서 울던 너구리 모자야.
공존자 내포	먹보가 울기만 하는 울보랑 같이 갔대.
수혜자 내포	내가 모자 쓴 애에게 줬어.
대상 내포	길에 쓰러진 아이를 데려 왔대.
실체 내포	여기 있는 이게 그 선물이야.
인용/ 창조물 내포	가만히 있으라고 했대.
장소 내포	내가 가 봤던 그 집에 엄마도 갔지?
도구 내포	나무 자르던 도끼로 문을 내리쳤대.

출처 ▶ 김영태(2019)

낱말

낱말은 '단어'라고도 하는데, 형태소처럼 의미를 가지고 있지만, 형태소와는 다르게 기본적으로 자립성(독립성)이나 분절성(분리성)이 강하다. 한 낱말은 하나의 형태소(**예** '소')로 구성될 수 있지만 여러 개의 형태소(**예** '갔었다')로 구성될 수도 있다. 이는 형태소가 의미를 가진 '가장 작은 단위'인 반면, 낱말은 그러한 제약이 없기 때문이다. 낱말을 결정짓는 가장 큰 기준은 자립성인데, 이는 홀로 설 수 있는 특징을 의미한다. 그러나 낱말 중에는 홀로 서지 못하는 것도 있는데 이러한 예외가 '조사'이다. 조사는 그 앞에 오는 말과 어느 정도 분리될 수 있는 특징이 있기 때문에 낱말로 분류된다(김영태, 2019).

- 발화에서 총 낱말 수가 갖는 의미는 그리 크지 않다. 따라서 사용한 총 낱말 중에서 다른 낱말의 사용 비율이 얼마나 되는지를 알아보면 보다 심층적인 어휘력을 측정할 수 있다.

② 2~8세 아동들은 대략 .42~.50 사이의 어휘다양도를 보인다.

  ㉠ 어휘다양도가 .50보다 클 경우 대상아동은 어휘를 다양하게 사용하고 있다고 해석할 수 있다.

  ㉡ 어휘다양도가 .42보다 낮을 경우 동일한 낱말을 반복적으로 사용하는 경향을 보인다고 해석할 수 있다.

(2) 분석 방법

① 아동이 사용한 낱말을 해당 품사별로 적는다.

② 똑같은 낱말을 사용한 경우에는 이미 사용한 낱말 옆에 '正' '/////' '✓'와 같은 표시를 하고 빈도수를 적는다. 한 낱말만 적힌 경우에는 빈도 '1'로 적는다.

③ 용언의 경우 활용(굴절) 형태는 한 낱말로 한다. 즉, 문장어미가 다른 낱말(예 먹은, 먹어)은 한 낱말로 계산한다.

④ 품사별 NDW는 각 품사 밑의 '낱말 수'가 되므로 표 하단의 해당 품사란에 낱말 수를 적는다.

⑤ 품사별 NTW는 각 품사 밑의 '빈도수'가 되므로 표 하단의 해당 품사란에 빈도수를 적는다.

⑥ 전체 NDW는 품사별 NDW의 합계로 산출한다.

⑦ 전체 NTW는 품사별 NTW의 합계로 산출한다.

⑧ TTR은 전체 NDW를 전체 NTW로 나눈 값이다.

어휘다양도 분석의 예를 살펴보면 다음과 같다.

발화 번호	아동의 말	발화 번호	아동의 말
1	수박 사러 마트에 가자.	5	엄마
2	바나나도 있어?	6	바나나 먹었지.
3	예쁜 옷도 샀어.	7	포크
4	많이 샀다.	8	둘이 같이 먹었어.

발화번호	명사 낱말	형용사 낱말	동사 낱말	부사 낱말	조사 낱말	수사 낱말
1	수박 마트		사러 가자		에	
2	바나나	있어			도	
3	옷	예쁜	샀어✓		도✓	
4			샀다✓	많이		
5	엄마					
6	바나나✓		먹었지			
7	포크					
8			먹었어✓	같이	이	둘
계	7	2	6	2	4	1

다른 낱말 수(NDW):	전체 낱말 수(NTW):
명사: 6	명사: 7
형용사: 2	형용사: 2
동사: 3	동사: 6
부사: 2	부사: 2
조사: 3	조사: 4
수사: 1	수사: 1
계: 17	계: 22

$$어휘다양도 = NDW / NTW = 17 / 22 = 0.77$$

출처 ▶ 강은희 외(2019)

KORSET 합격 굳히기 낱말 구분 방법

1. 자립성과 분절성의 원칙에 따라 다음과 같은 경우에 낱말로 계산한다.
   ① 모든 자립 형태소는 개별적인 낱말로 계산한다.
   ② 자립 형태소에 붙는 의존 형태소(예 조사)는 개별적인 낱말로 계산한다.
   ③ 준자립어(의존명사, 보조용언)는 개별적인 낱말로 계산한다.

2. 낱말 또는 어절에 붙어 그 말과 다른 말과의 관계를 표시하는 조사는 하나의 낱말 수로 계산한다.

3. 다른 품사라도 동사로 전성되었을 경우에는 문장어미와 함께 한 낱말로 취급한다.
   예 ① 슬퍼
   ② 슬퍼해
   → ②의 '슬퍼해'는 ①의 형용사 '슬퍼'가 동사로 전성된 경우로, 1개의 낱말 수로 분석한다.

자료

조사

조사에 대한 자세한 내용은 '[KORSET 합격 굳히기] 조사' 참조

자료

조사를 단어로 인정하는 이유

조사는 자립 형태소에 붙고 다른 조사에 의해 분리되기도 하므로 한 단어의 자격을 준다(김홍범 외, 2021).

4. 의존명사는 자립성은 결여되어 있지만 준자립어로 분류되므로 한 낱말로 분석한다.
   • 의존명사에는 '것', '거', '수', '바', '지'와 같이 대명사의 역할을 하는 것과 '마리', '켤레', '채' 등과 같이 단위를 나타내는 것이 있는데 모두 1개의 낱말로 분석한다.

   예 한 마리(낱말 수: 2)

5. 보조동사나 보조형용사와 같은 보조용언도 자립성은 결여되어 있지만 준자립어로 분류되므로 본용언과 분리하여 낱말로 분석한다. 즉, '본용언 + 보조용언'(**예** 들고 간다)의 경우는 2개의 낱말 수로 분석한다.

6. 통상적으로 하나의 개념으로 쓰여 굳어진 복합용언(**예** 달아나다)은 보조용언을 따로 떼어서 계산하지 않고, 전체를 1개의 낱말 수로 분석한다.
   • "달아나다"의 경우 '나다'는 '달아나다'의 의미에 별로 기여하는 바가 없기 때문에 1개의 낱말 수로 분석한다.

용언	보조용언의 예	복합용언의 예
가다	되어 가요	걸어갔어, 돌아가셨어, 지나갔어, 떠나갔어
놓다	열어 놓았어	내놓아라, 늘어놓았어, 덮어놓았어
나다(내다)	참아 냈어	늘어났어, 깨어났어, 벗어났대
보다	그려 볼래	내다봐, 노려봤어, 돌아봤어, 바라보았대
오다	(날이)밝아 왔어	다가오다, 들어오다, 다녀오다, 쫓아오다

7. 홀로 설 수 있는 동사의 어간이 의존 형태소와 만난 경우, 동사 활용의 법칙과 일치성이 없으므로 그 각각을 낱말로 간주하지 않고 하나로 묶는다.
   예 자고(는), 가고(는)
   → 각각 낱말 수: 1

8. '-이다'에 대한 존대적 표현인 '-요'의 경우, 서술격조사의 분류에 포함되므로 개별 낱말로 취급한다. 그러나 '요'가 서술격조사로 사용되지 않고 습관적인 언어 형태의 하나인 '간투사'로 사용되었거나 체언 옆에 붙어서 존대만을 나타내는 경우에는 낱말로 분류하지 않는다.
   예 ① 이거 사과예요.
   ② 이거요 사과가요 아니에요.
   ③ 선물요 받으세요.
   → ①의 경우 '-(예)요'가 서술격조사로 사용되어 [이거 / 사과-예요]로 3개의 낱말로 구성되어 있으나 ②에서 앞쪽의 두 '요'는 간투사로 보는 것이 타당하므로 [이거 / 사과-가 / 아니-에요]로 5개의 낱말로 분석한다. 또한 ③의 '요'는 아동 말에서 많이 나타나는 것으로 일종의 존대표현의 과잉일반화 현상이다. 이런 경우에도 '요'를 개별낱말로 분석하지 않는다. 그러므로 ③은 [선물 / 받으세요]로 2개의 낱말로 분석한다.

9. 복합어라도 일반적인 고유명사의 경우 한 낱말로 취급한다.
   예 서울대공원, 박문각유치원
   → 각각 낱말 수 1개로 분석한다.

출처 ▶ 김영태(2019)

KORSET 합격 굳히기　　조사

1. 조사는 자립성이 있는 말에 붙어 그 말이 다른 말과의 문법적 관계를 나타내거나, 보다 정밀한 뜻을 보태주는 역할을 하는 단어이다. 이외에 두 단어를 같은 자격으로 이어주는 역할을 하기도 한다.

2. 조사의 종류에는 격조사, 보조사, 접속조사가 있다.

격조사	앞에 오는 체언이 문장 안에서 일정한 자격을 갖게 하는 조사 → 특정한 문장 성분임을 표시해 줌			
주격 조사	이/가			• 꽃<u>이</u> 예쁘다. • 철수<u>가</u> 간다.
	께서 (주어가 높임의 대상일 때)			교수님<u>께서</u> 강의하신다.
	에서(주어가 단체일 때) ※ 부사격 조사 '에서'와 구분할 것!			정부<u>에서</u> 입시 정책을 발표했다.
목적격 조사	을/를			나는 수지<u>를</u> 사랑한다.
보격 조사	이/가(+되다. 아니다) ※ 주격 조사와 형태가 같으니 주의!			• 그는 시인<u>이</u> 되었다. • 나는 왕자<u>가</u> 아니다.
서술격 조사	이다			나는 학생<u>이다</u>.
관형격 조사	의			부모님<u>의</u> 사랑은 끝이 없다.
부사격 조사	**처소**		에서	도서관<u>에서</u> 만나자.
			에	나는 서울<u>에</u> 산다.
	시간		에	오후<u>에</u> 만나자.
	원인		에	길동이는 요란한 소리<u>에</u> 일어났다.
			(으)로	감기<u>로</u> 고생했다.
	비교		보다	내가 너<u>보다</u> 크다.
			와/과	길동이는 너<u>와</u> 다르다.
	동반		와/과	철수<u>와</u> 백화점에 갔다.
			하고	철수<u>하고</u> 백화점에 갔다.
	수단		으로	나무<u>로</u> 책상을 만들었다.
			(으)로써	법<u>으로써</u> 약자들을 보호했다.
	자격		(으)로(서)	학생<u>으로서</u> 열심히 공부했다.
보조사	앞말에 특별한 뜻을 더해 주는 조사 → 여러 문장 성분에 두루 쓰임			
은/는	**화제**			오늘<u>은</u> 금요일이다.
	대조			너<u>는</u> 가지 마.
	강조			놀러 가더라도 멀리<u>는</u> 가지 마라.

도	역시	너**도** 합격했구나.
	강조	성적이 그렇게**도** 중요하니?
만, 뿐	단독	길동이**만** 노래를 잘해.
까지, 마저, 조차	극단	너**까지(마저, 조차)** 갈 줄은 몰랐어.
부터	시작	너**부터** 열심히 해라.
마다	균일	집집**마다** 꽃을 기른다.

접속조사	두 단어를 같은 자격으로 이어 주는 조사	
AND	와/과, 에(다), 하고	• 짜장면**과** 짬뽕을 모두 먹었다. • 밥**에(다)**, 떡**에(다)**, 술**에(다)** 잘 먹었다.
OR	(이)나	영화**나** 연극**이나** 볼까요?

03 구문론적 분석

아동 발화의 구문론적 측면은 언어의 형식적인 측면을 의미한다. 즉, 상대방에게 전달하고자 하는 메시지 자체보다는 그 내용을 어떠한 낱말구조 또는 문장구조 속에 담아서 전달하고 있는가 하는 측면이다.
구문론적 분석은 평균발화길이, 문법 형태소 분석, 문장유형 분석을 통해 이루어진다.

1. 평균발화길이

(1) **개념** 09유특, 10중특, 13유특 · 중특, 20유특

① 평균발화길이(Mean Length of Utterance, MLU)는 아동의 자발화 길이를 측정하는 척도로서, 아동의 표현언어 발달과 문법능력을 평가하고 언어장애 아동을 진단·평가하거나 연구집단을 선정하는 기준 등으로 폭넓게 사용된다.

② 평균발화길이는 복문 사용이 활발해지기 이전인 4세 이하 아동의 구문능력을 평가하는 데 유용한 측정치이다.
  • 학령기 아동의 문장능력과 문장 성숙도는 T-unit(최소종결단위)를 활용하여 분석한다.

③ 평균발화길이는 형태소, 낱말, 어절 단위로 측정한다.

④ 평균발화길이를 분석할 때는 '아', '오', '음', '어' 등과 같은 감탄사나 무의미한 발화는 제외시키는 것이 일반적이다.

자료

평균발화길이
평균발화길이는 표현언어 능력을 평가하고, 교육진단에 목적을 두며, 구문론적 특성을 알아보기 위해 실시한다(2020 유아A-5 기출).

비교

T-unit을 이용한 분석
구문론적 능력을 알아보기 위해서 학령기 아동의 문장능력과 문장 성숙도는 T-unit(terminable unit)를 활용하여 분석한다(2013 중등 1-38 기출).

자료

T-unit에 대한 자세한 내용은 '[KORSET 합격 굳히기] T-unit(최소종결단위)' 참조

KORSET 합격 굳히기 **T-unit(최소종결단위)**

1. MLU가 초기 언어 발달단계에서는 표현언어발달의 척도가 될 수 있다는 데에는 많은 학자들이 동의하지만 그 상관연령의 한계에 대해서는 논란이 많다. Owens는 5세 이후에는 MLU보다는 T-unit이나 C-unit당 낱말 수가 구문발달을 측정하는 데 더 민감하다고 보았다. 그러나 단순언어장애 아동(SLI)의 경우 10세까지는 MLU가 신뢰도 높고 타당한 척도가 될 수 있다는 견해도 있다.

2. 학령기 아동을 대상으로 하는 국내 연구들은 아동의 이야기에서 나타나는 문법적인 복잡성을 최소종결단위(T-unit, Terminal unit or minimally terminable unit)나 의사소통단위 (C-unit, communication unit)로 분석하는 경우가 많다.

3. T-unit이나 C-unit은 주절(주어+서술어) 또는 종속절을 포함하는 절로 문장을 구분하기 때문에 절 또는 구, 적게는 낱말들의 결속적인 관계를 살펴보는 데 있어서 유용한 분석 방법이다. C-unit은 T-unit의 변형으로 불안전한 구나 절도 포함시킨다.

4. T-unit을 구분 짓는 가장 간편한 지침은 한 문장 내에서 주어가 유지되면 1개의 T-unit 이고, 바뀌면 바뀐 만큼의 T-unit 수가 된다는 것이다.

> 예 "나는 이거 먹고 저거 먹었어."라고 한다면 1개의 T-unit으로 구성된 문장
> "나 이거 먹고 언니는 저거 먹었어."라고 한다면 2개의 T-unit으로 구성된 문장
> "나 이거 먹고 언니는 저거 먹었는데 그건 매웠어."라고 한다면 3개의 T-unit으로 구성된 문장

5. T-unit의 분석 기준은 다음과 같다.

정의	유형	분석 시 주의사항
의사소통 단위이자 이야기 분석 단위 중 하나로, 주절 또는 종속절을 포함하는 주절 단위를 의미한다.	(1) 하나의 문장으로 이루어진 T-unit : 한국어의 특성상 주절의 표층 구조에서 주어가 생략된 경우에도 하나의 T-unit으로 인정한다.	(1) 조사 및 명사 등을 부적절하게 사용한 경우라도 의미 전달이 가능하면 하나의 T-unit으로 인정한다.
	(2) 하나의 주어에 여러 개의 서술어가 시간 및 상황적 순서로 연결되거나 순서 없이 나열 또는 대조로 연결된 T-unit : 주어가 다르고 나열, 대조, 선택 의미의 대등연결어미로 연결된 2개의 주절은 2개의 T-unit으로 분리한다.	(2) 인용절 내에서 2개의 분명한 주절이 연결된 경우는 2개의 T-unit으로 본다.
		(3) 아동이 자발적으로 수정한 경우를 들려준 이야기 정보에 가까운 쪽을 분석에 사용하고 수정 전 정보는 괄호에 넣어 분석하지 않는다.
	(3) 하나의 단문에 관형절, 명사절, 인용절 등의 종속절이 포함된 T-unit : 하나의 T-unit 으로 분석한다.	(4) 하나의 T-unit 내에서 부분적으로 낱말, 구, 절을 반복해 발화한 경우 하나만 남겨 두고 반복된 발화는 괄호에 넣어 분석하지 않는다.

(5) 다음의 경우는 분석에서 제외한다.
  ① 일반적인 설명이나 질문으로 이루어진 T-unit : 이야기 중간에 앞에 나왔던 등장인물의 이름을 새로 묻거나 그림의 내용을 질문하는 경우
  ② 동일한 내용으로 반복된 T-unit
  ③ 설명이 부족하거나 구문의 오류가 심해서 의미를 알 수 없는 내용의 T-unit

출처 ▶ 김영태(2014)

(2) 종류

① 형태소에 의한 발화길이 산출 방법

형태소에 의한 발화길이는 평균형태소길이, 최장형태소길이, 그리고 평균구문길이로 제시해 준다.

ㄱ 평균형태소길이 [20유특]

- 평균형태소길이는 전체 형태소의 수를 총 발화 수로 나눈 값으로 흔히 약자 'MLU-m(Mean Length of Utterance in morpheme)'으로 쓰인다.

$$\text{평균형태소길이} = \frac{\text{각 발화 형태소 수의 합}}{\text{총 발화의 수}}$$

- 평균형태소길이가 증가한다는 것은 문장의 길이가 길어지고 구조적으로 복잡해진다는 것을 의미한다.
- 평균형태소길이는 흔히 반올림하여 소수점 둘째 자리까지 제시해 준다.
- 또래의 평균에서 $-1SD$와 $-2SD$ 사이에 있으면 '약간 지체'의 가능성이, $-2SD$보다 낮으면 '지체'의 가능성이 높다고 해석한다.

- 예를 들어 다음과 같은 아동 발화의 평균형태소길이는 4.38[각 발화 형태소 수의 합(35) ÷ 총 발화의 수(8)]이다.

```
① 수박 / 사 / 러 / 마트 / 에 / 가 / 자          (7)
② 바나나 / 도 / 있 / 어?                        (4)
③ 예쁘 / -ㄴ / 옷 / 도 / 사 / -ㅆ / 어          (7)
④ 많 / 이 / 사 / -ㅆ / 다                        (5)
⑤ 엄마                                          (1)
⑥ 바나나 / 먹 / 었 / 지                          (4)
⑦ 포크                                          (1)
⑧ 둘 / 이 / 같이 / 먹 / 었 / 어                 (6)
                                        ─────────
                                        계 (35)
```

출처 ▶ 강은희 외(2019)

ⓒ **최장형태소길이** [11중특]

최장형태소길이는 분석한 발화 중 가장 긴 발화의 형태소 수를 찾으면 된다. 위의 예에서는 최장형태소길이는 7(①, ③번 발화)이 되는 것이다.

ⓒ **평균구문길이**

- 평균구문길이는 한 개의 형태소로 이루어진 발화는 제외하고, 2개 이상의 형태소로 된 발화만을 분석하여, 총 형태소의 수를 총 발화의 수로 나누어 평균을 구한 것이다.

$$평균구문길이 = \frac{2개 이상의 형태소로 구성된 발화의 형태소 수의 합}{2개 이상의 형태소로 구성된 총 발화의 수}$$

  - 평균구문길이에서 한 개의 형태소로 이루어진 발화를 제외하는 것은 한 개의 형태소로 이루어진 발화가 평균발화길이에 주는 영향을 가능한 한 줄이기 위한 것이다.

- 위의 예에서는 1개의 형태소로 이루어진 2개의 발화(⑤, ⑦번 발화)를 제외한 6개의 발화만을 분석하여 평균구문길이는 5.5(33 ÷ 6)가 된다.

KORSET 합격 굳히기 **형태소 구분 방법**

구분 방법	예시
한 언어 내에서 의미를 내포하고 있는 가장 작은 단위로, 더 분석하면 그 뜻을 잃어버리는 말을 하나의 형태소로 분류한다.	• ㉠ 같이 • ㉡ 많이 → '함께'라는 뜻의 "같이"는 "같다(same)"의 파생어가 아니므로 '같'과 '이'로 나눌 수 없다. 그러므로 1개의 형태소로 분석한다. 그러나 "많다"에서 파생된 "많이"는 '많'과 '이' 2개의 형태소로 분석되어야 한다.
모든 문법 형태소는 독립된 형태소로 계산한다.	• 좋아서 → 좋−아서(형태소 수 : 2)
말의 구성성분이 하나의 음소로 사용되었을지라도 개별적인 의미를 가지고 사용되면 개별적인 형태소로 분류한다.	• 갔다 올게 → 가−았−다−오−ㄹ게(형태소 수 : 5) • 수박인 것 → 수박−이−ㄴ−것(형태소 수 : 4)
한 의미를 가지고 중복되어 표현한 어휘는 하나의 형태소로 계산한다.	• 깡충깡충, 빵빵, 칙칙폭폭(각각 형태소 수 : 1)
중복된 의미의 문법 형태소(예 −(에)서, −다(가), −아(서), −네(들))는 하나의 형태소로 계산한다. 예를 들어 "−때에"의 경우, "갈 때"와 "갈 때에" 사이에 뜻의 변화가 없기 때문에 '때'와 '에'를 각각의 형태소로 분석하지 않고, 하나의 형태소로 취급한다.	• 학교−서(형태소 수 : 2) 학교−에서(형태소 수 : 2) • 좋−아−죽−겠−네(형태소 수 : 5) 좋−아서−죽−겠−네(형태소 수 : 5)
각 형태소를 잇기 위해 발음상 매개되는 모음 또는 자음은 개별적인 형태소로 분류하지 않는다.	• 몰라 → 몰(모르)−라(형태소 수 : 2) → "몰"의 'ㄹ'은 어간 '모르−'의 'ㄹ'이 붙게 된 것이다. 그러므로 여기에서 'ㄹ'은 하나의 형태소로 분석하지 않는다.
이름 등의 고유명사는 하나의 형태소로 분류하지만, 호칭에 있어서 발음을 위해 관습적으로 붙이는 '−이'는 개별적인 형태소로 구분하지 않는다.	• ㉠ 하정 언니(형태소 수 : 2) • ㉡ 하정이 언니(형태소 수 : 2) → "하정"과 "하정이"는 그 의미가 똑같으므로 1개의 형태소로 분석한다.
우리말에는 여러 형태의 문장종결어미들이 있다. 문장의 끝에 오는 것은 어말종결어미(예 '−다', '−소/오', '−네', '−아/어', '−의마/마', '−지' 등)라고 하고 문장의 중간에 오는 것은 비어말종결어미(예 '−습/읍', '−았/었/렀−', '−겠−', '−(으)시' 등)라고 한다.	• 합쇼체 : −습니다("때립니다") • 해요체 : −어요, −예요("때려요") • 하오체 : −소("때리소") • 하게체 : −네("때리네") • 해체 : −어("때려") • 해라체 : −는다("때린다") → 우리말의 현재시제를 나타내는 '−는'이나 '−ㄴ'은 과거시제나 미래시제 형태소들보다 그 역할이 약하여 하나의 형태소로 보지 않는 견해도 있으나, 본 분석체계에서는 의미를 내포하고 있는 것으로 보아 1개의 형태소로 분석한다.

출처 ▶ 김영태(2019). 내용 요약정리

② 낱말에 의한 발화길이 산출 방법

㉠ 평균낱말길이 ^{13유특, 17유특, 20유특}

- 평균낱말길이는 전체 낱말 수를 총 발화 수로 나눈 값으로, 'MLU-w (Mean Length of Utterance in words)'로 표기된다.

$$평균낱말길이 = \frac{각\ 발화\ 낱말\ 수의\ 합}{총\ 발화의\ 수}$$

- 또래의 평균에서 −2SD 이상 떨어지면 구문적인 발달이 지체되어 있다고 할 수 있고, −1SD와 −2SD 사이에 있으면 약간 지체되었다고 해석한다.
  - 단, 평균발화길이의 타당성이 떨어지는 4세 이상의 발달기 아동, 즉 MLU-w가 5.00 이상인 아동에 대해서는 평균발화길이만을 가지고 구문적인 발달을 평가하는 것은 위험하다고 할 수 있다.
- 제시된 예에서 아동 발화의 평균낱말길이는 2.75[각 발화 낱말 수의 합(22) ÷ 총 발화의 수(8)]이다.

① 수박 / 사러 / 마트 / 에 / 가자	(5)
② 바나나 / 도 / 있어?	(3)
③ 예쁜 / 옷 / 도 / 샀어	(4)
④ 많이 / 샀다	(2)
⑤ 엄마	(1)
⑥ 바나나 / 먹었지	(2)
⑦ 포크	(1)
⑧ 둘 / 이 / 같이 / 먹었어	(4)
	계 (22)

출처 ▶ 강은희 외(2019)

㉡ 최장낱말길이

위의 예에서 최장낱말길이(Upper Bound Length, UBL)는 분석한 발화 중 가장 긴 낱말 수인 5(①번 발화)이다.

③ 어절에 의한 발화길이 산출 방법

㉠ 평균어절길이

- 평균어절길이는 총 어절 수를 총 발화 수로 나눈 값으로, 'MLU-c (Mean Length of Utterance in clutters)'로 표기된다.

$$평균어절길이 = \frac{각\ 발화\ 어절\ 수의\ 합}{총\ 발화의\ 수}$$

- 언어표본을 가지고 평균어절길이를 산출해 보면, 아동 발화의 평균 어절길이는 2.25[각 발화 어절 수의 합(18) ÷ 총 발화의 수(8)]이다. 평균어절길이는 흔히 소수점 둘째 자리까지 기록한다.

---

① 수박 / 사러 / 마트에 / 가자.　　　　　　(4)
② 바나나도 / 있어?　　　　　　　　　　　(2)
③ 예쁜 / 옷도 / 샀어.　　　　　　　　　　(3)
④ 많이 / 샀다.　　　　　　　　　　　　　(2)
⑤ 엄마　　　　　　　　　　　　　　　　　(1)
⑥ 바나나 / 먹었지.　　　　　　　　　　　(2)
⑦ 포크　　　　　　　　　　　　　　　　　(1)
⑧ 둘이 / 같이 / 먹었어.　　　　　　　　　(3)
　　　　　　　　　　　　　　　　　　계 (18)

ⓒ 최장어절길이

분석한 발화 중 가장 긴 어절 수를 의미하며 위의 예의 경우는 4(①번 발화)이다.

2. 문법 형태소 및 구문유형의 분석

(1) 문법 형태소 분석

① 우리말의 문법 형태소에 해당하는 조사, 어미, 접사 중 문장에서 문법적 기능을 하는 조사와 어미는 아동의 구문·형태론 발달척도로 유용하다.

② 아동의 발화에서 나타나는 문법 형태소를 분석한 뒤 또래아동의 발달 준거와 비교하여 결과를 제시한다.

③ 문법 형태소는 다음과 같은 방법으로 분석한다.

번호	발화	조사			어미				접사
		격조사	접속조사	보조사	선어말어미	종결어미	연결어미	전성어미	
1	수박 사러 마트에 가자.	에				-자	-러		
2	바나나도 있어?			도		-어			
3	예쁜 옷도 샀어.			도	-ㅆ-	-어		-ㄴ	
4	많이 샀다.				-ㅆ-	-다			이
5	엄마								
6	바나나 먹었지.				-었-	-지			
7	포크								
8	둘이 같이 먹었어.	이			-었-	-어			

출처 ▶ 강은희 외(2019)

자료

어미의 유형

전성어미

'전성'이란 '단어의 성질이 바뀐다'는 뜻으로 용언의 성질이 일시적으로 다른 품사, 즉 명사, 관형사, 부사의 용법으로 쓰인다는 것을 나타내며, 이러한 어미에는 명사형 어미, 관형사형 어미, 부사형 어미가 있다(김홍범 외, 2021).

유형	예시
명사형	그 일은 하기가 쉽지 않다.
관형사형	최선을 다하는 사람이 되어야
부사형	꽃이 아름답게 피었다.

출처 ▶ 김홍범 외(2021)

(2) **구문유형 분석**

① 구문유형 분석에서는 아동의 전체 발화 중에서 단문이나 복문이 차지하는 비율을 분석하거나, 문법 종결법에 따른 문장 틀의 다양성을 분석한다.

　• 한국어의 문장 종결법에 따른 문장 틀: 평서문, 의문문, 명령문, 청유문, 감탄문 등 다섯 종류

② 구문유형 분석에서는 아동 발화에서 나타나는 문장 틀이 주로 어떠한 유형인지, 어떠한 문장 종결 유형은 나타나지 않는지 등도 함께 분석할 수 있다.

③ 구문유형 분석을 위한 분석표의 예는 다음과 같다.

문장 분류			발화 번호	계
단문				
복문	접속문	대등 접속문		
		종속 접속문		
	내포문	명사절 내포문		
		관형절 내포문		
		부사절 내포문		
		서술절 내포문		
		인용절 내포문		

04 화용론적 분석

1. 문장의 자율성 분석

문장의 자율성 분석은 아동 발화가 자발적인지, 모방 발화인지를 분석하여 아동이 얼마나 자율적으로 대화에 참여하는지를 살펴보는 것이다.

문장의 자율성
🔵 발화의 자율성

(1) **자발적 문장**

자발적 시도 발화	아동이 대화를 시작하거나, 선행되는 질문이 없어도 서술이나 질문 등으로 대화를 이어간다.
질문에 대한 반응	선행되는 질문에 대해 자발적으로 대답한다.

(2) 모방

① 선행 발화가 끝났을 때 얼마나 빨리 모방하느냐에 따라 즉각 모방, 지연 모방으로 나뉜다.

즉각 모방	상대방의 말을 즉시 모방한다.
지연 모방	상대방이 한 말을 시간이 경과한 후에 모방한다.

② 선행 발화와 얼마나 유사하게 모방하느냐에 따라 완전 모방, 부분 모방, 변형 모방으로 구분된다.

완전 모방	상대방의 문장을 그대로 똑같이 모방한다. 완전 모방은 흔히 반사적인 경우가 많아서 완전, 즉각 모방의 형태를 띤다.
부분 모방	상대방의 문장 중 일부분만을 모방한다.
변형 모방	상대방의 문장 형태나 내용을 일부 바꾸어 모방한다. 흔히 반향어에서 진정한 발화로 넘어가는 전환시기에 나타나는 형태이다. 예 길동이에게 "나 보고 싶었어?"라고 하면, "길동 보고 싶었니?" 혹은 "나 보고 싶었어."라고 대답한다.

문장의 적절성
등 발화의 적절성

2. 문장의 적절성 분석

① 문장의 적절성 분석은 아동 발화가 선행 발화와 문맥적으로 적절한지, 부적절한지를 분석하는 것이다.

② 화용적으로 적절한 문장과 화용적으로 부적절한 문장으로 구분한다.

화용적으로 적절한 문장	문맥에 적절하며 선행 발화가 요구하는 기능에 맞는 발화이다. 예를 들어, 질문에 대해서는 대답하고, 요구에 대해서는 수긍하거나 거부, 또는 부정하는 발화는 적절하다고 할 수 있다.
화용적으로 부적절한 문장	문맥에 적절하지 못하거나, 선행 발화가 요구하는 기능에 부적절한 발화이다. 예를 들어, 주제에 어긋난 발화를 한다거나, 엉뚱한 대답이나 질문을 하는 등 화용적으로 이상하면 일단 부적절한 문장으로 분류하고 기능별 분석을 실시한다.

3. 언어기능의 다양성 분석

- 언어기능의 다양성 분석은 아동이 사용하는 문장의 기능이 하나나 두 가지로 제한되어 있는지, 혹은 다양한지를 분석하여 그 아동이 자신의 의사표현을 얼마나 자유롭게 할 수 있는지를 평가하는 것이다.

- 아동의 발화 수준에 따라 의사소통 의도가 제한적인 아동에게는 초기 구어기능 분석, 의사소통 의도가 다양한 아동에게는 대화기능 분석을 한다.

(1) 초기 구어기능 분석 _{21유특, 22유특}

Dore(1974)는 단단어 시기에 나타나는 의사소통 의도의 유형을 분석하여 다양한 기능들을 분석할 수 있는 초기 화행 분석표를 다음과 같이 제시하였다.

기능	내용
명명	아동이 현재 조작하거나 감지하고 있는 사물의 이름을 댄다. 예 자동차를 가리키며 "자동차" 한다.
반복	상대방 말의 일부 또는 전부를 따라 한다. 예 어른이 "빨간 모자"라고 했을 때 "모자"라고 한다.
대답	상대방의 질문에 대답한다. 예 "몇 살이야?" / "세 살"
행동 요구	상대방이 어떤 행동을 취하도록 한다. 예 과자 주세요.
대답 요구	상대방의 대답을 유도한다. 예 공을 들어올리며 "공?" 한다.
부르기	상대방의 주의를 끌기 위한 말이나 음운패턴 예 장난감을 가리키며 "엄마"하고 부름으로써 엄마가 다가오게 한다.
인사	상대방에게 자신의 도착이나 출발을 알린다. 예 "안녕", "빠이빠이"
저항	어떤 것을 싫어하거나 불허한다는 것을 나타낸다. 예 고개를 저으며 "싫어", "안 돼"
연습	앞의 문장과 연결되지 않는 말을 독백처럼 한다. 예 어른이 "아이 춥다, 그지?" / "아가, 아가" 하며 중얼거림

출처 ▶ 김영태(2019). 내용 요약정리

Tip

Dore의 초기 화행 분석표는 초기에 보다 일반적으로 나타나는 음성-몸짓 의도 분석에 사용(Owens, Jr., 2015)되기 때문에 기본적으로 학습해야 한다.

자료

초기 구어기능의 발달

일반적으로 대답/반응하기, 반복하기, 이름대기, 저항/거부하기, 부르기/인사하기, 사물/행위/정보 요구하기 등의 기능이 24개월 이전, 단단어 시기에 먼저 습득되며, 명료화 요구하기, 묘사하기, 예측하기, 지시하기, 감정 표현하기, 가정하기 그리고 추론하기 등과 같이 좀 더 높은 수준의 인지 능력 및 구어 능력을 요하는 의도는 그보다 늦게 습득된다(김영태, 2019).

저항
동 항의, 거부

비교

연습

김영태 (2019)	본문 참조
Owens, Jr. (2015)	연습하기
Reed (2017)	'활용하기(언어)'로 제시되어 있으며 '스스로에게 언어를 연습해 보기 위해서'라고 설명하고 있다.

자료

대화기능 분석표

본문의 대화기능 분석표는 Dore (1978)의 분석표를 기초로 하여 홍경훈과 김영태가 재구성한 것이다 (김영태, 2019).

Tip

대화기능 분석을 학습할 때는 상위 기능과 하위 기능을 모두 익혀야 한다. 예를 들어, 2012 중등 1-33 기출에 제시된 보기를 살펴보면 다음과 같으며, 구체적인 내용은 본 Chapter의 개념확인문제 참조

- '행위 요구'는 가능하지만, 자기중심적이어서 대화 상황에 부적절하다.
- '질문에 대한 반응'은 나타나지만, 상황에 부적절한 대답을 하는 경우가 있다.
- 상대방에게 '명료화 요구하기'는 가능하나, '주관적 진술'은 나타나지 않는다.
- 단순한 '요구에 대한 반응'은 하지만, 상대방의 '명료화 요구'에는 적절하게 응답하지 못한다.

(2) **대화기능 분석** [11중특, 23초특]

대화기능 분석 방법은 다음과 같다.

① 의사소통 행동은 상호작용에서 나타나는 행동으로 비상호작용적 행동은 포함하지 않는다. 여기서 상호작용이란 다음을 포함한다.

   ㉠ 신체적으로 근접한 상황에서 나타나는 행동

   ㉡ 몸짓이나 발성 또는 말로 접근이 일어난 경우

   ㉢ 엄마의 의사소통 의도가 있은 후 아동이 3초 이내에 응시 또는 반응한 경우

② 의사소통 의도의 산출형태는 '몸짓이나 발성'이 동반된 형태, 또는 '말' 형태로 구분하여 분석한다. 단, 말에 동반되는 몸짓이나 발성은 '말' 형태로 분석한다. 그러나 알아들을 수 없는 자곤은 말로 분석하지 않는다.

③ 의미 없는 상투적인 부르기(**예** 의미 없이 "엄마")는 전체 자료의 10%만 분석에 포함한다.

④ 동일한 대상 또는 행위를 반복적으로 지칭하는 행동들은 한 번만 기록한다.

⑤ 대화기능 분석은 7개의 상위 범주로 분류하고 각 범주 안에 하위 범주를 두어 분류한다. [12중특, 15초특]

상위 기능	하위 기능		내용
요구	요구 : 상대에게 정보, 행위, 사물 또는 허락을 요구하는 기능이다.		
	정보 요구	예/아니오 질문	상대로부터 '예/아니오'의 반응을 요구하는 질문 **예** 아동 : 사탕이야? / 엄마 : 응.
		의문사 질문	의문사를 이용한 질문 **예** 아동 : 이거 뭐야?
		명료화 질문	상대의 이전 발화에 대해 명료화를 요구하는 질문 **예** 엄마 : 가자. / 아동 : 뭐라고?
		확인 질문	아동 자신이 알고 있는 사실을 확인하는 질문 **예** 아동 : (질문의 억양으로 공을 보며) 공이지?
	행위 요구		상대에게 어떤 행위를 하도록 요구하는 행동 **예** 아동 : (자동차를 밀어달라는 의미로) 가.
	사물 요구		상대에게 사물을 달라고 요구하는 행동 **예** 아동 : (달라는 시늉을 하며, 풍선 가리키기)

	허락 요구		상대에게 허락을 요구하는 행동 예 아동 : (엄마가 물을 틀지 말라고 한 후, 수도꼭지를 돌리려고 하면서 엄마를 쳐다보고) 물?
반응	반응 : 상대의 요구에 답하고 대응하는 기능이다.		
	질문에 대한 반응	예/수용	상대의 질문에 긍정적인 대답을 하는 경우로, 단 의미 없는 대답은 제외한다. 예 엄마 : 먹을래? / 아동 : 응.
		아니요/ 저항/ 부정	상대의 질문에 부정적인 대답을 하는 경우로, 단 의미 없는 대답은 제외한다. 예 엄마 : 먹을래? / 아동 : 몰라.
		의문사 대답	상대의 의문사 질문(뭐, 어디, 누가, 언제, 왜, 어떻게)에 적합한 대답을 하는 경우 예 엄마 : 뭐 먹을래? / 아동 : 과자
	요구 반응	명료화	상대의 명료화 요구 후에 이전 발화를 반복하거나 명료하게 하려는 시도 예 아동 : 달기 / 엄마 : 딸기? / 아동 : 딸기
		순응	상대의 요구에 긍정적으로 응하는 행동 예 엄마 : 뽀뽀해 줄래? / 아동 : 해 줄게.
		거부/ 저항	상대의 요구를 거부하거나 저항하는 행동 예 엄마 : 뽀뽀 / 아동 : 안 해.
	반복		상대의 선행 의사소통 행동을 전체 또는 부분적으로 새로운 추가 없이 모방하는 행동 예 엄마 : 뭐 줄까? / 아동 : 뭐 줄까?
	의례적 반응		선행 발화에 부합되지 않는 단순한 의례적 반응 예 엄마 : 그게 뭐야? / 아동 : 응.
객관적 언급	객관적 언급 : 객관적 사실에 대한 언급이나 현재 관찰 가능한 사물 또는 사건에 대한 인지/묘사, 또는 아동이 의도적으로 사물이나 행위에 상대의 주의를 끄는 행동이다.		
	사물에 주의 끌기		단순히 사물에 주의를 집중토록 하는 수준의 행동 예 아동 : (장난감 전화기를 보고 엄마를 쳐다보며 전화기 가리키기)
	이름 대기		아동이 타인과 상호작용하는 장소에서 눈으로 볼 수 있는 사물 또는 사건을 명명하는 기능, 단 질문에 대한 대답이 아닌 경우만을 포함한다. 예 아동 : (강아지 인형을 보며) 멍멍.

	사건·상태	행위/사물의 움직임이나 상태에 상대의 주의를 끄는 행동 **예** 아동 : (블록을 다 담은 후) 됐어.
	고유 특성	아동이 타인과 상호작용하는 장소에 있는 대상에 대해 그 대상이 본질적으로 가지고 있는 외형적 특성을 기술하는 기능 **예** 아동 : (공을 보며) 동그라네.
	기능	사물의 기능을 나타내는 행동이나 언급 **예** (축구공을 보며) 뻥 차는 거야.
	위치	공간적 관계에 대한 행동이나 언급 **예** 아동 : (장난감을 가리키며) 저기 있다.
	시간	시간적 관계에 대한 행동이나 언급 **예** 아동 : 이따 봐.
주관적 진술	주관적 진술 : 직접적으로 관찰이 가능하지 않은 사실, 규칙, 태도, 느낌 또는 믿음에 대한 행동이나 진술을 하는 기능이다.	
	규칙	규칙에 대한 행동이나 진술 **예** 아동 : (~하면) 안 돼.
	평가	상대 또는 자신의 행위에 대한 주관적인 평가 **예** 아동 : 잘했어.
	내적 상태	자신의 생각 또는 느낌을 표현 **예** 아동 : 그거 좋아.
	속성	객관적 판단의 기준이 없는 상대적 특성에 대해 자신이 주관적으로 느끼는 사물의 특성을 기술하는 기능 **예** 아동 : 와, 크다.
	주장	자신의 의견 또는 주장을 표현하거나 청유하는 기능 **예** 아동 : 내 거야.
	설명	현재의 장소에 없거나, 현재에 존재하지 않는 사물 또는 상황/사건에 대한 설명이나 의견 또는 이유를 설명하는 기능 **예** 아동 : (뭔가를 그리고 나서) 이건 공이야.
대화내용 수신표현	대화내용 수신표현 : 상대의 말을 들었다는 것을 나타내는 반응이다. 단순히 메시지 수신의 표현을 의미하므로 질문이나 요구하는 반응은 해당되지 않는다.	
	수용	상대의 앞선 의사소통 행동에 대해 단순히 메시지를 받았다는 것을 표현하는 행동 **예** 상대의 말을 들으며 경청의 의미로 고개를 끄덕이거나 "어"

	승인/동의	상대의 앞선 의사소통 행동에 대해 새로운 정보의 추가 없이 단순히 승인/동의를 표현하는 행동 예 엄마 : 고맙습니다. / 아동 : 네.
	부인/반대	상대의 앞선 의사소통 행동에 대해 새로운 정보의 추가 없이 단순히 부정/반대를 표현하는 행동 예 엄마 : 물 없어. / 아동 : 물 있어.
대화내용 구성요소	대화내용 구성요소 : 개별적 접촉과 대화 흐름을 조절하는 기능이다.	
	의례적 인사	상대방의 반응을 기대하지 않는 의례적인 인사 예 아동 : 안녕.
	부르기	다른 의사소통 의도와 연결되지 않은 단순한 부르기 예 아동 : 엄마.
	화자 선택	반응할 상대를 선택하는 행동 예 아동 : 엄마가 말해.
	동반	행동의 한 부분으로 수반되는 말 예 아동 : (물건을 주며) 여기.
	감탄	자신 또는 상대의 행동이나 사물에 대한 감탄 또는 놀람을 표현하는 행동 예 아동 : (엄마가 만든 블록모형을 보고) 우와
발전된 표현	발전된 표현 : 말 산출만으로도 성취되는 기능이다.	
	농담	남을 웃기려고 우스갯소리로 하는 말 예 아동 : 나 아들 아니고 딸이지? (아들인지 알면서 장난치려고)
	경고	문제를 지적, 위험을 알리거나 또는 조심토록 주의를 주는 말 예 아동 : 조심해.
	놀림	남의 흉을 보거나 놀리는 말 예 아동 : (상대를 쳐다보며) 메롱

출처 ▶ 김영태(2019). 내용 요약정리

01 문자언어 지도 방법

1. 발음 중심 접근법 09초특, 17유특

① 발음 중심 접근법이란 행동주의적 관점에 기초한 전통적인 언어 교수 방법으로 조직적이고 명확하게 글자와 소리의 관계를 지도하는 방법이다.

- /ㄱ/에 /ㅏ/를 더하면 /가/, /ㅑ/를 더하면 /갸/, 거기에서 /ㄹ/이 붙으면 /걀/이 된다는 식의 지도방법이다.

② 학습 방향을 자·모음 낱자 → 글자 → 단어 → 문장 → 문단 → 텍스트로 나아가는 계열적 과정으로 보기 때문에 상향식 접근이라고도 한다.

③ 기본 음절표를 활용하여 한글의 구조를 체계적이고 논리적으로 지도할 수 있다는 장점이 있다.

- 행동주의 심리학의 영향을 받은 구조주의 언어학자들이 고안하였으며, 언어의 하위기능부터 위계적으로 학습계획하에 이루어지며, 읽기 초보 단계에서 문자해독 기술을 습득하는 데 효과적인 방법이다. 특히 문자 언어는 음성언어와 달리 자연스러운 방법으로 습득되지 않으므로 이와 같은 직접적인 지도가 필요하다고 주장한다.

④ 발음 중심 접근법은 지나치게 분석적이고 논리적이며 단지 읽기와 쓰기 만을 강조하였다는 단점이 있다.

2. 총체적 언어 접근법 09유특, 10유특, 17유특

① 총체적 언어 접근법은 발음 중심 지도법에 대한 대안으로, 언어의 구성 요소들을 음소나 자모체계로 분리하지 않고 하나의 전체로 가르치는 언어 교육법이다.

㉠ 언어를 음소나 낱자 중심으로 가르치는 것이 아니라, 의미를 지닌 덩어 리로 사용할 수 있도록 접근하는 방법이다.

㉡ 언어를 부분으로 나누어 습득하게 되면 전체적인 맥락을 이해하지 못 하고, 글을 읽을 때에도 이러한 부분적인 요소에 집중하여 전체적인 의미를 파악하는 데 방해가 된다고 본다.

✍ **상향식, 하향식 모델**

상향식 모델	가장 작은 단위부터 올라 가는 방식으로서 처음에 단 어를 보고 문단을 보고 전 체 줄거리를 파악한다. 문 자해독이 기초이며 음소와 같은 작은 요소에서 시작 해서 단어, 구, 절, 문장과 같은 큰 단위로 학습한다.
하향식 모델	글 자체의 언어적 요소보 다는 글이 포함하고 있는 맥락에 의존한다. 독자의 경 험으로부터의 배경지식이 글 이해에 주도적으로 작용 하는 방식이다.

출처 ▶ 고은(2021)

---

② 의미이해에 중점을 두고 실제 생활에 활용되는 문자언어 자료를 활용하고 학습자 중심 과정으로 지도한다.

　㉠ 총체적 언어 접근법, 언어경험 접근법, 문학적 접근법은 모두 학생 생활 주변의 문해자료나 문학작품, 학생에게 경험을 제공하기 위하여 학생 스스로 자신의 경험과 의미를 구성할 수 있도록 한다. 이처럼 의미를 중요하게 다루기 때문에 이들을 '의미중심 접근법'이라고 통칭하기도 한다.

　㉡ 총체적 언어 접근법을 사용하는 교실에서는 교과서가 아닌 문학작품, 과학, 연구, 예술 관련 소재를 다루는 서적들을 통해 말하기 · 듣기 · 읽기 · 쓰기 경험을 제공하는 데 주안점을 둔다.

　㉢ 자발성과 능동적인 언어경험 그리고 학생의 흥미를 강조한다.

③ 말하기, 듣기, 읽기, 쓰기는 순서에 따라 제시하지 않고 통합적으로 지도한다.

④ 전체 이야기에서 문장과 단어순으로 지도하는 하향식 접근방법을 사용한다.

⑤ 총체적 언어 접근법은 초기 언어 환경이 열악한 학생에게는 불리하다는 지적에 따라 음소나 낱말 중심의 직접적인 언어 지도법도 병행되어야 한다는 '균형적 언어 접근법'이 제시되고 있다.

✿ 발음 중심 접근법과 총체적 언어 접근법 비교

발음 중심 접근법	총체적 언어 접근법
단어 중심으로 지도한다.	문장 중심으로 지도한다.
발음과 음가를 중시한다.	의미 파악을 중시한다.
인위적인 방법으로 지도한다.	자연주의적 원칙을 따른다.
단어카드, 철자카드를 사용한다.	그림 이야기책을 사용한다.
그림, 삽화는 발음지도에 장애가 된다.	의미 파악을 위해 그림과 삽화 활용을 적극 권장한다.
내용 파악을 위한 질문은 가능한 한 하지 않는다.	내용 파악을 위한 예측을 적극 권장한다.

출처 ▶ 고은(2021)

KORSET 합격 굳히기 **총체적 언어 교육**

1. 총체적 언어 교육에서는 읽고 쓰기를 비롯한 모든 언어 기술은 의미 전달을 위해 필요하다고 주장한다. 언어를 음소나 낱자 중심으로 가르치는 것이 아니라, 의미를 지닌 덩어리로 사용할 수 있도록 접근하는 방법이므로 발음 중심 방법과는 상반되는 이론이라고 할 수 있다.

2. 총체적이라는 말은 세 가지 의미를 함축하고 있다.
   ① 언어의 기본 단위는 의미이다.
   ② 언어 교육은 '말하기', '듣기', '읽기', '쓰기'를 인위적으로 따로 구분해 가르치는 것이 아니라 통합적으로 가르쳐야 한다.
   ③ 언어 교육은 모든 교과들과 통합해 가르치는 것이다.

3. 총체적 언어 교육 주창자들은 학생들이 자연스러운 맥락에서 읽고 쓰는 것을 학습해야 하며, '읽기'와 '쓰기' 기술은 원래 연관되어 있다고 믿고 있다. 따라서 '읽기'와 '쓰기'를 분리해 가르치는 것보다는 통합해서 지도해야 한다고 주장하고 있다.

4. 총체적 언어 교육을 하는 교사들은 학생들이 언어 학습을 즐거워하도록 분위기를 조성해 주어야 하고, 자신감을 가지고 그들의 생각, 착상, 느낌을 스스로 표현하도록 유도하며, 어떠한 경우에도 학생이 언어 배우기를 두려워하거나 지루해 하지 않도록 격려해야 한다.
   출처 ▶ 기본교육과정 중학교 국어 교사용 지도서(2021)

5. 전체 이야기에서 문장과 단어 순으로 지도하는 하향식 접근방법을 사용한다.

6. 자발성과 능동적인 언어경험 그리고 학생의 흥미를 강조한다.
   출처 ▶ 고은(2021)

균형적 언어 접근법
⑧ 균형적 접근법

3. 균형적 언어 접근법

① 균형적 언어 접근법은 발음 중심 접근법과 총체적 언어 접근법의 적절한 균형을 강조한다.

② 때로는 글자의 기본원리를 쉽게 배울 수 있는 한글의 장점을 살려서 자모체계의 이해와 자소와 음소의 대응관계 등에 초점을 맞춘 발음 중심 지도를 하고, 때로는 학생의 경험과 흥미를 고려하여 익숙한 단어를 중심으로 의미 이해에 관한 지도에 초점을 맞춘 의미 중심 전략을 사용하는 지도방법이다.
   ⑩ 교사와 함께 그림책을 읽으면서 자신의 이름 속에 포함된 음절을 찾거나, 자신의 이름 속 음절을 활용하여 새로운 단어 말하기 등으로 구성될 수 있다.

③ 소리를 해독하는 기술과 글의 의미를 파악하고 이해하는 능력을 모두 강조함으로써, 언어발달에 긍정적인 교수법으로 강조되고 있다.

4. 언어경험 접근법 10중특, 13초특

① 언어경험 접근법은 학생의 경험과 관심을 중심으로 언어활동이 이루어
진다.

- 학생이 자신의 경험이나 생각을 말로 표현하면 교사는 그것을 글로
옮겨 적어서 학생에게 읽기 자료로 활용하는 교수법이다.

② 학생이 직접 경험한 것을 말과 글로 표현해 가면서 언어능력을 향상시켜
나가기 때문에 다양한 연령과 학생 자신의 발달 단계에 맞는 활동을 할
수 있다는 장점을 가지고 있다.

③ 학습자는 글의 내용을 더 쉽게 예측할 수 있기 때문에 이해하기 쉽다는
장점을 가지고 있다.

---

02 교사의 발화 전략

1. 발화유도 전략에 대한 이해

(1) 개념

① 언어적인 문제를 가지고 있는 학생들은 대부분 자발적으로 의사소통에
참여하지 않는다. 이 경우 어떤 방법으로 학생의 언어를 자극하고 유도할
것인가 하는 문제는 매우 중요하다.

② 장애학생은 일반학생과 달리 자연적인 언어학습의 기회가 적으므로 언
어발달에 도움이 되는 전략을 구체적으로 구성하여 교수하여야 한다.

(2) 종류 11유특, 13중특, 16초특, 17유특, 18유특, 20초특, 22유특, 24초특 · 중특, 25유특

교사는 다음과 같은 발화유도 전략을 이용하여 학생의 발화를 이끌어 낼
수 있다.

혼잣말기법	• 학생에게 요구하지 않으면서 교사가 자기 행위에 대해 혼자 대화를 하듯이 말을 한다. 　- 학생에게 교사의 행동을 나타낸 말을 들을 수 있게 한다. 　- 학생의 근접발달영역(ZPD) 내의 수준을 참고하여 교사가 스스로 혼잣말을 함으로써 발화를 유도하는 교수 전략이다. 　- 스스로 묻고 답하는 과제전략적인 혼잣말을 교사가 자신의 입장에서 모델링을 해주는 것이다. 　ⓔ (그림의 색칠을 하면서) "사과는 빨간색이니까 빨간색으로 칠해 줘야겠다." • 학생에게 직접적인 지시를 하지 않고도 언어적 대화의 상호작용을 유도하는 효과를 기대할 수 있다.

자료

언어경험 접근법
- 언어경험 접근법은 큰 틀에서는 총체적 언어 접근법에 포함된다고 볼 수 있다. 문자의 해독보다는 자연스러운 환경에서 풍부한 생활경험과 학생들의 사고 그리고 상호작용을 중시한다는 점에서는 그러하다. 그러나 언어경험 접근법은 아동의 경험과 관심을 중심으로 언어활동이 이루어진다(고은, 2021).
- 언어경험 접근법에 대한 자세한 내용은 Part 05. 학습장애아교육의 'Chapter 03. 읽기장애 및 읽기지도' 참조

Tip

혼잣말기법과 평행적 발화기법의 차이를 구분하여 서술할 수 있어야 하며, 각각의 전략에 대한 예시도 적절히 제시할 수 있어야 한다.

평행적 발화기법
동 상황설명하기, 평행말

평행적 발화기법	• 교사가 학생의 입장에서 학생의 행동을 말로 표현해 주는 방법이다.
	   − 교사가 학생의 행동을 말로 표현해 줌으로써 학생이 자신의 행동을 나타낸 말을 들을 수 있게 한다.
	 예 (과자를 물끄러미 바라본다.)
	   교사 : 선생님, 지수 과자 주세요.
	   (말없이 과자를 받자)
	   교사 : 선생님, 감사합니다.

FA 질문법	• 학생에게 대답할 수 있는 두 개의 모델을 제시하는 폐쇄형 질문법의 하나이다. 예 "오늘은 오렌지를 먹을까, 아니면 포도를 먹을까?" − 질문이 반드시 문법적으로 완전할 필요는 없다. 예를 들어, "빨간색 아니면 파란색?"이라는 질문도 가능하며, "하고 싶어, 안 하고 싶어?"라는 질문에 대해서는 문장형태의 답을 유도할 수도 있다. • 학생이 적절한 응답을 하지 못한 경우에는 교사의 발문 방법을 바꾸어 보는 것도 하나의 전략이 될 수 있다.
대치요청	• 명료화 요구의 한 전략으로서 발화 자체를 불완전하게 할 경우 수정하여 발화하도록 돕는 전략이다. • 목표언어가 나올 때까지 학생의 말을 고쳐 나가도록 유도한다. 예 학생 : 이거. / 교사 : 이거, 뭐?

Tip
발화 후 언어자극 전략에 관한 본문 내용은 고은(2021). 『의사소통장애아교육(3판)』의 내용을 토대로 한 것이다.

2. 발화 후 언어자극 전략 ^{20초특, 22유특}

① 확장 ^{13중특, 14유특, 16중특}

학생의 발화를 문법적으로 완전한 문장으로 바꾸어 말해 주는 것이다. 특히 조사나 어미 사용이 잘못되거나 생략된 경우에 많이 사용한다.

예 (그림카드를 보며)

  학생 : 아가 밥 먹어. / 교사 : 아가가 밥을 먹어.

② 확대 ^{13중특, 14유특, 16중특, 23중특, 24초특}

학생의 발화에서 단어의 의미를 보완(즉, 내용적 보완)해 주는 데에 초점을 맞춘다.

예 학생 : 자동차! / 교사 : 빨간 자동차네!

③ 문장의 재구성 ^{25중특}

문장 자체를 바꾸어서 교정해 주는 형태이다.

예 학생 : 날아가 뱅기 저기. / 교사 : 저기 비행기가 날아가요?

④ 교정적 피드백

　㉠ 교정적 피드백은 특정한 문제를 고쳐 줄 의도로 사용되는 피드백과 보충 설명 그리고 시범들을 포함하는 개념이다. 즉, 정답과 오답에 대한 정보뿐만 아니라 오답을 수정하기 위해 보충적인 교수를 제공하는 것이다.

　㉡ 교정적 피드백은 피드백이 보다 확대된 것으로서, "맞았어." 혹은 "틀렸어."에 그치지 않고 무엇이 틀렸는지에 대한 피드백이 함께 이루어진다.

> **예** 교사 : 이건 무슨 그림일까? 길동이가 말해 볼까?
> 길동 : 새가 밥 먹어.
> 교사 : 새가 밥 먹는 것 같아요? 다시 한번 잘 보도록 하자.
> 길동 : 닭이야.
> 교사 : 맞아요. 닭이 모이를 먹고 있는 모습이지요.

　㉢ 교정적 피드백의 유형은 다음과 같다. [23중특]

유형	예시
명시적 오류수정	발화에 오류가 있음을 명확하게 알려 주고 올바른 발화를 직접 제시해 주는 형태다. **예** 고양이를 보고 "저기 멍멍이!"라고 말하면, "멍멍이가 아니라 고양이야."라고 정확한 표현을 제시해 준다.
고쳐 말하기	오류가 있는 말의 일부나 전부를 수정해 주는 형태로서, 오류를 명시적으로 지적하지 않고, 교정한 상태로 말해 준다. **예** 학생 : 띤발(발음오류) 있어. 　교사 : 아~ 여기 신발이 있구나?
상위언어적 교정	오류에 대해 명확하게 수정하는 대신에 오류에 대한 힌트를 주거나 정확한 형태에 대한 코멘트, 정보나 질문을 제공하는 형태다. **예** "나 줘."라고 말하면, "어른들한테 말할 때는 어떻게 하라고 했지?"라고 하면서 존댓말을 유도한다.
명료화 요구	교사가 학생의 말을 잘 이해하지 못했거나 잘못된 발화를 하였을 때, 발화를 다시 한 번 반복하거나 수정할 것을 요구한다. 중립적인 언어를 사용할 수도 있고, '무엇을 주라고' 등의 특정적 어휘를 요구할 수도 있다. **예** 학생 : 선생님, &8^% 있어요. 　교사 : 미안해, 뭐라고? (또는) 저기 뭐가 있다고?

｜자료｜

피드백

교사의 발화 모두를 피드백이라 할 수 있다(고은, 2021).

｜자료｜

긍정적 피드백, 부정적 피드백

• 긍정적 피드백은 칭찬과 격려 등의 언어적 정보를 의미한다. '그렇지', '맞아', '잘했어'와 같은 평가의 말을 사용하여 학습 의욕을 강화한다.

> 교사 : 여름에는 어떤 벌레가 많아요? 길동이가 말해 볼까?
> 길동 : 모기 많아
> 교사 : 우리 길동이, 참 잘했어요.

• 부정적 피드백은 수행이나 행동이 부적절하거나 부정확한 경우 그것을 알려 주기 위해 사용된다.

> 교사 : 여름에는 어떤 벌레가 많아요? 순신이가 말해 볼까?
> 순신 : 수박이요.
> 교사 : 순신이는 수박이 벌레구나? 얘들아, 수박이 벌레일까?

출처 ▶ 고은(2021)

이끌어 내기
🔵 유도

반복 요청하기
아동의 바른 구어를 유도하기 위하여 어떠한 단서나 연계반응을 사용하는 구어적 맥락의 세 가지 종류(시범, 직접적인 구어적 단서, 간접적인 구어적 단서) 중 간접적인 구어적 단서에 해당하는 방법 중 하나이다. 반복 요청하기는 학생이 바르게 말했을 경우에 다시 반복하도록 하여 강화하는 방법이다(김영태, 2019).
🔵 학생이 "공을 던져요."라고 바르게 말했을 때 교사가 "공을 던져요.", "다시 말해 볼래요?"라고 말한다.

이끌어 내기	학생 스스로가 정확한 형태를 발화하도록 유도하여 제공하는 피드백이다. 언급한 것을 완성하게 하거나 올바른 언어형태를 이끌어 내기 위해 질문을 할 수 있다. 🔵 교사 : (그림책을 보면서) 여기 큰 호랑이가 있네. 호랑이가 뭐 하고 있어? 　학생 : 아~ 벌려(어휘오류) 　교사 : 입을 크게 벌리고 뭐 하고 있지? 　학생 : 하품
반복하기	잘못된 발화 부분을 반복하여 말해 준다. 이때는 억양을 다르게 해주는 것이 좋다. 🔵 교사 : 내 엄마의 엄마는 뭐라고 부르지? 　학생 : 엄마엄마(어휘오류) 　교사 : 엄마엄마?↗

출처 ▶ 고은(2021)

발화 후 언어자극 전략

고은(2014), 『의사소통장애아교육(2판)』의 내용은 다음과 같다.
아동의 발화 후 교사가 적용할 수 있는 언어자극 전략에는 확장, 확대, 교정적 피드백, 재구성, 수정, 수정 후 재시도 요청, 자기수정 등이 있다.

✿ **발화 후 언어자극 전략별 기능과 예시** [13중특]

기법	기능	예시
확장	• 문법적으로 오류가 있는 학생의 표현을 문법적으로 완전한 형태로 바꾸어 말해 준다. • 문장의 틀을 유지한 상태에서 교사가 고쳐서 들려주는 방법이다.	(그림책을 보며) 학생 : 호랑이 토끼 먹어. 교사 : 호랑이가 토끼를 먹어요.
확대	• 학생의 발화에 대한 내용적 보완에 초점이 맞춰져 있다.	(그림책을 보며) 학생 : 아저씨, 아저씨! 교사 : 소방관 아저씨구나.
교정적 피드백	• 학생의 잘못된 혹은 완전하지 않은 표현을 교정해 주는 것이다. • 학생으로 하여금 부정적인 반응을 느끼게 해서는 안 된다. • 단어를 산출하기 시작한 초기 언어발달 단계나 아직 새로운 어휘가 확립되지 않은 상태에서 많이 사용되는 촉진 전략이다.	(친구 가방을 가리키며) 학생 : 뻐. 교사 : 맞아. 예쁘지?
재구성	• 학생의 표현을 다른 문장구조로 바꾸어 말해 준다. • 완성된 문장으로 만들어 준다는 점에서는 확장과 비슷하지만, 문법요소 보완보다는 새로운 문장구조로 바꾸어 주는 데에 초점이 있다.	학생 : 때렸어. 준이가, 길동이를. 교사 : 길동이가 준이한테 맞았구나.

🔵
재구성
고은(2012), 『의사소통장애아교육(1판)』에 제시되어 있는 재구성의 의미와 예시는 다음과 같다.
"아동의 표현에서 나타난 오류를 빼고 맥락 안에서 다른 형태로 바꾸어서 말해줌"
🔵 학생 : 양파는 못 좋아.
　교사 : 양파를 안 좋아하는구나.

수정	• 학생의 잘못된 발화를 교사가 직접적으로 지적하고 명확한 모델을 제시한다.		(고래 그림을 보며) 학생 : 악어야. 교사 : 악어가 아니라 고래야.
수정 후 재시도 요청	• 학생의 잘못된 발화를 교정해 준 후 다시 한 번 해보도록 한다.		(고래 그림을 보며) 학생 : 악어야. 교사 : 악어가 아니라 고래야. 다시 말해 볼까?
자기 수정	• 학생이 잘못 말한 부분을 교사가 그대로 따라함으로써 발화가 적절하지 않음을 알려 주고 수정하도록 한다.	자기 수정 요청	학생의 잘못된 발화를 교사가 맞는지를 물어봄으로써 스스로 수정하도록 하는 방법이다.	학생 : 안녕히 오세요. 교사 : (뭐라고?) 안녕히 오세요? 맞아?
		자기 수정 모델	스스로 판단해서 다시 해보라는 의미가 내포되어 있는 기법으로서, 교사의 모델링이 함께 제시된다.	학생 : 안녕히 오세요. 교사 : (뭐라고?) 안녕히 오세요? 안녕히 가세요.

03 스크립트 일과법

1. 스크립트에 대한 이해

(1) 개념 12중특, 18중특, 19중특

① 스크립트란 어떤 특정한 문맥 속에서 진행되는 단계적인 일련의 사건들을 설명하는 구조를 의미한다.

- 반복적인 실제 경험을 통하여 형성된 것으로, 특정 상황이나 맥락에서 고정적으로 계속해서 일어나는 상황에 대한 지식 구조로, 쉽게 말하면 무대에서 상연하기 위해 만들어진 대본을 말한다.

  예 '지역사회 관련 스크립트'란 지역사회에서 생활하면서 필요한 다양한 활동을 각본으로 구성한 다음 실제 생활과 유사한 장면에서 활동을 통하여 학습하도록 하는 것을 말한다.

② 스크립트 일과법은 구조화된 상황을 만들고, 그 안에서 실제로 상호작용하면서 필요한 어휘와 문장을 습득하도록 하는 접근법이다.

  ㉠ 어떤 특정한 활동 속에서 요구되는 상황적 언어를 논리적인 순서에 따라 말하는 데 어려움이 있는 경우 사용하는 접근법이다.

  ㉡ 일상적으로 사용되는 상황에 적합한 언어(즉, 상황언어)를 사용하기 위해서 그 상황이 그려진 대본의 도움을 받아 지도하는 전략으로, 구어 사용에 초점을 두고 있다.

스크립트 일과법

🔵 스크립트 언어중재, 스크립트 활용 언어중재, 스크립트 문맥을 이용한 언어중재, 스크립트 활용, 스크립트 문맥 활용

자료

스크립트 이론

특정한 상황에서 주로 고정적이고 일정한 순서에 따라 그것이 전개되는 것과 관련한 지식을 교육에 적용시키려는 이론이다. 이러한 지식을 사태지식이라고 한다. 사태지식에 대한 표상이 일반화되고 추상화된 것이 스크립트이다. 스크립트는 반복적인 실제 경험을 통하여 형성된 것으로, 특정 상황이나 맥락에서 고정적으로 계속해서 일어나는 사태에 대한 지식 구조이다(특수교육학 용어사전, 2018).

예 전화가 오면 우리는 "여보세요."라고 전화를 받는다. 장애학생에게 그것을 가르치기 위해 '여＋보＋세＋요'식의 구문적인 형식이나 어휘를 강조하는 식이 전통적인 언어 지도방법이었다면, 스크립트 일과법은 전화를 받는(소꿉놀이와 같은) 구조화된 상황을 만들고, 그 안에서 실제로 상호작용하면서 필요한 어휘와 문장을 습득하는 접근법이다.

③ 스크립트 일과법은 구어능력을 증진시키는 전략으로서, 사회가 요구하는 방식의 의사소통과 행동양식을 습득하여 적절한 의사소통을 하는 것을 목표로 한다.

- 보완대체의사소통(AAC)이 구어적 결함을 비구어적 방법을 통해 의사 소통을 지도하는 것이라면, 스크립트 일과법은 일반적으로 구어 사용에 초점을 두고 있다.

④ 특정한 상황에서 주로 고정적이고 일정한 순서에 따라 그것이 전개되는 것과 관련한 지식을 상황지식(event knowledge)이라고 한다. 상황을 선 정할 때는 다음과 같은 사항을 점검해야 한다.

㉠ 학생이 상황 맥락을 이해하는 데 신경쓰지 않도록, 화자 간에 공유하는 상황지식을 제공하는 상황으로 선정한다.

- 학생에게 익숙한 상황에서 해당 활동을 제공함으로써 학생이 상 황을 이해하는 데 신경을 쓰기 위해 목표언어에는 주의를 집중하지 못했던 문제를 없애 줄 수 있다. 따라서 언어지도에 더욱 집중할 수 있다.
  - 익숙하고 일상화된 상황적인 문맥 속에서 학생은 쉽게 성인의 말을 예견할 수 있으며, 그러한 성인의 언어와 그 상황 간의 관 계를 인지적으로 연결시킴으로써 그 상황에서 늘 쓰이는 상황 언어를 학습하게 된다.

㉡ 학생에게 익숙하고 자연스러운 상황으로 선정한다.

⑤ 상황언어의 선정 및 중재 적용 시에는 다음과 같은 사항을 점검해야 한다.

㉠ 일상적이고 익숙한 상황언어를 선택한다.

㉡ 기능적 언어 사용을 향상시킬 수 있도록 지도한다.

㉢ 수용 및 표현언어의 습득 효율성을 고려하여 지도한다.

⑥ 스크립트를 언어치료에 적용함에 있어 장단점은 다음과 같다.

장점	상황에 맞는 언어를 가장 일반적인 형태로 지도할 수 있다.
단점	최소한의 구어적 능력을 가지고 있어야 실시할 수 있다.

자료

스크립트 일과법의 활용
최근에는 스크립트 일과법이 보 완대체의사소통이나 다른 매체 와 결합하여 사용되기도 한다 (고은, 2021).

상황지식
동 사태지식

(2) 활용 절차

절차	주요 내용
1. 단기적인 목표언어의 구조를 계획한다.	• 스크립트 문맥을 통해 계획할 수 있는 언어구조는 수용언어/표현언어, 의미론/구문론, 화용론 등 다양하다.
2. 학생에게 익숙하며 주제가 있는 일상적인 활동(스크립트)을 선정한다.	• 학생의 머릿속에서 그 순서가 익숙한 활동을 선택한다. 예를 들어, 생일잔치라는 주제의 활동은 생일 축하 노래를 부르고 나서 케이크에 꽂혀 있는 촛불을 불고, 케이크를 자르는 일련의 행동들로 이어진다는 것을 학생이 알고 있어야 한다. • 학생에게 익숙한 활동을 선택하는 것은 학생이 상황이나 문맥을 이해하는 데 신경을 쓰느라 막상 말에는 주의를 집중하지 않는 문제를 없애기 위해서이다.
3. 선택한 스크립트 속에 포함될 하위행동들을 나열한다.	• 학생에게 익숙한 스크립트라도 학생의 경험에 따라서 그 하위행동들은 조금씩 다를 수 있으며, 주제에 핵심적인 하위행동이 있는가 하면 부수적인 하위행동들도 있을 수 있다. 이때 하위행동의 범위를 정하는 것은 해당 하위행동이 목표언어를 유도하는 데 필요한가 그렇지 않은가에 따라 결정하는 것이 바람직하다. • 신체적 결함이나 낮은 인지 및 언어능력들 때문에 다양한 하위행동들보다 짧은 스크립트를 여러 번 반복하는 것이 더 나은 경우에는 하위행동을 최소로 줄이는 것이 도움이 된다. • 자폐성장애 학생들처럼 일상의 변화를 싫어하는 경우에는 너무 똑같은 하위행동들만 반복해서 고착되지 않도록 매 회기마다 약간씩의 변화를 주는 것이 도움이 된다.
4. 선택한 하위행동마다 구체적인 목표언어를 계획한다.	• 선택된 하위행동 옆에 각각의 행동을 통해 이끌어 내고자 하는 목표언어를 기록한다. • 목표언어는 학생이 실제 배우게 될 말로서, 지시에 따르게 하거나(수용언어 증진이 목표인 경우) 말하게(표현언어 증진이 목표인 경우) 할 내용들이다.
5. 불필요한 하위행동을 삭제한다.	• 목표언어를 끼워넣기에 적절하지 않은 하위행동들은 스크립트에서 제외시킨다. • 이때는 설정한 스크립트의 핵심행동이나 학생이 특히 좋아하는 하위행동은 가능한 한 유지하도록 하고, 그 외 목표언어를 유도할 수 없는 하위행동들은 시간을 절약하기 위해 제외하는 것이 좋다.
6. 목표언어를 유도할 수 있는 상황이나 발화를 계획한다.	• 목표언어의 구조에 따라 유도할 상황이나 말은 미리 계획하되, 치료회기 동안에는 학생의 반응에 따라 그 표현이나 상황을 융통성 있게 활용하는 것이 좋다. • 예를 들어, '부정/거부' 기능을 유도하기 위해서는 학생이 선호하는 컵 대신 다른 컵을 우선 제시하는 것이 적절하고, '주장하기' 기능을 유도하기 위해서는 두 가지 이상의 컵을 제시해서 '이거/그거 (주세요)'라고 주장할 수 있는 상황을 만들어 주는 것이 중요하다.
7. 계획한 활동들을 체계적으로 변화시키면서 여러 회기 동안 반복하여 실시한다.	• 계획한 목표언어의 사용 수준(종료 준거)을 미리 정하여 학생이 그 준거에 도달할 때까지 매 회기 같은 활동을 반복하거나 학생이 싫증내지 않도록 세 가지 정도의 유사한 스크립트 활동을 매번 바꿔 가면서 실시한다.

출처 ▶ 김영태(2019). 내용 요약정리

✿ 스크립트 일과법을 이용한 언어치료 예(생일잔치) 19중특, 22초특

스크립트	하위 유형	유도상황/발화	가능한 목표언어	목표언어 구조	
				의미관계	화용적 기능
생일잔치	상자에서 케이크/ 작은 빵을 꺼내기	잘 안 열리는 케이크 상자를 학생에게 준다.	"케이크/빵 꺼내 주세요." "이거 열어 주세요."	대상-행위	물건 요구
	상자 위에 케이크 올려 놓기	케이크를 다시 상자 속 이나 책상 아래에 놓으려고 한다.	"위에 놓아요."	장소-행위	행동 요구
	초 꽂기	초를 꽂지도 않고 성냥을 켜려고 한다.	"초/이거 꽂아요."	대상-행위	행동 요구
	성냥으로 촛불 켜기	"이걸로 뭐 할까?"	"성냥 켜요." "촛불 붙여요."	대상-행위	행동 요구
	생일노래 부르기	"누가 노래 부를까?"	"선생님이 부르세요."	행위자-행위	행동 요구
	촛불 끄기	"누가 끌까?"	"내가/불래요."	행위	요청
	초 빼기	"누가 뺄까?"	"내가 뺄래요."	행위자-행위	주장
	칼로 자르기	"선생님이 자를까?"	"내가 자를래요."	행위자-행위	주장
	접시에 놓기	케이크를 들고 두리번 거린다.	"접시에/여기에 주세요."	장소-행위	행동 요구
	포크로 먹기	포크를 꺼내놓지 않는다.	"포크 주세요." "포크로 먹을래요."	대상-행위 도구-행위	물건 요구, 주장
	휴지로 입닦기	휴지와 종이, 또는 수건을 선택하게 한다.	"휴지 주세요." "휴지로 닦을래요."	대상-행위 도구-행위	행동 요구, 주장
	휴지통에 휴지 넣기	닦은 휴지를 들고 두리번거린다.	"휴지통에 버리세요/ 넣으세요."	장소-행위	행동 요구
		휴지통으로 던진다.	"(안) 들어갔어요."	(부정)-상태	서술
	주스를 컵에 따르기	좋은 컵과 낡은 컵, 색이 다른 컵 등을 준비한다.	"그 컵/그거 말구요/ 싫어요" "빨간 컵 주세요."	지시-실체- 서술 수식-대상- 행위	거부, 물건 요구
	주스 마시기	주스를 마시며 맛없는 척을 한다.	"이거/이 주스 맛있어요." "이거/이 주스 시원해요."	실체-상태	서술

출처 ▶ 김영태(2019)

2. 언어치료를 위한 스크립트 일과법 적용 방법

스크립트 일과법을 언어치료에 적용할 때 유용한 몇 가지 방법은 다음과 같다.

① 스크립트 안에서 주고받는 대화 기회를 많이 가지도록 한다.

② 상황언어를 활동 속에서 많이 사용하도록 한다.

③ 학생이 일단 스크립트에 익숙해지면 의도적으로 스크립트를 위반하는 사건을 만들어 학생의 자발적인 구어 산출을 유도하도록 시도하는 것이 좋다. [14중특]

> ➤ **스크립트 일과법을 이용한 언어중재 예시**

1. 스크립트 일과법을 이용한 언어중재 장면
   홍길동 : (다양한 종류의 아이스크림을 훑어보고 카운터로 간다.)
   교　사 : 뭐 드릴까요?
   홍길동 : 바닐라 아이스크림 주세요.
   교　사 : 콘, 컵 중 어디에 드려요?
   홍길동 : 콘에 주세요.
   교　사 : 콘 사이즈는 뭐로 하실래요? 싱글콘요, 더블콘요?
   홍길동 : 싱글콘요.
   교　사 : 2,800원입니다. 카드로 계산할 거예요, 현금으로 계산할 거예요?
   홍길동 : 현금으로요. (돈을 건네며) 여기 있어요.
   교　사 : (바닐라 아이스크림을 콘에 담아 홍길동에게 건넨다.)

   이와 같은 과정을 반복 연습한다.

2. 홍길동이 위의 스크립트에 익숙해진 후의 언어중재 장면
   　　　　　　… (생략) …
   교　사 : 2,800원입니다. 카드로 계산할 거예요, 현금으로 계산할 거예요?
   홍길동 : 현금으로요. (돈을 건네며) 여기 있어요.
   교　사 : (딸기 아이스크림을 콘에 담아 홍길동에게 건넨다.)
   홍길동 : (의아한 표정을 지으며) 어……. 바닐라 아이스크림 주세요.
   교　사 : (바닐라 아이스크림을 콘에 담아 홍길동에게 건넨다.)

   설명 교사는 홍길동에게 익숙한 상황(아이스크림 주문하기)을 선정하여 이를 스크립트로 만들었다. 스크립트에는 홍길동의 구어 산출을 위한 상황언어들이 포함되어 있다. 계획된 과정을 반복 연습하여 스크립트에 익숙해진 후 교사는 의도적으로 스크립트상에 제시되어 있는 바닐라 아이스크림(1의 상황 참조)이 아닌 딸기 아이스크림(2의 상황 참조)을 콘에 담아 건네준다. 즉, 스크립트를 위반하는 사건을 만든 것이다. 이와 같은 과정을 통해 홍길동의 자발적인 구어 산출을 유도하였다.

04 낱말찾기 훈련

1. 낱말찾기 장애의 개념

① 낱말찾기란 특정한 상황이나 자극이 주어졌을 때 특정한 낱말을 산출하는 능력으로, 낱말찾기 장애란 어떤 상황이나 자극하에서 특정한 낱말을 산출하는 데 어려움을 갖는 것이다.

- 낱말찾기 장애는 특히 지적능력이나 사회적 능력, 그리고 말 산출과 관련된 구조적 결함이 없음에도 불구하고 언어발달에 장애를 보이는 단순언어장애 학생에게서 많이 보고되어 왔다.
  - 단순언어장애 학생들은 생활연령이 같은 일반학생에 비해 낱말찾기 과제에서 반응속도가 느리고 덜 정확한 것으로 나타났다.

② 언어습득이나 사용에 있어서 어휘습득 및 사용의 역할은 매우 중요하기 때문에 낱말찾기에 장애를 갖는 학생은 다른 언어영역에서도 어려움을 갖는 경우가 많다.

- 낱말찾기 결함은 읽기발달에도 영향을 미치는 것으로 보인다. 읽기과정에서는 적절한 속도의 자동적인 낱말 인출이 필수적이기 때문이다.

2. 낱말찾기 훈련 시 유의사항

(1) 훈련목표낱말의 선정

① 훈련목표낱말은 학생의 연령에 적합한 어휘를 선택하는 것이 중요하다.

② 개별적인 낱말보다는 유사한 주제나 학생의 선호도와 관련된 낱말이 좋다. 주제를 중심으로 하는 낱말들은 한 낱말에서 확장시키거나 대조시켜서 새로운 낱말들을 훈련하는 데 유리하다.

③ 학생이 어려움을 보이는 특정 낱말군에 대해서 집중적인 훈련을 하는 것이 효율적이다.

(2) 언어중재 상황

낱말찾기 장애에 대한 언어중재는 개별, 소집단, 또는 대집단의 형태로 이루어질 수 있다. 그러나 일반화를 촉진하기 위해서는 다양한 상황 속에서 훈련을 하는 것이 중요하다.

(3) 활동

① 낱말찾기 능력에 대한 훈련은 기억용량을 늘리는 활동(기억확장활동)과 기억창고에서 기억을 효율적으로 끄집어내는 책략활동(기억인출활동)들로 이루어진다. 그러나 낱말찾기 장애가 정보저장과 관련된 것인지 정보인출과 관련된 것인지를 구별하기가 쉽지 않기 때문에 중재를 어느 한 활동에만 초점을 맞추어 훈련하는 것보다는 두 과정을 병행하여 하는 것이 더 나은 일반화 효과를 가져온다.

② 낱말찾기 훈련에서는 의미적 단서, 구문적 단서, 음향–음소적 단서와 같은 다양한 단서를 사용하는 활동이 이루어진다. [11중특, 17중특, 24중특]

의미적 단서	목표낱말의 • 동의어(예 '선생님'에 대해 '교사') • 반의어(예 '선생님'에 대해 '학생') • 연상어(예 '팥'에 대해 '빙수') • 동음이의어(예 '사과'에 대해 손바닥으로 싹싹 비는 흉내) • 상위범주어(예 '바지'에 대해 '옷', '가위'에 대해 "이건 문구의 종류인데요."라고 길동이에게 말하기) • 하위범주어(예 '옷'에 대해 '바지, 치마') • 목표낱말의 기능(예 '자동차'에 대해 '타는 거') • 물리적 특성(예 '자동차'에 대해 '바퀴로 굴러가는 거') • 몸짓으로 그 낱말을 흉내 냄
구문적 단서	그 목표낱말이 자주 사용되는 문맥이나 상용구를 활용하는 것 예 '고추'는 '○○ 먹고 맴맴…'과 같은 구문적 단서를 사용할 수 있음
음향–음소적 단서	• 음절 수를 손으로 두드리거나, 손가락으로 알려 주는 방법 • 첫음절(예 '자동차'의 경우 '자')을 말해 줌 • 첫 글자를 써 주는 방법(예 길동이의 손바닥에 'ㄱ'을 적어 주며 "선생님이 쓴 글자로 시작합니다."라고 말하기)

출처 ▶ 김영태(2019). 내용 요약정리

③ 대체로 목표낱말에 대해 의미적인 단서를 제공하는 것은 기억확장활동과 관련된 것이고, 소리정보를 제공하는 것은 기억인출활동과 관련된 것이다.

음소적 단서
⑤ 음운적 단서

음소적 단서
음향–음소적 단서의 경우 음소적 단서를 구분지어 제시하는 경우도 있다.

2011 중등1-37 기출	음소적 단서: 학생 A의 손바닥에 'ㄱ'을 적어 주며 "선생님이 쓴 글자로 시작합니다."라고 말하기
김영태 (2019)	음향–음소적 단서로 많이 사용되는 것은 첫 음절을 말해 주거나 음절 수를 손으로 두드리거나 또는 손가락으로 알려 주는 방법 등이다. 첫 글자를 써 주는 것도 아동에게 음소적 단서를 제공하는 것이 된다.

✎ 환경 중심 언어중재법

기능적인 의사소통을 자연스럽게 유도할 수 있도록 아동이 속한 환경에서 아동의 관심과 흥미에 따라서 언어중재를 하는 포괄적인 중재 접근법이다. 이 접근법은 특수교육학에서 의사소통이나 상호작용을 유도하기 위하여 많이 사용되어 왔는데, 통합교육과 일반화 문제가 대두되면서 언어치료에서도 많이 활용되고 있다. 이 중재법에서는 부모나 훈련자의 개입이 중요한 요소이다. 아동의 관심사를 따라가며 언어적 모델을 들려주거나, 아동이 반응할 수 있도록 충분히 기다려 주거나, 반응을 요구한 후 언어적 모델을 들려주는 방법이 있다. 또 생활환경에서 우연히 일어나는 아동의 관심사를 중심으로 요구하기를 이용하여 자발적 언어 산출을 유도하는 방법도 있다(특수교육학 용어사전, 2018).
🈁 자연적 언어중재, 환경 교수법

✎ 자연적 언어중재

• 자연적 언어중재란 아동 중심의 언어중재로서 아동이 좋아하는 주제나 활동을 중심으로 이루어지는 것을 말한다. 일상생활에서 만나는 사람들이 중재자가 되며, 중재환경은 자연스러운 환경 그리고 중재목표는 일상생활 속에서의 사회적 의사소통 능력 증진이다(고은, 2014).
• 선행연구를 개관해 볼 때 자연적인 언어중재는 여러 가지 명칭으로 불리어져 왔고, 또한 계속 변화되고 있음을 볼 수 있다. 하트(Hart) 등은 우발교수라고 하였으며, 할레(Halle) 등은 자연적 환경 언어훈련이라고 하였다. 위렌(Warren) 등은 환경 중심 언어중재라고 하였으며, 타녹(Tannock) 등은 자연적인 언어중재라고 하였다. 이러한 중재 명칭에 따라 각 연구들은 그 특성을 약간 달리하고 있으나, 최근에 와서는 자연적인 언어중재로 명칭이 확산되어 가고 있음을 볼 수 있다(이영철, 2003).

✎ 자연적 교수 전략

자연적 교수 전략은 특정 기술을 가르치기 위하여 학급이나 기타 자연적인 환경 내에서 일상적으로 발생하는 사건이나 활동을 활용하는 교수 전략으로 정의된다. 주로 환경 구성, 촉진, 반응적 상호작용 등의 구체적인 방법을 통하여 장애 유아의 언어나 사회적 상호작용 등의 기술을 교수하는 데 사용된다. 자연적 교수 전략은 환경 교수 또는 강화된 환경 교수라고도 불리며, 통합교육 현장에서 이상적인 교수 전략으로 여겨진다(이소현, 2020).

05 환경 중심 언어중재법

1. 환경 중심 언어중재법

(1) 개념 ¹²중특

① 환경 중심 언어중재법은 기능적인 의사소통을 자연스럽게 유도할 수 있는 자연스러운 환경 속에서 학생의 관심과 흥미에 따라서 언어중재를 제공하는 포괄적인 중재 접근법이다.

ㄱ 환경은 자연스럽지만 언어를 촉진할 수 있는 상황으로 구성되어야 한다. 즉, 학생이 주의를 집중하고 자연스럽게 요구할 수 있는 상황으로 조작하는 것이다.

ㄴ 환경 중심 언어중재법에서는 학생이 요구할 가능성이 높게 환경을 조성하는 것이 중요하다.

• 중재자인 교사는 치밀하게 환경 구성을 준비하지만 이 환경이 학생에게는 마치 우연히 일어난 상황이면서 요구가 매우 필요한 상황으로 느끼도록 하는 것이다. 이와 같이 환경을 준비하는 것을 '물리적 환경조절 전략'(또는 환경조성 전략)이라고 한다.

② 환경 중심 언어중재법의 목적은 일상생활 속에서 사회적 의사소통을 향상시키는 것이다.

• 의사소통 행동의 빈도를 증가시키고, 더 길고 복잡한 발화를 산출하도록 하며, 보다 발달된 형태의 기능을 표현하도록 하는 것을 목표로 한다.

③ 환경 중심 언어중재법 역시 행동주의의 '선행사건(자극)−반응−후속사건(강화)'의 체제 속에서 행해진다. 단지 전통적인 행동주의적 접근법과 다른 것은 선행사건이 훈련자의 촉진이 아니라 학생의 관심표현이라는 점과, 후속사건이 언제나 똑같은 것이 아니라 반응과 기능적으로 연관된 것이라는 점이다.

④ 문헌에 소개된 환경 중심 언어중재법들의 공통된 요소들은 다음과 같다.

ㄱ 훈련은 학생의 흥미나 주도에 따른다.

ㄴ 언어의 형태를 가르칠 때 일상생활에서 흔히 접할 수 있는 많은 사례들을 사용한다.

ㄷ 학생의 반응을 확실하게 촉진해 준다.

ㄹ 학생의 반응에 대한 강화는 특정 언어형태와 연결된 것으로 하고, 훈련문맥 속에서 자연스럽게 한다.

ㅁ 훈련은 교사−학생 간의 상호작용 속에서 다양하게 실시한다.

⑤ 환경 중심 언어중재법은 언어 훈련 장소를 교실이나 가정 그리고 일상생활 등 자연스러운 환경으로 옮겨서 지도하기 때문에 일반화가 용이하다는 장점을 갖는다. ¹¹초특

(2) 기본 가정

① 중재 환경은 학생이 활동하는 자연스러운 환경이어야 한다.

　• 사회적 상호작용이 일어나기 쉬운 중재 환경을 조성한다.

② 가장 효과적인 중재자는 학생의 삶에서 중요한 사람, 즉 학생의 보호자나 교사이다.

③ 언어 중재는 반드시 학생이 관심있어 하는 상황 또는 내용으로 한다.

④ 중재의 목적은 기능적 언어습득이어야 한다.

⑤ 간단하고 긍정적인 절차여야 한다.

(3) 기법 10유특, 18유특, 19초특, 22유특

환경 중심 언어중재법은 우발교수, 시간지연, 요구−모델, 모델링의 기법이 독립적으로 사용될 수도 있고 전부를 모두 포함하여 구성될 수도 있다.

① **모델링** 09유특

　㉠ 학생 위주의 언어적 시범을 의미한다.

　㉡ 부모, 교사 또는 임상가는 우선 학생의 관심이 어디에 있는지를 살피다가 그 물건이나 행동에 같이 참여하면서 그에 적절한 언어를 시범 보인다.

　㉢ 흔히 모델을 제시하기 전에 학생의 언어 사용에 대한 강화가 될 수 있도록 교재나 활동을 통제하였다가, 학생이 바르게 반응하면 언어적 확장과 강화제(교재나 활동)를 제공한다.

　㉣ 학생이 바르게 반응하지 못하였을 때는 다시 모델을 제시하고 그에 따른 강화를 제공한다.

② **시간지연** 13유특, 25초특

　㉠ 부모, 교사 또는 임상가가 학생과 함께 쳐다보거나 활동하다가 학생의 언어적 반응을 가만히 기다려 주는 것이다.

　㉡ 만약 학생이 지연에 반응하지 않으면, 부모, 교사 또는 임상가는 다른 지연을 제시하거나 혹은 요구−모델 절차나 모델링을 사용한다.

비교

환경 중심 언어중재법의 기본 가정

기본교육과정 중학교 국어 교사용 지도서 (2021)	본문 참조(⑤ 제외)
고은 (2021)	• 자연적인 환경에서 수행되어야 한다. • 아동에게 영향을 미치는 여러 사람에 의해 수행되어야 한다. • 기능적인 언어를 가르쳐야 한다. • 언어의 형태, 기능 그리고 전략을 동시에 가르쳐야 한다. • 아동 중심이 되어야 한다. • 간단하고 긍정적인 절차여야 한다. • 환경배치가 중요한 역할을 한다. • 일반화를 가정한다.

자료

환경 중심 언어중재법의 기법

전형적으로 모델링은 학생이 적절한 반응을 알지 못할 때 사용하고 최대한의 지원을 제공한다. 시간지연은 학생이 의사소통을 시작하도록 하기 위해 가르칠 때 사용한다. 요구−모델은 교사가 학생이 응답해야 할 질문을 해야 할 때 사용한다. 우발적 교수는 언어를 확장하기 위해서 학생이 요구하기를 할 때 사용한다(Best et al., 2018).

모델링

➡ 시범, 아동 중심의 모델링, 아동 중심의 시범 기법

자료

모델링 예시

이야기 나누기 시간에 융천으로 만든 물고기를 들고 바라보는 민희에게 교사는 "물고기"라고 시범을 보인 후 민희가 모방하면 "그래 이건 물고기야, 물고기 여기에 붙이렴."이라고 말한다. 오반응이나 무반응을 보이면 다시 "물고기"라고 말한다(2010 유아1−31 기출).

자료

시간지연 예시

미술 활동 중에 민희가 요구행동을 할 상황을 만들고 기대하는 표정으로 바라보며 일정시간 기다린다. 민희가 "풀"하고 요구하면 풀을 준다. 오반응이나 무반응을 보이면 시범을 보인다(2010 유아1−31 기출).

요구 – 모델

⑧ 선 반응 요구, 후 시범 기법

|자료|

요구 – 모델 예시

간식시간에 마실 것을 선택해야 하는 민희에게 "뭘 마시고 싶니?" 라고 한 후 "주스"라고 말하면 "주스가 마시고 싶구나, 여기 주스 줄게."라고 말하고 주스를 준다. 민희가 오반응이나 무반응을 보이면 시범을 보인다(2010 유아 1–31 기출).

우발교수

⑧ 우연교수, 밀리외 교수(milieu teaching), 맨드 모델(mand model)

☀ Tip

우발교수가 다른 기법들과 다른 점은 학생이 먼저 요구하기를 한다는 것이다.

|자료|

우발교수 예시

은   희: (연필 옆에 교사가 교수환경을 구조화하기 위해 놓아둔 지우개에 관심을 보이며 지우개를 쳐다본 후 교사의 눈을 응시한다.) 지우개.

황 교사: (지우개를 영어로 뭐라고 하는지 알고 싶다는 은희의 요구를 이해하고 웃으며) 지우개는 영어로 eraser라고 해.

출처 ▶ 2010 초등1–35 기출

비교

우발교수의 실행 절차

첫째, 지적장애 아동이 놀이 활동 중에 있는 다른 아동들 근처에 있게 함으로써 또래 상호작용에 참여할 수 있는 기회를 구성한다. 둘째, 다른 아동의 놀이나 학습에 관심을 보일 때까지 기다린 후, 사회–의사소통 행동을 보이도록 촉진한다. 셋째, 필요하다면 아동의 반응을 정교화하거나 시범을 보인다. 넷째, 긍정적인 피드백이나 칭찬을 제공한다(송준만 외, 2022).

③ **요구–모델** 10초특, 22유특, 25중특

㉠ 학생과 부모, 교사 또는 임상가가 함께 주목 또는 활동을 하다가 학생에게 언어적인 반응을 구두로 요구(명령, 의문사 질문, 선택형 질문 등의 방법 이용)해 본 후에 시범을 보이는 것이다.

㉡ 모델 방법과 다른 점은 학생에게 반응할 기회를 주고 나서 언어적인 시범을 보인다는 것이다.

㉢ 학생이 오반응이나 무반응을 보이면 시범을 보인다.

④ **우발교수** 10초특, 18유특, 24초특

㉠ 성인과 개별 학생 사이의 상호작용이 자유놀이와 같은 교수 상황에서 자연스럽게 일어나는 것(또는 생활 장면에서 우연히 일어나는 의사소통 기회를 이용하는 것)을 의미한다.

- 기회가 주어지지 않으면, 중재 목표에 도달하기 위한 상황을 의도적으로 만들어 주기도 한다.

㉡ 언어를 확장하기 위해서 학생이 요구하기를 할 때 사용한다.

- 일단 학생이 요구를 하면, 교사는 좀 더 복잡한 반응을 위해 모델링, 시간지연, 요구–모델을 제공한다.

㉢ 환경 중심 언어중재의 핵심적인 부분으로, 자발적 구어 표현력 향상에 효과적이다.

㉣ 우발교수는 다음과 같은 4단계로 진행된다.

1단계	학생이 물건 또는 활동을 원하거나 필요로 하는 상황을 찾거나 만들어 준다.
2단계	공동관심을 형성한다.
3단계	관심을 보일 때까지 기다린 후 적절한 반응을 보이도록 촉구하고 필요한 경우 학생의 반응을 정교화하거나 시범을 보인다.
4단계	적절한 반응에 대한 긍정적인 피드백(원하는 물건 또는 활동)이나 칭찬을 제공한다.

출처 ▶ 이승희(2015)

㉤ 우발교수의 장단점은 다음과 같다.

장점	• 학생의 자연스러운 환경 속에서 일어나는 학습이기 때문에 일반화를 촉진할 수 있다. • 학생의 요구로부터 시작되기 때문에 학생 주도적인 사회적 시작행동을 강화할 수 있고, 자연적인 후속결과로 적절한 행동을 강화하고 유지시킨다.
단점	자연스러운 환경을 만들기 위해 교사의 시간과 노력이 필요하다.

(4) 공동관심 13유특, 19유특·중특

① 공동관심이란 어떤 사물이나 사건에 대한 인식을 공유하기 위해 자신과 상호작용하는 상대방과 해당 사물이나 사건 사이에서 주의를 끌어 관심을 공유하는 능력을 의미한다. 17유특·초특

  ㉠ 대부분의 아동은 9개월에서 18개월 사이에 발달한다.

  ㉡ 공동관심의 결함은 다른 사람과 사회정서, 감정 상태를 공유하거나 다른 사람을 응시하는 것을 힘들게 한다.

② 학생의 공동관심 유형에는 '공동관심 시작하기'와 '공동관심 반응하기'의 두 가지가 있다. 19중특, 23유특, 24특

  ㉠ 공동관심 시작하기는 긍정적 감정이나 관심을 공유하기 위해 눈맞춤, 몸짓, 발성 등을 사용하는 것을 말한다.

  ㉡ 공동관심 반응하기는 성인이 주의집중하는 방향으로 학생이 관심을 가지고 따르는 것이다.

유형	기술	정의
공동관심 시작하기	협동적인 공동주시	• 학생은 성인과 사물을 번갈아 쳐다보고 관심을 공유하기 위해서 다시 성인을 바라본다 (이러한 행동은 사물을 보고 성인을 본 후에 다시 사물을 보는 반대 순서로 행해질 수도 있다). • 이러한 몸짓은 "저거 봐, 재미있는데!"라는 뜻이다.
	보여주기	• 학생은 손에 놀잇감을 들고 관심을 끌기 위해서 성인 앞에 들고 보여준다. 학생은 성인에게 놀잇감을 주지는 않는다. • 이러한 몸짓은 "내가 뭘 가졌는지 봐!"를 의미한다.
	공유하기 위해 건네주기	• 학생은 놀잇감에 대한 도움을 얻기 위해서가 아니라 단순히 공유하기 위해서 성인에게 놀잇감을 준다. • 이러한 몸짓은 "여기 놀잇감이 있으니까 너도 놀아도 돼!" 또는 "네 차례야!"라는 뜻이다.
	가리키기	• 학생은 단순히 성인의 관심을 흥미로운 어떤 것으로 이끌기 위해 사물을 가리킨다. 학생은 성인이 놀잇감에 대해 행동하기를 원하지 않는다. • 이러한 몸짓은 "저거 봐요! 재미있어요."라고 의사소통하는 것이다.

✎ **공동관심**
• 어떤 사물이나 사건에 대한 주의를 타인과 공유하는 상호작용이다. 공동관심에는 사물이나 사건에 대해 다른 사람의 주의를 탐지하고 따라가려는 시도, 즉 시선주시, 가리키기, 주기, 보이기 등이 포함된다. 이러한 행동, 즉 상대방이 바라보거나 손가락으로 가리키는 곳을 함께 바라보는 행동을 통해 상호 개인 간에 정서적인 교류가 일어난다. 공동관심은 생의 초기 전형적인 발달에 있어서 중요한 요소로 작용하는데, 일반적으로 아동의 수용 및 표현 언어와 동시적으로 관련되며, 그 이후에 출현하는 더욱 복합적인 표현 언어, 상징 놀이 및 마음 이론의 발달에도 중요한 역할을 한다(특수교육학 용어사전, 2018).
• 사회적 맥락 속에서 상대방과 관심을 함께 하는 능력을 의미한다(김건희 외, 2019).

공동관심 반응하기	가리키는 곳 따르기	성인이 사물을 가리킨 후에 학생은 가리킨 곳을 따라 동일한 사물을 바라보는 것으로 반응한다.
	시선 따르기	학생은 성인이 바라보고 있는 것으로 성인의 시선을 따른다.

KORSET 합격 굳히기 공동관심

1. 공동관심의 결함은 다른 사람과 사회정서, 감정 상태를 공유하거나 다른 사람을 응시하는 것을 힘들게 한다. 자폐성장애 아동이 원하는 물건을 상대방에게 요구하면서 팔을 당길 때에도 상대방과 관심을 공유하기 위한 시작행동은 거의 하지 않는다.

2. 공동관심에 대한 시작행동과 반응을 가르칠 때 모델링이나 모방 등의 다른 전략을 함께 사용할 수 있다. Kasari 등은 공동관심과 행동중재를 함께 사용해서 자폐성장애 아동의 공동관심, 활동에서의 흥미, 언어능력을 향상시켰다. 공동관심은 사회적 상황 속에서 다른 사람들과 사회정서적 상호관계를 유지하기 위해 중요하다.

3. 아동은 출생과 함께 양육자와 상호작용을 하면서 함께 관심을 공유하고 상대방을 관찰하면서 점차 관심 있는 사물이나 사람에게 시선을 옮기게 되는 사회적 참조(social referencing)가 발달하게 된다. 이를 통해 상대방에게 자신의 관심과 흥미를 알게 하고 사회적 상호작용을 한다. 아동은 부모의 존재를 자주 확인하게 되며, 만약 우유를 엎질렀다면 그 상황에서 부모의 감정을 확인하기 위해 쳐다보거나 부모의 반응에 대해 염려하게 된다. 자폐성장애 아동들은 상대방의 관심을 끌고자 시도하지 않고 사회적 참조에도 결함이 있다. 즉, 공동관심은 사물을 가리키거나 물건을 보여 주면서 관심을 끌기 위해 유도하는 것이다. 눈맞춤이나 시선을 원활하게 움직이지 않는 자폐성장애 아동은 공동관심 발달에서 결함을 보인다.

4. 공동관심은 자폐성장애의 사회적 측면을 진단하고 예측하는 데 도움을 준다. 공동관심의 결함은 특히 어린 자폐성장애 아동에게 있어서 가장 뚜렷하고 지속적인 문제 중 하나로 도움이 필요한 부분이다.

출처 ▶ 김건희 외(2018)

강화된 환경 중심 언어중재
🔵 강화된 환경교수, 확장된 환경 중심 언어중재

2. 강화된 환경 중심 언어중재

(1) 개념 ^{21초특}

① 강화된 환경 중심 언어중재(Enhanced Milieu Teaching, EMT)는 환경 중심 언어중재의 수정된 형태로서, 기존의 모델링, 시간지연, 요구-모델, 우발교수 등의 전략에 물리적 환경조절 전략과 반응적 상호작용 전략이 결합된 중재를 말한다.

ㄱ 환경 중심 언어중재가 충분한 의사소통 기회를 제공하지 못하는 문제점을 보완하기 위해 물리적 환경조절 전략을 강화하고 반응적 상호작용 전략을 추가한 것이다. [16중특]

• 일상의 의사소통 상황을 자연스럽게 구조화하여 지속적인 반응적 상호작용을 통해 의사소통을 촉진하는 대화 중심의 교수법이다.

ⓛ 중재자와 대상 학생이 대화할 기회를 많이 만들 수 있도록 상호작용을 위한 맥락을 만들어 학생과 중재자의 공동관심 상황에서 학생의 의사소통 행동에 대해 중재자가 적극적으로 반응하며 상호작용을 하게 하는 것이다.

- 환경 중심 언어중재의 기존 전략을 바탕으로 하되, 일반화와 충분한 의사소통 기회를 증진시키는 데에 보다 많은 초점을 두고 있다.

② 강화된 환경 중심 언어중재는 환경 중심 언어중재 전략, 물리적 환경조절 전략, 반응적 상호작용 전략으로 구성된다.

환경 중심 언어중재 전략	환경 중심 언어중재법의 기법과 동일하다.
물리적 환경조절 전략	대상 학생의 언어중재를 위해 환경체제를 더 구성적으로 강화하는 것이다.
반응적 상호작용 전략	• 학생의 행동에 상호작용 대상자가 어떻게 반응해야 하는지에 대한 전략으로 성인과 학생의 균형 있는 차례 주고받기와 의사소통을 촉진하는 상호작용 유형을 발달시키는 것에 강조점을 둔다. • 물리적 환경조절 전략이 물리적 상황을 조성하는 것이라면 반응적 상호작용 전략은 의사소통을 위한 사회적 상황을 조성하는 것이다.

③ 강화된 환경 중심 언어중재는 세 가지 측면에서 강점을 가지고 있다.

㉠ 언어를 학습하고 있는 학생과 부모가 정상적으로 상호작용함으로써 가족체계의 맥락과 부모의 역할이 일치하는 모델이다.

㉡ 중재의 주요 구성요소인 물리적 환경조절을 포함함으로써 언어중재를 위한 학생의 반응에 대한 지원 및 부모교육에 대한 지원이 모델에 포함되어 있다.

㉢ 모델의 복합적 요소는 학생의 학습 스타일과 기술에 가장 잘 맞는 중재를 강조함으로써 중재가 학생의 의사소통 기술에 맞게 계획된다.

④ 다음과 같은 점에 주의한다.

㉠ 학생이 대화를 주도하게 한다.

㉡ 계획된 강화보다 자연스러운 환경에서 학생의 발화를 확장시켜 주는 데 초점을 둔다.

자료

강화된 환경 중심 언어중재

물리적 환경조절 전략

🔁 (물리적) 환경조성 전략, 환경구성 전략, 물리적 환경배치 전략

자료

물리적 환경조절 전략 예시

전략	예시
흥미로운 자료 제공	길동이가 팔에 머리를 기대고 양탄자 위에 조용히 누워 있다. 교사는 양탄자의 한쪽 끝에 앉아서 큰 노란색 공을 길동이의 오른쪽으로 굴렸다. 길동이는 고개를 들어 공을 쳐다보았다.
손이 닿지 않는 곳에 물건 두기	김 교사는 선반에 있던 드럼을 휠체어에 탄 길동이와 순신이 사이의 바닥에 두었다. 김 교사는 드럼을 세 번 치고 나서 두 학생을 쳐다보며 기다렸다. 길동이는 쳐다보며 박수를 쳤다. 그러고 나서 그는 드럼을 잡으려고 양팔을 뻗었다.

(2) 물리적 환경조절 전략 11유특, 13유특, 14유특, 15초특, 17유특, 19중특, 21유특, 25중특

① 대상 학생의 언어중재를 위해 환경체제를 더 구성적으로 강화하는 것이다.

ㄱ 학생이 그들의 의사소통체계를 시작하고 사용할 수 있도록 하기 위해 의사소통의 기회를 만들어 주는 전략이다.

ㄴ 대상 학생의 인지와 언어 수준 등을 잘 고려하되, 도움을 요청할 수 있도록 일부러 혼자 할 수 없는 상황을 설정하는 것이 중요하다.

② 의사소통을 촉진하기 위한 물리적 환경조절 전략을 구체적으로 살펴보면 다음과 같다.

전략	방법	예시
흥미 있는 자료	학생이 흥미를 가지고 있는 자료를 이용한다.	학생이 좋아하는 사물을 교실에 배치한다.
닿지 않는 위치	시야 안에 두되, 학생의 손에 닿지 않는 곳에 둔다.	학생이 볼 수 있는 투명한 플라스틱 상자 안에 사물을 넣고, 학생의 키보다 조금 더 높은 교구장 위에 둔다.
도움이 필요한 상황	성인의 도움이 필요한 상황을 만든다.	학생이 좋아하는 장난감을 일부러 잘 열리지 않는 통에 담아 두거나, 점심시간에 수저를 제공하지 않는다.
불충분한 자료 제공	학생이 추가적인 자료를 요구하도록 수와 양을 적게 제공한다.	신발을 주는데 한 짝만 주거나, 미술활동 시간에 만들기에 필요한 재료보다 적은 양의 재료를 준다.
중요 요소 빼기	활동 과제에 필요한 중요 요소를 빼고 과제수행을 요구한다.	퍼즐 맞추기 게임을 하는데 퍼즐 일부분을 빼고 완성하도록 한다.
선택의 기회 제공	비슷한 물건을 제시하여 선택할 수 있는 기회를 제공한다.	염색활동을 하는데, 어떤 색으로 하고 싶은지 선택하도록 한다.
예상치 못한 상황	학생의 기대에 맞지 않는 비상식적이거나 우스꽝스러운 요소를 만들어 준다.	인형 옷을 입히면서 양말을 머리에 씌우거나, 풀 대신 지우개를 준다.

출처 ▶ 고은(2021)

도움

길동이의 어머니는 항상 길동이가 학교에서 돌아오기 전에 주방 식탁 위에 깨끗한 플라스틱 그릇 3개에 과자를 담아서 올려둔다. 길동이는 집에 돌아와 과자를 먹을 준비가 되었을 때, 식탁으로 가서 어머니에게 자기가 선택한 과자 그릇을 준다. 그의 어머니는 길동이의 선택(예 "팝콘을 열어 주세요.")을 설명하는 요구 형태를 모델링해 주는 것으로 이러한 비언어적 요청에 대해 반응해 준다.

자료의 불충분한 제공

김 교사는 길동이를 제외한 모든 학생에게 고등학교에서 연극이 열리는 강당의 입장권을 주었다. 그는 학생들에게 입장권을 안내원에게 건네주라고 이야기했다. 김 교사는 길동이와 나란히 강당 입구를 향해 걸어갔다. 길동이가 강당 입구에 도착했을 때, 김 교사는 잠시 멈추고 길동이를 쳐다보았다. 그는 김 교사 손에 있는 입장권을 가리키며 "저도 주세요."라는 수화를 하였다. 김 교사는 입장권을 길동이에게 주었고, 길동이는 "감사합니다. 연극 재미있게 보세요."라고 말하는 안내원에게 입장권을 주었다.

선택하기

길동이가 가장 좋아하는 놀이는 자신의 녹음기로 테이프를 듣는 것이다. 토요일 아침에 길동이의 아버지는 그에게 "우리 테이프 틀을까(길동이의 의사소통판에 있는 녹음기 그림을 가리키며) 아니면 자동차 타러 갈까(자동차 그림을 가리키며)?"라고 말하였다. "무엇을 하고 싶어?"라고 물어보자 길동이는 녹음기 그림을 가리켰다. 그의 아버지는 테이프를 넣고 녹음기를 켜며 "좋아, 네가 좋아하는 새로운 테이프를 듣자."라고 말했다.

예상치 못한 상황

김 교사는 길동이가 휴식시간 후에 양말과 신발을 신는 것을 도와주었다. 양말 신기를 도와준 후, 김 교사는 신발 한 짝을 자기 발에 신었다. 길동이는 신발을 잠깐 쳐다본 후 웃고 있는 김 교사를 바라보았다. 길동이는 웃으면서 "아니에요. 내 신발이에요."라고 말했다.

(3) **반응적 상호작용 전략** [11유특]

반응적 상호작용 전략
⑤ 반응적 의사소통 전략,
반응적인 대화양식 전략

① 반응적 상호작용 전략은 학생의 행동에 성인 대상자가 어떻게 반응해야 하는지에 대한 것으로서, 학생의 언어적 또는 비언어적 행동에 반응하는 방법이다.

   • 반응적 상호작용 전략은 학생의 행동에 상호작용 대상자가 어떻게 반응해야 하는지에 대한 전략으로 성인과 학생의 균형 있는 차례 주고받기와 의사소통을 촉진하는 상호작용 유형을 발달시키는 것에 강조점을 둔다.

② 학생의 눈높이에서 공동관심, 공동활동 그리고 주고받기 등을 통해 학생이 더 많은 의사소통 기회를 가질 수 있도록 하는 데 주목적이 있다.

   • 지시나 질문은 가급적 피하고 성인이 학생의 행동을 모방하거나 상호작용을 하여 반응을 기다려 주는 것이 중요하다.

③ 반응적 상호작용 전략은 학생과 성인 간의 균형 있는 의사소통에 효과적이다.

④ 반응적 상호작용 전략의 구체적인 내용은 다음과 같다.

10유특, 11유특, 12유특, 22초특

전략	방법	예시
아동 주도 따르기	아동의 말이나 행동과 유사한 언어적 · 비언어적 행동을 하며 아동 주도에 따른다. 아동이 말하도록 기다려 주고, 아동이 하는 말이나 행동을 모방한다. 아동의 관심에 기초하여 활동을 시작하고 다른 활동으로 전이할 때에도 아동의 흥미를 관찰한다.	구어를 산출하지 못하는 지수는 지도를 좋아해서 교실에 들어오면 지도에 늘 관심을 보인다. "선생님이랑 지도 볼까? 경상도는 어디 있을까?" 하며 지명 이름 찾기 놀이를 한다.
공동관심 형성하기	아동이 하는 활동에 교사가 관심을 보이며 참여한다. 아동이 활동을 바꾸면 성인도 아동이 선택한 활동으로 바꾼다.	아이가 혼자 그림을 그리고 있으면, "우리 깐보, 무슨 그림 그린 거야? 어, 깐보가 좋아하는 둘리를 그렸네." 하면서 대화를 이끌어 간다.
정서 일치시키기	아동의 정서에 맞추어 반응한다. 그러나 아동의 정서가 부적절하면 맞추지 않는다.	아동이 즐겁게 이야기하면 함께 즐거움을 표현하고, 흥분되어 말하면 흥분됨을, 아동이 얼굴을 찡그리면 함께 속상한 표정을 짓고 이야기한다.

상호적 주고받기	상호작용을 할 때에는 아동과 성인이 교대로 대화나 사물을 주고받는다.	퍼즐을 하나씩 번갈아가며 맞추거나, 대화를 교대로 주고받는다.
시범 보이기	먼저 모델링이 되어 준다. 혼잣말기법이나 평행적 발화기법을 사용한다.	"밥 먹으러 가야지."라고 말하거나 과제를 하다가 어렵다고 발을 동동거리는 아동을 향해 "선생님, 도와주세요."라고 말한다.
확장하기	아동의 발화에 적절한 정보를 추가하여 보다 완성된 형태로 다시 들려준다.	아동이 길가의 차를 보고 "차가"라고 말하면 "차가 가네."라고 말한다.
아동을 모방하기	아동의 행동 또는 말을 모방하여 아동과 공동관심을 형성하거나 아동에게 자신의 말이 전달되었음을 알려 준다.	아동이 손가락을 만지며 아프다는 표현을 하면, 교사도 손가락을 만지면서 "아파?"라고 말해 준다.
아동 발화에 반응하기	아동이 한 말에 대해 고개를 끄덕이거나 '응' '옳지' '그래' 등과 같은 말을 해주면서 아동의 말을 이해했다는 것을 알려 주고 인정해 준다.	아동이 "이거 (먹어)."라고 말하면, 고개를 끄덕이면서 "그래, 우리 이거 먹자."라고 말해 준다.
아동 반응 기다리기	아동이 언어적 자극에 반응할 수 있도록 적어도 5초 정도의 반응시간을 기다려 준다.	"물감 줄까?"라고 묻고 반응하지 않더라도 5초 정도 기다렸다가 다시 질문한다.

출처 ▶ 고은(2021)

06 **부모를 통한 언어중재방법** [18초특]

좀 더 의미 있는 언어자극이 되기 위해서는 대화를 할 때 다음과 같은 점에 유의하여야 한다.

① 학생이 받아들이기 쉽도록 짧고 구체적인 단어를 사용하는 것이 좋다.

　㉠ 구체적인 단어란, 예를 들면 '과일'보다는 '수박', '포도'로, "운동하러 가자."보다는 "달리기하러 가자." 등으로 표현하는 것을 말한다.

　㉡ 동일한 단어를 반복해서 말해 주는 것이 좋다.

　　예 "신문 좀 가져와."라는 말을 한다면, "저기 신문 있지? 저 신문 좀 가져와."라고 단어를 반복해 준다.

② 부모는 주변에 있는 사람이나 사물 그리고 행동 등에 대해 늘 이름을 붙여 이야기해 준다. 이때 항상 동일한 이름으로 불러 주는 것이 좋다.

- 상황에 따라 운전사-기사, 기차-KTX, 시장-마트 등 대상과 단어가 일치되지 않는 것은 바람직하지 않다.

③ 학생의 연령에 맞는 어휘를 사용한다.

- 초기 발달단계에서는 의성어나 의태어 사용을 적극적으로 활용하며, 학생이 일상생활에서 자주 접하는 사물을 반복해서 말해주는 것이 좋다.

④ 목소리의 높이를 다양하게 해서 말한다.

- 아동들은 단어의 뜻을 이해하기 이전에 말의 운율을 가지고 이해한다. 따라서 음도 변화가 거의 없는 단음도보다 훨씬 아동에게 언어자극이 된다.

  ⓔ 그냥 "잘 잤어?"라는 것보다는 "와~↗ 우리 ○○, 잘 잤어?↗"처럼 음도를 높였다 낮췄다 하며 말한다.

⑤ 중요한 단서에서는 억양을 높이고 강제를 준다. 강세를 준 단어를 더 쉽게 배울 수 있기 때문이다.

- 이때 목소리는 밝고 즐거워야 한다.

⑥ 의성어와 의태어를 사용해서 다소 과장되게 표현한다. 학생이 받아들이기 쉽도록 의성어나 의태어를 함께 사용한다.

⑦ 천천히 그리고 발음은 분명하게 한다.

- ㉠ 말은 천천히 하되, 아기말투로 이야기하는 것은 피해야 한다.
- ㉡ 유아와 이야기할 때는 지나친 유아어는 삼가고 특히 일반적으로 수용되지 않는, 예를 들면 유아가 스스로 만든 신조어는 사용하지 않는 것이 좋다.

⑧ 문법적으로 완전한 문장을 사용한다.

- 짧고 단순한 문장으로 말하되, 문법적으로 완성된 문장을 말한다.

⑨ 학생이 이어문 또는 삼어문으로 말을 하더라도 부모는 늘 완전한 문장으로 대답해 주어야 한다.

⑩ 참조적 반응보다는 표현적 반응을 한다.

- 사물의 이름을 단순히 명명하는 것은 참조적 반응이며, 사물의 특성이나 기능을 설명하는 것은 표현적 반응이다.

  ⓔ "이것은 꽃이야."라고 말하기보다는 "꽃이 참 예쁘다."라고 말해 주어야 한다.

⑪ 몸짓으로 의사소통하는 것을 격려해 주어야 한다.

    ㉠ 학생이 말을 하지 않고 손으로 냉장고를 가리킨다고 해서 "너 뭐가 먹고 싶어? 말을 해!"라는 등의 강요보다는 몸짓으로도 의사소통이 가능하다는 것을 학생이 느끼게 해주어야 한다.

    ㉡ 장애학생의 경우 자신의 의도를 타인에게 표현하는 것 자체를 어려워한다. 이때 자신의 신체가 의사소통을 가능하게 하는 수단이 된다는 것을 느끼게 해주는 것이 중요하다.

⑫ 동작 모방을 많이 해준다.

    • 동작 모방이 잘 이루어져야 말소리 모방도 쉬워질 수 있으므로 '머리를 빗는 모습'을 서로 흉내 낸다거나, '손에 뽀뽀하기' 동작을 모방하는 등 재미있는 놀이 활동을 일상생활 속에서 많이 해주는 것이 좋다.

⑬ 학생이 마음껏 말할 수 있도록 해주어야 한다.

    ㉠ 발음이 틀리고 심하게 말을 더듬거나 이해가 되지 않을 정도로 부정확할지라도 학생은 언제든지 자기가 하고 싶을 때 말할 수 있어야 한다.

    ㉡ 학생이 말을 하려고 할 때에는 눈을 맞추고 기다려 주고 학생의 말을 경청하고 있다는 반응을 보여 주어야 한다.

⑭ 눈맞춤은 정서적인 유대관계뿐만 아니라 의사소통의 기본이다.

    • 장애학생의 경우에는 안정적인 눈맞춤이 어려우므로 양손을 학생의 볼에 대고 동시에 시선을 맞추거나, 눈맞춤이 되지 않을 때에는 학생과 소통하듯이 신체접촉을 통한 신호를 끊임없이 주어야 한다.

KORSET 합격 굳히기   **언어치료 서비스 형태**

언어치료 서비스 형태는 크게 세 가지로 구분된다.

개별 치료 (pull-out system)	언어재활사를 중심으로 구조화된 환경에서 실시되는 언어치료 형태
간접 치료	교실에서 교사가 지도할 수 있도록 언어재활사의 자문을 통해 협력하는 형태
직접 치료 (pull-in system)	언어재활사가 교사와 함께 교실 상황에 참여하여 의사소통에 어려움이 있는 학생에게 적절한 치료 서비스를 직접 제공하는 방법

출처 ▶ 고은(2021). 내용 요약정리

개념확인문제

01

다음은 통합학급 5세반 황 교사와 유아특수교사 정 교사의 대화이다. 물음에 답하시오.

> 황 교사 : 선생님, 영주는 ㉠ 말의 흐름이 자연스럽지 않고, 말 리듬이 특이해서 무슨 말을 하는지 이해하기가 힘들어요. 특정 음절을 반복, 연장하고, 말이 막히기도 해요. 반면, 선미는 말을 할 때 ㉡ 부자연스러운 고음과 쥐어짜는 듯한 거칠고 거센소리를 내요.
> … (중략) …
> 황 교사 : 지수의 경우는 점심시간에 제가 지수에게 "계란줄까?"라고 물어봤는데, ㉢ 지수가 로봇처럼 단조로운 음으로 바로 "계란줄까, 계란줄까, 계란줄까."라고 했어요. 또 "연필 줄래?"라고 했더니 연필은 주지 않고 "줄래, 줄래, 줄래."라고 말했어요. 또 ㉣ 자신의 말하기 순서를 기다리지 못해서 불쑥 얘기하기도 해요.
> 정 교사 : 그렇군요. 그건 지수와 같은 아이들에게서 자주 나타나는 현상이죠.
> 황 교사 : 그리고 지수는 ㉤ 몸을 앞으로 숙였다 펴고, 손을 들어 손가락을 접었다 펴는 행동을 반복해요. 그러면서 "꺄악꺄악"이라는 의미 없는 소리를 내기도 해요.
> … (하략) …

1) ㉠과 ㉡에 해당하는 말장애(구어장애) 유형을 쓰시오.

3) ① ㉣에 해당하는 언어학의 하위 범주를 쓰고,
   ② ㉤의 행동 특성을 무엇이라고 하는지 쓰시오.

02

다음은 4세 반 통합학급 김 교사가 작성한 반성적 저널의 일부이다. 물음에 답하시오.

> 일자 : 2018년 ○○월 ○○일
>
> 우리 반에는 발달지체 유아 영희와 인규가 있다. 영희는 인규보다 언어 발달이 더 지연되어 있다.
> 오늘 자유선택활동 시간에 영희가 ㉠ 교실 어항의 공기 펌프에서 나오는 공기 방울을 가리키며 "콜라"라고 말했다. 영희 어머니와 통화를 하다가 그 이유를 알게 되었다. 며칠 전 집에서 컵에 따라놓은 콜라의 기포를 본 후로 공기 방울만 보면 "콜라"라고 한다는 것이었다.
> 인규는 말이 많이 늘었다. 요즘은 좋아하는 것, 싫어하는 것도 표현한다. 완벽한 문장은 아니지만 필요한 건 요구도 한다. ㉡ 놀이터에 가고 싶을 때는 "선생님 놀이터 가", 과자를 좋아한다는 표현에 대해 "나 과자 좋아"라고 말한다.
> 인규의 언어 습득에 도움을 주고자 ㉢ 이야기나 동화 등과 같이 의미 있는 맥락에서 문자를 경험하게 하면서 직접적으로 읽기 하위 기술에 대한 지도를 병행하는 방법을 적용해 보기로 했다.
> … (중략) …
> 종호가 몇 달 전부터 가끔씩 말을 더듬기 시작했다. ㉣ 오늘 종호 짝꿍 수빈이가 종호에게 갑자기 양말을 어디서 샀냐고 물으니 종호가 말을 더듬으며 "마마마마마트"라고 대답했다. 그런데 다른 친구들과 함께 놀이를 하면서 이야기할 때는 더듬지 않았다. 그리고 이야기 나누기 시간에 내가 종호에게 먼저 질문하면 말을 더듬으며 대답했는데, 다른 친구들에게 질문한 후 종호에게 질문하면 더듬지 않고 대답했다.
> … (하략) …

1) ㉠과 ㉡은 언어 발달 과정에서 나타나는 특징 중 무엇에 해당하는지 각각 쓰시오.

2) ㉢이 의미하는 언어교육방법이 무엇인지 쓰시오.

03

(가)는 중도 지적장애와 지체장애를 중복으로 가지고 있는 학생 민수의 특성이다. 물음에 답하시오.

(가) 민수의 특성

- 몸통과 사지의 조절 능력이 부족함
- 스스로 머리 가누기가 어렵고, 서서 하는 활동 시에는 자세 보조기기가 필요함
- ㉠ 요구하는 상황에서 '으', '거' 등의 소리를 내거나 가지고 싶은 물건이 있으면 몸을 앞뒤로 흔드는 행동으로 표현함

1) ㉠을 바탕으로 민수의 의사소통 발달 단계를 쓰시오.

04

(나)는 통합학급 최 교사와 특수학급 오 교사가 나눈 대화이다. 물음에 답하시오.

(나) 대화 내용

최 교사 : 선생님, 정우는 틀린 발음을 하고도 본인이 틀렸다는 것을 잘 모르는 것 같아요.

오 교사 : 정우가 말소리를 듣고 오조음과 목표음 자체를 다르다고 인식하지 못하는 것일 수도 있습니다.

최 교사 : 그렇군요. 그런데 정우는 청력도 정상이고 조음 기관에도 이상이 없다고 하는데, 왜 발음에 문제를 보이나요?

오 교사 : 정우의 경우는 조음장애보다 ㉣ 음운장애에 더 가깝다고 볼 수 있습니다.

4) 다음 밑줄 친 단어들은 (나)의 ㉣에 해당하는 사례들이다. 공통적인 대치 오류 유형 1가지를 쓰시오.

┤ 오류 현상 ├

- "주전자는 어디에 있어요?"를 "두던자는 어디에 있어요?"라고 말한다.
- "나는 공부 그만 하고 싶어요."를 "나는 동부 그만 하고 싶어요."라고 말한다.

05

(가)는 중학생 H의 의사소통 특성이고, (나)는 특수교사와 일반교사가 나눈 대화 내용의 일부이다. ㉠이 설명하는 것의 명칭을 쓰고, ㉡에 해당하는 조음음운지도 방법을 쓰시오.

(가) 학생 H의 의사소통 특성

- 수용 및 표현 언어 능력이 낮음
- 발음이 불명료함

(나) 특수교사와 일반교사의 대화 내용

일반교사 : H의 발음을 어떻게 도와줄 수 있나요?
특수교사 : 학교에서 자주 사용하는 음소부터 살펴볼게요. 그리고 ㉠ <u>오류를 보이는 음소에 대하여 청각적, 시각적, 촉각적인 단서나 자극을 주었을 때 목표하는 음소와 유사하게 반응하는</u> 능력이 어떤지 알아 보겠습니다.
일반교사 : 네. H는 /ㅅ/가 들어가는 단어들을 /ㄷ/로 발음하는 경향을 보입니다.
특수교사 : H는 조음음운지도가 필요한 듯합니다. 다양한 접근법 중에서 H에게는 오류를 보이는 음소가 가지고 있는 음운론적 규칙이나 양식을 알게 하는 방법을 적용해 보겠습니다. 이 접근법은 ㉡ /ㅅ/가 포함된 어휘를 선정하여 낱말짝을 구성하고, 낱말짝을 이루는 두 어휘의 뜻을 H가 이해하는지 확인하는 단계부터 시작합니다.
… (하략) …

06

(가)는 ○○중학교에 재학 중인 학생 A를 지도하는 일반교사와 특수교사의 대화이고, (나)는 학생 A에 대한 조음·음운 지도 계획의 일부이다. (가)의 괄호 안의 ㉠에 해당하는 용어를 쓰고, (나)를 참고하여 학생 A에게 적용할 조음·음운 중재 기법의 유형을 쓰시오.

(가) 일반교사와 특수교사의 대화

일반교사 : 선생님, 우리 반 학생 A는 말할 때 입을 크게 벌리지 않고 우물거리며 말을 하는 습관이 있어서 수업 시간에 말을 알아 듣기 힘들 때가 많습니다.
특수교사 : 네, (㉠)이/가 낮아서 문제이군요.
일반교사 : 그게 무슨 뜻인가요?
특수교사 : 이것은 학생 A가 발음하는 것을 선생님이 알아듣는 정도를 의미해요.

(나) 학생 A의 조음·음운 지도 계획

1. 우리말 조음·음운 평가(Urimal Test of Articulation and Phonology : U-TAP) 결과
   1) 개별 음소 분석표
   - 음소 정확도

	자음 정확도	모음 정확도
낱말 수준	38/43	9/10
	88.3%	90.0%
문장 수준	34/43	9/10
	79.0%	90.0%

   2) 음운 오류 분석 결과
   … (중략) …

2. 중재 진행 방향
   1) 음운 오류인 탈기식음화 감소를 중재 목표로 설정함
   2) 목표음을 지도할 때 문맥적 훈련에 중점을 두어 진행함
   3) 한 번에 여러 개 음소를 동시에 수정하고자 함

07

다음은 학생 A를 위한 조음음운중재 계획이다. 〈작성 방법〉에 따라 서술하시오.

중재 방법	변별자질접근법	
중재 초점	• 오류의 패턴을 찾아서 교정하면 동일한 자질을 가진 다른 음소들의 오류가 동시에 개선됨	
중재 언어	• (㉠) : '불'-'풀'	
중재 단계	**구분**	**내용**
	(㉡)	학생에게 '불', '풀' 사진을 보여주면서 학생이 단어를 아는지 알아봄
	변별	교사가 '불'-'풀'을 발음하면 학생이 해당 사진을 가리킴
	훈련	학생이 '불'-'풀'을 발음하면 교사가 해당 사진을 가리킴
	전이-훈련	학생이 '풀'을 정조음할 수 있게 되면, 구와 문장에서 연습하도록 지도함

┤ 작성 방법 ├

• 괄호 안의 ㉠에 해당하는 용어를 쓰고, 그 의미를 서술할 것
• 괄호 안의 ㉡의 명칭을 쓸 것

08

다음은 학생 A가 보이는 말더듬 사례이다. 교사는 A를 위해 말더듬는 순간을 수정하는 '말더듬 수정법'을 적용하고자 한다. 이 중재법에 대한 설명으로 옳은 것만을 〈보기〉에서 있는 대로 고른 것은?

"서서서서언언-생님, 수수수수(갑자기 머리를 뒤로 젖히고 발을 구르며)수요일에 국어 교과서만 가져오면 되나요? 그리고 사사사사회 수수수우숙제는 어떻게 해요?"

┤ 보기 ├

ㄱ. 자신의 말과 관련된 두려움을 줄이도록 지도한다.
ㄴ. 말을 더듬을 때의 이차행동을 다루기보다는 편하게 말하기에 초점을 둔다.
ㄷ. 말할 때 자신의 말더듬 행동과 말에 대한 심리 및 태도를 스스로 확인하는 단계를 거치도록 한다.
ㄹ. 초반에는 짧은 발화 내용을 말하도록 하고 점차 긴 발화 내용을 유창하게 말하도록 유도하는 방법이다.
ㅁ. 말을 더듬을 것으로 예상되는 단어를 천천히 쉽게 시작하고 조절하는 준비하기(preparation set) 기법으로 지도한다.

① ㄱ, ㄷ   ② ㄴ, ㄹ
③ ㄷ, ㄹ   ④ ㄱ, ㄷ, ㅁ
⑤ ㄴ, ㄹ, ㅁ

09

(가)는 활동계획안의 일부이고, (나)는 통합학급 최 교사와 특수학급 박 교사의 대화 내용 중 일부이다. 물음에 답하시오.

(가)

활동명	나의 꿈	누리과정 관련 요소	• 사회관계 : 사회에 관심 갖기 　－ 지역사회에 관심 갖고 이해하기 • 의사소통 : 말하기 　－ ㉠ 느낌, 생각, 경험 말하기
활동 목표	나의 꿈을 말할 수 있다.		
활동 자료	다양한 직업에 대한 그림 자료, ppt 자료		

(나)

> 박 교사 : 선생님, 요즘 지수가 슬기반에서 잘 지내고 있나요?
>
> 최 교사 : 네. 대부분의 수업 활동에는 잘 참여하고 있어요. 그러나 자기의 느낌이나 생각을 말하는 시간에는 어려움이 있어요. 작년에는 ㉡ 말이 막히거나 말을 더듬는 현상이 종종 있었는데, 올해는 많이 좋아졌어요. 그런데 아직까지도 지수의 발음이 정확하지 않아서 친구들이 잘 알아듣지 못하는 것 같아요. 친구들하고 이야기할 때, ㉢ 지속적으로 '풍선'을 '푸선'이라고 하고 '사탕'을 '아탕'이라고 하거든요.
>
> 박 교사 : 그렇군요. 저는 ㉣ 지수가 이야기할 때 상황에 적절치 않게 말을 하는 경우를 많이 보았어요. 얼핏 보면 말을 잘 하는 것 같지만, 실제로는 친구들과 대화를 할 때 어려움이 있어요.

2) ㉡과 ㉢에 나타난 언어 장애 유형을 쓰시오.

3) 언어의 하위 체계에는 5가지(음운론 등)가 있다. ㉣에서 언급된 지수의 언어 행동은 언어의 하위 체계 중 무엇과 관련된 문제인지 쓰시오.

10

(가)는 ○○고등학교 특수학급에 재학 중인 학생 H의 말더듬 행동에 관한 관찰 내용이다. 〈작성 방법〉에 따라 서술하시오.

(가) 학생 H의 말더듬 행동 관찰 내용

> • 수업 시간 중 어려운 단어가 나오면 연장(prolongation)과 막힘(block)이 나타남
> • ㉠ 더듬는 단어를 말할 때 동의어로 자주 바꾸어 말함
> • 바리스타 직업교육 첫날, ㉡ 커피 종류를 말할 때 눈을 깜빡이거나 아래턱을 떠는 행동이 나타남

┤ 작성 방법 ├

• 밑줄 친 ㉠과 ㉡의 말더듬 행동 유형을 쓰고, 특성을 순서대로 서술할 것

11

다음 (가)~(라)의 유형에 따른 내용 중 옳은 것을 〈보기〉에서 고른 것은?

> (가) 브로카 실어증(Broca's aphasia)
> (나) 베르니케 실어증(Wernicke's aphasia)
> (다) 마비말장애(dysarthria)
> (라) 말실행증(apraxia of speech)

┤ 보기 ├

ㄱ. (가)는 유창하지만 청각적 이해력에서 어려움을 보이고, 느린 발화 속도와 단조로운 운율 특성 등을 보인다.

ㄴ. (나)는 청각적 이해력, 유창성, 따라 말하기는 좋은 편이나 이름대기 수행력이 낮고, 착어(paraphasia)가 자주 관찰된다.

ㄷ. (다)는 체계적인 호흡 훈련, 조음 지도 및 운율 지도 등을 통해 말 명료도를 향상시킬 수 있다.

ㄹ. (다)는 말 산출과 관련된 근육의 약화, 불협응 등에 의한 말장애로 정확한 말소리 산출에 어려움을 보인다.

ㅁ. (라)는 노래 형식으로 발화 길이를 늘려가는 방식을 통해 표현력을 향상시킬 수 있다.

ㅂ. (라)는 근육 약화나 협응 곤란은 없지만 말 산출 근육의 프로그래밍 문제로 조음 및 운율 오류를 보이고, 정확한 조음 위치를 찾으려는 모색행동(groping)이 관찰된다.

① ㄱ, ㄴ, ㅁ
② ㄱ, ㄷ, ㅂ
③ ㄴ, ㄷ, ㅁ
④ ㄴ, ㄹ, ㅂ
⑤ ㄷ, ㄹ, ㅂ

12

다음은 소라의 의사소통장애와 관련된 진단평가 결과이다. 소라가 가진 문제와 가장 관련이 깊은 것은?

진단평가 결과

유소라(7세)

○ 이비인후과적 검사
• 평균청력손실 15dB
• 중이염 없음
• 구강구조 정상
○ 신경학적 검사
• MRI 검사(뇌손상) : 정상
• 뇌파 검사(간질) : 정상
○ 언어심리학적 검사
• K-WISC-Ⅲ : 언어성 지능(IQ) 75, 동작성 지능(IQ) 102
• 언어학습능력진단검사(ITPA) : 5세
○ 기타
• 정서, 사회성 발달에 심각한 문제 없음
• 감각에 심각한 문제 없음

① 구개파열
② 운동말장애
③ 마비말장애
④ 단순언어장애
⑤ 신경언어장애

13

2013 중등1-38

다음은 자발화 평가에 대한 내용이다. ㉠~㉣에 대한 설명으로 옳은 것은 〈보기〉에서 고른 것은?

> ㉠ 자발화 평가는 각 언어 영역별 능력, 즉 의미론적 능력, ㉡ 구문론적 능력, ㉢ 화용론적 능력 등을 측정할 수 있다. 자발화 분석은 많은 시간과 노력이 요구된다는 단점이 있지만, ㉣ 교육적 장점도 포함하고 있다.

| 보기 |

가. ㉠을 통해 언어 영역별 능력을 알아보기 위해서는 구조화된 상황에서의 자발화 수집이 요구된다.

나. ㉡을 알아보기 위해서 복문은 문장 간 의미관계를 분석한 후, 각 단문의 문장 내 의미관계를 분석한다.

다. ㉡을 알아보기 위해서 학령기 아동의 문장능력과 문장 성숙도는 T-unit(terminable unit)를 활용하여 분석한다.

라. ㉢을 알아보기 위해서 의사소통의 의도와 대화 능력을 분석한다.

마. ㉢을 알아보기 위해서 어휘다양도를 통해 다양한 낱말의 사용 정도에 대하여 살펴본다.

바. ㉣에는 성취 수준 및 교수 목표를 파악하는 데 유용하다는 점이 포함된다.

① 가, 나, 라
② 가, 다, 마
③ 나, 라, 바
④ 다, 라, 바
⑤ 다, 마, 바

14

2009 유아1-33

김 교사는 발달지체 유아인 영지의 표현언어 수준을 평가하려고 자발화 표본을 수집하였다. 김 교사가 자발화 표본 수집에 사용한 방법으로 적절한 것을 〈보기〉에서 고른 것은?

| 보기 |

ㄱ. 총 발화수를 총 낱말수로 나누어 평균 발화 길이를 구하였다.

ㄴ. 발화 자료를 사용하여 영지의 의미 발달과 구문 발달, 화용론에서의 발달을 분석하였다.

ㄷ. 어머니와의 대화, 친구나 형제와의 대화와 같은 다양한 대화 상대자들과의 발화 자료를 수집하였다.

ㄹ. 영지의 발화와 대화 상대자의 말이나 행동, 의사소통 시의 상황 등을 기입한 후, 영지와 상대자의 문장에 순서대로 문장 번호를 붙였다.

① ㄱ, ㄴ
② ㄱ, ㄷ
③ ㄴ, ㄷ
④ ㄴ, ㄹ
⑤ ㄷ, ㄹ

15

다음은 통합학급 유아교사인 김 교사와 유아특수교사인 최 교사의 대화이다. 물음에 답하시오.

김 교사 : 최 선생님, 오늘 은미가 교실에서 말을 많이 했어요.

최 교사 : 와! 우리 은미 멋지네요.

김 교사 : 실은 오늘뿐 아니라 요즘 계속 말을 많이 해서 얼마나 달라졌는지 알아보고 싶어요. 어떤 방법이 있을까요?

최 교사 : 언어 발달 평가에는 여러 가지가 있지만, 자발화 평가를 해도 좋을 것 같아요.

김 교사 : 그러면 ㉠ 은미가 가장 말을 많이 하는 영역인 도서 영역 한 곳에서 자발화 수집을 하면 되겠네요. ㉡ 은미는 좋아하는 동화책을 외워 그 내용을 혼자 계속 중얼거리는데, 그것도 자발화 수집에 포함시켜야겠어요. 그런데 은미가 하는 말이 계속 같은 낱말을 반복하는 것인지 아니면 여러 가지 어휘를 사용하는 것인지도 알아보고 싶어요. 그것은 어떻게 알 수 있을까요?

최 교사 : 아, 그건 은미가 ㉢ 사용한 총 낱말 중에서 서로 다른 낱말의 비율을 산출해 보면 알 수 있어요.

김 교사 : 네, 잘 알겠습니다. 그리고 저번에 말씀드렸던 지호에 대해서도 의논드릴 일이 있어요. 내일 지호 어머님과 상담하기로 했는데, 어머님께서 지호에 대해 걱정이 많으세요. 저도 지호가 다른 친구들과 달리 가르치기 힘들다는 생각이 들어서요. 내일 어머님께 지호가 특수교육대상자인지 진단·평가를 받으라고 말씀드리는 것이 좋겠지요?

최 교사 : ㉣ 그 전에 일반 학급에서 교수 방법 등을 수정하여 지도해 보면서, 지호의 발달에 변화가 있는지 살펴보는 것이 우선인 것 같아요. 저도 도와드릴게요. 그렇게 해도 지속적으로 어려움이 있을 경우 특수교육대상자 선정을 의뢰해야겠지요.

---

1) 자발화 수집 시 고려할 사항에 근거하여 ㉠과 ㉡이 적절하지 않은 이유를 각각 쓰시오.

2) ㉢에서 측정하고자 하는 것은 무엇인지 쓰시오.

16

다음은 특수교사가 일반교사에게 학생의 표현언어 능력 평가 결과를 설명한 것이다. ㉠~㉣에서 옳은 것을 고른 것은?

특수교사 : 학생 A의 자발화를 분석한 결과입니다. ㉠ 어휘 다양도 수준을 고려하면 형태론 발달은 문제가 없다고 봅니다.

일반교사 : 그럼 화용론 발달 수준은 어떤가요?

특수교사 : ㉡ 평균 발화 길이를 평가한 결과, 화용론 발달에는 별 문제가 없습니다.

일반교사 : 다른 언어 능력의 특성은 어떤가요?

특수교사 : ㉢ 조사나 연결어미의 발달을 확인한 결과 구문론 발달에는 문제가 없는 것 같은데, ㉣ 다른 낱말의 수(number of different words, NDW)를 살펴보니 의미론 발달에 문제가 좀 있는 것 같습니다. 그래도 A의 말은 알아듣기 쉽죠?

일반교사 : 맞아요. 아주 정확하게 말해요.

---

① ㉠, ㉡   ② ㉠, ㉣

③ ㉡, ㉢   ④ ㉡, ㉣

⑤ ㉢, ㉣

17

다음은 패스트푸드점 주문대 앞에서 교사와 정신지체 학생이 나눈 대화이다. 화용론적 관점에서 학생의 대화 내용을 분석한 결과가 적절한 것을 〈보기〉에서 고른 것은?

교사 : 뭐 먹을래?

학생 : 햄버거요.

교사 : 무슨 햄버거 먹을래?

학생 : 햄버거 먹고 싶어요.

교사 : 뭐라고? 무슨 햄버거?

학생 : 햄버거 먹고 싶어요.
　　　햄버거 맛있어요.

교사 : 주스 먹을래?

학생 : 네, 주스 좋아요.
　　　집에 엄마 있어요. 엄마 집에서 살아요.

교사 : 나도 알아.

학생 : 가방 주세요. 집에 갈래요.

교사 : 갑자기 어딜 간다고 그래?
　　　햄버거 먹고 학교에 가야지.

┤ 보기 ├

ㄱ. '행위 요구'는 가능하지만, 자기중심적이어서 대화 상황에 부적절하다.

ㄴ. '질문에 대한 반응'은 나타나지만, 상황에 부적절한 대답을 하는 경우가 있다.

ㄷ. 상대방에게 '명료화 요구하기'는 가능하나, '주관적 진술'은 나타나지 않는다.

ㄹ. 단순한 '요구에 대한 반응'은 하지만, 상대방의 '명료화 요구'에는 적절하게 응답하지 못한다.

ㅁ. 상황에 적절한 '주제 유지'가 가능하나, '전제 기술(presuppositional skills)'은 나타나지 않는다.

---

① ㄱ, ㄴ, ㄹ 　　② ㄱ, ㄴ, ㅁ

③ ㄱ, ㄷ, ㄹ 　　④ ㄴ, ㄷ, ㅁ

⑤ ㄷ, ㄹ, ㅁ

18

다음은 교사가 학생의 효과적인 발화를 유도하기 위해 적용한 언어중재 기법의 예이다. (가)~(마)에서 적용한 기법에 대한 설명으로 옳은 것은?

(가)	학생 A : (색연필로 그림을 그리고 있다.) 정 교사 : 색연필로 그림을 그려요.
(나)	학생 B : (소방차 그림을 보고) 경찰차다. 최 교사 : 아니, 이건 소방차예요.
(다)	학생 C : 사과를 먹어요. 김 교사 : 맛있는 사과를 먹어요.
(라)	학생 D : 어제 책 읽어요. 박 교사 : 어제 책을 읽었어요.
(마)	학생 E : 당근 못 좋아요. 이 교사 : 당근을 안 좋아해요.

① (가)에서 정 교사는 A의 행동을 A의 입장에서 말하고 있는데, 이는 '평행적 발화' 기법을 적용한 것이다.

② (나)에서 최 교사는 B가 말한 틀린 단어를 지적하고 바른 단어로 고쳐서 제시하고 있는데, 이는 '재구성' 기법을 적용한 것이다.

③ (다)에서 김 교사는 C의 발화에 의미적 정보를 첨가하고 있는데, 이는 '확장(expansion)' 기법을 적용한 것이다.

④ (라)에서 박 교사는 D의 발화에 문법적 표지를 첨가하고 있는데, 이는 '확대(extension)' 기법을 적용한 것이다.

⑤ (마)에서 이 교사는 E의 발화에서 나타난 오류를 맥락 안에서 다른 형태로 바꾸어 말하고 있는데, 이는 '수정' 기법을 적용한 것이다.

19

(나)는 학생 M을 위한 스크립트 중재 적용 계획의 일부이다. 〈작성 방법〉에 따라 서술하시오.

(나) 스크립트 중재 적용 계획

〈중재 전 점검 사항〉

1. 상황 선정 시 점검 사항
   • ㉠ <u>학생이 상황 맥락을 이해하는 데 신경 쓰지 않도록, 화자 간에 공유하는 상황지식(shared event knowledge)을 제공하는 상황으로 선정</u>
   • 학생에게 익숙하고 자연스러운 상황으로 선정

2. 상황언어 선정 및 중재 적용 점검 사항
   • 일상적이고 익숙한 상황언어를 선택
   • 기능적 언어 사용을 향상시킬 수 있도록 지도
   • 수용 및 표현언어의 습득 효율성을 고려한 지도
   … (하략) …

〈활용할 스크립트〉

상황	하교 시 학교버스 이용하기			
하위행동	유도 상황/발화	가능한 목표언어	목표언어 구조	
			의미 관계	화용적 기능
교실에서 하교 준비하기	겉옷을 입도록 한다.	"옷 주세요."	대상-행위	행동 요구
교실에서 복도로 이동하기	"누가 교실 문을 열까요?"	"제가 열래요."	(㉡)	주장
… (중략) …				
자리에 앉기	"어디에 앉을까요?"	"(㉢)"	<u>장소-행위</u>	<u>질문에 대한 반응</u>
			└─ ㉣ ─┘	

┤ 작성 방법 ├

• 밑줄 친 ㉠의 이유를 인지부하(cognitive load) 측면에서 1가지 서술할 것 (단, 목표언어와 관련지어 서술할 것)
• 괄호 안의 ㉡에 해당하는 의미관계를 쓰고, 괄호 안의 ㉢에 해당하는 '가능한 목표언어'를 밑줄 친 ㉣에 근거하여 쓸 것

20

다음은 언어장애 학생 A가 미술 시간에 특수교사와 나눈 대화이다. 특수교사가 학생 A의 언어 문제를 해결하기 위하여 제시할 수 있는 언어적 단서와 그에 따른 교수 활동이 바르게 연결된 것을 (가)~(라)에서 고른 것은?

학생 A : (그림 오려 붙이기 활동 중 색종이를 들고 교사에게 다가와) 선생님! (손가락으로 가위 모양을 만들어 자르는 흉내를 내며) 이렇게 이렇게 하는 거 있잖아요. 그거 주세요. (머뭇거리다가) 어-어- 자르는 건데…….

특수교사 : 무엇이 필요한데요?

학생 A : 어-어- 동그란 손잡이가 있고 쇠로 만들었고, (손가락으로 가위 모양을 만들어 자르는 흉내를 내며) 자르는 거요. 그거, 음- 그거요.

	단서	교수 활동
(가)	의미적 단서	"이건 문구의 종류인데요."라고 학생 A에게 말하기
(나)	구문적 단서	학생 A 앞에서 '가위'의 음절 수만큼 손으로 책상 두드리기
(다)	형태적 단서	(손동작으로 '가위 바위 보'를 하며) "○○, 바위, 보"라고 말하기
(라)	음소적 단서	학생 A의 손바닥에 'ㄱ'을 적어주며 "선생님이 쓴 글자로 시작합니다."라고 말하기

① (가), (나)
② (가), (다)
③ (가), (라)
④ (나), (라)
⑤ (다), (라)

21

제스처와 한 낱말로 말하기를 주로 사용하는 만 4세 현아에게 카이저(A. Kaiser)의 강화된 환경교수(enhanced milieu teaching)에 포함되는 반응적 상호작용(responsive interaction) 전략을 적용하여 '두 낱말로 말하기'를 지도하고자 한다. 이 전략을 가장 옳게 적용한 것은?

① 현아가 말없이 손으로 우유를 가리키면 반응을 하지 않고, '우유'라고 말하는 경우에만 반응을 한다.

② 현아가 창가에 앉아 있는 새를 가리키면서 '새'라고 말하면, "책에 새가 몇 마리 있나 보자."라고 말하며 새에 대한 그림책을 가리킨다.

③ 현아가 인형을 만지며 '아기'라고 말하면, "아기? 아기가 뭐 하니? 아기가 잔다고 해 봐, 아기가 자니? 아기가 잔다."라고 연속적으로 말한다.

④ 퍼즐 맞추기에 집중하고 있는 현아 옆에 앉아서 퍼즐 조각을 가리키며 "무슨 색이니?"라고 묻고, 현아가 반응이 없더라도 반복하여 묻는다.

⑤ 현아가 빗으로 머리 빗는 시늉을 하며 '머리'라고 말하면, 현아의 행동을 따라하며 "머리 빗어."라고 말한 후 현아가 반응할 수 있게 잠시 기다린다.

22

(다)는 풍선놀이 장면의 일부이다. 물음에 답하시오.

(다)

> (안 교사는 유희실 천장에 줄이 달린 헬륨 풍선을 띄워 놓았다.)
> 단　비 : (천장에 붙어 있는 풍선을 바라본다.)
> 안 교사 : (풍선을 같이 바라본다.)
> 단　비 : (안 교사를 바라본다.)
> 안 교사 : 단비야, 뭐 줄까?
> 단　비 : (손가락으로 풍선을 가리킨다.)
> 안 교사 : ＿＿＿＿＿ⓛ＿＿＿＿＿
> 단　비 : 풍. 선.
> 안 교사 : 자, 풍선 줄게. (풍선을 건넨다.)
> … (중략) …

[A]

3) 환경중심언어중재(Milieu Language Teaching : MLT)에 근거하여 (다)의 [A]에서 적용한 교수 기법을 쓰시오.

1	1) ㉠ 유창성장애, ㉡ 음성장애
	3) ① 화용론, ② 상동행동
2	1) ㉠ 과잉확대, ㉡ 전보식 문장
	2) 균형적 접근법
3	1) 의도적인 비구어 단계
4	4) 치조음화, 파열음화 중 택1
5	㉠ 자극반응도, ㉡ 변별자질접근법
6	㉠ 말명료도, ㉡ 음운변동접근법
7	• ㉠ 최소대립쌍 　말소리 하나를 교체함으로써 의미의 변별이 생기는 음절이나 단어의 쌍 • ㉡ 확인
8	④
9	2) ㉡ 말더듬, ㉢ 조음·음운장애
	3) 화용론
10	㉠은 회피행동으로 말을 더듬을 가능성이 있는 상황을 피하는 행동이다. ㉡은 탈출행동으로 말을 더듬는 도중에 말더듬에서 벗어나려고 취하는 행동이다.
11	⑤
12	④
13	④
14	③
15	1) ㉠ 자발화 표본은 다양한 장소에서 수집하는 것이 필요하다. 　㉡ 자동구어, 중얼거림은 자발화 분석에서 제외한다. 2) 어휘다양도
16	⑤
17	①
18	①
19	• 아동이 상황을 이해하는 데 신경 쓰는 동시에 목표언어에도 주의를 기울이게 되면 인지적 과부하가 발생하기 때문이다. • ㉡ 행위자-행위, ㉢ 목표언어 : 여기에 앉아요
20	③
21	⑤
22	3) 우발교수

ME
MO

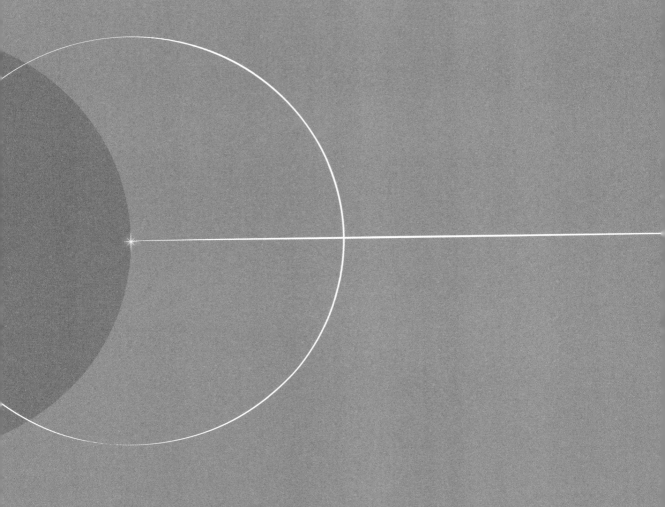

김남진
KORSET
특수교육 ❹

시각장애아교육 Mind Map

Chapter 1 시각장애의 이해

1 시각장애의 개념 ─┬─ 장애인 등에 대한 특수교육법
                    └─ 장애인복지법

2 시각장애의 분류 ─┬─ 실명 시기에 따른 분류
                    ├─ 시각장애 진행 정도에 따른 분류
                    └─ 장애 중복에 따른 분류

3 눈의 구조와 기능 ─┬─ 안구 ─┬─ 외막
                              ├─ 중막
                              ├─ 내막 ─┬─ 추체세포
                              │   └─ 간체세포
                              └─ 안내용물
                      ├─ 눈의 부속기관
                      └─ 시신경과 시로 ─┬─ 시신경
                                       └─ 시로

Chapter 2 시각 관련 용어의 이해

1 시각 관련 기본 개념 ─┬─ 시각
                        ├─ 시기능
                        ├─ 시효율
                        └─ 시지각

2 시각능력의 분류 ─┬─ 시력
                    ├─ 시야
                    ├─ 색각
                    ├─ 대비감도
                    ├─ 광감도
                    ├─ 안운동
                    └─ 조절

3 시각 활용 기술 ─┬─ 고시
                    ├─ 중심 외 보기
                    ├─ 추시
                    ├─ 추적
                    ├─ 주사
                    └─ 기타 시각 활용 기술

Chapter 3 시각장애의 원인

1 각막질환 ─┬─ 각막염
           ├─ 각막외상
           └─ 원추각막

2 중막질환 ─┬─ 무홍채증
           └─ 베세트병

3 망막질환 ─┬─ 망막박리
           ├─ 당뇨망막병증 ─┬─ 개념 및 특징 : 진행성 질환
           │   └─ 교육적 고려사항
           ├─ 미숙아 망막병증 ─┬─ 개념 및 특징
           │   └─ 교육적 고려사항 : 망막박리 가능성
           ├─ 망막모세포증
           ├─ 망막색소변성 ─┬─ 개념 및 특징 : 진행성 질환
           │   └─ 교육적 고려사항
           ├─ 황반변성 ─┬─ 개념 및 특징 : 진행성 질환
           │   └─ 교육적 고려사항
           ├─ 백색증 ─┬─ 개념 및 특징
           │   └─ 교육적 고려사항
           └─ 추체이영양증

4 안내용물 관련 질환 ─┬─ 수정체 질환 ─┬─ 선천성 백내장 ─┬─ 특징
                      │   └─ 교육적 고려사항
                      │   └─ 후천성 백내장
                      └─ 방수에 의한 질환 ─┬─ 원발 녹내장
                             ├─ 이차 녹내장
                             └─ 선천성 녹내장 ─┬─ 특징 : 터널시야, 야맹증, 우안
                                      └─ 교육적 고려사항

5 시신경 질환 ─┬─ 시신경염
             ├─ 시신경 위축
             ├─ 시로장애
             └─ 대뇌피질시각장애 ─┬─ 개념
                           └─ 특징과 교육적 고려사항 : 고유한 10가지 시각 특성과 중재 방법

6 외안근 이상 ─┬─ 사시
             └─ 안구진탕 ─┬─ 개념 및 특징
                       └─ 교육적 고려사항

7 굴절 이상 ┌ 근시 : 오목렌즈의 사용
　　　　　 ├ 원시 : 볼록렌즈의 사용
　　　　　 └ 난시

Chapter 4 **시각장애의 진단 · 평가**

1 장애인 등에 대한 특수교육법 ┌ 기초학습기능검사
　　　　　　　　　　　　　 ├ 시력검사
　　　　　　　　　　　　　 └ 시기능검사 및 촉기능검사

2 시력검사 ┌ 원거리 시력검사 ┌ 목적
　　　　　 │　　　　　　　 └ 단계 ┌ 1. 현재 원거리 시력 측정 ┌ 시력 계산
　　　　　 │　　　　　　　　　　 │　　　　　　　　　　　　　 └ 시각 기능에 따른 분류 ┌ 지수(FC)
　　　　　 │　　　　　　　　　　 │　　　　　　　　　　　　　　　　　　　　　　　 ├ 수동(HM)
　　　　　 │　　　　　　　　　　 │　　　　　　　　　　　　　　　　　　　　　　　 ├ 광각(LP)
　　　　　 │　　　　　　　　　　 │　　　　　　　　　　　　　　　　　　　　　　　 └ 무광각(NLP)
　　　　　 │　　　　　　　　　　 ├ 2. 망원경 배율 계산과 추천 : 배율 계산
　　　　　 │　　　　　　　　　　 └ 3. 망원경 사용 시 원거리 시력 재측정
　　　　　 ├ 근거리 시력검사 ┌ 목적
　　　　　 │　　　　　　　 └ 단계 ┌ 1. 현재 근거리 시력 측정
　　　　　 │　　　　　　　　　　 ├ 2. 확대경 배율 계산과 추천
　　　　　 │　　　　　　　　　　 └ 3. 확대경 사용 시 근거리 시력 재측정
　　　　　 └ 시력의 교정 ┌ 디옵터(D)
　　　　　　　　　　　　 └ 배율(X)

3 시야검사 ┌ 주변 시야검사 ┌ 원판 시야검사
　　　　　 │　　　　　　　 ├ 1.2m 띠 시야검사
　　　　　 │　　　　　　　 └ 대면법
　　　　　 └ 중심 시야검사 ┌ 시계보기 검사
　　　　　　　　　　　　 ├ 암슬러 격자 검사
　　　　　　　　　　　　 └ 탄젠트 스크린법

4 색각검사

5 학습매체 평가 ┌ 학습매체 평가의 개념
　　　　　　　　 └ 학습매체 평가의 구성 ┌ 읽기매체 평가
　　　　　　　　　　　　　　　　　　 ├ 쓰기매체 평가
　　　　　　　　　　　　　　　　　　 └ 그림매체 평가

3 전자보조공학기기 ─┬─ 촉각 활용 보조공학기기 ─┬─ 점자정보단말기 : 주요 기능
　　　　　　　　　　　　　　　　　　　　　└─ 옵타콘
　　　　　　　　　　　├─ 청각 활용 보조공학기기 ─┬─ 화면 읽기 프로그램
　　　　　　　　　　　　　　　　　　　　　├─ 데이지 플레이어
　　　　　　　　　　　　　　　　　　　　　├─ 광학문자인식시스템
　　　　　　　　　　　　　　　　　　　　　└─ 보이스아이
　　　　　　　　　　　├─ 시각 활용 보조공학기기 ─┬─ 확대독서기 : 주요 기능
　　　　　　　　　　　　　　　　　　　　　└─ 화면 확대 프로그램
　　　　　　　　　　　├─ 컴퓨터 제어판을 통한 환경 수정 ─┬─ 포인터 속도와 스크롤 양
　　　　　　　　　　　　　　　　　　　　　├─ 고대비와 마우스 키
　　　　　　　　　　　　　　　　　　　　　├─ 텍스트 음성 변환
　　　　　　　　　　　　　　　　　　　　　├─ 디스플레이
　　　　　　　　　　　　　　　　　　　　　├─ 내레이터
　　　　　　　　　　　　　　　　　　　　　└─ 토글 키
　　　　　　　　　　　└─ 시각장애인의 정보 접근 ─ 화면해설 서비스

Chapter 7 교과교육과 교수법

1 교과교육

2 교수적 수정 ─┬─ 교수환경 ─┬─ 맹
　　　　　　　　　　　　　　└─ 저시력
　　　　　　　├─ 교수자료 ─┬─ 양각 그림 자료
　　　　　　　　　　　　　├─ 확대 자료
　　　　　　　　　　　　　└─ 음성 자료 ─┬─ 육성 녹음 자료 제작 방법과 유의점
　　　　　　　　　　　　　　　　　　　　└─ 청독의 장단점
　　　　　　　└─ 평가 조정 ─┬─ 환경 조정
　　　　　　　　　　　　　├─ 시간 조정
　　　　　　　　　　　　　├─ 제시형태 조정
　　　　　　　　　　　　　├─ 제시형태 수정
　　　　　　　　　　　　　└─ 반응형태 조정

3 교수법 ─┬─ 촉각 교수법 ─┬─ 신체적 안내법
　　　　　　│　　　　　　├─ 손 위 손 안내법
　　　　　　│　　　　　　└─ 손 아래 손 안내법
　　　　　　│
　　　　　　├─ 모델링 ─┬─ 시각적 모델링
　　　　　　│　　　　　└─ 촉각적 모델링
　　　　　　├─ 공동 운동
　　　　　　├─ 전체−부분−전체 교수법
　　　　　　└─ 부분−전체 교수법

Chapter 8　보행훈련

1 보행훈련의 이해 ─┬─ 보행훈련의 개념
　　　　　　　　　　└─ 보행 교육의 원리

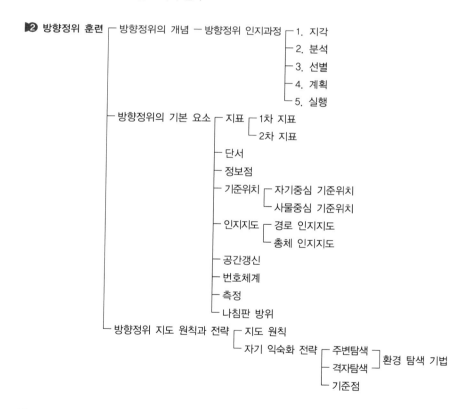

2 방향정위 훈련 ─┬─ 방향정위의 개념 ── 방향정위 인지과정 ─┬─ 1. 지각
　　　　　　　　│　　　　　　　　　　　　　　　　　　├─ 2. 분석
　　　　　　　　│　　　　　　　　　　　　　　　　　　├─ 3. 선별
　　　　　　　　│　　　　　　　　　　　　　　　　　　├─ 4. 계획
　　　　　　　　│　　　　　　　　　　　　　　　　　　└─ 5. 실행
　　　　　　　　│
　　　　　　　　├─ 방향정위의 기본 요소 ─┬─ 지표 ─┬─ 1차 지표
　　　　　　　　│　　　　　　　　　　　　│　　　　└─ 2차 지표
　　　　　　　　│　　　　　　　　　　　　├─ 단서
　　　　　　　　│　　　　　　　　　　　　├─ 정보점
　　　　　　　　│　　　　　　　　　　　　├─ 기준위치 ─┬─ 자기중심 기준위치
　　　　　　　　│　　　　　　　　　　　　│　　　　　　└─ 사물중심 기준위치
　　　　　　　　│　　　　　　　　　　　　├─ 인지지도 ─┬─ 경로 인지지도
　　　　　　　　│　　　　　　　　　　　　│　　　　　　└─ 총체 인지지도
　　　　　　　　│　　　　　　　　　　　　├─ 공간갱신
　　　　　　　　│　　　　　　　　　　　　├─ 번호체계
　　　　　　　　│　　　　　　　　　　　　├─ 측정
　　　　　　　　│　　　　　　　　　　　　└─ 나침판 방위
　　　　　　　　│
　　　　　　　　└─ 방향정위 지도 원칙과 전략 ─┬─ 지도 원칙
　　　　　　　　　　　　　　　　　　　　　　　└─ 자기 익숙화 전략 ─┬─ 주변탐색 ─┬─ 환경 탐색 기법
　　　　　　　　　　　　　　　　　　　　　　　　　　　　　　　　　├─ 격자탐색 ─┘
　　　　　　　　　　　　　　　　　　　　　　　　　　　　　　　　　└─ 기준점

3 청각 활용 훈련 ─┬─ 청각기술 : 소리 인식, 소리 식별, 소리 변별, 소리 위치 추정, 소리 추적
　　　　　　　　　　└─ 청각 단서의 이용을 방해하는 주요 원인 ─┬─ 사운드 마스크
　　　　　　　　　　　　　　　　　　　　　　　　　　　　　　└─ 사운드 섀도

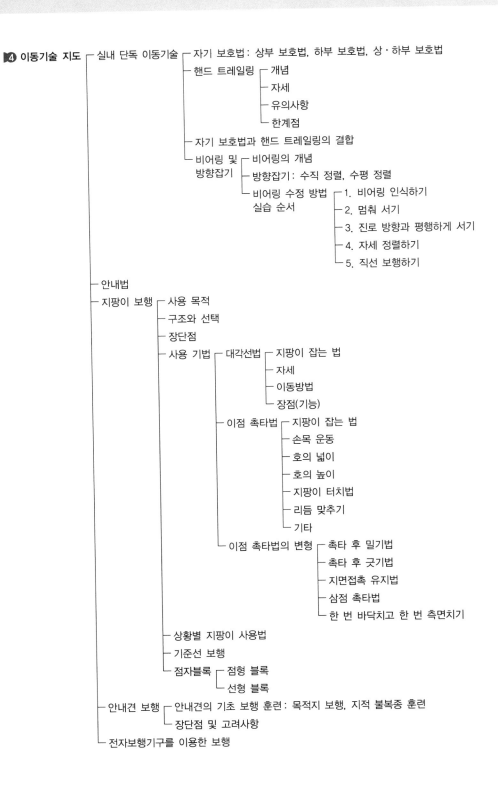

▶④ 이동기술 지도 ─ 실내 단독 이동기술 ─ 자기 보호법 : 상부 보호법, 하부 보호법, 상·하부 보호법
                                      ├ 핸드 트레일링 ┬ 개념
                                      │   ├ 자세
                                      │   ├ 유의사항
                                      │   └ 한계점
                                      ├ 자기 보호법과 핸드 트레일링의 결합
                                      └ 비어링 및   ┬ 비어링의 개념
                                        방향잡기   ├ 방향잡기 : 수직 정렬, 수평 정렬
                                                    └ 비어링 수정 방법 ┬ 1. 비어링 인식하기
                                                       실습 순서   ├ 2. 멈춰 서기
                                                                       ├ 3. 진로 방향과 평행하게 서기
                                                                       ├ 4. 자세 정렬하기
                                                                       └ 5. 직선 보행하기

              ├ 안내법
              ├ 지팡이 보행 ─ 사용 목적
              │   ├ 구조와 선택
              │   ├ 장단점
              │   ├ 사용 기법 ─ 대각선법 ┬ 지팡이 잡는 법
              │   │   ├ 자세
              │   │   ├ 이동방법
              │   │   └ 장점(기능)
              │   │   ├ 이점 촉타법 ┬ 지팡이 잡는 법
              │   │   │   ├ 손목 운동
              │   │   │   ├ 호의 넓이
              │   │   │   ├ 호의 높이
              │   │   │   ├ 지팡이 터치법
              │   │   │   ├ 리듬 맞추기
              │   │   │   └ 기타
              │   │   └ 이점 촉타법의 변형 ┬ 촉타 후 밀기법
              │   │   ├ 촉타 후 긋기법
              │   │   ├ 지면접촉 유지법
              │   │   ├ 삼점 촉타법
              │   │   └ 한 번 바닥치고 한 번 측면치기
              │   ├ 상황별 지팡이 사용법
              │   ├ 기준선 보행
              │   └ 점자블록 ┬ 점형 블록
              │   └ 선형 블록
              ├ 안내견 보행 ─ 안내견의 기초 보행 훈련 : 목적지 보행, 지적 불복종 훈련
              │   └ 장단점 및 고려사항
              └ 전자보행기구를 이용한 보행

비교

시각장애 정의의 구분

박순희 (2022)	• 법적 정의(「장애인 복지법」) • 교육적 정의(「장애 인 등에 대한 특수 교육법」)
이태훈 (2021)	• 법적 정의(「장애인 복지법」, 「장애인 등에 대한 특수교 육법」)
임안수 (2008)	• 법적 정의(「장애인 복지법」) • 교육적 정의(국립 특수교육원이 제시 한 정의)
한국시각 장애인연합회 (2016)	• 법적 정의(「장애인 복지법」, 「장애인 등에 대한 특수교 육법」) • 교육적 정의(국립 특수교육원이 제시 한 정의) • 기능적 정의

저시력
- 보조기구나 물리적인 확대 및 수정을 통해서도 시각적 과제 수행이 어려운 시력이다. 미국 의 법적 저시력은 교정시력이 20/200 이상 20/70 이하이거 나 시야가 30도 이하를 말한다. 그러나 저시력을 수치로 정의 하기보다는 학습 및 기타 활동 을 하는 데 있어 여러 가지 보조 기기의 활용과 환경 수정을 통 한 시각적 과제 수행의 여부에 따라 구분하는 것이 교육적으로 의미를 가진다(특수교육학 용 어사전, 2018).
- 여러 가지 원인 질환으로 인해 최종 교정시력이 0.3 이하이거 나 시야가 중심부 10도 이내로 좁아진 경우를 저시력이라 정 의한다. 시력이 이 범위에 속하 지 않지만 환자 본인이 일상생 활을 하는 데 장애를 겪는 경우 도 넓은 의미의 저시력에 해당 한다(김현승 외, 2020).

01 시각장애의 개념

1. 장애인 등에 대한 특수교육법

① 「장애인 등에 대한 특수교육법」은 교육 기능적 관점에 따라 시각 문제로 인한 학습활동에서의 어려움 여부를 기준으로 '시각장애를 지닌 특수교 육대상자'를 선정하도록 규정하고 있다. 이 법의 특수교육대상자 선정 기준(제10조 관련)은 다음과 같다.

> 시각계의 손상이 심하여 시각 기능을 전혀 이용하지 못하거나 보조공 학기기의 지원을 받아야 시각적 과제를 수행할 수 있는 사람으로서 시 각에 의한 학습이 곤란하여 특정의 광학기구·학습매체 등을 통하여 학습하거나 촉각 또는 청각을 학습의 주요 수단으로 사용하는 사람

② 위의 조문을 특수교육 현장에서 적용하기 쉽게 해석하면 다음과 같다.

분류		조문	해석
교육적 시각장애		시각계의 손상이 심하여 시각 기능을 전혀 이용하지 못하 거나 보조공학기기의 지원을 받아야 시각적 과제를 수행할 수 있는 사람	시각 문제로 인해 학습활동 이나 과제에 참여하거나 수행 하는 데 어려움이 있는 학생
장애 정도	교육적 저시력	시각에 의한 학습이 곤란하여 특정의 광학기구·학습매체 등을 통하여 학습하는 사람	학습활동에 주로 잔존 시각을 사용하되, 이를 위해 확대경 이나 확대 자료, 보조공학기기 등이 필요한 학생
	교육적 맹	촉각 또는 청각을 학습의 주 요 수단으로 사용하는 사람	학습활동에 시각이 아닌 청각 과 촉각 같은 다른 감각을 주 로 사용하되, 이를 위해 점자, 촉각 자료, 보조공학기기 등이 필요한 학생

㉠ 교정렌즈, 확대경, 망원경, 전자보조구 등을 사용하여 인쇄물을 읽을 수 있는 학생은 저시력 상태에 있다고 본다.

㉡ 점자를 사용해야 하는 학생은 맹 상태에 있다고 본다.

2. 장애인복지법

2019년 7월부터 시행되고 있는「장애인복지법」에서는 기능적 관점에 따라 시각장애인을 구분하는 기준을 다음과 같이 제시하였다.

> **▶「장애인복지법 시행규칙」[별표 1]**
>
> 3. 시각장애인
>
> 가. 장애의 정도가 심한 장애인
>
>   1) 좋은 눈의 시력(공인된 시력표로 측정한 것을 말하며, 굴절이상이 있는 사람은 최대 교정시력을 기준으로 한다. 이하 같다)이 0.06 이하인 사람
>
>   2) 두 눈의 시야가 각각 모든 방향에서 5도 이하로 남은 사람
>
> 나. 장애의 정도가 심하지 않은 장애인
>
>   1) 좋은 눈의 시력이 0.2 이하인 사람
>
>   2) 두 눈의 시야가 각각 모든 방향에서 10도 이하로 남은 사람
>
>   3) 두 눈의 시야가 각각 정상시야의 50퍼센트 이상 감소한 사람
>
>   4) 나쁜 눈의 시력이 0.02 이하인 사람
>
>   5) 두 눈의 중심 시야에서 20도 이내에 겹보임(복시)이 있는 사람

KORSET 합격 굳히기   임상적 시각장애, 기능적 시각장애

1. 임상적 시각장애

① 의학적 관점에 따른 것으로 안과 의사의 의학적 검사와 기준에 따른 시력과 시야의 손상 정도를 근거로 시각장애 여부와 정도를 판단한다.

② 우리나라의「장애인복지법」에서 복지 서비스 대상자를 결정짓는 '시각장애 여부 및 정도'에 관한 기준이 이에 해당한다.

2. 기능적 시각장애

① 기능적 관점에서 교육 또는 재활 전문가가 평가에 참여하여 시각 문제로 인해 학습과 일상생활에 있어 어려움을 겪는지 여부와 그 정도를 근거로 시각장애 여부와 중증 정도를 판단한다.

② 우리나라의「장애인 등에 대한 특수교육법」의 '시각장애를 지닌 특수교육대상자 선정' 기준이 이에 따른 것으로, 시각 문제로 인한 학교생활과 학습의 어려움 여부를 기준으로 특수교육대상자를 선정하도록 규정하고 있다.

출처 ▶ 이태훈(2021)

(오른쪽 여백)

• 저시력이란 두 눈 모두 비정상적인 시력이나 시야를 갖는 경우로서 안경, 인공수정체, 콘택트렌즈 등에 의한 굴절 보정 및 모든 안과적 치료에도 불구하고 시력이 정상 수준도 될 수 없는 상태(진용한 외, 1997)를 말한다(이해균 외, 2011 재인용).

• 우리나라 교육현장에서는 저시력을 0.3 이하 혹은 0.5 이하의 시력을 가진 경우로 보거나 광각까지도 포함시키자는 의견들이 있다(박순희, 2022).

자료

구(舊) 장애인복지법의 시각장애등급 판정 기준

2019년 7월 개정 이전까지 시행되었던「장애인복지법」에서는 다음과 같은 시각 장애등급 판정 기준이 적용되었다.

장애 등급	장애 정도	비고
1급 1호	좋은 눈의 시력(공인된 시력표에 의하여 측정한 것을 말하며, 굴절이상이 있는 사람에 대하여는 최대 교정시력을 기준으로 한다. 이하 같다)이 0.02 이하인 사람	안전 수지(눈앞에 주어진 손가락의 개수를 셀 수 있음) 등으로 표현되는 시력 포함
2급 1호	좋은 눈의 시력이 0.04 이하인 사람	—
3급 1호	좋은 눈의 시력이 0.06 이하인 사람	—
3급 2호	두 눈의 시야가 각각 모든 방향에서 5도 이하로 남은 사람	—
4급 1호	좋은 눈의 시력이 0.1 이하인 사람	—
4급 2호	두 눈의 시야가 각각 모든 방향에서 10도 이하로 남은 사람	—
5급 1호	좋은 눈의 시력이 0.2 이하인 사람	—
5급 2호	두 눈의 시야가 각각 정상시야의 50% 이상 감소한 사람	한 눈을 실명한 경우 5급 2호로 판정 불가
6급	나쁜 눈의 시력이 0.02 이하인 사람	—

02 시각장애의 분류

1. 실명 시기에 따른 분류

선천성 시각장애	태어나면서 또는 태어나자마자 장애를 입게 된 경우 또는 사물, 장소, 사람 등에 대한 시각적 기억이 생기기 전에 맹이 발생한 경우를 의미한다.
후천성 시각장애	출생 이후의 일생 중 장애를 얻게 되어 시각적 기억이 생긴 후에 맹이 발생한 경우를 말한다.

2. 시각장애 진행 정도에 따른 분류

급성	장애의 진행이 급격하게 이루어져 나타나는 경우를 말한다.
만성	장애의 진행이 서서히 이루어지면서 실명하게 되는 경우를 말한다.

3. 장애 중복에 따른 분류

① 두 가지 이상의 주요 장애를 보이는 학생들은 중복장애로 분류한다.
  • 시각이란 단어를 먼저 제시하여 시각중복장애란 용어를 쓰게 되는 것은 주요 장애를 시각장애로 보고 시각장애에 우선적으로 관심을 두고 교육적인 지원을 해야 한다는 의미로 해석해 볼 수 있다.
  ⓔ 지체장애 – 시각장애

② 「장애인 등에 대한 특수교육법 시행령」 제10조 관련 [별표]에 의하면 장애의 정도가 심한 시각장애는 중도중복장애 혹은 시청각장애로 분류될 수도 있다.

중도중복장애	지적장애 또는 자폐성장애를 지니면서 시각장애가 심한 경우
시청각장애	시각장애 및 청각장애를 모두 지니면서 시각과 청각에 의한 학습이 곤란하고 의사소통 및 정보 접근에 심각한 제한이 있는 경우

자료

「장애인 등에 대한 특수교육법 시행령」 [별표]

11. 두 가지 이상 중복된 장애를 지닌 특수교육대상자
다음 각 목의 구분에 따른 장애를 지닌 사람으로서 제1호부터 제6호까지의 규정에 따른 특수교육대상자에 대한 각각의 교육지원만으로 교육적 성취가 어려워 특별한 교육적 조치가 필요한 사람
가. 중도중복(重度重複)장애: 다음의 구분에 따른 장애를 각각 하나 이상씩 지니면서 각각의 장애의 정도가 심한 경우. 이 경우 장애의 정도는 법 제14조제1항에 따른 선별검사의 결과, 제9조 제4항에 따라 제출한 진단서 및 「장애인복지법 시행령」 제2조 제2항에 따른 장애의 정도 등을 고려하여 정한다.
1) 지적장애 또는 자폐성장애
2) 시각장애, 청각장애, 지체장애 또는 정서·행동장애
나. 시청각장애: 시각장애 및 청각장애를 모두 지니면서 시각과 청각에 의한 학습이 곤란하고 의사소통 및 정보 접근에 심각한 제한이 있는 경우

PART **12**

03 눈의 구조와 기능

우리의 눈은 크게 ① 공 모양의 안구, ② 안구를 둘러싸고 있는 안부속기관, ③ 안구와 뇌를 연결하는 시신경과 시로로 구분할 수 있다.

KORSET 합격 굳히기 **시각기관의 구조**

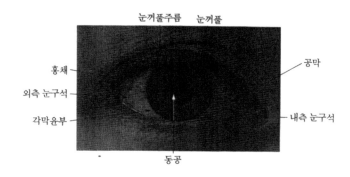

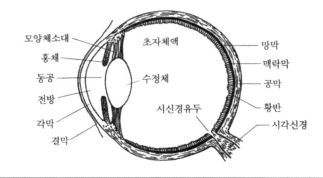

1. 안구

(1) 외막

① 각막

ㄱ 각막은 홍채와 동공 앞에 위치한 투명한 막으로, 안구를 보호하고 광선을 굴절시킨다.

ㄴ 각막이 투명한 이유는 구조가 균일하고, 혈관이 없으며, 조직이 상대적으로 건조하기 때문이다.

② 공막

ㄱ 공막은 눈의 흰자위 부분으로, 백색의 불투명한 조직이다.

ㄴ 공막은 안구의 형태를 유지하며, 외안근이 부착되어 있어 안구 운동의 지주 역할을 한다.

✎ **각막**
우리 눈은 검은자와 흰자로 구분되는데, 이중 검은자를 덮고 있는 부위를 각막이라고 한다(서울 아산병원 홈페이지).

(2) 중막

① 홍채

㉠ 홍채는 각막과 수정체 사이에 위치하는 수축성 막이다.

㉡ 홍채는 동공의 크기를 조절하여 안구 안으로 들어오는 빛의 양을 조절한다. 즉, 빛이 강할 때는 홍채가 동공을 축소시켜 안구 안으로 들어오는 빛의 양을 줄이고, 빛이 약할 때는 동공을 확대시켜 안구 안으로 들어오는 빛의 양을 늘린다.

㉢ 홍채의 색깔은 인종이나 개인에 따라 차이가 있다. 또한 한 사람의 양쪽 눈에서도 차이가 있을 수 있고, 한쪽 눈에서도 부위에 따라 차이가 있을 수 있다.

② 모양체

㉠ 모양체는 맥락막의 앞쪽 끝에서부터 홍채뿌리까지 걸친 직각 삼각형 모양의 조직으로서 모양체소대를 통해 수정체와 연결되어 있다.

㉡ 모양체는 대상물의 원근에 따라 수정체의 두께를 조절한다.

③ 맥락막

㉠ 망막과 공막 사이에 위치한다.

㉡ 망막 바깥쪽 1/3 부분의 혈액 공급 및 대사를 주관하며 공막을 통해 들어오는 광선을 풍부한 색소로 차단하여 암실을 만들어 준다.

(3) 내막

① 망막

㉠ 망막은 안구 후면에 위치하는 얇고 투명한 신경조직이다.

㉡ 망막의 중심부에 있는 타원형의 함몰부를 황반부라 하며, 황반부의 중앙에 가장 함몰된 부분을 중심와라고 한다.

㉢ 망막의 시세포층에는 추체세포와 간체세포가 분포한다.

광수용 세포 (시세포)	추체 세포	• 추체세포는 망막의 중심와에 집중되어 있다. • 읽기와 같은 세밀함이 필요한 시각 활동과 색채를 구별하여 인식하는 색각 기능을 담당하며, 높은 조도의 조명에서 효과적으로 기능(명소시)한다.
	간체 세포	• 간체세포는 망막의 주변부에 집중되어 있다. • 주변시야의 움직임 감지, 흐릿한 빛에서 잘 볼 수 있게 해주는 역할을 하며, 낮은 조도에서 효과적으로 기능(암소시)한다.

모양체
🔄 섬모체

✏️ **추체세포**
비교적 밝은 빛에 반응하고 빛의 여러 파장을 탐지할 수 있다(김현승 외, 2020).
🔄 원뿔세포, 원추세포

✏️ **간체세포**
어두운 빛에서 기능하며 초록색 파장에서 최대로 반응한다(김현승 외, 2020).
🔄 막대세포, 간상세포

│자료│

명순응과 암순응
밝은 곳에 오래 있으면(명순응이 된 상태) 물체의 형태와 색채 등을 명확히 볼 수 있다. 이것은 황반의 기능 때문이며, 이때는 광수용세포 가운데 원뿔세포가 주로 활동하게 된다(명소시). 이 상태에 있다가 갑자기 어두운 곳으로 들어가면 처음에는 광각이 매우 불량해서 물체를 전혀 구분하지 못하지만 차츰 시간이 지나면 광각이 회복되어 물체들이 조금씩 보인다. 이처럼 눈은 어두운 곳에 들어가면 그 상태에 적응하게 되는데, 이를 암순응이라고 한다(김현승 외, 2020).

(4) 안내용물

① 수정체

㉠ 수정체는 동공의 바로 뒤에 위치한다. 양면이 볼록한 원반 모양의 무혈관성, 무색의 투명한 조직이다. 수정체는 모양체와 연결된 모양체소대에 의해 홍채에 부착되어 있다.

㉡ 수정체는 망막에 초점을 맺기 위해 눈으로 들어온 광선을 굴절시킨다.

② 모양체소대

모양체와 수정체 적도부를 연결하는 섬유다발로, 모양체의 원근 조절에 관여한다.

③ 유리체

㉠ 수정체와 망막 사이의 공간을 채우고 있는 투명한 겔(gel) 상태의 무혈관성 조직으로 안구의 2/3을 차지한다.

㉡ 유리체는 내압으로 안구의 외형을 유지하고, 망막을 안구 내면에 밀착시키는 작용을 한다.

④ 방수

㉠ 방수는 전방(각막 뒷면과 홍채 사이)과 후방(수정체 앞면과 홍채 사이)에 차 있는 무색의 투명한 액체로 대부분은 모양체에서 생성되며, 각막과 수정체에 영양분을 공급하고 노폐물을 제거하는 역할을 한다.

㉡ 방수는 안압을 일정하게 유지하고, 안구의 모양을 유지한다.

모양체소대
⑧ 섬포체소대

✎ **수정체 적도부**
수정체 앞면과 뒷면이 만나는 곳의 둥근 가장자리

2. 눈의 부속기관

안와	• 얼굴의 정중선 양측에 있는 7개의 뼈로 둘러싸인 앞면을 기저로 한 피라미드형 공간으로 안구를 보호하는 역할을 한다.
눈꺼풀	• 안구와 안와를 덮고 있다. • 눈꺼풀의 기능 　－ 외부의 자극으로부터 눈 보호 　－ 눈으로 들어가는 광선을 차단하거나 양을 제한 　－ 안구 표면 위로 눈물을 고르게 퍼지게 함 　－ 수면 중에 안구를 보호하고 눈물의 증발을 막는 역할
결막	• 눈꺼풀의 뒷면과 안구의 앞면에 있는 투명한 점막이다. • 결막에 있는 덧눈물샘에서 분비되는 점액과 눈물은 결막과 각막의 표면을 매끄럽게 만들어 눈꺼풀과 안구의 운동이 잘 이루어지게 한다.

✎ **결막**
얇고 투명한 점막이다. 눈꺼풀판 뒷면과 단단히 붙어 있는 눈꺼풀결막, 안구의 앞쪽 공막을 덮고 있는 안구결막, 이 두 부분을 연결하는 구석결막 등 세 부분으로 나뉜다(김현승 외, 2020).

눈물기관	• 눈물을 생산하는 눈물샘(누선)과 눈물을 배출하는 눈물길(누도)로 구성돼 있다.
	 • 눈물은 눈을 감거나 수면 중에는 분비되지 않는다.
	 • 눈물의 기능
	   − 결막 내의 습기를 보존하고 건조 방지
	   − 각막의 건조 방지
	   − 각막에 산소 공급
	   − 눈꺼풀과 안구 사이의 마찰 감소

외안근	• 안구를 움직이는 여섯 개의 근육이다. • 직근은 안구의 수직운동과 수평운동, 폭주와 개산운동을 한다. • 사근은 안구의 회전운동을 한다. • 내직근과 외직근의 안쪽에 있는 제어인대가 안구의 과도한 운동을 제어한다.

✎ 폭주

두 눈을 협응하여 자신에게 가까이 오는 대상을 보는 기술

✎ 개산

두 눈을 협응하여 자신에게서 멀어지는 대상을 보는 기술

│자료│

시신경

시신경은 망막의 신경절세포에서 시작하는 약 120만 개의 축삭으로 이루어지며 시자극을 대뇌로 전달한다. 눈속, 안와내, 시신경관내, 두개내 부위로 나뉜다. 시신경은 중추신경계의 일부로서 손상되면 재생되기 어렵다(김현승 외, 2020).

시로

🄳 시각경로, visual pathway

✎ 시각로

시신경교차점으로부터 뇌간까지의 구간
🄳 시신경로, 시삭, optic tract

│자료│

시각피질

대뇌피질의 맨 뒷부분에서 시각에 관여하는 부분으로, 대뇌 반구의 양쪽에 있다. 왼쪽 시각피질은 오른쪽 시야에서, 오른쪽 시각피질은 왼쪽 시야에서 신호를 보낸다(박안수 외, 2024).
🄳 시피질, 시각겉질

3. 시신경과 시로

(1) 시신경

① 망막에 도달한 빛은 시세포(추체, 간체)를 통해 전기자극으로 바뀌고, 이 자극은 망막의 신경절세포로 전달된다.

② 신경절세포의 축삭들은 신경섬유층을 형성하고, 시신경은 약 100만개의 신경절세포축삭으로 이루어진다.

③ 망막의 신경섬유층이 모여 시신경 유두를 형성한 후 안구를 빠져 나온다.

(2) 시로

① 시로는 망막에서부터 대뇌 후두엽에 있는 시각중추에 이르기까지 신경섬유의 경로를 말한다.

② 양쪽 눈에서 나온 시신경은 두개강(cranial cavity) 내에서 서로 만나 시신경교차를 이룬다.

• 망막의 코쪽 부위에서 나온 시신경섬유는 시신경교차에서 반대쪽 시각로로 교차하고, 귀쪽 망막에서 나온 섬유는 같은 쪽 시각로로 직행한다.

③ 시신경교차를 지난 시신경섬유는 양쪽 시각로를 이루어 뒤쪽 바깥으로 주행한다. 그중 80%는 가쪽무릎체에 이르고 나머지 20%는 가쪽무릎체를 거치지 않고 중간뇌로 가서 동공대방반사에 관여한다.

④ 시각 부챗살은 가쪽무릎체에서 시작하여 후두엽 내에서 부챗살같이 퍼져서 만나는데, 이 두 부위가 시각피질이다.

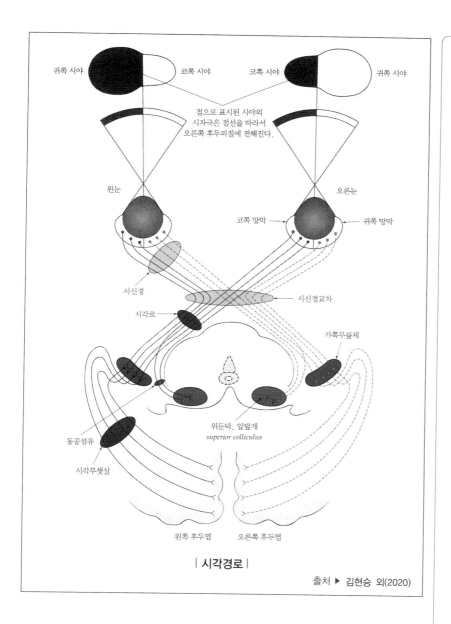

| 시각경로 |

출처 ▶ 김현승 외(2020)

02 시각 관련 용어의 이해

01 시각 관련 기본 개념

1. 시각

① 시각은 시각기관을 통하여 외부 세계의 상을 묘사하는 정신 과정이다.

② 눈은 외부 세계의 이미지를 받아들이는 창 역할을 한다. 눈을 통해 받아들인 정보는 시신경을 통하여 뇌로 전달되고, 뇌에서 비로소 이미지를 시각적으로 인식하게 된다. 이와 같은 과정에 관여하는 눈과 뇌를 일컬어 시각계라고 한다.

2. 시기능

① 시기능은 시각을 사용하여 과제를 수행하는 능력을 의미한다.

• 생활 속에서 학업과제 혹은 일상생활을 수행하는 데 있어서 시각을 어느 정도 사용하는가를 보는 것이다.

② 시기능 수준은 학생의 시력, 과거의 시각적 경험, 시각을 사용하려는 동기와 욕구, 주변인의 기대에 의해 좌우된다.

③ 교사는 시기능을 높일 수 있도록 환경을 마련해 주기 위해 학생별로 시각 과제에 필요한 조명, 시각, 자극물과 자극물 배경의 색상과 대비, 시각 자극물의 크기, 시각 자극물 제공, 학생에게 적절한 시각 과제 수행 시간을 고려해야 한다.

3. 시효율

① 시효율이란 특정 시각 과제를 짧은 시간에 보다 쉽고 편안하게 수행하는 능력의 정도를 의미한다.

② 시효율은 원거리 및 근거리 시력과 시운동의 조절, 시각적 기제의 적응 능력, 전달 경로의 속도와 여과능력, 그리고 두뇌의 처리능력 속도와 질 등에 따라 달라진다.

③ 시효율을 높여 주는 방법은 학생의 상태에 따라 개별적으로 고안되어야 한다.

> 예 백색증이 있는 학생의 경우, 실외 활동을 할 때는 차양이 넓은 모자를 착용하고 차광안경을 착용하도록 지도한다.

4. 시지각

① 시지각이란 눈을 통해 들어온 감각 정보를 분석·이해하는 과정을 의미한다.

② 시지각 기술은 사물의 유사성과 차이성을 구별하는 시각 변별, 불완전한 자극의 완전한 형태를 알아내는 시각 종결, 복잡하고 혼란스러운 배경 속에 숨겨진 자극을 확인하는 전경－배경, 자극을 정확한 형태로 재생해 내는 시각 기억 등을 포함한다.

③ 시지각의 장애는 사물의 인지, 공간에서 사물의 상호관계 인지 등에 어려움을 야기하거나 학습부진의 원인이 될 수 있다. 그러므로 시지각은 후속 작업의 기초가 될 뿐만 아니라 학습준비기술로서 교과학습 이전의 기초과제로 중요한 기능을 한다.

02 시각능력의 분류

시각능력은 기본적으로 시력, 시야, 색각으로 구성되며, 시각장애 학생들의 개별적인 필요에 따라 대비감도, 광감도, 안운동, 조절 등이 추가될 수 있다.

1. 시력

시력은 물체의 존재 및 형태를 인식하는 능력으로, 렌즈를 이용하여 교정한다.

(1) 기능

시력은 탐지, 인지, 분해, 정위의 네 가지 기능으로 분류된다. 인간이 눈을 사용하는 기능에는 이들 네 가지 중 적어도 하나 내지 둘 이상이 관계된다.

탐지	그 물체가 그곳에 있는지를 아는 것
인지	그 물체의 명칭을 대거나 그 물체에 관해 무언가를 특수화할 수 있는 것 예 ㄱ자인지 ㄴ자인지를 식별하는 것
분해	개개의 성분을 분해하여 보는 것 예 네 점을 선으로서가 아니라 네 개의 점으로 확인하는 것
정위	한 직선의 위쪽 절반이 미미하게 기울어져 있는 듯한 물체의 일부분에 있는 근소한 변위를 탐지하는 것

(2) **분류**

눈의 능력을 세분화시켜 보면 최소 가시시력, 최소 분리시력, 최소 가독시력, 버니어 시력 등 네 가지로 나누어 볼 수 있다. 시력이란 이런 주된 능력들이 복합된 종합적인 감각으로 결정된다.

최소 가시시력	눈으로 느낄 수 있는 최소 광선량 🔴 밤하늘의 별들을 구별할 수 있는 능력, 이것은 별의 크기보다 밝기에 따라 별들의 존재를 구별하는 능력을 의미한다.
최소 분리시력	분리되어 있는 두 점을 두 개로 인식할 수 있는 최소 간격, 즉 눈의 해상력
최소 가독시력	읽고 판단할 수 있는 문자 또는 형태의 가장 작은 크기이며, 여기에는 눈의 생리적 기능 이외에 지능, 주의력, 심리적 요인도 많이 관여됨
버니어 시력	두 개의 선이 어긋나 있는지를 인식하는 능력

(3) **기타 분류 방법**

① 망막의 어느 부위에 맺힌 상을 얼마나 볼 수 있는가에 따른 분류

중심시력	물체의 상이 망막의 중심와에 맺혀진 가장 예민하고 선명하게 보이는 시력
주변시력	중심와를 제외한 망막 부위에서 보았을 때의 시력

② 안경이나 교정렌즈 착용 유무에 따른 분류

나안시력	눈의 이상 유무와 관계없이 안경을 쓰지 않은 상태에서 측정한 시력
교정시력	굴절 이상이 있는 사람이 안경이나 렌즈교정을 받은 상태에서 측정한 시력

③ 시력을 측정한 거리에 따른 분류

원거리 시력	5m 이상의 먼 거리에 있는 물체나 시표를 보면서 측정한 시력
근거리 시력	30~40cm 거리에서 측정한 시력

[자료]

원거리 시력
미국에서는 원거리 시력의 측정치를 6m로 하고 있다. 우리나라에서는 원거리 5~6m, 근거리 40cm를 측정 거리로 하여 왔지만 한천석 시력표와 진용한 시력표가 많이 사용됨에 따라 측정 거리가 짧아졌다. 원거리 시력은 3m(한천석 시력표) 혹은 4m(진용한 시력표)의 거리에 있는 물체나 시표를 보면서 측정한 시력을 의미한다(박순희, 2022).

2. 시야

(1) 시야의 개념

① 시야란 한 점을 주시하였을 때 눈을 움직이지 않고 볼 수 있는 범위를 의미한다.

② 물체를 볼 때 시선 방향에 있는 것은 가장 뚜렷하게 보이고 주변에 있는 것은 불완전하지만 상의 존재를 인식할 수 있다. 이때 전자를 중심시야, 후자를 주변시야라고 한다.

- 일반적으로 중심시야는 주시점에서 약 30도 정도까지를, 주변시야는 그 이외의 부분을 말한다.

③ 중심시야에는 추체세포가 분포하고 있어 색각, 형태 구분, 읽기와 같은 섬세한 시각 활동에 관여한다.

㉠ 추체세포는 적추체(R), 녹추체(G), 청추체(B)의 세 종류로 이루어져 각각 적색, 녹색, 청색을 감지하여 색을 구별하게 된다. 추체세포들은 적색, 녹색, 청색의 세 가지 색 중 한 가지 색에만 예민하게 반응하고 이들 세 종류의 추체세포에서 감지된 자극에 의해 대뇌피질에서 여러 가지 색을 느낀다.

㉡ 중심부 시야 손상 영역에서 자료나 물체의 정면을 볼 때 가운데 부분이 보이지 않거나 고개나 안구를 돌려 측면으로 보는 것이 편안 하다고 응답한다면 중심부 암점이 있는 것으로 볼 수 있다.

㉢ 중심시야를 상실한 학생이 주변시야를 활용하여 읽기를 할 때는 글 자를 확대시키는 것이 도움이 된다. 그러나 글자의 확대가 읽기 속도 에까지 도움을 주는 것은 아니다.

④ 주변시야에는 간체세포가 분포하고 있어 외계의 물체 발견, 물체 간 상호 관계 파악, 공간 지각 등의 시각 활동에 관여한다.

㉠ 주변부 손상 영역에서 읽기 활동에 글줄을 잃어버리거나 그림 자료의 가장자리가 보이지 않는다고 응답한다면 주변시야 손상이 있는 것 이며, 특정 위치에 있는 물체와 자주 부딪힌다면 부딪히는 쪽의 시야 손상이 있다는 것을 의미한다.

㉡ 주변시야를 상실하였으나 양호한 중심부의 시력을 활용하여 읽기를 할 때에는 굳이 글자를 확대시켜 줄 필요가 없다. 확대된 글자는 오 히려 학생의 시야를 더 좁게 하여 읽기를 방해할 수 있으므로 주의 해야 한다.

시야
등 시계

자료

암점
본 장의 '[KORSET 합격 굳히기]
암점' 참조

KORSET 합격 굳히기 암점

1. 암점이란 동그란 점 모양의 시야 손상 부위를 말하며, 암점이 있는 부분은 시야가 가려져 보이지 않는다. 마치 칠판을 바라볼 때 눈앞에 손바닥을 놓으면 칠판에서 손바닥이 가리는 부분이 보이지 않는 것과 비슷하다.
   • 정상 또는 비정상 시야 내에서 부분적 또는 완전한 맹이 있는 부위를 말한다(김현승 외, 2020).

2. 시야의 중심부에 출현하는 암점을 중심부 암점이라 하며, 주변부에 암점이 있을 때보다 사물을 보는 데 더 큰 어려움을 준다.

3. 암점은 시신경 질환, 황반부 질환에서 많이 나타난다.

4. 시야에 암점이 있는 학생을 위한 교육적 고려사항은 다음과 같다.
   ① 암점의 위치에 따라 중심부와 주변부 시야 손상을 가져오며, 특히 중심부 암점은 중심부 시야 손상 외에 심각한 시력 저하를 가져올 수 있다.
   ② 암점의 위치에 따라 중심 외 보기 기술을 지도하고, 암점의 위치와 중심 외 보기 방향을 찾기 위해 암슬러 격자 검사, 시계보기 검사 등이 유용할 수 있다.
   ③ 중심부 암점이 있으면 중심시력이 감소하여 작은 글자나 세밀한 그림 자료를 보기 어려우므로 확대 자료나 확대 기기를 사용하도록 한다.
   ④ 암점의 영향을 감소시키기 위해 더 높은 비율의 확대나 대상에 더 가까이 다가가는 것이 도움이 될 수 있다.

출처 ▶ 이태훈(2018)

---

(2) 시야의 분류

인간의 시야는 수직시야와 수평시야로 분류할 수 있다.

수직시야	단안시야로 눈썹에서 뺨까지 약 120도
수평시야	시선을 한 점에 고정한 경우 단안시야로 150도, 양안시야로 180도

3. 색각

① 색각은 색체를 구별하여 인식하는 능력을 말한다.

② 색각 기능은 망막의 추체세포가 담당하며, 명순응 상태에서만 가능하다.

③ 색각 이상은 색맹과 색약으로 나눌 수 있는데, 색맹은 색약을 포함하기도 하고, 때로는 색약과 구별하여 색약보다 더 정도가 심하다는 의미로 사용되기도 한다.

양안시야
두 눈이 한 점을 주시할 때 보이는 범위

비교
수직시야

김현승 외 (2020)	• 시야는 시표의 크기나 색채에 따라 달라진다. • 지름 5mm의 흰색 시표를 사용하여 330mm 거리에서 측정한 시야 (5/330)의 경우 위쪽 55°, 아래쪽 65°
박순희 (2022)	140°
이태훈 (2021)	120°
임안수 (2008)	약 120°

자료
수직시야와 수평시야

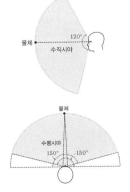

PART 12

4. 대비감도 ^{09초특}

① 대비감도란 서로 다른 세기의 빛을 구별할 수 있는 시각의 능력이다. 명확하게 윤곽이 있지 않거나 배경에서 눈에 띄는 목표를 보는 시각적인 기능을 말한다.

ⓐ 대비감도가 높은 사람일수록 낮은 수준의 대비를 감지할 수 있다.

  • 대비감도가 나쁘면 시력이 좋아도 선명하지 않고 침침하게 느껴져 시력의 질 자체가 나쁘게 된다.

ⓑ 대비감도를 높이기 위해서는 대비를 증가시켜 주거나, 색깔 단서가 명확한 자료를 제공하여야 한다.

ⓒ 대비를 증가시킬 수 있는 방법은 다음과 같다.

  • 대상 물체의 밑이나 뒤에 물체와 대비가 잘 되는 색깔의 물체를 놓으면 대비가 증가한다.

  • 책 지면 위에 노란색 아세테이트지를 올려 놓으면 대비가 증가되어 컬러 인쇄물이나 묵자가 더 잘 보이는 효과가 있다.

② 저시력 학생을 위해서 대비가 잘된 노트와 필기구를 제공하고, 교실 바닥과 책상 사이, 교실의 벽과 문 사이, 복도의 바닥과 벽, 계단 등의 대비를 높여 주는 것이 필요하다.

5. 광감도

① 광감도는 빛에 대해 민감한 정도를 말하며, 학생의 개별적 특성에 따라 조절되어야 한다.

② 추체는 밝은 빛에 반응하고 간체는 어두운 빛에 반응한다. 색맹은 간체가 비정상적으로 우세하게 분포하는 것으로서 희미한 조명에서 시각과제를 가장 잘 수행할 수 있다.

6. 안운동

① 안운동은 안와 내에 있는 여섯 개의 외안근의 작용으로 나타나는 안구의 움직임과 눈의 위치 조정을 포함하는 개념이다.

② 사시와 안구진탕은 외안근의 안운동 이상으로 나타난다.

7. 조절

① 조절은 수정체가 원근의 물체에 초점을 맞추기 위해 그 모양을 바꾸어 굴절력을 조절하는 현상을 말한다.

② 근거리 사물을 볼 때는 모양체가 수축하여 수정체가 두꺼워지고, 원거리 사물을 볼 때는 모양체가 이완하여 수정체가 얇아진다.

✎ **대비감도**
대비감도란 한 개인이 상이한 수준의 대비를 발견하는 능력이다(한국시각장애인연합회, 2016).

🔲 비교
대비
• 물체와 배경색의 차이를 대비라고 한다.
• 물체와 배경과의 대비가 높을수록 시감도는 증가한다.
• 눈부심이 있으면 물체와 배경이 유사한 색으로 보여 시감도는 떨어진다.
• 일반적으로 저시력이 되면 높은 수준의 대비가 요구된다.

📋 **자료**
과제 조명
각 개인이 선호하는 조명을 과제 조명(task lighting)과 환경 조명(ambient lighting)으로 구분할 수 있다. 과제 조명은 주로 근거리 과제를 수행하는 데 필요한 조명으로서 황반변성의 경우 고도 조명이 적절한 데 비해, 무홍채증, 백색증, 색맹 등은 과도한 광감도를 수반하므로 낮은 수준의 조명이 적절하다. 실내 및 실외 환경 조명에 대한 선호도도 눈 상태에 따라 차이가 있다. 일반적으로는 망막이나 시신경 관련 질환이 있는 사람은 광범위한 조명 수준에 적응하는 것이 특히 힘들다. 빛이 한쪽에서 또는 위 혹은 아래로부터 퍼져나갈 때 환경 조명으로 인한 눈부심이 큰 문제이다(한국시각장애인연합회, 2016).

시각 활용 기술
🔵 시각기술, 시기능 훈련

고시
🔵 주시, fixation

✏️ 안구진탕
안구진탕은 고정 주시(시선을 사물 쪽으로 돌려 물체를 가장 선명하게 볼 수 있는 기능) 문제의 예로, 눈동자가 빠르게 흔들려서 보아야 하는 대상에 초점을 맞추거나 책을 읽는 것이 불편한 경우다. 한 눈 또는 두 눈에서 동시에 나타날 수 있다(박순희, 2022).
🔵 안진, 눈떨림

✏️ 사시
외안근의 불균형에 의해 양쪽 눈이 한 지점을 바라보지 못하는 질환이다(이태훈, 2024).

03 시각 활용 기술

시각 활용 기술은 시력, 시야, 색각, 대비감도 등을 실제 생활에서 활용하는 기술을 말한다. 시각 활용 기술로는 고시, 중심 외 보기, 추시, 추적, 주사 등이 있다.

1. 고시

① 고시는 한 지점을 눈으로 계속 응시하는 기술이다.

② 목표물을 일정 시간 동안 계속 고시를 할 수 있어야 눈으로 초점을 맞추고 그 목표물이 무엇인지 확인할 수 있다. 따라서 시야가 좁거나 안구진탕이나 사시가 있는 학생은 목표물을 찾아 응시를 유지하는 데 어려움을 보일 수 있다.

③ 고시를 하지 못하면 물체에 초점을 맞추기 전에 시선이 다른 곳을 향하게 되어 목표물을 확인하기 어려울 수 있다.

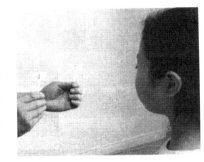
〈근거리 고시(번갈아 고시하기)〉

〈망원경으로 원거리 고시(시계 보기)〉

| 시각 활용 기술의 종류 - 고시 |

출처 ▶ 이태훈(2018)

✏️ 중심 외 보기
황반부가 손상되면 시력 저하와 더불어 중심암점이 생기기 때문에 눈은 중심시야를 대치할 만한 비교적 양호한 다른 망막 부위를 이용하게 된다. 중심 외 보기 훈련이란 중심암점에서 조금 떨어진, 비교적 양호한 중심외망막 부위를 사용하여 시각대상을 인지할 수 있게 하는 것이다. 중심암점이 있는 경우 병소 가까이에 상대적으로 더 잘 볼 수 있는 부분이 존재하며, 이 부위를 이용하여 보다 수월하게 보고 사물을 인지할 수 있도록 하는 방법이 중심 외 보기 훈련이다(문남주 외, 2016).

2. 중심 외 보기 ^{14중특, 25중특}

① 중심 외 보기는 중심시력의 결손으로 인해 머리와 몸을 움직여 대상물을 보는 기술이다.

② 시야 중심부인 황반에 손상이 없다면 좋은 시력을 유지할 수 있다. 시야 중심부에 손상이 있으면 시력이 저하되고 목표물을 똑바로 바라보면 물체의 가운데가 보이지 않아 물체를 알아보기 어려울 수 있다. 따라서 황반변성, 시신경 위축, 중심부에서 발생한 망막박리 등으로 시야 중심부의 손상이나 암점이 있는 학생은 시야 중심부에서 비교적 가까운 주변시야로 보는 중심 외 보기 기술을 익혀야 한다.

③ 중심 외 보기를 하는 학생은 정면에 위치한 물체를 보기 위해 안구나 고개가 정면을 향하지 않고, 안구나 고개를 돌려 주변부로 보아야 하는데, 학생마다 중심부의 손상 위치와 크기에 따라 중심 외 보기 방향이 다를 수 있다.

3. 추시 ^{22유특} [22유특]

① 추시는 움직이지 않는 목표물을 눈으로 따라가며 목표물 전체를 보는 기술이다.

② 시야가 좁은 학생은 목표물의 전체를 한 번에 보기 어렵기 때문에 전체를 확인하기 위해 목표물의 시작 부분부터 끝 부분까지 눈으로 따라가면서 보는 것이 필요하다.

③ 정상적인 시야를 가진 사람도 고층 아파트는 위아래를 추시해서 보아야 하고, 기차는 좌우를 추시해서 보아야 한다. 시야 손상이 있는 학생은 문장 읽기, 표지판 읽기, 인도에서 펜스나 연석을 따라 걷기 등의 활동에 추시 기술의 사용이 도움이 될 수 있다.

5를 찾아 동그라미 표시하기

1 6 4 3 5 7 2 8 5 2 1 6 6 8 3 5
4 5 2 6 9 5 3 2 9 8 7 5 3 2 6 5
5 7 8 6 3 6 2 9 7 6 5 2 2 9 8 5
6 7 3 4 2 1 9 2 5 8 4 3 5 9 0 5

〈근거리 추시(연습지)〉   〈망원경으로 원거리 추시(선을 따라 숫자 읽기)〉

| 시각 활용 기술의 종류 – 추시 |

출처 ▶ 이태훈(2018)

4. 추적 ^{25중특} [25중특]

① 추적은 움직이는 목표물을 눈으로 따라가며 보는 기술이다.

② 정상적인 시야를 가진 사람은 넓은 시야를 갖고 있어 움직이는 목표물을 놓치지 않고 추적하는 데 어려움이 별로 없다. 그러나 시야가 좁은 사람은 움직이는 목표물을 쉽게 놓치기 때문에 목표물의 이동 방향을 눈으로 계속 쫓아가면서 목표물을 확인하는 추적 기술이 필요하다.

③ 시야 손상이 있는 학생은 마우스 커서 움직임 따라가기, 공 주고받기, 이동하던 택시가 멈추어 서는 위치 확인하기, 움직이는 버스의 노선 번호 확인하기 등의 활동을 할 때 추적 기술의 사용이 도움이 될 수 있다.

〈근거리 추적(책상에서 움직이는 카드 읽기)〉

〈망원경으로 원거리 추적(움직이는 교사가 들고 있는 카드 읽기)〉

| **시각 활용 기술의 종류 – 추적** |

출처 ▶ 이태훈(2018)

주사
🔁 훑기, scanning

5. 주사

① 주사는 특정 공간이나 장소를 눈이나 머리를 체계적으로 움직이면서 빠뜨리지 않고 훑어보는 기술이다.

② 시야 손상이 있는 학생은 특정 장소에서 목표물을 찾는 데 어려움이 있다. 정상적인 시야를 가진 사람도 운동장처럼 매우 넓은 장소에서 목표물을 찾기 위해 체계적으로 훑어보는 주사 기술이 필요하다.

③ 학생은 바닥에 떨어진 물건 찾기, 책 페이지에서 특정 줄이나 단어 찾기, 운동장에서 한 사람 찾기, 상가 지역에서 특정 상점 찾기 등의 활동을 할 때 주사 기술의 사용이 도움이 될 수 있다.

〈근거리 주사(연습지):
축구공을 찾아 ○표 하기〉　〈망원경으로 원거리 주사(칠판):
선을 따라 숫자 읽기〉

| **시각 활용 기술의 종류 – 주사** |

출처 ▶ 이태훈(2018)

6. 기타 시각 활용 기술

폭주	두 눈을 협응하여 자신에게 가까이 오는 대상물을 보는 기술
개산	두 눈을 협응하여 자신에게서 멀어지는 사물을 보는 기술
위치 찾기	• 가장 선명한 시야로부터 대상물이 나타나는 부위로 대상물을 찾는 기술 • 학생의 시야가 흐릿한 부분도 있고 선명한 부분도 있을 때 쓸 수 있는 기술이다. 학생은 잘 보이는 지점을 찾아서 그 부분을 먼저 읽고 주변부를 읽어내거나 맞추어 가며 대상을 찾는 기술을 의미한다.

03 시각장애의 원인

01 각막질환

1. 각막염

① 세균이나 바이러스 또는 진균 등이 침입하여 발생하는 감염성 염증이 가장 많다.

  • 각막염은 손상된 각막에 세균의 침입을 받은 후 24~48시간 이내에 발병하며, 심한 통증, 충혈과 함께 노랗고 끈적거리는 눈곱이 생긴다.

② 각막염이나 각막궤양 모두 치료를 받고 염증이 치유되어도 백색 혼탁이 남게 되고 정도가 심하면 눈이 아프고 두통이 생기며, 각막 전체가 곪기도 한다. 눈 전체에 염증이 생기면 실명까지 이르게 된다.

2. 각막외상

① 각막외상은 학령기 학생의 중요한 시각장애 원인 중의 하나이다.

② 가장 흔한 눈의 외상은 상해, 타박상, 이물질, 화상 등이다.

3. 원추각막

(1) 개념 및 특징

① 각막 중심부가 서서히 얇아져서 원뿔 모양으로 돌출되는 진행성 안질환으로, 다운증후군, 망막색소변성, 무홍채증, 마르판증후군 등에 합병되는 경우가 많다.

  ㉠ 원추각막이 각막 중심부에서 일어나면 심각한 시력 저하가 일어날 수 있다.

  ㉡ 원거리 시력의 손상이 심하며, 증상이 심해지면 반흔이 생기거나 각막이 파열되어 시력을 잃을 수도 있다.

② 흔히 근시와 난시를 동반하며, 안경이나 렌즈로 교정이 불가능할 경우에는 각막 이식 수술을 받아야 한다.

반흔
🔵 자국, 흉터

⑵ 교육적 고려사항

① 원추각막은 시력과 대비감도 감소에 큰 영향을 미치므로 시력, 대비감도, 대비 선호, 조명 선호 및 눈부심 등의 시각 평가를 실시할 필요가 있다.

② 원추각막의 진행 정도에 따라 난시 교정을 위해 안경이나 콘택트렌즈를 착용하는 것이 시력 개선에 도움이 될 수 있다. 콘택트렌즈를 사용하는 경우 콘택트렌즈와 각막 간의 마찰로 인해 각막 손상이 더 심해지지 않도록 안과의사의 처방에 따라 주의해서 착용하는 것이 필요하다.

③ 눈부심에 민감하므로 빛이 고루 퍼지는 조명기구를 사용하는 것이 도움이 될 수 있다.

④ 각막 혼탁으로 대비감도 감소가 일어나면 고대비 자료의 제공, 대비 조절 기능이 있는 확대독서기 사용이 도움이 될 수 있다.

⑤ 난시가 발생하여 이미지를 볼 때 너울거리거나 여러 개로 보이는 문제로 인해 안피로나 어지러움을 느낀다면 주기적인 휴식을 허용한다.

⑥ 원추각막을 진행시킬 수 있는 안면 접촉이 일어나는 운동이나 불소 처리된 수영장에서의 수영, 눈을 비비는 행위 등을 자제하도록 한다.

---

02 중막질환

1. 무홍채증

⑴ 개념 및 특징

① 선천적인 유전성 질환으로, 홍채의 일부만 있거나 홍채가 자라지 않는 경우를 말한다.

② 동공이 항상 일정 크기 이상 열려 있는 형태이기 때문에 눈부심이 가장 주요한 문제이다.

⑵ 교육적 고려사항

① 차양이 있는 모자와 색안경을 착용하도록 한다.

② 창문에서 떨어져 빛을 등지고 앉게 한다.

③ 밝은 조명보다 약간 어두운 조명이 좋다.

④ 근거리 작업을 하는 동안 눈의 피로나 두통 또는 불쾌감이 나타나므로 약 40~50분 동안 작업을 하면 10분 정도 쉬도록 한다.

⑤ 글자와 종이에 충분한 대비가 되도록 학습 자료를 만든다.

⑥ 핀홀, 착색 렌즈, 홍채 콘택트렌즈, 색안경 등 무홍채증 학생에게 맞는 저시력 기구를 사용하게 한다.

✏ 눈부심

눈부심이란 백내장과 같은 매체 혼탁이 있을 때 눈 안에서 빛이 산란되어 망막에서 대비감도가 저하되어 나타나는 증상이다(김현승 외, 2020).

▌자료▐

확대독서기

확대독서기에 대한 자세한 내용은 제6장의 03 전자보조공학기기 참조
🔘 독서 확대기, 폐쇄회로 텔레비전, CCTV

⑦ 안구진탕이 있으면 의사에게 진료를 받게 한다.

⑧ 유전성 질환으로 유전 상담이 필요하다.

2. 베세트병

① 단순포진 바이러스, 박테리아, 환경오염으로 인해 발생한다.

② 구강 궤양, 외음부 궤양, 포도막염 등의 세 가지 주 증후로 나타나는 비교적 희귀한 병이다.

③ 눈에 증상이 나타나는 경우의 발생빈도는 40~60%로 실명률이 높은 안질환이다. 눈뿐만 아니라 전신의 여러 장기 조직을 침범하는 만성질환이다.

④ 주로 20~30세에 발병하며, 여성보다 남성에게 많다.

03 망막질환

1. 망막박리

(1) 개념 및 특징

① 망막박리는 망막이 색소상피로부터 분리된 상태를 말한다. 망막이 분리된 영역은 시력을 상실한다.

② 망막박리는 대개 주변부에서 시작되므로 시야의 결손도 주변에서부터 일어나게 된다.

(2) 교육적 고려사항

① 망막박리의 위치와 진행 정도에 따라 시야와 시력 모두에 영향을 미칠 수 있으므로, 시야, 시력, 대비감도, 대비 선호, 조명 선호 및 눈부심 등의 시각 평가를 실시할 필요가 있다.

② 망막박리는 진행 가능성이 있어 지속적인 시야와 시력 감소로 특수교육지원 요구가 변할 수 있으므로 정기적인 시각 평가와 학습매체 평가를 실시하는 것이 필요하다.

③ 망막박리가 일어나기 전에 눈앞에 번쩍거리거나(광시증) 먼지 같은 것이 보이는(비문증) 등의 전구 증상이 있으므로 학생이 이를 경험하면 안정을 취하고 안과 검진을 받도록 한다.

✎ 베세트병

• 전체포도막염이란 포도막 전체에 염증이 발생한 경우로서 가장 심한 형태의 포도막염이다. 베세트병, 보그트-고야나기-하라다병이 여기에 해당한다.

• 베세트병은 우리나라에서도 전체포도막염 중 발생빈도가 가장 높은 포도막염이다. 실명률이 높은 눈질환이며, 눈뿐만 아니라 전신의 여러 장기조직을 침범하는 만성질환이다. 임상적으로 전신조직의 재발성 급성 위염을 나타낸다. 주된 기준으로 구강궤양, 외음부궤양, 눈증상이 있고 보조기준으로 관절염, 장궤양, 부고환염, 혈관 질환, 신경정신학적 증상 등이 있다. 그중에서도 눈의 증상이 가장 심하다. 처음에는 눈만 침범하지만 환자의 2/3에서는 두 눈에 모두 발생한다.
출처 ▶ 김현승 외(2020)

자료

베세트병안

✎ 포도막, 포도막염

포도막은 홍채, 섬모체, 맥락막으로 구성된다. 포도막에는 혈관이 풍부하고 결합조직이 많아서 염증이 생기기 쉬운데, 이를 중심으로 눈에 발생한 염증을 포도막염이라고 한다. 홍채, 섬모체, 맥락막에 각각 독립적으로 염증이 발생하기도 하지만 동시에 발생하는 경우도 많다. 포도막염은 병의 진행에 따라 인접조직인 각막, 유리체, 망막, 시신경, 공막 등에 염증을 일으키며, 전체 실명 환자의 10%를 차지하는 중요한 질환이다(김현승 외, 2020).

④ 망막박리가 황반부에서 일어나면 황반변성과 유사한 교육 지원이 도움이 되고, 망막박리가 주변부에서 일어나면 망막색소변성과 유사한 교육 지원이 도움이 될 수 있다. 망막박리가 중심부에서 일어나지 않는다면 중심부 시력 손상이 일어나지 않아 시력 저하가 크지 않을 수 있다. 망막박리가 망막 주변부와 중심부 어느 곳에 일어났는지를 안과 의사를 통해 확인하는 것이 적절한 교육 지원을 위해 도움이 된다.

㉠ 망막박리로 인해 시력 저하가 오면 확대 자료, 확대경 같은 확대 기기를 사용하도록 한다.

㉡ 망막박리가 중심부(황반부)에서 일어나면 중심 외 보기 기술이 필요할 수 있으며, 망막박리로 주변시야가 계속 좁아지게 되면 추시, 추적, 주사 같은 시기능 훈련이 필요할 수 있다.

⑤ 망막박리는 밝은 조명을 선호할 수 있으나, 동시에 눈부심을 감소시켜 주는 것이 필요하다.

⑥ 망막박리가 진행되지 않도록 머리 충격이나 덜컹거리는 움직임, 접촉이 있는 스포츠, 다이빙과 같이 충격이 가해지는 과격한 신체 활동을 피하는 것이 필요하며, 고글 같은 눈 보호 기구를 착용하는 것도 도움이 될 수 있다.

2. 당뇨망막병증

(1) 개념 및 특징

① 당뇨병의 합병증으로 망막의 미세순환에 장애가 생겨 모세혈관이 부풀어 오르면서 시력을 상실하는 안질환이다.

② 당뇨망막병증은 진행성 질환으로, 지속적인 시야와 시력 감소가 나타난다.

③ 병이 진행되면서 망막에 형성된 신생혈관이 망막에 상처를 내고 망막박리가 나타나기도 한다.

(2) 교육적 고려사항 16중특, 20초특

① 당뇨망막병증은 진행성 질환이므로, 지속적인 시야와 시력 감소로 특수교육 지원 요구가 변할 수 있으므로 정기적인 시각 평가와 학습매체 평가를 실시하는 것이 필요하다.

② 시력이 계속 저하되어 확대해도 자료를 보기 어려워지고, 손의 촉각 둔감화로 점자를 읽기도 어렵다면 듣기 자료와 스크린 리더 같은 청각 활용 보조기기를 사용하여 학습하도록 한다.

자료

당뇨망막병증의 분류
당뇨망막병증은 혈관신생 유무에 따라 비증식당뇨망막병증과 증식 당뇨망막병증으로 분류된다(김현승 외, 2020).

③ 당뇨병에 의해 백내장이 동반되면 더 심한 시력 및 대비감도 저하가 일어날 수 있다.

④ 눈부심에 민감하므로 빛이 고루 퍼지는 조명을 사용하고, 색 지각의 감소가 나타나면 고대비 자료의 제공이나 대비 조절 기능이 있는 확대독서기를 사용할 수 있다.

⑤ 학생이 학교에서 혈당 관리를 할 수 있도록 혈당 체크와 혈당 조절을 위한 식이요법을 지원할 필요가 있다.

⑥ 당뇨망막병증은 시력 저하 외에도 망막 손상으로 사물의 모양이 일그러지거나 일부가 안 보이는 시야 손상도 함께 발생할 수 있다.

⑦ 망막박리가 일어날 수 있으므로 과격한 신체 활동은 자제하도록 지도한다.

3. 미숙아 망막병증

(1) 개념 및 특징

① 미숙아, 특히 저체중 상태로 태어난 아동에게서 망막혈관의 발달 이상으로 발생하는 질환이다.

② 출생 시 망막의 혈관이 완전히 형성되지 않은 미숙아에게 출생 후 혈관 형성 과정에 장애가 발생하면 망막의 혈관형성 부위와 혈관무형성 부위의 경계에서 비정상적인 섬유혈관 증식이 발생한다. 이것이 더욱 진행하여 망막이 박리되면서 최종적으로는 실명을 초래할 수 있다.

③ 예전에는 미숙아에게 공급되는 고농도의 산소가 주된 원인으로 인식되었으나, 최근 연구 결과에서 고농도 산소는 미숙아 망막병증의 발병과 직접적인 관계가 없는 것으로 밝혀졌다.

자료

미숙아 망막병증의 원인
과거에는 산소가 유일한 유발인자로 알려졌으나 저체중, 임신기간, 패혈증, 뇌실내출혈, 호흡곤란증 등 여러 요소가 관여하는 것으로 생각한다(김현승 외, 2020).

(2) 교육적 고려사항 [14초특]

① 미숙아 망막병증은 시력 저하와 시야 손상에 영향을 미치므로, 시야, 시력, 대비감도, 대비 선호, 조명 선호 및 눈부심 등의 시각 평가를 실시할 필요가 있다.

② 미숙아 망막병증은 망막박리로 진행될 수 있어 지속적인 시야와 시력 감소로 특수교육 지원 요구가 변할 수 있으므로 정기적인 시각 평가와 학습매체 평가를 실시하는 것이 필요하다.

　㉠ 미숙아 망막병증의 진행을 막고 망막 중심부를 보존하여 현재 시력이 유지될 수 있도록 정기적인 검진을 통한 치료와 관리가 필요하다.

　㉡ 시력 저하 정도가 다양하고 실명까지도 초래할 수 있으며, 시력 저하에 따라 적절한 확대 자료와 확대경 같은 확대 기기를 사용하도록 한다.

ⓒ 망막 손상으로 야맹증이 있을 수 있으므로 야간 보행 능력을 평가하고 필요에 따라 보행 교육을 실시할 필요가 있다.

- 주변시야 손상 정도가 심한 경우에 추시, 추적, 주사 같은 시기능 훈련이 필요할 수 있다.

ⓔ 미숙아 망막병증은 망막박리의 가능성이 높으므로 망막박리가 일어나지 않도록 과격한 신체 활동을 자제하도록 지도한다.

③ 밝은 조명을 선호할 수 있으나 눈부심에 민감하므로 밝은 조명을 제공하면서 동시에 눈부심을 낮추는 지원이 필요할 수 있다.

④ 미숙아로 태어나면서 뇌손상으로 인한 지적장애를 동반할 수 있으므로 지적장애 동반 여부를 확인할 필요가 있다.

4. 망막모세포증

(1) 개념 및 특징

① 망막에 발생하는 악성 종양으로 대개 3세 이전에 발병하며, 약 30%는 유전성이다.

② 발병 초기인 경우에는 항암제 투여, 레이저 수술 등을 통해 시력을 보존하도록 하며, 필요한 경우에는 방사선 치료를 병행할 수도 있다. 손상이 심한 경우에는 안구 적출술을 시행할 수도 있다.

(2) 교육적 고려사항

① 안구를 적출한 학생은 그에 맞는 의안을 맞추도록 하고, 의안의 관리에도 주의를 기울이도록 한다.

② 안구를 적출한 학생에게는 점자를 익히게 하고, 점자정보단말기, 화면읽기 프로그램 등을 활용하도록 지도한다.

5. 망막색소변성

(1) 개념 및 특징

① 망막색소변성은 유전적 망막변성의 가장 흔한 형태이다.

② 망막색소변성은 진행성 질환으로 망막의 시세포 중 간체에서 시작되어 결국은 모든 시세포에 장애를 일으킨다. 따라서 초기에는 야맹증과 주변시야 저하가 나타나고, 병이 진행되어 중심시력까지 잃게 되면 대부분 실명하게 된다.

(2) **교육적 고려사항** 09중특, 13초특, 16초특, 21중특

① 망막색소변성은 시야장애 외에 진행 정도에 따라 시력과 대비감도 저하도 가져올 수 있으므로, 시야, 시력, 대비감도, 대비 선호, 조명 선호 및 눈부심 등의 시각 평가를 실시할 필요가 있다.

② 망막색소변성은 진행성 질환이므로, 지속적인 시야와 시력 감소로 특수교육 지원 요구가 변화할 수 있으므로 정기적인 시각 평가와 학습매체 평가를 실시하는 것이 필요하다.

③ 밝은 곳에서는 눈부심을 느낄 수 있으므로 색안경이나 차양이 달린 모자를 사용하도록 한다.

④ 발병 초기에는 간체의 손상으로 밝은 곳에서 어두운 곳으로 이동하면 암순응이 잘 이루어지지 않으므로 어두운 곳에 갈 때나 밤에는 야맹증이 있다는 것을 이해하고 지도해야 한다. 특히 학교 내의 강당, 체육관 등은 주변 환경보다 어두운 곳이므로 각별히 주의를 기울여야 한다.

- 야맹증이 심한 경우에 휴대용 조명 기구를 사용하거나 야간 이동 및 어두운 장소에서 흰지팡이를 선택적으로 사용하도록 보행 교육을 실시할 수 있다.

⑤ 주변시야 손상이 계속 진행되면 터널을 지나갈 때처럼 보이는 터널 시야가 나타나며, 효율적인 잔존 시각 활용을 위해 추시, 추적, 주사 등의 시기능 훈련이 필요할 수 있다.

⑥ 주변시야 손상이 있는 경우, 다음과 같은 방법으로 교육활동을 지원한다.

- ㉠ 읽기 활동에서 글줄을 잃어버리는 현상이 나타나면 타이포스코프, 라인 가이드 등을 사용하도록 한다.

- ㉡ 볼 수 있는 글자 중 가장 작은 글자보다 한 단계 큰 글자를 사용하여 독서를 보다 효율적으로 할 수 있도록 한다.

- ㉢ 필기를 할 때는 굵고 진한 선이 그려진 종이와 검정색 사인펜을 사용하도록 한다.

- ㉣ 글자 위에 노란색 아세테이트지를 덮어 대비를 높여 주는 것이 도움이 된다.
  - 책 페이지 위에 노란색 아세테이트지를 올려 놓으면 흐릿하거나 컬러로 인쇄된 것이 검은색으로 대비를 증가시킨다.

⑦ 주변시야 손상이 심해지면 커다란 사물의 경우에 전체가 보이지 않을 수 있으므로 눈과 사물 간의 거리를 더 멀게 조절하여 먼저 전체 모양을 보도록 지도한다.

타이포스코프
⑤ 독서 보조판, 대비강화경

⑧ 중심부까지 시야 손상이 진행되어 시력 저하가 일어나면 확대 자료, 확대경, 망원경 같은 확대 기기를 사용하도록 한다.

- 시야가 좁기 때문에 너무 큰 확대 자료나 고배율 확대경을 사용하게 되면 잔존 시야 내에 목표물이 들어올 수 없으므로 잔존 시야를 고려한 최소 확대 글자 크기나 확대경 배율을 추천해야 한다.
  - 읽기 활동을 위해 학생이 필요로 하는 최소 글자 크기나 최소 확대 배율을 선택해야 한다.

⑨ 망막색소변성 말기는 실명할 수 있으므로 학생이 확대해도 읽기에 어려움을 보이기 시작하면 실명 전에 점자를 익히도록 지도한다.

⑩ 망막색소변성은 망막박리를 일으킬 수 있으므로 과격한 신체 활동을 자제하는 것이 필요하다.

6. 황반변성

(1) 개념 및 특징

① 망막의 중심부인 황반이 노화되는 과정에서 새로운 혈관들이 망막 안으로 파고들어 손상을 일으키는 진행성 안질환이다.

- 황반변성은 망막의 중심부에 암점이 발생하고 확대되는 안질환으로, 주변시력은 남아 있고 중심시력만 손상된다. 따라서 망막 중심부(추체세포)의 기능인 색각, 대비, 그리고 민감도 등에 제한이 발생한다.

② 황반변성 초기에는 직선이 흔들려 보이고, 글자를 읽을 때 군데군데 보이지 않거나, 그림을 볼 때 특정 부분이 지워진 것처럼 보인다. 이러한 특성으로 인해 황반변성을 진단하는 데에는 암슬러 격자가 유용하게 사용된다.

③ 황반변성은 초기에 발견하면 레이저 시술 등으로 진행을 막을 수 있으므로 조기진단이 중요하다.

(2) 교육적 고려사항 09중특, 18중특, 20초특, 25중특

① 황반변성은 중심부 시야 손상과 중심 시력 저하에 큰 영향을 미치므로, 시야, 시력, 대비감도, 대비 선호, 조명 선호 및 눈부심 등의 시각 평가를 실시할 필요가 있다.

② 황반변성은 진행성 질환이므로 지속적인 시야와 시력 감소로 특수교육 지원 요구가 변할 수 있으므로, 정기적인 시각 평가와 학습매체 평가를 실시하는 것이 필요하다.

③ 중심부 시야 손상이 일어나면 중심부 암점의 위치와 크기를 확인하여 중심 외 보기를 지도한다.

자료

황반변성안

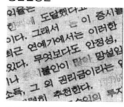

④ 중심부 암점과 중심 시력 저하로 확대 자료, 확대독서기 같은 확대 기기의 사용이 도움이 될 수 있다.

  ○ 중심부 암점의 영향을 감소시키기 위해 학습 자료를 상대적으로 더 크게 확대하거나 더 높은 배율의 확대경을 사용하거나 물체에 더 가까이 다가가는 것이 도움이 될 수 있다.

  ○ 독서를 할 때 줄을 잃지 않도록 타이포스코프를 사용하도록 한다.

  ○ 황반부 변성이 심해지면 색 지각과 대비감도도 저하될 수 있으므로 고대비 자료의 제공, 대비 조절 기능이 있는 확대독서기를 사용하도록 한다.

⑤ 어두운 곳에서 밝은 곳으로 들어갈 때 필요한 명순응에 어려움이 있을 수 있어 조명 변화에 적응할 시간을 준다.

⑥ 눈부심을 느끼는 경우에는 빛이 고루 퍼지는 조명을 사용하고 착색 렌즈를 사용하거나 창을 등진 앞자리에 앉도록 배치하는 것이 도움이 될 수 있다.

7. 백색증

(1) 개념 및 특징

① 백색증은 색소 결핍이나 신체 내의 멜라닌 색소 감소로 발생하는 열성 유전성 안질환이다.

② 머리카락이나 피부가 희고, 홍채, 동공, 안저는 적색을 띤다. 증상이 심한 경우에는 햇빛에 화상을 입기도 한다.

③ 시력 손상은 멜라닌의 부족으로 인해 망막과 신경 연결이 제대로 발달하지 못해서 나타나며, 일반적으로 시력장애의 정도가 심한 편이다.

  ○ 백색증이 있는 일부 사람은 운전이 가능할 정도로 볼 수 있는 반면, 많은 사람들은 시각이 손상되어 있거나 심지어 법적 맹인 경우도 있다.

  ○ 백색증은 흔히 안구진탕 혹은 사시를 동반한다.

(2) 교육적 고려사항 10유특, 15유특

① 백색증은 심한 눈부심과 시력 저하를 가져올 수 있으므로, 시력, 대비감도, 대비 선호, 조명 선호 및 눈부심 등 시각 평가를 실시할 필요가 있다.

  ○ 백색증은 굴절 이상과 난시를 동반할 수 있으므로 안경 교정이 부분적인 도움이 될 수 있다.

  ○ 시력은 20/100~20/60까지 다양할 수 있으므로 시력 저하 정도에 따라 확대 자료, 확대경 같은 확대 기기를 사용하도록 한다.

  ○ 근거리 과제나 세밀한 보기 과제를 수행할 때 안피로를 느낄 수 있으므로 주기적인 휴식을 허용한다.

ㄹ 눈부심과 대비감도 저하가 있을 경우에 고대비 자료의 제공, 착색 렌즈나 색이 있는 콘택트렌즈 사용이 도움이 될 수 있다. 확대독서기는 검정색 바탕에 흰색 글자로 대비를 조절하는 것을 선호할 수 있다.

② 눈부심에 매우 민감하므로 실내·외 모두에서 착색 렌즈를 사용하거나 조명등이 눈 바로 앞에 보이지 않는 곳에 자리를 배치하는 것이 좋다. 또한 빛 반사를 줄여 줄 수 있는 담황색 종이를 사용하거나 어두운 색 계열의 가림판(templates)을 대고 읽는 것이 도움이 될 수 있다.

- 교실 내에 커튼이나 블라인드 등을 설치하고, 전체 조명보다 낮은 조도의 조명을 제공한다.

③ 햇볕에 의한 피부 손상을 막기 위하여 실외 활동 시에 과도한 햇볕 노출을 피하고 자외선 차단제를 바르는 것이 필요하다.

㉠ 실외 활동을 할 때는 시효율을 높이기 위해 차광안경이나 챙이 넓은 모자를 쓰게 한다.

㉡ 피부암에 걸릴 위험성이 크므로 정기적인 피부과 검진을 받도록 하는 것도 중요하다.

8. 추체이영양증

(1) 개념 및 특징

① 망막의 중심부가 발달하지 못하여 색맹이 되거나 원거리 시력이 감퇴되는 질환이다. 즉, 추체세포에만 손상이 있는 안질환이다.

② 추체세포의 기능이 상실되고 간체세포는 밝은 곳에서 기능을 잘 하지 못하므로 이 질환이 있는 학생은 심한 수명과 안구진탕을 일으킨다.

(2) 교육적 고려사항

교육적으로 고려해야 할 사항은 백색증과 같다.

① 햇빛이 비치는 실외로 나갈 때, 빛을 흡수하여 여과시키는 안경을 착용하고 차양이 있는 모자를 쓰도록 한다.

② 교실의 자연조명을 조절해야 한다. 예를 들면, 직사광선을 차단하기 위하여 커튼이나 블라인드를 설치한다.

③ 광택이 있는 표면은 반사되어 눈이 부시므로 교실의 전체 조명보다 낮은 조명을 선택해야 한다.

④ 원거리 활동을 가까운 거리에서 하는 것을 좋아하므로 독서대 또는 높이를 조절할 수 있는 책상을 제공하고 저시력 기구를 사용하도록 한다.

04 안내용물 관련 질환

1. 수정체 질환

백내장은 수정체의 혼탁으로 인하여 사물이 안개가 낀 것처럼 흐려 보이는 증상이 나타나는 안과 질환이다. 백내장은 산모가 임신 초기에 앓은 풍진 또는 유전적인 원인에 의해서 발생하는 선천성 백내장과 나이가 들면서 자연적으로 발생하는 노인성 백내장으로 대표되는 후천성 백내장으로 구분한다.

(1) 선천성 백내장

① 특징

㉠ 대부분이 원인불명이며 한쪽 눈이나 양쪽 눈 모두에 생기고 안구진탕이나 사시를 동반하기도 한다.

㉡ 유전성일 경우 임신기의 감염(풍진), 중독, 대사이상, 태아의 산소 결핍으로 발생한다. 가능한 한 빨리 수술하는 것이 바람직하다.

② 교육적 고려사항 09중특, 11초특

㉠ 직사광선이나 광택이 있는 표면으로부터 눈부심을 피하게 한다.

㉡ 글자와 종이의 색깔이 적절한 대비를 이룬 학습자료를 사용한다.

㉢ 각 학생에게 알맞은 글자의 크기나 대비를 파악하기 위하여 학습매체 평가를 실시한다.

㉣ 근거리, 원거리 활동에 저시력 기구를 제공하고 적절한 훈련을 실시한다. 책을 읽을 때 독서대를 사용하도록 한다.

㉤ 시력은 백내장의 위치, 크기, 정도에 따라 다르므로 백내장이 수정체 가장자리에 있는 학생에게는 고도 조명을, 중심부에 혼탁이 있는 학생에게는 낮은 조명을 사용하도록 한다.

㉥ 선천성 백내장의 약 1/3은 유전성이므로 유전 상담이 필요하다.

(2) 후천성 백내장

① 나이가 들면서 발병하는 노인성 백내장이 가장 많으며, 외상에 의한 경우도 있다.

㉠ 노인성 백내장은 연령이 증가함에 따라 조직의 노화로 수정체 섬유단백질의 양이 많아지면서 수정체가 혼탁해지고 점차적으로 진행되며, 시력 저하 증상이 나타나는데 두통이나 염증은 없다.

㉡ 외상성 백내장은 외상이나 타박상으로 수정체가 파열되거나 혼탁해지는 경우에 발생한다.

② 백내장이 있는 학생은 전체가 흐릿하게 보이며, 수정체 적출술을 시행하여 무수정체안으로 보게 되면 정확하게 보인다.

2. 방수에 의한 질환

- 녹내장은 안압(안구에 미치는 내압)이 상승하면서 시신경이 눌리거나 혈액 공급이 원활히 되지 않아 시야가 좁아지거나 시력이 떨어지다가 최악의 경우 실명하게 되는 질환이다.

- 녹내장은 여러 원인에 의해 발생하는 것으로 알려져 있는데, 그중 눈의 압력(안압)이 높아서 시신경이 기계적인 압박을 받아 점점 약해지는 것이 녹내장의 발생과 악화에 가장 중요한 역할을 한다.

(1) 원발 녹내장

① 눈의 다른 부위에는 이상 없이 생기는 녹내장을 원발 녹내장이라고 한다.

② 원발 녹내장은 다시 개방각 녹내장과 폐쇄각 녹내장의 두 가지 종류로 나눈다.

개방각 녹내장	• 전방각의 넓이는 정상이지만 섬유주의 장애로 방수 유출이 잘 이루어지지 않아 안압이 상승하는 것을 말한다. • 전방각이 개방되어 있고 선행 눈 질환 또는 전신적 이상이 없는 상태이지만 녹내장성 시신경 손상과 시야 결손이 특징적으로 나타난다.
폐쇄각 녹내장	• 섬유주와 주변 홍채가 접촉하여 전방각이 폐쇄되어 방수의 유출이 잘 되지 않아 발생한다.

(2) 이차 녹내장

① 홍채염, 모양체염, 수정체 이상, 안저 출혈, 안 종양 등이 원인이 되어 이차적으로 발생하는 것을 말한다.

- 눈 질환이 원인이 되어 안압이 상승하는 경우로 대부분 한쪽 눈에 발생한다.

② 주로 전방각 폐쇄나 섬유주의 장애로 방수 유출에 장애가 발생한다.

(3) 선천성 녹내장

① 특징

㉠ 선천성 녹내장은 출생 후 처음 3년 이내에 발생하는 녹내장을 말한다.

㉡ 전방각 조직의 형성 이상으로 방수가 유출되지 않아 안압이 상승하는 안질환이다.

- 상승한 안압이 시신경을 눌러 시각장애가 발생되며, 대표적인 특성으로 터널 시야와 야맹증이 나타난다.

✎ 녹내장

녹내장은 영구적 실명을 초래하는 주요 원인 중 하나로, 조기에 발견하여 적절히 치료하지 않으면 영구적으로 시신경이 손상되는 질환이다. 과거에는 녹내장을 정상보다 높은 안압 때문에 시신경 손상과 시야장애가 초래되는 질환으로 정의하였다. 하지만 최근에는 녹내장성 시신경 손상의 원인으로 높은 안압 이외의 다른 여러 요소들도 관여한다는 사실이 밝혀짐에 따라 녹내장을 시신경의 특징적 변화와 이에 따른 시야장애가 초래되는 진행시신경병증으로 정의하고 있다(김현승 외, 2020).

［자료］

전방각

각막 뒷면의 주변부에 있는 데스메막의 끝인 쉬발베선으로부터 섬모체 앞면과 홍채뿌리로 둘러싸인 부분을 전방각이라 한다(김현승 외, 2020).

🔄 앞방각

［자료］

섬유주

- 방수가 빠져나가는 통로
- 섬유주는 여러 층의 섬유주판으로 구성된다. 섬유주판에 있는 작은 구멍은 앞방 쪽에 가까울수록 크고, 멀어질수록 작아진다. 이러한 섬유주판과 작은 구멍 사이의 좁은 공간이 방수가 배출되는 판막의 역할을 한다(김현승 외, 2020).

이차 녹내장
🔄 속발성 녹내장

자료

선천성 녹내장

• 원인이 없는 원발영아녹내장, 선천이상을 동반한 녹내장 등이 여기에 해당한다.

• 원발영아녹내장은 대개 산발성이나 10%에서는 보통 염색체 열성유전으로 발생한다. 앞방각 형성 시기에 분할이 불완전하여 섬유주, 방수 유출로의 해부학적 이상 때문에 발생한다. 해부학적 이상에는 섬유주와 홍채 뿌리 사이의 태생기 조직이 불완전하게 퇴화하여 막 모양의 조직으로 남아 있는 경우와, 섬모체근섬유가 섬유주 부위까지 침범한 경우, 홍채와 섬모체가 섬유주 부분에 부착된 경우가 있는데 대부분 쉴렘관이 위축되어 있다.

• 선천이상을 동반한 녹내장이란 선천이상과 합병하여 나타나는 경우를 말한다.

출처 ▶ 김현승 외(2020)

자료

녹내장안

ⓒ 방수가 유출되지 않고 안구 내에 적체되면 안구가 늘어나고 확장된다. 이러한 특성 때문에 선천성 녹내장을 거대각막 또는 우안(牛眼)이라고도 한다. 증상이 심한 경우에는 망막박리나 안구파열이 일어날 수도 있다.

ⓔ 홍채에 작은 구멍을 내어 방수가 흐를 수 있도록 하는 홍채절개술을 시술할 수 있다.

② **교육적 고려사항** 10중특, 22유특

㉠ 녹내장은 진행성 질환이어서 지속적인 시야 손상과 시력 저하로 인한 특수교육 지원요구가 변할 수 있으므로 정기적인 시각평가와 학습매체 평가를 실시하는 것이 필요하다.

㉡ 녹내장 학생들은 녹내장이 서서히 악화되어 상당한 정도의 시력 저하와 주변부 시야가 좁아지는 현상이 같이 나타나는 말기가 될 때까지 스스로 시각증상을 자각하지 못하는 경우가 많다.

㉢ 주변부 시야 손상에 따른 교육적 고려사항은 다음과 같다.

• 주변부 시야 손상 정도에 따라 추시, 추적, 주사 등의 시기능 훈련을 실시하는 것이 필요할 수 있다.

• 밝은 곳에서 어두운 곳으로 들어갈 때 조명 변화에 적응할 시간을 주도록 한다.

• 녹내장이 진행되어 시야가 좁아진 학생은 독서할 때 읽던 줄을 놓치는 경우가 많으므로 타이포스코프를 사용하도록 한다.

• 주변부 시야 손상이 심해지면 물체가 시야에 모두 들어오지 않아 무엇인지 확인하기 어려우므로 사물과 눈 간의 거리를 좀 더 멀리하여 사물 전체가 시야에 들어오도록 한다.

• 주변부 시야 손상이 큰 경우에는 가운데 자리가 적절하고, 좌·우측의 시야 손상 차이가 큰 경우는 잔존 시야를 보다 효율적으로 사용할 수 있는 쪽에 자리 배치를 하는 것이 필요하다.

• 시야가 좁아진 경우에는 보행에 어려움을 느낄 수 있으므로 보행 지도를 실시한다.

㉣ 안압 상승으로 각막이 늘어나 안구가 커지면 각막 혼탁과 굴절 이상이 생길 수 있으므로 확대 자료, 확대 기기, 고대비 자료를 제공하는 것이 도움이 될 수 있다.

• 중심부 시야까지 손상되어 심한 시력 저하를 동반하게 되면 확대 자료나 확대 기기를 사용하도록 하고, 확대해도 읽기가 어려워지면 점자를 익히도록 한다.

㉤ 시신경 손상으로 야맹증이 나타날 수 있으므로, 야맹증이 심한 경우에는 야간에 흰지팡이를 사용하도록 보행 교육을 할 수 있다.

ⓗ 정상 안압을 유지하기 위해 안약을 사용할 수 있다. 그러나 안약은 동공을 팽창시켜 심한 수명(눈부심)을 느끼게 하므로 적절한 조도의 조명을 제공하고 세심하게 관찰해야 한다.

- 정확한 시간에 안약을 넣어야 하므로 교사는 수업 중에도 약을 넣도록 지도한다.
- 약물을 복용하는 학생은 감각이 둔해질 수 있으므로 감각훈련을 실시한다.

ⓢ 피로와 스트레스는 안압을 상승시키는 요인이 될 수 있으므로 주의한다.

ⓞ 잠영, 물구나무서기, 중량 들기 등 몸의 압력, 특히 안구의 압력을 높이는 운동은 금해야 한다.

05 시신경 질환

1. 시신경염

시신경염은 대부분 전신적인 질병의 합병증으로 오는데, 다발성 경화증, 시신경 척수염 등에 의하여 발생한다.

2. 시신경 위축

(1) 개념 및 특징

① 시신경이 파괴되어 시야결손 및 시력장애를 일으키는 안질환을 시신경 위축이라 한다.

② 시신경 위축이 생기면 시신경 유두가 창백해지며, 시력, 시야, 대비의 감퇴를 초래한다.

③ 시신경 위축은 진행성 또는 비진행성일 수 있고, 다른 질환과 함께 나타나기도 한다.

(2) 교육적 고려사항

① 시신경 위축으로 시력 저하와 암점이 나타나므로 시야, 시력, 대비감도, 대비 선호, 조명 선호 등의 시각 평가를 실시할 필요가 있다.

- 시신경 위축으로 인한 중심부 암점이 있는 경우에 중심 외 보기가 필요할 수 있다.

② 야맹증이 있을 수 있으므로 야간 이동에 어려움이 있다면 보행 교육을 실시할 수 있다.

자료

시신경 위축 아동의 교육 시 고려사항

- 시각적 혼란을 피하여 단순하고 분리해서 시각 자극을 제시함
- 교사는 가르칠 때 복잡한 배경 앞에 서 있는 것을 피하고, 복잡한 무늬의 옷을 입지 않음
- 시각적 수행에서 변화가 심하므로 아동의 상태에 맞춰 교사의 기대수준을 수정해야 함
- 본 것을 해석하는 방법을 아동에게 가르쳐 주어야 함

출처 ▶ 박순희(2022)

자료

시로장애(반맹)안

자료

시로장애 부위와 시야 변화
- 시신경 교차 이전에 생긴 질환으로 인한 시야 변화는 한쪽 눈에만 나타난다.
- 시신경 교차에 생긴 질환으로 인한 시야 변화는 주로 양이측 반맹이 나타나며 드물게 양코쪽에 나타난다.
- 시신경 교차 이후에 질환이 있을 때는 같은 쪽 반맹을 일으킨다.

출처 ▶ 김현승 외(2020)

자료

프리즘

프리즘의 목적은 보이지 않는 부분을 시야의 보이는 쪽으로 이동시키는 데 있다. 프리즘은 꼭짓점으로 상을 옮겨 주기 때문에 환자가 프리즘을 통해서 보면 안 보이는 쪽의 상이 이동하여 눈을 보이지 않는 쪽으로 돌리지 않아도 되므로 눈동자의 움직임을 줄일 수 있다(문남주 외, 2016).

〈프리즘을 이용한 시야 재배치〉

프레넬프리즘

Apex ━━━━━━ Base

일반프리즘

〈프리즘〉

자료

프레넬 프리즘

프레넬 프리즘은 시야 확장을 위해 쓰이는 가장 대중적인 프리즘이다. 투명하고 두꺼운 플라스틱 막으로 안경알에 부착해서 쓴다. 안전하고 효율적인 이동을 위해 필요한 정보를 받아들일 수 없을 정도로 시야가 좁은 경우 프리즘을 통하여 80~90도 범위 안에 있는 대상을 볼 수 있다. 성공률이 높은 대상은 반맹을 가지고 있는 환자들이고, 그중에서도 단안이측반맹 환자들이 성공률이 가장 높다(문남주 외, 2016).

③ 밝은 조명을 선호하므로 개인용 스탠드를 제공하되, 눈부심을 줄여 주기 위해 학생의 뒤쪽에서 조명을 비추도록 하고 착색 렌즈를 사용하는 것이 도움이 될 수 있다.

- 조명장치가 있는 손잡이형 확대경, 확대독서기, 망원렌즈를 사용하도록 한다.

3. 시로장애

(1) 개념 및 특징

① 시로장애란 시각경로의 질환으로 인해 한쪽 눈의 시야 절반이나 양쪽 눈의 시야 절반이 시력을 상실한 반맹과 시력장애가 나타난 것을 말한다.

② 뇌종양이나 뇌출혈 등에 의한 혈관장애 또는 외상 등에 의하여 반맹이 나타나기도 한다.

(2) 교육적 고려사항

① 시로 손상으로 시야 문제가 크므로 시야, 시력 등의 시각 평가를 실시할 필요가 있다.

② 반맹 학생을 위한 교육적 고려 사항은 다음과 같다.

㉠ 절반의 잔존 시야를 잘 활용할 수 있는 곳에 자리 배치를 하거나 교구를 제시하는 것이 필요하다.

  예 시야의 좌측이 반맹이고 우측이 남아 있다면 교실의 중앙으로부터 약간 좌측에 자리를 배치하는 것이 잔존 시야를 보다 효율적으로 활용할 수 있다.

㉡ 책을 읽을 때 각 줄의 처음과 끝 부분을 놓치고 읽거나 글줄을 잃어버리지 않도록 한다.

㉢ 시야 절반의 상실로 인해 사물의 절반 정도가 보이지 않으므로 추시, 추적, 주사 등의 시기능 훈련이 필요하다.

㉣ 시야 손상이 있는 쪽 안경에 프레넬 프리즘 렌즈를 부착하면 시야 확대에 도움이 될 수 있다.

4. 대뇌피질시각장애

(1) 개념

① 대뇌피질시각장애(CVI)는 두뇌피질의 후두엽 병변으로 실명한 상태다.

② 뇌 기형, 외상성 뇌손상, 뇌수종 등 뇌와 관련된 질환에 의해 발생한다.

ㅤ㉠ 안구의 외형이나 기능에는 문제가 없으나 병소가 뇌에 있어 안구에서 뇌로 전달된 시각 정보를 제대로 처리하고 해석하지 못하여 시각 문제가 일어난다.

ㅤㅤ• 눈은 정상이지만, 뇌는 받아들인 정보를 적절하게 처리할 수 없다.

ㅤㅤ• 안구 모양은 정상이고, 빛에 대한 동공반사와 안저도 정상상태이다.

ㅤ㉡ 병소가 뇌에 있어 지적장애, 뇌전증, 뇌성마비 등을 동반하는 경우가 많으므로, 수반장애가 있는지 확인할 필요가 있다.

③ 대뇌피질시각장애로 진단되려면 다음 3가지 기준을 충족해야 한다.

ㅤ㉠ 안과 검사 결과가 학생의 현재 시각 문제를 적절히 설명하지 못한다(안과 검사 결과가 정상이지만, 학습과 일상 활동에 시각을 사용하는 데 어려움이 있다).

ㅤ㉡ 대뇌피질시각장애의 원인과 관련하여 신경학적 병력이나 질환이 있다.

ㅤ㉢ 대뇌피질시각장애의 고유한 10가지 특성(시각적 행동)이 관찰된다.

(2) 특징과 교육적 고려사항

① 모든 대뇌피질시각장애 학생에게 10가지 시각 특성이 공통으로 나타난다.

ㅤ• 대뇌피질시각장애의 고유한 10가지 시각 특성은 시기능에 문제를 일으키며, 대뇌피질시각장애의 중증 정도에 따라 시기능을 방해하는 정도도 다르다.

② 대뇌피질시각장애 학생들은 일반적인 안과 검사 결과가 정상적으로 나오는 경우가 많지만 교사나 부모의 기대와 달리 대뇌피질시각장애 학생들은 볼 수 있을 것으로 기대되는 대상(물체와 자료)들에 시각적 주의를 하거나 알아보지 못한다.

③ 뇌에 병소가 있는 대뇌피질시각장애 학생들의 시각 문제와 중재 방법은 안구 시각장애 학생들(백내장, 녹내장, 망막색소변성 등 안구 조직의 질환으로 인한 시각장애)과 매우 다르기 때문에 특수교사는 대뇌피질시각장애의 고유한 10가지 시각 특성과 중재 방법을 이해하는 것이 필요하다.

✎ 대뇌피질시각장애

두 눈 후두엽 병변으로 인해 두 눈 모두 실명 상태이지만 동공의 대광반사와 안저소견은 정상인 경우를 말한다(김현승 외, 2020).
⑤ 대뇌피질형시각장애, 피질시각장애

│자료│

대뇌피질시각장애 학생의 교육 시 고려사항

• 학생에게 가장 정확한 정보를 제공하는 감각체계와 시각체계를 결합하는 것이 중요함
• 시각적으로 부담을 주지 않기 위해 시각적 입력이 조절되어야 함
• 시각적 자극은 간단해야 하고 분리시켜 제시함
• 반복과 판에 박힌 일이 도움이 됨
• 학생이 보고 있는 것을 말하고 느끼게 격려하고, 탐구하여 배울 기회를 줌
• 색깔이 칠해진 간단한 그림이나 모양을 인식하는 데 추가적인 단서를 주고, 교육 시 참가자의 수를 제한함
• 읽기자료를 준비할 때 대조가 되는 종이, 검은 테두리가 있는 네모 막대자로 테두리를 만들고, 페이지에서 위치를 잡고 손가락을 이동하는 방법을 보여 줌
• 간단하게 설명하고, 눈의 피로와 집중을 흩트리지 않기 위해 소음을 없애고 변화를 주는 것을 삼감
• 조명을 끄거나 과제에 집중하도록 넓게 퍼지는 조명을 사용함

출처 ▶ 박순희(2022)

✿ CVI의 고유한 10가지 시각 특성과 중재 방법 25유특·중특

고유 특성	특성과 중재 방법
특정 색상 선호	• 빨간색, 노란색 등 특정 색상에 시각적으로 끌린다(시각적 주의가 일어난다). • 학생의 시각적 주의를 위해 학습 자료에 선호하는 색상을 사용한다.
움직임에 대한 요구(끌림)	• 움직임에 시각적 주의와 끌림이 일어난다. • 학생의 시각적 주의를 유도하기 위해 보아야 하는 대상(물체)을 움직여 준다. 다른 한편, 주변 사람이나 사물의 움직임은 시각적 과제에 대한 주의 집중과 유지를 방해할 수 있으므로 최소화한다.
시각적(반응) 지연	• 대상을 제시하면 이것을 보고 반응하는 데 오랜 시간이 걸린다. 　– 또래와 비교해 시각 자극에 대한 즉각적인 반응이 일어나지 않는다. • 시각적으로 반응할 때까지 기다려 주며, 선호하는 색상이나 움직임 등을 통해 시각적 반응을 촉진할 수 있다.
특정 시야 선호	• 좌측이나 우측 시야처럼 선호하는 주변 시야 영역(방향)이 있다. 　– 일반적으로 하측 시야 영역(방향)을 잘 인식하지 못하는 경향이 있다. • 자료를 책상에 두기보다 수직보드나 경사대에 부착하여 제시한다.
시각적 복잡성의 어려움	• 시각적 복잡성이 있는 곳에서 대상을 바라보거나 인식하지 못한다. 　– 복잡성은 대상(사물) '표면(외형)의 복잡성' '배경(배열)의 복잡성' '감각 환경의 복잡성' '사람 얼굴의 복잡성'으로 구분한다. • 시각적 복잡성이 높은 학습 환경이나 학습 자료를 수정하여 복잡성을 낮추어 준다.
빛에 대한 요구(끌림)	• 광원(빛)에 끌려 오랜 시간 바라본다. • 학생이 바라보아야 하는 대상 주변에 광원이 있으면 시각적 과제에 주의 집중하는 것을 방해하므로 다른 측면에서 대상으로 바라보도록 유도하기 위해 대상을 빛(라이트박스, 손전등 등)과 함께 제시하는 것이 도움이 된다.

원거리 보기의 어려움	• 멀리 떨어져 있는 대상을 인식하기 어렵다. – 그 이유는 시력의 문제가 아니라 멀리 떨어져 있을 수록 학생의 시야에 주변 배경 요소들이 더 많이 보이게 되어(배경의 복잡성이 증가) 배경과 대상(물체)을 분리하여 확인하기 어렵기 때문이다. • 대상(자료, 물체 등)을 근거리에서 제시하되, 단계적으로 대상을 제시하는 거리를 증가시킨다.
비전형적인 시각 반사	• 학생의 콧대를 가볍게 건드리거나 얼굴에 손바닥을 갖다 대는 위협적 행동에 대한 반응으로 '눈 깜빡임 반사'가 일어나지 않는다. • 이 특성에 대해서는 별도로 중재하지 않는다. – 이 특성은 전반적인 시각 기능이 발달하면서 자연스럽게 해결된다.
시각적 새로움의 어려움	• 친숙한 대상(사물)에 대해서는 시각적 주의가 일어나지만, 새로운(낯선) 대상에는 시각적 호기심이나 시각적 주의가 부족하거나 일어나지 않는다. • 새로운 대상에 대한 반복적인 노출을 통해 친숙화하는 중재가 필요하며, 이미 알고 있는 친숙한 대상과 유사성이 있는 새로운 대상부터 먼저 제시한다.
시각적으로 안내된 신체 도달의 어려움	• 또래처럼 물체를 보면서 동시에 손으로 물체에 접촉하지 못한다. – 물체를 눈으로 바라보고, 다시 시선을 다른 곳으로 돌린 후, 물체에 손을 뻗어 접촉한다. • 학생이 선호하는 색상의 물체, 빛이 나는 물체, 단순한 배경에 물체 제시 등을 통해 대상을 보면서 동시에 손으로 접촉하는 행위를 촉진할 수 있다.

출처 ▶ 이태훈(2024)

06 외안근 이상

1. 사시

(1) 개념 및 특징

① 사시는 외안근 이상으로 융합 능력에 어려움이 있어 좌안과 우안의 시축이 동일점을 향하지 않는 상태를 말하며, 눈이 돌아가는 방향에 따라 내사시, 외사시, 상사시, 하사시로 구분한다. 또한 신경마비(외상이나 질병, 원인불명에 의한 눈의 근육을 지배하는 신경의 마비를 의미한다) 때문에 발생하는 마비성 사시와 그렇지 않은 비마비성 사시로 구분하기도 한다.

② 두 눈을 동시에 이용하여 사물을 보는 능력은 대개 6세 전후에 완성되기 때문에 그 전에 치료를 받으면 기능 회복이 용이하나 그 이후에는 어렵다. 특히 12세 이후에는 기능 회복이 거의 불가능하다.

③ 사시 학생은 돌아간 쪽의 눈을 사용하지 않아서 시력이 나빠지게 된다. 이러한 경우에 정상적인 눈을 가리고, 돌아간 눈만을 활용하는 가림치료를 적용할 수 있다.

(2) 교육적 고려사항

① 사물이 겹쳐 보이는 복시 현상이 나타날 수 있으므로 게임, 화학실험, 식품 다루기, 단안 시력을 사용하는 활동 등을 할 때에는 학생을 관찰하면서 지도해야 한다.

② 시력을 잘 사용할 수 있도록 좌석을 배치해야 한다.

2. 안구진탕

(1) 개념 및 특징

① 안구진탕은 규칙적으로 반복되는 안구의 불수의적인 움직임을 말한다.
   • 스트레스를 받으면 증상이 더욱 심해진다.

② 고정된 하나의 물체에 초점을 맞추는 시각 활용 기술 중 하나인 고시 능력에 특히 어려움이 있고, 읽던 줄을 놓치는 문제가 자주 나타난다.
   • 안구가 원하는 위치에 머물러 있지 못하므로 앞에 있는 목표 대상을 일정 시간 동안 주시하여 바라보는 것이 어렵다.

(2) 교육적 고려사항 17초특 · 중특

① 안구의 불수의적 움직임은 시력 저하와 안피로 등을 가져올 수 있으므로 시력, 읽기 지속성 등의 시각 평가를 실시할 필요가 있다.

② 읽기 활동에서 글줄을 잃어버리는 현상을 보이면 타이포스코프나 라인 가이드를 사용하도록 한다.

③ 안구의 불수의적 움직임이 계속되면 눈의 피로감과 어지럼증을 느낄 수 있으므로 주기적인 휴식을 허용한다.

- 과도한 긴장과 스트레스 역시 불수의적인 움직임을 심화시킬 수 있으므로 심리적으로 편안함을 느끼도록 학습 분위기를 조성한다.

④ 시력표, 읽기 자료 등을 사용하여 안구진탕이 줄어들고 가장 잘 보이는 눈의 응시 방향과 자료와 적정 거리를 찾아 사용하는 영점(null point) 훈련을 실시한다.

- 초점을 맞추기 위해 머리를 돌리거나 몸을 기울일 때 꾸중을 하거나 자세를 교정시켜서는 안 된다. 눈을 위로 올리거나 머리를 기울이는 것으로 안구의 흔들림을 막는 영점을 만들기 때문이다.

⑤ 안구의 불수의적 움직임으로 인해 일정 시간 동안 안정적으로 고시를 유지하는 능력이 부족하므로, 전방의 한 점을 계속 주시하는 훈련을 실시한다.

⑥ 줄무늬 같은 특정 무늬가 안구의 불수의적 움직임을 증가시킬 수 있으므로 학습자료나 환경에서 이를 피하도록 한다.

✎ 영점

눈떨림이 가장 약하거나 일어나지 않는 방향(김현승, 2020)
🔁 정지점

영점 훈련

🔁 정지점 훈련, null point training

비교

안구진탕 아동의 교육 시 고려사항

이태훈 (2021)	• 시력표, 읽기자료 등을 사용하여 안진이 줄어들고 가장 잘 보이는 눈의 응시 방향 및 자료와 적정 거리를 찾아 사용하는 정지점 훈련을 실시한다.
임안수 (2008)	• 책을 읽을 때 읽는 줄을 표시하면서 읽도록 한다. • 글씨가 깨끗하고 대비가 선명한 자료를 사용하도록 한다. • 한 지점을 주시하는 훈련을 실시한다. • 근거리 과제는 눈을 피로하게 하므로 오랜 시간 계속하지 않도록 한다. • 초점을 맞추기 위하여 머리를 돌리거나 몸을 기울일 때, 꾸중을 하거나 자세를 교정시켜서는 안 된다.

07 굴절 이상

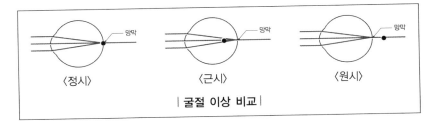

| 굴절 이상 비교 |

1. 근시

(1) 개념 및 특징 ^{09초특}

① 근시는 가까이 있는 것은 잘 보이고 멀리 있는 것은 잘 보이지 않는 눈의 상태를 말한다. 이는 물체의 상이 망막 앞쪽에 맺히기 때문이다.

② 망막 앞에 상이 맺히는 원인에 따라 축성 근시와 굴절성 근시로 나눌 수 있다.

축성 근시	안축의 길이가 정상 눈보다 길어서 상이 망막 앞에 맺히는 경우이다.
굴절성 근시	각막이나 수정체의 굴절력이 정상보다 강해서 상이 망막 앞에 맺히는 경우이다.

③ 고도근시(진행성 근시 혹은 악성근시)는 안구의 크기가 계속적으로 성장하여 근시가 진행되는 경우를 말한다. 고도근시는 망막박리를 유발할 수 있으므로 특히 주의해야 한다.

④ 근시는 오목렌즈의 사용을 통해 교정할 수 있다.

(2) 교육적 고려사항

① 근시 학생은 칠판의 글씨를 잘 보지 못하기 때문에 교실의 앞쪽에 앉게 한다.

② 학생에게 주는 인쇄물의 글자 크기는 적당하고 선명한 대비가 이루어진 것이어야 한다. 각 학생에게 맞는 글자의 크기나 대비를 파악하기 위해서 학습매체 평가를 실시할 수 있다.

③ 고도근시인 경우에는 격렬한 신체적 운동을 피하도록 한다.

✎ 안축
각막의 정점부터 망막까지의 거리

2. 원시

(1) 개념 및 특징

① 원시는 가까이 있는 것은 잘 보이지 않으나, 멀리 있는 것은 잘 보이는 눈의 상태를 말한다. 이는 물체의 상이 망막 뒤쪽에 맺히기 때문이다.
- 멀리 떨어진 물체에 대한 초점은 맞지만 가까운 곳에 있는 물체에 대해서는 초점이 맞지 않는 상태이다.

② 망막 뒤에 상이 맺히는 원인에 따라 축성 원시와 굴절성 원시로 나눌 수 있다.

축성 원시	안축의 길이가 정상 눈보다 짧아서 상이 망막 뒤에 맺히는 경우이다.
굴절성 원시	각막이나 수정체의 굴절력이 정상보다 약해서 상이 망막 뒤에 맺히는 경우이다.

③ 원시는 볼록렌즈의 사용을 통해 교정할 수 있다.

(2) 교육적 고려사항

① 원시 학생이 오랫동안 책을 읽으면 눈의 피로, 두통 등을 느끼므로 장시간 독서할 때는 주의해야 한다.

② 일부 학생은 확대경, 망원경, 확대독서기와 같은 저시력 기구를 사용하도록 지도한다.

3. 난시

(1) 개념 및 특징

① 각막이나 수정체 등의 굴절 이상으로 망막에 맺히는 상이 흐려지거나 왜곡되는 현상을 난시라고 한다.

② 난시는 굴절력의 차이를 유발하는 원인에 따라 정난시와 부정난시로 나눈다.

정난시	• 평행광선이 한 점으로 모아지지 않고, 두 초선(focal line)이 생기는 상태를 말한다. • 각막 또는 수정체의 만곡면이 선천적으로 올바른 구면을 이루지 못하거나 수정체의 편위가 원인이 되어 나타난다.
부정난시	• 규칙성이 없이 각 경선의 굴절력이 다르고, 동일 경선 내에서도 굴절력이 다른 것을 말한다. • 주로 각막의 표면이 고르지 못한 것이 원인이 된다. 　－ 각막반흔, 원추각막, 각막염, 각막궤양, 각막외상 등에 의하여 각막 표면이 고르지 못하고 불규칙하게 되기 때문이다.

(2) 교육적 고려사항

① 어린 아동은 글자와 숫자를 혼동할 수 있다.

② 시각 활동을 한 후 또는 오후에는 눈의 피로를 느끼므로 충분히 쉬도록 한다.

KORSET 합격 굳히기 ▶ 시각장애의 원인 질환

1. 약시

① 약시는 안과 검사에서 특별한 안질환을 발견할 수 없음에도 불구하고 안경이나 콘택트렌즈로 최대한 교정해도 정상적인 시력이 나오지 않는 경우를 말한다.
   • 시력표에서 양쪽 눈의 시력이 두 줄 이상 차이가 있을 때 시력이 낮은 쪽을 약시 (안)라고 한다.

② 약시의 원인에는 사시, 굴절 이상, 선명한 시각상의 결여 세 가지가 있으므로 조기부터 적절한 지원이 이루어지면 약시를 어느 정도 예방하고 개선할 수 있다.

③ 약시 아동을 위한 교육적 고려사항은 다음과 같다.
   • 교정을 해도 시력이 좋지 않고 좋은 쪽 눈으로만 보는 경향에 따른 시력 저하 문제를 가질 수 있으므로, 시력, 대비감도, 대비 선호 등의 시각 평가를 실시할 필요가 있다.
   • 굴절 이상은 안경이나 콘택트렌즈로 교정하고, 사시는 좋은 쪽 눈을 가리고 사시가 있는 나쁜 쪽 눈을 사용하는 기회를 제공하며, 학습자료를 적합한 글자 크기의 선명한 자료로 만들어 주거나 적합한 배율의 확대경을 통해 선명한 상을 보는 기회를 제공하는 것이 약시의 예방과 치료에 도움이 될 수 있다.
   • 좋은 쪽 눈만 사용하는 단안시(즉, 양안시의 어려움)로 인해 깊이 지각에 어려움이 있을 수 있으므로 보행할 때 길가의 웅덩이, 패인 곳, 계단 등에서 발을 헛딛지 않게 유의하도록 한다.
   • 두 눈의 큰 시력 차이로 인해 시각-운동 협응을 요구하는 활동에 어려움을 보일 수 있으므로 과제에 적응할 추가 시간이 필요할 수 있다.
   • 교실에서 자리 배치 시에 두 눈 중 좋은 눈을 사용할 수 있는 곳에 자리를 배치한다.
     예 우측 눈이 더 좋다면 우측 눈은 우측 시야 90도, 좌측 시야 60도가 정상임을 고려하여 교실 중앙이나 약간 좌측에 배치하는 것이 좋다.

출처 ▶ 이태훈(2021)

2. 시신경 형성 부전

① 시신경 형성 부전은 선천적으로 시신경이 충분하게 발달되지 않아 작아진 상태다.

② 시신경 형성 부전의 영향은 시각 손상이 전혀 없는 상태에서 경미한 정도부터 전맹까지 다양한 시각 손상을 보인다. 치료는 불가능하다.

③ 시각장애의 정도에 따라 저시각용 보조구 사용이 필요하다.

출처 ▶ 박순희(2022)

✎ 약시

• 안구에 기질적인 이상 없이 발생하는 시력 저하이다. 사시, 부동시, 심한 굴절이상 혹은 눈꺼풀 처짐 등으로 시각적인 자극이 차단되는 경우에 생긴다. 따라서 약시는 조기에 발견하고 치료하면 정상적으로 치유될 수 있다. 저시력과 약시라는 용어가 함께 사용되기도 하나, 약시는 눈의 생김새나 구조에 전혀 이상이 없는데도 시력이 좋지 않은 경우를 말한다. 따라서 안경을 정확하게 맞추어도 시력이 잘 나오지 않는 경우가 많다. 과거에는 시력이 저하된 경우를 통칭하여 약시라고 부른 경향이 있었으나, 지금은 그 범위가 좁아져 각막혼탁, 포도막염, 망막이상, 시신경이상 등의 구조적인 이상으로 생기는 시력 저하는 약시에서 제외되고 있다(특수교육학 용어사전, 2018).

• 임상적으로 시력 저하가 있으면서 안경 교정으로 정상 시력이 되지 않고, 시력표에서 두 눈 시력이 두 줄 이상 차이가 나며, 신경학적으로 정상일 때를 말한다. 사시, 굴절부등, 형태시 결핍에 의해 시력 저하가 발생하며 이학적 검사에 이상이 없고 적절한 치료로 회복이 가능한 상태이다(김현승 외, 2020).

Chapter 04 시각장애의 진단·평가

01 장애인 등에 대한 특수교육법

「장애인 등에 대한 특수교육법 시행규칙」의 제2조 제1항(장애의 조기발견)과 관련하여 별표에 명시되어 있는 시각장애의 진단·평가 영역은 다음과 같다.

① 기초학습기능검사
② 시력검사
③ 시기능검사 및 촉기능검사

02 시력검사

1. 원거리 시력검사 [11중특]

목적	원거리 시력검사는 3m 또는 6m 정도에서 보는 능력을 측정하고, 검사 결과에 의해 망원경과 원거리용 확대독서기를 추천하는 데 목적이 있다.	
단계	• 원거리 시력검사에는 란돌트 고리, 스넬렌 시표, 진용한 시력표(4m), 한천석 시력표(3m 또는 5m) 등을 이용한다. • 원거리 시력검사는 다음과 같이 3단계로 진행된다.<table><tr><td>**1단계** 현재 원거리 시력 측정</td><td>➡</td><td>**2단계** 망원경 배율 계산과 추천</td><td>➡</td><td>**3단계** 망원경 사용 시 원거리 시력 재측정</td></tr></table>	
	[1단계] 현재 원거리 시력 측정	• 원거리 시력표는 적정 밝기를 제공하고 눈부심이 없으며 부착물이 없는 흰색 계열의 벽에 부착하되, 학생의 눈높이에 시력표 중앙이 오도록 한다. • 원거리 시력검사는 양안, 우안, 좌안 순서로 검사한다. • 검사 순사는 다음과 같다. 　① 학생이 시력표로부터 표준 검사거리에 서거나 앉도록 한다. 　② 시력표의 가장 큰 시표(숫자)부터 작은 시표(숫자) 순서로 읽도록 한다.

［자료］

시각 평가의 목적

시각 평가의 목적은 시각장애 학생이 학습과 생활에서 시각을 활용하여 다양한 활동과 과제를 수행하는 수준이나 능력을 확인하여 필요한 특수교육 지원을 제공하는 데 있다(이태훈, 2024).

［비교］

시력검사의 분류

원거리 시력검사와 근거리 시력검사를 객관적 검사로 분류할 것인지, 주관적 검사로 분류할 것인지는 문헌마다 차이를 보이고 있다.

이태훈 (2024)	객관적 시각 검사로 분류 - 객관적 시각 검사는 공인된 시력표나 검사 도구로 평가하는 것으로, 안과 의사나 저시력 클리닉에 평가 의뢰하거나 2017년에 교육부에서 보급한 시각 평가 도구를 사용하여 특수교사가 직접 평가할 수 있다.
임안수 (2008)	주관적 검사로 분류 - 주관적 검사는 아동이 검사자의 지시에 따라 반응하기 위하여 청각, 운동근육, 언어 등을 사용하는 형태로 이루어지며, 일반적으로 의료 전문가나 시각장애아 교사에 의해 수행된다.

💡Tip

시력 계산을 위해서는 시력표의 표준 검사거리를 기억하고 있어야 한다.

자료

한천석 시력표(3M용)

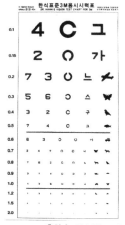

출처 ▶ 박순희(2022)

자료

진용한 시력표(4M용)

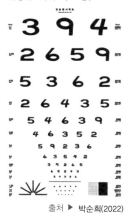

출처 ▶ 박순희(2022)

✎ **광각**

광각이란 빛을 느끼는 능력, 즉 빛의 유무를 판단하며 빛의 강도 차이를 구별할 수 있는 능력이다 (김현승 외, 2020).

💡 **Tip**

지수, 수동, 광각, 무광각으로 구분하는 것을 '시각기능에 따른 분류'라고 하기도 한다(☞ 박순희, 2022).

③ 학생이 마지막으로 읽은 시표에 해당하는 시력을 기록한다. 일반적으로 각 줄에 5개 시표가 있을 경우에 3개 이상을 바르게 읽어야 해당 시력을 보유한 것으로 인정하며, 시력을 표기할 때 잘못 읽은 숫자의 개수를 위 첨자로 표시할 수 있다(☞ 0.04⁻¹).

④ 만일 표준 검사거리에서 가장 큰 시표조차 읽지 못하면 1m 간격으로 시력표에 다가가서 읽도록 하고, 다음 공식에 따라 시력을 계산하여 기록한다.

$$시력 = 마지막으로 읽은 라인의 시력$$
$$\times \frac{실제\ 검사거리(m)}{표준\ 검사거리(m)}$$

☞ 학생이 표준 검사거리가 3m인 원거리 시력표를 사용하여 우안으로 시력 0.1에 해당하는 시표를 1m에서 읽었다면 우안의 시력은 [0.1×(1/3)m]로 계산한다.

• 만약 학생이 시력표 앞 1m까지 접근해서도 가장 큰 시표(0.1 시표)를 읽지 못하는 경우에는 (안전)지수, (안전)수동, 광각 순으로 측정한다. [23중특]

지수 (finger counting, FC)	− 학생이 0.1 시표를 읽지 못하는 경우는 손가락 수를 알아맞히는 거리를 측정한다. ☞ 학생의 50cm 거리에서 검사자가 편 손가락의 수를 셀 수 있다면 지수 50cm (또는 FC/50cm, 50cm FC, 50cm 안전지수)로 표기한다.
수동 (hand movement, HM)	− 손가락 수를 셀 수 없다면 학생의 얼굴 앞에서 손의 움직임을 인지할 수 있는지 확인한다. ☞ 학생의 50cm 거리에서 검사자가 손을 좌우로 흔들고 있는지, 멈추고 있는지를 인지할 수 있다면 수동 50cm(또는 HM/50cm, 50cm HM, 50cm 안전수동)로 표기한다.
광각 (light perception, LP)	− 손 흔듦도 알지 못하는 경우에는 학생이 빛의 유무를 아는지 확인한다. ☞ 빛이 있는지를 인식하면 광각 혹은 LP로 표기한다. 빛의 근원(☞ 해, 조명 등)까지 찾아낼 수 있다면 광 투사(light projection)로 표기한다.

	무광각 (No light perception, NLP)	— 빛도 느낄 수 없는 시력은 0으로 본다. — 빛도 느끼지 못하는 상태라는 의미로 무광각 혹은 NLP(No light perception) 로 표기하며, 맹(盲)과 같은 의미로 사용한다.

출처 ▶ 박순희(2022)

[2단계] 망원경 배율 계산과 추천	• 학생의 현재 원거리 시력이 0.3 이하인 경우에는 망원경과 원거리용 확대독서기를 사용하도록 하는 것이 필요할 수 있다. 　— 짧은 시간 동안의 원거리 보기에는 망원경이나 스마트폰(카메라)을 사용할 수 있으나, 수업 시간 내내 칠판을 봐야 할 때는 원거리용 확대독서기를 사용하는 것이 적절하다. • 망원경 배율의 경우, 쌍안경은 좌안과 우안의 시력에 맞추어 배율을 결정하고, 단안 망원경은 좌안과 우안 중 좋은 눈을 기준으로 배율을 추천한다. 　— 단안 망원경의 경우에 더 좋은 눈을 기준으로 하는 이유는 보다 낮은 배율의 망원경을 사용하도록 하여 더 넓은 시야와 편안한 사용을 돕기 위함이다. • 망원경 배율은 목표 원거리 시력과 현재 원거리 시력(우세안)에 의해 결정된다. 　　망원경 배율(X) 　　＝ [목표 원거리 시력 ÷ 현재 원거리 시력]
[3단계] 망원경 사용 시 원거리 시력 재측정	• 교사가 추천한 망원경을 사용할 때 목표 원거리 시력에 도달하는지를 다시 검사할 필요가 있다. 　— 목표 시력에 도달하지 못한 경우에는 한 배율 더 높은 망원경을 사용하도록 할 것인지를 교사가 결정해야 한다. • 학생이 망원경을 사용하여 검사할 때 교사가 가리키는 시표(숫자)를 찾는 데 어려움을 보이면 노란색 색지를 해당 시표 아래에 대어 줌으로써 망원경으로 노란색 색지를 먼저 찾고 그 위의 숫자를 찾아 읽도록 도울 수 있다.

출처 ▶ 이태훈(2024). 내용 요약정리

［자료］

무광각 표기 방법

박순희(2022)	본문 참조
이태훈(2024)	광각무 또는 전맹

［자료］

망원경

망원경에 대한 자세한 내용은 'Chapter 06. 보조공학 지원'에서 다룸

2. 근거리 시력검사 [19중특]

목적	근거리 시력검사는 40cm 정도 거리에서 보는 능력을 측정하고, 검사 결과에 의해 확대경과 근거리용 확대독서기를 추천하는 데 목적이 있다. - 근거리 시력검사 결과를 통해 학령기 학생에게 적합한 글자 크기와 저시력 기구를 처방할 때 필요한 기초 정보를 알 수 있다.
단계	• 근거리 시력검사는 양안, 우안, 좌안, 그리고 확대경 사용 시 우세안 기준으로 구분하여 기록한다. • 근거리 시력검사는 다음과 같이 3단계로 진행된다. **1단계** 현재 근거리 시력 측정 ➡ **2단계** 확대경 배율 계산과 추천 ➡ **3단계** 확대경 사용 시 근거리 시력 재측정

[1단계] 현재 근거리 시력 측정	• 학생이 바르고 편안한 자세로 검사하기 위해 높낮이 조절 독서대에 근거리 시력표를 놓은 후, 적절 밝기를 제공하고 눈부심 및 그림자를 방지할 수 있는 테이블 위치에 놓는다. • 근거리 시력검사는 양안, 우안, 좌안 순서로 검사한다. • 근거리 시력은 글자 크기(1M = 8포인트)로 기록한다. • 검사 순서는 다음과 같다. 　① 학생의 눈과 근거리 시력표 간에 표준 검사 거리를 유지한다. 　② 시력표의 가장 큰 시표(숫자)부터 작은 시표(숫자) 순서로 읽도록 한다. • 학생이 시력표의 줄을 잃어버리거나 시표(숫자)를 찾는 데 어려움을 보이는 경우에 읽어야 하는 시표 아래에 검은색 색지로 가려 준다. 　③ 학생이 마지막으로 읽은 시표의 글자 크기(M size)를 기록한다. • 다만 시표의 5개 숫자 중 3개 이상을 바르게 읽어야 해당 시력을 보유한 것으로 인정하며, 시력을 표기할 때 잘못 읽은 숫자의 개수를 위 첨자로 표시할 수 있다 (예 $1.6M^{-1}$). 　④ 만일 학생이 표준 검사 거리에서 가장 큰 시표(숫자)조차 읽지 못하는 경우에는 학생이 볼 수 있는 거리까지 다가가서 읽도록 하고, 검사 거리(cm)와 마지막으로 읽은 숫자의 글자 크기를 기록한다 (예 10cm에서 2.0M).

[2단계] 확대경 배율 계산과 추천	• 표준 검사 거리에 읽을 수 있는 글자 크기나 고학년 학생의 경우에 1.0M(8포인트), 저학년 학생의 경우에 2.0M(16포인트)보다 더 크다면 확대경과 근거리용 확대독서기를 사용할 필요가 있다. • 확대경 배율은 좌안과 우안 중 좋은 눈을 기준으로 확대경을 추천한다. 　− 좋은 눈을 기준으로 하는 이유는 확대경은 배율이 높아질수록 시야가 감소하고 렌즈의 주변부에서 상의 왜곡 현상이 있어 읽기 효율성이 떨어지기 때문이다. • 확대경 배율에 사용하는 단위인 디옵터(D)는 목표 글자 크기, 현재 읽을 수 있는 가장 작은 글자 크기, 검사 거리에 의해 결정된다.
[3단계] 확대경 사용 시 근거리 시력 재측정	• 교사가 추천한 배율(디옵터)의 확대경을 사용할 때 목표 글자 크기를 읽을 수 있는지를 다시 검사하는 것이 필요하다. 　− 목표 글자 크기까지 읽지 못한 경우에는 한 배율 높은 확대경을 사용하도록 할 것인지를 결정해야 한다. 　− 학생이 이미 높은 배율을 사용하고 있고 현재 배율의 확대경을 사용하는 것이 힘들고 어지럽다고 호소한다면 더 높은 배율의 확대경보다는 근거리용 확대독서기를 사용하도록 하는 것을 권고할 수 있다. • 확대경의 디옵터(D)에 따라 학습 자료와 렌즈 간의 초점거리가 달라지므로 초점거리 공식을 이용해 구해야 한다. 　− 확대경 초점거리를 제대로 맞추지 않으면 선명하고 확대된 상을 얻지 못한다.

출처 ▶ 이태훈(2024). 내용 요약정리

✎ 초점거리
학습자료와 렌즈 간의 거리

3. 시력의 교정

① 렌즈는 굴절력을 갖고 있으며 디옵터(diopter, D)로 표시한다. 보통 도수라고 불린다.

- 1디옵터란 평행광선을 굴절시켜 1m 거리에 초점을 맺히게 하는 구면 렌즈의 굴절력으로, 구면렌즈에서 초점까지의 거리가 1m임을 의미한다.

② 굴절력이 없는 평평한 렌즈(0 디옵터)를 기준으로 볼록렌즈는 '+'디옵터, 오목렌즈는 '−'디옵터 값을 가진다. 디옵터를 구하는 공식은 다음과 같다. 15중특, 17중특, 21중특, 24초특

$$\text{디옵터(D)} = \frac{100(cm)}{\text{초점거리}(cm)}$$

⚓ 초점거리가 5cm인 렌즈를 사용하는 경우 렌즈 도수

$$\text{디옵터(D)} = \frac{100cm}{5cm} = 20$$

③ 렌즈 도수가 20D라는 것은 5배율의 렌즈를 사용해야 한다는 것을 의미한다.

- 굴절률(즉, 디옵터)이 클수록 빛의 굴절은 커지고, 초점거리는 짧아진다.

$$\text{배율(X)} = \frac{\text{디옵터(D)}}{4}$$

KORSET 합격 굳히기 렌즈의 굴절력과 배율

1. 광학기구의 렌즈는 굴절력을 가지고 있으며, 디옵터(diopter, D)라는 단위를 써서 나타내는데 배율(X)로 표현할 수도 있다.

2. 디옵터는 다음과 같은 공식에 의에 계산되는데 굴절력이 클수록 빛의 굴절은 커지고 초점거리는 짧아진다는 것을 알 수 있다. 다만 렌즈의 종류를 구분하기 위해 볼록렌즈는 양수(+), 오목렌즈는 음수(−)를 붙이도록 되어 있다.

$$\text{디옵터(D)} = \frac{100(cm)}{\text{초점거리}(cm)}$$

⚓ 확대경의 렌즈가 5배율인 경우 초점거리 구하기

- $X = \dfrac{D}{4}$ 이므로 D = 20

- $20(D) = \dfrac{100cm}{\text{초점거리}(cm)}$ 이므로 초점거리 = 5cm

💡Tip

디옵터를 구하는 공식을 이용하여 디옵터가 주어졌을 때 초점거리 구하기($D = \dfrac{100cm}{\text{초점거리}}$), 디옵터와 배율 간의 관계를 이용하여 디옵터가 주어졌을 때 배율구하기($X = \dfrac{D}{4}$) 등에 익숙해져야 한다.

자료

눈과 확대경의 거리

이론적으로 배율(M) 공식을 통해 렌즈에서부터 눈까지의 거리를 구할 수도 있으나, 확대경 사용자가 직접적으로 눈과 렌즈와의 거리를 조절하는 실제를 고려할 때 활용도는 낮다.

$$\text{배율(M)} = \frac{\text{눈과 렌즈와의 거리}(cm)}{4} + 1$$

⚓ 확대경의 렌즈가 3X(12D)인 경우 눈과 렌즈와의 거리 구하기

$$3X = \frac{\text{눈과 렌즈와의 거리}}{4} + 1$$

이므로, 눈과 렌즈와의 거리 = 8cm

출처 ▶ 임안수(2008)

03 시야검사 ^{22유특}

1. 주변 시야검사

- 망막색소변성증, 녹내장, 시로장애 등의 안질환을 가진 학생은 주변 시야 검사를 실시하는 것이 필요하다.

- 학생 면담이나 관찰에서 학생이 우측 물체와 잘 부딪치거나 우측으로 고개를 돌려 보는 경향이 있다면 우측 시야 손상이 큰 것으로 추측하고, 형식적 시야검사를 통해 이를 확인할 수 있다. 우측으로 고개를 돌리는 이유는 우측이 잘 보이지 않기 때문에 이를 보상하려는 자연스러운 행동이다.

- 교육 현장에서 사용할 수 있는 주변 시야검사 방법에는 대면법 외에도 '원판 시야검사'와 '1.2m 띠 시야검사'를 활용할 수 있다.

- 원판 시야검사와 1.2m 띠 시야검사는 학생이 부착물이 없는 깨끗한 벽면을 바라보도록 검사 위치를 조정하는 것이 좋다.

(1) 원판 시야검사

원판 시야검사는 양안, 우안, 좌안 순서로 실시하거나 양안만 검사할 수 있다. 다음과 같은 순서에 따라 진행한다.

① 학생이 원판의 손잡이를 잡고 파인 부분을 눈 아래에 대도록 한다.

② 학생이 원판 맞은편 중앙의 표식 1을 응시하도록 하고, 교사는 학생의 맞은편에서 학생이 눈동자를 움직이지 말고 중앙 표식 1만 계속 바라보도록 한다.

③ 교사가 긴 투명판을 오른쪽 가장자리에서 중앙으로 천천히 이동시킬 때 학생이 투명판의 표식 2가 보이면 말하도록 한다. 학생이 "보여요"라고 말하는 지점의 우측 시야각을 기록한다.

④ 긴 투명판을 왼쪽 가장자리에서 중앙으로 천천히 이동시킬 때 학생이 "보여요"라고 말하는 지점의 좌측 시야각을 기록한다.

- 검사과정에서 원판 가운데의 표식 1이 보이지 않는다고 말하거나 표식 1을 바라볼 때 학생의 눈이 정면이 아닌 곁눈질로 응시하고 있다면 중심부 암점이 있어서 이를 보상하기 위해 중심 외 보기를 하고 있을 가능성이 있다. 따라서 학생이 곁눈질로 응시하는 방향(⑩ 2시 방향)을 기록하고 중심 외 보기 상태에서 시야검사를 실시하도록 한다.

자료

원판 시야 검사

출처 ▶ 이태훈(2018)

(2) **1.2m 띠 시야검사**

원판 시야검사가 어려운 유아, 시각중복장애 학생 등은 1.2m 띠 시야검사를 실시할 수 있다. 1.2m 띠 시야검사 역시 양안, 우안, 좌안 순서로 실시하거나 양안만 검사할 수 있다.

① 학생은 1.2m 띠의 중앙에 선다.

② 교사 1은 학생으로부터 2~3cm 떨어진 전방에 서서 학생에게 교사 1의 코를 계속 응시하도록 한다.

③ 교사 2가 띠의 우측 끝에서 전방을 향해 직선으로 걸어갈 때 학생은 교사 2가 보이면 말하도록 한다. 학생이 보인다고 말하는 지점의 시야각을 재어 우측 시야각으로 기록한다.

④ 교사 2가 띠의 좌측 끝에서 전방을 향해 직선으로 걸어갈 때 학생이 교사가 보인다고 말하는 지점의 시야각을 재어 좌측 시야각으로 기록한다.

(3) **대면법**

① 검사자와 대상 학생이 약 50~100cm의 거리를 두고 대면한 상태에서, 학생은 좌안을 검사자는 우안을 가린 후, 학생은 우안으로 검사자의 좌안을 검사자는 좌안으로 학생의 우안을 각각 주시한다. 이후 검사자가 주변부에서 중심부 쪽으로 손이나 볼펜 등을 이동시키면서 서로의 시야를 비교한다.

② 대면법은 검사자의 시야와 학생의 시야를 비교하는 방법이므로 검사자의 시야가 정상인 경우에만 실시할 수 있다.

③ 비교적 간단하게 실시할 수 있으나 정확도가 떨어진다는 단점이 있다.

2. 중심 시야검사

• 황반변성, 시신경 위축 등의 안질환을 가진 학생은 시야 중심부에 암점이 있는지를 검사하는 것이 필요할 수 있다.

• 학생 면담이나 관찰에서 학생이 사물의 정면을 응시할 때 사물의 중앙 부분이 안 보인다고 하거나 고개를 기울여 보는 것이 관찰된다면 형식적 시야검사를 통해 중심부 암점 여부를 확인할 필요가 있다. 중심부 암점으로 인해 똑바로 보면 안 보이기 때문에 이를 보상하기 위해 고개나 안구를 돌려 보는 것일 수 있다.

• 중심부 암점 여부 및 중심 외 보기 방향 확인을 위한 검사로 시계보기 검사, 암슬러 격자 검사 등이 있다.

(1) 시계보기 검사

① 시계보기 검사지는 A4 용지에 시계 그림을 그리고 시계의 가운데에 숫자나 글자, 혹은 도형을 그려서 만들 수 있다.

② 양안, 좌안, 우안 순서로 검사하거나 양안으로만 검사할 수 있으며, 학생의 시력 수준에 따라 글자나 숫자의 크기를 더 크고 진하게 적을 수 있다.

③ 시계보기 검사는 다음과 같은 순서에 따라 이루어진다.

　　㉠ 시계 중앙의 글자를 바라보도록 한다. 중심부 암점이 있어 똑바로 보면 가운데 글자가 잘 안 보이거나 전혀 보이지 않을 수 있다.

　　㉡ 교사는 학생에게 12시, 1시, 2시, 3시, 4시, 5시, 6시, 7시, 8시, 9시, 10시, 11시, 12시 방향 순서로 바라보도록 하면서 어느 방향을 볼 때 가운데 글자가 가장 잘 보이는지 말하도록 한다.

　　㉢ 학생이 중앙의 글자가 가장 잘 보인다고 말하는 시계방향이 중심 외 보기 방향일 수 있다. 예를 들어, 암점이 중앙에서 2시 방향으로 약간 치우쳐 존재한다면 2시 방향을 바라볼 때 가운데 글자가 가장 잘 보인다고 말할 수 있다.

자료

시계보기 검사
(2시 방향이 중심 외 보기 방향)

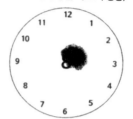

PART 12

(2) 암슬러 격자 검사

① 암슬러 격자 검사는 시야의 중심부 20도 이내의 근거리 시야를 검사하는 데 사용되며, 특히 황반부의 암점을 발견하는 데 유용하다.

② 황반변성(망막의 중심부에 암점이 있음) 환자가 암슬러 격자를 관찰할 경우 줄무늬가 휘어져 보이거나 군데군데 흐려져 보이는 등의 현상이 나타난다. 암슬러 격자 검사는 다음과 같은 절차에 따라 진행된다.

　　㉠ 학생이 암슬러 격자의 중앙을 바라보도록 한다.

　　㉡ 검사지의 선이 안 보이거나 끊어져 보이는 부분을 색연필로 칠해 보도록 한다. 색칠한 부분이 중앙을 기준으로 어디에 있는지, 어느 정도 크기인지 확인한다.

　　예 학생이 색연필을 칠한 원이 중앙으로부터 2시 방향으로 약간 치우쳐 있다면 중심 외 보기 방향은 2시일 수 있다.

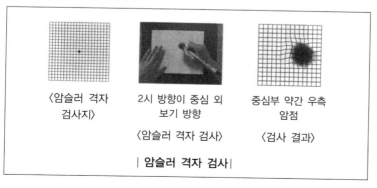

〈암슬러 격자 검사지〉　　2시 방향이 중심 외 보기 방향　　중심부 약간 우측 암점

〈암슬러 격자 검사〉　　〈검사 결과〉

| 암슬러 격자 검사|

(3) **탄젠트 스크린법**

① 탄젠트 스크린법은 보행에 큰 영향을 미치는 중심부 25~35도 이내의 시야를 검사하는 데 효과적이다.

② 시각장애인은 검정색 스크린으로부터 1m 떨어진 곳에 앉고, 가운데 X 표시를 고시하게 한다. 만일 중심시야에 결손이 있어 X 표시가 보이지 않는다면 X 표시 인근의 교차 지점을 보게 한다. 그 다음 펜라이트나 대비되는 원형 자석보드를 안쪽으로 움직일 때 이것이 보이는지 확인함으로써 중심시야 결손이나 암점의 부위를 확인할 수 있다.

③ 탄젠트 스크린법은 녹내장을 진단하는 데도 효과적이다.

04 색각검사

① '색각'이란 색채를 구별하여 인식하는 능력이다. 이는 망막의 추체세포가 담당하는 기능으로 명순응 상태에서만 가능하다.

　㉠ 색각 이상은 색깔을 구별하지 못하고 혼동하는 것으로 교사는 학생에게 필요한 교육과정의 수정과 개작을 위하여 학생이 어떤 색각 이상이 있는지 알아야 한다.

　㉡ 색각 이상에 대한 지식은 학생의 잔존시력을 훈련시키기 위하여 중요하다.

② 색각 이상을 검사하는 도구로는 한식 색맹검사, 이시하라 검사 등이 있다.

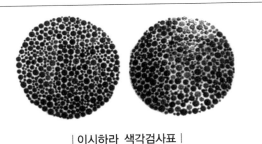

| 이시하라 색각검사표 |

05 학습매체 평가

1. 학습매체 평가의 개념

① 학습매체란 학습 내용을 전달하는 매개 수단으로 잉크로 인쇄된 묵자 교과서와 참고서가 보편적인 학습매체이다.

- 일반학생은 이들 학습매체를 사용하여 읽기, 쓰기, 그림 이해 등을 포함하는 학습활동을 하게 된다. 시각장애 학생이 일반 교과서나 참고서를 사용하여 일반학생과 동등한 학습활동을 하는 데 어려움이 없는지를 확인하는 것이 중요하다.

② 시각장애로 인해 일반 교과서와 참고서를 사용하는 데 어려움이 있다면 대체 학습 자료의 제공이 필요하다. 따라서 시각장애 학생을 위한 진단·평가 영역의 하나로 학습매체 평가가 포함되어야 한다.

③ 우리나라에서는 학습매체 평가 방법에 대해 2018년 '시각장애인 자립생활 교사용 지도서(학습매체 대단원)'와 2017년 '시각장애 발견 및 교육적 요구 평가 도구'에서 제시하고 있다.

　㉠ 시각장애인 자립생활 교사용 지도서에서는 '읽기매체', '쓰기매체', '그림매체'의 세 가지 유형으로 평가 영역을 구성하고 있다.

　㉡ 시각장애 발견 및 교육적 요구 평가 도구에서는 '읽기매체', '쓰기매체'의 두 가지 유형으로 평가 영역을 구성하고 있다.

2. 학습매체 평가의 구성

(1) 읽기매체 평가

① 학습활동에서 자료를 읽는 활동이 가장 중요하고 학습 비중이 높다는 점에서 읽기매체 평가가 무엇보다 중요하다.

② 읽기매체 평가는 궁극적으로 확대 글자(또는 확대경을 이용한 보통 글자), 점자, 음성 세 가지 읽기매체 중 어떤 매체가 개별 학생의 읽기 활동에 가장 효율적인지를 결정하는 평가이다.

③ 읽기매체 평가의 목적은 크게 두 가지로 구분할 수 있다.

　㉠ 먼저 학생에게 적합한 확대 글자 크기를 찾는 데 목적이 있다. 시각장애 학생이 가장 편안하고 빠르게 읽을 수 있는 글자 크기를 결정하고 이를 기초로 확대경 배율을 추천할 수 있다.

- 학생이 오독 없이 편안하고 빠르게 읽을 수 있는 가장 작은 확대 글자 크기를 '결정적 글자 크기'라고 부르고, 오독이 있더라도 읽을 수 있는 가장 작은 글자 크기를 '임계 읽기 시력'이라고 부른다.

ⓒ 최종적으로 학생에게 적합한 읽기매체로 확대 글자, 점자, 음성 중 어떤 것이 가장 적합한지를 결정하는 데 목적이 있다.

- 이를 위해 학생에게 가장 적합한 확대 글자 크기나 확대경 배율로 읽기 속도를 평가하여 같은 학년의 점자 사용 학생의 평균 속도와 객관적으로 비교하거나 확대 글자로 현재 학년의 학습 자료를 효율적으로 공부할 수 있는지를 교사가 주관적으로 판단하여 학생에게 적합한 읽기매체를 결정할 수 있다.

(2) 쓰기매체 평가

① 쓰기매체 평가는 손글씨로 묵자를 쓰는 능력을 확인하여 묵자와 점자 중 학생에게 적합한 쓰기 자료와 도구를 결정하는 데 목적이 있다.

② 쓰기매체 평가는 학생이 선호하는 최적의 쓰기 환경을 조성하여 실시하되, 학생이 굵은 펜, 굵은 선 노트, 확대경, 확대독서기 같은 쓰기 도구를 사용하는 것을 원한다면 이를 허용해야 한다.

(3) 그림매체 평가

① 그림매체 평가는 교과서, 참고서 등의 학습 자료에 제시된 그림, 삽화, 사진, 도식 같은 시각 자료들을 잔존 시각으로 보고 이해할 수 있는지를 확인하여 일반 그림, 확대 그림, 양각 그림 중 학생에게 적합한 그림매체를 결정하는 데 목적이 있다.

② 그림매체 평가를 위해 해당 학년의 수학, 과학, 사회, 미술 등의 교과서에 나오는 대표적인 시각 자료를 발췌하거나 2014년과 2016년에 개발·보급한 초등학교 사회과와 과학과의 양각 보완자료를 평가에 활용할 수 있다.

01 시각장애 확대 핵심 교육과정 ^{16초특}

① 시각장애 확대 핵심 교육과정이란 시각장애인이 사회의 구성원으로 독립적으로 살아가기 위해서 필수적으로 습득해야 하는 지식과 기술로 구성된 교육과정을 말한다.

② 시각장애 확대 핵심 교육과정의 내용에는 보상기술, 기능적 기술, 방향 정위와 이동기술, 사회기술, 생활기술, 레크리에이션/여가 기술, 공학, 시기능 훈련, 진로교육, 전환 등이 포함된다.

02 저시력 학생을 위한 교육원칙 및 교육적 접근

1. 저시력 학생을 위한 교육원칙

저시력 학생을 대상으로 하는 시기능 훈련을 실시할 때 고려해야 될 원칙들은 다음과 같다.

① 시각장애 학생의 개별적인 교육적 요구 수준에 맞춰 시각 활용에 중점을 두어야 한다.

② 시기능 훈련은 단지 정해진 시간 안에 이루어지는 것이 아니라 교육 내내 적용되어야 한다.

> 🔵 학생이 대상에 접근하는 요령을 배웠다면, 일상생활 속에서 실제로 경험해 볼 수 있도록 해주어야 한다.

③ 시각을 학습수단으로 사용할 때 주변 사람들, 즉 교사, 부모, 또래들의 기대가 저시력 학생의 새로운 시각기술 습득을 도와줄 수 있다.

④ 시각 사용으로 인한 피로에 영향을 줄 수 있는 요인들을 고려해야 한다. 즉, 시각 작업시간, 조명, 색상 선택, 대조적인 환경 구성 등을 충분히 고려하여 시각을 최적으로 활용할 수 있는 기회를 최대한 마련해 주고, 저시력 학생을 위한 개별화교육계획에 포함시켜 지도하여야 한다.

⑤ 교사들은 저시력 학생들이 일반학생들과 똑같이 볼 수 있다고 생각해서는 안 된다. 학생마다 각기 다른 시기능의 수준차로 인하여 과제를 수행할 때 효율적인 방법으로 시각을 사용하지 못할 수가 있다.

시각장애 확대 핵심 교육과정
🔵 확대 핵심 교육과정, 확대 중핵 교육과정, 확대 기본 교육과정

✏️ **저시력**

• 보조기구나 물리적인 확대 및 수정을 통해서도 시각적 과제 수행이 어려운 시력이다. 미국의 법적 저시력은 교정시력이 20/200 이상 20/70 이하이거나 시야가 30도 이하를 말한다. 그러나 저시력을 수치로 정의하기보다는 학습 및 기타 활동을 하는 데 있어 여러 가지 보조기기의 활용과 환경 수정을 통한 시각적 과제 수행의 여부에 따라 구분하는 것이 교육적으로 의미가 있다. 이러한 저시력 학생에게는 시기능 훈련과 함께 원인 질환에 따른 적절한 교육적 조치가 필요하다. 좌석의 위치 수정, 확대 자료의 제공, 대비가 잘 된 자료 제공, 독서대 사용, 조명 조절, 단순화된 그림, 경사지거나 높고 넓은 책상 제공 등은 물론 망원경, 망원현미경, 현미경, 확대경, 확대독서기 등의 교육적 조치가 필요하다 (특수교육학 용어사전, 2018).

• 1993년 발표된 세계보건기구(WHO)의 정의에 따르면 저시력은 "충분한 굴절 이상을 교정한 이후에도 시력에 장애가 있으면서, 좋은 눈의 시력이 6/18 이하에서 광각인지 사이이거나 혹은 시야가 주시점에서 10도 이하로 남아 있어 작업을 수행하거나 계획함에 있어서 잔존시력을 이용하거나 잠재적으로 이용할 수 있는 상태"를 말한다 (문남주 외, 2016).

🔵 저시각, Low vision

⑥ 시기능 수준과 관계없이 맹학생이 실제 생활에서 도움을 필요로 할 때가 있는 것처럼 저시력 학생도 도움이 필요하다.

> **예** 전맹 학생이나 일부 저시력 학생은 달리고 있는 버스의 번호나 주요 행선지를 확인하는 데 어려움이 있다. 다른 사람들은 전맹 학생이 볼 수 없는 것은 확실히 인정하지만 저시력 학생의 경우엔 도움을 주어야 할지 애매하게 생각하는 경우가 대부분이다. 이 경우 저시력 학생은 자신의 요구를 적절하게 표현할 필요가 있다.

⑦ 저시력 학생은 자신의 시각 능력의 한계를 인정하지 않고 회피하는 경우가 있다.

> **예** 일반인과 처음 만났을 때 장애가 있는 것으로 보이지는 않겠지만 그 결과로 자신의 요구를 말할 수 없거나, 주요 시각 정보를 파악하지 못하거나, 자신의 장애가 밝혀지지 않을까 해서 두려워하는 대가를 치르게 된다.

⑧ 저시력 학생들은 실제 생활에서 제한적이나마 시력을 사용하여 정보를 얻고 즐거움을 갖는다. 또한 그림활동, 스포츠, 사진 작업을 통하여 정상적인 시력을 가진 사람들과는 다른 가치 수준에서 경험을 한다.

⑨ 저시력이라는 상태가 한 학생의 삶에 필요한 활동 전부를 방해하는 것은 아니라는 점을 기억해야 한다.

> **예** 제한된 시력이지만 계단 끝부분에 노란칠이 되어 있다거나 주변과 대별되는 색상의 의자가 있다고 한다면 의자를 찾아 앉을 수 있고, 주변 사람이 하는 동작을 보고 따라 하면서 활동을 할 수도 있다.

2. Corn의 시기능 모형 [11중특]

① Corn은 저시력을 효율적으로 활용하기 위한 프로그램을 개발하기 위한 이론적 모형인 'Corn의 시기능 모형'을 제시하였다.

② Corn이 제시한 요인들은 크게 시각 활용에 필요한 시각능력, 학생의 능력, 환경요인으로 나눌 수 있다.

시각능력	• 시력, 시야, 안구 운동, 뇌기능, 빛 지각과 색각 등 시기능 활용을 위해 학생이 보유하고 있어야 하는 능력이 포함된다. • 이와 같은 능력을 고려하여 시기능 훈련을 계획한다.

학생의 능력	• 인지, 감각통합, 지각, 심리적 구성, 신체적 구성과 같은 학생이 가지고 있어야만 시기능에 활용 가능한 능력을 의미한다.
	   – 시지각은 학생의 경험 및 지식과 관련이 있으므로 시기능 훈련 시 인지적 요인을 고려해야 한다.
	   – 감각통합이란 시각, 촉각, 청각, 후각, 미각, 근육 감각을 통하여 쉴 새 없이 들어오는 감각 정보들을 조직화하고 해석하는 작용을 의미한다. 이 감각통합이 가능해야 지각이 가능하여 세상 속에서 적응하며 살아갈 수 있게 된다.

환경요인	• 색상, 대비, 시간, 공간, 조명 등이 포함된다. • 이 요인들은 학생이 시각 과제를 쉽고 편안하며 효율적으로 처리할 수 있도록 총체적으로 고려되어야 한다.

｜자료｜

Corn의 시기능 모형

감각통합
동 감각발달통합

③ 시각능력, 학생의 능력, 환경요인 외에 고려되어야 할 요인들로는 눈의 조절 능력, 시각 자극 전달 속도와 시각 자극 수용력, 뇌의 시각 정보 처리 속도와 양을 들 수 있다.

자료

〈시각능력의 구성요소〉

03 시각 활용 기술 훈련

1. 중심시야 상실에 따른 시각 활용 기술

① 중심시야를 상실한 경우에는 중심 외 보기 기술을 지도하는 것이 효과적이다.

　㉠ 황반변성처럼 시야 중심에 암점이 있으면 이를 대체할 만한 비교적 양호한 다른 망막 부위를 사용해야 한다. 즉, 중심 암점 부위에서 비교적 조금 떨어진 양호한 시야 부위를 찾아내어야 최적의 중심 외 보기 기술을 사용할 수 있다.

　㉡ 양안의 시력이나 시야 차이가 현저한 사람 혹은 한 눈만 사용하는 사람이 중심 외 보기 훈련에 더 적합하다. 반면 양안의 시력이나 시야가 비슷한 경우는 기술이 효과적이지 않다.

〈아동능력의 구성요소〉

② 저시력 학생과 물체 간의 거리를 조절하면 중심 암점의 영향을 감소시킬 수 있다.

　• 목표물이 암점보다 더 커질수록 목표물을 확인하기가 쉬워지는 원리에 따라, 저시각인이 목표물에 더 가까이 다가가면 상대적으로 암점이 작아지는 효과를 얻어 목표물을 더 잘 볼 수 있다.

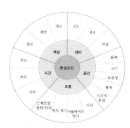

〈환경요인의 구성요소〉

2. 주변시야 상실에 따른 시각 활용 기술 [17초특]

① 주변시야를 상실한 경우에는 추시하기, 추적하기, 주사하기 등을 지도하는 것이 효과적이다.

② 주변시야가 상실되었더라도 중심시력이 양호한 경우에는 저시력 학생과 대상물 간의 거리를 조절하는 방법으로 주변시야 상실의 영향을 감소시킬 수 있다.

　• 저시력 학생이 대상물로부터 더 멀리 떨어지게 되면 대상물이 상대적으로 작아져 이 직경 안에 들어오게 되므로 전체를 볼 수 있게 된다.

③ 저시력 학생의 시야가 너무 좁아 효율적인 주사하기를 통해서도 주변에 대한 정보를 신속하게 처리하지 못한다면, 프레넬 프리즘이나 리버스 망원경 같은 기구가 도움이 될 수 있다.

✏️ **리버스 망원경**

• 시야가 좁아 보는 범위가 적은 경우에 대상을 축소시켜 주어 자신의 눈으로 볼 수 없는 범위의 사물까지 볼 수 있게 도와주는 광학기구이다. 아파트 현관문에 부착되어 외부 관찰용 렌즈로 제작되어 실생활에 활용되기도 한다(박순희, 2022).

• 축소란 시야가 줄어든 환자(녹내장, 망막색소변성 등)에서 시야를 확장시키기 위해 마이너스렌즈를 이용하거나 망원경을 거꾸로 사용하는 역상망원경을 이용하여 상을 축소시켜 시야를 확장시키는 방법이다(문남주 외, 2016).

🔵 **역상망원경**, reverse telescope

ⓐ 시야가 매우 좁지만 중심시력이 0.2 정도라면 안경에 프레넬 프리즘을 부착하거나 리버스 망원경을 사용할 수 있다.

ⓑ 반맹의 경우에 프레넬 프리즘 같은 저시력 기구가 효과적인 반면, 리버스 망원경은 효과적이지 못하다.

KORSET 합격 굳히기　저시력 학생의 시각기술 지도

1. 생활환경에서 시각기술은 자연스럽게 행동으로 이어진다는 점을 고려하여 Hall과 Bailey는 다음과 같이 시각기술을 세 가지 유형으로 구분하였다.
   ① 시각적 요소를 강조한 주시하기, 움직이는 사물을 추적하기, 시선 이동하기, 훑어보기, 따라가기를 포함하는 시각 행동
   ② 인지적 요소를 강조하는 점검하기, 변별하기, 대응하기를 포함하는 시각 행동
   ③ 운동 요소를 강조한 몸을 사물 쪽으로 돌리고 다가가기, 손을 사물에 대기를 포함하는 시각－운동 행동

2. 위의 세 가지 시각기술 유형과 관련하여 다음과 같은 점을 고려하여 지도한다.
   ① 첫 번째 기술이 형성되지 못한 경우, 두 번째와 세 번째 기술은 나타나지 않을 수 있다. 따라서 시각 활용 기술을 형성할 수 있는 시각적 단서를 강화한 환경을 구성하고, 체계적인 지도를 실시하는 것이 필요하다.
   ② 생활공간에서 일상적인 과제들을 수행하는 과정에서 자연스럽게 시각기술을 사용하도록 지도한다. 이때 특별하게 사용된 시각적 단서를 점차적으로 줄여 나가 자연스러운 환경 속에서도 시각기술의 활용능력을 향상시켜 주어야 한다.
   ③ 시각기술은 가급적 실제 생활공간인 가정, 학교, 지역사회 등에서 평가하고, 망원경, 확대경, 망원렌즈 부착 안경 등의 광학보조구를 사용하며, 시각기술의 활용에 필요한 최적의 시각 환경을 마련하여 지도한다.

출처 ▶ 박순희(2022)

비교
확대의 종류
- 상대적 거리 확대
- 상대적 크기 확대
- 각확대
- 전자확대
- 투사확대

출처 ▶ 문남주 외(2016)

04 확대법　13중특, 16중특, 20중특, 25중특

1. 상대적 거리 확대법

① 상대적 거리 확대법은 자료에 가까이 다가가서 보는 것으로, 자료에 다가갈수록 물체의 상이 커지는 효과가 있다.

② 물체와 눈과의 거리를 가깝게 조정하는 것으로 물체를 눈에 더 가까이 가져가면 망막의 상은 더 커진다.

2. 상대적 크기 확대법

① 상대적 크기 확대법은 자료를 더 크게 만들어 주는 것으로, 칠판에 더 크게 써 주거나 복사기로 2배 확대한 자료를 제공하는 것이다.

② 물체의 실제 크기를 확대하는 것으로 교과서와 교육자료를 큰 문자로 인쇄하거나 확대, 복사하는 것이다.

3. 각도 확대법

① 각도 확대법은 렌즈를 사용하여 자료가 더 크게 보이도록 하는 것으로, 원자료가 렌즈를 통과하면 자료의 글자나 그림의 상이 더 커진다. 이와 관련된 저시력 기구로 확대경과 망원경이 있다.

② 여러 종류의 렌즈를 사용하여 물체의 크기를 확대하는 것으로 광학 기구를 이용한 확대법이 해당된다.

4. 투사 확대법

① 투사 확대법은 카메라 및 전자 장치를 통해 모니터 혹은 스크린에 원자료의 크기보다 크게 투사한다. 이와 관련된 저시력 기구로 확대독서기 (CCTV)가 있다.

② 필름, 슬라이드 등을 스크린에 투영하는 방법으로 텔레비전, 컴퓨터, 확대독서기를 이용한 방법이 해당된다.

05 조명 제공

1. 조명에 대한 이해 09중특, 12초특

① 학생에게 적합한 조명을 사용하여 시각을 최대로 사용할 수 있도록 도와주어야 하는데, 이를 위해 조명의 밝기를 조정(500~800lx가 적당)하고 눈부심 정도도 조정하며 대비의 효과도 활용한다.

② 조명은 방 전체를 밝히기 위하여 사용될 수도 있고, 읽기 활동용으로 부분 조명으로도 활용할 수 있다.

③ 조도는 시작업을 수행하는 데 있어서 무엇보다도 중요한 요소로, 시기능에 장애가 있는 저시력 학생은 정안 학생보다도 특히 조도의 영향을 크게 받는다.

④ 저시력 학생에게 알맞은 적정 조도는 개인에 따라서 그 차이가 대단히 크다. 그러므로 저시력 학급의 조도를 일반 학급의 조도보다 더 밝게 하기 위하여 실내 전체의 조도를 더 높게 하는 조명 방법으로는 저시력 학생들의 조명 문제를 해결할 수 없다.

• 저시력 학생에게 적합한 조명 방법은 실내 전체의 조도를 높이는 전반 조명 방법보다는 개인의 필요에 따라 조도를 조절할 수 있는 개인용 조명기구를 책상에 부착하여 사용하는 국부 조명 방법이 좋으며, 밤에는 이러한 국부 조명 방법과 전반 조명 방법을 병용하는 것이 좋다.

자료

조명

정상 성인의 경우 신문 정도의 활자를 읽기 위해서는 540룩스 정도의 조명이 필요하다. … (중략) … 한 연구에서는 황반변성 환자에게는 약 600룩스의 조명이 글 읽기에 필요하다고 하여 저시력환자에게 있어서 빛의 투과가 줄어들면 일상생활에 일반인보다 더 심한 장애를 가져오게 된다. 대비 감도가 저하된 환자에게는 적절한 조명이 많은 도움을 준다. 저시력 질환별 빛의 민감도와 조명조건은 다음과 같다.

질환	빛에 대한 민감도	조명조건
백내장	민감	매우 밝음
당뇨 망막병증	중간	중간 밝기
녹내장	중간	중간 밝기
황반변성	민감	밝음
망막 색소변성	민감	중간-밝음

출처 ▶ 문용주 외(2016)

---

2. 조명 활용 지침

저시력정보센터에서 제안한 저시력 학생을 위한 조명 활용 지침은 다음과 같다.

① 방 전체를 위한 조명을 설치하면서 학생에게 조명을 따로 제공한다. 방을 어둡게 한 상태에서 부분 조명을 사용하는 것은 피한다.

② 과제 활동을 할 때 학생 가까이에 조명을 두나 얼굴을 향해 정면으로 비추면 눈부심을 유발할 수 있으므로 학생의 측면에서 빛을 제공한다.

③ 그림자가 지지 않도록 학생의 양쪽에서 조명을 비춰 준다.

④ 쓰기를 할 때는 그림자가 지지 않도록 사용하는 손의 반대편에서 조명을 제공한다.

⑤ 눈부심을 방지하기 위해서 전등에 덮개를 씌우고, 창문을 통해 들어오는 빛의 양을 줄이기 위해 창문에 블라인드 혹은 얇은 커튼을 사용한다. 햇빛이 들어오는 창문을 향해 책상을 배치하지 않도록 한다.

⑥ 빛 반사로 인한 눈부심을 줄이기 위하여 바닥이나 책상에는 유광 자재를 피한다.

⑦ 복도와 계단이 있는 곳에서는 조명을 설치하여 벽, 바닥, 계단, 난간 등의 위치를 파악할 수 있도록 한다.

⑧ 건물 내 모든 방은 같은 조도를 유지하도록 하여 장소 이동과 빛 적응에 불편이 없도록 한다.

KORSET 합격 굳히기 　**학교 조도 기준(한국산업규격)**

한국산업규격의 조도 기준에 따르면 학교 실내 장소의 조도 범위는 다음과 같다.

실내 장소	조도 범위(lx)		
	최저	표준	최고
세면장, 화장실	60	100	150
강당, 실내 체육관, 급식실, 식당, 주방, 도서 열람실 전반	150	200	300
계단, 복도, 승강구, 교실(칠판), 컴퓨터실의 일반 작업 공간	300	400	600
도서 열람실의 도서열람 공간	600	1000	1500

출처 ▶ ICS91.160.00

06 보조공학 지원

01 비광학보조공학기기 [22유특]

비광학보조공학기기란 저시력 기구 중에서 렌즈를 사용하지 않는 기구로 독서대, 타이포스코프 및 라인 가이드, 개인용 스탠드, 아세테이트지 등이 있다.

1. 타이포스코프 [09중특, 10중특]

① 타이포스코프는 보통 검정색 하드 보드지나 플라스틱판 가운데 길쭉한 직사각형 구멍을 내어 만든다.

② 타이포스코프의 주요 기능은 다음과 같다. [17초특]

    ㉠ 한 줄 단위로 문장을 제시하여 글줄을 잃어버리지 않도록 한다.

    ㉡ 바탕색과 글자색 간의 대비를 더 높인다.

    ㉢ 종이의 흰색보다 타이포스코프의 검정색이 빛 반사가 낮아 눈부심을 줄일 수 있다.

③ 타이포스코프는 시야의 문제로 인해 문장을 좌에서 우로 똑바로 읽어 나가지 못하거나 다음 줄을 잃어버리거나 눈부심에 민감한 학생이 사용하면 도움이 된다.

2. 라인 가이드

① 라인 가이드(line guide)는 타이포스코프와 비슷한 기능을 한다.

② 타이포스코프는 보통 책 한 페이지의 절반 정도를 덮을 수 있는 직사각형 크기인 데 반해, 라인 가이드는 20cm 자 정도의 크기이다.

> **타이포스코프**
> 🔁 대비강화경, 독서 보조판, typoscope

〈타이포스코프〉

〈라인 가이드〉

3. 아세테이트지 ^{10중특}

① 아세테이트지는 대비를 높이거나 종이로부터 반사되는 눈부심을 줄여 줄 수 있다.

  • 아세테이트지는 책 위에 놓고 보면 되며, 낮은 대비 자료를 볼 때 도움이 된다.

② 아세테이트지는 대비감도가 낮거나 눈부심에 민감한 학생에게 도움이 되며, 일반적으로 노란색 계열을 많이 사용하지만 안질환에 따라 다른 색을 사용할 수도 있다.

02 광학보조공학기기

광학보조공학기기는 저시력 기구 중에서 렌즈를 사용하는 기구로 확대경과 망원경이 대표적이다.

1. 확대경

(1) 개념 ^{12초특, 13중특, 15중특, 19유특}

① 확대경은 물체를 확대시켜 볼 수 있도록 만든 렌즈로, 일반적으로 저시각이 되면 상을 확대시켜 주어야 더 잘 볼 수 있게 되는데, 확대경은 그 중에서도 주로 근거리 시력의 개선을 위해 사용되는 보조기구이다.

  ㉠ 확대경은 근거리 시력을 사용해야 하는 경우와 중심 시야에 암점이 있는 학생에게 도움이 되며, 중심 시력을 상실하지 않은 경우에는 크게 도움이 되지 않는다.

  ㉡ 주변시야를 상실한 학생이 확대경을 사용하면 학생의 시야보다 더 좁은 시야를 갖게 된다.

② 확대경의 장단점은 다음과 같다.

장점	확대경은 확대 자료나 확대독서기와 비교하여 휴대가 용이하고 가격도 저렴하다.
단점	• 확대경은 확대독서기보다 확대 배율이 낮고 대비를 조절하는 기능이 없다. • 배율이 높아지면 렌즈 속에 보이는 글자 수가 적어져 읽기 가독성이 현저히 떨어지며, 큰 그림은 렌즈 안에 모두 들어오지 않는다.

(2) 종류 12초특, 13중특, 13초특(추시), 19유특, 24중특

① 연령이 낮거나 확대경을 처음 사용해 보는 학생은 확대경 렌즈의 직경이 크고 사각형인 확대경이 사용하기 쉬울 수 있다. 확대경 사용에 익숙해지면 휴대성이 좋은 작은 확대경을 사용할 수 있다.

② 고배율의 확대경 사용이 필요한 학생은 처음부터 해당 배율을 사용하기보다 저배율부터 고배율로 단계적으로 도입하여 적응하도록 한다.

③ 고배율 확대경 사용으로 인한 안피로, 어지러움, 낮은 대비 자료 보기의 어려움 등을 호소한다면 휴대형이나 데스크형 확대독서기를 사용하도록 할 수 있다.

④ 렌즈의 초점거리 개념을 알고 맞추기 어려운 유아나 시각·지적장애 학생은 처음에는 학습자료 위에 대고 사용하는 집광 확대경이나 스탠드형 확대경을 사용하도록 한 후 익숙해지면 손잡이형 확대경을 도입할 수 있다.

⑤ 주변시야가 좁은 학생은 상대적으로 낮은 배율을 사용하면 시야 감소 문제를 줄일 수 있고, 반대로 중심 암점이 있는 학생은 상대적으로 높은 배율을 사용하면 암점 영향의 감소 효과를 얻을 수 있다.

⑥ 주변부 시야 손상이 심한 학생은 프리즘 부착 안경이 도움이 될 수 있다.

⑦ 밝은 조명을 선호하는 학생은 집광 확대경이나 조명이 부착된 확대경 종류를 사용한다.

집광 확대경	• 빛의 모아 주는 성질이 있어 렌즈 안을 밝게 비춘다. • 밝은 조명을 선호하는 학생에게 도움이 된다. • 읽기 자료에 대고 사용하므로 초점거리를 맞출 필요가 없어 유아가 사용하기 쉽다. • 고배율이 없어 경도 저시력 학생에게만 유용하다.	
막대 확대경	• 읽기 자료에 대고 사용한다. • 한 줄 단위로 읽을 수 있어 글줄을 놓치는 학생에게 도움이 된다. • 고배율이 없어 경도 저시력 학생 중 시야 문제나 안전 문제로 안정된 읽기가 어려운 학생에게 유용하다.	

비교

확대경의 종류

이태훈 (2021)	본문 참조
박순희 (2022)	손잡이형, 스탠드형, 플랫베드, 막대, 안경 장착 확대경 등
권충훈 외 (2015)	손잡이형, 스탠드식, 플랫베드, 막대형, 접이식, 서랍식, 조명형, 안경장착형 등

자료

집광 확대경

집광 확대경은 빛을 모아서 별도의 전원 없이도 밝게 보인다. 모양에 따라 돔형과 막대형으로 분류한다. 2배 정도의 확대를 얻을 수 있다. 집광 확대경은 사용이 편리하므로 기구사용이 익숙하지 않은 소아나 노인의 경우에 추천된다. 쓰기가 간편하여 조절력이 풍부한 어린이의 경우 가장 많이 처방된다(문남주 외, 2016).
🔵 플랫베드 확대경

자료

막대 확대경

막대 확대경은 가이드라인이 있어 편리하지만, 상의 질이 떨어져 잘 사용되지 않는다(문남주 외, 2016).

자료

스탠드 확대경

가변초점 스탠드 확대경이 있기는 하지만 대부분은 초점이 고정된 세우는 확대경이 사용된다. 조명식과 비조명식이 있다. 스탠드 확대경은 초점거리 내에 사물이 위치하면 렌즈 주변부의 왜곡이 적고 손떨림이 있거나 손을 가누는 것이 힘든 환자에게도 적용이 가능하고 두 손을 사용할 수 있다는 장점이 있다. 하지만 굴절 이상을 교정해야 초점이 맞고, 시선이 렌즈와 수직이 되지 않으면 수차가 발생할 수 있다. 장시간 사용할 수 있는 반면, 부피가 커서 가지고 다니기 어렵고, 읽고자 하는 대상이 평면일 경우에만 적용할 수 있고 적용자세가 불편할 수 있다(문남주 외, 2016).

자료

손잡이형 확대경과 스탠드형 확대경의 단점

손잡이형 확대경	• 손떨림이 있는 경우 불편 • 양손 사용이 불가
스탠드형 확대경	• 부피가 크고 거치가 어려울 수 있음

출처 ▶ 문남주 외(2016)

스탠드형 확대경	• 읽기 자료에 대고 사용하므로 초점거리를 맞출 필요가 없다. • 어린 학생이나 수지 운동 기능에 문제가 있는 학생에게 유용하다. • 밝은 조명을 선호하는 학생에게는 조명이 부착된 스탠드형 확대경을 지원한다. • 고배율의 확대경도 있다.	
손잡이형 확대경	• 렌즈와 자료 간의 초점거리를 맞추어야 선명하게 확대된다. • 지능이나 수지 운동 기능 문제로 초점거리를 맞추고 유지하기 어려운 학생은 사용하기 어렵다. • 밝은 조명을 선호하는 학생에게는 조명이 부착된 손잡이형 확대경을 지원한다. • 고배율의 확대경도 있다.	
안경형/안경부착형 확대경	• 양손을 사용하는 활동이나 과제를 할 때 유용하다. 　－ 저시력 학생이 안경부착형 확대경을 이용하면 읽기와 쓰기를 동시에 할 수 있다. • 렌즈와 자료 간의 초점거리를 맞추어야 선명하게 확대된다. • 양안을 모두 사용할 수 있는 학생은 양안용, 한쪽을 실명하거나 양쪽 시력 차가 큰 학생은 좋은 눈을 기준으로 단안용을 사용한다.	
아스페릭 안경	• 안경에 볼록렌즈를 삽입하여 물체의 확대된 상을 보여 준다. • 렌즈가 상의 왜곡이 적고 상대적으로 시야가 넓다.	
프리즘 안경	• 반맹 학생에게 유용하다. • 안경 렌즈에서 시야가 손상된 쪽에 프리즘을 부착하면 손상된 시야 부분에 대한 보상 효과가 있다.	

출처 ▶ 이태훈(2021)

(3) 배율과 시야

확대경을 효과적으로 사용하는 방법은 다음을 포함한다.

① 눈과 렌즈 간의 거리를 가깝게 하면 시야가 넓어지는 효과가 있으므로 고배율의 확대경을 사용할수록 눈과 렌즈 간의 거리를 가까이 하여 렌즈 속에 더 많은 정보가 보이도록 한다.

② 확대경 렌즈의 직경이 클수록 렌즈 속으로 보이는 시야가 넓어지므로, 같은 배율이라도 직경이 큰 렌즈를 구해 사용하면 렌즈 속에 더 많은 글자를 볼 수 있다.

③ 확대경이 고배율일수록 렌즈의 곡률 문제로 렌즈의 직경이 작아지고, 렌즈 가장자리에서 물체 상의 왜곡 현상이 증가하므로 렌즈의 중앙으로 보도록 한다.

(4) 사용 거리 11초특, 12중특, 14중특, 17중특, 21중특, 24초특

① 확대경으로 자료를 크고 선명하게 보기 위해서는 자료-확대경 렌즈-눈 간의 거리를 적절히 조절하는 것이 중요하다.

② 확대경 사용 거리는 '학습 자료와 확대경 렌즈 간의 거리'와 '확대경 렌즈와 눈 간의 거리'로 이루어진다.

 ㉠ 학습 자료와 확대경 렌즈 간의 거리를 초점거리라고 한다.

 ㉡ 학습 자료부터 눈까지의 거리를 작업 거리 또는 독서 거리라고 부른다.

> • 작업 거리(혹은 독서 거리)
> = 학습 자료와 확대경 렌즈 간의 거리(초점거리)
>   + 확대경 렌즈와 눈 간의 거리
> • (학습 자료와 확대경 렌즈 간의) 초점거리 계산식
>
> $$\text{초점거리(cm)} = \frac{100\text{cm}}{\text{디옵터(D)}}$$

③ 초점거리를 맞추고 유지해야 학습 자료의 글자를 해당 배율에 맞게 크고 선명하게 볼 수 있다.

 • 확대경 배율이 높을수록 초점거리는 짧아진다.

④ 확대경 렌즈와 눈 간의 거리는 시야와 관련이 있다.

 • 확대경 렌즈로부터 눈이 멀리 떨어질수록 렌즈 속에 보이는 글자 수가 적어지고 렌즈 주변의 왜곡 현상을 더 많이 느끼게 되어 읽기 가독성이 떨어질 수 있다. 따라서 확대경 배율이 높을수록 렌즈에 더 다가가는 것이 필요하다.

(5) 사용법 지도 [12초특]

다음의 세 가지 방법 중 자신에게 가장 편안한 것을 사용할 수 있다.

① 확대경 렌즈를 자료에 댄 후 천천히 떨어뜨리면서 가장 크고 선명한 상이 보일 때 멈춘다.

② 확대경 렌즈를 눈 가까이 댄 후 천천히 자료에 다가가면서 가장 크고 선명한 상이 보일 때 멈추도록 한다.

③ 자료와 눈의 거리를 20~25cm 정도 유지한 상태에서 자료로부터 확대경 렌즈 거리를 증감시키면서 가장 크고 선명한 상이 보일 때 멈추도록 한다.

2. 망원경

(1) 개념 [09초특, 20유특]

① 망원경은 저시력 학생의 원거리 시력을 향상시키는 보조 기구이다.

　㉠ 일반적으로 6m 이상 떨어진 물체를 볼 때 사용되는 기구로 때로는 60cm 이내의 물체를 볼 때도 사용된다.

　㉡ 방향정위와 이동 전문가들이 주로 저시력 학생의 이동 보조구로 활용한다.

② 망원경 사용이 필요한 학생은 어떤 종류의 망원경이 적합한지, 안구진탕이나 암점, 편마비와 같은 신체적 문제로 인해 망원경 사용에 제한이 없는지, 어떤 상황과 활동에서 망원경을 사용하도록 할 것인지를 검토해야 한다.

③ 망원경 배율은 목표 원거리 시력과 현재 원거리 시력(우세안)에 의해 결정된다. [20중특]

> 망원경 배율(X) = [목표 원거리 시력 ÷ 현재 원거리 시력]

(2) 종류

① 단안 망원경 [12중특, 14중특, 20중특]

　㉠ 양안의 시력 차이가 큰 경우에 좋은 눈에 착용한다(양안의 시력 차이가 없는 경우에는 쌍안경을 사용한다).

　㉡ 단안 망원경을 사용하는 학생이 양눈 중 좋은 눈에 사용하는 이유는 더 낮은 배율을 사용함으로써 더 넓은 시야로 편안하게 볼 수 있기 때문이다.

　㉢ 도로 표지판, 버스 노선표, 상점이나 물체 찾기처럼 단시간 동안 사용할 때 가장 보편적으로 사용한다.

비교 망원경의 사용

문남주 외 (2016)	학교에서 칠판을 보거나 버스번호, 거리표지판, 간판의 확인과 같은 원거리 작업에는 망원경이 필요하며 주로 3m 이상 작업 거리가 필요한 때에 처방된다.
박순희 (2022)	본문 참조
이해균 외 (2011)	대부분의 저시력 학생용 망원경은 원거리(6m)와 근거리(60cm)에서도 초점을 맞출 수 있도록 설계되어 있다.

비교 망원경의 종류

문남주 외 (2016)	• 망원경의 분류는 방식에 따라 케플러식과 갈릴레이 망원경, 사용 방법에 따라 손에 드는 망원경과 안경형으로 구분하고 한눈형과 두눈형으로 분류할 수도 있다.
박순희 (2022)	• 망원경의 종류에는 갈릴레이식 망원경과 케플러식 망원경이 있다. • 망원경에는 손잡이형과 안경부착형이 있고, 아동의 교육목표와 동기화 정도에 따라 종류를 결정하게 된다.
이해균 외 (2011)	• 망원경의 기본 종류는 손잡이형, 클립형, 전시야형, 안경장착형, 쌍안경이 있다.

자료 단안 망원경

저시력 아동의 경우 양안의 시력 차가 크므로 같은 배율의 양안 적용이 어려워 쌍안경이 아닌 단안 망원경을 이용한다. 이런 단안 망원경은 원거리를 볼 수 있을 뿐만 아니라 근거리에서도 이용할 수 있다. 배율은 2배에서 최고 20배까지 있다(권충훈 외, 2015).

> **단안 망원경 배율 구하기 예시**
> - 홍길동의 목표 원거리 시력 : 0.3
> - 홍길동의 원거리 시력(나안)
>
> | 좌안 | 우안 |
> |------|------|
> | 0.02 | 0.06 |
>
> - 단안 망원경을 사용한 눈
>   우안(좋은 눈에 착용하면 더 낮은 배율을 사용함으로써 더 넓은 시야로 편안하게 볼 수 있기 때문이다.)
> - 단안 망원경의 배율(X) 구하기
>   목표 원거리 시력(0.3) ÷ 현재 원거리 시력(0.06) = 5X

② 가변초점식 망원경

  ㉠ 초점의 개념을 이해하고 경통을 돌려 초점을 맞출 수 있는 학생이 사용한다.

  ㉡ 너무 어리거나 지적장애나 수지 운동 기능 제한으로 초점을 맞추기 어려운 학생은 일정한 거리에서 사용할 수 있는 고정초점식 망원경이나 거리 변화에 따라 자동으로 초점이 맞춰지는 자동초점식 망원경을 사용할 수 있다.

③ 안경부착형 망원경

  ㉠ 안경 렌즈의 상단 부분에 양안 또는 단안으로 망원경을 부착하는 것으로, 양손을 사용하거나 긴 시간 동안 망원경을 사용해야 할 때 유용하다.

  ㉡ 근거리 보기를 할 때는 망원경 아래의 안경 렌즈로 보고, 원거리 보기를 할 때는 안경 상단에 부착된 망원경을 통해 본다.

(3) 사용법 지도

① 망원경은 좋은 눈에 대고 보기 때문에 일반적으로 좋은 눈 쪽의 손으로 잡되, 엄지손가락과 나머지 손가락으로 접안렌즈와 경통 부위를 감싸듯이 잡아야 한다.

② 접안렌즈는 눈에 최대한 붙인다.

  - 접안렌즈를 눈에 최대한 붙이는 이유는 빛은 대물렌즈로만 들어오고 접안렌즈와 눈 사이의 공간으로 불필요한 빛이 들어오지 않도록 차단해야 보다 선명하고 넓은 시야로 볼 수 있기 때문이다.

③ 중심부 시야 손상이나 중심 암점이 있는 학생은 망원경 렌즈를 중심 외보기 방향으로 바라보도록 해야 한다.

│자료│

케플러 망원경과 갈릴레이 망원경

망원경은 두 가지 형태로 분류되는데 케플러식과 갈릴레이식으로 나뉜다.

1. 케플러 망원경
   - 케플러 망원경은 두 개의 볼록렌즈를 사용하여 사물을 확대하는 원리로 큰 확대율을 얻을 수 있고 시야가 넓은 장점이 있다.
   - 상이 뒤집혀 보여 상을 바로 보이게 하기 위해 거울이나 프리즘을 이용하여야 하므로 망원경의 경통이 길어지게 되는 단점이 있다.

2. 갈릴레이 망원경
   - 갈릴레이 망원경은 대물렌즈는 볼록렌즈, 접안렌즈는 오목렌즈를 사용한다.
   - 장점은 경통의 길이가 짧게 제작이 가능하지만 확대비율이 케플러 망원경에 비해 낮다.

구분	케플러 망원경	갈릴레이 망원경
렌즈의 구성	· 접안렌즈 : 볼록렌즈 · 대물렌즈 : 볼록렌즈	· 접안렌즈 : 오목렌즈 · 대물렌즈 : 볼록렌즈
상	도립실상	직립허상
망원경의 길이와 무게	길다 → 무겁다	짧다 → 가볍다
확대	20배까지	4~6배
사출동공 위치와 시야	외부 → 넓다	내부 → 좁다
빛 투과도	낮다	높다
상의 질	매우 좋다	좋다
굴절 이상과 확대효과	· 근시 : 확대증가 · 원시 : 확대감소	· 근시 : 확대감소 · 원시 : 확대증가

출처 ▶ 문남주 외(2016)

④ 저배율 망원경에서 시작하여 고배율 망원경으로 단계적으로 도입하면 고배율 망원경 사용에 따른 눈의 피로나 어지러움을 줄이고 망원경으로 목표물을 찾는 어려움을 줄일 수 있다.

⑤ 망원경으로 목표물의 초점을 맞추는 절차는 다음과 같다.

    ㉠ 나안으로 목표물을 찾는다.

    ㉡ 목표물을 찾으면 고개와 눈을 돌려 물체를 향해 응시한다.

    ㉢ 목표물을 응시한 채로 망원경을 눈에 가져다 댄다.

    ㉣ 망원경의 경통을 돌려 목표물이 선명하게 보일 때까지 초점을 맞춘다.

    ㉤ 목표물이 무엇인지 확인하여 말한다.

03 전자보조공학기기

1. 촉각 활용 보조공학기기

(1) 점자정보단말기   09중특, 12중특, 13초특(추시), 22중특

① 점자정보단말기는 점자로 읽고 쓸 수 있는 전자기기이다. 초등학교에서 점자를 익힌 후부터 학습 및 생활 전반에서 적극적으로 사용되는 기기이다.

    ㉠ 점자정보단말기는 여섯 개의 점자 입력 버튼과 스페이스 바(space bar)로 구성된 점자 컴퓨터 기기로, 휴대할 수 있으며 음성이나 전자점자를 지원한다.

    ㉡ 전자점자는 종이를 사용하지 않고, 점자알 크기의 핀이 표면으로 올라오는 점자로, 이 핀을 읽은 후 스페이스 바를 누르면 지금까지의 점자는 사라지고, 다음 줄에 해당하는 점자가 나타난다.

② 본체의 여섯 개의 점자 입력 버튼으로 점자를 입력하고, 음성합성장치와 점자 디스플레이를 통해 음성과 점자로 출력할 수 있다.

    ㉠ 본체 중앙에 위치한 스페이스 바를 기준으로 좌측으로 1~3점, 우측으로 4~6점의 점자 입력 키들이 배열되어 있다.

        • 점자정보단말기는 읽고 쓸 때의 점형이 같아서 학생들이 사용할 때 혼란을 덜 느낄 수 있다.

    ㉡ 점자정보단말기의 음성합성장치는 음성 크기, 속도, 고저를 학생에게 맞게 설정할 수 있다. 일반적으로 처음 사용하는 경우에는 음성 속도를 느리게 설정하여 듣다가 점차 빠른 속도로 조정하여 듣는다.

비교

점자 타자기 13초특(추시)

• 종이에 점자를 타자할 수 있도록 만든 기계로 점자의 6개 점에 해당하는 6개의 키로 구성되어 있다. 최근에는 점자정보단말기와 점자 프린터, 음성출력 등의 기술이 발전하면서 거의 사용되지 않고 있다(권충훈 외, 2015).

• 대부분의 점자 타자기는 종이 위에 점자를 쓰면서 바로 읽을 수 있고, 빠르게 쓸 수 있어서 점자지도에 매우 유용하다(2013 추시 초등1-6 기출).

자료

전자점자

점자정보단말기 같은 전자기기상의 점자 디스플레이에서 확인되는 점자를 전자점자라 한다(박순희, 2022).

ⓒ 본체의 하단에는 플라스틱 재질의 점자가 출력되는 점자 디스플레이가 있는데, 점 칸(셀)이 6개 점이 아닌 8개의 점으로 구성되어 있다.

- 점 칸의 제일 아래의 두 점(즉, 점자 커서)은 컴퓨터의 커서에 해당하는 것으로, 커서를 이동하여 원하는 위치에 점자를 입력하거나 수정할 수 있다.

점자 디스플레이
🔵 점자표시장치

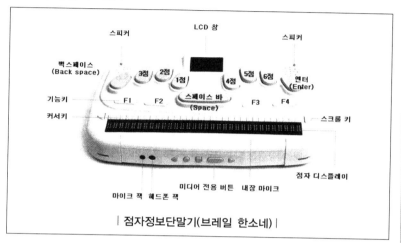

| 점자정보단말기(브레일 한소네) |

③ 점자정보단말기는 노트북처럼 파일과 폴더 관리, 문서 작성, 독서, 녹음과 재생, 인터넷 등의 다양한 기능이 있으며, 컴퓨터 및 스마트폰과 연결하여 사용할 수 있다.

- 점자정보단말기의 주요 기능은 다음을 포함한다. 19중특

워드프로세서	• 점자정보단말기의 문서 작성 프로그램으로 점자정보단말기 문서(hbl), 점자 문서(brl) 외에도 MS 워드 문서(doc), 한글(hwp), 텍스트(txt) 파일 형식도 사용할 수 있다.
독서기	• 음성 독서를 위한 프로그램으로 점자정보단말기 작성 문서, 점자 문서, MS 워드 문서, 한글, 텍스트, E-book 파일 형식의 문서를 열어 음성으로 들을 수 있다. • 읽기 방법으로 연속 읽기를 선택하면 자동으로 줄을 이동하면서 문서 끝까지 읽어 주고, 수동 읽기를 선택하면 단어, 줄, 페이지 단위로 읽을 수 있다. 이전에 읽던 곳을 찾기 쉽게 '마크' 기능을 사용할 수 있다.
미디어 플레이어	• 디지털 녹음기와 같은 기능으로, 수업 강의 등 원하는 소리를 녹음하고 재생할 수 있으며, mp3 같은 오디오 파일도 열어 들을 수 있다.

비교
점자정보단말기의 기능

2019 중등B-5 기출	• 주요 기능 : 문서 작성 및 편집, 점자 출력 등 • 부가 기능 : 인터넷, 날짜, 시간, 스톱워치, 계산
이태훈 (2024)	• 본문 참조
박순희 (2022)	• 구분하지 않음
임안수 (2008)	• 주요 기능 : 독서, 워드프로세서, 인터넷, 전자 수첩, 유틸리티, 점자 학습 등 • 부가 기능 : 제시되지 않음

인터넷 설정	• 컴퓨터 없이 인터넷을 사용할 수 있어 웹페이지나 이메일 이용이 가능하다.
온라인 데이지	• 데이지 도서를 읽을 수 있는 기능으로 국립중앙도서관에 회원으로 가입한 후에 온라인으로 데이지 도서를 내려받아 이용할 수 있다.
기타 기능	• 주소록 관리, 계산기, 일정 관리, 달력, 알람 등의 기능을 가지고 있다.

출처 ▶ 이태훈(2024). 내용 요약정리

자료

옵타콘

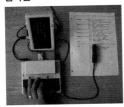

(2) 옵타콘

① 옵타콘(OPTACON)은 맹학생이 일반 묵자를 읽을 수 있도록 소형 촉지판에 있는 핀이 문자 모양대로 도출되는 장치다.

- 옵타콘은 묵자를 점자로 바꿔 주는 것이 아니라 카메라에 비친 글자 모양을 읽도록 해주는 것이다.

② 옵타콘은 작은 렌즈를 통해 인쇄되어 있는 묵자를 받아들이고, 이는 다시 눈의 망막 역할을 하는 이미지 모듈에서 이미지로 전환되어 케이블을 통해 촉지부와 이미지 표시장치로 전달되는 것이다. 즉, 종이에 'ㄱ'이라고 쓰여 있는 묵자를 카메라의 렌즈가 찍으면 이것은 이미지 모듈에서 이미지로 전달되고 다시 촉지부와 이미지 표시부에 전달되는 것이다. 이때 옵타콘 사용자는 촉지부에서 손가락의 감각을 통해 가로로 그어진 한 획과 세로로 그어진 한 획이 서로 접하는 것을 느끼게 되며, 동시에 이미지 표시부에는 빨간색의 조그만 램프들에 불이 켜지면서 'ㄱ'의 형상을 보여 준다.

③ 이와 같은 일련의 과정을 통해 제시되는 묵자를 능숙하게 읽기 위해서는 많은 훈련과 연습을 필요로 하며, 아직까지 옵타콘의 분당 단어처리 속도는 20~60단어로 느린 편이다.

2. 청각 활용 보조공학기기

(1) 화면 읽기 프로그램

① 화면 읽기 프로그램은 '화면 낭독 프로그램'이나 '스크린 리더'라고도 부르는데, 컴퓨터 화면의 내용을 확대하여도 보는 데 어려움이 있는 학생이 컴퓨터에 설치하는 소프트웨어이다.

- 컴퓨터용 화면 읽기 프로그램으로 센스리더(국산 제품), Jaws for window, WindowEyes 등이 있다.

② 화면 읽기 프로그램은 맹학생이 많은 학습 자료를 빠른 속도로 듣기를 통해 학습하거나 컴퓨터로 문서를 작성하거나 인터넷에서 필요한 자료를 검색하거나 SNS 등 다양한 컴퓨터 기반의 여가 활동에 활용할 수 있다.

③ 음성 출력 기능은 음성 속도, 고저, 크기를 자신에게 맞게 조절할 수 있으며, 공용 장소에서는 이어폰을 착용하고 사용하도록 해야 한다.

④ 화면 읽기 프로그램 역시 단축키를 사용하는 것이 효율적이다.

(2) 데이지 플레이어

① 데이지(DAISY)란 시각장애인이나 독서장애인을 위한 전자도서의 국제 표준 형식을 의미한다. 18중특, 20초특

- ㉠ 녹음 혹은 CD도서와 달리 이미지, 동영상, 텍스트, 점자 파일을 하나의 포맷으로 저장하는 제작 방식이다.

- ㉡ 데이지 형식을 이용하면 여러 장르의 도서를 다양한 형식의 콘텐츠로 제작해 줄 수 있으므로 학습 교재의 접근성을 높일 수 있다.
  - 문서 내 이동, 검색, 찾아가기, 북마크 기능 등으로 일반학생과 유사한 독서환경을 제공한다.

② 데이지 도서란 시각장애인과 같이 일반 활자 이용에 어려움이 있는 사람들을 위한 표준화된 형식의 디지털 도서로, 텍스트, 녹음, 점자 파일 등을 포함하므로 시각장애 정도에 따라 자신에게 적합한 것을 선택할 수 있다.

③ 데이지 플레이어는 기본적으로 데이지 도서를 이용하도록 만들어졌으나 다양한 문서 파일 형식(hwp, doc, pdf 등)도 읽을 수 있다.

(3) 광학문자인식시스템 09중특, 14중특, 19중특

① 광학문자인식시스템(Optical Character Recognition system, OCR)은 스캐너 또는 카메라로 인쇄물을 스캔하여 저장한 후 문자 인식 프로그램을 통해 이미지를 제외한 문자만을 추출하여 텍스트 파일로 변환하는 시스템이다.

- 맹학생은 이 텍스트 파일을 음성이나 점자로 출력하여 이용하게 된다.

비교

화면 읽기 프로그램과 음성합성장치의 구분

음성합성장치란 문자, 숫자, 구두점 형태의 텍스트 정보를 음성으로 들려주는 기기(하드웨어)로 사운드 카드와 스피커 등이 포함된다. 음성합성장치와 연계하여 제어 버튼, 메뉴, 텍스트, 구두점 등 화면의 모든 것을 음성으로 표현해 주는 소프트웨어를 화면 읽기 프로그램이라고 한다.

Tip

보조공학기기의 명칭을 묻는 질문에 프로그램명으로 답하지 않도록 한다.

자료

DAISY 형식

디지털정보접근시스템(Digital Accessible Information System, DAISY)은 국제적인 도서관 컨소시엄이며 프린트 장애인을 위한 기관이다. 이 기관의 사명은 모든 사람들이 디지털 토킹 북의 생산, 교환, 사용을 위해 국제적인 표준과 실행 전략을 개발함으로써 공공 자료에 접근할 수 있도록 하는 것이다. 이러한 국제적인 표준은 접근하기 쉽고, 풍부한 기능과 쉽게 항해할 수 있는 형식(navigable format)을 가지고 있다(Dell et al., 2011).

② 광학문자인식시스템은 일체형 제품과 컴퓨터에 설치하는 소프트웨어형이 있다.

    ㉠ 일체형은 광학문자판독기라고 부르는데 카메라, 문자 인식 프로그램, TTS 기능이 기기 안에 모두 통합되어 있는 것으로 리드이지 무부가 있다.

    ㉡ 소프트웨어형은 문자 인식 프로그램으로 불리는데 컴퓨터에 설치하고 별도의 스캐너를 연결해서 사용하는 것으로 소리안, 파인 리더 등이 있다.

(4) 보이스아이

① 보이스아이(VOICEYE)는 2차원 바코드 심벌로 저장된 디지털 문자정보를 자연인에 가까운 음성으로 변환하여 들려주는 기기이다.

    • 이 장치를 사용하기 위해서는 반드시 사전에 제작된 보이스아이 심벌이 있어야 한다.

② 보이스아이 심벌은 가로와 세로 모두 1.5cm 크기의 정사각형 모양으로 하나의 심벌에는 책 두 페이지 분량의 정보가 저장되어 있다. 따라서 녹음도서를 따로 만들 필요 없이, 모든 인쇄 및 출판물 그리고 문서작업 시 보이스아이 심벌을 만들면 이 심벌에 기기의 스캔장치를 대어 음성 출력이 가능하다.

3. 시각 활용 보조공학기기

(1) 확대독서기 09중특, 10유특, 14중특

① 확대독서기는 저시력인들의 읽기에 활용되는 공학기기이다.

② 확대독서기는 고배율의 확대가 가능하고, 대비 조절 기능이 있어 낮은 대비 자료를 고대비로 바꾸어 주고, 모니터의 밝기를 자신의 선호 수준이나 눈부심 여부에 따라 조절할 수 있다.

    • 크기 확대는 물론 상의 반전, 색 변환 등 여러 가지 형태로 대비 증감이 가능하기 때문에 일반적인 광학기구로 도움이 안 되는 경우나 대비가 매우 낮은 경우에 처방한다.

③ 확대독서기는 크게 휴대용과 데스크용 확대독서기로 구분할 수 있다.

    ㉠ 휴대용 확대독서기는 주로 근거리용이지만 일부 제품은 칠판 보기 같은 원거리 보기도 가능하다.

    ㉡ 데스크용 확대독서기는 근거리용, 근거리와 원거리 겸용인 다목적용 확대독서기로 나눌 수 있다.

자료
보이스아이

자료
보이스아이 심벌

④ 확대독서기의 주요 기능은 다음을 포함한다. [22초특]

배율 조절	확대(+) 및 축소 버튼(−)을 이용하여 책의 글자를 불편 없이 읽을 수 있는 최소 배율로 조절한다.
모니터 밝기 조절	모니터 밝기 조절 버튼을 이용하여 자신의 조명 선호도와 눈부심 여부에 따라 자신에게 맞는 모니터의 밝기로 조절한다.
색상 대비 조절	색상 대비 버튼을 사용하여 자신이 선호하는 바탕색과 글자색을 찾는다. 낮은 대비 자료를 볼 때 대비 조절 기능을 적극적으로 사용하도록 하고, 눈부심이 심한 학생은 검정색 바탕에 흰색 글자가 도움이 될 수 있다.
마커 기능	화면에 줄을 표시하거나 불필요한 영역을 가려 원하는 부분만을 볼 수 있다. 시야가 좁아 줄을 놓치거나 문장을 따라가며 읽는 능력이 부족한 학생에게 도움이 될 수 있다.
화면 캡처	시간 내에 보기 어려운 내용은 스마트폰의 사진 촬영이나 캡처 기능처럼 화면 내용을 저장하였다가 다시 불러내어 확대하여 볼 수 있다.

〈휴대형 확대독서기〉   〈데스크형 확대독서기〉

| 확대독서기의 종류 |

(2) 화면 확대 프로그램

① 화면 확대 프로그램은 컴퓨터 화면의 내용을 보기 어려운 학생을 위해 화면의 내용을 확대해 주는 소프트웨어이다.

② 컴퓨터 운영체제에 내장된 '돋보기 기능'을 사용하거나 또는 줌텍스트 (ZoomText) 같은 화면 확대 프로그램을 별도로 설치하여 사용할 수 있다.

③ 최신 사양의 화면 확대 프로그램은 화면의 확대 배율, 대비 조절 기능 외에 화면의 내용을 음성으로 읽어 주는 화면 읽기 기능까지 갖추고 있다. 화면 읽기 기능은 화면을 확대해 주더라도 읽기 속도가 느리거나 화면을 오랜 시간 볼 때 안피로를 많이 느끼는 저시력 학생이 사용할 수 있다.

화면 확대 프로그램
🈚 화면 확대 소프트웨어

4. 컴퓨터 제어판을 통한 환경 수정 [14중특, 17중특]

포인터 속도와 스크롤 양	• 마우스 등록 정보의 포인터 옵션 중 포인터 속도선택을 보통보다 느리게 해주면 시각장애 학생이 쉽게 마우스의 움직임 추적 가능 • 휠 기능의 조절을 통해 휠의 1회 회전 시 스크롤할 양을 줄여 주는 것도 정보 추적을 보다 수월하게 해줌
고대비와 마우스 키	• 읽기 쉽도록 구성된 색상 및 글꼴을 사용하기 위해서는 고대비 옵션 선택 • 커서 옵션은 커서가 깜빡이는 속도 및 커서의 너비를 변경할 수 있는데, 일반적으로 깜빡이는 속도는 평균보다 조금 느리게 그리고 너비는 넓게 하는 것이 저시력 학생이 커서를 쉽게 확인할 수 있도록 하는 데 유리 • 마우스에서는 마우스의 움직임을 확인할 수 없는 시각장애 학생을 위해 마우스의 기능을 키보드가 대신할 수 있게 조정할 것: 키보드의 숫자 키로 마우스 포인터를 움직이게 할 수 있는 마우스 키 사용도 활성화시켜 주는 과정이 요구됨
텍스트 음성 변환	• 텍스트 음성 변환(text to speech, TTS), 즉 음성 합성(speech synthesis)에 적용할 음성, 속도 및 기타 옵션 조정 가능
디스플레이	• 화면 해상도를 낮춰 주면 인터넷을 통해 제시되는 글자와 그래픽을 보다 확대된 상태로 볼 수 있음
내레이터	• 내레이터는 사용자가 키보드를 사용하여 탐색할 때 화면에 표시된 내용을 큰 소리로 읽어줌(단, 현재 모든 언어에 대해 지원되는 것은 아님) • 사용자가 타이핑하는 문자를 소리 내어 읽어줌
토글 키	• <Caps Lock>, <Num Lock> 또는 <Scroll Lock> 키를 누를 때 소리를 냄

5. 시각장애인의 정보 접근

(1) 화면해설 서비스 [18중특]

① 화면해설 서비스란 TV 프로그램 등에서 대사나 음향을 방해하지 않고 시각적 요소를 해설해 주는 서비스를 말한다.

• 극장에서 직접 배우들의 의상, 얼굴표정, 신체어, 색깔, 행동 등 시각적 요소를 전문가가 설명해 주는 기술인 소리 설명에 기초(기원)를 두고 있다.

② 학습용 동영상 콘텐츠 제작 시 해당 서비스를 반영하여 학생들의 정보 접근성을 높일 수 있다.

✎ 화면해설 서비스
텔레비전 프로그램, 영화, 연극 등 대중매체에서 시각장애인이 인지하기 어려운 행동, 의상, 몸짓, 기타 장면의 상황 등 영상 요소들을 언어로 전환하여 음성으로 설명해 주는 서비스이다(특수교육학 용어사전, 2018).

07 교과교육과 교수법

01 교과교육

1. 국어

① 점자 교과서와 일반 교과서의 학습 단원을 비교하여 점자 교과서에 어떤 시각 자료가 생략되었거나 글로 풀어 설명하고 있는지를 수업 전에 확인한다.

② 국어 교과서에 수록된 도서는 국립특수교육원, 국립장애인도서관, 점자 도서관, 시각장애인복지관 등에서 시각장애인 대체 도서로 제작되어 있는지 확인하여 활용한다. 특히 국가대체자료공유시스템(DREAM) 사이트를 적극 활용한다.

③ 맹학생이 한글 묵자의 모양을 익힐 때 시중에 판매되는 묵자(한글 자모) 양각 교구를 구입하거나 하드보드지로 자음과 모음을 오려 사용할 수 있다.

④ 맹학생의 점자 읽기와 쓰기 활동에 점자정보단말기를 활용하여 학습의 동기와 효율성을 높이고, 한글 점자를 학습하는 초기에는 철자를 소리 나는 대로 잘못 쓰는 경우가 많으므로 한글맞춤법 지도에 신경쓴다.

⑤ 저시력 학생은 쓰기 활동에 굵은 펜, 굵은 선 노트, 확대경, 확대독서기, 묵자 쓰기 가이드 등을 사용하여 최적의 쓰기 환경을 조성한다.

2. 수학

시각장애 학생을 위하여 수학 교육에서 중점을 두어야 할 사항은 수학 교재 접근, 수학 개념 배우기, 수학 점자기호 익히기, 촉각적 제시물과 그래픽 사용, 계산법 익히기이다.

수학 교재 접근	• 점자 사용 학생과 묵자 사용 학생으로 크게 분류하여 학생의 요구에 적합한 교과서, 즉 점자 교과서 혹은 확대 교과서를 제공한다.
수학 개념 배우기	• 크기, 거리, 길이, 넓이, 무게, 각도 등의 수학 개념을 이해할 수 있도록 직접 측정해 보는 기회를 제공하는 것이 필요하다. • 맹학생을 위해서는 점자 표기가 되어 있거나 음성으로 측정된 결과를 알려 주는 기구를 선택하여 사용한다.

	• 저시력 학생을 위해서는 숫자나 글자가 크게 제작된 기구를 사용한다. 또한 바탕색과 숫자 등이 대비가 잘되어 식별이 쉬운 기구를 선택한다.	
수학 점자기호 익히기	• 일반 수학 점자, 초등 수학 점자, 중학 수학 점자, 고등 수학 점자를 학습한다.	
촉각적 제시물과 그래픽 사용	• 시각장애 학생은 촉각 그래픽과 모형을 정확하게 식별하고 해석하는 방법을 배우는 것이 필요하다. • 이차원의 촉각 그래픽을 제시하기 전에 실물과 삼차원의 모형을 먼저 경험해 보도록 한다.	
계산법 익히기	• 시각장애 학생이 사칙연산 등의 계산을 할 때 사용할 수 있는 방법에는 지산법과 암산법이 있다.	
	지산법	− 손가락을 사용하여 계산하는 방법이다. − 오른손으로는 일의 자릿수를, 왼손으로는 십의 자릿수를 손가락으로 펴서 계산한다. − 지산법의 불편한 점은 손가락으로 계산을 하기 때문에 답을 쓸 수 없다는 점이다. 따라서 계산을 끝내고 답을 쓸 때까지 계산된 값을 기억하고 있어야 한다. 또 99 이상의 수를 표시하기가 어렵다.
	암산법	− 머릿속으로 계산하는 방법이다.
	• 수학 계산을 할 때 맹학생은 실물을 조작하면서 계산하거나 점자 타자기에 계산식을 점자로 써 놓고 계산할 수도 있다.	

출처 ▶ 박순희(2022). 내용 요약정리

3. 과학

① 과학 실험 전에 실험 기구, 실험 재료 등에 대해 미리 알려 주고 실험을 관찰하기 좋은 자리에 앉도록 배치하며, 실험과정에서 가능한 역할을 부여받도록 한다.

② 맹학생이 실험 과정을 이해할 수 있도록 학습도우미나 특수교육 보조원이 실험진행 상황을 말로 설명해 주거나 실험을 보조하도록 한다.

③ 실험 테이블에서 손을 움직일 때는 허공이 아닌 바닥에 댄 상태에서 천천히 움직여야 실험 기구를 넘어뜨리는 것을 방지할 수 있다.

④ 실험 기구나 재료를 점자나 확대 글자로 표시하고 화학 약품의 경우 점자나 확대 글자 부착 외에도 종류에 따라 용기나 뚜껑의 모양 또는 색을 달리하여 구별을 도울 수 있다.

⑤ 실험에 따라 대안적인 재료를 사용할 수 있다. 혼합물 분리 실험에서 좁쌀 대신 입자가 더 큰 렌틸콩을 사용할 수 있다. 물을 사용하는 실험에서 몇 방울의 식용 색소(식품 착색료)나 물감을 넣으면 실험 과정의 변화와 결과를 시각적으로 보기 쉽다.

⑥ 실험에 사용되는 유리 용기는 모두 클램프나 스탠드나 두꺼운 테이프로 장비를 고정하면 실험 과정에 안전성을 높일 수 있다.

⑦ 화학 시료(시약)를 다른 실험 용기에 흘리지 않도록 깔때기나 주둥이가 있는 플라스틱병을 사용하면 다른 용기에 옮겨 붓기 쉽다.

⑧ 저시력 학생이 저시력 기구를 사용하거나 다가가서 실험을 관찰하는 것을 허용하고 안전을 위해 필요하다면 고글을 쓰고 가까이서 보도록 한다.

⑨ 저시력 학생은 투명한 실험 기구 뒤에 흰색이나 노란색 종이를 배경으로 두면 더 잘 볼 수 있으며, 실린더 입구에 노란색 페인트나 테이프 등으로 표시하면 입구를 더 잘 확인할 수 있다.

4. 사회

① 유적, 유물 등의 실물 자료가 없을 경우에는 모형을 확보하여 활용하도록 한다.

② 지구의 양각 도형, 통계, 방송 등을 적절하게 활용하여 학습의 효과를 높이도록 한다.

③ 가능한 한 야외 및 현지 조사, 견학 등을 실시하여 지리학습의 경험을 다양화하도록 한다.

④ 지도와 그래프를 체계적으로 남김없이 읽게 하고, 여러 쪽에 걸쳐 있는 길이가 긴 표를 놓치지 않고 읽게 한다.

⑤ 양각지도가 복잡한 것일 경우에는 이를 분해하여 지도한 후 다시 종합하여 지도하도록 한다.

⑥ 촉각 자료만으로는 충분한 정보를 제공할 수 없는 경우에는 구두로 잘 설명하여 주어야 한다.

⑦ 저시력 학생들에게는 그들의 필요에 따라서 지도나 그래프 등을 확대하거나 축소하여 준다. 이때 중요하지 않은 사소한 것들을 깨끗이 제거하고, 배경과 좋은 대비를 이루도록 색깔을 사용하거나 굵은 선으로 나타낸다. 시야가 좁아서 그래프 전체를 한 번에 보지 못하고 일부만 보는 학생은 전체적인 조망을 하도록 한다.

5. 체육

시각장애 학생의 장애 특성과 운동 능력을 고려하여 안전한 학습 환경 조성, 비과제 행동 최소화, 동기 유발, 적절한 설명 제공, 단서 및 시범 활용, 수업 활동 과제, 용구 등의 변용, 평가 방법 조정을 하여 효과적으로 수업을 운용할 수 있다.

안전한 학습 환경 만들기	• 학생들에게 신체적, 정신적으로 안전한 학습 환경을 제공하는 것은 체육 교과에 있어서 가장 기본이 된다. 체육 시간에는 활발한 신체활동이 일어나기 때문에 위험 요소가 항상 존재하고 있다.
비과제 행동 최소화하기	• 다음과 같은 수업 기법들을 사용하여 체육 수업에서 발생할 수 있는 비과제 행동을 최소화한다.

전략	내용
벽 등지기	수업이 진행되는 장면을 전체적으로 관찰할 수 있도록 벽이나 운동장의 가장자리에 위치하도록 함
밀착통제	비과제 행동을 하는 학생 옆으로 가까이 감으로써 교사의 의도를 이해하도록 함
상황 이해	교사가 수업의 상황을 이해하고 있다는 느낌을 학생에게 전달함
선별적 무시	수업에 방해되지 않는다면 비과제 행동을 하는 학생의 특성을 이해하고 그에 맞는 처리를 함
동시 처리	의도하는 수업의 방향을 유지하면서 동시에 몇 가지 일을 해결함
긍정적 지적	바람직한 행동이나 기술을 습득하도록 학생들을 지적함

동기 유발	• 시각장애 학생들에게 성공 지향적이고, 학생들의 발달에 적합하며, 내적 동기를 유발하는 학습 환경을 조성해 준다.
설명하기	• 교사는 시각장애 학생에게 기능 수행에 필요한 정보를 제공할 때 다음의 네 가지 지침에 따른다. － 한 번에 한 가지 개념을 가르친다. － 짧게 설명한다. － 연상 단어를 사용한다. 　　⑩ 공을 던질 때 '옆구리'와 같은 연상 단어는 옆구리를 목표 방향으로 향하게 하는 효과를 주어 피드백을 쉽고 빠르게 얻을 수 있다. － 학생의 기능 수준에 맞는 적절한 단서를 제시한다.

시범보이기	• 교사가 직접 시범을 보일 때는 근운동 감각을 활용하는 시범적 지도(Braille-me method)와 직접적 지도(Hands-on method)를 사용한다. [24초특]

시범적 지도	교사가 학생의 앞이나 옆 등에 위치하여 움직임을 만들고, 학생은 직접 교사의 몸을 만지고 느껴 보면서 자세나 동작 그리고 근육의 움직임을 확인한다.
직접적 지도	학생이 움직이도록 하고 교사가 앞 혹은 옆에서 학생의 신체 부위를 잡고 동작을 하도록 인도해 주는 것이다.

	• 두 가지 방법을 함께 사용하는 것이 바람직하며 언어적 설명을 추가하면 학습 효과를 증가시킬 수 있다.
수업의 변용	• 시각장애 학생들이 과제에 성공적으로 참여할 수 있도록 교사는 과제 수준, 사용되는 용구의 크기와 종류, 경기장의 크기와 모양 등을 변용할 수 있다.

출처 ▶ 박순희(2022). 내용 요약정리

자료

시범적 지도와 직접적 지도

〈시범적 지도〉

〈직접적 지도〉

출처 ▶ 초등학교 5~6학년군 체육
(시각장애) 교사용 지도서
(2019)

6. 미술

① 학생이 손을 효율적으로 사용할 수 있도록 하고, 세심하고 깊이 있게 사물을 탐색하게 하며, 탐구심을 유도하는 질문을 한다. 잔존 감각을 고려하여 적합한 어휘를 풍부하게 사용하고, 직접 경험의 중요성을 알고 유추 능력을 숙달시킬 기회를 제공한다.

② 색 개념을 가르치고 감정, 단어, 아이디어, 소리, 촉감과 연관시켜 본다. 예를 들면, 노란색은 더운 날 모래에 발을 묻고 있을 때 따뜻함을 느끼게 하는 색깔이라고 말해 주는 것이다.

③ 채색화 도구에 대한 수정을 검토한다. 예를 들면, '촉각 물감'은 색깔별로 다른 촉감의 모래 같은 물질들을 첨가해서 만들 수 있다.

④ 형태, 촉각, 온도, 무게, 냄새, 소리 등을 관찰하여 효율적으로 사물을 탐색할 수 있도록 돕는다. 질감이 다른 재료들로 감정과 아이디어를 다르게 표현할 수 있는 방법에 대해 토의한다.

02 교수적 수정

1. 교수환경

맹	• 시각장애 학생의 이름을 불러 주어 자신에게 말을 걸고 있음을 알게 한다. 다른 학생의 이름을 지명하여 발표하는 학생이 누구인지 알 수 있도록 한다. • 동영상 등의 멀티미디어 자료의 시각 관련 개념에 대해 시각장애 학생에게 알려 준다. • 칠판, 스크린 또는 TV의 내용을 교사 혹은 비장애학생이 읽어 준다. • 교사가 자리를 비울 경우에 시각장애 학생에게 알려 준다. • 행동 지시는 여기, 저기 등의 애매한 용어보다는 앞, 뒤, 왼쪽, 오른쪽, 시계 방향으로 정확하게 알려 준다. • 시각장애 학생의 안전을 위해 교실 내 물리적 환경을 일관성 있게 구성·배치한다. 　- 교실은 항상 정리정돈을 하여 안전하게 다니면서 혼자 학급 비품을 찾을 수 있도록 한다. 　- 시각장애 학생이 필요할 때 사용할 수 있도록 자료나 물건은 일정한 자리에 보관한다. • 교실과 복도 등에서 학생의 이동 통로에 물건을 놓으면 걸려 넘어져 다칠 수 있다. 이동 통로에는 진로를 방해할 수 있는 물건을 놓아 두지 않는다. • 학생이 걸려 넘어지지 않도록 교실 바닥에 깔린 매트나 부착물이 안전한지 점검한다. • 책상 밑으로 의자를 밀어 넣어 이동에 불편이 없도록 한다. • 반쯤 열린 문에 부딪혀 다치지 않도록 문을 완전하게 닫거나 열어 둔다. • 수업 내용을 녹음하여 집에서 복습할 수 있도록 한다. • 맹학생은 수업 전이나 후에 학습용 교구 등을 직접 손으로 만져 확인할 기회를 준다. • 시각장애 학생은 청각을 사용하여 학급 활동에 필요한 정보를 수집한다. 소리에 집중할 수 있도록 소음을 줄여 준다.
저시력 17중특, 21초특	• 교사가 창문 앞에 있으면 햇빛으로 인해 교사의 모습을 보기 어렵다. 교사는 시범을 보이거나 설명할 때 창문 쪽에 서 있지 않도록 한다. • 자연광이 학생에게는 적절하나 학생의 얼굴로 직접적으로 햇빛이 비춰지면 눈부심이 발생하고, 동공 확대로 인해 어두운 쪽을 볼 때는 암순응하는 데 어려움이 있다. 학생을 창가 쪽으로 배치하는 경우 직접적으로 빛에 노출되지 않도록 한다. • 학생의 자리에 국부 조명을 제공할 수 있다. 학생의 시각 질환과 시각기능을 고려하여 조명기구의 위치를 정하고 조도를 조절한다.

- 조명의 빛이 학생의 얼굴을 비추기보다는 학생이 보는 책 등의 자료를 비추도록 한다.
- 대비가 뚜렷한 학습 자료를 사용하고 학급 게시판을 만든다.
- 읽기와 쓰기에 도움이 되는 독서대, 경사진 책상, 굵은 줄이 쳐진 종이와 사인펜 등의 쓰기 보조구를 제공한다.
- 저시력 학생이 자신이 직접 눈으로 확인하고 싶어 할 때 교사에게 알리도록 한다. 학급 내에서 이루어지는 활동들을 직접 보거나 참여할 수 있는 기회를 제공하기 위하여 수업 중에 이동할 수 있도록 한다.
- 학생 자신이 쓴 글을 읽을 수 있도록 적당한 글씨 크기로 쓰도록 한다.

출처 ▶ 박순희(2022)

2. 교수자료 ^{09초특}

(1) 양각 그림 자료

① 일반적으로 수업에서 쓰는 자료의 수정 방법은 교과서, 유인물, 시험지, 기타 인쇄물 혹은 수기 자료의 내용을 점자로 변환하여 제공하는 것이다. 글자는 점자로 변환하여 제공하는 것이 가능하나 그림, 그래픽, 도형, 도표 혹은 그림은 점자로 만들기 어려워서 다른 방법으로 자료를 만들어 주어야 한다.

② 점자로 표시하기 어려운 도형이나 그림은 입체 복사기를 사용하여 촉각 자료로 만들 수 있다. ^{18초특}

- 입체복사 자료는 전용 용지인 입체복사지에 사이펜, 마커 등으로 그림을 그린 뒤 입체 복사기에 통과시키면 잉크로 그려진 부분이 부풀어 올라 촉각으로 만져 확인할 수 있다.

③ 양각 그림 자료를 제작할 때 준수해야 할 지침과 기준은 다음을 포함한다.

^{12초특}

㉠ 원본 그림이 본문의 내용이나 개념을 이해하는 데 필요한 자료인지 확인한다.

- 단지 장식적인 목적의 그림이거나 구어 설명만으로 충분한 이해가 가능하다면 생략할 수 있다.

㉡ 원본 그림을 양각 그림으로 만들 때 점자 프린터나 입체 복사기로 출력할 것인지, 교사가 여러 가지 사물과 재료로 제작할 것인지 결정한다.

- 단순한 시각 자료(예 단순한 모양의 차트)는 점자 프린터나 입체 복사기로도 제작할 수 있다.

✎ **입체 복사기**

입체 복사기는 시각장애인을 위한 촉지도, 다이어그램, 그래픽 등을 전용 용지를 사용해 양각 그림으로 제작하는 기기로, 다음 순서에 따라 사용한다.
① 입체 복사기용 특수 용지에 원하는 이미지를 전용 펜으로 직접 그리거나 컴퓨터에서 필요한 도안을 그린 후 일반 프린터에 전용 용지를 넣어 출력한다.
② 출력한 전용 용지를 입체 복사기에 통과시키면 열과 반응한 유색 잉크 부분만 부풀어 올라 양각 이미지가 생성된다.

출처 ▶ 이태훈(2021)

✎ **점자 프린터**

점자 프린터는 컴퓨터에서 작성한 문서를 점자 인쇄물로 출력해 주는 기기로, 점자 프린터를 사용하려면 컴퓨터에 묵자를 점자로 바꾸어 주는 점역 프로그램을 설치하여야 한다(이태훈 외, 2021).

ⓒ 양각 그림의 크기는 양손으로 확인할 수 있는 크기(30×30cm 내외)가 적절하다.

- 너무 크거나 작으면 촉각 자료의 전체 모양이나 세부 요소 간의 관계를 파악하기 어렵다.
- 촉각 자료의 세부 요소는 손으로 지각하고 구별할 수 있는 최소 크기가 되어야 한다.
- 원본 그림을 정확한 비례로 확대·축소해야 하고, 필요에 따라 그림의 확대나 축소 비율을 명시할 수 있다.

ⓔ 양각 그림을 만들 때 원본 그림과 똑같이 만드는 데 주안점을 둘 필요는 없다. 원본 그림에서 필수적이지 않은 요소는 제거하거나 단순화하여 양각 그림을 만들면 더 잘 이해할 수 있다.

  ⓐ 우리나라의 지도 모양을 이해하는 데 있어 남도의 많은 섬을 배우는 데 목적이 있는 것이 아니라면 작은 섬들을 생략하거나 보다 단순화하여 제시할 수 있다.

ⓜ 복잡한 원본 그림의 모든 세부 정보가 필요하다면 원본 그림을 한 장에 제시하기보다 여러 장으로 분리하여 책자형으로 제작할 수 있다.

- 첫 장에는 원본 그림의 전체 윤곽이나 형태를 나타내는 양각 그림을 배치하고, 다음 장부터는 원본 그림을 몇 개로 나누어 만든 세부 양각 그림들을 제시한다.

ⓗ 원본 그림의 형태를 단지 양각의 윤곽선만으로 나타내기보다 선의 안쪽을 채운 양각 면 형태로 제시하면 대상의 모양이나 형태 등을 더 잘 지각할 수 있다.

ⓢ 양각 그림에 여러 개의 양각 선을 사용해야 할 때는 양각 선들을 촉각으로 구별할 수 있도록 5mm 정도의 간격을 두고, 그림의 양각 선과 점자 글자 간의 간격도 3mm 이상 되도록 한다.

ⓞ 양각 그림에 점자 글자를 적기 어려운 경우에는 안내선(유도선)을 사용하기보다 기호나 주석을 사용한다.

- 안내선을 사용해야만 한다면 안내선으로 사용한 양각 선이 양각 그림에서 사용하고 있는 양각 선과 구별되어야 한다.

ⓩ 복잡한 원본 그림을 양각 그림으로 제작하는 방법으로 전체－부분 방식이나 단계별 방식이 있다.

- 전체－부분 방식은 전체 그림을 두 개 이상의 부분 양각 그림으로 나누어 제작하는 것이고, 단계별 방식은 원본 그림의 전체 윤곽과 세부 내용을 나누어 제작하는 것이다.

     ⓧ 복잡한 원본 그림을 분리할 때는 논리적인 분할이 이루어져야 하고, 각 분리된 부분을 잘 나타내는 제목을 다시 붙여야 한다.

       • 분할은 수평이나 수직으로 절반을 나누거나 1/4로 나눌 수 있으며, 또는 자연의 랜드마크(강, 산맥 등)에 의해 나눌 수 있다.

     ⓚ 양각 그림을 개발할 때 학생의 연령과 경험을 고려해야 한다.

       • 학생의 연령과 기술 수준이 낮을수록 양각 그림에서 사용하는 양각 면, 양각 선, 양각 점, 양각 기호의 수를 줄여 주는 것이 좋다.

(2) 확대 자료

① 확대 글자본 자료

확대 글자의 크기는 학생의 학습 매체 평가 결과를 근거로 결정하는 것이 좋다. 확대 글자본의 제작 방법과 유의점은 다음을 포함한다.

     ㉠ 확대 자료의 종이 크기가 크면 휴대하거나 손으로 다루기 어렵고, 넓은 시야를 요구하므로 가급적 A4 정도 크기가 적절하다.

     ㉡ 학생이 요구하는 확대가 큰 경우는 너무 큰 종이를 사용하기보다 원본 자료를 편집하여 여러 페이지로 분리하여 확대하는 것이 좋다.

     ㉢ 학생의 읽기 효율성을 향상시키기 위해 반사가 적은 종이를 사용하는 것이 좋다. 흰색 종이에 눈부심을 느끼는 경우에는 옅은 담황색 종이를 사용할 수 있다.

     ㉣ 확대 글자의 크기는 보통 16~18point 이상이며, 24point를 넘지 않은 것이 좋다. 24point를 넘어서면 가독성이 떨어지므로 확대 자료와 확대 기구를 함께 사용하도록 한다.

     ㉤ 글자체의 경우 한글은 명조체, 필기체, 장식적인 서체를 피하고, 굴림체, 돋움체, 고딕체를 사용하고, 영어는 Arial, Verdana 서체가 추천할 만하다.

     ㉥ 일반 본문의 줄 간격은 대략 180~200% 정도면 적당할 수 있다. 다만 제목, 문단, 인용 같이 페이지의 중요한 부분을 강조하기 위해 줄 간 띄우기, 들여쓰기, 정렬 등을 활용할 수 있다.

     ㉦ 글자와 기호 간의 자간이 너무 좁으면 읽기 어려우므로 자간 설정을 조정하거나 띄어쓰기를 통해 자간의 간격을 띄울 수 있다.

◎ 단어, 어구, 문장 등을 강조할 때 두꺼운 글자체를 사용하거나 글자를 진하게 설정하거나 고대비의 형광펜 기능을 사용하는 것이 밑줄선보다 적절하다.

- 글자의 두께는 표제, 단어, 문장을 강조하고자 할 때 효과적으로 사용될 수 있다. 글자의 두께가 너무 가늘면 보기 어렵고, 너무 두꺼우면 글자 획 간의 간격이 좁아 오독할 수 있다(**예** 눌린/늘린). 특정 단어나 어구를 강조할 때 글자를 진하게 하거나 글자 두께가 좀 더 두꺼운 글자체를 선택할 수 있다.

㉒ 배경과 글자 색 간의 대비가 낮으면 확대하더라도 읽기가 어렵기 때문에 가능하다면 배경과 글자 색을 고대비로 수정하는 것이 좋다.

㉓ 한 페이지를 여러 단으로 나누어 사용할 때 다단 간에 보다 넓은 여백을 확보해야 한다.

- 정렬 방법은 가운데 정렬이나 우측 정렬보다 좌측 정렬이 다음 줄을 더 쉽게 찾고 읽을 수 있도록 한다.

② 확대 그림 자료

확대 그림 자료의 제작 방법과 유의점은 다음을 포함한다.

㉠ 원본 그림의 배열이나 순서가 내용의 이해와 상관이 없다면 확대 그림의 크기를 고려하여 재배열을 할 수 있다.

㉡ 원본 그림이 크고 복잡한 경우에는 원본 그림을 일정한 기준에 따라 여러 개로 나누어 확대할 수 있다.

㉢ 원본 그림 중 본문 내용 이해와 관련없는 세부 요소는 생략하고 관련된 세부 요소 중심으로 확대할 수 있다.

㉣ 원본 그림이 윤곽선으로만 되어 있어 시각적 혼동을 주어 이해하기 어렵다면 선 내부에 색을 넣을 수 있다.

㉤ 원본 그림의 색이 회색조이거나 대비가 낮은 색이라면 고대비 색으로 바꾸어 확대할 수 있다.

㉥ 원본 그림 아래에 있는 간략한 설명글은 확대 그림 위로 재배열하면 그림에 대한 내용을 먼저 이해하고 그림을 살펴볼 수 있다.

㉦ 원본 그림 속에 글자가 있는 경우에 그림과 글자 간의 대비가 낮아 읽기 어렵다면 고대비 글 상자로 수정하거나 글자를 그림 밖으로 **빼**내어 제시할 수 있다.

(3) 음성 자료

① 음성 자료는 점자나 확대 자료 사용자가 좀 더 편안하고 빠르게 도서를 읽기 위해 사용된다.

② 음성 자료는 육성 녹음 도서와 전자 음성 도서의 두 가지로 구분할 수 있다.

- 전자 음성 도서인 TTS 도서란 텍스트 파일을 음성 변환 프로그램을 사용해 변환한 오디오 파일 도서로, 화면 읽기 프로그램, 점자정보단말기, 데이지 플레이어 등을 통해 음성으로 들을 수 있다.

③ 육성 녹음 자료를 제작하는 방법과 유의점은 다음을 포함한다. 13중특, 19초특

ㄱ 소음이 적은 시간과 장소에서 녹음한다.

ㄴ 녹음도서를 공식적으로 제작할 때는 한 명이 녹음실에서 책을 읽어 녹음을 하고, 다른 한 명은 녹음실 밖에서 녹음자가 책을 정확하게 읽는지 확인해야 한다.

ㄷ 일부러 읽는 속도를 늦추지 말고 보통 속도로 최대한 명확하게 발음하여 읽는다.

ㄹ 자료를 녹음할 때 원본 자료에 기재된 표지, 목차, 저자 소개 등을 빠뜨리지 않고 녹음하는 것을 원칙으로 한다.

ㅁ 쉼표, 마침표 같은 구두점은 특별한 경우가 아니면 듣기 가독성과 이해도를 돕기 위해 생략한다.

- 단, 괄호, 따옴표 등 중요한 부호는 녹음한다.

ㅂ 외국어로 된 용어나 이름은 정확한 발음과 함께 철자도 읽어 주고, 한문으로 표기된 단어는 글자의 음과 뜻을 읽어 주거나, 낱말의 뜻도 녹음해 준다.

> **예** 학교(學校)를 녹음할 때 '학교'라고 읽은 뒤, '배울 학', '학교 교'라고 녹음한다.

ㅅ 희귀한 낱말, 어려운 낱말, 문맥 속에서 혼동을 줄 수 있는 낱말 등은 반드시 뜻도 함께 읽어 주어야 한다.

ㅇ 도표, 차트, 그래프, 그림 등은 낭독자가 완전히 이해한 뒤 그 뜻을 풀어서 간결하게 설명을 해준다.

ㅈ 책 전체의 위계를 알 수 있도록 책의 부, 장, 절 그리고 순서를 나타내는 숫자는 물론 책의 제목, 출판사, 출판 연월일, 트랙의 수를 녹음한다.

- 제목 번호 낭독은 보편적으로 로마자 단위는 '단원'을 붙여 낭독하고 **예** II는 '2단원'), 1.1은 '1장 1절'로, 1.1.1은 '1장 1절 1로, ①은 '동그라미 일'로, (1)은 '괄호 일'로, 1)은 '반괄호 일'로 낭독한다.

청각 자료 제작 지침

수업에서 사용되는 자료를 청각 자료로 만들 때 가장 많이 쓰는 방법은 자료의 내용을 음성으로 녹음하여 제공하는 것이다. 이와 같은 오디오 자료를 만들 때 지침을 살펴보면 다음과 같다.

- 그림, 표, 차트 등에 제시된 주요 사항을 검토하고 정확한 용어를 사용한다.
- 조용한 장소에서 품질이 좋은 스마트폰 혹은 녹음기를 사용하여 음성으로 녹음한다. 아동에게 음성 파일로 제공하면 자신이 가진 스마트폰을 사용하여 재생하기 쉬울 수 있다.
- 자료의 내용을 녹음하기 전에 자료의 출처를 제시한다. 예로, 책명, 문제지명, 텍스트 제목과 쪽수를 알려 준다.
- 자료의 내용을 이해하는 데 필요하다면 그림까지 설명한다. 청각 자료로 내용을 음성으로 확인하기 전에 읽을거리를 제공하거나 내용에 관련된 실물이나 모형을 제공할 수 있다.
- 필요하다면 표와 차트에 대한 내용도 설명한다. 중요한 내용은 촉각 자료로 만들어 보충 자료로 제기하여 과제 수행에 활용하도록 한다.
- 녹음하는 경우 새로운 쪽, 부분 혹은 장이 시작될 때 소리 신호를 녹음한다. 톤 인덱싱(tone indexing)은 녹음기를 빠르게 돌릴 때 높은 주파수의 소리 신호로 들을 수 있게 테이프를 코딩하는 방법이다. 이 톤은 학생이 새로운 쪽 혹은 장을 찾도록 도움을 준다. 학생은 테이프의 특정 부분을 찾기 위해 혹은 내용을 재검토하기 위해서 높은 주파수의 소리 신호를 사용할 수 있다.

출처 ▶ 박순희(2022)

ⓩ 페이지를 바꿀 때는 읽던 문장을 완전히 다 읽은 후 그다음 페이지를 읽는다.

㋡ 문장 중에 '주'가 나오면 해당 문장을 마친 후 '주석 시작−주석 내용−주석 끝' 순서로 읽는다. 예를 들어, 다음 박스의 글은 "다만 규범적 일원체인 사법인은 기본권 주체가 될 수 있다. 주 시작. 그러나 권리 능력 없는 단체의 기본권 주체성은 부인된다. 주 끝"이라고 읽을 수 있다.

> 예 다만 규범적 일원체인 사법인은 기본권 주체가 될 수 있다.[2]
>
> 2) 그러나 권리능력 없는 단체의 기본권 주체성은 부인된다.

㋣ 표를 읽을 경우에는 각 항목을 어떠한 순서로 읽을 것인지 알려 준 후 항목별 내용을 읽어 준다.

㋢ 그래프의 종류별 읽기 방법은 다음과 같다.

- 원 그래프는 현재 몇 시 방향(보통 12시 방향 기준)에서 시작하여 시계 또는 반시계 방향으로 어떤 항목이 어느 정도 비율을 차지하는지 읽어 준다.
- 막대 그래프는 가로축과 세로축의 제목을 읽고, 가로축의 항목별로 세로축의 크기를 설명한다.
- 선 그래프의 경우 x축과 y축의 범위와 간격이 어떠한지 먼저 이야기한다. 그다음 각 좌표의 점을 x축, y축 순서로 읽어 준다. 이때 각 그래프의 변화 경향성이 어디서부터 감소하고 증가하는지를 설명한다.

④ 청독의 장단점은 다음과 같다. ¹³중특

| 장점 | • 듣기는 말하기, 읽기, 쓰기의 발달에 도움을 준다.
• 중복장애 학생과 묵독이나 점독에 어려움이 있는 학생에게 듣기는 중요한 학습 수단이다.
• 듣기는 점독에 비해 속도가 빠르다.
• 듣기는 자료를 구하고 처리하는 데 점자보다 더 효과적이다. 경우에 따라 듣기가 점자보다 학습에서 더 효과적인 수단은 아니지만 점자도서를 보급, 제작하는 것보다 녹음도서를 제작하는 것이 더 쉽고 빠르다. |

단점	• 듣기는 일부 내용을 전달하기 어렵다. 특히 그림, 차트, 그래프, 도형 등은 듣기에 의하여 정확하게 전달될 수 없다. • 듣기는 참조하는 데 어려움을 준다. 학생은 듣기를 통해 앞의 내용을 다시 듣거나, 건너뛰거나, 자세히 분석하거나, 원하는 장이나 페이지를 찾기 어렵다. • 듣기는 자료를 통제하기 어렵다. 듣기에서의 속도, 억양, 고저, 간격 등은 낭독자가 결정한다. 전자공학의 발달로 압축어, 속도와 음색의 다양한 조절, 그 밖의 기기를 통하여 다양한 변화와 발전이 이루어지고 있으나, 아직도 자료를 통제하는 데 어려움이 있다. • 듣기는 수동적이다. 녹음도서는 가만히 앉아서 듣기 때문에 수동적이기 쉽다. 따라서 집중력을 높이기 위해서는 능동적인 듣기를 해야 한다. • 듣기 자료를 구하기 어렵다. 정안 학생이 사용하는 청각 자료를 시각장애 학생도 사용할 수 있으나 이러한 자료는 시각적 자료와 함께 사용하는 경우가 많아 시각장애 학생이 사용하기 어렵다. 시각장애 학생이 교과서와 참고서의 대체자료로 녹음도서를 구하기 어렵다는 점이 듣기 학습을 제한한다.

KORSET 합격 굳히기 ▶ **청각 자료 제작이 바람직하지 않은 경우**

다음의 세 가지의 경우에는 자료를 청각 자료로 만드는 것이 바람직하지 않다.

1. 자료를 사용해서 학생의 읽기능력을 높여 주어야 한다. 그렇다면 청각 자료를 만드는 것보다 점자 혹은 묵자 자료를 제공한다.

2. 청각 자료를 만들어 쓰더라도 점자/묵자 자료를 폭넓게 참조해야 한다(📖 어휘 과제로 문맥에서 단어를 찾아내고 단어의 정의를 내리도록 요구하는 경우). 청각 자료만으로 학생이 과제를 해결하는 것이 가능하지 않다면 학생에게 점자 혹은 묵자 자료를 사용하게 한다.

3. 학교에서 가지고 있는 점자 자료가 적당하지 않아 청각 자료를 만든다. 점자 자료가 필요한 경우라면 청각 자료로 대체하기보다 점자 자료를 새롭게 제작한다.

출처 ▶ 박순희(2022)

3. 평가 조정

(1) 환경 조정

평가 조정 유형	평가 조정 설명
독립공간 제공	• 시각장애로 인해 대독, 시간 연장 등의 조정 방법을 사용하려면 독립공간을 제공하여 평가한다.
소음의 최소화	• 시각장애 학생의 경우 대독이나 청취를 통한 평가를 시행할 때 주변의 소음에 심각한 방해를 받을 수 있다. 따라서 청각적 방해 요소를 최소화할 수 있는 공간에서 평가한다.
자리 배치 고려	• 시각장애 학생은 되도록 정해진 자리에서 일관되게 평가를 볼 수 있도록 한다. • 갑작스러운 화재나 사고에 대비하기 위해 출입구와 가까운 자리에 배치하여 평가한다.
각도 조절용 책상 제공	• 자료를 가까이에서 봐야 할 필요가 있는 저시력 학생의 경우에는 각도 조절용 책상을 제공하여 신체의 피로를 최대한 줄여 준다. • 각도 조절용 책상 대신에 독서대를 사용할 수 있으나 답안 기입을 위해서는 되도록 각도 조절용 책상을 제공한다.
넓은 책상 제공	• 독서확대기나 확대시험지를 사용할 경우 일반 책상보다 넓은 책상을 제공하여 시험에 수월하게 응하도록 한다. • 국부조명을 위하여 개인용 스탠드를 활용할 경우에도 넓은 책상이 요구된다.
적정 조도 제공	• 시각장애의 특성에 따라 다소 높은 조도가 필요한 경우 전체 조명을 좀 더 높이거나 국부 조명을 제공할 필요가 있다. • 반면에 낮은 조도가 필요한 시각장애 학생은 실내에서도 선글라스나 모자를 써서 자신에게 적정한 조도를 맞추도록 한다.
특수교사 또는 보조 인력 배치	• 시각장애의 정도가 독립적으로 평가에 참여하기 어려운 경우, 시각장애를 잘 이해하는 특수교사 또는 보조 인력을 배치하여 평가한다.
학교 외 별도의 공간에서 시행	• 장기입원 또는 순회교육을 받는 시각장애 학생에 국한하여 병원 등 학교 외 별도의 공간에서 평가를 실시할 수 있도록 한다.

출처 ▶ 국립특수교육원(2016)

(2) 시간 조정

평가 조정 유형	평가 조정 설명
시간 연장	시각장애로 인해 점자나 확대문자를 활용할 경우에는 읽기 속도가 일반 문자의 읽기보다 느리므로 시간을 연장하여 평가한다. 시각장애의 조건에 따라 1.5~1.7배까지 연장할 수 있다.

출처 ▶ 국립특수교육원(2016)

(3) 제시형태 조정

평가 조정 유형	평가 조정 설명
자료 확대	• 시험지를 18포인트에서 24포인트까지 확대하여 제공한다. • 확대 시 글자체는 명조체나 궁서체보다는 고딕체 등 글자 형태가 분명한 것을 활용하는 것이 좋다. 단, 확대독서기나 확대경을 활용하는 경우에는 자료 확대를 하지 않고 원래의 자료를 제공한다.
자료 축소	• 시야가 좁은 학생의 경우에는 좁은 시야를 효율적으로 활용하기 위하여 자료를 축소하는 것이 필요하다. 개별 학생의 요구에 따라 축소한 시험지를 제공하여 평가한다.
자료 편집	• 시험지를 확대 또는 축소할 경우에는 글자의 크기와 폰트를 변경하는 것으로 그치는 것이 아니라 적절한 편집을 통해 문제의 흐름이 끊기지 않도록 재편집하여 제공해야 한다. • 일반 시험지와 같이 밑줄이나 빈 원문자 부호만 사용하기보다는 반전된 원문자(① ❷)로 표기하여 읽기 쉽도록 편집한다.
보조 인력 대독	• 보조 인력이 시험지를 대신 읽어 주면서 평가를 시행한다. 이때 문제를 설명하는 것이 아니라 대독만 해주어야 한다.
그림이나 표의 해설	• 문제에 그림이나 표가 있으면 최대한 효율적으로 해설을 제공해야 한다. 해설 방법은 국립장애인도서관 매뉴얼을 참조한다.
확대경 사용	• 배율이 맞는 자신의 확대경(전자확대경 포함)으로 시험지를 확대하여 볼 수 있도록 허용하여 평가한다.
타이포스코프 제공	• 초점을 맞추는 데 어려움이 있어 글줄을 놓치는 학생의 경우 타이포스코프를 제공하여 평가한다.

출처 ▶ 국립특수교육원(2016)

｜자료｜

제시형태 조정 체크리스트
1. 시험지의 확대가 필요하다.
2. 시험지의 축소가 필요하다.
3. 시험지의 편집이 필요하다.
4. 보조 인력의 대독이 필요하다.
5. 그림이나 표의 해설이 필요하다.
6. 확대경 사용이 필요하다.
7. 타이포스코프의 제공이 필요하다.
8. 확대독서기 사용이 필요하다.
9. 점자정보단말기 사용이 필요하다.
10. 점자 시험지 제공이 필요하다.
11. 시험지 바탕색/글자색 변경 제공이 필요하다.
12. 화면 확대 프로그램 사용이 필요하다.
13. 스크린리더 사용이 필요하다.
14. 스마트패드의 사용이 필요하다.
15. 대체 문항의 제공이 필요하다.
출처 ▶ 국립특수교육원(2016)

제시형태 수정

동일 자료(국립특수교육원, 2016)의 시각장애 학생을 위한 평가조정 체크리스트에 의하면 8. 확대독서기 사용이 필요하다. (V-Q-8)~15. 대체 문항의 제공이 필요하다. (V-Q-15)는 모두 제시형태 조정에 해당하는 내용이며, 제시형태 수정과 관련한 체크리스트 내용은 존재하지 않는다.

⑷ 제시형태 수정

평가 조정 유형	평가 조정 설명
확대독서기 사용	• 확대독서기를 사용하여 일반 시험지를 원하는 배율로 맞추어 확대할 수 있다. • 확대독서기는 시험지 바탕색과 글자 크기를 변경할 수 있으므로 자신이 원하는 글자 크기와 색을 선택하도록 하여 평가한다.
점자정보단말기 사용	• 시험 한글파일을 제공하여 점자정보단말기에서 시험을 보도록 지원할 수 있다. 이 경우 평가 보안을 위해 평가용으로 준비된 점자정보단말기를 제공해야 한다. 학생 소유의 점자정보단말기는 평가 전날 제출하게 하여 수험자 모드로 전환하여 제공한다.
점자 시험지 제공	• 시험지 파일을 점자 출력기로 출력하여 점자 시험지를 제공한다. • 일반 글자는 점자정보단말기를 통해 점자로 변환되지만, 수학 시험의 그래프와 같은 그림은 점자 출력기로 출력을 해야 한다. 점자 출력은 시각장애 특성화 특수교육지원센터에서 지원받을 수 있다.
시험지 바탕색/글자색 변경	• 학생이 독서확대기보다 시험지 자체의 조정을 선호하는 경우에는 시험지의 바탕색을 변경하여 제공한다. 무광택의 진한 색 용지(검은색, 진갈색, 진녹색 등)에 글자색은 하얀색이나 노란색으로 한다.
화면 확대 프로그램 사용	• 파일 형태로 시험지를 제공할 경우, 화면 확대 프로그램이 있는 컴퓨터를 통해 시험지의 글자나 그림을 확대하여 볼 수 있도록 한다. 이 경우 평가 보안을 위하여 평가용으로 준비된 컴퓨터를 제공해야 한다.
스크린리더 사용	• 파일 형태로 시험지를 제공할 경우, 스크린리더(화면 읽기 프로그램)가 있는 컴퓨터를 통해 평가한다. 이 경우 평가 보안을 위하여 평가용으로 준비된 컴퓨터를 제공해야 한다.
스마트 패드 사용	• 파일 형태로 시험지를 제공할 경우, 터치스크린 기능이 있는 스마트 패드를 지원하여 평가할 수 있다. 스마트 패드를 통해 자유롭게 시험지를 확대 또는 축소할 수 있다. PDF 파일로 전환하여 제공하면 확대해도 선명도가 유지된다. 이 경우 평가 보안을 위하여 평가용으로 준비된 스마트 패드를 제공해야 한다.

출처 ▶ 국립특수교육원(2016)

(5) 반응형태 조정 ^{21초특}

평가 조정 유형	평가 조정 설명
대체 문항 제공	표나 그래픽에 대한 화면 설명이 쉽지 않아 이해가 어렵다고 판단되는 경우는 그래픽이나 표가 없으면서 난이도가 같은 대체 문항을 제공하여 평가한다.
점자 답안지 제공	점자로 답안을 적어 제출할 수 있도록 점자 용지를 제공한다.
확대 답안지 제공	학생이 요구하는 글자 크기로 확대하고, 줄과 줄 간격을 넓히며, 굵은 선으로 제시된 확대 답안지를 제공한다.
점자정보단말기로 답안 작성	점자정보단말기로 작성한 답안 파일을 제출하도록 허용하여 평가한다. 이 경우 평가 보안을 위해 평가용으로 준비된 점자정보단말기를 제공해야 한다. 학생 소유의 점자정보단말기는 평가 전날 제출하게 하여 수험자 모드로 전환하여 제공한다.
컴퓨터로 답안 작성	화면 읽기 프로그램 또는 화면 확대 프로그램이 설치된 컴퓨터로 작성한 답안을 제출하도록 허용하여 평가한다. 이 경우 평가 보안을 위하여 평가용으로 준비된 컴퓨터를 제공해야 한다.
답안지 이기 요원 배치	답안지 이기 요원을 배치하여 시각장애 학생이 응답한 것을 답안지에 옮겨 적을 수 있도록 한다.

출처 ▶ 국립특수교육원(2016)

대체 문항 제공의 유형 구분
동일 자료(국립특수교육원, 2016)의 시각장애 학생을 위한 평가조정 체크리스트에 의하면 '15. 대체 문항의 제공이 필요하다.'는 제시형태 조정으로 분류되어 있으나 평가조정 방법에 대한 구체적인 설명에서는 반응형태 조정으로 분류되어 있다.

반응형태 조정 체크리스트
1. 점자 답안지 제공이 필요하다.
2. 확대 답안지 제공이 필요하다.
3. 점자정보단말기로 답안을 작성하는 것이 필요하다.
4. 컴퓨터로 답안을 작성하는 것이 필요하다.
5. 답안지 이기 요원 배치가 필요하다.
출처 ▶ 국립특수교육원(2016)

03 교수법

1. 촉각 교수법

(1) 신체적 안내법 ^{22초특}

① 교사가 자신의 손을 사용하여 학생의 신체 부위를 접촉하거나 이끌어서 자세나 동작을 지도한다.

② 체육 수업에서 체조 동작이나 보행 교육의 자기 보호법 등을 지도할 때 사용할 수 있다.

(2) 손 위 손 안내법

① 교사가 학생의 손 위에 자신의 손을 얹어 활동에 필요한 손동작이나 자세를 지도한다.

  • 신체적 안내법과 다른 점은 교사가 접촉하는 학생의 신체 부위는 손에 한정된다는 것이다.

② 교사가 학생에게 양각 지도나 사물을 탐색하는 바른 손의 자세와 움직임을 지도할 때 사용할 수 있다.

③ 학생의 손을 접촉하여 안내할 때 강압적이지 않아야 하며, 특히 다른 사람과의 접촉에 예민하거나 거부감을 보이는 학생에게는 사용하지 않아야 한다.

(3) 손 아래 손 안내법 [19초특]

① 교사가 학생의 손 아래에 자신의 손을 두고 교사의 손동작과 움직임을 학생이 느끼고 모방하도록 안내한다.

② 손 위 손 안내법에 비해 덜 개입적이고 비강압적이므로 타인의 접촉에 민감한 학생에게 더 효과적일 수 있다.

③ 학생이 손 아래 손 안내 기법으로 물체에 대한 거부감이나 저항이 감소하면 손 위 손 안내 기법으로 바꾸어 지도할 수 있다.

> ▶ **손 아래 손 안내 기법의 적용 예시**
>
> • **상황**
> 김 교사는 새로운 자극에 거부감이 있는 시각 중복장애 학생 홍길동이 조각품을 감상할 수 있도록 다음과 같이 안내하였다.
>
> • **촉각 안내 과정**
> – 교사가 먼저 조각품의 표면을 탐색한다.
> – 홍길동이 스스로 교사의 손 위에 자신의 손을 올려놓게 한다.
> – 홍길동의 손이 조각품에 닿을 때까지 교사의 손을 조금씩 뒤로 뺀다.

2. 모델링

① 모델링은 교사가 과제의 수행 방법을 시범 보이면 학생이 모방하는 것이다.

② 시각장애 학생에게 모델링을 제시할 때는 단계별로 시범 보이면서 구어 설명을 함께 제공하는 것이 효과적이다.

③ 학생의 잔존 시각 정도에 따라 두 가지 모델링을 선택할 수 있다.

시각적 모델링	• 저시력 학생에게 적합하다. • 교사가 시범을 보일 때 저시력 학생이 잔존 시각을 잘 활용할 수 있도록 환경을 조성하는 것이 필요하다. • 학생이 다가와서 교사의 시범을 보는 것을 허용해야 하고, 교사는 창가처럼 태양이 비추는 장소를 피해 시범을 보여야 하며, 시범을 보이는 장소의 배경과 대비되는 옷을 입는 것이 좋다.
촉각적 모델링	• 맹학생을 위한 촉각 교수법이다. • 교사가 과제 수행에 필요한 자세와 동작을 단계별로 시범 보이면 학생이 교사의 신체 자세와 동작을 만져서 확인하고 동일하게 모방하는 것이다.

3. 공동 운동

① 공동 운동은 학생이 교사와 같은 움직임을 동시에 경험하도록 하면서 배우도록 하는 교수 방법이다.

- 촉각적 모델링이 교사의 신체 부위에 학생이 손을 대어 교사의 자세나 움직임(동작)을 느끼도록 한다면, 공동 운동은 학생이 교사와 같은 움직임을 동시에 경험하도록 하면서 배운다는 점에서 다르다.

  ⓔ 수동 미끄럼판을 타는 법을 배우기 위해 학생이 교사의 손등에 자신의 손을 올려놓고 교사의 팔 움직임에 맞추어 함께 움직임으로써 손을 사용하여 타는 법을 배우는 것이다.

② 맹학생의 경우에는 특정 동작을 공동 운동으로 배우기 위해 해당 신체 부위를 상호 접촉해야 한다.

- 공동 운동에는 교사 대신 또래 교수를 활용할 수 있는데, 배울 동작이나 기술에 따라 체격이 비슷한 사람이 수행하는 것이 효과적일 때가 있다.

자료

공동 운동

〈맹학생 공동 운동 지도〉

〈저시력 학생 공동 운동 지도〉
출처 ▶ 이태훈(2024)

4. 전체 – 부분 – 전체 교수법

① 언어, 체육, 일상생활 등 다양한 활동에서 사용될 수 있다.

② 보통 3개의 학습 단계로 진행된다.

1단계	학습 과제(기술이나 지식)의 전체를 학생에게 노출함으로써 학습 과제에 대한 전체적인 이해를 돕는다.
2단계	학습 과제를 구성하는 부분들에 초점을 두어 지도하는 것으로, 교사는 과제분석한 각 부분을 촉각 교수법 등을 통해 지도해 나간다.
3단계	각 부분들을 성공적으로 학습한 후에 각 부분을 서로 연결하여 전체를 수행하도록 지도하는 것으로, 부분과 전체 간의 관계에 대한 학습자의 통합적인 이해를 통해 학습이 마무리된다.

> ▶ 전체 – 부분 – 전체 교수법 예시
>
> 체육 시간에 '공 굴리기' 기술을 지도한다면,
>
> 첫 번째 단계에서 학생은 이 기술의 전체를 관찰하고 설명을 들을 기회가 주어진다.
>
> 두 번째 단계는 과제분석한 일련의 부분들(공을 손으로 잡는다–손을 뒤로 올린다–손을 앞으로 내민다–공을 바닥에 굴린다)을 하나씩 익혀 나가는 것으로 교사는 신체적 안내법, 촉각적 모델링 등을 통해 학생이 각 부분을 정확하게 익힐 때까지 연습시킨다.
>
> 마지막 단계는 이미 학습한 각 부분 기술들을 연결하여 학생이 전체 기술을 수행하도록 하는 것으로, 이 단계에서는 부족한 부분에 한해 교정적 지도가 이루어질 수 있다.

5. 부분 - 전체 교수법

① 부분-전체 교수법은 전체-부분-전체의 1단계를 수행하지 않고, 2~3단계만 진행하는 것이다.

- 교사는 학습 과제를 부분으로 나누어 학생이 각 부분에 대해 배우도록 지도한 후, 전체로 통합하여 수행하도록 한다.

② 부분-전체 교수법은 각 부분이 강한 위계성이나 순서를 가지고 있지 않을 때 더 많이 사용한다.

08 보행훈련

01 보행훈련의 이해

1. 보행훈련의 개념 12중특, 15유특

① 보행훈련이란 다양한 환경 조건 및 상황에서 시각장애인이 효율적이며 독립적으로 보행하는 데 필요한 개념, 기술 및 방법 등에 관한 전반적인 훈련을 실시하는 것이다.

② 시각장애인의 보행은 단순히 걷는 것을 의미하는 것이 아니라 방향정위와 이동성의 개념을 포함한다.

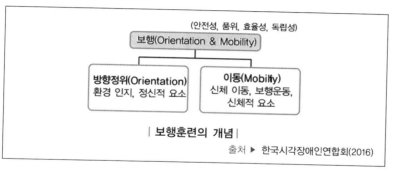

| 보행훈련의 개념 |

출처 ▶ 한국시각장애인연합회(2016)

㉠ 방향정위는 정신적인 개념으로 시각장애인이 주위 환경을 이해하여 자신의 현재 위치를 파악하는 개념이다.

㉡ 이동성은 한 장소에서 가고자 하는 다른 장소로 신체적 이동을 하는 것으로 안전하게, 편안하게, 품위 있게, 그리고 독립적으로 이동하는 것이 포함된다.

• 시각장애 학생이 활용할 수 있는 이동기술로는 남의 도움이나 보조구 없이 몸만 사용해서 이동하는 방법과 안내 보행(안내법), 흰지팡이 보행, 안내견 보행, 전자보행기구를 활용하여 이동하는 방법으로 나누어 볼 수 있다.

③ 보행훈련의 목적은 잔존 감각과 인지 기능을 최대한 활용하여 자신의 목적지까지 안전성, 효율성, 품위를 갖추어 독립적으로 이동할 수 있도록 하는 것이다.

자료

보행훈련을 통해 익히게 될 전체 보행기술의 개요

방향정위 기술	랜드마크 이용, 단서 이용, 주변환경 분석 능력
신체방어 기술	충돌, 추락 예방을 위한 자기 보호법과 탐색법 등
흰지팡이 사용기술	잡는 법, 손목회전법, 자세, 지팡이 터치법, 트레일링법, 대각선법 등
탐색 기술	지팡이, 손과 발을 이용하여 공간, 위치, 장애물, 목적지 탐색
직선보행 기술	직선도로, 도로횡단, 공간횡단 등
기준선 보행 기술	점자블록, 울타리, 담장, 포장경계선, 자동차 소리 등 이용
모퉁이 돌기	연석, 건물, 울타리, 담장의 이용, 자동차 소리 이용, 골목바람의 이용
장애물 우회 기술	입간판, 가판대, 자동차, 자전거, 지하도 입구, 환기구의 우회 등
직각 출발 기술	횡단보도, 골목, 주차장 입구 직각 횡단
방향 유지 기술	햇볕, 바람, 소리 등을 이용하여 방위를 확인하고 보행방향 유지
시설 환경물 및 교통수단 활용	에스컬레이터, 엘리베이터, 지하철, 버스, 기차 등

출처 ▶ 한국시각장애인연합회(2016)

✍ 환경 확대법

환경 확대법은 사회과 교육 내용의 범위(scope)와 계열(sequence)이 학년이 높아지면서 환경(공간)을 확대하는 방식으로 구성하는 원리를 말한다. 즉, 교육 내용의 범위가 '가족 → 이웃 → 고장 → 지역사회 → 국가 → 지구촌'과 같은 순서와 수준으로 학년이 높아지면서 자기 자신을 중심으로 가까운 곳, 손쉽게 경험할 수 있는 곳에서부터 시작하여 먼 곳으로 확장하는 내용 구성의 원리를 말한다(초등 사회(3-1) 교사용 지도서, 2020).
🔵 동심원 확대법, 지평 확대법, 공동체 확대법

✍ 나선형적 확대, 나선형 교육과정

• 나선이란 소라의 껍데기처럼 빙빙 비틀린 선의 모양, 즉 어떤 점의 둘레를 계속 돌면서 멀어지는 소용돌이 모양의 곡선을 의미한다(이유훈 외, 2017).
• 나선형적 확대는 사회과학의 기본 개념을 학습자의 시간 의식, 공간 의식, 사회 의식의 발달과 연계하여 배열하고, 단순한 것에서 복잡한 것으로, 구체적인 것에서 추상적인 것으로의 내용 배열 원리를 적용하는 것이다(오세웅 외, 2010).
• Bruner가 처음 제안한 나선형 교육과정의 조직방법은 교육내용을 나선형으로 계열화시켜 반복해서 제시하는 방법을 말한다. 다시 말하면 학습자의 지적발달에 맞추어 기본 개념이나 원리를 양적인 팽창이나 질적인 심화를 추구하며 조직하는 것을 말한다. 예컨대 유치원부터 고등학교까지의 모든 학년에 걸쳐 각 발달단계에 알맞은 형태로 표현하여 가르침으로써 이전에 배운 것이 점점 명백하고 성숙한 형태를 취하도록 하는 것이다(이유훈 외, 2017).

2. 보행 교육의 원리

보행 기술을 효과적으로 지도하기 위한 원리는 다음을 포함한다.

① 보행 교육 장소는 환경 확대법에 따라 해당 학년의 교실·복도 → 학교 건물 전체 → 학교 운동장 → 학교 인근 지역사회로 확대해 나간다. 즉, 작고 친숙한 장소에서부터 넓고 낯선 장소로 확대한다.

② 보행 기술은 나선형 원리에 따라 쉽고 간단한 기술부터 어렵고 복잡한 기술 순서로 위계적으로 지도한다.

③ 보행 자세와 기술은 장애물이 없는 안전한 장소에서 먼저 지도한 후 장애물이 있는 실제 장소에서 실습하도록 한다.

④ 보행 기술은 학생의 연령 및 발달 수준을 고려해 처음에는 '경험하기·모방하기 수준'에서 보행에 대한 관심과 자신감을 높이는 데 주안점을 두고, 점차 보행 자세와 기술의 정확성과 숙달에 주안점을 두어 지도한다.

⑤ 보행 기술은 과제분석을 통해 한 단계씩 정확한 자세와 세부 기술을 익히도록 지도하고, 보행 기술을 혼자서 능숙하게 사용할 수 있게 충분히 연습하도록 한다.

⑥ 보행 지도 과정에서 촉각 교수법과 언어적·신체적 촉진 등을 통해 바른 자세와 기술을 익히도록 한다.

⑦ 안내 보행, 보행 기초 기술, 흰지팡이 기술은 보행 상황에 따라 왼손과 오른손을 번갈아 사용할 수 있도록 지도한다.

02 방향정위 훈련

1. 방향정위의 개념

① 방향정위란 시각장애인이 보행 등을 할 때 주위 환경을 이해하고 자신의 현재 위치를 파악하는 정신적 과정이다.

② 자신과 환경의 관계와 이동하고자 하는 방향을 알기 위하여 잔존 감각으로 파악되는 환경 단서와 지표 등을 활용한다.

③ 방향정위를 위한 인지과정은 지각, 분석, 선별, 계획, 실행이라는 5단계를 거친다(Hill & Ponder). [22중특]

지각	잔존시력, 후각, 청각, 촉각과 근육감각을 사용하여 환경정보를 수집한다.
분석	수집된 지각정보들을 분석한다. 정보들이 일관적으로 나타나는지 믿을 만한지 자신에게 익숙한 것인지에 따라 분류한다. 또는 지각정보를 제공하는 출처, 정보를 얻어내는 감각의 유형과 강도(세기)에 따라 분류한다.
선별	출발점에서 목표까지 방향정위하는 데 가장 적합하다고 여겨지는 정보들만을 선별해 낸다.
계획	출발점에서 목표까지의 행로에서 관련이 깊다고 선별된 정보들을 기초로 하여 이동계획을 짠다.
실행	이동계획을 실행에 옮긴다.

④ 방향정위를 위한 시각장애인의 인지 과정은 지속적인 가설 검증 과정이라고 할 수도 있다.

• 시각장애인이 환경에 대해 방향정위를 하기 위해서는 지각, 분석, 선별, 계획, 실행의 순환 과정을 주기적으로 반복하기 때문이다.

2. 방향정위의 기본 요소 [11중특]

(1) 지표 [13중특(추시), 15초특, 25중특]

① 지표는 보행자에게 환경 내의 특정 위치를 알려 주는 지각적 특징이다.

② 지표는 일정 기간 고정되어 있고, 특정 환경의 고유한 특징을 드러내며, 쉽게 인지되어야 한다.

  📌 건물 내 복도 중앙에 위치한 엘리베이터는 한 번 설치하고 나면 고정되어 있고, 해당 건물의 실내 공간 구조에 대한 특징을 알려 주며, 비교적 쉽게 발견될 수 있다는 점에서 시각장애인이 실내보행 시 활용할 수 있는 중요한 지표이다.

자료

보행을 위한 시각장애인의 인지 과정 모델(방향정위 인지과정)

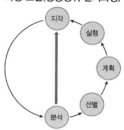

출처 ▶ 정인욱복지재단(2014)

선별
🔵 선택

지표
🔵 랜드마크

---

③ 지표는 인지의 용이성을 기준으로 1차 지표와 2차 지표로 구분할 수 있다.

1차 지표	• 환경 내에 항상 존재하며, 보행경로에서 반드시 인지하게 되는 지표를 말한다. • 보도 끝을 알려 주기 위해 점자블록을 설치할 때 보도 폭 전체에 점자블록을 설치한다면 시각장애인 보행자가 보도의 왼쪽에 치우쳐 가든 오른쪽에 치우쳐 가든 상관없이 발밑으로 점자블록을 감지하게 될 것이다.
2차 지표	• 쉽게 인지되고, 영속적이며, 환경 내 위치를 분명하게 알려 주기는 하지만 시각장애인이 놓칠 수도 있는 지표를 말한다. • 보도블록을 보도의 가로폭 전체 대신 중앙 40cm 폭 만큼만 설치한다면, 왼쪽 또는 오른쪽으로 치우쳐 보행하는 시각장애인은 중앙의 점자블록을 발견하지 못할 수도 있을 것이다.

(2) **단서** ^{13중특(추시)}

① 단서는 보행하는 도중의 어느 특정한 순간에, 그 공간에 대한 정보를 알려 주는 감각자극을 말한다.

> 예 사람 발자국 소리나 말소리, 음식점에서 나는 음식 냄새, 창문으로 들어오는 빛 등 / 시각장애인이 엘리베이터를 찾고 있는데 어느 순간 엘리베이터가 도착하면서 벨소리가 난다면 이는 엘리베이터의 위치를 알려 주는 단서이다.

② 단서는 지표와는 달리 변화가 심하여 항상 활용할 수는 없다.

(3) **정보점**

① 정보점이란 다른 사물의 특징과 결합하여 보행자의 정확한 위치를 알려 주는 특징이다.

② 정보점의 구체적인 예는 다음과 같다.

> 예 대형 건물의 복도에는 엘리베이터가 여러 곳에 설치되어 있을 수 있다. 각각의 엘리베이터가 지표이지만, 소화전이 비치되어 있는 엘리베이터는 건물의 남쪽이라는 것을 구체적으로 알려 준다면 소화전은 정보점이다.

> 예 한 곳의 계단과 다른 곳의 계단을 구분하기 위해서는 정보점이 필요하다. 특정 위치의 계단은 손잡이가 설치되어 있는 데 반해, 다른 장소의 계단에는 손잡이가 설치되어 있지 않을 수 있다. 이 경우 손잡이가 정보점이다.

(4) 기준위치

공간에 대한 사고 및 행동을 위한 기준위치는 자기중심 기준위치와 사물중심 기준위치로 구분할 수 있다.

① 자기중심 기준위치는 환경과 사물에 대한 정보를 자신의 현재 위치를 기준으로 지각하고 기억하며 활용하는 것이다.

  ㉠ 자기중심 기준위치는 자신과 사물 간의 관계라는 용어로 기술하기도 한다.

   예 맞은편에서 오는 사람이 자신의 앞쪽에 있는 편의점 위치를 물을 때 "편의점, 저기 앞에 있어요."라고 대답하는 경우

  ㉡ 공간 관계에 대한 이해는 내적 공간에서 외적 공간으로 발달하기 때문에 시각장애인의 방향정위 능력을 향상시키기 위해서는 자기중심 기준위치를 우선적으로 지도할 필요가 있다.

   • 자기중심 기준위치를 활용하도록 지도하기 위해서는 순차적 학습 전략에 따라 가까이에 위치한 사물과의 관계를 먼저 지도한 다음, 거리를 점차 늘려간다.

   • 신체의 일부, 특히 등(back)에 지도를 그려주는 것도 하나의 전략이다. 자기중심 기준위치를 추상적으로 이해할 수 있는 시각장애인에게는 등에 지도를 그려주는 전략을 활용하여 방향정위를 하게 한다.

    − 손에 지도를 그려주면 위치가 쉽게 바뀌므로 방향과 위치의 일관성을 확보하기 어려운 데 비해, 등에 지도를 그려줄 경우에는 환경 내 특정 위치를 기준으로 사물들 간의 관계와 위치, 방향의 일관성을 유지할 수 있다.

② 사물중심 기준위치는 자신의 현재 위치와는 관계없이 환경 내 사물 또는 장소들 간의 거리, 방향, 위치 등을 지각하고 활용하는 것이다.

  ㉠ 사물중심 기준위치는 사물과 사물 간의 관계이다.

  ㉡ 사물중심 기준위치로 방향정위를 할 경우 장소나 사물의 관계가 변하지 않고, 보행자의 이동에 의해 영향을 받지 않는다.

  ㉢ 사물중심 기준위치로 공간 관계를 이해하는 것이 자기중심 기준위치로 이해하는 것보다 더 어렵기는 하지만, 보행경로를 다양하게 계획하고 선택하는 데는 더 유용하다.

   • 촉각지도를 활용하면 사물중심 기준위치로 공간을 이해하는 데 매우 효과적이다. 촉각지도가 없을 경우 시곗바늘의 위치(3시 방향, 7시 방향, 10시 방향 등), 나침반 방향(동, 서, 남, 북), 점 간의 점 번호(1점, 6점) 등 공간 및 환경 개념을 사용하여 설명한다.

  ㉣ 사물중심 기준위치로 공간을 이해하도록 지도할 때는 우선 조용하고 익숙한 실내 공간을 선택한다.

자료

사물중심 기준위치 지도하기

사물중심 기준위치로 공간을 이해하도록 지도할 때에도 우선 조용하고 익숙한 실내 공간을 선택한다. 책상, 의자, 세면대 등 일상 환경에서 접하기 쉬운 사물 세 가지를 선정한다. 교육생으로 하여금 사물들 간의 위치를 파악하도록 탐색할 기회를 준다. 실제로 걸어가면서 사물의 위치를 확인함으로써 사물들 간의 방향과 거리를 인지적으로 형상화하게 한다. 책상은 출입구 앞에 있고, 의자는 책상 바로 앞에 있으며, 세면대는 의자에서 오른쪽으로 2m 거리에 있다. 사물들 간의 방향과 거리를 말로 설명하게 함으로써, 교육생이 실제로 자신의 위치와는 상관없이 사물들 간의 관계를 이해하고 있는지 파악한다.

출처 ▶ 한국시각장애인연합회(2016)

〈자기중심 기준위치
(자기 앞)〉

〈자기중심 기준위치
(자기 옆)〉

〈사물중심 기준위치〉

설명 회의용 탁자를 자기중심 기준위치로 말할 때는 기준이 되는 사람이 어디에 서 있는지에 따라 달라진다. 그러나 회의용 탁자를 사물중심 기준위치로 말할 때는 책꽂이 앞이라는 위치가 달라지지 않는다.

| 자기중심 기준위치와 사물중심 기준위치 |

출처 ▶ 한국시각장애인연합회(2016)

(5) 인지지도 ^{15초특}

① 인지지도란 환경의 공간구조나 사물의 위치와 공간관계에 대한 정신적 이미지다.

- 인지지도는 사물중심 기준위치에 따라 지표, 보행경로, 사물들 간의 거리와 방향을 표상화한 것이다.

② 시각장애인이 환경 내에서 독립적으로 보행한다면 그 환경에 대한 인지지도를 형성하고 있다는 것을 의미한다.

> **예** 새로운 교실 환경에서 방향정위를 습득한 홍길동은 친구들과 사물들의 위치, 사물들 간의 거리를 인지적으로 형상화하게 됨으로써 교실에서 독립적이고 안전하게 이동할 수 있게 된다. 이때 홍길동은 교실 환경에 대한 인지지도를 형성한 것으로 볼 수 있다.

③ 인지지도는 경로 인지지도와 총체 인지지도로 구분할 수 있다.

자료
경로 인지지도와 총체 인지지도에 대한 자세한 내용은 '[KORSET 합격 굳히기] 경로 인지지도와 총체 인지지도' 참조

경로 인지지도	출발지점과 목표지점 두 지점을 연결하는 경로에 대한 방향과 거리 및 경로 중 지표 등에 대한 정신적 표상을 가리킨다.
총체 인지지도	특정 환경의 전체 및 환경 내 사물들 간의 위치 관계 등에 대한 인지적인 표상이다.

㉠ 시각장애인은 경로 인지지도를 먼저 형성하고 나서 점차 총체 인지지도를 확보하는 것이 효과적일 수 있다.

㉡ 경로 인지지도만 형성하고 있을 때와 달리, 총체 인지지도를 형성하고 있을 경우에는 훨씬 다양하고 자유롭게 보행경로를 선택할 수 있다.

KORSET 합격 굳히기 경로 인지지도와 총체 인지지도

1. 경로 인지지도
   ① 경로 인지지도란 출발지점과 목표지점 두 지점을 연결하는 경로에 대한 방향과 거리 및 경로 중 랜드마크 등에 대한 정신적 표상을 가리킨다.
   ② 보행을 위해 환경 전체에 대한 이해가 필수적인 것은 아니다. 현재 위치에서부터 목표지점까지의 경로를 이해하고 있다면 보행이 가능하다.
      예 시각장애 유아가 교실 출입구에서 자신의 사물함을 스스로 찾아가 옷을 걸어 두고 자기 자리를 찾아간다면 출입구, 사물함, 의자까지의 경로에 대한 인지지도를 형성하고 있다는 것을 의미한다. 그러나 이 유아는 같은 교실 내 다른 친구들의 사물함이나 의자 위치, 교사의 책상, 세면대 등 교실 전체와 세부 구조에 대한 인지지도를 형성하고 있지 않을 수 있다.

2. 총체 인지지도
   ① 총체 인지지도는 특정 환경 전체 및 환경 내 사물들 간의 위치 관계 등에 대한 인지적인 표상이다.
   ② 특정 환경에 대한 총체 인지지도를 형성하고 있다면, 해당 환경 내에서는 항상 같은 경로를 따라 보행하는 대신 상황에 따라 다양한 경로를 선택할 수 있다.
      예 위의 예에서 시각장애 유아가 교실 출입구에서 자신의 사물함을 지나 의자까지 일상적으로 가는 경로를 선택하지 않고, 앞서 걷는 친구 발자국 소리를 들으면서 다른 쪽으로 돌아 사물함을 찾아간다면 교실에 대한 총체 인지지도를 형성하고 있다는 것을 의미한다.
   ③ 경로 인지지도를 먼저 형성하고 나서 점차 총체 인지지도를 확보하는 것이 시각장애인의 방향정위 전략이다. 처음 접하는 환경에서는 더욱이 복잡한 환경일수록, 경로 인지지도를 형성하여 보행하면서 점차 총체 인지지도를 형성해 가는 것이 실용적이다.
   ④ 경로 인지지도만 형성하고 있을 때와 달리, 총체 인지지도를 형성하고 있을 경우에는 훨씬 다양하고 자유롭게 보행경로를 선택할 수 있다.

출처 ▶ 정인욱복지재단(2013)

KORSET 합격 굳히기 시각장애인의 인지지도 형성 촉진 방법

1. 보행지도사는 다양한 방법으로 시각장애인의 인지지도 형성을 촉진할 필요가 있다.
   ① 목표 환경을 촉각지도로 제작하여 공간 구조에 대한 개략적인 인지지도를 형성시킨다. 필요하다면 공간 구조를 이해하는 데 도움이 될 입체 모형이나 사물도 활용한다.
   ② 말로 체계적이고 명확하게, 그리고 촉각지도보다는 상세하게 설명한다. 이때 시각장애인의 개념 이해 수준을 고려해야 한다.
   ③ 안내보행이나 지팡이 보행을 통해 목표하는 환경을 교육생이 적절하게 탐색하게 한다.

2. 자기대화와 평행대화도 인지지도를 촉진하는 데 유용하다.
   ① 자기대화란 교육생이 보행하는 과정 내내 자신이 생각하고 행동하는 것을 말로 표현하는 것이다.
      • 보행지도사는 교육생의 자기대화를 들음으로써 인지지도를 정확하게 형성하고 있는지, 정확하지 않다면 무엇이 교정되어야 하는지 파악할 수 있다.
   ② 평행대화란 보행지도사가 교육생의 보행과정을 말로 진술하는 것이다.
      • 교육생이 자신의 움직임이나 신체언어를 자각하지 못할 때 특히 유용한 전략이다.

출처 ▶ 정인욱복지재단(2014), 한국시각장애인연합회(2016)

(6) 공간갱신

① 공간갱신이란 보행자가 보행경로를 따라 이동하면서 자신과 사물 간의 거리와 방향 변화를 지속적으로 파악하는 과정이다.

> 에 책상 하나가 보행자의 몸 바로 앞에 놓여 있는 상황을 예로 들면, 몸을 오른쪽으로 90도 회전하면 책상은 앞에 있지 않고 자신의 왼쪽에 놓이게 된다. 이와 같이 자신과 사물의 관계는 보행자 자신이 이동하면 달라진다는 것을 이해하는 것이 공간갱신이다.

② 공간갱신은 시각장애 학생이나 시각중복장애인 보행지도 시 포함시켜야 할 주요 내용 요소이다.

(7) 번호체계

① 번호체계는 환경이 구성된 순서를 알려 준다.

② 건물 내의 방 호수, 아파트의 단지 번호 등은 특정 숫자체계에 따라 구성되어 있는데, 이를 번호체계라고 한다.

(8) 측정

① 측정은 단위를 사용하여 사물이나 공간의 치수를 정확히 또는 대략적으로 파악하는 것이다.

② 측정에는 미터, 센티미터, 피트, 인치 등을 활용하는 표준화된 측정과 걸음 수, 무릎 높이, 팔 길이 등을 활용하는 비표준화된 측정, 그리고 '~보다 길다', '~보다 넓다', '~보다 좁다' 등과 같이 상대적으로 비교하는 비교 측정이 있다.

(9) 나침반 방위

① 나침반 방위는 동서남북과 같은 방위를 의미한다.

② 동서남북의 사방에 북서, 북동, 남서, 남동을 포함시켜 팔방으로 사용하기도 하고, 보다 더 자세한 방향을 나타내기 위해 시계 방향(1~12시 방향)을 사용하기도 한다.

3. 방향정위 지도 원칙과 전략

(1) 지도 원칙

① 개별화 지도계획을 수립한다.

ⓐ 방향정위 지도는 교육생 개인의 경험 범위, 보행 목적, 주요 관심사, 현재 능력 등을 고려하여 구체성-추상성 차원에서 개인의 공간에 관한 이해 능력을 점진적으로 추상화시켜 가는 것을 목적으로 한다.

ⓑ 방향정위 지도의 목적을 위해 보행지도사는 교육생 개인의 현재 능력 수준을 종합적으로 평가하고, 그것을 기초로 지도계획을 수립하여 방향정위를 지도한다.

② 감각기술과 인지 전략을 통합하여 지도한다.

ㄱ 공간에 대해 이해하기 위해서는 잔존시각, 청각, 고유수용감각, 운동 감각 등 모든 감각을 효과적으로 사용하여 정보를 수집할 뿐만 아니라, 수집된 정보를 분석하여 어떤 정보가 방향정위하는 데 관련성이 있 는가의 여부를 변별하고 선택하며 조직화한다.

ㄴ 감각 정보 그 자체가 방향정위를 결정하는 것이 아니라, 감각 정보에 대한 해석과 평가 및 재평가가 지속적으로 순환하는 과정이 방향정 위를 위해 필수적이다.

> **예** 보도를 따라 흰지팡이가 보행을 할 때 내리막길을 느끼는 것은 운동감각의 기능이지만, 내리막길이 교차로에 접근하는 지점에 있다는 것을 기억하고 지표로 활용하는 것은 인지기능이다.

③ 생애주기와 장애 특성을 고려하여 지도한다.

ㄱ 시각장애 영유아, 시각장애 유아, 시각장애 노인의 경우 각기 다른 특성을 고려하여 지도한다.

ㄴ 시각장애 발생 시기에 따라 방향정위 지도를 달리할 필요가 있다.

> **예** 선천적 시각장애인에게는 공간을 설명할 때 우선 부분을 나누어 지도한 후, 그것을 조합하여 전체를 이해하게 하는 접근이 효과적인 반면 후천적 시각장애인에게는 공간 전체를 먼저 설명해 준 다음, 부분별로 나누어 보다 세부적으로 이해하도록 지도하는 것이 효과적이다.

ㄷ 시각장애 이외에 다른 장애를 수반하는가의 여부도 방향정위를 지 도할 때 고려한다.

④ 방향정위와 이동기술을 통합하여 지도한다.

- 방향정위와 이동은 불가분의 관계이다.

⑤ 성공적인 훈련 경험을 제공한다.

- 효과적인 방향정위 지도를 위해서는 교육생 개인이 훈련 시간마다 개인 수준의 성공을 경험하도록 목표를 설정하고, 활동과제를 선정하며, 강 화를 제공한다.

(2) 자기 익숙화 전략

시각장애 학생은 새로운 환경을 파악하기 위해 촉각 지도, 안내보행, 구두 설명을 활용하기도 하지만 스스로 새로운 환경을 탐색하여 익히는 자기 익 숙화 전략도 활용한다.

① 자기 익숙화란 새로운 환경에 대해 보행자와 사물 간의 관계 및 사물들 간의 관계를 파악하는 과정이다.

- 자기 익숙화 전략은 시각장애인이 독립적이고 효율적으로 새로운 환 경을 익히기 위한 전략이다.

자료

하인즈 브레이크

단독으로 보행하다 보면, 길을 잃 어서 다른 사람의 도움이 필요한 경우가 있다. 혹은 일반인이 도움 을 주겠다는 경우도 있다. 도움을 요청할지 혹은 거절할지는 시각장 애 학생의 상태에 달려있다. 도움 을 주겠다고 말을 걸어온 경우는 말로 도움을 거절하거나 요청할 수 있다. 그러나 일반인이 시각장 애 학생의 신체적 특정 부분을 잡 으면서 도와준다는 경우가 있다. 이때 도움을 수용하거나 거절하기 위해 사용하는 기법을 하인즈 브 레이크(Hines Break)라고 한다 (박순희, 2022).

자기 익숙화

🔵 친숙화, 익숙화, self-familiarization

비교

자기 익숙화(전략)

박순희 (2021)	• '친숙화'로 표현 • 지표, 단서, 번호체계, 측정, 나침반 방위에 관한 정보를 활용하여 환경을 파악하는 방향정위 이동이다.
임안수 (2008)	• '익숙화 과정', '자기 익숙화 과정'으로 표현 • 시각장애인은 익숙한 환경에서는 보행하는 데 큰 어려움을 느끼지 않지만 낯선 환경에서 보행하는 경우에는 어려움을 느낀다. 그러므로 보행교사는 시각장애 아동이 낯선 환경에 익숙해지도록 체계적으로 지도하는 것이 중요하다. 이 과정에서 교사는 낯선 장소에서 체계적으로 이동을 안내하고, 촉각지도를 사용하여 그 지역의 뚜렷한 특징을 설명한다.
정인욱 복지재단 (2014)	본문 참조

---

② 자기 익숙화 훈련은 안내법, 자기 보호법에 대한 교육이 끝난 후 익숙한 실내를 이동할 수 있는 자신감이 생길 때 실시하는 것이 적합하다.
- 그러나 자기 보호법보다는 이점 촉타법을 활용하였을 때 이동이 좀 더 자유롭고, 지팡이를 통해 얻게 되는 정보가 많기 때문에 가능한 한 지팡이법까지 훈련을 마친 후 실시하는 것이 좋다.

③ 자기 익숙화 전략은 주변탐색, 격자탐색, 기준점과 같이 세 가지로 구분할 수 있다(Hill & Ponder). 15초특, 23중특
㉠ 시각장애인이 새로운 환경에 대해 방향정위를 할 때는 우선 기준점을 찾고, 주변 탐색을 하며, 필요한 경우에는 격자탐색도 한다.

주변탐색

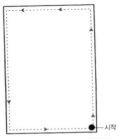

🖐 둘레파악법, 둘레탐색법

격자탐색

🖐 수직횡단파악법, 중앙탐색법

환경 탐색 기법
🖐 공간탐색법

[자료]

공간 탐색 방법
복도와 같이 좁은 공간이라면 주변탐색이 적당하고, 탐색하려는 곳이 '방'과 같은 넓은 공간이라면 격자탐색을 사용한다. 필요한 경우 두 가지 방법을 함께 사용할 수 있다(Hill, 1986; 박순희, 2022 재인용).

주변탐색	• 실내의 자기 익숙화 과정은 방 주변 둘레에 대한 탐색으로 시작된다. • 보행자가 특정 환경의 전체적인 윤곽을 이해하기 위해 특정 공간의 주위 경계를 각각 탐색하고 각 경계면의 특징을 반영한 이름을 붙여 기억하는 것이다. ⑩ 어느 복지관 1층에 있는 강당의 구조를 파악하기 위해 강당 전체를 탐색하면서, 출입구가 있는 왼쪽 벽면, 정수기가 배치된 뒤쪽 벽면, 내빈을 위한 안락의자가 배열될 오른쪽 벽면, 무대단상이 있는 앞면 등을 기억하면서 탐색하는 것이 주변탐색을 활용하여 자기 익숙화를 하는 것이다.
격자탐색	• 실내 둘레를 탐색한 후에 방의 내부를 탐색하기 위하여 사용된다. • 특정 환경을 바둑판과 같이 구획을 설정하여 전후 또는 좌우 방향으로 체계적으로 이동하면서 사물의 위치를 파악하는 것이다. ⑩ 앞에서 예로 든 강당을 상세히 탐색하고자 할 경우, 단상 왼쪽 앞에서 정수기가 놓인 뒤쪽으로 이동한 후 오른쪽으로 몇 발자국 옮겨 다시 단상 앞으로 오면서 보행경로마다 어떤 사물이 있는지를 파악하는 것이다. 이와 같은 패턴으로 강당 앞뒤를 반복적으로 탐색하는 것이 격자탐색 전략을 활용하는 자기 익숙화의 예이다.
기준점	• 환경 전체를 탐색하기 위해 어느 지점에 있든지 간에 쉽게 되돌아와 활용할 수 있는 기준이다. ⑩ 앞에서 예로 든 강당을 익히고자 하는 시각장애인은 출입구를 기준점으로 삼아 강당 내 어느 지점에 있든지 간에 사물들 간의 배열을 파악하기 위해 필요할 때마다 기준점을 재확인하면서 방향정위하는 전략이다.

㉡ 주변탐색과 격자탐색을 환경 탐색 기법이라고 한다.

④ 자기 익숙화 과정에서 학생은 다음의 세 가지 질문에 대해 확실하게 답을 알아내야 한다.

㉠ 환경에서 활용할 수 있는 정보는 무엇인가?

㉡ 정보를 어떻게 획득할 수 있는가?

㉢ 정보를 어떻게 활용할 것인가?

03 청각 활용 훈련

1. 청각기술 ^{24중특}

맹학생은 방향정위를 위해 흰지팡이나 발과 손을 통해 수집되는 촉각 정보와 더불어 청각 정보를 주로 활용한다. 독립보행을 위해 청각기술 훈련은 매우 중요하다.

소리 인식	• 보행 환경 주변에서 나는 소리를 들을 수 있는 것을 말한다.
소리 식별	• 수돗물 소리, 체육관에서 공 튀기는 소리, 엘리베이터 소리, 오토바이 소리 등처럼 소리의 정체가 무엇인지 아는 것이다.
소리 변별	• 소리가 나는 여러 사물 중에 같은 소리, 다른 소리, 특정 사물이 내는 소리를 구분해 내는 것을 말한다. 예 교차로에서 차량의 흐름이 직진인지, 좌회전인지, 우회전인지를 구분하는 것 / 사거리 신호등의 신호에 따라 대기하고 있는 자동차 소리와 출발하는 자동차 소리의 차이를 들었음
소리 위치 추정	• 소리가 나는 곳을 알고 도달할 수 있는 것을 말한다. • 소리의 방향과 크기를 통해 거리를 가능한 한 정확하게 판단하는 것이 중요하다. 예 탁 트인 공간에서 소리 나는 물체를 학생 주변에 떨어뜨리고 학생이 소리 나는 물체를 찾도록 하는 것
소리 추적	• 사람이나 차량처럼 소리 나는 대상을 따라가는 것을 말한다. 예 보행교사가 박수를 치면서 앞서가면 학생이 박수 소리를 듣고 따라가기 / 학교로 돌아가기 위해 인도와 평행한 도로를 지나는 차량의 소리를 들으며 따라갔음

출처 ▶ 이태훈(2021). 내용 요약정리

소리 위치 추정
🔁 소리 위치 찾기

KORSET 합격 굳히기 반향음 위치 추정

1. 반향음 위치 추정이란 사물로부터 소리 산출자에게 반사되어 오는 음파를 활용하여 멀리 있거나 보이지 않는 사물의 위치를 파악하기 위한 생리적 과정이다.

2. 시각장애인도 혀끝을 입천장에 부딪히거나 손가락을 튀기거나 박수를 치거나 발을 굴리거나 흰지팡이 끝으로 지면을 세게 치거나 하는 등 소리를 내고 그 소리가 반사되는 것을 보행에 활용한다.

3. 보행지도사는 시각장애인이 소리 반사, 굴절, 흡수를 활용하여 방의 특징을 인지하도록 지도한다. 방안에 있는 사물에 따라 소리가 반사되거나 굴절되거나 흡수되므로 방안에서 나는 소리는 방의 구조나 넓이, 가구 배치 등에 대한 단서이다.

출처 ▶ 정인욱복지재단(2014)

2. 청각 단서의 이용을 방해하는 주요 원인 24중특

보행 중에 방향정위를 위해 설정한 청각 단서를 들을 수 없게 되면 방향정위에 어려움을 겪을 수밖에 없다. 보행 중에 청각 단서를 이용하는 것을 방해하는 주요 원인들은 다음과 같다.

사운드 마스크 (sound mask)	• 청각 단서가 주변의 소음으로 인해 들리지 않는 현상으로, 인도 보행 중에 주변 공사 소음으로 인해 차량의 진행음, 카페 음악, 횡단보도 신호음 등을 들을 수 없는 경우이다. • 소음이 일시적인 것(응급 구조 차량의 사이렌 소리)이면 소음이 사라질 때까지 기다리거나 촉각이나 후각 같은 다른 감각 정보를 이용하여 천천히 이동하거나 행인에게 도움을 요청할 수 있다.
사운드 섀도 (sound shadow)	• 보행 도중 청각 단서가 나오는 곳(음원)과 시각장애 학생 사이에 큰 물체나 구조물이 있어서 청각 단서가 차단되어 잘 들리지 않는 현상이다. • 인도를 걷는 도중 음원과 시각장애 학생 사이에 공사를 위한 대형 칸막이가 있는 경우이다. • 청각 단서를 차단하는 것이 일시적인 것이면(잠시 정차한 대형 트럭 등) 지나갈 때까지 기다리거나, 촉각이나 후각 같은 다른 감각 정보를 이용하여 천천히 이동하거나 행인에게 도움을 요청할 수 있다.

출처 ▶ 이태훈(2021). 내용 요약정리

04 이동기술 지도

1. 실내 단독 이동기술

(1) 자기 보호법

① 상부 보호법 ^{12초특}

개념	• 상부 보호법은 얼굴, 목, 가슴 등 신체 상단부를 충돌이나 손상으로부터 보호하는 기술이다.
자세	• 팔은 어깨높이 정도로 지면과 평행으로 뻗는다. • 팔꿈치는 약 120도 정도 굽힌다. • 손가락은 함께 붙이고 반대편 어깨선보다 약 3cm 정도 밖으로 뻗고, 손바닥은 바깥쪽으로 향한다.
유의 사항	• 복도의 왼쪽으로 보행할 때는 오른쪽 팔을, 오른쪽으로 보행할 때는 왼쪽 팔을 사용하는 것이 좋다. 　－ 보통 장애물이 벽 쪽에 많고 장애물을 접했을 때 탄력이 많은 손바닥이 장애물에 부딪히게 하기 위한 것이며, 반쯤 열린 문이나 돌출한 기둥과 같이 직접 안면에 부딪힐 위험성이 있는 장애물을 확실히 파악하는 데 도움이 되기 때문이다. • 장애물의 위치에 따라 팔의 높이를 변화시킬 수 있다. 보통은 어깨와 수평이 되도록 팔을 유지하는 것이 좋으나 장애물의 위치에 따라서 팔을 상하로 다소 움직여도 된다.

② 하부 보호법

개념	• 하부 보호법은 의자나 책상 등과 같은 물체를 탐지할 때 쓰이며, 신체의 하부를 보호하려는 목적으로 사용된다.
자세	• 팔과 손가락을 아래로 뻗는다. • 손은 몸의 정중선에 오도록 하고 몸에서 약 20cm 정도 떨어지게 한다. • 손바닥은 안으로 향하고 손가락은 자연스럽게 느슨히 붙인다. 　－ 손등이 전면을 향하도록 하고 손에 힘을 빼 충돌 시 충격이 크지 않도록 한다. • 긴장하지 않고 자연스럽게 한다.
유의 사항	• 하부 보호법 자세에서 손과 팔의 전박부가 배꼽 아래 부위까지 내려오도록 해야 한다. • 장애물의 위치에 따라 내민 손의 위치를 조정할 수 있다.

Tip

이동기술의 자세는 서술식으로 준비하는 것이 요구된다.

시각장애 보행의 유형

박순희 외 (2022)	• 남의 도움이나 보조구 없이 몸만 사용해서 이동하는 방법 • 안내인 보행 • 흰지팡이 보행 • 안내견 보행 • 전자보행보조구를 활용하여 이동하는 방법
한국시각 장애인 연합회 (2016)	• 안내 보행 • 흰지팡이 보행 • 안내견 보행 • 전자보행기구 이용 보행

상부 보호법 자세

정인욱 복지재단 (2014)	본문 참조
초등(3-4 학년군) 체육 교사용 지도서 (2022)	상체를 보호하기 위해 한 팔을 어깨높이로 올려 120도로 구부린다. 뻗은 팔의 손바닥은 전방을 향하게 한다.
박순희 (2022)	한 팔을 어깨높이로 올려 팔꿈치는 120도 각도로 구부려 손바닥이 전면을 향하도록 뻗는다. 어깨 바깥으로 손끝을 약 2.5cm 정도 더 내밀어 몸 전면을 보호하도록 한다.
이태훈 (2021)	벽에 등을 대고 서서 한 팔을 들어 반대편 어깨에 손을 갖다 댄 후에 팔꿈치의 각도가 120도 정도 되도록 손바닥을 전방으로 내민다. 장애물의 위치에 따라 내민 손바닥의 위치를 얼굴 쪽으로 조정할 수 있다.

하부 보호법 자세

정인욱 복지재단 (2014)	본문 참조
이태훈 (2021)	벽에 등을 대고 서서 한 손을 몸 중앙으로 내려 뻗은 후 손등이 바깥을 향하도록 몸으로부터 20~25cm 정도 떨어뜨린다. 장애물의 위치에 따라 내민 손의 위치를 조정할 수 있다.

③ 상·하부 보호법

상부 보호법과 하부 보호법을 함께 사용할 때는 상부 보호법에 사용하지 않는 반대편 손과 팔로 하부 보호법 자세를 취한다. 상부와 하부 보호법을 필요에 따라 번갈아가면서 사용할 수 있다.

〈상부 보호법〉　　　　〈하부 보호법〉　　　　〈상·하부 보호법〉

출처 ▶ 박순희(2022)

핸드 트레일링
🔵 트레일링, 따라가기, trailing

핸드 트레일링 자세

2010 중등1-29 기출	본문 참조
초등(3~4 학년군) 체육 교사용 지도서 (2022)	• 자신이 따라가고자 하는 벽과 15~20cm 간격을 두고 나란히 서고, 벽 쪽의 팔을 45도 각도로 앞으로 뻗는다. 뻗은 팔 쪽 손을 달걀을 쥔 듯한 모양으로 만들어 벽에 살짝 갖다 댄다. 이 자세로 벽을 스쳐 가며 이동한다.
박순희 (2022)	• 자신이 따라가고자 하는 대상과 나란히 15~20cm 간격을 두고 서서 사물 쪽의 팔을 45도 아래쪽 정면으로 뻗고, 계란을 쥔 듯한 손 모양을 만든 뒤 사물에 살짝 갖다 대면서 앞으로 이동한다.
정인욱 복지재단 (2014)	• 몸이 기준선과 평행이 되도록 선다. • 어깨와의 거리가 벽 등에서 10cm 정도 떨어지게 한다. • 팔은 약 45도 아래로 뻗쳐 손이 허리 정도에 있게 한다.

(2) 핸드 트레일링 10중특, 12중특, 19중특, 21초특, 23중특

개념	• 핸드 트레일링은 벽이나 가구 등을 활용하여 평행 또는 직선보행을 유지하고 복도의 문을 지표로 하여 원하는 장소를 찾기 위하여 사용할 수 있는 방법이다.
자세	• 기준선(벽 등)과 가까운 팔을 진행 방향과 평행되게 하고, 그 팔을 약 45도 아래쪽 정면으로 뻗어서 손을 허리 높이 정도로 들고, 새끼 손가락 둘째 마디 바깥 부분을 기준선에 가볍게 대면서 이동한다.
유의 사항	• 장애물에 대한 정보를 손이 먼저 파악하도록 팔이 항상 몸보다 앞에 있도록 한다. 그러므로 팔을 45도 정도로 하여 앞으로 뻗는 것이다. • 학생이 긴장감이나 불안감이 있으면 손가락에 힘이 들어가 뻣뻣해져 장애물에 부딪혔을 때 다칠 우려가 있다.
한계점	• 바닥의 변화 상태를 발견할 수 없고, 방어는 스치는 면 쪽에만 국한된다. 따라서 친숙하지 못한 공간에서는 이동에 주의를 요하며, 필요하다면 다른 보호법이나 지팡이를 동시에 사용해야 한다.

〈전면에서 본 핸드 트레일링〉　　　〈측면에서 본 핸드 트레일링〉

출처 ▶ 박순희(2022)

(3) 자기 보호법과 핸드 트레일링의 결합

자기 보호법과 핸드 트레일링의 결합은 따라가던 벽과 벽이 끊어진 경우와 같이 열린 공간을 보행할 때 유용하게 사용할 수 있다.

〈상부 보호법과 트레일링의 동시 사용〉　　〈열린 공간에서 이동〉

출처 ▶ 박순희(2022)

(4) 비어링 및 방향잡기 ²³중특

① 비어링(veering)이란 직선보행을 할 때 자신도 모르게 왼쪽이나, 오른쪽으로 굽어져 걷는 현상을 의미한다.

　• 비어링의 원인은 다양할 수 있는데, 좌우 청력의 불균형, 평형감각 불안정, 운동감각의 이상, 불균형한 자세, 불안감에 의한 신체적 긴장감 등이 이에 속한다.

② 비어링이 발생했을 때 보행자는 방향잡기 기술을 실시하여야 한다.

③ 방향잡기란 목표지점을 향하여 일직선으로 갈 수 있는 기술이며, 이를 위해 소리나 사물로부터 방향을 가늠하게 된다.

　㉠ 방향잡기 훈련은 긴 복도나 인도의 중앙을 따라 걸으면서 한다.

　㉡ 방향잡기 훈련의 궁극적인 목적은 직선보행이다.

④ 방향잡기에는 수직 정렬과 수평 정렬의 두 가지 종류의 정렬법을 이용한다.

수직 정렬	• 사물이나 소리를 활용하여 그 흐름과 90도 각도를 유지하는 것을 의미한다. • 진행 방향으로부터 직각으로 방향을 틀어 이동해야 할 때 사용한다.
수평 정렬	• 사물이나 소리를 활용하여 그 흐름과 평행을 유지하는 것을 의미한다. • 진행하는 방향과 같은 방향을 계속 유지하며 이동할 때 사용한다. 예 복도의 교차 지점을 건너 같은 방향으로 이동해야 할 때 사용할 수 있다.

출처 ▶ 이태훈(2024), 정인욱복지재단(2014), 내용 요약정리

수직 정렬
통 직각 정렬, 직각 서기

수평 정렬
통 평행 정렬, 평행 서기

⑤ 비어링 수정 방법과 이에 따른 실습 순서는 다음과 같다.

비어링 수정 방법	• 인도 보행 중에 차량 소리가 가까워지거나 지팡이 팁이 인도 아래로 떨어지는 느낌이 든다면 인도 중앙에서 차도 쪽으로 비어링한 것임을 알고 멈춰 서야 한다. • 비어링을 수정하려면 연석에서 평행 서기를 한 후 인도 중앙을 향해 옆으로 서너 걸음 이동한 후 차량 소리를 이용해 방향과 자세를 정렬해야 한다.
비어링 수정 방법 실습 순서	• 비어링 인식하기 → 멈춰 서기 → 진로 방향과 평행하게 서기 → 자세 정렬하기 → 직선 보행하기

| 인도에서 비어링 수정하기(평행 서기 후 인도 중앙으로 이동) |

출처 ▶ 이태훈(2021)

2. 안내법

안내법은 안내인의 도움을 받아 이동하는 기초적인 보행방법으로, 시각장애인이 정안인의 팔을 잡고 걷는 방법이다. 실내외에서 모두 사용할 수 있다.

(1) 기본 안내법 13중특(추시)

① 시각장애인은 안내자의 팔꿈치 바로 위쪽 상박 부위를 계란을 쥐듯 가볍게 잡는다.

- 시각장애인의 키가 작을 경우에는 안내자의 손목을 잡아도 좋다.

② 안내자는 자신의 팔을 몸통 가까이에 붙이고 시각장애인은 안내자의 반보 옆, 반보 뒤에 선다.

- 안내자가 팔을 몸통에 붙이지 않으면 팔에서 느끼는 정보에 혼란을 줄 수 있으므로 유의한다.

  예 팔이 몸통에 거의 가깝게 붙어 있는 상태라면 계단이나 턱을 올라가거나 내려갈 때 높이에 대한 정확한 정보를 줄 수 있지만, 안내자가 팔을 몸통에 붙이지 않고 아무 때나 올리고 내리면 정확한 정보를 주기 어렵다.

③ 안내법 보행 시 안내자는 시각장애인에게 환경적 정보를 제공하여야 한다.

Tip

2023 중등B-6 기출에서는 '수직/수평 정렬'이 아닌 '진로 방향과 평행하게 서기'라는 표현이 사용되었다.

비교
(신체)정렬법과 직각 서기

정인욱 복지 재단 (2014)	방향 잡기	• 두 가지 종류의 정렬법 이용: 수직 정렬, 수평 정렬 • 자세한 내용은 본문 참조
	직각 서기	• 학생이 신체의 방향선과 일직선을 수립하여 환경 속에서 정확한 위치를 설정할 때 사용 • 한 건물에서 다른 건물로, 복도 한쪽에서 반대편 복도로 이동할 때 사용
이태훈 (2024)	신체 정렬	• 직각 서기(직각 정렬): 진행 방향으로부터 직각으로 방향을 틀어 이동해야 할 때 사용 • 평행 서기(평행 정렬): 진행하는 방향과 같은 방향을 계속 유지하여 이동할 때 사용
박순희 (2022)	신체 정렬법	• 수평 정렬: 사물에 등을 대어 평행이 되도록 하는 방법 • 수직 정렬: 벽 등의 사물과 90도가 되도록 몸의 한쪽을 정렬하는 방법

(2) 상황별 안내법

각 상황별 안내 방법은 다음과 같다.

좁은 통로 통과하기 25중특	• 안내자는 기본 안내법 자세에서 시각장애인이 잡은 쪽 팔의 팔꿈치를 구부려 등 뒤에 댄다. • 시각장애인은 안내인이 구부린 팔의 상박부가 아닌 팔목을 잡는다. • 안내자와 시각장애인은 일렬로 서서 걸어가서 조금 작은 보폭으로 걷는다. • 좁은 통로를 통과한 후 안내자는 안내하던 팔을 등 뒤로부터 내려서 몸과 나란히 하고 시각장애인은 기본 안내법 자세를 취한다.
출입문 통과하기 18중특	• 좁은 길이므로 일렬을 유지한다. • 문을 통과할 때 앞에 선 안내자는 문을 여는 역할, 뒤에 선 시각장애인은 문을 닫는 역할을 한다. 　－ 안내자가 왼팔로 문을 본인 쪽으로 잡아당기면 시각장애인도 왼팔로 그 문 반대편 문고리를 잡으면서 통과해 나온다. 　－ 안내자가 오른팔로 밀면서 나오거나 들어가면 시각장애인도 오른팔로 문고리를 잡아서 닫으면서 통과한다. 　－ 시각장애인이 문을 완전히 닫을 때까지 안내자는 기다린다. 　－ 통과 후에는 기본 안내법으로 복귀한다.
의자에 앉기	• 안내자는 시각장애인의 무릎이 부드럽게 의자 앞부분에 닿도록 시각장애인을 안내한다. • 안내자는 시각장애인이 의자의 등받이를 손으로 만질 수 있게 해준다. • 시각장애인은 의자의 앉는 부분에 물건 등이 있는지 점검한 후 앉는다.
계단 오르내리기	• 계단을 이용할 때의 기본 절차는 다음과 같다. 　－ 계단 끝에 수직으로 접근한다. 　－ 첫 계단의 끝에서 일단 정지한다. 　－ 안내자의 옆에 나란히 선다. 　－ 안내자는 일보 전진한다. 　－ 시각장애인은 한보 뒤에서 안내인의 보폭에 맞추어 따라간다. 　－ 계단을 다 지났을 때는 일단 정지했다가 정상 보조로 진행한다. • 기본 절차를 바탕으로 한 계단 지도 절차는 다음과 같다. 　－ 안내자는 오름 계단으로 간다는 사항을 말로 설명하거나 잠깐 멈추어 시각장애인이 환경의 변화를 예측하도록 해준다. 　－ 시각장애인은 안내자가 첫 번째 계단을 올라가 팔이 올라간 정도를 느끼면 그에 해당하는 만큼을 가늠하여 첫발을 올려 내딛는다. 　－ 난간이 있는 계단을 오를 경우, 필요에 따라 시각장애인이 난간을 같이 잡고 올라오도록 해야 한다.

자료

좁은 통로 통과하기

자료

출입문 통과하기

자료

의자에 앉기

자료

계단 오르내리기

- 계단 올라가기: 안내인이 계단 앞에 서서 올라가는 계단임을 말하면 시각장애 아동은 안내인 옆에 나란히 서서 난간을 잡는다. 안내인이 한 계단 앞서 올라가되, 처음 두세 계단은 천천히 올라가서 계단의 높이와 형태를 파악하도록 하고 그 이후 계단은 정상적인 속도로 올라간다. 시각장애 아동은 안내인의 움직임, 팔의 위치 변화, 난간 곡선 변화 등을 통해 계단의 시작과 끝을 예측하도록 한다.

- 계단 내려가기: 안내인이 계단 앞에 서서 내려가는 계단임을 말하면 시각장애 아동은 안내인 옆에 나란히 서서 난간을 잡는다. 안내인이 한 계단 앞에 내려간다. 나머지 절차는 계단 올라가기와 동일하다.

출처 ▶ 이태훈(2021)

- 계단의 높이를 근육 감각이 기억하기 때문에 한 계단에 양발을 모두 올려놓지 않고 한 발씩 올리면서 쉬지 않고 리듬감 있게 걷도록 하는 것이 중요하다.
- 계단을 다 올라가면 안내자는 말이나 잠깐 멈춤으로써 계단이 끝났음을 알려 준다.
- 계단을 안내할 때는 계단과 90도 각도를 유지하여 올라간다. 동선을 줄이기 위하여 사선으로 가게 되면 시각장애인이 발을 헛딛게 되는 경우가 있음을 주의한다.
- 다양한 안내 상황에서 '잠깐 멈춤'의 의미는 시각장애인으로 하여금 환경의 변화를 미리 예측하게 하는 기능을 한다.
- 계단 이용 지도 시 다음 사항에 유의한다.
  - 항상 오름 계단부터 지도한 후 편안해지면 내림 계단을 지도한다.
  - 계단 중간에서 서지 않도록 한다.
  - 한 계단에 두 발을 모두 올리는 것보다 계단마다 한 발씩 올리도록 지도한다.

(3) 장단점

장점	• 안내자와 시각장애인이 서로 원만한 사회적 관계를 유지할 수 있도록 도움을 준다. • 안내자가 안내방법을 정확하게 알고 있는 경우라면 안내법은 가장 안전하고 신속한 이동방법이다. • 안내자의 설명을 통해 안내를 받으면서 지형이나 표지판 등을 알아갈 수 있어서 독립보행을 위한 준비가 될 수 있다.
단점	• 안내자가 안내법을 정확히 모를 경우 시각장애인이 불편할 수 있다. • 다른 사람에게 의지하는 마음을 키우게 한다. • 시각장애인의 자존감에 부정적인 영향을 미치기도 한다.

3. 지팡이 보행

(1) 사용 목적

① 지팡이가 먼저 장애물에 접촉하여 신체의 안전을 확보할 수 있다(안전성 확보).

② 지팡이를 통해 장애물의 재질을 알 수 있고, 인도나 차도 등을 구분할 수 있다(정보 입수).

③ 흰지팡이는 시각장애인만 사용할 수 있는 것으로, 법으로 지정해 놓고 있기 때문에 보행자나 자동차 운전자들의 주의를 환기시켜 주고, 복잡한 지역에서 길을 잃어버린 경우 도움을 요청할 때 효과적이다(시각장애인의 상징).

(2) 구조와 선택

① 흰지팡이는 손잡이, 자루, 팁으로 구성된다.

② 흰지팡이의 종류에는 일자형 지팡이, 접이식 지팡이, 안테나형 지팡이 등이 있으며, 휴대가 용이하고 견고한 접이식 지팡이를 많이 사용한다.

③ 지팡이는 장애물과 부딪혔을 때 충격을 완화하는 동시에 신체를 보호해야 하는 역할을 해야 하기 때문에 너무 단단하거나 약해서는 안 된다. [18중특]

④ 지팡이 선택 시 구비 조건은 다음과 같다.

길이	• 일반적으로 흰지팡이의 표준 길이는 학생의 겨드랑이나 가슴 중앙 높이 정도에 오는 것이 적절하다. − 최대로 긴 것이라도 자기의 어깨높이보다 더 길지 않아야 하며, 짧은 경우라도 자기의 팔꿈치 높이보다 짧으면 좋지 않다. • 흰지팡이 사용 시, 지팡이가 주변 사물에 자주 걸리는 학생은 표준 길이보다 짧은 것을 사용할 수 있다. • 흰지팡이 사용 시, 주변 사물이나 장애물에 대한 반응이 느려 자주 부딪히는 모습이 나타나는 학생은 표준 길이보다 더 긴 것을 사용할 수 있다. 시각·지적장애 학생, 시각·지체장애 학생에게 나타날 수 있다.
무게	• 지나치게 무겁거나 가벼운 지팡이는 사용하기에 적합하지 않다. • 보편적으로 170~200g 정도의 것이 성인용으로 적합하다.
접촉 탐지능력	• 장애물을 탐지하고 지면의 상태를 알아내는 것이므로, 지팡이에서 전달되는 소리나 진동이 잘 전달되어야 한다.
내구성	• 지팡이는 우선 튼튼하고 오래 사용할 수 있어야 좋다. − 충격이나 압력에도 견딜 수 있어야 하고, 오래 사용하여도 변질되거나 약화되지 않는 것이라야 한다.
팁	• 지팡이의 팁은 예민하여 사물을 잘 탐지할 수 있어야 하고, 잘 닳지 않고 울퉁불퉁한 지면에서도 유연하게 잘 미끄러져야 한다.
손잡이	• 손잡이는 우선 잡기에 편해야 하고 오래 사용해도 피로를 느끼지 않게 하는 것이어야 하며, 기후의 변화에도 이상이 없는 것이어야 한다. − 우리나라의 경우 손잡이의 재질은 폴리우레탄을 사용하고 있다.

비교

지팡이의 구조

이태훈 (2021)	손잡이, 자루(지팡이의 몸통 부분), 팁(지팡이의 끝부분)
정인욱 복지재단 (2014)	손잡이, 손잡이 끈, 자루, 팁

PART 1

(3) 장단점

지팡이 사용의 장단점은 다음과 같다.

장점	• 지팡이는 물체와 보행 표면에 대한 정보를 제공한다. • 기동성이 있다. • 지팡이는 가격이 싸고 관리하기 편리하다.
단점	• 움직이는 공간 전체를 감지하기 어렵다. • 허리 위쪽의 신체 부위를 장애물로부터 보호하는 데 어려움이 있다. • 지팡이가 주는 정보는 지팡이가 접촉하는 순간에만 전달된다.

(4) 사용 기법

지팡이를 사용하는 기법으로는 대각선법과 이점 촉타법을 들 수 있다. 대각선법은 실내에서 사용하는 기법이며, 이점 촉타법은 실내에서도 사용 가능하지만 주로 실외에서 사용되는 기법이다.

① 대각선법 09중특, 10중특, 12중특, 13중특(추시), 19중특, 21초특

대각선법 자세

출처 ▶ 이태훈(2024)

2010 중등1-29 기출	본문 참조
박순희 (2022)	지팡이는 골반 바깥쪽으로 내밀어 주먹을 쥔 모양으로 집고 엄지를 뻗어 잡는다. 몸을 가로질러 지팡이를 뻗치고 지팡이 끝은 어깨에서 약 2.5cm 정도 더 나오게 한다. 지팡이 끝을 지면에서 약간 위로 띄운 상태에서 이동하게 된다.
이태훈 (2021)	대각선법에서 흰지팡이의 양 끝은 어깨보다 약 5cm 정도 더 나와야 한다.
정인욱 복지재단 (2014)	(집게손가락으로 잡기) 지팡이를 잡은 팔을 내려 뻗어 45도를 유지하여 지팡이가 몸 하부를 사선으로 가르듯이 놓는다. 지팡이 끝은 신체의 가장 넓은 부위(어깨)보다 5cm 바깥의 지면에 둔다. 이 상태를 유지하고 지팡이를 살짝살짝 지면에 대고 밀면서 앞으로 나간다.

지팡이 잡는 법	• 집게손가락으로 잡기 : 대각선법의 기본적인 지팡이 잡는 법 • 엄지손가락으로 잡기 • 연필 잡는 식 잡기 〈집게손가락으로 잡기〉 〈엄지손가락으로 잡기〉 〈연필 잡는식 잡기〉 출처 ▶ 정인욱복지재단(2014)
자세	• 흰지팡이를 자신의 몸 전면에 가로질러 뻗치게 하고 팁(첨단)은 지면에서 약 5cm 떨어지며, 흰지팡이의 아래쪽 끝과 위쪽 끝은 몸의 가장 넓은 부위보다 밖으로 약 2~4cm 벗어나게 해서 이동한다.
이동방법	• 대각선법은 지팡이를 잡은 손의 팔을 펴야 하며, 팁은 한발 앞에 항상 위치해 있어야 한다. − 지팡이는 몸의 전면 하부에 있는 장애물을 미리 알려 주어 하체를 보호하는 기능을 한다(완충기의 역할). • 대각선법은 실내에서 벽을 따라 기준선 보행을 할 때도 사용할 수 있으며, 벽과 반대쪽 손으로 흰지팡이를 잡고 지팡이 팁을 벽 걸레받이에 대고 이동한다.
장점(기능)	• 혼자서 익숙한 실내 환경을 다닐 수 있는 능력을 향상시킨다. − 이점 촉타법보다는 제한이 있으나 자기 보호법이나 트레일링법보다는 더 많은 보호를 하기 때문에 익숙한 실내에서 편리하게 사용할 수 있는 지팡이법이다. • 실내에서 지팡이 사용에 따른 소음을 줄일 수 있다.

② **이점 촉타법** 09중특, 11중특, 18중특

　㉠ 이점 촉타법은 발을 내디딜 지면을 먼저 흰지팡이 팁으로 두드려 지면의 상태나 장애물 여부 등을 확인하는 기술로, 실외에서 가장 널리 사용된다.

　㉡ 이점 촉타법은 실내에서도 가능하지만 시각장애인에게 익숙한 실내에서 몸 양쪽을 두드리는 것은 불필요한 에너지를 낭비하는 것이며, 지팡이를 자주 두드리는 것은 소음을 만들어 낼 수 있기 때문에 실외에서 주로 사용된다.

지팡이 잡는 법	• 지팡이를 잡은 손은 몸 중심에 두고 두 번째 손가락은 뻗고 나머지 손가락들로 지팡이를 감아 잡는다. 　- 두 번째 손가락만 아래쪽으로 뻗는 이유는 지팡이 끝으로 전달되어 오는 진동과 느낌을 잘 전달받기 위해서다. • 장애물에 걸려 지팡이를 놓치지 않을 정도로 단단히 잡도록 한다. • 손목의 움직임을 자연스럽게 하기 위하여 지팡이를 잡은 손의 손등은 위쪽이 아닌 측면을 향하도록 한다. • 지팡이를 잡은 팔을 몸에서 약간 떨어뜨려(20~30cm) 전방 아래로 뻗고, 팔꿈치는 약간 구부릴 수도 있고 펼 수도 있는데, 선호하는 것을 선택하면 된다.
손목 운동	• 지팡이를 잡은 손이 몸 중앙에 오도록 한 뒤 고정시킨다. 　- 이것은 양쪽에 똑같은 넓이로 호를 그리기 위해서다. • 손목 부분만 좌우로 움직여 양쪽이 똑같은 넓이의 호를 그리도록 한다. 　- 팔이 움직여서는 안 된다. 　- 양쪽의 넓이가 달라지면, 앞으로 똑바로 나아가는 직선보행을 할 수 없다. 왼쪽이 더 넓으면 왼쪽으로 치우쳐서 가고, 오른쪽이 더 넓으면 오른쪽으로 치우쳐서 가게 된다.
호의 넓이	• 어깨 너비보다 5~6cm 정도 넓게 유지한다.
호의 높이	• 지팡이가 양쪽으로 움직여 호를 그릴 때 바람직한 호의 높이는 2~5cm 정도이다. 　- 지팡이 끝이 지면으로부터 너무 높으면 지면의 작은 장애물 정보를 파악하기 어려울 수 있기 때문이다.
지팡이 터치법	• 터치는 사용자가 지면을 탐지해 낼 수 있을 정도로만 가볍게 치는 것이 좋다. 터치를 세게 하면 소음이 발생할 수 있고, 사용자의 손목에 통증을 유발할 수도 있다. 또한 지팡이 끝이 쉽게 마모될 수 있다. • 잔디밭이나 모래밭 같은 딱딱하지 않은 지면에서는 지팡이 끝이 지면에 박혀 들어갈 수도 있으므로 주의해야 한다.

이점 촉타법
동 이점 터치법

비교
손과 몸 사이의 간격

정인욱 복지재단 (2014)	본문 참조
박순희 (2022)	• 몸 앞의 공간을 지팡이로 최대한 확보하기 위해 지팡이를 잡은 쪽은 팔을 최대한 곧게 뻗도록 한다. • 사람이 많은 혼잡한 장소에서 지팡이를 길게 잡으면 다른 사람의 보행을 방해할 수 있으므로 지팡이를 몸쪽으로 당겨 잡는다.
이태훈 (2021)	• 손과 몸 사이의 간격은 20~25cm 정도의 거리를 유지한다.

비교
이점 촉타법 호의 넓이

2011 중등1-33 기출	본문 참조
박순희 (2022)	신체의 어깨보다 약 5cm 정도 넓게 하는 것이 적당하다. 손목을 몸 중심에 놓고 손만 움직여 양 어깨에서 각각 2.5cm씩 더 넓게 지팡이를 쳐주면 된다.
이태훈 (2021)	손목의 좌우 스냅을 이용하여 흰지팡 팁이 한 발 앞의 양 어깨너비보다 약 5cm 정도 바깥을 두드려야 측면 물체로부터 신체를 보호할 수 있다.
정인욱 복지재단 (2014)	지팡이로 그리는 바람직한 호의 넓이는 어깨넓이보다 약 5~10cm 정도 넓으면 된다.

비교
이점 촉타법 호의 높이

정인욱 복지재단 (2014)	본문 참조
박순희 (2022)	호의 중심부가 2.5cm 이상이 되지 않도록 하여 지면의 작은 장애물도 놓치지 않도록 한다.
이태훈 (2021)	흰지팡 팁이 좌우로 호를 그리며 두드릴 때 팁과 바닥의 간격을 5cm 이하로 유지해야 낮은 턱을 놓치지 않을 수 있다.

리듬 맞추기	• 오른손잡이일 경우(오른손에 지팡이를 잡고 있는 경우), 시각 장애인은 신체의 우측 지면을 지팡이로 먼저 두드림과 동시에 왼쪽 발을 앞으로 내딛는다. – 지팡이 끝이 지면을 '탁'하고 두드리는 순간 앞으로 내딛은 발의 뒤꿈치가 동시에 '쿵' 소리를 내며 지면에 닿아야 하는데, 이를 '리듬'이라고 한다. • 만약 왼쪽 발이 나갈 때, 왼쪽 부분을 지팡이로 터치한다면 보조가 맞지 않는다고 말할 수 있는데, 이때는 멈추지 않고 한쪽을 지팡이로 연달아 두 번 터치하면 보조가 맞게 된다.
기타	• 이점 촉타법은 실외에서 이동하는 데 주로 쓰이며, 직선인 지물(에 벽, 화단 등)을 지팡이로 치면서 따라갈 때도 사용된다. • 때에 따라서는 지팡이가 상체를 보호해 주지 못하기 때문에 가슴 높이의 나뭇가지를 확인하기 위하여 상부 보호법을 병행할 수도 있다.

KORSET 합격 굳히기   보행지도 시 보행지도사의 관찰 위치

1. 시각장애 학생이 혼자서 앞으로 걸어갈 때, 보행지도사는 여러 위치에서 시각장애 학생의 지팡이 기술을 관찰해야 한다.

2. 시각장애 학생이 실외에서 훈련할 경우, 보행지도사의 관찰 위치는 다음과 같다.
   ① 보행지도사는 학생이 혹여 위험에 처하면 급히 잡을 수 있도록 도로 쪽 측면 뒤에서 가는 것이 좋다.
      • 보행지도사가 학생의 앞에서 갈 경우에는 학생이 보행지도사의 발소리를 듣고 따라올 수도 있기 때문에 항상 앞보다는 뒤가 더 좋으며, 위험 상황을 예측하여 반응할 수 있는 거리를 유지하는 것이 중요하다.
   ② 계단에서 보행지도를 할 경우에는 학생이 굴러 떨어지는 것과 같은 위험한 상황에 대비하기 위하여 항상 학생보다 아래쪽에 위치하여야 한다.

출처 ▶ 정인욱복지재단(2014)

③ 이점 촉타법의 변형 ^{09중특, 12중특, 22중특}

이점 촉타법의 응용기법으로는 '촉타 후 밀기법(터치 앤 슬라이드, touch and slide)', '촉타 후 긋기법(터치 앤 드래그, touch and drag)', '지면접촉 유지법(콘스턴트 콘택, constant-contact)', '삼점 촉타법', '한 번 바닥치고 한 번 측면치기' 등이 있다.

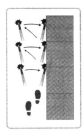

촉타 후 밀기법 (터치 앤 슬라이드)	• 이점 촉타법처럼 지팡이로 좌우 바닥면을 두드릴 때마다 팁을 전방으로 10cm 정도 미는 동작이 추가된 기술이다. - 촉타 후 밀기법도 이점 촉타법을 사용하지만, 지팡이 끝이 지면을 접촉할 때마다 지면을 따라 전방으로 약 10cm 정도 지팡이 끝이 이동방향으로 미끄러지도록 해야 한다는 점이 다르다. • 도로의 연석이나 내려가는 계단, 현관 입구, 단차 등 전방의 떨어지는 곳(drop-off)을 탐지할 때 유용하며 눈 덮인 보도에서 지면을 확인할 때 사용할 수 있다.
촉타 후 긋기법 (터치 앤 드래그)	• 지팡이 끝으로 따라가고자 하는 기준선의 반대쪽 측면의 지면을 우선 터치한 후, 지팡이 끝을 바닥에 유지한 채 바닥에 끌어 기준선에 닿게 하는 기술이다. 例 기준선이 자신의 좌측에 있다면 기준선 반대쪽, 즉 오른쪽은 이점 촉타법과 같이 지팡이를 공중에서 호를 그리며 지면을 터치한다. 그런 다음 지팡이 끝을 바닥에서 떼지 않고 호를 그리며 왼쪽으로 이동시키면 기준선에 닿게 된다. • 기준선을 따라 걸어가는 동안 계단의 난간이나 점자블록과 같은 실외의 기준선을 따라가기에 적합한 방법이다.
지면접촉 유지법 (콘스턴트 콘택)	• 지팡이를 끝을 바닥이나 지면에 계속해서 유지하여 바닥의 정보가 많이 요구될 때 사용하는 기술이다. • 이점 촉타법과 지팡이 잡는 법 등 모든 방법은 동일하지만 지팡이 끝을 떼지 않는다는 점이 가장 큰 특징이다. <table><tr><td>장점</td><td> - 지팡이를 지면과 계속 접촉함으로써 내려가는 계단이나 연석 등을 가장 빠르게 탐지할 수 있도록 한다. - 지면의 정보를 가장 많이 입수할 수 있다. - 지팡이로 바닥이나 지면을 두드리는 소리로 인하여 시각장애인이 다른 사람의 주의를 끄는 일이 없다. - 중복장애인이나 지형의 변화를 탐지하는 데 어려움을 겪는 시각장애인에게 유용하다.</td></tr></table>

	단점	− 지팡이를 좌우측으로 이동할 때, 지팡이 끝을 계속해서 지면 위에 유지하기 때문에 표면이 거친 지역에서는 지팡이 끝이 금이 가서 갈라지거나 사용하기 곤란하다. − 손의 힘이 약한 시각장애인의 경우는 오랜 시간 동안 이 기술을 사용하기 어렵다. − 처음으로 이 기술을 배우는 학생들은 지면에 지팡이를 두드려서 얻을 수 있는 촉각적·청각적 단서가 없기 때문에 보조를 유지하기 어려울 수 있다.
삼점 촉타법		• 벽이나 연석과 같이 수평면보다 위쪽에 위치한 환경물을 이용하여 보행할 때 활용하는 방법이다. − 지팡이로 좌우 바닥면을 두드리는 것에 더해 벽, 연석 같은 기준선(면)을 한 번 더 두드리는 동작을 추가한 기술이다. • 다른 기술들보다 더 많은 협응을 요구하기 때문에, 보행지도사는 충분한 시범을 보여야 한다. • 바닥의 정보가 아닌 벽이나 연석 등을 지표로 활용해야 할 상황에서 이 방법을 사용하면 효과적이다. • 가장 중요한 것은 리듬감으로, 첫 번째 터치는 한 박자이지만 두 번째와 세 번째 터치가 합쳐져서 한 박자가 된다.
한 번 바닥치고 한 번 측면치기		• 삼점 촉타법과 동일한 목적으로 사용된다. • 삼점 촉타법에서의 포인트 2를 생략하는 방법으로, 바닥을 한 번 터치한 후 바로 포인트 3(⑩ 벽, 연석, 정원수 등)에 해당하는 위쪽 측면을 터치하는 것이다. • 삼점 촉타법보다 배우기 쉽지만, 바닥에 대한 충분한 정보를 제공하지 못한다는 단점이 있다.

출처 ▶ 정인욱복지재단(2014). 내용 요약정리

(5) 상황별 지팡이 사용법

계단 오르기 09중특, 11중특	• 계단 오르기의 일반적인 절차는 다음과 같다. 　– 첫 계단에 접근하여 출발점을 결정한다. 　– 지팡이를 수직으로 세워 앞으로 뻗은 후 좌우로 이동시켜서 계단의 넓이와 난간의 위치를 확인한다. 　– 지팡이로 찾은 계단 난간의 위쪽으로 팔을 뻗어 난간 손잡이를 왼손으로 잡는다(난간이 없을 경우 될 수 있는 한 안전한 벽 쪽으로 붙어서 간다). 　– 지팡이 끝을 첫 계단에 올려놓으면서 계단의 높이를 가늠한다. 　– 지팡이 손잡이 아랫부분을 연필 쥐듯이 잡은 손을 뻗어 세 번째 계단이 시작되는 계단 앞쪽에 지팡이 끝을 가져다 놓는다. 　– 지팡이를 든 팔을 뻗어 유지한 채 계단을 오른다. 이때 지팡이 끝은 자동으로 계단 가장자리에 가볍게 접촉된다. 　– 지팡이 끝이 더 이상 계단 가장자리에 접촉되지 않으면 더 이상 계단이 없는 것이므로 도착을 의미한다.	 **비교** **계단 오르기**  | 정인욱 복지재단 (2014)	본문 참조
2011 중등1-33 기출	지팡이 손잡이 아래 부분을 연필 쥐듯이 잡고 팔을 앞으로 뻗어 한두 계단 위쪽 끝부분을 지팡이 끝으로 스치듯이 치면서 올라간다.
박순희 (2022)	계단을 오를 때에는 지팡이 손잡이 바로 아랫부분을 연필 쥐듯이 잡고, 올라가야 할 계단 바로 위에 있는 계단의 윗부분을 가볍게 치면서 올라간다. 지팡이 끝으로 계단의 턱이 확인되지 않으면 계단을 모두 올라왔음을 알 수 있다.	
계단 내려가기	• 내림 계단을 찾을 때는 먼저 촉타 후 밀기법 또는 지면접촉유지법을 사용하여 계단을 파악한다. 그 후의 절차는 다음과 같다. 　– 첫 계단에 접근한 다음 발을 사용하여 계단 끝 지점을 확인한다. 　– 지팡이를 좌우로 이동시키거나 좌우로 약간씩 걸어가서(계단이 넓은 경우에는 촉타 후 긋기법을 사용함) 계단의 넓이를 확인하고 난간도 찾는다. 계단 난간을 찾은 후 계단 손잡이를 잡고 내릴 장소를 정한다. • 첫 계단을 내려가기 전, 가장자리 끝에 선다. • 지팡이를 한 계단 아래로 내려서 계단의 높이를 가늠한다. • 지팡이를 대각선법(엄지손가락 잡기)을 유지하며 두 번째 계단 측면에 지팡이 끝을 댄다. • 한 계단 내려오면서 세 번째 계단 측면을 터치한다. • 터치하려고 했는데 지팡이 끝이 더 이상 내려가지 않고 바닥을 긋게 되면 도착을 의미한다.	 **비교** **계단 내려가기**  | 정인욱 복지재단 (2014)	본문 참조
박순희 (2022)	• 계단을 내려갈 때는 조심스럽게 계단이 시작되는 부분을 확인해야 한다. 지팡이를 지면에 대고 슬라이딩시켜 지면이 낮아지는 계단의 턱을 확인하면, 발을 지면에 대고 미끄러뜨려 계단의 끝부분을 발바닥으로 확인하고 선다. 이렇게 몸을 움직이는 동안, 지팡이는 계단의 끝부분에 대고 있어야 낙상을 방지할 수 있다. • 계단을 내려갈 때는 대각선법을 사용하여 지팡이를 잡고, 지팡이 끝은 내려가야 할 계단의 다음 단 모서리 부분에서 약간 위로 올려서 공중에 띄운다. 지팡이 끝이 지면에 미끄러지는 느낌을 받게 되면 시각장애 학생은 계단이 끝남을 알 수 있다.	
문 통과하기	• 지팡이 끝이 문에 닿으면 지팡이를 세워 문에 갖다 댄다. • 지팡이를 문에 댄 채 좌우로 문지르면 문 손잡이가 걸린다. • 지팡이를 잡지 않은 손으로 문 손잡이를 잡고 문을 열고 나간다.	
사물 확인하기	• 지팡이를 사물에 수직으로 갖다 붙이고, 지팡이를 따라 내려가 손으로 사물을 접촉하는 방법을 사용한다.	

(6) 기준선 보행 [22중특]

① 기준선 보행은 보행자의 진행 방향과 같은 방향으로 뻗어 있는 벽, 펜스(울타리), 화단, 담벼락 등이 있을 때 이들을 기준선으로 활용하여 따라가는 기술이다.
- 보도의 연석, 건물의 벽, 도랑, 잔디나 자갈, 노면의 단차 등의 경계선을 기준선으로 이용하여 보행하는 방법이다.

② 대각선법, 이점 촉타법, 촉타 후 굿기법, 삼점 촉타법 등을 이용하여 기준선과 기준선 반대쪽으로 번갈아 접촉하며 따라가게 된다.

③ 지팡이 보행에서 기준선 보행을 할 수 있는 경계선에는 다음의 네 종류를 들 수 있다.
- ㉠ 높이는 거의 같지만 아스팔트, 잔디, 자갈 등 지면의 질적 변화가 경계선이 되는 경우
- ㉡ 건물이나 벽 등이 경계선이 되는 경우
- ㉢ 지면보다 약간 높은 단차가 경계선이 되는 경우
- ㉣ 지면보다 약간 낮은 단차가 경계선이 되는 경우

④ 기준선 보행은 보행자가 방향을 잃지 않고 심리적 안정감을 갖도록 할 수 있다는 장점이 있다.

KORSET 합격 굳히기 ▶ **기준선 보행 상황별 지팡이법**

1. 벽 기준선 보행
실내에서는 지팡이를 두드리는 소리가 시끄러울 수 있어 대각선법이나 지면접촉유지법을 이용하여 기준선 보행을 한다.

2. 화단 기준선 보행
화단이나 펜스를 따라갈 때는 이점 촉타법, 삼점 촉타법을 사용할 수 있다. 지면 상태가 좋지 않아 바닥 상태까지 확인하며 따라가야 할 때는 이점 촉타법보다 삼점 촉타법을 사용하는 것이 좋다.

3. 점자블록 기준선 보행
이점 촉타법을 사용하면 점자블록을 감지하기 어려우므로, 촉타 후 굿기법이나 지면접촉유지법을 사용하여 점자블록을 따라가는 것이 좋다.

출처 ▶ 이태훈(2021)

(7) 점자블록

① 점자블록이란 시각장애인이 보행 시 발바닥이나 지팡이의 촉감으로 대강의 형태를 확인할 수 있도록 일정 규격의 표면을 양각시킨 블록을 의미한다.

② 점자블록은 점형 블록(등 위치 표시용 블록)과 선형 블록(등 방향 표시용 블록)으로 구분할 수 있다. 23중특

점형 블록 (위치 표시용 블록)	• 보행동선의 분기점, 대기점, 시발점, 목적지점 등의 위치를 표시하며 위험물이나 위험 지역을 둘러막는 데도 사용한다. • 시작, 끝, 경고의 의미를 갖는다.
선형 블록 (방향 표시용 블록)	• 보행동선의 분기점, 대기점, 시발점에서 목적 방향으로 일정한 거리까지 설치하여 정확히 방향을 잡는 데 사용된다. • 끝나는 지점은 점형 블록으로 마감하여 더 이상 연장되지 않음을 알려 주는 것이 좋다.

출처 ▶ 한국시각장애인연합회(2016)

4. 안내견 보행 12중특

안내견 보행은 18세 이상의 시각장애 학생이 안내견을 분양받아 소정의 교육과정을 수료한 후에 안내견과 함께 이동하는 방법이다.

(1) 안내견의 기초 보행 훈련 18중특, 24중특

목적지 보행 24중특	• 안내견 보행에 있어서 기본적인 방향 설정과 방향정위는 사람의 몫이다. 그러나 자주 혹은 정기적으로 다니는 보행목적지의 경우 안내견이 좀 더 주도적으로 보행할 수 있으며, 목적지 근처에 이르렀을 때 출입문과 같은 최종 포인트를 찾아 주는 훈련이다.
지적 불복종 훈련 18중특, 24중특	• 지적 불복종이란 진행해서는 안 되는 환경이나 물체(통과가 어렵거나 좁은 장애물, 자동차 등)가 있는 상황에서 사용자가 오판하여 명령을 내렸을 때 이를 거부하고 안전하고 올바른 행동을 취하는 것을 말한다.
견줄보행	• 하네스를 하고 보행하기 전에 보행의욕을 높이고 보행속도를 일정하게 유지하며, 유혹체에 반응하지 않고 안정적이고 일괄적인 행동이 유지되기까지 견줄만을 가지고 훈련한다.

자료

점자블록

• 시각장애인의 보행편의를 위하여 점자블록은 경고용 점형 블록과 유도용 선형 블록을 사용하여야 한다. 점자블록의 크기는 0.3×0.3m인 것을 표준형으로 하며, 그 높이는 바닥재의 높이와 동일하게 하여야 한다. 점자블록의 색상은 원칙적으로 황색을 사용하되, 상황에 따라 바닥재의 색상과 구별하기 쉬운 다른 것을 사용할 수 있다.

• 점형 블록은 계단·장애인용 승강기·화장실·승강장 등 시각장애인을 유도할 필요가 있거나 시각장애인에게 위험한 장소의 0.3m 전면, 선형 블록이 시작·교차·굴절되는 지점에 설치하여야 한다. 선형 블록은 유도 방향에 따라 평행하게 연속해서 설치하여야 한다.

출처 ▶ 한국보조공학사협회(2016)

비교

안내견 이용 연령

이태훈 (2021)	본문 참조
박순희 (2022)	일반적으로 16세가 넘은 시각장애인이 안내견을 사용할 수 있는 것으로 알려져 있다.
삼성 안내견학교 (홈페이지)	자격요건: 만 19세 이상(고등학교 졸업 기준)의 성인

직선보행	• 한 지점에서 시작하여 다음의 방향 전환 시까지 계속되는 보행을 훈련하는 것이다. • 단순히 일직선상으로 나아가는 것을 의미하지는 않는다. 즉, 장애물 등을 피하면서 방향 전환 명령이 있기 전까지 안전하게 길을 따라 걷는 훈련을 받는다. • 사용자의 방향정위를 수월하게 하는 효과를 가져온다.
유혹 억제	• 유혹에 대해 적절한 통제력으로 흥분하지 않고 안전한 보행이 가능하도록 인위적 환경을 조성하여 훈련한다.
연석 인지	• 하나의 직선 인도가 끝나는 지점인 건널목이나 각종 건물 등의 진입로에 위치하는 내림 연석에 이르면, 안내견은 그 연석 위에 정확히 정지하도록 하는 훈련이다.
장애물 인지	• 보행 시 보행에 해를 끼치는 모든 형태의 비정상적인 것들을 만났을 때 멈추거나 피하는 등 효과적으로 대처할 수 있도록 하는 훈련이다. • 훈련견이 대처해야 하는 장애물에는 지상 장애물, 돌출 장애물, 움직이는 물체, 인도의 전면을 막고 있는 장애물 등이 있다.
타겟팅	• 정확한 목적체에 유도하기 위하여 실시하는 훈련방법이다. ⑩ 지하철 매표기, 개찰구, 의자 등은 안내견의 턱을 목적체에 접촉하도록 하고, 지하철 개찰구의 경우는 안내견의 왼쪽 볼을 개찰구 입구에 접촉하도록 하여 목적체를 정확하게 찾도록 한다.
계단	• 계단 시작점의 첫 단에 안내견이 멈춰 서서 계단임을 알려주는 훈련이다.
에스컬레이터	• 에스컬레이터까지 유도 및 승하차 시 안정적으로 유도하도록 한다. • 승차 시 역방향의 에스컬레이터는 타지 않도록 훈련한다.
엘리베이터	• 엘리베이터까지의 유도 및 엘리베이터 안에서의 자세들을 훈련한다.
차도 왼쪽 보행	• 차도와 인도의 구별이 없는 도로의 왼쪽을 걷는 훈련이다. • 도로 왼쪽에 차량 등의 장애물이 있는 경우 이를 회피한 다음, 다시 도로의 왼쪽으로 유도하도록 한다.

출처 ▶ 정인욱복지재단(2014). 내용 요약정리

(2) 장단점 및 고려사항

① 장단점 [11중특]

장점	• 빠르고 안전한 보행
	   - 다른 사물이나 사람과 많은 접촉 없이도 스스로 장애물을 인식하여 적절한 판단을 내리므로 속도감 있고 안전하게 이동이 가능하다.
	   - 안내견은 안전하지 못한 상황에서 지적으로 불복종하여 시각장애인을 보호한다.
	   - 안내견은 머리 높이나 통로에 있는 장애물도 인식할 수 있다.
	• 오리엔테이션을 위한 다감각적 단서 활용이 용이
	   - 촉각 정보를 스스로 파악하기 위한 노력을 덜 기울이는 대신 다른 잔존감각을 극대화할 수 있게 되어 오리엔테이션 정보를 수집하는 데 큰 도움이 된다. 즉, 시각장애인은 위험 정보를 파악하기 위한 노력을 덜 기울이는 대신 방향정위에 집중할 수 있다.
	• 독립성 고취
	   - 일반적으로 타인의 의존을 덜 받게 되어 독립적 사고를 지닐 수 있게 된다.
	• 사회성 증대 및 활동 범위의 극대화
	   - 안내견을 매개로 많은 사람들과의 접촉 기회가 늘고, 이를 바탕으로 자신의 역량을 넓힐 수 있다.
	• 책임감 함양과 정서적 안정
	   - 안내견을 자신의 가족으로 받아들여 돌보고 보살피는 과정 속에서 시각장애인은 책임의식을 높일 수 있을 뿐만 아니라, 상호 유대감과 애정이 바탕이 되어 정서적인 안정을 취할 수 있다.
	• 자신감 증대
	   - 안내견은 몇 회 반복적으로 가는 장소에 대해서는 자동으로 유도하는 습성을 가져 목적지 보행이 확실하므로 보행에 대한 자신감이 함양된다.
	• 심리적 안정감
	   - 일대일로 매일매일 일상을 함께 하면서 정서적·심리적으로 안정감을 얻는다.

단점	• 안내견을 돌보는 데 시간과 노력이 소요된다. • 안내견을 이용하지 않을 때 기다리게 하기 어렵다. • 시각장애인보다 안내견이 주위의 주목을 더 끌 수 있다.

출처 ▶ 한국시각장애인연합회(2016)

② 고려사항

㉠ 안내견을 가족으로 받아들이기 위한 마음가짐과 자세를 바탕으로 상호 이해를 위해 꾸준히 노력해야 한다.

㉡ 관리에 대한 모든 책임 사항을 숙지하고 이행해야 한다.

㉢ 안내견의 보행 수준을 유지할 수 있을 정도의 활동량을 만족해야 한다.

㉣ 안내견을 통제하고 보살필 수 있을 정도의 건강 상태를 요구한다.

㉤ 안내견을 키우는 데 드는 기본적인 관리 비용(ⓔ 급식비, 진료비 등)을 부담할 수 있어야 한다.

㉥ 안내견에게 방향을 지시할 수 있을 정도의 오리엔테이션 능력을 갖추어야 한다.

③ 안내견을 대하는 에티켓 [18중특]

㉠ 안내견이 시각장애인을 안내하기 위해서는 높은 집중력과 판단력을 필요로 한다. 그러므로 안내견이 안내를 하는 동안은 주인의 허락 없이 절대로 만지거나 먹을 것을 주거나 부르는 등의 행동으로 집중력을 떨어뜨리는 행위를 유발하면 안 된다.

㉡ 안내견과 인사를 나누고 싶다면 주인의 허락을 구하고 동의하에 다가가서 쓰다듬어 주도록 한다.

㉢ 어떤 경우라도 안내견의 건강을 위해서 음식물을 주어서는 안 된다.

5. 전자보행기구를 이용한 보행

① 전자보행기구는 일정한 범위 또는 거리 내에서 환경을 지각하기 위하여 전파를 발사하고, 그로부터 돌아오는 정보를 처리하여 환경과 관계되는 정보를 사용자에게 알려주는 기구이다.

② 대표적인 전자보행기구로는 레이저 지팡이, 소닉 가이드(Sonic Guide), 모와트 센서(Mowat Sensor) 등이 있다.

레이저 지팡이	위험 높이나 앞에 사물이 있음을 신호로 알려주는 기구이다.
소닉 가이드	초음파를 보내 사물과 부딪혀 돌아오는 신호를 통해 환경에 대한 정보를 파악하게 해 주는 장치로 사물의 성질(딱딱한지 부드러운지 등)과 위치를 알아낼 수 있다.
모와트 센서	사물에 반사되는 초음파를 진동으로 바꾸는 장치이다.

Chapter

09 점자 지도

01 점자에 대한 이해

1. 점자의 필요성

시각장애 학생은 점자를 통하여 기본적인 의사소통 능력인 읽기와 쓰기 능력을 갖추고 사회의 한 구성원으로서 성장하기 위해 필요한 지식을 습득할 수 있다. 또한 이 점자는 생활 속에서 의사소통의 수단으로도 활용되어 시각장애인이 삶의 질을 높이고 독립적인 삶을 추구해 나갈 수 있게 해준다.

2. 한국 점자 표기의 기본 원칙과 특징

(1) 한국 점자 표기의 기본 원칙

① 한국 점자는 한 칸을 구성하는 점 6개(세로 3개, 가로 2개)를 조합하여 만드는 63가지의 점형으로 적는다.

② 한 칸을 구성하는 점의 번호는 왼쪽 위에서 아래로 1점, 2점, 3점, 오른쪽 위에서 아래로 4점, 5점, 6점으로 한다. 점자를 찍을 때는 오른쪽에서 왼쪽으로 오목하게 찍고, 읽을 때는 점자지를 뒤집어 왼쪽에서 오른쪽으로 볼록하게 나온 점들을 읽는다. 따라서 찍을 때의 오목점들과 읽을 때의 볼록점은 그림에서와 같이 좌우로 대칭이 되는 고유번호를 갖게 된다.

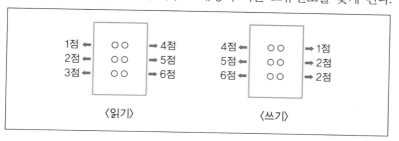

③ 글자나 부호를 이중으로 적지 않도록 한국점자규정에서 정한 점자를 표준점자로 지정하였다.

④ 한글 이외의 점자 표기는 세계 공통으로 사용하는 점자와 일치하게 함을 원칙으로 한다.

Tip

점자는 거의 매년 출제되기 때문에 한국 점자 규정에 대한 체계적 준비가 요구된다(기출연도는 별도 표기하지 않았음).

⑤ 한국 점자는 풀어쓰기 방식으로 적는다. 일반 문자에서는 초성, 중성, 종성을 함께 모아쓰는 원칙이 적용되는 반면에 점자는 초성, 중성, 종성을 칸마다 따로 써야 하는 풀어쓰기 원칙이 적용된다.

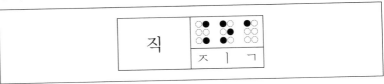

⑥ 한국 점자는 책의 부피를 줄이고, 정확하고 빠르며, 간편하게 사용할 수 있도록 정한다 : 점자의 부피를 줄이기 위해서는 약자와 약어를 많이 사용해야 한다. 그러나 약자와 약어가 많아지면 점자를 익히는 것이 어려워질 수 있다. 따라서 한국 점자는 묵자를 정확하게 표기할 수 있는 범위 내에서 약자와 약어를 사용하며, 가급적 묵자의 본래 형태를 유지하는 것을 원칙으로 하였다.

(2) 한글 점자의 특징

① 초성자음과 종성자음이 다르게 제자(製字)되어 있다.

② 초성 'ㅇ'은 생략한다.

③ 초성 'ㄲ', 'ㄸ', 'ㅃ', 'ㅆ', 'ㅉ'을 쓸 때, 'ㄱ', 'ㄷ', 'ㅂ', 'ㅅ', 'ㅈ' 앞에 된소리표(6점)를 적는다.

④ 부피를 줄이고 읽기와 쓰기 속도를 증가시키기 위하여 27개 약자와 7개 약어를 사용한다.

⑤ 약자 '영'은 그 앞에 ㅅ, ㅆ, ㅈ, ㅉ, ㅊ이 올 때는 '엉'이 된다.

⑥ 모음 겹글자 '얘'는 '야+이'가 아니라 '야+애'로, '위'는 '우+이'가 아니라 '우+애'로 쓴다.

⑦ 모음 겹글자 '왜'는 '오+애'가 아니라 '와+애'로, '웨'는 '우+에'가 아니라 '워+애'로 쓴다.

⑧ 점자는 모아쓰지 않고 풀어쓴다.

3. 점자의 장단점

장점	• 시각장애인에게 매우 중요하며 실질적인 의사소통 수단이다. • 시각장애인이 쉽게 쓸 수 있다. • 정독과 재독을 할 수 있다. • 철자를 익히는 데 도움이 된다.
단점	• 읽기 속도가 묵독이나 청독보다 현저하게 느리다. • 점자도서나 간행물을 구하기 어렵다. • 점자도서의 제작비가 비싸다. • 공간을 많이 차지하므로 휴대하거나 보관하기 어렵다. • 부호의 중복 사용으로 난이도가 높고 혼동이 발생한다. • 약자를 사용하기 때문에 철자법에 특별한 주의가 필요하다. • 어구, 문장, 도서 체제, 그림 등 책의 전체적인 형태를 파악하기 위해서는 상당한 기억력과 종합력이 필요하다. • 일부 중복장애 학생은 점자를 학습하기 어려울 수도 있다. ❿ 중도 지적장애 학생의 경우에는 점자를 배우기 어렵고, 뇌졸중이나 당뇨병 환자들은 촉각의 상실로 점자를 읽기 어렵다.

4. 점자 지도

① 점자 읽기를 지도하기 전에 점자 준비 교육을 통해 손의 촉지각 발달, 여섯 점의 구성 이해, 바른 점독 행동과 습관 형성, 점자에 대한 학습 동기 형성 등의 점자 기초 기술을 익히게 한다.

② 점자는 기본적으로 양손 둘째손가락 첫마디 윗부분을 사용하여 읽도록 지도한다. 그러나 가능하다면 양손 점독 기술을 익히고 사용하도록 권장해야 한다.

　㉠ 왼손으로 점자를 읽도록 지도하는 것은 시각장애 학생도 일반학생들처럼 책을 읽어 가면서 책의 내용을 옮겨 쓸 수 있도록 하기 위한 배려이다. 이를 위해서는 왼손과 오른손 모두 점자를 능숙하게 읽을 수 있도록 지도하는 것이 필요하다.

　㉡ 점자를 읽는 왼손 둘째손가락은 종이의 세로변과 평행을 유지하도록 한다.

　㉢ 양손의 촉지를 모두 사용할 경우 왼손이 그 행의 처음 반을 읽고, 오른손이 나머지를 읽는다. 왼손으로 글자를 읽는 동안 오른손은 다음에 읽을 단어를 어느 정도 지각하고 있고, 오른손이 읽는 동안 왼손은 다음 줄의 처음으로 가서 읽을 준비를 하기 때문에 그 단어에 익숙할 뿐만 아니라 한 손으로 읽을 때보다 점행의 끝까지 갔다가 되돌아오는 데 걸리는 시간이 절약된다. 특히 오른손 둘째손가락은 안내하는 역할과 줄 끝부분의 점자를 읽는 역할을 한다. 이와 같이 오른손을 잘 활용하면 점자 읽기 속도를 높일 수 있다.

③ 한글 점자는 가급적 약자와 약어를 조기에 지도하고, 읽기와 쓰기를 병행하여 지도하는 것이 좋다.

02 점자 기호

이하의 모든 점자 관련 규정은 「한국 점자 규정」(문화체육관광부고시 제2024-5호)을 기반으로 하였다.

1. 자음

①④
②⑤
③⑥

✿ 자음 기호(읽기점 ③⑥ 기준)

		ㄱ	ㄴ	ㄷ	ㄹ	ㅁ	ㅂ	ㅅ	ㅇ	ㅈ	ㅊ	ㅋ	ㅌ	ㅍ	ㅎ
초성		4	14	24	5	15	45	6	1245	46	56	124	125	145	245
		ㄱ	ㄴ	ㄷ	ㄹ	ㅁ	ㅂ	ㅅ	ㅇ	ㅈ	ㅊ	ㅋ	ㅌ	ㅍ	ㅎ
종성		1	25	35	2	26	12	3	2356	13	23	235	236	256	356
		ㄲ		ㄸ		ㅃ		ㅆ		ㅉ					
된소리 (초성)		6	4	6	24	6	45	6	6	6	46				

주 : ●은 볼록하게 찍힌 점임

(1) 초성

① 외우기 쉽게 4점, 5점, 6점, 12점, 45점을 기본점으로 하여 첫소리 글자를 제자하였다. ㄱ, ㄴ, ㄷ은 4점, ㄹ, ㅁ, ㅂ은 5점, ㅅ, ㅈ, ㅊ은 6점을 공통적으로 포함하고 있다. ㅋ, ㅌ은 12점을, ㅍ, ㅎ은 45점을 공통적으로 포함하고 있다.

② 'ㅇ'이 첫소리 자리에 쓰일 때에는 이를 표기하지 않는다.

> 예 '용'에서 초성 'ㅇ' 1245점을 찍지 않고, 바로 'ㅛ' 346점, 종성 'ㅇ' 2356점을 찍어 표기한다.

③ 된소리 글자 'ㄲ, ㄸ, ㅃ, ㅆ, ㅉ'이 첫소리 자리에 쓰일 때에는 각각 'ㄱ, ㄷ, ㅂ, ㅅ, ㅈ' 앞에 된소리표 6점을 적어서 나타낸다.

> 예 '뚝심'은 된소리표 6점, 초성 'ㄷ' 24점, 중성 'ㅜ' 134점, 종성 'ㄱ' 1점, 초성 'ㅅ' 6점, 중성 'ㅣ' 135점, 종성 'ㅁ' 26점을 찍는다.

(2) 종성

① 점자는 칸마다 음소를 써주는 풀어쓰기 방식을 취하기 때문에 자음은 초성과 종성이 다르게 구성되어 있다.

② 종성은 초성을 왼쪽으로 대칭 이동시켜 또는 대칭 이동이 불가능한 경우는 아래로 한 단씩 내리는 방식을 취하여 만들어졌다.

   ㉠ 'ㄱ, ㄹ, ㅂ, ㅅ, ㅈ, ㅊ'처럼 첫소리 글자의 점형이 456점의 조합으로 만들어진 자음의 경우 이들이 받침으로 쓰일 때는 해당 점형을 왼쪽으로 이동한 모양으로 점형을 만들었다.

   ㉡ 나머지 'ㄴ, ㄷ, ㅁ, ㅋ, ㅌ, ㅍ, ㅎ'은 상단과 중단의 점들로 만들어졌고, 이들의 받침 글자는 첫소리 글자의 점형을 아래로 한 단 내린 모양이다.

     예 초성 'ㄱ' 4점은 왼쪽으로 대칭 이동시켜 종성의 경우 1점이 되었고, 초성 'ㅋ'은 대칭 이동시키는 방식을 취하면 145점이 되어 'ㅍ'과 혼돈이 되므로 아래로 한 단씩 내려서 종성은 235점이 되었다.

③ 현행 한글의 쌍받침은 'ㄲ'과 'ㅆ'밖에 없다. 그중 쌍받침 'ㅆ'은 그 사용 빈도가 높아 약자(34점)로 표기하고, 쌍받침 'ㄲ'은 받침 'ㄱ' 1점을 두 번 적는다.

④ 종성 복자음(ㅆ, ㄳ, ㄵ, ㄶ, ㄺ, ㄻ, ㄿ, ㅀ, ㅄ)에는 된소리표를 사용하지 않고, 해당 자음 기호를 순서대로 적어 주면 된다.

     예 '앉았음'은 중성 'ㅏ' 126점, 종성 'ㄵ' 25점, 13점, 'ㅏ' 126점, 종성 'ㅆ' 34점, 중성 'ㅡ' 246점, 종성 'ㅁ'은 26점을 찍어 표기한다.

2. 모음

①④
②⑤
③⑥

✿ **모음 기호(읽기점 ③⑥ 기준)**

ㅏ	ㅑ	ㅓ	ㅕ	ㅗ	ㅛ	ㅜ	ㅠ	ㅡ	ㅣ
126	345	234	156	136	346	134	146	246	135

ㅐ	ㅒ	ㅔ	ㅖ	ㅘ	ㅙ	ㅚ	ㅝ	ㅞ	ㅟ	ㅢ
1235	345	1235	1345	34 1236	1236	1235	13456 1234	1234 1235	134	1235 2456

주 : ●은 볼록하게 찍힌 점임

① 기본 모음자 'ㅏ, ㅑ, ㅓ, ㅕ, ㅗ, ㅛ, ㅜ, ㅠ, ㅡ, ㅣ'의 점형은 상단과 하단의 점 중에서 각각 한 개 이상을 반드시 포함하고 있으며, 동시에 왼쪽 열(123점)과 오른쪽 열(456점)의 점 중에서 각각 한 개 이상을 반드시 포함하고 있다. 기본 모음자의 점형은 두 개씩 서로 대칭으로 'ㅏ'와 'ㅑ', 'ㅓ'와 'ㅕ', 'ㅗ'와 'ㅛ', 'ㅜ'와 'ㅠ', 'ㅡ'와 'ㅣ'의 점형이 서로 좌우 대칭이다. 또한 'ㅏ'와 'ㅓ', 'ㅑ'와 'ㅕ', 'ㅗ'와 'ㅜ', 'ㅛ'와 'ㅠ'는 서로 상하 대칭이어서 'ㅏ, ㅗ, ㅡ'만 알면 나머지 모음을 알 수 있도록 규칙적이고 체계적으로 제자되었다.

② 기본 모음자 10개 이외의 모음 중 'ㅐ, ㅔ, ㅖ, ㅘ, ㅚ, ㅝ, ㅢ'는 점자 한 칸으로 표기하고, 'ㅒ, ㅙ, ㅞ, ㅟ'는 점자 두 칸으로 표기한다. 두 칸으로 표기하는 모음의 두 번째 칸에 공통으로 들어가는 점형인 1235점은 모음 'ㅐ'가 아니라 『한국 점자 통일안』(1983) 이전에 사용했던 딴이의 점형이다.

③ 모음자에 '예'가 이어 나올 때에는 그 사이에 붙임표(36점)를 적어 나타낸다. 모음 'ㅖ'는 34점으로 표기되며 받침 'ㅆ'과 같은 기호를 쓰게 되므로 혼돈될 경우가 있다. 따라서 모음 다음에 '예'가 이어 나올 때에는 그 사이에 붙임표를 적어 표기한다.

> 예 '도예'는 'ㅗ' 다음에 'ㅖ'가 나왔기 때문에 'ㄷ' 24점, 'ㅗ' 136점, 붙임표 36점, 'ㅖ' 34점을 적어 표기한다. 다른 예로 '아예', '뭐예요', '서예'가 있다.

④ 'ㅑ, ㅘ, ㅜ, ㅝ'에 '애'가 이어 나올 때에는 그 사이에 붙임표(36점)를 적어 나타낸다. '애'의 점형인 1235점은 모음자 중 점자 두 칸으로 표기하는 'ㅒ, ㅙ, ㅟ, ㅞ'의 두 번째 칸에 공통으로 사용되는 점형과 같다. 따라서 받침 없이 모음 'ㅑ, ㅘ, ㅜ, ㅝ'로 끝난 음절 다음에 '애'가 이어 나오면 이를 'ㅒ, ㅙ, ㅟ, ㅞ'로 혼동하게 된다. 이를 피하기 위해 'ㅑ, ㅘ, ㅜ, ㅝ'에 '애'가 이어 나올 때에는 그 사이에 붙임표를 적어 나타낸다.

> 예 '위'와 '우애'를 들 수 있는데 '위'는 딴이를 써서 표시하고 '우애'는 '위'와 혼동되므로 '우'와 '애' 사이에 36점을 찍어 준다. 즉 '위'는 'ㅜ' 134점, 딴이 1235점으로 표기하고 '우애'는 'ㅜ' 134점, 붙임표 36점, 'ㅐ' 1235점으로 표기한다. 다른 예로 '소화액'과 '구애'가 있다.

⑤ 자음자나 모음자가 단독으로 쓰일 때에는 해당 글자 앞에 온표(123456점)를 적어 나타낸다.

> 예 'ㄱ'은 온표 123456점, 'ㄱ' 3점으로 표기하고 'ㅏ'는 온표 123456점, 'ㅏ' 126점으로 표기한다.

✎ **딴이**
다른 모음에 붙는 한글 자모 'ㅣ'를 이르는 말로 'ㅏ, ㅓ, ㅗ, ㅜ 따위에 'ㅣ'가 붙어서 'ㅐ, ㅔ, ㅚ, ㅟ'가 될 때의 'ㅣ'를 이른다.

3. 약자와 약어

점자 읽기와 찍기의 속도를 증가시키고 점자책의 부피를 줄이기 위해서 약자와 약어가 만들어져 있다. 한글 점자는 27개의 약자와 7개의 약어로 구성되어 있다.

(1) 약자

약자란 글자에 포함된 자모의 일부를 생략하거나 글자가 차지하는 칸의 수를 줄이기 위하여 별도의 기호를 정하여 간략하게 쓰는 점자를 말한다.

가	나	다	마	바	사	자	카	타	파	하	것	받침 ㅆ
1246	14	24	15	45	123	46	124	125	145	245	456	234	34

억	언	얼	연	열	영	옥	온	옹	운	울	은	을	인
1456	23456	2345	16	1256	12456	1346	12356	123456	1245	12346	1356	2346	12345

주: ●은 볼록하게 찍힌 점임

① '나, 다, 마, 바, 자, 카, 타, 파, 하'는 모음 'ㅏ'를 생략하고 첫소리 글자로 약자 표기한다('ㅏ' 생략). ⑩ '나'에서 초성 'ㄴ'만 찍어도 '나'로 사용된다.

  ㉠ 한 단어 안에서 '나, 다, 마, 바, 자, 카, 타, 파, 하' 뒤에 모음이 이어 나올 때에는 'ㅏ'를 생략하지 않고 적는다. 한 어절 안에서 'ㅏ'를 생략하여 적는 '나, 다, 마, 바, 자, 카, 타, 파, 하'에 받침 글자가 없고, 뒤에 모음이 이어 나오면, 점자에서는 잘못 읽을 수 있으므로 'ㅏ'를 생략하지 않고 적는다.

    ⑩ '다음'에서 'ㅏ'를 생략한다면 '다음(14-126-246-26)'이 아닌 '듬(24-246-26)'으로 잘못 읽을 수 있다.

  ㉡ '가'와 '사'는 별도의 약자를 사용하여 각각 1246점과 123점으로 적는다 ('가'와 '사'는 따로 1246점과 123점으로 약자가 제자되어 있다). '가' 약자의 점형은 첫소리 ㄱ의 점형과 모음 'ㅏ'의 점형을 합친 것이다.

  ㉢ '라'와 '차'는 'ㅏ'를 생략하지 않고 5-126점과 56-126점으로 적는다. 이는 'ㄹ'의 점형인 5점은 쉼표와 같고 'ㅊ'의 점형인 56점은 예전에 글자나 구절을 반복하는 기호로 사용했기 때문으로 생각된다.

    ⑩ '나이'에서 'ㅏ'를 안 쓰게 되면 14점과 135점만이 있게 되므로 '나이'가 아닌 '니'로 읽게 된다. '가', '라', '사', '차'를 제외한 '나', '다', '마', '바', '자', '카', '타', '파', '하'가 들어간 글자에서 주의하도록 한다.

② '팠'을 적을 때 'ㅏ'를 생략하면 '페'로 잘못 읽을 수 있고, '페'는 자주 사용되는 글자이므로 둘의 혼동을 막기 위해 '팠'은 항상 'ㅏ'를 생략하지 않는다.

- 원래는 'ㅏ'를 생략할 수 있으나, 'ㅆ' 받침과 'ㅖ'가 34점을 같이 써서 'ㅏ'를 쓰지 않으면 '페'로 읽게 된다. 그래서 '팠'은 'ㅍ' 145점, 'ㅏ' 126점, 'ㅆ' 받침 34점으로 표기한다.

② '언, 영, 온, 울, 인'은 6개의 점 중 5개가 사용되었는데 각각 1점, 3점, 4점, 5점, 6점이 빠진 점형들이다. 모음 'ㅚ'의 점형도 2점을 뺀 나머지 5개의 점을 사용하였다.

③ '연, 것'은 모음 'ㅖ'의 점형(34점)을 좌우로 뒤집은 모양인 16점이다. '것'은 의존명사로 자주 쓰이기 때문에 첫소리 자음까지 포함된 약자이며 약자 중 유일하게 점자 두 칸을 사용하고 있다.

④ 약자는 그것의 앞이나 뒤에 다른 자음자가 함께 쓰일 때에도 정자로 풀어쓰지 않고 약자로 쓴다.

- 약자 '가, 나, 다, 마, 바, 사, 자, 카, 타, 파, 하'에 받침 글자가 오더라도 해당 약자를 사용하여 적는다.

⑤ '까, 싸, 껏'은 각각 '가, 사, 것'의 약자 표기에 된소리 표(6점)를 덧붙여 적는다.

> 예 '까'는 된소리표 6점에 '가' 약자 1246점을 찍어 표시하면 된다. '싸'는 된소리표 6점에 '사' 약자 123점을 찍고, '껏'은 된소리표 6점에 '것' 약자 456점, 234점으로 표기한다.

- '껐'은 '꺼'와 '받침 ㅆ'을 어울러 적는다.

> 예 '불을 껐다.'에서 '껐'은 된소리표 6점, 'ㄱ' 4점, 'ㅓ' 234점, '받침 ㅆ' 34점으로 표기한다.

⑥ 글자 속에 모음으로 시작하는 약자 '억, 언, 얼, 연, 열, 영, 옥, 온, 옹, 운, 울, 은, 을, 인'이 포함되어 있을 때에는 해당 약자를 이용하여 적는다.

> 예 '연'에서 '연'은 약자 '연' 16점만 찍어 표기한다. 초성 'ㅇ' 1245점은 사용하지 않는 것이다.

㉠ 앞에 첫소리 'ㄱ'이 오면 각각 '걱, 건, 걸, 견, 결, 경, 곡, 곤, 공, 군, 굴, 근, 글, 긴'이 된다. 이런 글자들은 첫소리 'ㄱ' 다음에 위에 나온 약자의 점형을 사용하여 표기한다. 'ㄱ' 이외에 다른 첫소리 자음이 와도 같은 방식으로 적는다.

㉡ '얽'과 같이 겹받침을 가진 음절에서도 '얼' 약자와 받침 'ㄱ'으로 표기한다.

⑦ 약자 '영'은 초성 'ㄱ, ㄴ, ㄷ, ㅁ, ㅂ, ㅋ, ㅌ, ㅍ, ㅎ' 등의 자음 다음에서는 '영'으로 쓰이나 초성 'ㅅ, ㅆ, ㅈ, ㅉ, ㅊ' 다음에 쓰이면 '엉'으로 읽힌다.

> 예 한 칸씩 순서대로 6점, 12456점, 4점, 12456점을 찍으면 6점은 초성 'ㅅ', 12456점은 '엉'으로, 4점은 초성 'ㄱ', 12456점은 '영'으로 읽혀 '성경'으로 읽게 된다.

⑧ 한 단어 안에서 '나, 다, 마, 바, 자, 카, 타, 파, 하' 뒤에 모음이 이어 나올 때에는 'ㅏ'를 생략하지 않고 적는다.

- 규정에서는 '나, 다, 마, 바, 자, 카, 타, 파, 하'만 명시했지만, 'ㅏ'를 생략하여 적는 '따, 빠, 짜' 뒤에 모음이 이어 나올 때에도 'ㅏ'를 생략하지 않고 적는다.

⑨ 이중 받침이 들어간 글자에서 약자 사용이 가능하다.
  예) '넋'은 초성 'ㄴ' 14점, 약자 '억' 1456점, 종성 'ㅅ' 3점으로 표기한다.

(2) 약어

약어란 낱말 또는 두 글자 이상을 간략하게 약기하여 쓰는 점자를 말한다.

그래서		그러나		그러면		그러므로		그런데		그리고		그리하여	
1	234	1	14	1	25	1	26	1	1345	1	136	1	156

주 : ●은 볼록하게 찍힌 점임

① 공통적으로 두 칸이 소요되며 1점이 선행된다. 위에 제시된 말들의 뒤에 다른 음절이 붙어 있는 경우에도 약어를 사용한다.
  예) '그러면서'는 '그러면' 약자인 1점, 25점을 찍어 주고 나서 '서'에 해당하는 기호 6점과 234점을 찍어 준다. '그런데도', '그러면서'도 있다.

② 위에 제시된 말들의 앞에 다른 음절이 붙어 쓰일 때에는 약어를 사용하여 적지 않는다.
  예) '쭈그리고', '오그리고', '찡그리고' 등에서 '그리고'는 약어를 사용할 수 없다.

4. 로마자

로마자표	로마자 종료표	대문자 기호표	대문자 단어표		대문자 구절표		대문자 종료표

a	b	c	d	e	f	g	h	i	j	k	l	m	n	o	p

q	r	s	t	u	v	w	x	y	z

① 영어 알파벳 a~ j까지는 숫자 1에서 0까지와 동일하다. k~t까지는 a에서 j까지의 점에 3점을 추가하고, u, v, x, y, z는 a~e에 36점을 각각 더하여 만들어졌다. 따라서 u는 a에 36점을 더한 점형이고, v는 b에 36점을 더한 점형이다. w는 이러한 형태와 일치하지 않고 j에 6점을 더한 점형이다.

② 로마자가 한 글자만 대문자일 때에는 대문자 기호표를 그 앞에 적고, 단어 전체가 대문자이거나 두 글자 이상 연속해서 대문자일 때에는 대문자 단어표를 그 앞에 적는다. 세 개 이상의 연속된 단어가 모두 대문자일 때에는 첫 단어 앞에 대문자 구절표를 적고, 마지막 단어 뒤에 대문자 종료표를 적는다.

> 예 New York ⠠⠠⠝⠑⠺⠀⠠⠽⠕⠗⠅

> NEW YORK ⠠⠠⠝⠑⠺⠀⠠⠠⠽⠕⠗⠅

③ 국어 문장 안에 로마자가 나올 때에는 그 앞에 로마자표를 적고 그 뒤에 로마자 종료표를 적는다. 이때 로마자가 둘 이상 연이어 나오면 첫 로마자 앞에 로마자표를 적고 마지막 로마자 뒤에 로마자 종료표를 적는다.

> 예 그는 Canada로 여행을 떠났다.

> ⠁⠂⠉⠒⠀⠴⠠⠉⠁⠝⠁⠙⠁⠴⠐⠐�여행을 떠났다.

• 문단 전체가 로마자일 때에는 로마자표와 로마자 종료표를 생략할 수 있다.

④ 「통일영어점자 규정」과 「한글 점자」의 점형이 다른 문장 부호(, : ; ―)가 로마자와 한글 사이에 나올 때에는 로마자 종료표를 적지 않고 문장 부호는 「한글 점자」에 따라 적는다.

> 예 WHO : 세계 보건 기구

> ⠴⠠⠠⠺⠓⠕⠐⠂⠀세계 보건 기구

• 「통일영어점자 규정」과 「한글 점자」의 점형이 같은 문장 부호 중에서 '. ? ! …'는 문장 부호 뒤에 로마자 종료표를 적지 않고, '/ - ~'는 문장 부호 앞에 로마자 종료표를 적는다.

> 예 U-도서관 ⠴⠠⠥⠲⠤도서관

⑤ 로마자가 따옴표나 괄호 등으로 묶일 때에는 로마자 종료표를 적지 않는다.

⑥ 로마자와 숫자가 이어 나올 때에는 로마자 종료표를 적지 않는다.

> 예 A4용지 ⠴⠠⠁⠼⠲용지

5. 숫자와 기호

수표	1	2	3	4	5	6	7	8	9	0	,

+	−	×	÷		=	

① 숫자를 나타내는 점형은 상단과 중단의 네 개의 점(1245점)을 사용한다. 숫자 1~0의 점형은 알파벳 a~j의 점형과 같다.

② 숫자 기호는 수표 3456점을 한 칸에 찍어 준 뒤, 해당 숫자를 찍어 주는 방법을 쓰면 된다.

> **예** 숫자 '125'는 수표 3456점, 숫자 '1' 1점, 숫자 '2' 12점, 숫자 '5' 15점을 순서대로 써 주어 표기한다.

③ 숫자 사이에 붙어 나오는 쉼표와 자릿점은 2점으로 적는다.

> **예** 9,375명

④ 일곱 자리 이상의 긴 숫자를 두 줄에 나누어 적을 때에는 위 줄 끝에 연결표(6점)를 적고, 아래 줄의 첫머리에는 수표를 다시 적지 않는다. 이 때 아래 줄에는 세 자리 이상의 숫자가 나와야 한다.

> **예** 택배 송장 번호는 123456789012입니다.

⑤ 숫자 사이에 마침표, 쉼표, 연결표가 붙어 나올 때에는 뒤의 숫자에 수표를 다시 적지 않는다.

> **예** 0.48   1,000

> • 그 밖의 다른 기호가 숫자 사이에 붙어 나올 때에는 수표를 다시 적는다.

> **예** 820718−2036794

⑥ 숫자 뒤에 이어 나오는 한글의 띄어쓰기는 묵자를 따른다.

> **예** 5월   5 개

> • 숫자와 혼동되는 'ㄴ, ㄷ, ㅁ, ㅋ, ㅌ, ㅍ, ㅎ'의 첫소리 글자와 '운'의 약자는 숫자 뒤에 붙어 나오더라도 숫자와 한글을 띄어 쓴다.

> **예** 1년   2도

⑦ 연산 기호와 비교 기호가 한글 사이에 나올 때에는 기호의 앞뒤를 한 칸씩 띄어 쓴다.

> **예** 5개 − 3개 = 2개

⑧ 소수점은 256점으로 적는다.

6. 문장부호

. 마침표	? 물음표	! 느낌표	, 쉼표
· 가운뎃점	: 쌍점	/ 빗금	···, ... 줄임표
" 여는 큰따옴표	" 닫는 큰따옴표	' 여는 작은따옴표	' 닫는 작은따옴표
(여는 소괄호	) 닫는 소괄호	{ 여는 중괄호	} 닫는 중괄호
[여는 대괄호	] 닫는 대괄호		
『 여는 겹낫표	』 닫는 겹낫표	「 여는 홑낫표	」 닫는 홑낫표
≪ 여는 겹화살괄호	≫ 닫는 겹화살괄호	〈 여는 홑화살괄호	〉 닫는 홑화살괄호
― 줄표	‐ 붙임표	~ 물결표	°, ＿ 드러냄표, 밑줄
○ 숨김표	× 숨김표	△ 숨김표	□ 빠짐표

① 가운뎃점이 숫자 사이에 올 때에는 뒤의 숫자에 수표를 다시 적는다.

예 8 · 15 광복 ⠼⠓⠐⠆⠼⠁⠑ ⠈⠧⠶⠘⠍

② 쌍점의 앞은 붙여 쓰고 뒤는 한 칸 띄어 쓴다.

㉠ 쌍점 뒤에 붙어 나오는 숫자에는 수표를 다시 적는다.

예 480:420 ⠼⠙⠓⠚⠐⠂⠼⠙⠃⠚

㉡ 쌍점을 사용하여 시와 분, 장과 절 등을 구별하거나 둘 이상을 대비할 때에는 쌍점의 앞뒤를 붙여 쓴다.

③ 로마자로 쓰인 단위 기호는 그 앞에 로마자표를 적고 그 뒤에 로마자 종료표를 적는다.

예 180cm ⠼⠁⠓⠚⠴⠉⠍⠲

시각중복장애 학생 교육

01 시각중복장애의 이해

① 시각중복장애 학생들은 가지고 있는 장애의 유형과 정도에 따라 신체적·정신적·정서적 어려움이 다를 수 있다.

② 시각중복장애 학생이 가진 장애보다는 학생이 필요로 하는 지원에 강조를 두는 것이 중요하다.

02 시각중복장애 학생 교수법

1. 다감각적 교수법 [25유특]

시각중복장애 학생이 주변 환경이나 사물로부터 필요한 정보를 얻기 위해 잔존 시각, 촉각, 청각, 후각, 운동 감각 등 가능한 모든 감각을 사용하도록 격려하는 것이 필요하다.

2. 촉각 교수법

① 맹중복장애 학생에게 학습기술이나 행동을 지도할 때 신체적 안내법, 손 위 손 안내법, 손 아래 손 안내법, 촉각적 모델링, 공동 촉각 관심의 촉각 교수법을 사용할 수 있다.

② 공동 촉각 관심은 공동 관심의 한 가지 유형으로 볼 수 있다.

　㉠ 시각중복장애 학생은 부모나 교사의 공동 관심 행동을 눈으로 확인하거나 느끼지 못하므로, 공동 촉각 관심 방법을 사용하는 것이 필요하다.

　㉡ 시각중복장애 학생의 리드를 따라가는 것이 중요하므로, 교사나 부모는 처음부터 신체적 안내법이나 손 위 손 안내법을 사용하여 학생의 손 움직임을 지원하려고 하지 말아야 한다.

　㉢ 공동 촉각 관심을 시작하는 절차는 다음과 같다.

　　• 학생이 손으로 하는 것이나 만지고 있는 사물을 관찰한다.

　　• 학생의 손 움직임을 방해하지 않도록 성인의 손을 옆에 놓는다.

✎ **공동 촉각 관심**
• 비통제적 공동접촉으로 활동이나 사물에 함께 주의집중하고 나누는 과정을 말한다. 민감하고 비통제적인 상호 접촉으로 공동주의를 형성하고 관계를 발전시키며, 신뢰를 구축하고 의사소통을 촉진하기 위한 전반적인 의사소통 방식이다(특수교육학 용어사전, 2018).
• 공동 촉각주의는 민감하고 비통제적인 상호 접촉을 통한 공동주의와 상호작용, 활동, 또는 사물의 공유가 관계된다. 이러한 방식은 아동과 의사소통 상대 사이에 호혜적 의사소통 수단을 제공하고, 아동이 사회적 상호작용에 참여하도록 격려한다. 공동 촉각주의는 공동주의를 형성하고 관계를 발전시키며, 신뢰를 구축하고 의사소통을 촉진하기 위한 출발점이다(Chen et al., 2015).
🔁 공동 촉각주의, mutual tactile attention

- 성인은 학생의 손 움직임을 모방하면서 자신의 손을 움직이되, 학생의 손과 접촉이 이루어질 때 학생의 반응을 주의 깊게 관찰한다.
- 접촉이 이루어질 때 학생의 손 움직임이 멈추면 함께 하고 싶지 않다는 의미로 보고 공동 촉각 관심을 중지한다. 학생이 개의치 않고 손 움직임을 계속하면 공동 촉각 관심 활동을 계속하되 좀 더 적극적으로 참여할 수 있다.
- 성인과 학생 간의 공동 촉각 관심이 활발해지면 상호 모방이나 주고받기로 발전시켜 나갈 수 있다.

3. 자연스러운 환경에서의 지도

자연스러운 환경에서의 지도는 학습할 기술이 사용되는 실제 활동 장소와 시간에 실제 도구로 사용하여 지도하는 것이다.

4. 일과 활용 지도

① 일과 활용 지도(또는 루틴 활용 지도)는 언어발달, 의사소통 기술, 일상생활 기술, 사회적 기술, 수 세기 등 특정 지식과 기술을 시각중복장애 학생의 일과 활동에 통합하여 지도하는 것이다.

② 일과 지도를 더욱 정교하고 구조화한 교수법을 공동 활동 일과라고 한다.

ⓐ 공동 활동 일과는 교사와 학생이 함께 수행할 일과를 선정하고 이를 통해 다양한 기능적 지식과 기술을 지도하는 것이다.

ⓑ 학생은 먼저 공동 관심을 선행 기술로 가지고 있어야 하고, 교사와 학생 간에 명확한 역할을 정의해야 한다. 교사는 학생에게 정해진 역할을 시범 보이고 지도해야 하며, 점차 교사와 학생이 역할을 주고받으며 함께 수행해야 한다.

ⓒ 학생의 성공적인 참여를 보장하려면 학생에게 동기를 부여하고 의미가 있는 일과 활동들을 선정하여 시작하는 것이 중요하다.

> ✎ **일과**
> 일과(routines)는 하루 또는 주간에 정기적으로 이루어지는 과제들이나 활동들을 말한다(이태훈, 2021).

5. 주제 중심 수업

① 주제 중심 수업은 학생에게 지도할 특정 주제를 정하면 수업에서 해당 주제와 관련된 읽기, 예술, 수리, 신체 활동 등의 학습이 함께 이루어지는 총체적 접근법이다.

② 주제 중심 수업은 특정 주제와 관련된 개념을 다양한 활동을 통해 이해시키고 강화시키는 데 효과적이다.

6. 클러스터 교육

① 클러스터 교육은 학생에게 필요한 지식과 기술을 이와 연관된 여러 교육 환경 및 담당 인사가 '연합(clusters)'하여 지도하는 것이다.

✿ 클러스터 매트릭스 개발 예시

지도 기술 / 지도 영역	손을 뻗어 잡기	차례 기다리기	1개의 지시 따르기
국어 (국어 교사)	촉각 도서의 페이지를 손을 뻗어 넘긴다.	—	네가 보고 싶은 책을 골라 보아라.
점심시간 (식사 보조원)	손을 뻗어 수저를 잡는다.	보조원이 우유를 열어 주는 것을 기다린다.	테이블에 컵을 치워라.
과학 (과학 교사)	손을 뻗어 비커를 잡는다.		상자에 모래를 넣어라.
집에 가기 (통학 지도원)	손을 뻗어 자기 점퍼를 잡는다.	버스 타는 내 차례를 기다린다.	안전벨트를 매라.

출처 ▶ 이태훈(2024)

② 학생에게 지도할 기술들과 관련된 교과 영역, 일상 활동, 관련 교수자들을 확인하여 해당 기술 및 지식의 지도 계획을 협의하고 공유함으로써 상호 지도 및 강화 그리고 일반화가 촉진될 수 있다.

03 시각중복장애 학생의 의사소통 지도

1. 촉각 신호

① 촉각 신호(tactile cues)는 교사나 부모가 시각중복장애 학생에게 특정 메시지를 전달하고자 신체 부위를 사용하는 '수용적 의사소통' 방식에 속한다.

② 촉각 신호는 크게 촉각 단서와 사물 단서로 구분한다.

촉각 단서 24중특	• 촉각 단서란 특정 메시지를 전달하기 위해 학생이나 성인의 몸에 일관된 방식으로 접촉하는 신체 신호를 의미한다. – 학생의 몸을 접촉하여 이루어지는 촉진 방식이다. • 일반적으로 메시지와 관련된 신체 부위나 가까운 부위에서 접촉이 이루어진다.

자료

촉각 의사소통 옵션

중복장애 학생과 시각장애 학생은 수용 및 표현 의사소통을 개발하기 위해서 구체적인 지원이 필요하다. 수용 의사소통은 그 메시지를 이해하는 것이고, 표현 의사소통은 메시지를 만들고 나누는 것이다(Chen et al., 2015).

촉각 정보 투입/ 수용 의사소통	산출/ 표현 의사소통
• 접촉 단서 • 신체 위 수화	표정, 몸 움직임, 촉각 접촉
사물 단서	사물
질감 상징	질감 상징
촉독 수화	공동 수화 및 즉흥적 수화

✐ 접촉 단서

접촉 단서는 말을 이해하지 못하는 아동을 위해 초기의 간단한 수용 의사소통 수단으로 사용될 수 있다. 접촉 단서는 아동의 몸을 일관성 있는 방법으로 접촉하는 것인데, 접촉은 특정한 메시지를 전달하는 요구나 지시, 정보, 칭찬, 인사 등과 같은 여러 가지 의사소통 기능을 의도하는 명료한 신체적 신호의 역할을 한다. 접촉 단서는 개별 아동에게 특정한 메시지를 전달하기 위해 의사소통 상대자에 의해 개발되고 일관성 있게 사용해야 한다. 그렇지 않으면 사람들이 이러한 촉각적 신호를 서로 다른 방법으로 사용하게 되어 아동에게 혼란을 주게 될 것이다. 예를 들어, 아동의 어깨를 가볍게 두드리는 것은 인사가 될 수도 있고 아동에게 앉으라는 요구가 될 수도 있다(Chen et al., 2015).
🔵 촉각 단서, 접촉 신호, touch cue

PART 1

- 촉각 단서의 장점은 다음과 같다.
  - 촉각 단서를 사용하여 학생이 다음에 해야 할 활동을 알려주고 적절하게 반응하도록 유도한다.
  - 촉각 단서는 말을 이해하지 못하는 학생을 위해 초기의 간단한 수용 의사소통 수단으로 사용될 수 있다.
- 촉각 단서는 다양한 의미로 해석될 수 있기 때문에 일과 활동 안에서 일관되게 사용하는 것이 중요하다.

의사소통 내용	촉각 단서
"너를 의자에서 들어서 옮길 거야."	학생의 겨드랑이 부근을 두세 번 가볍게 접촉한다.
"한 입 먹자."	학생의 입을 손이나 수저로 접촉한다.
"우측 귀에 보청기를 넣을게."	학생의 우측 귀를 두 번 접촉한다.

사물 단서

- 일과 활동과 관련된 메시지를 전달하기 위해 관련된 사물의 전체나 일부를 학생이 만져 보도록 학생의 손에 제시하는 것이다.
- 사물 단서는 활동에서 사용되는 실제 사물들이며 추상적 상징을 사용하지 않는 학생에게 적용하는 구체적인 의사소통 방식이다.
  - 사물은 학생이 해야 할 활동을 알려 주는 상징물로 사용되는 것이다.
- 사물 단서는 학생이 무슨 일이 일어날지 알게 하고, 무엇을 해야 하는지를 알려 준다.

의사소통 내용	사물 단서
"교실에서 체육관으로 이동하자."	학생의 신발을 손에 대준다.
"옷을 입자."	옷(또는 양말)을 손에 대준다.

touch cue의 번역 사례

2024 중등B-6 기출	촉각 단서
박순희(2022)	촉각 단서
이태훈(2021)	접촉 신호
Chen et al.(2015)	접촉 단서

✎ **사물 단서**

사물 단서는 사람, 장소, 물체 또는 활동을 나타내기 위해 사용하는 사물의 일부나 전체를 말하며, 추상적 상징을 사용하지 않는 아동에게 적용하는 구체적인 의사소통 방식이다. 처음에는 선택된 사물을 활동에서만 사용하여 아동이 사물 단서가 무엇을 나타내는지 이해할 수 있도록 해야 한다. 아동이 특정한 사실의 의미를 이해하고 나면, 사물을 조금 더 추상적이거나 상징적으로 만들 수 있는데, 즉 활동에서 사용되는 사물을 사용하지 않고 사물의 일부만을 사용하는 것이다(Chen et al., 2015).

⑤ 사물 신호, object cue

2. 사물 상징

① 사물 상징은 시각중복장애 학생이 손으로 먼저 이해할 수 있는 물체를 사용하는 상징이다.

  ㉠ 수용 언어와 표현 언어에 모두 사용되며 상징적 의사소통에 속한다.

  ㉡ 사물 단서는 해당 활동에 사용되는 실물을 사용하고 학생의 손에 접촉하는 데 반해, 사물 상징은 해당 활동에 사용되는 실물이 아닐 수 있다.

② 시각중복장애 학생들에게 효과적인 사물 상징은 '물체 전체', '물체 일부', '연관된 물체', '특정 질감이나 모양'을 사용한다.

자료

사물 상징 예시

	〈물체 전체〉 체육관-공
	〈물체 일부〉 편의점-과자 봉지 조각
	〈연관된 물체〉 보건실-반창고
	〈연관된 질감이나 모양〉 욕실-욕실 타일

출처 ▶ 이태훈(2021)

촉수어

🔵 촉수화, 촉독 수화,
tactile signs

신체 위 수화, 공동 수화

| 신체 위
수화 | • 표준 수화의 하나로서 수화를 하는 사람이 수화 수용자의 몸 위에 직접 수화를 해주는 것이다. 이러한 수정된 방법은 '신체 기반 수화', '신체 수화'로도 명명되어 왔다. |
| 공동
수화 | • 표현 의사소통을 위해 아동의 한 손 또는 두 손을 신체적으로 안내하여 표준적인 수화 표현을 촉진하게 하는 방법이다.
• 공동 수화의 의도는 농-맹 아동이 수화를 하고 농-맹 성인들끼리 서로 대화를 주고받을 때 사용하는 촉독 수화를 발달시키는 것이다. |

③ 사물 상징을 의사소통 카드나 보드에 부착한 후 손으로 탐색하도록 한다.

✿ **홍길동의 학교 활동을 위한 사물 상징 사용 예시**

활동	사물 상징
음악실(음악 시간)	작은 악기
화장실(화장실 이용)	화장실 벽의 작은 타일
컴퓨터실(컴퓨터 수업)	CD
간식(간식 시간)	빈 과자 봉지
휴식 시간(놀이 시간)	장난감
양치하자	칫솔

④ 사물 상징을 선정할 때 표준화와 개별화라는 두 가지 측면을 모두 고려해야 효과적으로 사용할 수 있다.

  ㉠ 시각중복장애 학생이 자신의 특정 경험이나 활동에서 중요하게 여기거나 선호하는 것을 개별 상징으로 선택할 수 있다.

  ㉡ 학생의 수준에 적합한지, 쉽게 손으로 지각할 수 있는 상징(물)인지를 확인해야 한다.

  ㉢ 사물 상징을 선정할 때는 시각적 특성보다 오히려 촉각적 특성을 기반으로 하여야 한다.

  ㉣ 싫어하는 질감을 피하기처럼 학생의 지각적 선호도를 고려해야 한다.

3. 촉수어 15중특, 16유특

① 촉수어는 맹농인이 대화 상대방의 손 위에 자신의 손을 얹어 상대방의 수어를 이해하고 의사소통하는 방법이다.

  • 농아인이 사용하는 수어를 맹농인도 사용할 수 있도록 일부 변형시킨 수어 방식으로, 상징적 의사소통에 해당한다.

② 농맹인이 수어를 좀 더 정확하게 촉지하도록 수어 동작을 보다 단순하게 변형하기도 한다.

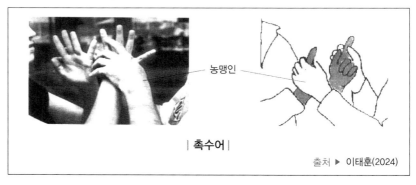

농맹인

| **촉수어** |

출처 ▶ 이태훈(2024)

4. 촉지화

① 촉지화는 상대방의 손바닥에 대고 지문자(알파벳, 자음과 모음)를 표현하는 것이다.

② 고유명사를 나타내거나 상대방이 수어 표현을 이해하지 못할 때 사용하면 효과적이다.

5. 지점자 ^{15중특}

① 지점자는 점자를 주된 의사소통 수단으로 사용하는 농맹학생이 왼손 손가락과 오른손 손가락을 3개씩 사용하여 상대방의 양손 손가락 위를 접촉하여 점자로 의사소통하는 방법이다.

ㄱ 구어 소통이 어려운 시청각장애인이 사용하는 촉각 의사소통 체계로, 한국 점자 규정을 기본으로 한다.

ㄴ 일반적인 점자가 점자 도구를 사용하여 읽고 쓰는 것과 달리, 지점자는 화자와 청자의 손가락을 서로 사용한다는 점에서 차이가 있다.

• 지점자는 화자의 손가락으로 청자의 손가락을 치는 점자라고 할 수 있다.

ㄷ 점자를 알고 있는 사람 간에 사용할 수 있다.

② 상황에 따라 양손 지점자와 한 손 지점자를 사용할 수 있으며, 대화자 간에 마주 보거나 옆에 앉아서 하는 것이 모두 가능하다.

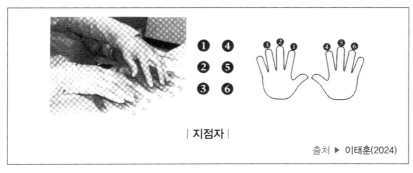

| 지점자 |

출처 ▶ 이태훈(2024)

6. 손바닥 문자

① 손바닥 문자는 농맹학생의 손바닥에 대화 상대자가 집게손가락으로 크고 또렷하게 묵자를 표현하는 것이다.

② 수어나 점자를 모르는 비장애인이 농맹인과 대화할 때 사용할 수 있다.

지문자
🔵 지화, 수지철자

지점자
🔵 손가락 점자, 점화

핵심 어휘 사인
🔵 핵심어 손짓기호, KWS

비교

핵심 어휘 사인과 손담

이태훈 (2024)	우리나라에서 개발한 '손담'이 여기에 해당한다.
박은혜 외 (2024)	손담을 사용하는 대부분의 경우 대화상대방은 구어와 함께 사용하며 이때 핵심적인 단어를 손담으로 사용하지만, 별도로 KWS라고 지칭하지는 않음. 또한 손담 사용자 역시 대부분 핵심어 중심으로 사용함

7. 핵심 어휘 사인

① 핵심 어휘 사인은 상대방에게 표현하고 싶은 말을 문장이 아닌 중요한 어휘만을 사용해 전달하는 것이다.

- 핵심 어휘는 일상에서 통용되는 자연스러운 몸짓 언어와 쉽고 간단한 수어 어휘 표현들로 나타내게 된다.

② 핵심 어휘 사인은 어구나 문장을 구어로 이해하거나 표현하기 어려운 지적장애를 동반한 시각중복장애 학생의 의사소통 방법 중 한 가지로 사용할 수 있다.

KORSET 합격 굳히기 타도마와 캘린더 박스

1. 타도마

① 타도마는 시각중복장애 학생이 말하는 사람의 얼굴과 목에 손을 대어 구어와 관련된 얼굴과 목의 움직임과 떨림을 직접 느끼게 하는 것이다.

② 학생은 말하는 사람의 입술을 직접 만지며 입술의 변화를 통해 구어를 이해할 수 있다.

출처 ▶ 박순희(2022)

2. 캘린더 박스

① 캘린더 박스는 중도 · 중복장애 학생의 일과를 예측하고, 여러 활동 속에서 원하는 것을 선택하도록 돕는다. 시각중복장애 학생이 몇 가지 사물 상징을 사용할 수 있게 되면 캘린더 박스를 활용할 수 있다.

② 캘린더 박스는 사용 목적에 따라 크게 세 가지로 구분할 수 있다.

시간 조각 캘린더	• 시간의 흐름에 따라 어떠한 활동이나 사건이 이루어지는지를 나타내는 데 그 목적이 있다. • 예를 들어, 학생의 오늘 일과가 '오전 책읽기-점심식사-오후 그리기' 활동으로 진행된다면 해당 그림 상징이나 사물 상징을 일과 시간에 따라 배열하여 나타낼 수 있다.
순서 캘린더	• 특정 활동이 이루어지는 단계나 순서를 나타내는 데 그 목적이 있다. • 예를 들어, 교사는 마트 이용하기 활동을 '우유 사기-계산하기-우유 먹기'의 작은 단계로 과제분석하고, 학생이 각 단계를 예측할 수 있는 그림 상징이나 사물 상징을 선정하여 순서에 따라 배열하여 나타낼 수 있다.
선택 캘린더	• 학생이 원하는 물건이나 활동을 선택하도록 하는 데 그 목적이 있다. • 학생에게 선택의 개념이나 자기결정 능력을 지도할 수 있으며, 처음에는 두 가지 중에 한 가지를 선택하는 것으로 시작하여 점차 여러 가지 중에서 선택하도록 확장한다.

출처 ▶ 이태훈(2024)

개념확인문제

01

2014 중등A-9

다음의 (가)는 저시력학생 A의 시각 특성이고, (나)는 시각장애 특수학교 교사가 미술 수업을 하고 있는 장면이다. 특수교사가 학생 A에게 가르치고 있는 시각 활용 기술에 해당하는 용어를 쓰시오.

(가) 학생 A의 시각 특성

- 교정시력 : 좌안 광각, 우안 0.08
- 시야 : 우안 중심(부) 암점

(나) 미술 수업 장면

교사 : 자, 책에 있는 그림을 보세요.
학생 : 선생님, 그림을 똑바로 보면 그림 전체가 오히려 더 잘 안 보여요.
교사 : 그러면 그림의 약간 위쪽, 오른쪽, 아래쪽, 왼쪽을 한 번씩 보세요. 그림의 어느 쪽을 볼 때 가장 잘 보이나요?
학생 : 그림의 약간 오른쪽을 볼 때가 가장 잘 보이는 것 같아요.
교사 : 그러면 책에 있는 다른 그림들을 볼 때도 그림의 약간 오른쪽을 보도록 하세요.

02

2010 유아1-5

백색증(albinism)으로 인한 시각장애가 있는 아동의 교육을 위해 교사가 해야 할 조치로 가장 적절한 것은?

① 백색증은 안압 상승을 초래하므로 아동에게 정기적으로 안약을 넣도록 지도한다.
② 백색증은 망막 박리를 초래하므로 아동에게 신체적인 운동을 줄이도록 권장한다.
③ 백색증은 점진적인 시력 저하를 초래하므로 아동에게 점자를 미리 익히도록 지도한다.
④ 백색증은 눈부심을 초래하므로 아동에게 햇빛이 비치는 실외에서 차양이 넓은 모자를 착용하도록 지도한다.
⑤ 백색증은 암순응 곤란을 초래하므로 교실의 전체 조명보다 높은 수준의 조명을 아동에게 개별적으로 제공한다.

03

녹내장을 가진 시각장애 학생의 특성 및 교육적 조치로서 가장 거리가 먼 것은?

① 터널 시야와 야맹 증세가 나타난다.

② 책을 읽을 때 빛의 조도를 높여 준다.

③ 안구가 늘어나고 각막이 커지기 때문에 거대 각막이라고도 한다.

④ 시야가 좁은 학생은 보행에 어려움이 있으므로 보행지도를 한다.

⑤ 약물을 복용하는 학생은 감각이 둔해질 수 있으므로 감각훈련을 실시한다.

04

저시력 학생을 위한 적절한 교육 환경 및 처치로 가장 거리가 먼 것은?

① 약시학급의 경우, 교실 환경을 전체적으로 더 밝게 해 준다.

② 망막색소변성의 경우, 대부분 진행성이므로 점자를 배우게 한다.

③ 백내장이 수정체 가장자리에 있는 경우, 고도 조명을 제공한다.

④ 독서할 때에 글줄을 자주 잃을 경우, 타이포스코프를 제공한다.

⑤ 황반변성의 경우, 글자와 종이의 대비가 선명한 자료를 제공한다.

05

(가)는 일반학교에 재학 중인 저시력 학생들의 정보이고, (나)는 그에 따른 교육 계획이다. 〈작성 방법〉에 따라 순서대로 서술 하시오.

(가) 학생 정보

학생	안질환	유형
이영수	시신경 위축	단순 시각장애
박근화	망막색소변성	단순 시각장애
정동기	당뇨망막병증	단순 시각장애
김영철	추체 이영양증	단순 시각장애
김창운	미숙아망막병증	시각중복장애 (경도 정신지체)
김영진	선천성 녹내장	단순 시각장애

(나) 교육 계획

교육적 조치		• 교실 바닥과 다른 색의 책상 제공 • 학생에게 굵은 선이 그어진 공책 제공 • 휴식 시간을 자주 제공 • 독서대 제공 • 교실의 제일 앞줄에 자리 제공 • 일반 교과서의 150% 크기인 확대교과서 제공 • 판서 내용을 볼 수 있게 망원경 제공 • 보행 훈련 제공
국어과 지도 계획	교육과정 수정	• 읽기와 쓰기 영역에 묵자를 효율적으로 사용하는 데 필요한 학습 내용을 추가함
	교수·학습 운영	• 학생의 시력 변화와 요구에 기초하여 한 가지 문자 매체만을 강조하기보다는 필요에 따라 ㉠ 묵자와 점자를 병행하여 사용하게 함
	평가 방법	• 자료를 확대하거나 (비)광학기구를 활용하여 실시함 • 지문의 양을 조절하고, 시력 정도에 따라 적정 평가 시간을 제공함 • 김창운(시각중복장애) 　- 단편적인 지식보다 활동에 초점을 두고 영역별 성취도를 종합적으로 평가함 　- (　㉡　)

┤ 작성 방법 ├

• (나)의 '교육적 조치'에서 4가지 확대법 중 사용되지 않은 방법 1가지의 명칭과 이것을 수업에 활용할 때의 예를 쓸 것
• 밑줄 친 ㉠을 활용하여 지도하기에 적합하지 않은 학생을 (가)에서 찾아 이름을 쓰고 그 이유를 기술할 것

06

시각장애 학생을 위한 듣기 지도와 녹음 도서 제작에 대한 두 교사의 대화이다. ⊙~ⓔ 중 옳은 것만을 있는 대로 고른 것은?

> 이 교사 : 김 선생님, 시각장애 학생에게 듣기 지도를 하려고 해요. 듣기를 이용해서 교육을 하면 어떤 장점이 있나요?
>
> 김 교사 : ⊙ 듣기는 묵자나 점자를 읽는 데 어려움이 있는 학생에게 중요한 학습 수단입니다. 그리고 ⓛ 시각장애 학생은 듣기를 이용하여 학습 자료를 자세히 분석하거나 원하는 페이지를 쉽게 찾아갈 수 있습니다.
>
> 이 교사 : 듣기 지도를 위해 녹음 도서를 제작하려고 합니다. 그런데 교과서에 있는 영어로 된 용어나 이름은 어떻게 녹음해야 하는지 궁금해요.
>
> 김 교사 : ⓒ 영어로 된 용어나 이름은 발음과 철자를 함께 녹음해야 합니다.
>
> 이 교사 : 이 밖에 주의해야 할 내용은 무엇이 있나요?
>
> 김 교사 : ⓔ 녹음 도서를 제작할 때에는 책 전체의 위계를 알 수 있도록 책의 장, 절, 순서를 나타내는 숫자 등의 내용을 함께 녹음하는 것도 필요합니다.

① ⊙

② ⊙, ⓛ

③ ⓛ, ⓒ

④ ⊙, ⓒ, ⓔ

⑤ ⓛ, ⓒ, ⓔ

07

다음의 (가)와 (나)에 들어갈 명칭으로 옳은 것은?

> 일반적으로 전경과 배경과의 대비가 높을수록 시감도는 증가된다. 따라서 저시력 학생에게 굵은 선을 그은 종이를 제공하면 대비가 증가되어 읽고 쓰기가 쉬워진다. 특히, 책 지면 위에 (가)를 올려놓으면 대비가 증가되어 컬러 인쇄물이나 묵자(墨字)가 더 잘 보이는 효과가 있다. (나)는 반사로 인한 눈부심을 막아 주고 읽을 글줄을 제시해 주기 때문에 저시력 학생의 읽기에 도움을 준다.

	(가)	(나)
①	노란색 아세테이트지	타이포스코프
②	타이포스코프	노란색 아세테이트지
③	노란색 아세테이트지	마이크로스코프
④	마이크로스코프	초록색 아세테이트지
⑤	초록색 아세테이트지	타이포스코프

08

저시력 학생을 위한 확대법과 확대경에 대한 두 교사의 대화이다. ㉠~㉣ 중 옳은 것만을 있는 대로 고른 것은?

박 교사 : 선생님, 저시력 학생을 위해 자료를 확대하는 방법 중 상대적 거리 확대법에 대하여 설명해 주세요.

이 교사 : 예. ㉠ 교과서나 교육 자료를 큰 문자로 인쇄하거나 확대 복사하는 것이 상대적 거리 확대법의 예입니다.

박 교사 : 각도 확대법은 무엇인가요?

이 교사 : 각도 확대법은 광학기구를 이용하여 확대하는 방법입니다. 확대경을 이용하는 것이 좋은 예입니다. ㉡ 주변 시야를 상실한 저시력 학생이 확대경을 사용하면 학생의 시야보다 넓은 시야를 가지게 됩니다.

박 교사 : 스탠드 확대경도 각도 확대법에 이용되는 광학 기구인가요?

이 교사 : 예. ㉢ 스탠드 확대경을 이용하면 확대경과 자료의 거리가 일정하게 유지되는 장점이 있습니다.

박 교사 : 안경 장착형 확대경은 어떤 장점이 있나요?

이 교사 : 저시력 학생이 ㉣ 안경 장착형 확대경을 이용하면 읽기와 쓰기를 동시에 할 수 있습니다.

---

① ㉠, ㉣
② ㉡, ㉢
③ ㉢, ㉣
④ ㉠, ㉡, ㉢
⑤ ㉠, ㉡, ㉣

09

다음은 저시력 학생의 보조공학기기에 대한 설명이다. 괄호 안의 ㉠, ㉡에 들어갈 말을 순서대로 쓰시오.

저시력 학생의 보조공학기기는 크게 나누어 광학기구와 비광학기구, 그리고 전자보조기구 등이 있다. 광학기구에는 확대경과 망원경, 안경 등이 있으며, 각각에 사용되는 렌즈는 굴절력을 갖고 있다. 렌즈의 도수는 디옵터(Diopter: D)로 표시한다. 오목렌즈를 사용하는 학생이 초점거리가 5cm인 렌즈를 사용한다면 이 학생의 렌즈 도수는 (㉠) D가 된다. 확대경은 중심 시야에 (㉡)이/가 있는 학생에게 도움이 되며, 중심시력을 상실하지 않았을 경우에는 크게 도움이 되지 않는다.

10

2020 중등A-9

(가)는 시각장애 학생 H와 I의 특성이고, (나)는 특수교사가 작성한 보조공학 지원 계획의 일부이다. 〈작성 방법〉에 따라 서술하시오.

(가) 학생 H와 I의 특성

• 학생 H

시야	정상	
대비감도	정상	
원거리 시력 (나안 시력)	좌안(왼쪽 눈)	우안(오른쪽 눈)
	0.02	0.06

• 학생 I

시야	정상
대비감도	낮은 대비의 자료를 볼 때 어려움이 있음
근거리 시력	근거리 자료를 읽기 위해서 고배율 확대가 필요함

(나) 보조공학 지원 계획

학생	보조공학 지원 내용

H	• 원거리에 있는 도로 표지판을 보기 위해 적합한 배율의 단안 망원경 추천이 필요함
	  – 단안 망원경을 어느 쪽 눈에 사용할지 결정: (　　㉠　　)
	  – 적합한 단안 망원경 배율: (　　㉡　　)

I	• ㉢ 책을 읽기 위해 투사확대법을 적용한 보조공학기기 지원이 필요함

┤ 작성 방법 ├

• (가)의 학생 H의 특성에 근거하여 (나)의 괄호 안의 ㉠에 들어갈 내용을 쓰고, 그 이유를 1가지 서술할 것 (단, 배율과 시야를 고려할 것)
• (가)의 학생 H의 특성에 근거하여 (나)의 괄호 안의 ㉡에 해당하는 배율을 쓸 것 [단, 목표(필요한) 원거리 시력은 0.3임]
• (가)의 학생 I의 특성에 근거하여 (나)의 밑줄 친 ㉢에 적합한 보조공학기기를 1가지 쓸 것

11

2014 중등B-2

다음은 특수학교 최 교사가 보조공학 전문가와 함께 다양한 안질환 유형을 지닌 시각장애 학생들을 상담 및 관찰한 후, 이를 바탕으로 작성한 보조공학기기 중재 계획이다. ㉠~㉤ 중 상담 및 관찰 평가 결과에 적합하지 않은 중재 계획 2가지를 찾아 기호를 쓰고, 각각의 중재 계획을 바르게 수정하시오.

안질환	학생 상담 및 관찰 평가 결과	보조공학기기 중재 계획
선천성 녹내장	손잡이형 확대경을 올바르게 사용하지 못하여 독서할 때 글자가 흐릿하게 보이고 렌즈를 통해 보이는 글자 수가 적다고 호소함	㉠ 눈과 확대경 간의 거리를 멀게 하고, 확대경과 읽기 자료 간의 거리도 멀게 하여 보도록 지도함
선천성 백내장	낮은 대비감도로 인해 저대비 자료를 보거나 교구를 사용하는 데 어려움을 보임	㉡ 저대비 자료를 볼 때는 확대경 대신 전자독서확대기를 사용하게 하고, 교구의 색은 배경색과 대비가 높은 것을 활용함
망막 색소 변성증	점자교과서 외에 다양한 참고서의 점자 인쇄 자료와 전자 파일을 구하는 데 어려움을 호소함	㉢ 광학문자인식시스템을 사용하여 묵자 인쇄 자료를 텍스트 파일로 변환시키는 방법을 지도함
시신경 위축	컴퓨터 화면에서 커서의 위치를 찾거나 마우스 포인터의 움직임을 따라가는 데 어려움을 보임	㉣ 제어판에서 커서의 너비를 '넓게'로 조정하고, 마우스 포인터의 움직임 속도를 '느림'으로 조정함
미숙아 망막증	원거리의 물체나 표지판을 확인하는 데 어려움을 가지고 있어 단안 망원경 사용법을 배우기를 희망함	㉤ 양안 중 시력이 더 나쁜 쪽 눈으로 망원경을 보게 하고, 훈련 초기에는 목표물의 위치를 찾기 쉽도록 처방된 배율보다 높은 배율의 망원경을 사용하여 지도함

12

2011 중등1-33

A는 중도에 실명한 K고등학교 3학년 학생이다. 대학 입학 후 안내견을 사용하고자 하여 순회교사를 통해 특수교육 관련서비스로 보행훈련을 받고 있다. 다음은 순회교사가 학생 A를 위해 작성한 지도 계획서의 일부이다. ㉠~㉤에서 옳은 것만을 모두 고른 것은?

(10월) (학생 A)의 지도 계획서

◉ 지도 내용

■ 이동성의 지도 요소
  ㉠ 이동성 지도 요소에는 지표와 단서, 번호 체계, 친숙화 과정이 포함된다.

■ 지팡이 보행 방법
• 이점 촉타법
  – ㉡ 지팡이 호의 넓이: 어깨 너비보다 5~6cm 정도 넓게 유지한다.
  – 계단 오르기: ㉢ 지팡이 손잡이 아래 부분을 연필 쥐듯이 잡고 팔을 앞으로 뻗어 한두 계단 위쪽 끝부분을 지팡이 끝으로 스치듯 치면서 올라간다.

■ 안내견 보행의 장점
  ㉣ 주로 시각장애인의 방향정위를 지원한다.
  ㉤ 허리 위쪽의 장애물을 피하도록 도움을 준다.

① ㉠, ㉡
② ㉡, ㉤
③ ㉠, ㉢, ㉣
④ ㉡, ㉢, ㉤
⑤ ㉢, ㉣, ㉤

13

2010 중등1-29

다음은 시각장애 학생의 보행훈련에서 사용하는 기법들이다. (가)와 (나)의 기법으로 옳은 것은?

(가) 기준선(벽 등)과 가까운 팔을 진행 방향과 평행되게 하고, 그 팔을 약 45도 아래쪽 정면으로 뻗쳐서 손을 허리 높이 정도로 들고, 새끼손가락 둘째 마디 바깥 부분을 기준선에 가볍게 대면서 이동한다.

(나) 흰지팡이를 자신의 몸 전면에 가로질러 뻗치게 하고 첨단은 지면에서 약 5cm 떨어지며, 흰지팡이의 아래쪽 끝과 위쪽 끝은 몸의 가장 넓은 부위보다 밖으로 약 2~4cm 벗어나게 해서 이동한다.

	(가)	(나)
①	따라가기 (trailing)	자기보호법
②	하부보호법	대각선법 (diagonal technique)
③	따라가기 (trailing)	촉타법 (touch technique)
④	따라가기 (trailing)	대각선법 (diagonal technique)
⑤	대각선법 (diagonal technique)	촉타법 (touch technique)

14

2015 초등A-5

(가)는 3월에 전학 온 시각장애 학생 근우의 특성이고, (나)는 통합학급 교사가 '2009 개정 교육과정' 사회과 3~4학년군 '위치의 개념 알기'라는 제재로 근우의 방향정위를 고려하여 작성한 교수 · 학습 과정안의 일부이다. 물음에 답하시오.

(가) 근우의 특성

- 양안 교정시력이 0.03임
- 교실에서 자신과 사물의 위치를 파악하고 이동하는 데 어려움을 보임
- 학습에는 큰 문제가 없고 또래 관계도 원만하여 일반학급에 완전통합되어 있음

(나) 교수 · 학습 과정안

단원	우리가 살아가는 곳	제재	위치의 개념 알기
학습 목표	무엇이 어디에 있는지 찾아보는 활동을 통해 위치가 무엇인지 말할 수 있다.		

단계	교수 · 학습 활동
도입	(생략)

전개	〈활동 1〉 한별이네 교실에서 친구나 물건이 어디에 있는지 말하기
	(중략)
	
	㉠ 〈활동 2〉 우리 교실에서 친구나 물건이 어디에 있는지 말하기
	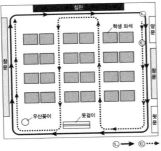
	• 특정한 친구를 기준으로 위치 말하기
	• 교실 내에서 자리를 이동한 후 자신의 위치 말하기
	• 근우가 교실 내에서 이동하며 교실 환경 익히기
	  – ㉡과 같이 사방 벽면을 따라 이동하며 사물의 위치 익히기
	  – ㉢과 같이 친구들의 좌석 사이를 이동하며 친구들의 위치 익히기
	〈활동 3〉 학교 안내도를 보고 여러 교실의 위치 말하기

1) (나)의 ㉠과 관련하여 다음 괄호 안에 들어갈 용어를 쓰시오.

> 새로운 교실 환경에서 방향정위를 습득한 근우는 친구들과 사물들의 위치, 사물들 간의 거리를 인지적으로 형상화하게 됨으로써 교실에서 독립적이고 안전하게 이동할 수 있게 된다. 이때 근우는 교실 환경에 대한 (   )을/를 형성한 것으로 볼 수 있다.

2) (나)의 ㉡과 ㉢에 해당하는 환경 탐색 기법의 명칭을 각각 쓰시오.

15

2009 중등1-39

A는 시각이 급격히 저하되어 지팡이를 사용하여야 독립보행이 가능한 중학교 1학년 학생이다. 김 교사는 재량활동 시간을 활용하여 A에게 기본적인 지팡이 기법을 지도하려고 한다. 김 교사가 가르치고자 하는 지팡이 기법의 내용 중 적절한 것을 〈보기〉에서 모두 고른 것은?

┤ 보기 ├

ㄱ. 계단을 오를 때에는 대각선법으로 지팡이를 잡는다.

ㄴ. 지팡이를 움직여서 그리는 호의 넓이는 신체 부위에서 가장 넓은 어깨넓이를 유지한다.

ㄷ. 지팡이를 잡은 손은 몸 앞 중앙에 오도록 유지하고, 손목을 좌우로 움직여 호를 그린다.

ㄹ. 지팡이로 신체 왼쪽 바닥면을 두드리는 동시에 왼쪽 발을 리듬에 맞추어 앞으로 내딛는다.

ㅁ. 2점 촉타법 응용기법으로는 터치 앤 슬라이드(touch & slide), 터치 앤 드래그(touch & drag) 방법 등이 있다.

ㅂ. 2점 촉타법은 주로 실외 보행을 위해 사용하도록 지도하고, 익숙한 학교 복도에서는 주로 대각선법을 사용하도록 지도한다.

① ㄱ, ㄷ, ㅁ   ② ㄱ, ㄹ, ㅂ

③ ㄷ, ㅁ, ㅂ   ④ ㄱ, ㄹ, ㅁ, ㅂ

⑤ ㄴ, ㄷ, ㄹ, ㅁ

16

2013추시 중등B-4

다음은 일반학급에서 통합교육을 받고 있는 경호의 특성과 학교생활 모습을 나타낸 글이다. 물음에 답하시오.

시각장애 학생 경호는 점자를 주된 학습 매체로 사용하며, 익숙한 공간에서는 단독 보행이 가능하다. 평상시에는 화장실이나 다른 교실로 이동할 때, 지팡이를 몸의 앞쪽에서 가로 질러 잡고 지팡이 끝(tip)을 지면에서 약간 들면서 보행하는 (㉠)을(를) 사용한다. 하지만 오늘은 자기보호법과 트레일링(trailing) 기법을 사용하여 미술실로 향했다. 경호는 미술실로 가기 위해서 ㉡ 친구들이 지나다니는 발자국 소리와 계단 앞의 점자블록을 이용해 ㉢ 계단 난간을 찾았다.

… (하략) …

1) ㉠에 들어갈 지팡이 사용 기법의 용어를 쓰고, 이 기법에 해당되는 지팡이의 주된 기능을 1가지만 쓰시오.

2) ㉡과 ㉢에 해당되는 방향정위(orientation)의 기본 요소를 쓰고, 두 요소 간의 가장 큰 차이점을 쓰시오.

17

(가)는 시각장애 특수학교 체육 담당 교사가 지도하는 6학년 학생들의 특성이고, (나)는 '간이 시각배구 게임하기'를 제재로 작성한 교수·학습 과정안의 일부이다. 물음에 답하시오.

(가) 학생 특성

이름	원인 질환	시력 정도	시야 특성	인지 특성
영수	망막색소 변성	양안 교정시력 0.06	양안 주시점에서 10°	정상
미현	시신경 위축	전맹	—	정상

(나) 교수·학습 과정안

단원	㉠ 배구형 게임	제재	간이 시각배구 게임하기
학습 목표	규칙에 맞게 간이 시각배구 게임을 할 수 있다.		

단계	교수·학습 활동	자료(자) 및 유의사항(유)
도입	• 준비 운동하기 • 전시 학습 확인하기 • 학습 동기 유발하기 − 시각배구 대회 소개하기 − 시각배구 선수 소개하기	자 ㉢ 점자 읽기 자료, 묵자 읽기 자료
전개	〈활동 2〉 ㉡ 간이 시각배구 게임하기 • 2인제 시각배구 게임하기 − 영수: 교사가 굴려 주는 공을 보면서 공격(수비)하기 − 미현: 교사가 굴려 주는 공소리를 듣고 공격(수비)하기	자 소리 나는 배구공, 네트 유 ㉣ 영수는 야맹증이 있고, 낮은 조도에서 학습 활동을 하는 데 어려움이 있기 때문에 적절한 조도 환경을 제공한다. 유 여가 시간에 시각배구를 활용할 수 있는 다양한 방법을 지도한다.

1) (나)의 수업에서 교사는 시각장애라는 특성을 반영한 다음과 같은 교육과정을 고려하여 지도하고자 한다. ( ) 안에 들어갈 말을 쓰시오.

> ( )은/는 시각장애인이 사회의 구성원으로 독립적으로 살아가기 위해서 필수적으로 습득해야 하는 지식과 기술로 구성된 교육과정을 의미하며, 그 내용으로는 보상 기술, 기능적 기술, 여가 기술, 방향정위와 이동 기술, 사회 기술, 시기능 훈련, 일상생활 기술 등이 있다.

18

다음은 중도 실명한 시각장애 학생 G를 위하여 교육 실습생이 작성한 보행 교육 계획의 일부이다. 〈작성 방법〉에 따라 서술하시오.

학생 특성	• 학년: 중학교 1학년 • 시력: 양안 광각	
목표	방향정위와 이동 기술을 사용하여 학교 정문에서 기숙사까지 찾아갈 수 있다.	
내용		
방향정위	• 학생이 실행한 방향정위 인지 과정의 각 요소를 확인하고 피드백 제공 **방향정위 인지 과정** － 학교 정문에서 기숙사까지 이동하는 데 필요한 정보를 촉각, 후각, 청각, 근육감각 등을 사용하여 수집한다. － 지각한 정보를 일정한 기준으로 범주화하고 분류한다. － 학교 정문에서 기숙사까지 보행 계획을 수립한다. － 계획한 보행 경로를 따라 보행한다. ㉠	
이동	지팡이 보행	• 학교 정문에서 기숙사까지 갈 때 ㉡ 촉타후긋기 기술(touch-and-drag technique)을 사용하여 학교 정문에서 기숙사까지 연결된 점자블록의 경계선을 따라가며 보행하는 방법 지도

┤ 작성 방법 ├

• ㉠에 포함되지 않은 방향정위 인지 과정의 요소를 쓰고, 이 요소를 위해 교사가 학생에게 지도해야 할 내용 1가지를 서술할 것 [단, 힐과 폰더(E. Hill & P. Ponder)의 방향정위 인지 과정에 근거할 것]
• 밑줄 친 ㉡의 보행 방법을 쓸 것
• 밑줄 친 ㉡에서 촉타후긋기 기술을 지도할 때 교사가 학생에게 지도해야 할 내용 1가지를 서술할 것 [단, 지팡이 끝을 지면에서 어떻게 움직여야 하는지를 서술할 것]

19

다음은 학생 B의 보행 수업 노트이다. 〈작성 방법〉에 따라 서술하시오.

오늘은 선생님과 청각을 활용한 보행 수업을 했음 • (㉠): 사거리 신호등의 신호에 따라 대기하고 있는 자동차 소리와 출발하는 자동차 소리의 차이를 들었음 • 소리 추적: 학교로 돌아가기 위해, 인도와 평행한 도로를 지나는 차량의 소리를 들으며 따라갔음 • 사운드 섀도(sound shadow): (㉡)

┤ 작성 방법 ├

• 괄호 안의 ㉠에 해당하는 용어를 쓰고, 괄호 안의 ㉡의 내용에 해당하는 예를 1가지 서술할 것 (단, ㉡은 버스 정류장을 찾는 상황으로 제시할 것)

20

다음은 농·맹 중복장애 학생이 사용하는 의사소통 방법에 대한 설명이다. 괄호 안의 ㉠, ㉡에 해당하는 방법이 무엇인지 쓰시오.

점자를 주된 의사소통 수단으로 사용하는 농·맹 중복장애 학생이 왼손 손가락과 오른손 손가락을 3개씩 사용하여 상대방의 양손 손가락 위를 접촉하여 점자로 의사소통하는 방법을 (㉠)(이)라고 한다. 그리고 수화(수어, sign language)를 사용하는 농·맹 중복장애 학생(잔존시력 없음)이 상대방의 손 위에 자신의 손을 얹어 상대방의 수화를 이해하고 의사소통하는 방법을 (㉡)(이)라고 한다.

21

다음은 시각장애 특수학교 김 교사와 미술관 담당자가 주고받은 휴대전화 문자 대화의 일부이다. 물음에 답하시오.

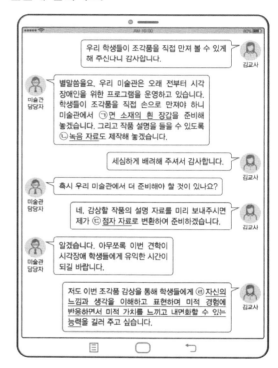

> 우리 학생들이 조각품을 직접 만져 볼 수 있게 해 주신다니 감사합니다. (김교사)
>
> (미술관 담당자) 별말씀을요. 우리 미술관은 오래 전부터 시각장애인을 위한 프로그램을 운영하고 있습니다. 학생들이 조각품을 직접 손으로 만져야 하니 미술관에서 ㉠면 소재의 흰 장갑을 준비해 놓겠습니다. 그리고 작품 설명을 들을 수 있도록 ㉡녹음 자료도 제작해 놓겠습니다.
>
> 세심하게 배려해 주셔서 감사합니다. (김교사)
>
> (미술관 담당자) 혹시 우리 미술관에서 더 준비해야 할 것이 있나요?
>
> 네, 감상할 작품의 설명 자료를 미리 보내주시면 제가 ㉢점자 자료로 변환하여 준비하겠습니다. (김교사)
>
> (미술관 담당자) 알겠습니다. 아무쪼록 이번 견학이 시각장애 학생들에게 유익한 시간이 되길 바랍니다.
>
> 저도 이번 조각품 감상을 통해 학생들에게 ㉣자신의 느낌과 생각을 이해하고 표현하며 미적 경험에 반응하면서 미적 가치를 느끼고 내면화할 수 있는 능력을 길러 주고 싶습니다. (김교사)

1) 김 교사는 새로운 자극에 거부감이 있는 시각 중복장애 학생이 조각품을 감상할 수 있도록 다음과 같이 안내하였다. 김 교사가 사용한 촉각 안내법의 명칭을 쓰시오.

> • 교사가 먼저 조각품의 표면을 탐색한다.
> • 학생 스스로 교사의 손 위에 자신의 손을 올려놓게 한다.
> • 학생의 손이 조각품에 닿을 때까지 교사의 손을 조금씩 뒤로 뺀다.

1	중심 외 보기
2	④
3	②
4	①
5	• 명칭: 투사확대법 / 예: 확대독서기 제공 • 이름: 정동기 / 이유: 당뇨망막병증은 진행성 질환이므로 손의 촉각 둔감화로 점자를 읽기 어려워지기 때문이다.
6	④
7	①
8	③
9	㉠ −20 ㉡ 암점
10	• ㉠ 우안 / 이유: 더 낮은 배율을 사용함으로써 더 넓은 시야로 편안하게 볼 수 있기 때문이다. • ㉡ 5 • 보조공학기기: 확대독서기
11	㉠, 눈과 확대경 간의 거리를 가깝게 하고, 확대경과 읽기 자료 간의 거리는 적절히 조절하여 보도록 지도함 ㉢, 양안 중 시력이 더 좋은 쪽 눈으로 망원경을 보게 하고, 훈련 초기에는 목표물의 위치를 찾기 쉽도록 처방된 배율보다 낮은 배율의 망원경을 사용하여 지도함
12	④
13	④
14	1) 인지지도
	2) ㉡ 주변탐색, ㉢ 격자탐색
15	③
16	1) 용어: 대각선법 / 기능: 몸 전면 하부를 보호하는 기능
	2) ㉡ 단서, ㉢ 지표 차이점: 지표는 항상 일정 기간 고정되어 있지만, 단서는 변화가 심하여 항상 활용할 수는 없다.
17	1) 시각장애 확대핵심교육과정
18	• 선별 수집·분석한 정보 중 현재 환경을 방향정위하는 데 가장 적절한 정보를 선택할 수 있도록 지도한다. • 기준선 보행 • 지팡이 끝으로 점자블록 경계선 반대쪽 측면의 지면을 우선 터치한 후, 지팡이 끝을 바닥에 유지한 채 바닥에 끌어 점자블록 경계선에 닿게 한다.
19	• ㉠ 소리변별 ㉡ 버스 정류장과 시각장애 학생 A 사이에 공사를 위한 대형 칸막이가 있는 경우이다.
20	㉠ 지점자, ㉡ 촉수어
21	1) 손 아래 손 안내법

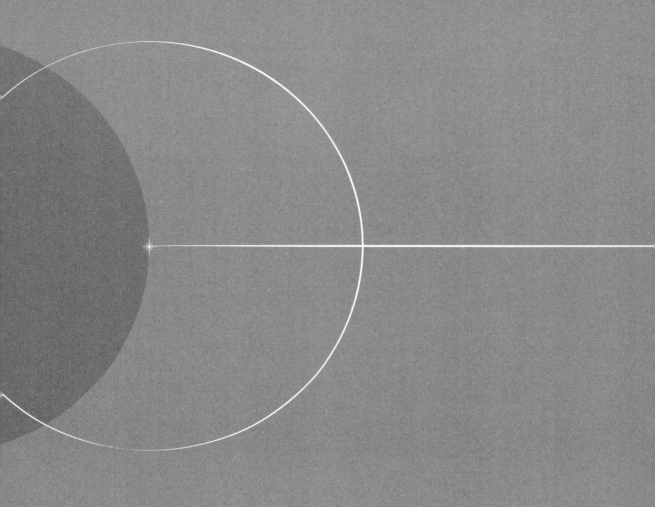

김남진
KORSET
특수교육 4

Chapter 1 청각장애의 이해

1 청각장애의 개념 ┬ 생리학적 관점의 정의
             ├ 교육적 관점의 정의 ┬ 장애인 등에 대한 특수교육법
             │   └ 미국 장애인교육법
             └ 복지적 관점의 정의

2 귀의 구조와 기능 ┬ 외이
             ├ 중이
             └ 내이 ┬ 내이의 구조 : 와우, 전정, 반규관
                     ├ 와우의 구조 : 기저막, 코르티기관, 유모세포
                     └ 내이의 기능

3 소리의 이해 ┬ 소리의 물리적 특성 ┬ 주파수 : Hz
         │   └ 진폭 : dB
         └ 소리의 전달 : 기도전도, 골도전도

Chapter 2 청각장애의 원인 및 분류

1 청각장애의 원인 ┬ 외이
             ├ 중이
             ├ 내이
             └ 신경기관

2 청각장애의 분류 ┬ 청력손실 시기에 따른 분류
             ├ 청력손실 정도에 따른 분류
             └ 청력손실 부위에 따른 분류 ┬ 전음성 청각장애 : 외이 또는 중이의 손상
                                ├ 감음신경성 청각장애 : 내이 또는 청신경의 손상
                                ├ 혼합성 청각장애 : 외이, 중이, 내이의 손상
                                └ 중추청각처리장애 : 중추청각신경계의 손상

Chapter 3 청력검사

1 청력검사의 개요 ┬ 목적
             └ 유형 : 객관적 검사, 주관적 검사

2 객관적 검사 ┬ 중이검사 ┬ 개념
　　　　　　　　　│　　　　　└ 종류 ┬ 고막운동성검사
　　　　　　　　　│　　　　　　　　　├ 등골근반사검사
　　　　　　　　　│　　　　　　　　　└ 등골근반사피로검사
　　　　　　　　　├ 이음향방사(OAE)검사 ┬ 자발 이음향방사검사
　　　　　　　　　│　　　　　　　　　　　└ 유발 이음향방사검사
　　　　　　　　　└ 청성유발반응검사 ┬ 개요
　　　　　　　　　　　　　　　　　　　├ 전기와우도검사
　　　　　　　　　　　　　　　　　　　└ 뇌간유발반응(ABR)검사

3 유아 청각검사 ┬ 행동관찰청력검사
　　　　　　　　　├ 시각강화청력검사
　　　　　　　　　└ 놀이청력검사

Chapter 4 순음청력검사

1 순음청력검사의 이해 ┬ 순음청력검사의 개념
　　　　　　　　　　　　└ 순음청력검사 결과의 임상적 적용 : 청력손실 유무, 청력손실 정도,
　　　　　　　　　　　　　　　　　　　　　　　　　　　　청각장애 유형 및 병변 부위, 청력형,
　　　　　　　　　　　　　　　　　　　　　　　　　　　　청능재활 정보

2 기도검사 ┬ 기도검사의 개념
　　　　　　　└ 기도검사 방법 ┬ 검사 귀 선정
　　　　　　　　　　　　　　　├ 주파수 조절방법 ┬ 검사 주파수 순서
　　　　　　　　　　　　　　　│　　　　　　　　└ 1,000Hz 검사 2회 실시 이유
　　　　　　　　　　　　　　　└ 강도 조절방법 : 상승법, 하강법, 수정상승법

3 골도검사 ┬ 골도검사의 개념
　　　　　　　└ 골도검사 방법 ┬ 검사 귀 선정
　　　　　　　　　　　　　　　└ 주파수 조절방법

4 청력도 ┬ 청력도의 이해 ┬ 개념
　　　　　　│　　　　　　　　└ 작성법
　　　　　　└ 청력도의 해석 ┬ 청력손실 정도 : 3분법, 4분법, 6분법
　　　　　　　　　　　　　　├ 청각장애 유형
　　　　　　　　　　　　　　└ 청력형 ┬ 전음성 청각장애 : 역경사형
　　　　　　　　　　　　　　　　　　　├ 감음신경성 청각장애 : 경사형
　　　　　　　　　　　　　　　　　　　└ 혼합성 청각장애 : 수평형 또는 경사형

⑤ **차폐의 이해** ─┬─ 차폐의 개념 : 차폐음 ─┬─ 협대역잡음
　　　　　　　　　　　　　　　　　　　└─ 백색잡음
　　　　　　　├─ 이간감쇠 ─┬─ 개념 ─┬─ 기도전도 : 40dB
　　　　　　　　　　　　　　　　　　└─ 골도전도 : 0dB
　　　　　　　　　　　　├─ 차폐가 필요한 경우 ─┬─ 검사 귀 기도와 비검사 귀의 기도청력역치의 차이가
　　　　　　　　　　　　　　　　　　　　　　　　　40dB 이상인 경우
　　　　　　　　　　　　　　　　　　　　　　├─ 검사 귀 기도와 비검사 귀의 골도청력역치의 차이가
　　　　　　　　　　　　　　　　　　　　　　　40dB 이상인 경우
　　　　　　　　　　　　　　　　　　　　　　└─ 골도검사를 할 경우
　　　　　　　　　　　　└─ 차폐를 사용한 청력도 해석
　　　　　　　└─ 폐쇄효과

Chapter 5 어음청력검사

❶ **어음청력검사의 이해** ─┬─ 어음청력검사의 개념
　　　　　　　　　　　　└─ 어음청력검사 결과의 임상적 적용

❷ **어음청취역치검사** ─┬─ 어음청취역치검사의 개념
　　　　　　　　　　　└─ 어음청취역치검사 실시 방법 ─┬─ 검사어음 : 이음절어
　　　　　　　　　　　　　　　　　　　　　　　　　├─ 검사방법 ─┬─ 친숙화 과정
　　　　　　　　　　　　　　　　　　　　　　　　　　　　　　└─ 본 검사
　　　　　　　　　　　　　　　　　　　　　　　　　└─ 검사 결과 판독 시 고려사항

❸ **어음탐지역치검사**

❹ **어음명료도검사** ─┬─ 어음명료도검사의 개념
　　　　　　　　　　├─ 어음명료도검사 실시 방법 ─┬─ 검사어음 : 단음절어
　　　　　　　　　　　　　　　　　　　　　　　└─ 검사방법
　　　　　　　　　　└─ 어음명료도 곡선 : 정상, 전음성, 미로성, 후미로성

Chapter 6 Ling의 6개음 검사

❶ **Ling의 검사에 대한 이해** ─┬─ Ling의 5개음 검사 : [i], [u], [a], [ʃ], [s]
　　　　　　　　　　　　　　└─ Ling의 6개음 검사 : [m], [i], [u], [a], [ʃ], [s]

▶② **인공와우** ┬ 인공와우의 이식 ── 이식 대상자의 선정
　　　　　　├ 인공와우의 구조 ┬ 외부장치 : 송화기(마이크로폰), 어음처리기, 송신기(헤드셋)
　　　　　　│　　　　　　　　└ 내부장치 : 수신기, 전극
　　　　　　├ 수술 후의 청능 재활
　　　　　　└ 인공와우의 관리

Chapter 9 구화 지도

▶❶ **청능훈련** ┬ 청능훈련의 개념
　　　　　　└ 청능훈련의 계획 원리 ┬ 청능 기술 ┬ 1. 음의 인식
　　　　　　　　　　　　　　　　　│　　　　　├ 2. 음의 변별
　　　　　　　　　　　　　　　　　│　　　　　├ 3. 음의 확인
　　　　　　　　　　　　　　　　　│　　　　　└ 4. 음의 이해
　　　　　　　　　　　　　　　　　├ 자극
　　　　　　　　　　　　　　　　　├ 활동 유형
　　　　　　　　　　　　　　　　　└ 난이도

▶❷ **독화 지도** ┬ 독화의 이해 ┬ 개념
　　　　　　　│　　　　　　└ 한계점 ┬ 말소리가 낮은 가시도
　　　　　　　│　　　　　　　　　　├ 동구형이음어
　　　　　　　│　　　　　　　　　　├ 빠른 구어속도
　　　　　　　│　　　　　　　　　　├ 음운환경에 따른 전이효과
　　　　　　　│　　　　　　　　　　├ 조음운동의 개인차
　　　　　　　│　　　　　　　　　　└ 환경적 제약
　　　　　　　├ 독화 관련 변인 ┬ 독화자 변인 ┬ 시각능력
　　　　　　　│　　　　　　　　│　　　　　　├ 종합능력 ┬ 지각종결
　　　　　　　│　　　　　　　　│　　　　　　│　　　　　└ 개념종결
　　　　　　　│　　　　　　　　│　　　　　　├ 유연성
　　　　　　　│　　　　　　　　│　　　　　　└ 언어이해력
　　　　　　　│　　　　　　　　├ 화자 변인
　　　　　　　│　　　　　　　　└ 환경 변인
　　　　　　　├ 독화 지도법 ┬ 전통적 독화 지도법과 총체적 접근법
　　　　　　　│　　　　　　├ 말추적법
　　　　　　　│　　　　　　└ 큐드 스피치
　　　　　　　└ 독화 지도 시 고려사항

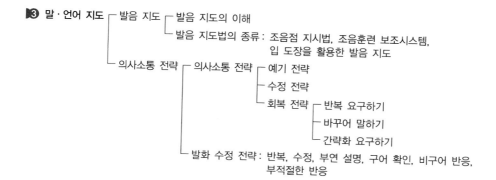

❸ 말 · 언어 지도 ┬ 발음 지도 ┬ 발음 지도의 이해
                                  └ 발음 지도법의 종류 : 조음점 지시법, 조음훈련 보조시스템,
                                          입 도장을 활용한 발음 지도
          ├ 의사소통 전략 ┬ 의사소통 전략 ┬ 예기 전략
          │   ├ 수정 전략
          │   └ 회복 전략 ┬ 반복 요구하기
          │   ├ 바꾸어 말하기
          │   └ 간략화 요구하기
          └ 발화 수정 전략 : 반복, 수정, 부연 설명, 구어 확인, 비구어 반응,
                                    부적절한 반응

Chapter 10 **수어 지도**

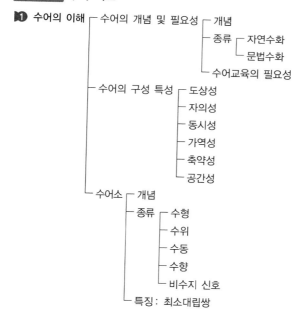

❶ 수어의 이해 ┬ 수어의 개념 및 필요성 ┬ 개념
                                  ├ 종류 ┬ 자연수화
                                  │   └ 문법수화
                                  └ 수어교육의 필요성
          ├ 수어의 구성 특성 ┬ 도상성
          │   ├ 자의성
          │   ├ 동시성
          │   ├ 가역성
          │   ├ 축약성
          │   └ 공간성
          └ 수어소 ┬ 개념
                   ├ 종류 ┬ 수형
                   │   ├ 수위
                   │   ├ 수동
                   │   ├ 수향
                   │   └ 비수지 신호
                   └ 특징 : 최소대립쌍

❷ 지문자 ┬ 한글 지문자
       ├ 숫자 지문자
       └ 영어 지문자

Chapter 11　교육적 접근

▶① 농교육 방법론 ┬ 농교육 방법론의 역사 개관
　　　　　　　　├ 총체적 의사소통법
　　　　　　　　└ 이중언어−이중문화 접근법 ┬ 청각장애에 관한 관점
　　　　　　　　　　　　　　　　　　　　　└ 이중언어−이중문화 접근법

▶② 청각장애 학생을 위한 통합교육 지원 ┬ 일반교사 ┬ 수어 사용 학생 지원
　　　　　　　　　　　　　　　　　　　│　　　　 └ 난청학생 지원
　　　　　　　　　　　　　　　　　　　├ 특수교사
　　　　　　　　　　　　　　　　　　　├ 수화통역사
　　　　　　　　　　　　　　　　　　　├ 교육방법상 고려사항
　　　　　　　　　　　　　　　　　　　└ 동반 입학

▶③ 청각장애 학생을 위한 평가 조정 방법 ┬ 환경 조정
　　　　　　　　　　　　　　　　　　　 ├ 시간 조정
　　　　　　　　　　　　　　　　　　　 ├ 제시형태 조정
　　　　　　　　　　　　　　　　　　　 └ 반응형태 조정

01 청각장애의 개념

청각장애는 생리학적, 교육적, 사회복지적 관점에서 해당 분야의 목적을 실현하기 위해 서로 다르게 정의된다.

1. 생리학적 관점의 정의

① 생리학적 관점에서는 청력손실을 농(deaf)과 난청(hard of hearing)으로 나누어 정의하고 있다.

② 청력은 dB(데시벨)이라는 단위로 표시하는데, 일정 크기(일반적으로 90~95dB) 이상의 소리를 듣지 못하는 경우에는 농으로 정의한다.

- 정상 청력의 범위(0~25dB)는 벗어나지만 일정 크기의 소리는 들을 수 있는 경우는 난청으로 정의한다.

2. 교육적 관점의 정의

(1) 장애인 등에 대한 특수교육법

「장애인 등에 대한 특수교육법 시행령」에서는 청각장애를 지닌 특수교육대상자를 다음과 같이 정의하고 있다.

> 청력손실이 심하여 보청기를 착용해도 청각을 통한 의사소통이 불가능 또는 곤란한 상태이거나, 청력이 남아 있어도 보청기를 착용해야 청각을 통한 의사소통이 가능하여 청각에 의한 교육적 성취가 어려운 사람

(2) 미국 장애인교육법

미국의 「장애인교육법」(IDEA, 2004)에서는 청각장애를 '농'과 '난청'으로 나누어 정의하고 있다.

농	음을 증폭하여 들려주거나 증폭하지 않고 들려주더라도 청각으로 언어정보를 처리하는 데 장애가 있을 정도로 학생의 교육적 수행에 부정적 영향을 미치는 대단히 심한 청각장애를 의미한다.
난청	농의 정의에 포함되지 않으나 학생의 교육적 수행에 부정적인 영향을 미치는 영구적인 또는 변동하는 청각장애를 의미한다.

비교

정상 청력의 범위

국제표준기구(ISO)	0~25dB HL
대한청각학회	최근의 추세로는 25dB HL이 아닌 15dB HL을 기준으로 정상 청력을 분류하고 있다.
이필상 외 (2020)	• 미국국립표준협회(ANSI)의 기준에 의하면 일반적으로 25dB HL 이하는 정상 청력을 의미하며, 수치가 커질수록 청력손실 정도가 심한 것을 나타낸다. • 순음검사의 평균청력역치를 바탕으로 청력손실 정도를 분류하면 15dB HL 이하는 정상 청력, 16~25dB HL 사이의 청력은 미도 혹은 미세(slight) 난청으로 구분하기도 한다.

3. 복지적 관점의 정의

청각장애인을 사회복지적으로 지원하기 위해 정의하고 있으며, 이는 학령기뿐 아니라 전체 연령대를 포함하고 있다. 우리나라의 경우 「장애인복지법」 상의 정의가 이에 해당된다.

자료

「장애인복지법 시행령」(2021. 4. 13.)의 청각장애인

가. 두 귀의 청력 손실이 각각 60데시벨(dB) 이상인 사람
나. 한 귀의 청력 손실이 80데시벨 이상, 다른 귀의 청력 손실이 40데시벨 이상인 사람
다. 두 귀에 들리는 보통 말소리의 명료도가 50퍼센트 이하인 사람
라. 평형 기능에 상당한 장애가 있는 사람

와우
🔵 달팽이관

유스타키오관
🔵 이관

KORSET 합격 굳히기 청각기관의 구조

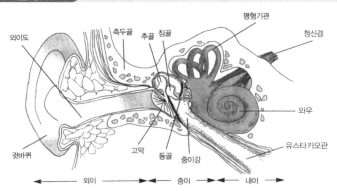

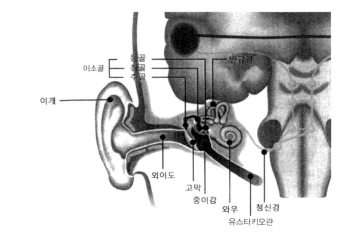

02 귀의 구조와 기능

1. 외이

(1) 외이의 구조

① 외이는 귓바퀴와 외이도를 포함한다.

② 귓바퀴는 소리를 모아 외이도로 소리를 전달하며, 이러한 소리는 외이도를 거치면서 공명된다. 외이도에서 공명된 음파는 중이의 시작 부위인 고막으로 전달된다.

(2) 외이의 기능

① 귓바퀴는 음파를 모아서(집음 작용) 외이도로 전달하고, 외이도는 집음된 소리를 고막까지 전달하는 작용을 한다.

② 외이는 방어(보호) 기능을 수행한다. 외이도의 굴곡과 외이도 내의 털 등은 외부 이물질의 침입을 막아 주고 온도와 습도를 조절하는 기능이 있어 고막을 보호한다.

③ 귓바퀴 및 외이도는 공명 작용을 한다. 귓바퀴 및 외이도의 공명 효과로 인한 음압 증강 작용은 고음역 특히 4~5KHz에서 약 10dB 정도 증가한다.

④ 외이는 소리의 방향성 분별에 큰 역할을 한다. 소리의 위치나 방향의 분별은 양측 귀에 도달하는 소리의 강도와 시간의 차이에 의해 결정되는데 이러한 차이에 관한 정보는 귓바퀴에 의해 얻어지는 정보이다.

2. 중이

(1) 중이의 구조

① 중이는 고막, 유스타키오관, 이소골 등을 포함한다.

② 외이도의 음파가 중이의 시작점인 고막을 치면 고막이 진동하고, 고막의 떨림은 우리 몸에서 가장 작은 뼈들인 이소골(추골－침골－등골)로 전달된다. 즉, 고막의 진동이 이소골을 움직이게 하며, 외이의 음파는 중이에서 기계에너지로 바뀐다.

(2) 중이의 기능

① 중이는 음향에너지를 효율적으로 전달하기 위해 외이와 내이의 임피던스(저항)를 조절하는 기능을 한다.

- 고막에 도달한 음파는 고막을 진동시키고 그 진동은 중이의 이소골에 충실히 전달된다. 그러나 소리는 외이에서 중이를 거쳐 내이로 전달되는 과정에서 각각 소리를 전달하는 물질, 즉 매질의 차이로 인해 많은 에너지가 소실된다. 이런 이유로 중이는 음향에너지를 효율적으로 전달하기 위해 외이와 내이의 임피던스(저항)를 조절하는 기능을 한다.

> **✎ 공명**
> 공명이란 특정 진동수(주파수)에서 진폭이 크게 증가하는 현상을 말한다. 크기나 모양 혹은 재질에 따라 모든 물체는 각각의 고유 진동수를 가지고 있다. 똑같은 나무 재질이라 할지라도 형태에 따라 혹은 크기에 따라 고유 진동수가 다르기 때문에 그 소리가 다르게 들리는 것이다. 어떤 물체가 가지고 있는 고유 진동수와 고유 진동수가 동일한 다른 물체가 만나게 되면 그 물체의 진폭이 커지게 된다. 이러한 진폭 증가현상이 바로 '공명'이다(고은, 2018).

> **✎ 매질**
> 매질은 어떤 물체의 움직임이나 진동을 다른 곳으로 전달해 주는 기능을 한다. 매질은 공기가 될 수도 있고, 액체나 고체가 될 수도 있다(고은, 2018).

중이강
🅑 고실

반규관
🅑 세반고리관

📝 전정기관
전정기관(vestibular system)은 세반고리관, 전정(vestibular ceacum) 그리고 전정신경으로 구성되며, 평형감각과 공간지각을 책임진다(한국청각교수협의회, 2020).

📝 미로
측두골의 추체부에 위치한 내이는 미로(labyrinth)라는 별명으로도 불린다. 미로 형태의 내이의 외부는 골미로, 내부는 막미로로 구성되어 있다(한국청각교수협의회, 2020).

📝 골미로와 막미로
• 골미로는 뼈가 그 벽을 둘러싸고 있기 때문에 골미로라 불리며, 막미로는 내부 관이 막으로 이루어져 있어서 막미로라 불린다. 이들은 위치가 다를 뿐 같은 구조를 가지고 있다. 더 쉽게 표현하자면, 내이의 외부는 골미로로, 내이의 내부는 막미로로 이해하면 된다(고은, 2018).
• 골미로는 외림프액으로 가득차 있으며 와우, 세반고리관 그리고 전정을 포함하고 있다. 막미로는 부드러운 조직으로 구성되어 있고, 내림프액이라 불리는 액체를 포함하고 있다(한국청각교수협의회, 2020).

📋 자료
풀어놓은 와우의 형태

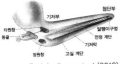

출처 ▶ Bear et al.(2018)

② 유스타키오관은 중이강의 환기로 역할을 한다. 때문에 고막의 안팎이 항상 같은 기압으로 유지되며 고막에 도달한 음의 진동이 아무런 장애를 받지 않고 이소골을 거쳐 내이로 전달될 수 있다.
• 유스타키오관의 기능장애는 중이강 내의 기압 변화를 일으켜 중이강의 경직성을 증가시키고, 음이 외이도에서 중이를 거쳐 내이로 전달되는 과정에 장애를 초래한다.

3. 내이

(1) 내이의 구조

내이는 와우, 전정, 반규관 등을 포함한다.

① 와우는 청각기관에 속하며, 전정과 반규관은 전정기관에 해당한다.

② 내이는 그 구조가 복잡하기 때문에 미로라고도 불린다.
• 내이는 골미로와 막미로로 구분되며, 골미로의 내부에 막미로가 위치하고 있다.

(2) 와우의 구조

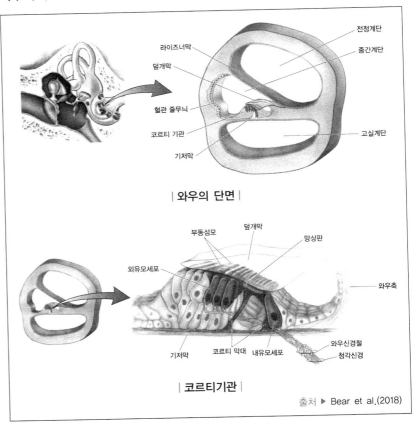

| 와우의 단면 |

| 코르티기관 |

출처 ▶ Bear et al.(2018)

① 와우의 단면을 보면, 관은 세 개의 액체로 가득찬 방(전정계단, 중간계단, 고실계단)으로 나누어져 있다. 세 개의 층은 나선형의 계단처럼 와우 내부를 감고 있다.

    ㉠ 전정계단과 고실계단의 액체는 외림프액이라고 불리며, 중간계단은 내림프액으로 채워져 있다.

    ㉡ 라이즈너막은 전정계단과 중간계단을 서로 갈라놓고, 기저막은 중간계단과 고실계단을 나누는 막이다.

② 기저막 위에는 청각 수용세포들을 포함하고 있는 코르티기관이 놓여 있다.

    ㉠ 코르티기관은 유모세포, 코르티 막대 및 다양한 지지세포들로 구성되어 있다.

    ㉡ 청각 수용체를 '유모세포'라고 불리는데, 와우축과 코르티 막대 사이에 있는 유모세포들을 내유모세포라고 부르고, 코르티 막대 바깥쪽에 있는 유모세포들을 외유모세포라고 부른다.

        • 만약 유모세포가 모두 손상된 경우에는 소리가 중이를 통해 내이에 전달된다 하더라도 전기적 신호가 만들어지지 않기 때문에 뇌에서 소리를 인지할 수 없게 된다.

③ 와우의 기저부에는 막으로 덮여있는 두 개의 구멍이 있다. 하나는 등골의 발판 아래에 있는 난원창이며, 다른 하나는 정원창이다.

(3) 내이의 기능

① 전정기관은 평형과 속도변화 그리고 수직운동과 수평운동 등을 감지한다.

    • 전정기관의 손상은 구토나 현기증, 이석증 같은 증상을 보인다.

② 와우의 기능은 다음과 같다.

    ㉠ 음향을 전달하는 기능을 갖는다.

        • 중이에서 전달된 에너지에 의해 난원창이 진동하면 전정계의 와우 기저부로부터 림프액이 움직이면서 첨단부로 음파를 전달한다. 음파는 고실계를 경유하여 정원창을 중이강 쪽으로 밀어낸다.

        • 전정계(전정계단)의 파동은 라이스너막을 통해 와우관 내의 내림프액을 거쳐 기저막으로 전달되어 전정계와 유사한 진행파를 형성하며, 이로 인해 유모세포가 움직인다.

        • 유모세포가 움직이면 전기에너지가 발생하여 청신경으로 전달된다. 기저막의 운동 크기에 따라 외유모세포에서 방출되는 화학에너지의 양이 달라진다.

자료

유모세포 활동 메커니즘

난원창을 통해 림프액 파동이 발생한다.

↓

파동은 기저막을 진동시키고, 유모세포들을 자극한다.

↓

유모세포는 음파를 전기적 신호로 변환시킨다.

↓

양이온과 음이온의 탈분극 현상이 일어나면서 감각뉴런에 신호를 보낸다.

설명 중이의 등골 끝 부위인 등골판의 진동은 내이의 시작 부위인 난원창을 움직이게 한다. 등골판의 진동은 상방의 난원창과 하방의 정원창으로 이어져 와우 안의 림프액을 출렁이게 만든다. 림프액이 출렁일 때 와우 안의 코르티기관을 상하로 움직이는 과정 동안 중이의 기계에너지가 전기에너지로 바뀌며, 와우의 자극 부위 및 강도에 대한 정보가 전정와우 신경을 거쳐 중추신경계로 전달된다.

출처 ▶ 고은(2018)

난원창

 타원창

✎ 음조
• 성문에서 나오는 유성음의 진동에 따라 발생하는 음의 상대적인 높낮이다. Hz로 표시한다. 청자에 의해서 지각되는 소리는 매우 상대적이며, 화자의 성대 진동 횟수가 많을수록 높은 음조가 된다(특수교육학 용어사전, 2018).
• 음조는 소리의 높낮이에 대한 심리음향적 지각으로, 단위는 mel을 사용한다. 1000 mel는 기준 소리(1000Hz, 40dB SPL)를 제시하였을 때 지각되는 음조다(한국청각학교수협의회, 2020).
🔄 음고, pitch

✎ 음조 체계
음조 체계(tonotopic organization)란 자극으로 들어오는 소리의 주파수를 분석하고 변별하는 주파수 대응 조직(각 위치마다 담당하고 있는 음역대가 다른 것)을 의미한다. 🔵 와우의 기저부는 고주파수에, 첨단부 쪽은 저주파수에 반응하는 것
🔄 주파수 대응 조직

📘 자료
주파수에 따른 음성에너지와 음성명료도

주파수(Hz)	음성에너지(%)	음성명료도(%)
100~500	60	5
500~1,000	35	35
1,000~2,000	3	35
2,000~4,000	1	13
4,000~8,000	1	12

출처 ▶ 고은(2018)

🔵🔵
말소리와 주파수

고은(2018)	본문 참조
최성규 외 (2015)	• 사람이 들을 수 있는 주파수 영역을 가청주파수라고 하는데, 20Hz에서 20,000Hz까지이다. • 사람이 발성하는 음성주파수는 500Hz에서 4,000Hz에 대부분 분포된다.
한국청각언어장애교육학회 (2012)	• 말소리의 주파수 범위는 약 50~10,000Hz이며 대부분의 말소리 요소는 250~4,000Hz 주파수 범위 내에서 변별된다.

ⓛ 와우의 기능은 음조 체계로 와우의 가장 핵심 기능이다.

　• 와우 내의 유모세포는 부위에 따라 인지하는 음의 주파수가 다르다. 기저부 쪽에서는 고주파수를 감지하며 첨단부로 갈수록 저주파수를 인지한다.

03 소리의 이해

1. 소리의 물리적 특성

소리의 물리적 특성을 표시하는 단위로는 주파수(Hz), 진폭(dB), 시간, 그리고 복합성 등이 있다.

(1) 주파수

① 주파수는 1초(sec) 동안에 발생하는 주기의 수를 말한다.

　• 일반적으로 Hz(헤르츠) 또는 cps(cycle per second)로 나타낸다.

　🔵 1초에 1,000번을 진동하면 1,000Hz 또는 1,000cps라고 한다.

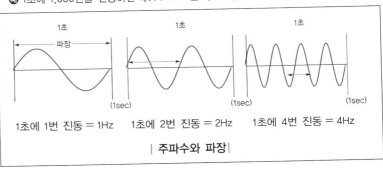

| 주파수와 파장 |

② 주파수는 음의 고저를 결정짓는 역할을 한다.

③ 1,000Hz를 기준으로 이보다 낮으면 저주파수, 높으면 고주파수라고 한다.

고주파수 대역	음성에너지는 낮으나 상대적으로 음성명료도가 높다.
저주파수 대역	음성에너지는 크기 때문에 멀리 소리를 보낼 수 있지만 음성명료도는 매우 낮다. 🔵 저음을 내는 큰북이 작은북보다 더 멀리 소리가 전달된다.

④ 일반적으로 인간의 가청 영역(가청주파수)은 20~20,000Hz이며, 인간이 말을 듣고 이해하는 데 사용되는 주파수, 즉 주요 회화 음역대는 500~2,000Hz 정도이다.

(2) 진폭

① 개념 ^{22초특}

ㄱ 진폭은 소리의 강도 또는 힘을 의미한다.

- 진폭은 일반적으로 dB로 표시한다.

ㄴ 진폭이 큰 음을 큰 소리라고 하며, 진폭이 작은 음을 작은 소리라고 한다.

② dB의 종류

dB을 나타내는 다양한 단위에 대한 설명은 다음과 같다. ^{13중특(추시)}

dB HL **(Hearing Level)**	• 인간이 들을 수 있는 청력의 크기를 표시하는 단위이다. • 일반적으로 순음청력검사의 가청역치를 대표하는 수치이다. • 0dB HL은 소리가 존재하지 않는 것이 아니라, 성인이 들을 수 있는 최소가청역치의 평균치를 말한다. 즉, 일반적으로 보았을 때 사람이 들을 수 있는 가장 작은 소리이다. • 90dB의 청력손실을 가졌다고 표현할 때 일반적으로 HL단위를 생략한다.
dB IL **(Intensity Level)**	• 소리의 강도(힘)를 나타내는 단위로, 특정 소리의 dB IL은 기준 강도에 대한 측정 강도의 비율로 나타낸다.
dB SPL **(Sound Pressure Level)**	• 소리의 압력을 나타내는 단위로, 특정 소리의 dB SPL은 기준 음압에 대한 측정 음압에 대한 비율로 계산된다. 　– 소리가 발생하지 않은 평형 상태로부터 소리의 발생으로 인하여 변화된 압력의 변동을 말한다. 즉, SPL은 소리를 만들어 내는 물리적인 공기압력을 측정한 값이다. 　– 보청기의 전기음향적 특성이나 소음 또는 청력검사기 등의 기계정확도를 측정하는 음압측정기는 dB SPL 단위로 나타낸다. • dB SPL은 발성과 관련되는 음압으로 이해되며, dB HL은 고막에서 인지하는 음압으로 설명된다. 예 dB SPL은 헤드폰으로 출력되는 음압이며, dB HL은 청각적으로 인지되는 음압이다.
dB SL **(Sensation Level)**	• 각 개인의 청력역치를 기준으로 삼는다. • 특정 소리의 레벨이 각 개인의 청력역치로부터 얼마나 많이 떨어져 있는가를 나타내는 측정치다. 예 청력역치가 10dB HL인 사람에게 10dB HL의 소리를 제시한다면 이 소리는 0dB SL로 제시된 것이고, 같은 사람에게 30dB HL의 소리를 제시한다면 이 소리는 20dB SL로 제시된 것이다.

✏️ **데시벨(dB)**

음의 크기를 비교할 때 사용하는 척도 단위이다. 소리의 세기는 오실로스코프(oscilloscope)와 같은 기구를 이용해서 객관적으로 측정이 가능하다. 음량은 물리량으로 보통 음압의 단위인 bar 또는 dyne per cm²(dyne/cm²)로 표시하는데, 이것을 음의 강도라 한다. 음의 강도가 감각으로써 어느 정도의 크기로 지각될 수 있는지를 표시하는 것이 데시벨(dB)이다(특수교육학 용어사전, 2018).

자료

진폭이 큰 소리와 작은 소리

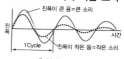

출처 ▶ 최성규 외(2015)

비교

dB IL

최성규 외 (2015)	정해진 면적에 대한 압력으로 dB SPL과 같은 수치이다.
한국청각학 교수협의회 (2020)	본문 참조

자료

0dB SPL의 의미

0dB SPL이란 우리 귀가 들을 수 있는 최소한의 강도를 가진 소리를 의미한다. 또, 10dB SPL이란 우리 귀가 들을 수 있는 강도의 10배를 의미하고, 20dB SPL이란 우리가 들을 수 있는 강도의 10²배, 즉 100배를 의미한다(신지영, 2022).

KORSET 합격 굳히기　　**시간과 복합성**

1. 시간
음향학적 단위의 시간은 1개의 사이클을 발생시키는 데 걸리는 시간을 의미한다.

2. 복합성
진폭이 서로 다른 2개 이상의 소리가 만나 겹치면서 복잡한 파형을 이루는 것을 소리의 복합성이라 한다.

- 복합성은 주기음과 비주기음으로 구분할 수 있다.
  - 하나의 파형만을 갖는 경우를 순음이라고 하며, 여러 개의 주파수와 진폭이 규칙적으로 혼합된 소리를 복합음이라고 한다. 순음과 복합음은 주기음에 해당한다.
  - 여러 가지 주파수 대역의 소리들이 규칙성 없이 분포되어 있는 소리는 비주기음 또는 불규칙음이라 한다. 대표적으로는 사람들이 불쾌하다고 느끼는 소음이 해당한다.

출처 ▶ 고은(2018)

KORSET 합격 굳히기　　**소리의 지각적 특성**

소리의 지각적 특성이란 인간이 청각기관을 통해 감각으로 받아들인 소리의 특성을 말한다. 주파수, 진폭, 시간 그리고 복합성이 소리 자체가 갖는 물리적 특성을 표시한 것이라면, 지각적 특성은 인간의 귀에 도달된 소리의 특성을 말한다. 흔히 소리의 음향적 특성이라고도 불린다.

1. 음의 높이(음조)
① 소리는 물리적으로 측정하는 주파수(Hz)와 인간이 인지하는 소리의 높이(pitch)로 구분된다.
- 주파수는 초당 진동횟수이며, 음조는 인간에게 수용되는 소리의 높고 낮음을 말한다.
② 미국표준협회(ANSI)는 음조를 다음과 같이 정의하였다 : "소리의 높낮이 척도 속에서 어떤 높이에 해당하는지 보여 주는 청각적인 감각 특성이다."
③ 음조를 나타내는 단위는 mel이다.

2. 음의 크기(음량)
① 물리적 측면에서의 소리 크기는 단위 면적당 에너지의 양을 의미하며, 소리의 강약은 음압 레벨 단위인 dB을 사용한다.
② 청각에서 느끼는 소리 감도의 크기는 phon을 사용한다.
③ 일반적으로 사람들이 들을 수 있는 소리의 강도는 0~130dB HL이며, 이것을 심리음향학적(지각적)으로 표현하면 소리 크기에 대한 가청 한계는 0~130phon이다.
④ 1,000Hz를 제외한 다른 주파수에서는 dB과 phon이 정확히 일치하지 않는다.

3. 음질
① 미국표준협회에서는 "음질이란 크기와 높이가 같은 음을 동시에 제시하여 두 음이 다르다고 청취자가 판단할 수 있는 청각적 특성이다."고 정의하고 있다.
- 음질은 기본적으로 음원의 성질을 알아낼 수 있는 특성에 해당한다.
  - 예 우리가 들을 수 있는 모든 것을 소리라고 한다면, 그 소리들이 각각의 특성으로 식별되는 것이 가능한 이유는 바로 소리가 음질의 차이를 갖기 때문이다.
② 악기뿐만 아니라 사람들 목소리도 그 크기와 높이가 같더라도 다른 소리라고 판단할 수 있는 것은 사람마다 음질이 다르기 때문이다.

출처 ▶ 고은(2018)

음조
图 음고, pitch

음질
图 음색, timber

자료

소리의 3요소

물리적 특성	지각적 특성	관계
주파수 (Hz)	음조 (음고)	주파수가 높으면 높은 음으로 들리고, 주파수가 낮으면 낮은 음으로 들린다.
음압 (dB)	음량	음압이 크면 큰 소리로 들리고, 음압이 작으면 작은 소리로 들린다.
복합성	음질 (음색)	파형의 규칙성과 스펙트럼에 따라 소리가 다르게 느껴진다.

출처 ▶ 고은(2018), 한국청각학교수협의회(2020)

2. 소리의 전달

소리의 전달 경로에는 두 가지가 있다.

① 기도전도로, 소리가 매질(보통 공기)을 통하여 고막, 이소골을 거쳐 내이에 있는 기저막을 진동시키고 그 결과 유모세포를 자극함으로써 청신경을 통해 소리 정보가 뇌로 전달되는 경우이다.

② 골도전도로, 두개골의 진동이 직접적으로 내이로 전달되어 청신경을 통해 소리 정보가 뇌로 전달되는 경우이다.

Chapter

02 청각장애의 원인 및 분류

01 청각장애의 원인

청각장애의 원인은 학자들에 따라 출생 전·후별, 청각기관별, 유전적 원인과 환경적인 원인, 그리고 기타 원인 등의 다양한 기준에 따라 분류하고 있다. 청각장애 원인의 절반 이상이 태아기에 발생하며, 이러한 원인들은 유전적 요인이 1/3, 환경적 혹은 후천적 요인이 1/3, 그리고 나머지 1/3은 잘 알려져 있지 않다. 청각장애의 원인을 손상 부위별로 정리하여 제시하면 다음과 같다.

1. 외이

외이도 폐쇄증	• 외이가 정상적으로 형성되지 않은 것으로 무이증 또는 소이증을 동반한다. 기도 청력에 문제를 보인다.
외이도염/외이도 이물질	• 세균이나 곰팡이 등에 감염되어 외이도에 염증이 생기거나 이물질로 인해 외이도가 막히는 경우이다. • 통증이나 부종 또는 가려움증 등을 유발하며, 분비물이 막힐 경우에는 난청이 발생할 수 있다. 그러나 청력손실은 크지 않다.

2. 중이

	고막천공	• 외상이나 염증, 폭발음과 같은 강한 소리 또는 중이의 압력 변화 등으로 발생할 수 있으며, 전음성 난청을 유발한다. • 천공의 크기에 따라 자연 회복이 되기도 하며, 경우에 따라서는 고막 성형술을 실시한다. • 일반적으로 20~30dB 정도의 경도 청력손실이 발생된다.
중이염	급성 중이염	• 중이의 염증으로 발생되며, 진주 빛이어야 할 고막이 붉은색으로 변하거나 붓는 경우로서 고막운동 기능이 떨어진다. • 대부분은 의료적인 처치가 가능하여 난청을 예방할 수 있다. 그러나 중이염이 3개월 이상 지속될 경우에는 만성 중이염에 해당하며 전음성 난청을 유발한다.
	삼출성 중이염	• 고막 안 중이강에 진물이 차는 경우로 다양한 종류의 액체가 축적될 수 있다. • 유스타키오관의 기능장애 등으로 발생할 수 있으며, 중이의 증폭 기능에 결함을 가져온다. • 의료적 처치가 늦어지는 경우 난청을 유발한다.

이경화증	• 중이의 난원창 부위의 **뼈**가 지나치게 자라서 생기는 질병으로 난원창 속으로 등골족판이 유착되거나 이소골 연쇄운동을 방해하는 현상을 가져온다. • 그 결과 전달된 소리에너지를 내이의 액체로 전달하는 피스톤 역할 기능이 깨어짐으로써 경도에서 고도까지의 난청을 유발한다.
이소골 기형	• 이소골 자체 기형으로 50~60dB의 청력손실을 가져올 수 있다.

3. 내이

선천성 기형	• 태어나면서부터 유모세포가 제 기능을 하지 못하는 경우로서 고도난청 이상의 청력손실을 보인다.
감염 또는 약물	• 풍진 : 임신 3개월 내에 산모가 풍진에 감염되면 출생 시 농 또는 고도난청을 가지고 태어날 수 있다. • 거대 세포 바이러스(사이토메가로바이러스, CMV) 감염 : 세포들이 비정상적으로 커지는 선천적 감염으로, 감염된 아동의 1/3~1/2이 청각장애를 동반한다. • 약물 : 아미노글리코사이드 계통의 항생제나 아스피린, 이뇨제 등으로 인해 내이의 와우, 전정 또는 유모세포나 혈관에 문제를 가져오는 경우다.
증후군	• 트리처 콜린스 증후군 : 안면기형과 청각장애를 동반하는 유전질환으로 눈꼬리가 바깥쪽으로 내려오고, 안검 외측결손, 안면골에 해당하는 협골과 하악골의 발육부진, 물고기나 새 모양의 특이한 얼굴 형태를 보인다. • 바르덴부르크 증후군 : 1951년 네덜란드 안과 의사의 이름을 딴 증후군으로 내 이 이상과 안면 기형을 동반하는 유전질환이다. 앞머리가 하얗고 양미간이 넓은 것이 특징이다. 평형기능 장애를 동반하는 경우가 많다. • 어셔 증후군 : 망막색소변성을 동반하며 청력손실뿐만 아니라 지적장애나 정신분열증을 보이기도 한다. 평형기능 장애를 동반하는 경우가 많다. • 알포트 증후군 : 사구체 기저막 이상으로 발병하며 신부전으로 진행되는 경우가 많으며 청력과 안구 이상이 동반된다. • 펜드레드 증후군 : 갑상샘 기능 저하와 청각장애를 동반한다.
메니에르병	• 와우 내부의 내림프액이 지나치게 많아져 내림프관이 부어오르는 질병으로 그 원인은 분명하게 밝혀진 바가 없다. • 어지럼증을 동반하며 저주파수대의 청력손실이 크다.

소음	• 단시간 내에 과도하게 큰 소리에 노출될 경우(급성 소음성 난청)나 오랫동안 소음에 노출되어(만성 소음성 난청) 외 유모세포가 손상된 경우로서 대개 4,000Hz에서 특히 청력 손실이 크다.

4. 신경기관

두부외상	• 측두골에 골절이 생길 경우 청각경로 손상으로 인해 청각 장애가 발생될 수 있다.
중추질환	• 청신경 종양이나 와우신경염 또는 전정신경염 등에 의해 난청이 발생하는 경우다. • 8번 뇌신경 종양은 청신경 종양으로 불리며, 병소의 위치나 크기에 따라 특징이 조금씩 다르다.

02 청각장애의 분류

청각장애의 분류 방법은 매우 다양하다. 청각장애는 청력손실 시기, 청력손실 정도, 청력손실 부위, 원인에 따른 분류 등이 있다.

1. 청력손실 시기에 따른 분류

① 청각장애는 손실 시기에 따라 언어습득 이전과 언어습득 이후로 구분할 수 있다.

　• 언어습득 시기는 일반적으로 유아가 자신의 모국어를 이해하고 말하기 시작하는 시점으로 볼 수 있는데, 그 시기는 대략 3~4세이다.

② 언어습득 이전에 청력손실을 갖게 된 경우는 '언어습득 전 청각장애'라고 하며, 대부분 선천성 청각장애에 해당한다. 언어를 경험하지 못했기 때문에 구어를 통한 의사소통 능력이 현저하게 떨어진다.

③ 언어습득 이후의 청각장애는 모국어의 음운체계와 말의 형식-내용 간의 관계를 터득한 상태이기 때문에 구어 발달의 예후가 상대적으로 좋다.

2. 청력손실 정도에 따른 분류

① 청력손실 정도에 따른 청각장애 분류는 연구자들마다 차이가 있다. 20~25dB HL까지를 정상 청력으로 간주하고 90dB HL 이상을 농으로 보는 것이 일반적이지만, 구체적인 단계에 대한 분류는 합의된 바가 없다.

② 국제표준기구(ISO)가 규정하는 난청의 분류 및 이에 따른 듣기 특성을 살펴보면 다음과 같다.

청력역치(HL)	듣기 특성
0~25dB (정상)	• 일상적인 소리를 듣고 생활하는 데에 어려움이 없다.
26~40dB (경도)	• 속삭이는 말소리와 같이 작은 소리 또는 멀리서 들리는 소리는 듣기 어렵다. • 뒤에서 하는 말소리는 이해하기 어렵다. • 1 : 1이 아닌 토론 상황에서는 이해하기 위한 노력이 요구된다.
41~55dB (중등도)	• 가까운 거리의 소리는 들을 수 있으나 일상적인 대화소리를 듣는 데에 문제를 보인다. • 집단 토론이나 집단 활동 등에서는 상당한 노력이 요구된다.
56~70dB (중등고도)	• 수업시간에 교사의 말을 듣고 이해하기 어렵다. • 아주 큰 소리는 들을 수는 있으나 말소리를 듣고 이해하는 데에 현저한 문제를 보인다. • 말소리 명료도가 두드러지게 낮다.
71~90dB (고도)	• 큰 소리의 환경음은 감지할 수 있으나 많은 경우 음원을 정확하게 알기 어렵다. • 말소리가 거의 들리지 않아 대부분의 단어가 인지되지 않는다. • 말의 명료도는 거의 알아듣기 어렵다.
91dB 이상 (농)	• 비행기 이륙소리나 대형 트럭 경적소리와 같은 아주 큰 환경음만 들을 수(도) 있다.

정상 청력

최근의 추세로는 25dB HL이 아닌 15dB HL을 기준으로 정상 청력을 분류하고 있다(대한청각학회, 2018).

✎ 청력역치

가청역치라고도 하며 지각할 수 있는 가장 작은 소리에 상응하는 소리의 크기로서 dB HL(인간이 들을 수 있는 청력의 크기를 표시하는 단위)로 나타내고 청력도에는 개별 주파수별로 기록한다(특수교육학 용어사전, 2018).

3. 청력손실 부위에 따른 분류 ^{12초특, 16초특}

청각기관의 어느 부위에 손실이 있는지에 따른 분류는 청각장애의 유형을 결정한다는 점에서 매우 중요하다. 청각장애는 손실 부위에 따라 전음성 청각장애, 감음신경성 청각장애, 혼합성 청각장애, 중추청각처리장애로 구분된다.

(1) 전음성 청각장애 ^{10중특, 13중특·중특(추시), 25유특}

① 전음성 청각장애(또는 전음성 난청)는 전음성 기관인 외이나 중이의 손상에 의해 소리에너지가 내이로 전달될 수 없는 상태의 청각장애이다.

② 기도청력은 손상되어 있으나 골도청력은 거의 정상이다.

③ 대부분 60dB 이하의 청력손실을 보이며, 의료적 처치도 가능하다.

④ 음운 사용이나 초분절적 자질 사용에 어려움을 겪는다.

⑤ 보청기의 활용이 효과적이다.

감음신경성 청각장애
🔁 감음성 난청, 감각신경성 난청

(2) 감음신경성 청각장애 ^{09중특, 11초특·중특, 13중특, 20초특, 21초특}

① 외이나 중이는 정상이지만 내이의 손상으로 소리를 감지하여 대뇌로 전달하지 못하는 청각장애로, 감각과 신경계통의 병변을 모두 포함한다.

  ㉠ 감각계통의 병변은 와우의 이상으로 인해 청각신호로 변환되는 과정에서 문제가 발생하는 경우로, 내이(와우)에 문제가 있다고 하여 미로성 난청으로 분류된다.

  ㉡ 신경계통의 병변은 유모세포에서 전달되는 청각신호에는 문제가 없으나 청각신경 자체 또는 신경에 연결하는 과정에서의 병변을 말하며, 후미로성 난청으로 분류된다.

② 기도청력과 골도청력 모두 손상되어 있으며, 기도청력과 골도청력 간 청력손실의 정도는 차이가 거의 없다.

③ 대부분 청력손실 정도가 심하여 특수교육적 지원이 요구된다.

④ 저주파수대보다 고주파수대의 청력손실이 크다: 대부분의 자음은 1,000Hz 이상의 고주파수 대역에 분포하기 때문에 발성 시 자음 산출이 어렵다.

⑤ 감음신경성 청각장애 학생들이 보이는 언어·청각적 특성은 다음과 같다.

  ㉠ 어휘발달이 지체되고, 제한된 어휘를 사용한다.

  ㉡ 추상적인 명사보다 구체적인 명사를 더 많이 사용한다.

  ㉢ 시간과 양의 개념을 어려워한다.

    • 공간 개념에도 어려움이 있지만 시간과 양의 개념보다는 쉽게 획득한다.

  ㉣ 쓰기에 많은 오류를 보인다.

ⓜ 표현언어의 융통성이 부족하고 문장의 길이가 짧다.

ⓗ 전보식 문장을 사용한다.

ⓢ 문장에 포함된 어휘나 개념을 알고 있는 경우에도 문장 구조를 이해하는 데 어려움을 보인다.

ⓞ 말 크기와 리듬, 강약, 높이, 억양에 문제를 보인다.

ⓩ 말 속도가 느리고, 힘들게 말을 하며, 호흡 조절이 부적절할 수도 있다.

ⓨ 과대비음이 많고 성대 울림이 부자연스러울 수 있다.

⑥ 내이의 유모세포의 손상으로 인하여 작은 소리는 잘 듣지 못하지만 작은 소리의 변화에 민감하게 반응하는 음의 누가현상이 나타날 수 있다.

⑦ 보청기를 통한 청력 재활이 효과적이지 못하고, 양측 모두 고도 이상의 감음신경성 청각장애이면서 청신경이 기능하고 있다면 인공와우 시술을 고려할 수 있다.

　• 보청기 착용 효과가 없는 경우에는 인공와우 이식을 고려한다.

｜자료｜

누가현상

누가현상에 대한 자세한 내용은 Chapter 08. 보청기와 인공와우의 '[KORSET 합격 굳히기] 누가현상(보충현상)' 참조

🔁 보충현상

✿ 전음성 청각장애와 감음신경성 청각장애의 비교

구분	전음성 청각장애	감음신경성 청각장애
청력손실	60~70dB	91dB 이상
음의 인지	음을 강화하면 정상	음을 강화해도 잘못 인지
보청기의 활용	효과적 활용 가능	어려움
치료	약물이나 수술요법 가능	예방이 최선책
손상 정도	골전도는 정상, 기도전도 장애	골도와 기도 모두 장애

(3) 혼합성 청각장애 11초특, 13중특 · 중특(추시), 14초특, 21초특

① 혼합성 청각장애(또는 혼합성 난청)는 전음성 기관과 감음신경성 기관 모두 손상된 경우에 나타나는 청각장애이다.

　• 소리를 전달하는 외이나 중이에도 이상이 있을 뿐 아니라 내이에도 이상이 있는 경우이다.

② 기도청력과 골도청력 모두 손상되어 있다.

　• 기도청력의 손실이 골도청력의 손실보다 더 크다.

③ 감음신경성 청력손실이 먼저 생기고 전음성 청력손실이 더해지거나 그 반대가 되기도 한다.

④ 청력손실이 심할수록 혼합성 난청이 발생하는 경향이 많다.

✎ **중추청각처리장애**
• 대뇌에서 발생하는 청각 정보 처리장애이다. 청각처리장애(APD)라고도 한다. 청각 정보 처리를 방해할 수 있는 다양한 대뇌의 문제를 포괄하는 용어로서 단일질환에 대한 명칭이 아니고 기능적 결함을 나타내기 위해 사용되는 용어이다. 배경 소음이 있는 상황에서 구어를 이해하는 데 어려움을 겪으며, 중추신경병리(실어증, 알츠하이머, 외상성 뇌손상)와 신경형태론적 장애(발달언어장애, 실독증, 학습장애, 주의 집중장애), 만성 중이염, 노화로 인한 신경학적 변화가 있는 노인에게서 발견되기도 한다. 청성 중간 반응검사에서 비정상적인 반응을 나타낸다(특수교육학 용어사전, 2018).
• 중추청각처리장애란 음의 방향 정위, 편재화, 청각변별, 청각패턴 인식, 시각적 통합, 시간 간격 감지, 청각 순서화, 시간적 차폐와 같은 청각의 시간적 처리, 경쟁 음향자극에서의 청각 수행력, 불명료한 음향자극에 대한 청각수행력 가운데 한 가지 이상의 문제가 있는 경우를 말한다(ASHA, 2005).
🔴 중추청각 정보처리장애, 중추성 청각장애, 청각처리장애, CAPD, APD

✎ **중추청각계**
전정 코르티신경에서 대뇌 측두엽의 청각피질에 이르는 중추성 청각 경로 기관이다. 청각 정보는 전정와우신경에서 연수의 와우핵과 상올리복합체, 배측중뇌의 하구라는 중간 기착지를 거쳐 하구의 뉴런들이 내측슬상핵으로 투사된 다음 측두엽의 청각피질에 이른다. 와우핵에서 청신경은 연수의 좌우 양측을 따라 상행하므로 청각 경로는 양측성이다(특수교육학 용어사전, 2018).

(4) 중추청각처리장애 [25중특]

① 중추청각처리장애란 말초청각기관은 정상이지만 중추청각신경계에 문제가 있는 경우를 말한다.

　㉠ 중추청각신경계는 와우핵에서 시작하여 청각피질까지 이루어지는 과정으로 와우핵, 하구, 내측슬상체 등이 대표적인 중추청각경로에 해당한다.

　　• 말초청각기관이란 외이에서부터 와우 그리고 청신경을 포함하여 칭하는 것이다.

　㉡ 중추청각처리장애는 중추청각신경계의 청각 정보에 대한 처리 능력에 결함을 보이는 경우이다.

　　• 소리를 듣는 청력은 정상 수준이지만 지각을 통해 언어와 말을 이해하는 데 곤란을 겪는 경우이다.

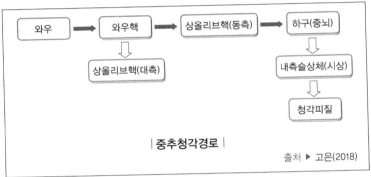

| 중추청각경로 |

출처 ▶ 고은(2018)

② 중추청각처리장애는 대표적으로 다음과 같은 여섯 가지 영역에서 문제를 보인다(미국언어청각협회, ASHA).

　㉠ 소리가 어느 방향에서 나는지 알기 어렵다.

　㉡ 소리를 변별하기 어렵다.

　㉢ 소리의 리듬이나 높이 등을 인식하는 것이 어렵다.

　㉣ 소리 정보의 시간적 측면을 파악하는 것이 어렵다.
　　🅰 2개의 서로 다른 클릭음을 들려주고 어느 쪽 귀에서 먼저 소리를 들었는지 물었을 때 시간상으로 그 순서를 모른다.

　㉤ 양쪽 귀에 각각 다른 소리자극을 주었을 때 동시에 듣는 것이 어렵다.

　㉥ 불충분한 청각정보를 통합하여 듣는 것이 어렵다.

③ 중추청각처리장애는 다음과 같은 행동 특성을 보인다.
  ㉠ 청각 자극에 대하여 비일관적으로 반응한다.
    🅔 학생은 때때로 몇 가지 지시를 성공적으로 따르나 또 다른 때는 똑같은 과제를 혼란스러워한다.
  ㉡ 비교적 짧은 주의집중 주기를 보이거나 길고 복잡한 듣기 활동을 할 때면 쉽게 피곤해한다.
  ㉢ 청각과 시각 자극 모두로부터 과도하게 방해는 받는 것으로 보인다. 중추청각처리장애를 가진 일부 학생은 자신이 듣고 보고 만지는 모든 것에 대하여 즉각적으로 그리고 완전하게 반응하는 것에 무리가 있음을 느끼며, 관련이 있는 자극에서 관련이 없는 자극을 무시하지 못한다. 이러한 행동은 주의력 결핍 과잉행동장애와도 일치하기 때문에 진단을 내리는 데 어려움을 초래할 수 있다.
  ㉣ 다른 학생들보다 더 자주 '뭐라고?'라고 말하면서 정보를 자주 반복하도록 요구한다.
  ㉤ 계산하기, 자·모음, 날짜, 요일 이름 등의 암기하기, 집주소나 전화번호 기억하기와 같은 장·단기 기억 기술의 문제를 가진다.

✿ 청력손실 부위에 따른 분류

구분	특징	손실 부위
전음성	일반적으로 청력손실이 60~70dB을 넘지 않으며, 보청기로 소리를 증폭시켜 줌으로써 어느 정도 효과를 기대할 수 있다. 골도청력은 거의 정상에 가깝다.	외이 또는 중이의 이상
감음신경성	청력손실이 많고 기도청력과 골도청력에 모두 결함을 보이며, 골도청력 역치와 기도청력 역치 사이에 차이가 거의 없다.	내이(유모세포) 또는 청신경 이상
혼합성	전음성 난청과 감음신경성 난청의 혼합, 청력손실이 많고 기도청력과 골도청력이 모두 손상되어 있다. 골도청력 역치와 기도청력 역치 사이에 차이가 있으며, 이때 기도청력 손실이 더 많다.	중이의 증폭기능과 내이의 이상
중추청각처리장애	청각신호의 정보처리과정에서의 결함으로 말소리를 종합하고 분석하여 이해하는 데 문제를 보인다.	중추신경계의 이상

출처 ▶ 고은(2018)

자료

중추청각 손상부위와 기능

부위	문제
와우핵	• 동측 듣기와 대측 듣기의 문제 • 방향정위 및 양이통합의 어려움
상올리브핵	• 음원 확인 및 변별의 어려움
하구/내측슬상체	• 청각주의집중 • 청각처리 속도 조절 • 청각정보 훑기의 어려움
허셸회(1차 청각피질)	• 소리패턴 지각 및 처리의 어려움

출처 ▶ 고은(2018)

자료

중추청각처리장애의 행동 특성 (ASHA)

• 경쟁적 메시지, 배경소음이나 반향 환경에서 구어 이해의 어려움
• 메시지 이해의 어려움
• 구두 자극에 대해 모순되거나 부적절한 반응
• 자주 "뭐?", "응?"을 사용하여 반복 요구
• 구어 의사소통 상황에서 더 느린 반응
• 주의집중의 어려움
• 쉽게 산만해짐
• 복잡한 청각적 지시나 요구 따르기의 어려움
• 음원 찾기의 어려움
• 노래나 리듬 배우기의 어려움
• 음악 및 노래 기술 부족
• 읽기, 쓰기 및 학습 문제

출처 ▶ 한국청각학교수협의회(2020)

KORSET 합격 굳히기 **말초청각장애와 중추청각장애**

1. 전음성 청각장애, 감음신경성 청각장애, 혼합성 청각장애, 중추청각처리장애는 다시 말초청각장애와 중추청각장애로 구분된다.

2. 말초청각장애는 외이, 중이, 내이, 청신경의 병변으로 발생하며 소리를 감지하고 전달하는 데에 문제를 보인다.

3. 중추청각장애는 청신경을 거쳐 청각 중추에 이르는 과정에서의 문제로 발생하며 청각정보를 지각하고 분석하며 종합하는 처리과정에서 어려움을 보인다.

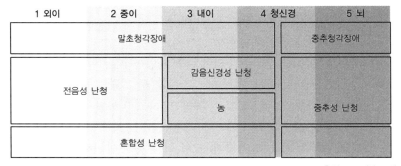

출처 ▶ 고은(2018)

03 청력검사

01 청력검사의 개요

1. 목적

청력검사는 청력손실의 정도를 측정하고, 청능재활이나 교육의 방향성을 결정하며, 청능재활 전체 과정에 필요한 정보를 제공하는 것을 목적으로 한다.

2. 유형 [25유특]

청력검사는 크게 객관적 검사와 주관적 검사로 나눈다.

① 객관적 검사는 유아나 어린 아동과 같이 자신의 의사를 잘 표현하지 못하는 피검자들을 대상으로 신체적 반응이나 뇌파 검사 같은 객관적 방법을 사용하여 청력을 측정하는 방법이다.

    ㉠ 피검자의 판단이나 협조가 필요하지 않은 검사이다.

        • 특히, 영아의 경우 객관적 검사를 통해 청각장애를 조기에 선별하고 진단할 수 있다.

    ㉡ 중이검사, 이음향방사검사, 청성유발반응검사 등이 포함된다.

② 주관적 검사는 학생이 검사음에 직접적으로 반응하는 형태 혹은 일상적인 소리에 대한 반응을 관찰하는 방법으로 이루어진다.

    ㉠ 검사에 사용되는 음향 자극에 대해 피검자의 판단이나 협조가 필요한 검사이다.

    ㉡ 순음청력검사, 어음청력검사, 링의 6개음 검사 등이 해당된다.

02 객관적 검사

1. 중이검사

(1) 개념 [11중특]

① 중이검사(immittance)는 고막에서 측정되는 두 가지 대조적인 성격의 저항 에너지(impedance)와 수용(admittance) 에너지를 동시에 지칭하는 복합어로, 중이 상태를 간접적으로 분석하는 검사이다.

　㉠ 외이도를 통해 들어오는 음압을 중이를 거쳐 내이로 전달되는 수용 에너지와 고막에 반사되어 다시 나오는 저항 에너지를 이용하여 측정할 수 있다.

　㉡ 임피던스검사라고도 하며 이미턴스검사라고도 한다.

② 중이검사는 청력손실의 유형을 판정하는 가장 우수한 객관적 검사법으로 다음과 같은 세 가지 기능이 있다.

　㉠ 중이의 질병 유무를 알 수 있다.

　㉡ 질병의 유형을 알 수 있다.

　　• 미로성과 후미로성의 질병을 구분할 수 있다.

　㉢ 청력손실 정도를 파악하는 데에 보충 진단 자료가 될 수 있다.

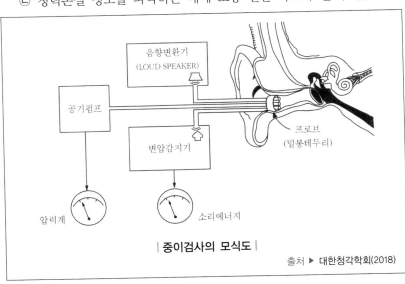

| 중이검사의 모식도 |

출처 ▶ 대한청각학회(2018)

✎ **임피던스 청력검사**

외이도를 통하여 전달된 음향에너지가 내이로 전달되는 과정에서 중이 내의 음향에너지를 받아들이는 정도와 반사되는 정도를 측정하는 검사이다. 외이도에 프로브(probe)를 착용하여 임피던스 검사기에서 산출되는 음을 고막에 전달하여 고막 안 이소골로 전달되는 음과 고막에서 반사되어 나오는 음을 측정한다. 따라서 음압의 정도를 통해 중이강의 음압기능을 파악할 수 있다. 만약 중이에 병변이나 문제가 생긴다면 압력의 변화가 달라질 것이다. 고막 내의 부피, 중이 내의 압력 등을 측정하여 외이도와 중이의 건강 상태뿐만 아니라 이관상태를 측정할 수 있다(특수교육학 용어사전, 2018).

(2) 종류

중이검사에는 고막운동성검사, 등골근반사검사, 등골근반사피로검사가 포함된다.

① 고막운동성검사

ⓐ 고막운동성검사는 외이도 입구에서 음향자극을 준 후 고막에서 반사되어 돌아오는 에너지를 분석하는 검사이다. 즉, 외이도의 압력 변화에 따라 중이 구조물의 진동 체계가 어떻게 변화하는지 외이 내의 소리에너지를 이용하여 측정하는 방법이다.

- 외이도 입구가 밀폐된 상태에서 압력을 변화시키면 고막이 밀려들어가거나 빨려 나오면서 탄성이 변하게 된다. 즉, 가해지는 압력이 커질수록 음향에너지 및 반사가 증가하며, 이에 어드미턴스가 감소하게 된다.

  ⓔ 고막이 긴장된 상태에서는 소리에너지가 고막을 통과하지 못하고 반사의 양이 상대적으로 커지며, 반대로 고막이 이완된 상태에서는 상대적으로 반사의 양은 줄어든다.

- 외이도 내의 압력을 연속적으로 변화시키면서 압력 변화에 따른 고막의 탄성 변화, 즉 어드미턴스의 변화를 측정하여 작성된 그래프(즉, 고실도)를 분석한다.

ⓑ 고막운동성검사는 중이의 질병 유무, 질병의 유형 그리고 청력손실 정도 파악을 위한 보충자료가 될 수 있다.

② 등골근반사검사

ⓐ 등골근반사검사는 음자극을 줄 때 외이도 용적의 변화 유무를 측정하는 검사로 등골반사와 관련된 구조물의 기능, 즉 중이 상태와 등골반사에 작용하는 청신경, 안면신경, 뇌간 및 중추의 이상 등을 간접적으로 평가할 수 있다.

- 외이도로 강한 음자극이 들어가면 등골근이 반사적으로 수축하고, 등골근이 수축하면 고막의 움직임과 임피던스에도 영향을 주어 외이도 용적의 변화를 초래한다.

- 중이 구조물 중 등골근이 반사에 주도적 역할을 하여 '등골근반사'라 불리며, 고강도 음에 대한 반사 현상이라 하여 '음향반사'라고도 한다. 대표적으로 '등골근반사'라는 용어를 주로 사용한다.

ⓑ 등골근반사역치(ART)는 어느 정도의 큰 소리가 제시되었을 때 등골근이 수축되는지를 알아보는 반응값이다.

  ⓔ 약 15초 동안 1,000Hz에서 연속하여 90dB, 95dB 그리고 100dB의 소리를 들려준 결과 90dB에서는 수축현상을 보이지 않다가 95dB에서는 분명한 수축현상을 보일 경우 등골근반사역치는 95dB이 된다.

고막운동성검사

ⓢ 고막운동도검사, 고막운동성 계측

✎ **고실도**

고실도란 외이도의 용적, 중이강의 압력, 정적 탄성을 나타내어 중이의 상태를 파악할 수 있는 그래프이다(한국청각학교수협의회, 2020).

ⓢ 고막운동도, tympanogram

자료

고막운동성검사 검사방법

① 외이도에 프로브를 삽입하여야 하므로 외이도에 염증, 이물, 귀지 등이 없는 것이 확인된 상태에서 시행하여야 한다.
  - 프로브의 구멍이 이물질로 막혀 있거나 고무관이 파손되어 있는지를 확인한다.
② 프로브와 외이도 사이에서 공기가 새지 않도록 피검자의 외이도 크기를 고려하여 적절한 크기의 소독된 프로브 팁을 장착한다. 이때 프로브가 외이도 벽에 막히지 않도록 프로브 방향이 고막을 향하도록 한다.
③ 피검자는 편안한 자세로 앉아 움직이지 않도록 하고, 프로브 팁을 외이도에 밀착 삽입한다.
  - 검사 중 움직이거나 말을 하거나 침을 삼키지 않도록 주지시키고, 검사가 진행되는 동안 피검자는 "푸~"하는 작은 소리를 듣게 되며 외이도 내 압력을 느낄 수 있음을 사전에 설명한다.
④ 시작 버튼을 누르면 자동적으로 가압 및 감압이 되면서 고실도가 기록된다.
⑤ 피검자의 연령이 6개월 이상인 경우 226Hz의 프로브음을 사용하며, 검사 압력은 +200 daPa(데카파스칼, 압력의 단위)에서 시작하여 초당 약 50 daPa의 속도로 감압하여 −200 ~−300 daPa까지 변화된 후 자동 종료된다.
  출처 ▶ 대한청각학회(2018)

✎ **등골근**

등골에 부착되어 제7번 안면신경의 영향을 받는 근육으로서, 강한 소리가 들어오면 내이를 보호하기 위해 수축을 하게 된다(고은, 2018).

등골근반사역치

ⓢ 음향반사역치

✎ **고막운동성검사, 등골근반사**
· 고막운동성검사란 외이도를 탐침기로 폐쇄한 상태에서 특정 주파수와 강도의 프로브 톤을 발생시킨 후 외이도 내부의 압력을 +200에서 −400daPa가지 변화시키면서 반사되는 음향에너지의 변화를 연속적으로 측정하는 방법이다.
· 등골근반사는 중이의 중요한 기능 중 하나이다. 강한 자극음이 외부에서 들어오면 등골근이 수축되고 이로 인해 이소골 연쇄가 경직되어 저항이 증가되는 현상을 보인다. 등골근은 등골에 부착되어 제7번 안면신경의 영향을 받는 근육으로서, 강한 소리가 들어오면 내이를 보호하기 위해 수축을 하게 된다.
출처 ▶ 고은(2018)

[자료]

등골근반사검사 검사방법
① 고막운동성검사의 방법으로 프로브 팁을 위치시킨다.
② 검사의 조건은 동측 자극과 반대측 자극으로 나눈다.
③ 검사는 자극음의 주파수를 500, 1,000, 2,000, 4,000Hz 등으로 변화시키면서 주파수별로 자극음의 크기에 따른 그래프의 변화 유무를 보고 등골반사가 나타나는지 확인한다. 스크리닝 목적으로는 1,000Hz의 음을 사용한다.
④ 자극음을 80dB HL의 순음으로 시작하여 5dB씩 증가시키면 자극음의 크기가 커져 고막의 탄성이 외이강 전체 용적의 1%인 0.02cc 이상 감소하는 최소의 음 강도를 찾아 등골근반사역치(ART)로 판별한다.
출처 ▶ 대한청각학회(2018)

등골근반사피로검사
🔁 반사감퇴검사, 등골근반사소실(감퇴)검사

[자료]

등골근반사피로검사 검사방법
① 고막운동성검사의 방법으로 프로브 팁을 위치시킨다.
② 검사하려는 귀의 반대 측에 500Hz 혹은 1,000Hz의 소리를 검사 측 등골반사의 역치보다 10dB 높은 강도(10dB SL) 혹은 90~105dB HL의 크기로 10초 동안 연속적으로 주면서, 검사 측 귀에서 등골반사 파형의 진폭의 감퇴가 나타는지를 확인한다.
· 2,000이나 4,000Hz의 고주파수 소리는 정상에서도 급한 감퇴 현상이 나타날 수 있으므로 이 검사의 주파수로는 사용하지 않는다.
출처 ▶ 대한청각학회(2018),
   한국청각학교수협의회(2020)

ⓒ 정상적인 경우라면 90dB SPL 정도의 큰 소리를 들려주면 등골근 수축 현상이 관찰된다. 고실도에서는 유연성이 최대로 도달하는 지점이 다소 감소되는 결과를 보이며, 일반적으로 외이도의 부피가 약 0.02cc 만큼의 감소 변화를 보일 때 등골근반사 반응을 보인 것으로 간주한다.

· 정상 청력의 귀에서 등골근반사역치는 약 70~100dB HL 정도에서 나타난다.

· ART가 100dB HL보다 큰 경우나 반응이 없는 경우 비정상 ART로 판정한다.

ⓔ 등골근반사가 관찰될 경우 최소한 중이가 정상이라는 것을 보여 주며, 난청이 있다고 하더라도 그 정도가 고도난청보다는 경미할 것으로 예측할 수 있다.

· 75dB HL 이상의 감음신경성 난청에서는 약 90% 정도가 등골근반사를 보이지 않는다.

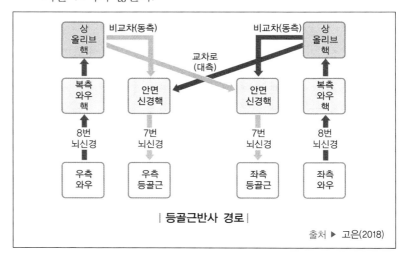

| 등골근반사 경로 |

출처 ▶ 고은(2018)

③ 등골근반사피로검사

㉠ 등골근반사피로검사는 등골근반사역치(ART)보다 10dB 더 큰 소리를 10초 동안 지속적으로 들려주면서 등골근반사의 변화 정도를 측정하며, 500이나 1,000Hz에서 10초 내 반사량의 감퇴 정도를 측정한다.

㉡ 젊고 정상적인 귀 또는 미로성 난청의 경우에는 10초 정도 진행되는 동안 등골근 수축현상이 유지되거나 서서히 반응을 멈춘다.

㉢ 후미로성 난청의 경우에는 10초 이내에 등골근 수축현상이 유지되지 못하고 50% 이상 사라진다.

· 후미로성 난청은 신경이 약화되어 등골근반사 유지가 잘 이루어지지 않기 때문이다.

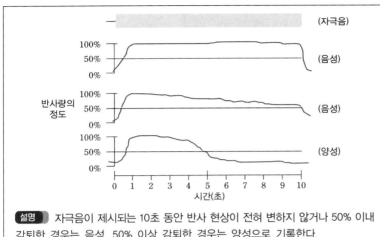

설명 자극음이 제시되는 10초 동안 반사 현상이 전혀 변하지 않거나 50% 이내 감퇴한 경우는 음성, 50% 이상 감퇴한 경우는 양성으로 기록한다.

| 등골근반사피로검사 결과 예시 |

출처 ▶ 한국청각학교수협의회(2020)

KORSET 합격 굳히기 **청각피로**

1. 청각피로(소실)란 순음을 계속해서 들려주면 어느 순간 음량이 감소되거나 음이 사라지는 현상이다. 즉, 소리자극이 처음 들어오면 청각기관이 반응을 하지만 그 소리가 지속되면 신경반응의 감소로 자극음이 존재함에도 못 듣게 되는 것이다.

2. 청각피로는 청신경 부분에 이상이 있는 후미로성 난청일 경우 나타나는 비정상적 적응(adaptation) 현상으로, 등골근반사를 지속하는 데 피로를 느껴 자극음이 있는데도 적응이 빨리 나타나는 현상이다.

출처 ▶ 고은(2018)

2. 이음향방사(OAE)검사

① 이음향방사검사는 자발적 또는 음향자극에 대한 반응으로 와우에서 방사되는 낮은 강도의 음향에너지를 외이도에서 마이크로폰으로 측정하는 검사이다.

　　㉠ 소리자극을 주어 청각세포에서 발생하는 음향 진동파를 측정하여 와우 이상 유무를 알아보는 검사이다.

　　㉡ 와우에 있는 외유모세포가 움직여서 외이도로 에너지가 방사되면 외이도에서 매우 낮은 강도의 소리에너지를 측정할 수 있다는 원리에 기초한다.

② 이음향방사가 관찰되지 않는다면 와우의 이상을 예측할 수 있다.

비교
등골근반사피로검사 결과의 해석
• 고은(2018) : 본문 참조
• 대한청각학회(2018) : 정상에서는 소리를 주는 10초 동안 등골반사가 최고의 크기로 유지된다. 등골반사가 유지되지 않고 50% 이하로 감퇴되면 양성으로 판정하며, 후미로성 난청의 10~30% 정도에서 등골반사피로검사 양성이 나타난다.
• 이필상 외(2020) : 반사가 변하지 않거나 서서히 변하면 정상으로 평가하고, 10초 이내에 50% 이상 급하게 반사가 변하면 후미로성 청각장애로 평가한다.
• 한국청각학교수협의회(2020) : 50% 이상 급히 감퇴하면 양성 반응으로 후미로성 난청을 의심할 수 있고, 반사량의 정도가 변하지 않거나 서서히 50%까지 감퇴하면 음성 반응으로 정상이나 미로성 난청으로 판정할 수 있다.

비교
등골근반사피로검사 결과 예시

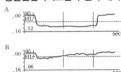

설명 정상에서는 10초간 음자극을 주는 동안 반사가 지속되고(A), 50% 이상 감퇴가 일어나면 후미로 병변을 의심할 수 있다(B).
출처 ▶ 대한청각학회(2018)

✎ **이음향방사**
와우의 외유모세포 움직임에 의해 음향반응이 와우에서 생성되어 이소골, 고막을 통하여 외이도까지 전파되는 것

③ 이음향방사검사는 크게 자발 이음향방사(SOAE)검사와 유발 이음향방사(EOAE)검사의 두 종류로 나눌 수 있다.

자발 이음향방사검사	• 자발 이음향방사는 음 자극이 없는 상태에서 측정되는 에너지를 말한다. • 음향방사가 측정된다는 것은 최소한 청력역치가 25dB HL 이내의 정상 청력임을 나타낸다.
유발 이음향방사검사	• 유발 이음향방사는 특정한 소리 자극에 의해 발생되는 이음향방사를 의미한다. • 정상 청력을 가진 신생아에서는 대부분 방사음이 나타나고, 청력손실이 25~30dB HL 이상일 경우는 방사음이 나타나지 않기 때문에 신생아 청각 선별검사에서 유용하게 사용되고 있다. • 유발 이음향방사검사는 어떤 음을 주느냐에 따라 일과성 이음향방사(TEOAE)와 변조 이음향방사(DPOAE)로 구분된다.

④ 이음향방사검사는 다음과 같이 임상적으로 적용할 수 있다.

㉠ 유발 이음향방사의 경우 정상 청력인에서 대부분 발현되기 때문에 신생아의 청각선별검사 목적으로 그 유용성이 커지고 있다.

㉡ 소음성 청각장애나 유모세포의 손상을 조기에 발견하는 데 유용하다.

㉢ 감음신경성 청각장애가 미로성인지 후미로성인지 구분하는 감별진단에 이용할 수 있다.

• 감음신경성 청력손실의 경우, 이음향방사가 있다면 외유모세포 기능에 손상이 없고 장애 부위가 불명확한 후미로성 난청으로 유추할 수 있다. 그러나 이음향방사가 없다면 병인이 와우와 관련된 것이기는 하지만 후미로성이 동시에 관여할 수 있는 가능성도 고려하여 해석해야 한다.

⑤ 측정이 빠르고 객관적이기 때문에 그 유용성이 크지만 ABR과 달리 청력손실을 정량적으로 평가해 줄 수 없다는 단점이 있다.

자료

자발 이음향방사
• 자발 이음향방사의 발현율은 정상 청력인의 35~60%에서만 나타나는데, 일반적으로 60세 이상이 되면 정상 청력의 귀일지라도 자발 이음향방사의 발현율이 급격히 하락한다(한국청각학교수협의회, 2020).
• 25~30dB 이내의 정상 청력을 가진 사람 중에서도 50% 정도에서만 발현되므로 임상적으로 잘 사용되지 않는다(대한청각학회, 2018).

자료

일과성 이음향방사(TEOAE)
클릭음이나 톤버스트에 의해 발생되며, 주로 클릭음을 사용하기 때문에 클릭유발 이음향방사라고도 한다. 30dB HL보다 좋은 청력을 가지고 있는 경우에는 거의 100% 이음향방사가 관찰되기 때문에 청력손실 여부를 예측하는 데 효과적이다(한국청각학교수협의회, 2020; 고은, 2018).

자료

변조 이음향방사(DPOAE)
2개의 다른 주파수를 가진 순음을 주었을 때 발생하는 여러 주파수의 이음향방사를 특정한다. 변조 이음향방사는 청력손실이 50~60dB HL 이상이 되면 방사가 나타나지 않으며 주파수별 정보를 제공한다는 장점을 갖는다(고은, 2018).

3. 청성유발반응검사

(1) 개요

① 청성유발반응검사란 소리자극에 의해 와우, 청신경 그리고 중추청각전달로로 전파되는 일련의 전기적 신호를 기록하는 검사를 말한다.

- 청력역치를 추정하거나 이과적 신경학적인 질환의 진단 및 치료를 목적으로 실시한다.

② 청성유발반응을 분류하는 방법은 여러 가지가 있으나 일반적으로 음자극을 제시한 후 반응이 나타나기까지의 시간, 즉 잠복기에 따라 초기반응, 중기반응, 후기반응 등으로 나눌 수 있다.

③ 초기반응은 음자극을 제시한 후 10~15 ms 내에서 측정되는 반응으로 와우, 8번 청신경, 뇌간 등에서 기원하는 것으로 알려져 있다.

- ㉠ 마취나 수면 등의 영향을 받지 않는 초기반응은 청력역치의 추정, 메니에르병이나 청신경계 질환의 진단, 수술 중 청각감시 등의 임상적인 분야에 주로 사용된다.

  - 초기반응과는 달리, 중기반응이나 후기반응의 경우에는 피검자의 각성 상태나 전신마취 등에 의해 영향을 많이 받기 때문에 임상적으로 많이 사용되지 않고 있다.

- ㉡ 초기반응의 측정은 주로 전기와우도(electrocochleography, ECoG)검사와 뇌간유발반응(Auditory Brainstem Response, ABR)검사를 통해 이루어진다.

(2) 전기와우도검사

① 전기와우도검사는 와우 혹은 와우 근처에 전극을 부착하여 와우에서 발생하는 유발 전위를 측정하는 검사이다.

- 전기와우도검사는 의식 수준의 변화나 중추의 영향을 거의 받지 않는다. 따라서 수면이나 전신마취 상태에서도 시행이 가능하다.

② 와우와 청신경의 병변에 대한 정보를 얻을 수 있으며, 메니에르병, 청신경병증의 진단을 위해 실시할 수 있는 검사이다.

- 청신경 종양과 같은 후미로성 난청의 진단에 도움을 줄 수 있다.

③ 청신경 이후 상위 경로의 기능은 알 수 없다.

✎ **청성유발반응**

소리자극으로 유발된 활동전위인 청성유발전위(AEP)를 두피에 위치시킨 전극을 통하여 비침습적으로 기록하는 객관적인 검사법을 청성유발반응이라 한다(대한청각학회, 2018).

자료

대표적인 청성유발반응의 종류

초기반응	• 전기와우도 • 뇌간유발반응
중기반응	• 청성중기반응 • 40Hz 반응
후기반응	• 청성후기반응 • P300 반응 • 음전위부정합

출처 ▶ 한국청각교수협의회(2020)

PART **13**

뇌간유발반응검사
🔵 청성뇌간유발반응검사, 청성뇌간반응검사, 청성유발전위검사

✏️ **뇌간, 유발반응**

뇌간	뇌간은 말초신경계에서 중추신경계로 향하는 중요 경로로서, 청각신호는 와우에서 측두골을 거쳐 뇌간으로 들어간다.
유발반응	어떤 자극에 의한 반응을 의미한다.
유발전위	유발반응과 유사하게 사용되며 각종 감각자극에 의해 일정한 잠복기 후에 일어나는 신경조직의 전기적 반응을 말한다.

출처 ▶ 고은(2018)

|자료|

뇌간유발반응역치와 순음청력역치의 관계
뇌간유발반응역치는 순음청력역치에 비해 대체로 높게 나타난다. 성인의 경우 5~10dB이 높게 나타나며, 소아의 경우에는 10~20dB까지 차이를 보이는 경우도 있다.

출처 ▶ 대한청각학회(2018), 고은(2018)

(3) **뇌간유발반응검사** 11중특, 12중특, 16중특, 19초특, 25유특

① 뇌간유발반응(ABR)검사는 청신경에서 뇌간의 일부에 이르는 청각전달로에서 발생하는 전기적 신호를 기록한 것이다.

 ㉠ 두피에 전극 단자를 부착하여 와우, 청신경 그리고 중추청각 전달경로로 전달되는 전기적 신호를 확인하는 검사이다.

  • 피검자의 머리에 전극을 부착시켜 청신경계의 미세한 전기적 반응을 측정한다.

 ㉡ 뇌간유발반응검사는 청신경 및 중추신경로의 병변을 파악하기 위한 목적으로 시행한다.

  • 파형의 변화를 통해 전음성 난청, 미로성 난청, 후미로성 난청 등과 같은 청력손실 유형을 파악할 수 있을 뿐만 아니라 후미로성 병변, 특히 청신경 종양 진단에 높은 민감도를 보인다.

② 뇌간유발반응검사는 장애진단에서 순음청력검사(PTA)의 신뢰도를 확인하는 검사로 사용된다.

 ㉠ 뇌간유발반응역치와 순음청력역치는 높은 상관관계를 가지고 있어 뇌간유발반응역치를 통해서 순음청력역치를 추정할 수 있다.

 ㉡ 뇌간유발반응검사 결과 뇌간유발반응역치와 순음청력역치 간 차이가 10~20dB 정도일 경우에는 정상이라고 간주한다.

③ 뇌간유발반응검사 시 뇌에서 일어나는 전기적 반응 활동이 수면이나 마취 상태 동안 지속되기 때문에 행동검사에서 역치 측정이 불가능한 생후 4~5개월의 유아에게 실시할 수 있다.

④ 뇌간유발반응은 보통 5~7개의 정점과 골로 구성된 파형으로 나타나며, 각 파형은 로마 숫자 Ⅰ에서부터 Ⅵ파까지 차례대로 표기한다.

 ㉠ 청력역치 추정에서는 특히 Ⅴ번 파형이 중요한 지표로 사용된다.

  • Ⅴ파형이 나타나는 가장 낮은 자극음의 강도를 피검자의 역치로 한다.

  • Ⅴ번 파형이 뇌간유발반응검사 결과 판독 시 매우 중요한 이유는 낮은 자극 강도에서도 잘 나타나며 가장 안정되고 쉽게 구별되는 파형이기 때문이다.

 ㉡ 자극에 대한 반응은 dB nHL(normalized hearing level)로 표기한다.

  • 0dB nHL은 10~15명의 정상 청력을 가진 성인에게 초당 10~20회의 클릭음을 주고 구한 뇌간유발반응의 최소반응역치 dB HL이다.

⑤ 청신경에서 뇌간의 일부에 이르는 청각전달로를 기록할 뿐 청각피질에서의 병변은 발견할 수 없다는 단점을 갖는다.

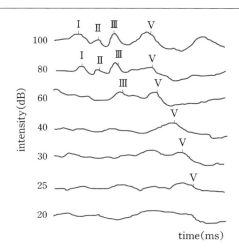

설명 자극음의 강도에 따른 파형의 변화이다. 자극음의 강도가 낮아질수록 잠복기가 길어질 뿐만 아니라 V번 파형이 관찰되었으므로 25dB nHL이 역치가 되며, 정상 청력으로 간주된다.

| 뇌간유발반응검사 판독 예시 |

출처 ▶ 고은(2018)

KORSET 합격 굳히기) 신생아 청각선별검사의 종류

1. 신생아 청각선별검사에는 자동청성뇌간반응(AABR)과 자동이음향방사(AOAE)가 가장 많이 사용되고 있다.
   ① 여기서 자동(automated)이란 자동화 검사기기를 사용하는 것으로 기존 ABR 또는 OAE의 원리에 준한다.
   ② AABR의 경우 파형을 자동으로 검출해 주는 방식이며, AOAE는 정상 청력을 가진 신생아의 평균과 비교하여 통과는 'pass'로, 재검은 'refer'로 나온다.

2. 만약 한 가지 선별검사 방법을 선택해야 할 경우에는 AABR 시행을 권장한다.

출처 ▶ 고은(2018)

03 유아 청각검사

유아 청각검사는 순음청력검사를 정상적으로 시행하기 어려운 영유아 또는 중증장애를 가지고 있는 경우에 주로 사용된다. 청각손실의 유무와 정도를 측정하기 위한 목적으로 시행되기도 하지만, 보청기 착용 효과를 보기 위해서도 사용된다.

1. 행동관찰청력검사

① 생후 6개월에서 2세까지 실시할 수 있는 검사로 친숙한 어머니의 목소리나 장난감 소리를 들려주고 영유아가 머리를 돌려서 소리를 찾는 행동을 관찰하는 검사이다.

• 반사기능이 나타나는 신생아기부터 실시 가능하다.

② 영유아의 청각행동 발달 및 듣기능력 수준에 근거하여 기대되는 반응으로 청력을 판단한다.

③ 자극 후 2초 이내에 보이는 반응을 측정하며, 이때 반응행동은 눈꺼풀반사와 모로반사 등이 있다.

눈꺼풀반사 (눈깜빡임 반사)	아기의 눈에 갑자기 밝은 빛을 주고 머리 가까이에서 손뼉을 치면 눈을 감는 반응을 보인다.
모로반사	큰 소리가 나면 신생아의 머리는 뒤로 젖혀지고 등이 활처럼 휘며 두 팔과 다리를 벌림과 동시에 손가락을 쭉 펴서 허공에서 무언가를 잡으려는 행동을 보이다가 다시 금방 손을 모은다.

2. 시각강화청력검사

① 청각자극에 대한 반응을 유발하기 위해 소리가 나는 쪽으로 고개나 시선을 돌릴 때 빛을 깜빡이거나 재미있는 그림 화면, 장난감 등을 이용하여 반응을 유도하고 조건 형성을 이룬 다음 관찰하는 검사이다.

㉠ 고개를 돌리는 것이 가능한 6개월부터 약 24개월의 유아까지 실시할 수 있는 검사이다.

㉡ 소리자극을 주고 반응을 나타내면 강화물을 보여 주는 간단한 원리이다.

㉢ 스피커를 통해 소리자극을 주고 머리를 돌리는 등의 반응을 보이면 유아가 좋아하는 장난감 등이 시각적 강화물로 제시된다.

㉣ '음향자극'과 '시각적 보상' 간에 하나의 조건형성을 이룬다는 것이 전제된다.

② 검사 시에 어머니와 멀어지는 것을 거부하는 경우에는 어머니가 안고 검사를 실시하되, 단서를 주는 일이 없도록 하여야 한다.

③ 검사 과정은 다음과 같다.

　㉠ 스피커를 통해 소리자극을 제시한다. 조건형성을 위해 처음에는 소리의 강도를 약 70~100dB로 한다.

　　• 사용되는 소리는 익숙한 어음(예 '빠이빠이', '엄마', '아빠' 등)이 사용될 수 있다.

　㉡ 음향자극이 들어오면 스피커 위에 놓인 상자 안에 있는 장난감 동물에 조명이 들어오거나 모니터 화면에 유아가 좋아하는 그림들이 나타난다.

　㉢ 음향자극과 시각적 강화물 간에 조건형성이 이루어지면, 주파수와 강도를 조절하여 대략적인 청력역치를 측정한다.

④ 스피커를 통해 검사가 이루어지므로 좋은 쪽 귀의 반응만을 볼 수 있다는 제한점이 있다.

3. 놀이청력검사

① 2세 이상의 유아를 대상으로 하며 이어폰을 통해 자극음이 들려올 때마다 놀이를 하도록 하는 검사이다.

　• 소리자극에 대해 재미있는 놀이로써 반응하도록 한다.

② 다음과 같은 방법으로 검사를 실시한다(예시).

　㉠ 소리가 나면 빈 깡통 속에 블록을 떨어뜨리거나, 고리 끼우기 등의 놀이를 한다. 이때 놀이는 유아가 흥미를 보이는 것이어야 한다.

　㉡ 목표 행동을 수행하면 칭찬과 같은 강화물을 준다.

　㉢ 소리자극에 대한 반응이 지속적으로 이루어지면 검사용 이어폰을 착용하고 청력역치를 측정한다.

③ 다음과 같은 장점과 제한점을 갖는다.

　㉠ 이어폰 착용 위치를 조정하여 기도와 골도역치를 비교적 정확하게 알아볼 수 있으며, 각 귀의 역치를 비교할 수 있다는 장점을 갖는다.

　㉡ 검사자와 충분한 라포가 형성되어야 한다는 제한점을 갖는다.

놀이청력검사
🔁 행동유희청력검사

순음청력검사

1. 순음청력검사의 개념 ^{17중특, 20중특}

✎ **순음**
하나의 주파수로 이루어진 음

① 순음청력검사는 순음을 자극음으로 들려주고, 들을 수 있는 가장 작은 소리의 강도를 다양한 주파수에서 알아보는 검사이다.

　㉠ 순음에 대한 주파수 대역별 최소가청역치 측정을 목적으로 한다.

　㉡ 순음청력검사는 각 주파수별로 음의 강도를 조절하여 역치를 구하는 가장 기본적인 청력검사이다. 또한 피검자의 반응이 있어야만 가능하기 때문에 연령과 최소한의 인지기능을 전제로 한다.

자료

기도검사와 골도검사

〈기도검사〉

〈골도검사〉

② 250~8,000Hz의 주파수 대역에서 순음을 측정한다.

　• 검사에서 250~8,000Hz의 주파수 대역을 검사하는 이유는 말소리가 분포되어 있는 주파수 대역이기 때문이다.

③ 순음청력검사에는 기도검사와 골도검사가 있다.

2. 순음청력검사 결과의 임상적 적용 ^{17중특}

순음청력검사를 실시한 이후 그 결과를 바탕으로 알 수 있는 바는 다음과 같다.

① 청력손실 유무를 알 수 있다.

② 청력손실 정도를 알 수 있다.

　• 순음청력검사가 가지고 있는 가장 큰 장점은 평균순음역치(PTA)를 통해 청력손실 정도를 정확하게 알 수 있다는 것이다.

③ 청각장애 유형 및 병변 부위를 알 수 있다.

　• 기도검사와 골도검사 결과를 통해 피검자가 전음성 난청인지, 감음신경성인지 혹은 혼합성 난청인지를 판별할 수 있다.

비교

순음청력검사 결과의 임상적 적용
고은(2018)의 문헌에서는 '순음청력검사의 목적'으로 제시되어 있는 내용이다.

순음청력검사 결과	난청 유형	병변 부위
AC 청력손실 있음, BC 청력손실 없음	전음성	외이, 중이
AC 청력손실 있음, BC 청력손실 있음 (AC 역치값 = BC 역치값)	감음신경성	내이(또는 청신경)
AC 청력손실 있음, BC 청력손실 있음 (AC 역치값 > BC 역치값)	혼합성	외이, 중이, 내이(또는 청신경)

※ AC : 기도전도, BC : 골도전도

④ 청력형을 알 수 있다.

- 동일한 평균청력역치를 가지고 있다고 하더라도 어떤 주파수대에서 어느 정도의 손실을 갖느냐는 개인의 청력 특성을 결정하는 중요한 요소이다. 특히 청력형은 보청기를 제작하는 데 매우 중요한 단서를 제공해 준다.

⑤ 청능재활 정보를 제공해 준다.

- 청력검사 결과를 바탕으로 수준에 맞는 보청기를 선택할 수 있으며, 착용 후 의사소통의 예후를 알려 준다.

02 기도검사

1. 기도검사의 개념

① 기도검사는 외이부터 내이에 이르기까지 공기에 의하여 전달된 소리를 측정하는 검사이다.

② 기도검사는 이어폰을 통해 기도경로로 순음을 들려주고, 각 주파수별 청력역치를 측정한다.

2. 기도검사 방법

(1) 검사 귀 선정

① 기도검사는 보통 청력이 좋은 쪽부터 실시한다.

㉠ 좋은 쪽 귀를 먼저 검사하는 이유는 반대청취를 예방하기 위해서이다.

㉡ 청력손실이 심한 쪽을 검사할 때 좋은 쪽 귀로 반대청취가 예상된다면 차폐를 해야 한다.

② 양쪽 귀의 청력이 비슷한 경우라면 오른쪽 귀부터 실시한다.

자료

청력형
청력형에 대한 자세한 내용은 '04 청력도' 참조

기도검사
동 기도전도순음청력검사, 기도전도청력검사

반대청취
동 교차청취, 음영청취, cross hearing

비교
순음청력검사의 검사 주파수 범위

· 고은(2018) · 대한청각학회(2018) · 한국청각언어장애교육학회(2012) · 한국청각학교수협의회(2020)	250~ 8,000Hz
· 권순우 외(2018) · 이필상 외(2020)	125~ 8,000Hz

자료
고도난청인의 검사 주파수 순서
· 고도난청과 같이 고주파수 청력손실이 의심되는 경우는 1,000Hz에서부터 시작하여 저주파수음을 먼저 검사하도록 한다.
· 1,000Hz — 500Hz — 250Hz — 1,000Hz — 2,000Hz — 4,000Hz — 8,000Hz
출처 ▶ 한국청각학교수협의회(2020)

1,000Hz 2회 검사 실시 이유

고은 (2018)	검사의 신뢰도를 점검 하기 위해
대한청각학회 (2018)	검사의 신뢰도를 확인 하기 위해
최성규 외 (2015)	검사의 신뢰도를 측정 하기 위해
한국청각언어 장애교육학회 (2012)	말소리를 지각하는 데 가장 중심이 되는 주 파수이기 때문

수정상승법
• 고은(2018) : 본문 참조
• 대한청각학회(2018) : 피검자가 충분히 들을 수 있는 강도(정상 청력을 가진 경우 보통 40dB HL, 난청의 경우 역치보다 약 30dB 큰 강도이나 너무 크지 않은 강도)에서 소리를 제시한다. 제시한 소리를 못 들으면 들을 때까지 10dB 간격으로 강도를 증가시킨다. 제시한 소리를 들었다고 반응하면 강도를 10dB 작게 하고, 못 들어다시 반응이 없으면 강도를 5dB 크게 한다. 이와 같은 10-dB-down, 5-dB-up의 수정상승법 과정을 반복하여 보통 4회 중 2회(50%)를 같은 강도에서 반복적으로 탐지 반응을 보이는 최소강도레벨을 청력역치로 결정한다.
• 한국청각학교수협의회(2020) : 각 주파수마다 30dB HL의 강도에서 시작하여, 처음 듣거나 혹은 못 들을 때마다 20dB 간격으로 자극음의 강도를 올리거나 내리다가 대상자가 반응을 한 시작 수준을 기준으로, 검사음을 들었다고 반응하면 10dB 하강하고, 못 들어서 반응이 없으면 강도를 5dB 상승하며 청력역치를 결정하는 방법이다.

│자료│

수정상승법 예시

자극음	반응	결과
30	×	20dB 상승
50	○	10dB 하강
40	○	10dB 하강
30	○	10dB 하강
20	×	5dB 상승
25	×	5dB 상승
30	○	최소가청역치

출처 ▶ 최성규 외(2015)

(2) **주파수 조절방법**

① 검사 주파수는 1,000Hz에서 시작하여 다음과 같은 순서로 주파수를 조절한다.

> 1,000Hz − 2,000Hz − 4,000Hz − 8,000Hz − 1,000Hz − 500Hz − 250Hz

② 1,000Hz에서의 검사는 두 번 실시하는데, 1,000Hz에서 검사를 2회 실시하는 이유는 다음과 같다. [14초특]

ㄱ 검사의 신뢰도를 확인하기 위해서이다.

• 처음 시행한 1,000Hz의 검사 결과와 두 번째 시행한 1,000Hz에서의 결과의 차이가 ±5dB 이내인 경우에는 결과를 신뢰할 수 있는 것으로 보고 낮은 강도를 역치로 정한다.

• 만약 10dB 이상 차이가 나는 경우에는 검사의 신뢰도가 없는 것으로 보고 재검사를 한다.

ㄴ 1,000Hz는 말소리를 지각하는 데 가장 중요한 주파수이기 때문이다.

③ 이웃하는 두 주파수대 간 청력 차이가 지나치게 큰 경우(20dB 이상)에는 주파수 대역 간 중간 주파수대의 청력을 추가로 측정한다.

> 예 2,000Hz에서 정상 범주에 소리를 들었는데, 이어지는 4,000Hz에서 중등도 정도의 소리를 지각하게 된다면, 2,000Hz와 4,000Hz 사이에 존재하는 3,000Hz의 청력 정도를 파악해야 한다.

(3) **강도 조절방법**

음의 강도는 상승법, 하강법, 수정상승법 등으로 조절 가능하다.

상승법	• 청력검사 시 들리지 않는 가장 작은 강도에서 시작하여 강도를 점차 증가시키면서 처음 소리를 탐지한 dB를 역치로 정하는 방법이다. • 검사음의 강도는 5dB씩 상승, 검사음 제시 시간은 각 단계별로 1~2초가 적당하다. • 신뢰도는 증가하지만 시간이 오래 걸리는 단점이 있다.
하강법	• 충분히 들을 수 있는 강한 소리에서부터 점차 강도를 감소시켜 대상자가 못 듣게 되는 소리 크기보다 한 단계 큰 소리를 역치로 정하는 방법이다. • 충분히 들을 수 있는 음의 강도에서부터 5dB씩 낮추어 역치를 찾아낸다. • 신속하지만 신뢰도가 감소하는 단점이 있다.
수정상승법	• 30dB에서 시작하여 20dB 단위로 높여가며 처음 응답한 값을 확인한 후, 소리에 대한 반응이 있을 경우에는 10dB을 낮추고, 반응이 없을 경우에는 5dB 높이는 방법이다.

① 각 주파수별로 상승법, 하강법 혹은 수정상승법으로 자극음을 제시하면서 3회 중 2회에서 같은 강도에서 응답이 나타나면 그 주파수의 역치로 결정한다.

　ⓐ 만약 3회 모두 다른 값이 나오면 측정하는 횟수를 늘려서 과반수(50%) 이상 일치하는 강도를 청력역치로 결정한다.

　ⓑ 기도검사에서는 검사자에 따라 조금씩 차이가 있으나 최대 90~100dB 까지 자극음을 준다.

　　• 반응을 하지 않을 경우에는 무반응으로 표기하고, 평균값을 구할 경우에는 100dB로 간주한다.

② 자극음은 1~2초의 일정한 자극 시간을 불규칙한 간격으로 제시한다.

03 골도검사

1. 골도검사의 개념

① 골도검사는 외부의 소리가 두개골의 진동을 유발시켜 내이로 전달되어 소리를 듣는 과정에서의 이상 유무를 확인하고 역치를 측정하는 검사이다.

　• 골도진동체로 두개골을 진동시켜 두개골에 내재된 와우를 직접 자극하여 청력을 측정하는 것이다.

② 골도검사는 외이나 중이를 우회하여 내이를 직접 자극하여 그 반응을 역치로 결정하므로, 외이나 중이가 비정상적이라도 내이의 기능에 이상이 없다면 정상 청력을 나타낸다.

③ 기도검사에 비하여 신뢰성이 다소 떨어지는 경향이 있다.

2. 골도검사 방법

(1) 검사 귀 선정

① 양이 중 청력이 더 나쁜 귀를 먼저 검사하는 것이 일반적이다.

　• 차폐를 시행하기 전 골도청력검사에서 골 진동기를 왼쪽 혹은 오른쪽에 위치시켜도 실제 어느 귀가 반응한 것인지 정확히 알 수 없다. 따라서 양이 중 청력이 더 나쁜 귀를 먼저 검사하는 것이 일반적이다.

② 청력이 나쁜 귀의 유양돌기 부위에 골 진동기를 위치시켜 두개골을 진동시킨다. 경우에 따라 유양돌기가 아닌 이마에 골 진동기를 위치시킬 수도 있다.

골도검사
Ⓢ 골도전도순음청력검사, 골도전도청력검사

자료
두개골의 특성과 골도검사
인간의 두개골은 진동체에 의해 오른쪽 혹은 왼쪽이 분리 진동되지 않으므로, 진동체의 부착 위치가 두개골의 어느 부위든지 자극 위치에 상관없이 양측 달팽이관이 동시에 반응한다. 즉, 양측 달팽이관의 청력역치에 차이가 있을 경우, 진동체를 청력손실이 큰 쪽 귀 뒤 유양돌기에 부착시켜도 양측 달팽이관이 동시에 반응하여 좋은 쪽 귀의 유양돌기의 역치로 기록될 수 있으므로 검사자의 숙련된 경험이 필요하다(한국청각학교수협의회, 2020).

골도검사의 검사 귀 결정

대한청각학회 (2018)	본문 참조
권순우 외 (2018)	양이 중 청력이 더 나쁜 귀를 먼저 검사하는 것이 일반적이다.
허승덕 (2015)	기도검사와 반대로 잘 들리지 않는 쪽부터 검사한다.
한국청각학교수협의회 (2020)	골도전도청력검사는 주로 골도진동체를 유양돌기 부위에 밀착시킨 후 기도전도청력검사의 절차를 그대로 시행하되, 검사 주파수는 주로 500에서 4,000Hz까지 한 옥타브 간격으로 검사하여 역치를 구한다.
고은 (2018)	기도검사와 동일한 방법으로 시행된다.
이필상 외 (2020)	골도청각검사의 절차와 방법은 기도순음청각검사와 동일하다.

(2) **주파수 조절방법**

① 주파수 조절은 기도검사와 달리 8,000Hz를 제외한 250Hz에서 4,000Hz
까지만 검사한다.

㉠ 250Hz 이하의 저주파수 고강도음을 제시한 경우 청자가 소리로 듣기
보다는 촉각으로 느끼고 반응할 수 있기 때문에 결과 판독 시 세심한
주의가 필요하다. 따라서 난청의 정도가 심한 경우 250Hz에서 골도
역치 측정을 생략할 수도 있다.

• 두개골의 피부 진동이 일어나 자극음이 진동인지 소리인지 변별의
어려움이 있다.

㉡ 8,000Hz는 자극음의 소리에너지가 매우 약해 소리반사나 왜곡을 발
생시킬 수 있어서 실시하지 않는다.

② 1,000Hz에서 시작하며 2,000Hz, 4,000Hz, 1,000Hz, 500Hz, 250Hz의 순으로
실시한다.

• 그 외의 검사 절차는 동일하다.

04 청력도

1. 청력도의 이해

(1) **개념**

① 청력도는 피검자의 순음청력검사를 통하여 측정된 주파수별 결과를 수
치화하여 한눈에 볼 수 있도록 한 것이다.

② 가로축은 소리의 높고 낮음을 뜻하는 주파수(Hz)를 의미하며, 세로축은
소리의 강약을 구분하는 강도(dB)를 의미한다.

③ 기도역치와 골도역치의 기호표시가 청력도의 세로축 아래쪽에 위치할
수록 청력손실 정도가 크다는 것을 의미한다.

자료

청력도

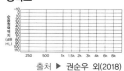

출처 ▶ 권순우 외(2018)

(2) 작성법

① 청력도에 표시할 때 오른쪽 귀는 빨간색으로, 왼쪽 귀는 파란색으로 한다.

② 청력도에는 다음과 같은 기호를 사용하여 검사 결과를 표기한다.

구분	우측 귀		좌측 귀	
	차폐 전	차폐 후	차폐 전	차폐 후
기도역치	○	△	×	□
기도 무응답	↙○	↙△	↘×	↘□
골도역치	<	[	>	]
골도 무응답	↙<	↙[	↘>	↘]

2. 청력도의 해석 ^{12초특, 16중특, 18중특}

청력검사 결과 청력도를 작성함으로써 청력손실 정도, 청각장애 유형, 청력형을 알 수 있다.

(1) 청력손실 정도

① 청력검사 결과에서 나타난 청력역치를 근거로 평균순음역치를 구해 청력손실 정도를 알 수 있다.

  • 청력역치란 피검자가 들을 수 있는 가장 작은 강도의 소리를 의미한다.

   − '들을 수 있는' 수준이란 3번 검사음을 주었을 때 2번 반응하는 것으로 한다. 즉, 50% 이상 반응할 수 있는 소리가 역치가 된다.

   − 청력손실 정도는 기도청력역치를 기준으로 한다.

② 순음청력검사로 산출된 청력역치의 단위는 HL이다.

  ㉠ 0dB HL이란 20~30대 건청인의 기준에서 들을 수 있는 가장 작은 소리 강도를 말하는 것으로, 소리가 없음을 의미하는 것이 아니다.

   • 청력검사 결과 역치가 0dB HL이라는 것은 건청인의 귀가 반응하는 가장 작은 소리를 들을 수 있다는 것을 의미한다.

   • −10dB을 듣고 소리가 있다고 반응하는 것은 평균적인 사람들보다도 훨씬 소리를 잘 듣는다는 것을 의미한다.

  ㉡ 청력역치가 40dB HL인 사람은 40dB보다 작은 소리를 듣지 못하며, 역치가 높다는 것은 그만큼 청력손실이 크다는 것을 의미한다.

③ 평균순음역치(PTA)란 순음청력검사를 통하여 산출된 각 주파수의 청력역치를 평균하여 나타낸 수치이다.

청력역치
㉰ 최소가청역치

평균순음역치
㉰ 평균청력역치, 평균청력, 순음청력역치

④ 평균순음역치는 말소리를 인지하는 데 매우 중요한 주파수 대역인 500Hz, 1,000Hz, 2,000Hz, 4,000Hz에서의 역치값을 가지고 3분법, 4분법 또는 6분법으로 산출한다. 공식은 다음과 같다. [13중특(추시), 14중특, 16중특, 19유특, 20중특]

4분법 산출 공식

미국청각협회(ASHA)에서 제시한 4분법에서는 4,000Hz를 포함하여 평균청력역치를 산출하도록 하고 있다(a+b+c+d/4). 이는 의사소통에서 말소리의 이해와 청력손실의 관계를 명확하게 반영해 주기 때문이다(최성규 외, 2018).

- 500Hz의 역치 a, 1,000Hz의 역치 b, 2,000Hz의 역치 c, 4,000Hz의 역치 d
- 소수점 이하는 버림

구분	공식	활용 분야
3분법	(a + b + c)/3	
4분법	(a + 2b + c)/4	청력손실 평가
6분법	(a + 2b + 2c + d)/6	직업성 난청 진단, 장애등급 판정

▶ 평균순음역치 산출 예시

500Hz에서 30dB(a), 1,000Hz에서 40dB(b), 2,000Hz에서 40dB(c), 4,000Hz에서 50dB(d)의 역치를 가지고 있을 경우, 피검자의 평균 역치값을 구하시오.

3분법	4분법	6분법
(a + b + c)/3	(a + 2b + c)/4	(a + 2b + 2c + d)/6
110 ÷ 3 = 36dB	150 ÷ 4 = 37dB	240 ÷ 6 = 40dB

⑤ 청력도의 평균순음역치를 6분법에 근거하여 산출한 예시는 다음과 같다.

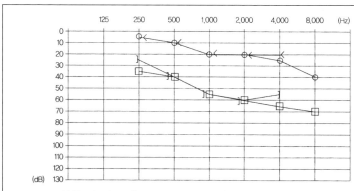

- 우측 귀 기도 : (10 + 40 + 40 + 25) ÷ 6 = 19dB HL 〈정상〉
- 우측 귀 골도 : (10 + 40 + 40 + 20) ÷ 6 = 18dB HL 〈정상〉
- 좌측 귀 기도 차폐 : (40 + 110 + 120 + 65) ÷ 6 = 55dB HL
- 왼쪽 귀 골도 차폐 : (40 + 110 + 120 + 55) ÷ 6 = 54dB HL

| 6분법에 의한 평균순음역치 산출 예시 |

(2) 청각장애 유형 ¹³유특(추시)

청력손실의 정도는 기도청력역치를 기준으로 하지만, 청각장애 유형은 기도역치와 골도역치의 차이를 통해 알 수 있다.

① 청각기관에 아무런 문제가 없다면 기도와 골도검사 결과에 이상이 없으므로, 두 검사의 청력역치가 모두 정상범위 내에서 기록되며 기도-골도역치차가 없다.

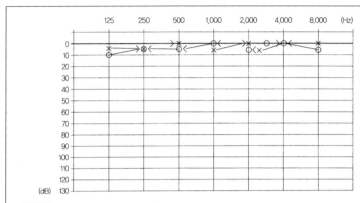

> **설명** 좌우 기도역치와 좌우 골도역치가 모두 20dB 이하이기 때문에 정상 청력에 해당한다. 일반적으로 기도청력검사에서 역치가 20dB 이하일 경우에는 골도청력검사를 시행할 필요가 없다.

| 정상 청력의 청력도 예시 |

출처 ▶ 고은(2018)

② 전음성 청각장애는 기도청력은 손상되어 있고, 골도청력은 정상이기 때문에 다음과 같은 청력도를 보인다. ¹⁶초특

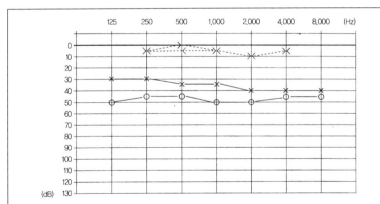

> **설명** 좌우 기도역치는 비정상이지만 좌우 골도역치는 정상 범위에 있기 때문에 전형적인 전음성 난청에 해당한다.

| 전음성 청각장애의 청력도 예시 |

출처 ▶ 고은(2018)

PART 13

③ 감음신경성 청각장애는 소리의 감각기관인 내이, 즉 와우나 청신경의 이상으로 인해 기도청력, 골도청력 모두 손상되어 있고, 기도−골도 차이는 10dB 미만인 청력도를 보인다. [20초특]

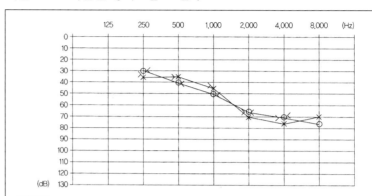

> **설명** 좌우 기도역치가 비정상이며, 골도역치에서도 손실이 있다. 이때 모든 주파수에서 기도역치와 골도역치의 차이가 없기 때문에 감음신경성 난청에 해당한다. 그리고 고주파수로 갈수록 청력이 약해지는 경사형을 보인다. 이는 노인성 난청에서 주로 나타난다.

| 감음신경성 청각장애의 청력도 예시 |

출처 ▶ 고은(2018)

④ 혼합성 청각장애는 전음성 청각장애와 감음신경성 청각장애의 요소를 모두 포함하고 있으며, 기도역치와 골도역치가 모두 비정상적으로 나타나고 10dB 이상의 기도−골도 역치차가 나타나는 청력도를 보인다.

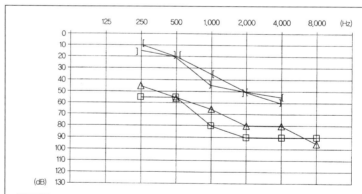

> **설명** 6분법을 기준으로 하였을 때 우측 기도차폐 결과 70dB, 좌측 기도차폐 결과 80dB로 양측 모두 고도난청에 해당한다. 골도검사에서는 우측 40dB, 좌측 45dB로서, 기도와 골도 역치값 사이에는 차이가 있는 것으로 나타났다. 이는 내이의 손상뿐만 아니라 외이/중이에서의 청력손실이 약 30~40dB로 추정되며, 따라서 혼합성 난청에 해당한다.

| 혼합성 청각장애의 청력도 예시 |

출처 ▶ 고은(2018)

⑤ 소음성 청각장애의 청력도는 다음과 같다. [18중특]

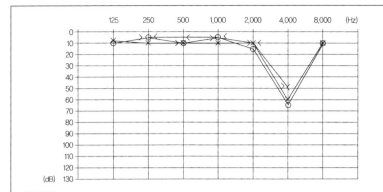

> 설명 다른 주파수 영역에서는 정상 청력역치를 보이지만, 3,000Hz에서 6,000Hz, 특히 4,000Hz 부근에서 급격한 청력손실이 나타난다. 이는 소음성 난청의 전형적인 청력도에 해당한다.

| 소음성 청각장애의 청력도 예시 |

출처 ▶ 고은(2018)

PART 13

자료

유전성 청각장애의 청력도 예시

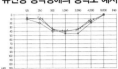

> 설명 기도역치와 골도역치에서 모두 청력손실을 보이면서 기도와 골도역치 차이가 없으므로 감음신경성 난청에 해당한다. 좌우대칭성이며 곡형으로 이는 유전성 난청에서 자주 관찰된다.

출처 ▶ 고은(2018)

자료

농의 청력도 예시

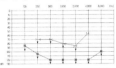

> 설명 좌측과 우측의 기도검사 결과, 대부분 120dB의 최대 강도에서 모두 무반응을 보이고 있으며, 골도검사에서도 최대 검사 강도인 70dB에서 무반응을 보임으로써 청력이 거의 없는 농에 해당한다고 볼 수 있다.

출처 ▶ 고은(2018)

(3) 청력형

① 청력형(청력손실의 형태)은 검사 주파수에 따른 청력손실의 정도를 분석한 후, 분류된 형태에 따라 이름을 달리한다.

② 일반적으로 전음성 청각장애는 대부분 역경사형을 보이며, 감음신경성 청각장애는 경사형을, 혼합성 청각장애는 수평형 또는 경사형을 보인다.

• 소음성 난청의 경우는 3,000~6,000Hz 부분에서 청력이 급격히 나빠지는 톱니형을 나타낸다.

✿ **청력손실 형태에 따른 분류**

수평형	경사형 (하강형, 고음장애형)	역경사형 (상승형, 저음장애형)
옥타브 간 청력손실 정도가 5dB 이내로 주파수 간 청력손실의 정도가 비슷함	고주파수 대역으로 갈수록 옥타브 간 5~12dB씩 떨어지는 청력손실을 보임	저주파수 부근의 손실에 비해 고주파수로 갈수록 옥타브 간 5dB 미만으로 청력손실이 줄어듦

고음장애형
🗘 고음점경형

자료

소음성 청각장애의 청력형

| 톱니형, 딥(dip)형 |

• 하나의 특정 주파수에서 20dB 이상 급격하게 청력이 나빠졌다가 다시 회복되는 형태
• 주로 4,000Hz의 고주파수에서 급격한 청력손실을 보이며 그 이상의 고주파수의 청력손실은 적다. 초기 소음성 난청에서 주로 나타난다.

출처 ▶ 한국청각학교수협의회(2020), 최성규 외(2015)

비교

고음급추형과 급경사형

고음급추형	본문 참조
급경사형	고주파수 대역으로 갈수록 옥타브 간 15~20dB씩 떨어지는 청력손실을 보임(한국청각학교수협의회, 2020)

자료

차폐의 원리

청력의 경우 인간의 두개골 진동을 통해 양이 간 교차청취가 발생할 수 있다. 예를 들어, 난청이 있는 우측 귀(검사 귀)의 청력역치를 측정하기 위해 큰 강도의 순음을 제시한 경우, 골진동을 통해 청력이 좋은 좌측 귀(비검사 귀)로 소리에너지가 전달되어 좌측 귀가 대신 듣고 반응할 수 있다. 기도 혹은 골도 순음청력검사 시 이러한 교차청취의 가능성이 판단되면 검사 귀에 제시한 소리를 비검사 귀가 대신 듣지 못하도록 차폐 소음을 제시하여야 한다(대한청각학회, 2018).

자료

핑크잡음, 광대역소음

순음청력검사나 어음청력검사에서 차폐용도로 사용되는 잡음에는 핑크잡음과 광대역소음도 있다.

핑크잡음	• 소리의 세기와 주파수가 서로 반비례하는 소음이다. • 주파수가 2배로 증가하면 음압레벨은 3dB 감소한다. 예를 들면, 500Hz에서 18dB이라면 1,000Hz에서는 15dB이 된다. 이처럼 주파수가 증가할 때 음압레벨은 일정한 폭으로 감소하는 성격을 갖는다.
광대역소음	• 거의 모든 영역의 주파수를 포함한 소음을 말한다.

출처 ▶ 고은(2018)

비교

차폐음의 종류

차폐음으로는 백색잡음, 협대역잡음 및 어음잡음 등이 있다. 순음청력검사에는 백색잡음과 협대역잡음을 사용하며 어음청력검사에서는 어음잡음을 사용한다(최성규 외, 2015).

고음급추형	산형	곡형(접시형)
저주파수에서는 수평형 혹은 경사형의 형태를 보이다가 고주파수에서 옥타브 간 25dB 이상 급격한 청력손실을 보임	중주파수에 비해 저주파수(500Hz)와 고주파수(4,000Hz) 대역에서 20dB 이상 더 떨어지는 청력손실을 보임	저주파수와 고주파수에 비해 중주파수 대역(1,000~2,000Hz)에서 20dB 이상 더 떨어지는 청력손실을 보임

05 차폐의 이해

1. 차폐의 개념

① 차폐란 청력검사 시 한쪽 귀에 들려준 신호음을 두개골의 진동을 통하여 반대쪽 귀가 듣고 반응하는 것을 막기 위하여 소음을 들려주는 것을 말한다.

  • 이때 검사하는 귀의 반대 측 귀에 들려주는 소음을 '차폐음'이라 한다.

② 차폐음을 주는 목적은 반대쪽 귀에 충분한 크기의 소음을 들려줌으로써 자극음을 듣지 못하도록 하는 데 있다.

③ 차폐음에 사용되는 잡음(차폐 잡음, 차폐 소음)으로는 협대역잡음과 백색잡음이 주로 사용된다. [19유특]

협대역잡음	• 협대역잡음은 검사음의 주파수를 중심으로 위아래의 좁은 범위의 주파수만을 밴드 형태로 포함하는 잡음이다. 즉, 특정 주파수에서만 에너지가 높은 것이 특징이다. • 검사 상황에서 다양한 주파수별로 소리를 제공할 수 있다는 장점이 있다. • 순음청력검사 시 효과적이다.
백색잡음	• 10~1,000Hz의 전 주파수에 걸쳐 거의 동일한 강도의 에너지를 가진 신호음이다. • TV 방송 시작 전 또는 종료 시 영상과 음성이 사라지고 '치~'하는 잡음과 함께 만들어지는 잡음을 말한다. • 어음청력검사 시 많이 사용된다.

④ 차폐에 영향을 주는 요인으로 이간감쇠와 폐쇄효과가 있다.

2. 이간감쇠

(1) 개념 ^{15중특, 20초특}

① 이간감쇠란 한쪽에서 준 자극음이 반대쪽 귀로 전달될 때 발생하는 소리에너지의 소실현상을 말한다.

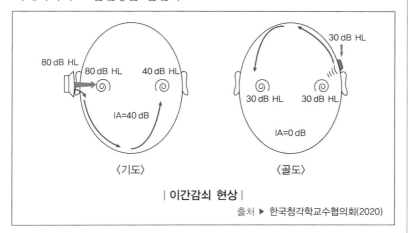

| 이간감쇠 현상 |

출처 ▶ 한국청각학교수협의회(2020)

② 소리가 반대쪽 귀로 전달되는 과정에서 음의 강도가 줄어드는 이간감쇠 현상으로 인해 반대쪽에서는 일정 부분 소리가 소실된다.

• 일정 부분이란, 기도전도의 경우 약 40dB, 골도전도의 경우 0dB이다.

③ 청력검사 시 양측 귀의 청력 차이가 이간감쇠량을 초과할 경우에는 차폐를 한다.

(2) 차폐가 필요한 경우 ^{13유특(추시), 15중특, 19초특}

① 차폐가 필요한지 그렇지 않은지는 검사 귀의 청력과 비검사 귀의 골도 청력, 그리고 이간감쇠의 상호관계를 고려하여 결정한다.

② 차폐검사가 반드시 필요한 경우는 다음과 같다.

ⓐ 검사 귀 기도와 비검사 귀의 기도청력역치의 차이가 40dB 이상인 경우

ⓑ 검사 귀 기도와 비검사 귀의 골도청력역치의 차이가 40dB 이상인 경우

ⓒ 골도검사를 할 경우(항상 차폐)

• 골도검사를 할 때는 이간감쇠 값이 0이므로 양귀의 청력에 차이가 조금이라도 있으면 무조건 차폐를 하는 것이 좋다.

이간감쇠

🔗 양이감쇠, 이간감약, interaural attenuation

✏️ **양귀 사이의 음감쇠 현상**
청력검사 시 검사 측 귀에 음자극을 주면 두개골을 통해 반대측 내이의 달팽이관에서도 듣게 되는데 이러한 전달과정에서 음이 약해지는 현상을 말한다(한국산업안전보건공단, 2014).

차폐의 실시 조건
차폐의 실시 조건은 두 가지가 있는데, 양이의 기도청력차가 40dB 이상이거나, 동일한 귀의 기도와 골도 청력차가 10dB인 경우이다(최성규 외, 2015).

③ 차폐를 실시할 때는 다음 사항들을 주의해야 한다.

㉠ 차폐음의 강도를 적절히 조절하여 저차폐 혹은 과차폐가 발생하지 않도록 주의해야 한다.

저차폐	차폐를 하였으나 차폐음 강도 수준이 너무 작아 실제로 검사 귀에 제시한 소리가 비검사 귀(좋은 쪽 귀)에 여전히 전달되는 경우, 비검사 귀가 대신 전달된 소리를 들어 검사 귀의 실제 역치보다 더 좋게 나타나는 경우다.
과차폐	차폐음 강도 수준이 너무 강하여 비검사 귀를 차폐하는 것은 물론이고 차폐음의 소리 에너지가 검사 귀로 역으로 전달되어 검사 귀의 역치가 실제보다 더 나쁘게 나타나는 경우다.

㉡ 기도-골도 차이가 있는 전음성 청각장애에서는 간혹 적정 차폐 범위가 나타나지 않기도 하는데, 이를 차폐 딜레마라 한다.

• 청력손실 정도가 큰 양측성 전음성 난청을 가진 경우, 골도전도 차폐 시 기도역치와 골도역치의 차이가 이간감쇠 이상이므로 저차폐나 과차폐가 발생하여 차폐 딜레마에 빠질 수 있다.

자료

차폐 딜레마 해결방법
차폐 딜레마를 해결할 수 있는 방법 중 하나로 기도검사 시 헤드폰을 사용하기보다 삽입형 이어폰 사용을 제안한다(대한청각학회, 2018; 한국청각학교수협의회, 2020).

KORSET 합격 굳히기   골도검사 시 차폐

골도진동체를 사용할 경우 이간감쇠가 없으므로 기도검사와는 다른 방법으로 차폐를 실시해야 한다. 일반적으로 나쁜 쪽 귀(검사 귀)의 기도-골도 역치차가 15dB 이상일 경우, 검사 귀의 역치가 검사 귀의 참역치인지, 비검사 귀(반대측의 좋은 쪽 귀)가 대신 반응한 것인지 판단할 수 없으므로 비검사 귀를 차폐해야 한다. 다시 말해서, 나쁜 쪽 귀(검사 귀)의 기도-골도 역치차가 15dB 이상 차이가 나면 좋은 쪽 귀(비검사 귀) 이어폰을 통하여 차폐해야 하며, 이어폰의 착용으로 인해 발생한 폐쇄효과 값을 더하여 차폐값을 결정한다.

출처 ▶ 대한청각학회(2018), 한국청각학교수협의회(2020)

(3) 차폐를 사용한 청력도 해석

① 차폐 실시 청력도 예시 1

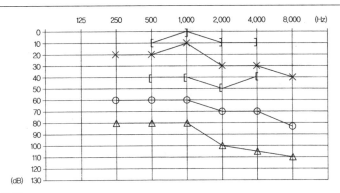

> **설명** 청력도는 편측성 난청으로 좌측 귀는 정상범위 내의 역치를 보이고 있다. 좌/우 기도역치의 차이가 40dB 이상이기 때문에 차폐가 필요하다고 보고, 우측 귀를 재검하였다. 좌측 귀에 차폐음을 주고 우측 귀를 재검한 결과 실제 역치는 더 높은 것으로 나타나, 비차폐검사 시 반대청취가 이루어졌다는 것을 알 수 있다. 비차폐 우측 귀는 6분법을 기준으로 하였을 때 65dB을 보였으나, 좌측 귀에 차폐음을 주고 우측 귀를 재검한 결과 평균 역치는 90dB HL로서 피검자의 실제 우측 귀의 기도역치는 90dB HL이다.
>
> 출처 ▶ 고은(2018)

② 차폐 실시 청력도 예시 2

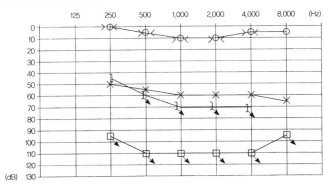

> **설명** 우측 기도청력은 정상 범주인 반면에 좌측 기도청력은 59dB HL로 중등고도 난청을 보이고 있다. 또한 비차폐 시 좌/우 골도청력은 모두 정상 범주인 것으로 나타났다. 그러나 차폐 실시 후 좌측 기도는 110dB에서 거의 무반응을 보이고 좌측 골도에서는 최대강도인 70dB에서 거의 무반응을 보이고 있다. 이는 비차폐 검사결과와 달리 좌측 귀가 기도와 골도 모두에서 농에 해당하는 청력을 가지고 있다는 것을 알 수 있다.
>
> 출처 ▶ 고은(2018)

3. 폐쇄효과

① 폐쇄효과란 골도청력검사의 차폐 시 좋은 귀(비검사 귀)에 이어폰 혹은 삽입형 이어폰을 통해 차폐음을 들려주게 되는데, 이때 이어폰이나 삽입형 이어폰이 외이도를 막아 음압이 증가하여 소리가 더 잘 들리게 되는 것을 의미한다.

② 폐쇄효과는 고주파수 대역에서는 거의 나타나지 않고 저주파수 대역에서 주로 나타난다.

③ 차폐를 할 경우에는 폐쇄효과 값을 더해 비검사 귀에 차폐음을 제시한다.

④ 폐쇄효과는 정상 청력 혹은 감음신경성 청각장애를 지닌 피검자에게만 발생하며, 중이병변에 문제가 있는 전음성 청각장애의 경우 발생하지 않는다.

KORSET 합격 굳히기 **평균순음역치 구하기 예제**

☐ 예제 1

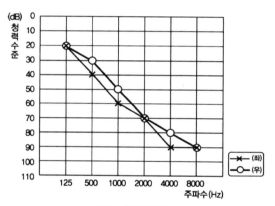

| 좌 · 우 청력도 |

검사 종류	☐ 기도청력검사 ☐ 골도청력검사		
평균청력역치		**우측**	**좌측**
	3분법	dB(HL)	dB(HL)
	4분법	dB(HL)	dB(HL)

□ 예제 2

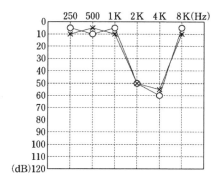

검사 종류	□ 기도청력검사 □ 골도청력검사		
평균청력역치		**우측**	**좌측**
	4분법	dB(HL)	dB(HL)
	6분법	dB(HL)	dB(HL)

□ 예제 3

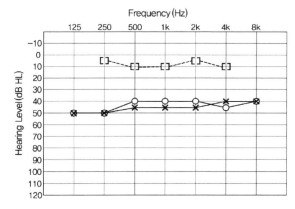

기도청력검사 평균청력역치		**우측**	**좌측**
	4분법	dB(HL)	dB(HL)

□ 예제 4

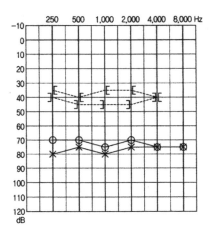

구분		우측	좌측
기도청력검사 평균청력역치	6분법	dB(HL)	dB(HL)
골도청력검사 평균청력역치	6분법	dB(HL)	dB(HL)
청각장애의 분류	☐ 전음성 ☐ 감음신경성	☐ 혼합성 ☐ 중추청각처리장애	

□ 예제 5

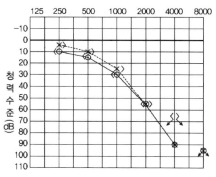

구분		우측	좌측
기도청력검사 평균청력역치	3분법	dB(HL)	dB(HL)
	4분법	dB(HL)	dB(HL)
골도청력검사 평균청력역치	3분법	dB(HL)	dB(HL)
	4분법	dB(HL)	dB(HL)
청각장애의 분류	☐ 전음성 ☐ 감음신경성	☐ 혼합성 ☐ 중추청각처리장애	

✿ 예제 정답

예제 1	검사 종류	■ 기도청력검사 □ 골도청력검사		
	평균청력역치		우측	좌측
		3분법	50dB(HL)	56dB(HL)
		4분법	50dB(HL)	57dB(HL)

예제 2	검사 종류	■ 기도청력검사 □ 골도청력검사		
	평균청력역치		우측	좌측
		4분법	17dB(HL)	18dB(HL)
		6분법	30dB(HL)	30dB(HL)

예제 3	기도청력검사 평균청력역치		우측	좌측
		4분법	40dB(HL)	45dB(HL)

예제 4	구분		우측	좌측
	기도청력검사 평균순음역치	6분법	72dB(HL)	76dB(HL)
	골도청력검사 평균순음역치	6분법	36dB(HL)	44dB(HL)
	청각장애의 분류	□ 전음성 □ 감음신경성	■ 혼합성 □ 중추청각처리장애	

예제 5	구분		우측	좌측
	기도청력검사 평균청력역치	3분법	33dB(HL)	30dB(HL)
		4분법	32dB(HL)	28dB(HL)
	골도청력검사 평균청력역치	3분법	33dB(HL)	30dB(HL)
		4분법	32dB(HL)	28dB(HL)
	청각장애의 분류	□ 전음성 ■ 감음신경성	□ 혼합성 □ 중추청각처리장애	

01 어음청력검사의 이해

1. 어음청력검사의 개념 [11중특]

① 어음청력검사는 언어 청취 및 이해 능력을 측정하기 위해 말소리(어음) 자체를 음자극으로 사용하여 청력을 측정하는 방법이다.

    ㉠ 순음청력검사 결과를 기초로 말소리 청취와 이해 수준을 알아보는 검사이다.

    ㉡ 피검자가 헤드폰을 통해 청취한 검사음을 듣고 즉시 반복해서 따라 말하거나 받아쓰게 하는 방법으로 이루어진다.

② 순음청력검사는 말소리에 대한 청취능력을 추정할 수는 있으나 언어에 대한 직접적인 측정방법이 아니므로 부정확할 수 있기 때문에 어음청력검사를 실시한다.

③ 어음청력검사는 순음청력검사를 보충하거나 실제적인 듣기 능력을 측정하는 데 유효하며 보장구의 적응과 조절, 청능재활에 필요한 실질적인 정보를 제공하며 예후나 효과를 예측하는 데도 유효하게 활용될 수 있다.

④ 어음청력검사의 유형에는 어음청취역치검사, 어음탐지역치검사, 어음명료도검사 등이 있다.

2. 어음청력검사 결과의 임상적 적용

어음청력검사 결과를 통해 알 수 있는 것들은 다음과 같다.

① 보청기나 인공와우와 같은 청각보조장치의 착용효과를 평가한다.

② 후미로성 난청을 감별할 수 있다.

③ 일상생활의 의사소통 능력을 평가한다.

④ 순음청력검사를 보완하여 종합적인 청각능력을 판단한다.

⑤ 순음청력검사 역치와의 일치 여부를 확인하여 검사 신뢰도를 확인한다.

Tip

순음청력검사는 순음을 들려주고, 들을 수 있는 가장 작은 소리의 강도를 다양한 주파수에서 알아보는 검사이며, 어음청력검사는 순음청력검사 결과를 기초로 말소리 청취와 이해 수준을 알아보는 검사이다.

어음청력검사 결과의 임상적 적용

고은(2018)의 문헌에서는 '어음청력검사 목적'으로 제시되어 있는 내용이다.

02 어음청취역치검사 ^{10중특}

1. 어음청취역치검사의 개념 ^{12중특, 20중특, 21초특}

① 어음청취역치(Speech Reception Threshold, SRT)검사란 제시된 이음절 단어를 정확히 50% 확인할 수 있는 가장 작은 강도를 측정하는 검사이다.

　㉠ 어음청취역치란 이음절 단어를 들려주었을 때 피검자가 검사 어음에 대하여 50%를 정확하게 들을 수 있는 가장 낮은 음의 강도를 의미한다.

　㉡ 어음청취역치는 일반적으로 일상생활에서 많이 사용되는 이음절의 강강격(혹은 양양격) 단어를 사용하여 측정한다.

② 어음청취역치검사의 결과는 dB 단위로 제시된다.

③ 차폐가 필요한 경우에는 백색잡음이나 어음잡음을 사용하여 차폐한다.

④ 어음인지 시 필요한 민감성, 즉 어음청취역치(SRT)를 측정하여 순음청력검사 결과의 신뢰도를 확인하고 어음명료도검사 및 단어 및 문장 인지도 검사의 기초 자료로 사용할 수 있다.

⑤ 어음청취역치를 구할 수 없을 정도로 어음인지 능력이 낮거나 제시된 어음을 따라 말할 수 없는 경우에는 어음청취역치 대신 어음탐지역치(SDT)를 구할 수 있다.

2. 어음청취역치검사 실시 방법

(1) 검사어음

① 검사어음은 일상생활에서 자주 사용되는 쉽고 친근한 이음절어로 구성되며, 각 음절은 강도가 동일한 강강격 단어여야 한다.

② 검사용으로 표준화된 어표를 사용하여야 한다.

✿ **한국표준 이음절어표 예시**

학령전기용	거울 안경 전화 풍선 당근 가위 사과 나무 신발 모자
학령기용	날개 창문 동생 약국 호박 자연 거울 토끼 회사 노래
일반용	편지 달걀 시간 육군 신발 땅콩 안개 마음 허리 욕심

(2) 검사방법

① CD 플레이어를 사용할 경우 청력검사기의 모드로 전환하고, 검사기의 볼륨 등을 확인한다.

② 피검자가 충분히 들을 수 있는 강도에서 어표 내 단어를 제시하여 검사 전에 피검자가 검사에 사용할 목표 단어를 모두 아는지 친숙화 과정을 거친다.

어음청취역치검사

🔁 어음인지역치검사, 어음수용역치검사

어음청취역치

🔁 어음인지역치

💡**Tip**

우리말 용어상의 문제로 어음청취역치를 어음인지역치라고 부르는 경우도 있으며, 어음명료도를 어음인지도라고 명명하는 경우도 있으므로 유의할 필요가 있다.

자료

어음청력검사 방법

모든 어음청력검사는 시작하기 전에 먼저 각 검사의 어음자극을 적절한 강도로 제시하기 위하여 교정(calibration)을 실시한다. 일반적으로 교정은 CD와 연결된 청력검사기를 외부모드로 지정하고 50dB HL로 맞춘다. 그런 다음 각 CD 음원의 트랙 1을 사용하여 1,000Hz 교정음을 제시하고 VU 미터를 '0'에 맞도록 조절해야 한다.
출처 ▶ 대한청각학회(2018 : 120)

자료

어음청취역치검사의 쾌적역치

• 어음청취역치(SRT)에서 음강도를 높이면서 들려주었을 때 피검자가 가장 편안히 느끼는 강도를 말한다.

• 일반적으로 쾌적역치는 SRT보다 35~40dB 높은 강도에서 나타난다.

출처 ▶ 고은(2018)

자극역치

🔵 최소가청역치, T레벨

쾌적역치

🔵 최적역치, 쾌적음량역치, 최적음량역치, C레벨, most comfortable level(MCL)

불쾌역치

🔵 불쾌음량역치, uncomfortable loudness level(UCL)

자료

역동범위

인간이 들을 수 있는 주파수 범위를 가청 음역이라고 한다. 마찬가지로 인간은 겨우 들을 수 있는 크기부터 너무 커서 불편하거나 통증을 느낄 수 있는 크기까지의 범위가 있으며, 이를 역동범위라고 한다. 사람이 들을 수 있는 최대 허용한계는 불쾌역치와 통증역치가 있다. 그러나 이 두 역치 모두 고통과 함께 청각기관을 손상시킬 수 있으므로 다소 안전한 불쾌역치를 사용한다. 따라서 가청범위는 가청역치에서 불쾌역치까지의 차이를 말한다(허승덕, 2015).

🔵 가청범위

비교

역동범위의 개념

고은 (2018)	자극역치에서 쾌적역치 사이의 범위
이정학 외 (2020)	불쾌음량레벨과 청력역치레벨 사이의 범위
최성규 외 (2015)	최소가청역치에서 불쾌역치 사이의 범위
한국청각언어 장애교육학회 (2012)	작은 소리에서 큰 소리까지 소리가 변화할 수 있는 정도의 범위
허승덕 (2015)	가청역치에서 불쾌역치까지의 차이

㉠ 친숙화 과정이 필요한 이유는 피검자가 단어를 몰라서 따라 할 수 없는 경우를 배제하기 위해서다.

㉡ 친숙화 과정에서 검사 강도는 평균순음역치보다 30~40dB 큰 소리 또는 쾌적역치에서 제시한다.

㉢ 친숙화 과정 시 유·소아가 들은 단어를 따라 할 수 없다면 단어에 해당하는 그림 혹은 사진에서 고르게 하는 등 피검자의 응답 방법을 변경할 수 있다.

③ 피검자가 검사방법에 대해 충분히 이해했다고 판단되면 본 검사에 들어간다.

㉠ "아주 작은 소리부터 큰 소리까지 다양한 소리 크기에서 단어가 들릴 거예요. 단어가 확실치 않을 때는 유추해서 대답해도 됩니다. 단어가 들릴 때마다 그 단어를 소리 내서 말해 주세요."라고 지시문을 준다.

㉡ 평균순음역치 값보다 일반적으로 20~25dB 더 큰 강도의 어음을 들려준다.

㉢ 제시되는 단어 간격은 약 4초로 한다.

㉣ 자극 강도의 조절은 약 5dB 간격으로 점점 올리거나(상승법), 내리거나(하강법) 할 수 있다.

KORSET 합격 굳히기 **역치의 종류와 역동범위**

1. 역치의 종류

자극역치	반응을 일으키는 가장 작은 자극치를 말한다.
쾌적역치	피검자가 가장 편안하게 느끼는 자극음의 강도를 의미한다.
불쾌역치	쾌적역치에서부터 음강도를 높이면서 들려주었을 때 피검자가 자극음으로부터 불쾌감, 압박감, 통증 등을 느끼는 강도를 말한다.

2. 역동범위

① 역동범위란 작은 소리에서 큰 소리까지 소리가 변화할 수 있는 정도의 범위를 말한다.
  • 자극역치에서 불쾌역치 사이의 범위를 의미한다.

② 어음을 자극음으로 이용하여 어음청취역치(SRT)와 불쾌역치(UCL)를 측정하였다면 이때의 역동범위는 어음청취역치와 불쾌역치 사이의 범위를 의미한다(유은정 외, 2013; 한국청각학교수협의회, 2020).

(3) 검사 결과 판독 시 고려사항 12중특, 16초특, 19초특

① 일반적으로 어음청취역치(SRT)와 평균순음역치(PTA)는 거의 일치하거나 대개 10dB 이내의 차이를 보인다.

  ㉠ 차이가 10dB 미만일 경우 순음청력검사의 신뢰성이 좋다고 판단한다.

  ㉡ 일반적으로 평균순음역치에 10dB을 더한 값이 어음청취역치가 된다.

② 평균순음역치와 어음청취역치의 차이가 15dB 이상일 경우 검사 자체의 신뢰도가 없거나 위난청을 의심할 수 있다.

  • 이 경우 순음청력역치의 신뢰도를 의심하여 순음청력역치를 재측정한다.

③ 어음청취역치검사와 순음청력검사에서 모두 신뢰도 있게 반응하였으나 그 차이가 10dB 이상인 경우가 있을 수 있다.

  ㉠ 2,000Hz의 청력이 매우 나쁜 급경사형 난청인의 경우 어음청취역치보다 평균순음역치가 더 나쁠 수 있다.

  ㉡ 중추청각처리장애 등을 가진 경우 순음보다 어음을 인지하는 데 어려움을 가져 평균순음역치보다 어음청취역치가 더 나쁠 수 있다.

자극강도 (dB HL)	이음절어 맞춤(+), 틀림(−)					정반응률 (%)
60	동생(+)	사람(+)	과일(+)	토끼(+)	아들(+)	100
55	나무(+)	목욕(+)	달걀(−)	등대(+)	신발(+)	80
50	편지(+)	시간(−)	안개(−)	노래(+)	저녁(+)	60
45	그림(−)	목표(−)	마음(+)	송곳(−)	딸기(+)	40
40	권투(−)	느낌(−)	자연(−)	참새(−)	논밭(+)	20

설명 주요 회화음역대의 평균순음역치가 40dB HL인 전음성 난청자를 대상으로 어음청취역치를 결정하는 과정이다. PTA 값보다 20dB이 더 큰 강도에서 시작하여 하강법을 이용하여 검사를 실시한 결과 50dB에서 60% 그리고 45dB에서는 40%의 정반응을 보였다. 따라서 50dB HL이 어음청취역치가 되며, PTA와 SRT의 차이가 10dB 미만이므로 검사의 신뢰도가 있다고 볼 수 있다.

| 어음청취역치검사 예시 |

출처 ▶ 고은(2018)

비교

PTA와 SRT의 차이

고은 (2018)	• PTA와 SRT와의 차이가 ±6dB 이내일 경우는 신뢰도가 우수, ±12dB 이내일 경우는 보통으로 해석 • 15dB 이상일 경우 신뢰도가 없음
대한청각 학회 (2018)	• PTA와 SRT의 차이가 ±6dB 이내면 검사의 신뢰도가 우수한 것으로, ±7~12dB이면 보통인 것으로 해석한다. • PTA와 SRT의 차이가 ±13dB 이상이면 검사의 신뢰도가 저조하거나, 위난청을 의심할 수 있다.
유은정 외 (2013)	• 본문 참조
최성규 외 (2015)	• 어음청취역치검사 결과가 순음청력검사의 3분법 평균청력역치와 ±10 범위에서 나타나야 한다. 만약 그 이상 차이가 나타나면 피검자의 반응을 신뢰할 수 없다.
한국청각학 교수협의회 (2020)	• 보통 SRT와 PTA가 10dB 이내일 경우 순음청력검사의 신뢰성이 좋다고 판단한다. 그 이상의 차이를 보일 경우 순음청력역치의 신뢰성을 의심하여 순음청력역치를 재측정한다.

자료

어음청취역치검사 결과

• 고주파수 대역에서 청력역치가 급격하게 하강하는 청력도라면 어음청취역치가 순음청력역치 평균보다 상당히 낮게 측정될 수 있으며, 이런 경우 어음청취역치가 난청인의 상태를 보다 정확히 반영하는 것으로 알려져 있다.

• 신경성난청 또는 지적장애 등과 같이 어음에 대한 이해 정도가 낮아서 어음청취역치를 정확히 측정하기 어렵거나 어음청취역치가 순음역치평균보다 상당히 높게 나타나는 경우에는 검사 어음의 유무만을 감지할 수 있는 어음탐지역치검사를 시행하는 것이 더 유용할 수 있다.

출처 ▶ 대한청각학회(2018)

어음탐지역치검사
통 어음감지역치검사, 어음인식
역치검사

03 어음탐지역치검사

① 어음탐지역치(Speech Detection Threshold, SDT)란 말소리 신호가 있을 때 50% 정도 들을 수 있는 가장 낮은 레벨을 의미한다.

- 순음청력검사에서 순음을 들려주었을 때 피검학생이 들을 수 있는 가장 작은 강도의 소리를 청력역치라고 한다면, 어음탐지역치는 어음을 들려주었을 때 피검학생이 소리 유무를 알 수 있는 청력역치라고 할 수 있다.

② 어음탐지역치검사는 피검자 학생에게 어음을 들려주고 의미 있는 말로 표현되지 않더라도 소리로서 들리면 반응하게 하는 검사로서 말소리의 유무를 탐지하는 역치를 찾는 것이다.

③ 어음탐지역치검사는 어음을 듣고 따라 말하기 어려운 외국인이나 순음보다 어음을 탐지하는 것이 더 익숙한 유·소아 등에게 효과적으로 적용할 수 있다.

④ 어음탐지역치검사에서는 단어를 따라 말하는 것이 아니고 들었는지 못 들었는지 탐지만 하면 되므로, 어음청취역치에 비해 어음탐지역치가 대략 8~10dB 정도 더 좋다.

- 일반적으로 어음청취역치가 어음탐지역치보다 10dB 정도 높게 측정된다.

자료

SRT와 SDT의 결과 차이
보통 어음청취역치와 어음탐지역치의 결과 차이가 12dB을 넘지 않는다고 알려져 있으나 난청 형태에 따라 차이를 보일 수 있다(한국청각학교수협의회, 2020).

어음명료도검사
통 단어인지도검사(word recognition score), 단어명료도검사, 어음변별검사

 Tip
어음명료도검사는 검사 어음을 얼마나 정확히 이해하는지를 측정하는 검사이다.

04 어음명료도검사

1. 어음명료도검사의 개념 ^{12중특, 16초특, 21유특}

① 어음명료도(Speech Discrimination, SD)검사는 가장 듣기 편안한 소리 강도를 주었을 때 검사어음을 얼마나 정확히 이해하는가를 측정하는 검사이다.

- ㉠ 어음명료도검사는 들은 말소리를 따라서 발성하여 그에 대한 명료도 능력을 평가하는 검사이다.
- ㉡ 어음명료도는 백분율(%)로 제시된다.

② 어음청취역치검사와 어음명료도검사의 차이점은 어음청취역치검사에서는 이음절어를 50% 인지할 수 있는 최소 어음 강도, 즉 민감성을 측정하는 것이고, 어음명료도검사에서는 피검자가 편안하게 듣는 쾌적역치에서 단음절어를 들었을 때 얼마나 잘 이해하는지 그 정확도를 평가하는 것이다.

✿ **어음청취역치검사와 어음명료도검사 비교**

구분	어음청취역치검사	어음명료도검사
목적	민감도(역치)	인지도
자극음	강강격단어	단어/문장
방법	제시된 단어 가운데 50%를 인지하는 어음의 강도 수준	쾌적역치 수준에서 단어/문장을 인지하는 비율
결과	어음청취역치(dB)	어음명료도(%)
참고	어음청취역치 측정이 어려울 경우 어음탐지역치로 대치	

출처 ▶ 이필상 외(2020)

③ 어음명료도검사의 가장 큰 임상적 의의는 순음청력검사와 달리 미로성 난청과 후미로성 난청을 구별해 준다는 것이다.

④ 어음명료도 측정을 통해 보청기 착용 후 일상생활의 의사소통 능력의 개선 정도를 확인할 수 있다.

- 보청기 및 인공와우 등 보조기기의 사용으로 난청인의 가청 정도가 개선되었을지라도 일상생활에서 의사소통 능력이 기대만큼 향상되지 않을 수 있다. 즉, 보장구 착용으로 순음청력역치가 상승했을지라도 인지도가 얼마나 개선되었는지 별도의 검사가 필요하다.

2. 어음명료도검사 실시 방법

(1) 검사어음 23중특

검사에 사용되는 어음은 표준화된 단음절어를 사용한다.

(2) 검사방법 20중특, 21유특

① CD 플레이어를 사용할 경우 청력검사기의 모드를 전환하고, 검사기의 볼륨 등을 확인한다.

② 피검자에게 검사방법을 설명한다. 단어가 들릴 때마다 소리 내어 따라 말하거나 소리 나는 대로 종이에 쓰도록 한다.

- 학령전기 학생의 경우에는 그림판에서 그림을 짚어 보는 것으로 대체할 수 있다.

③ 검사방법을 숙지했다고 판단되면 본 검사에 들어간다.

ㄱ 청력이 좋은 쪽 귀를 먼저 검사한다.

- 양쪽 귀의 청력 차이가 있는 경우에는 좋은 쪽 귀를 먼저 검사하고, 청력 차이가 없는 경우에는 주로 오른쪽 귀를 먼저 검사한다. 이는 순음청력검사에서와 마찬가지로 반대청취를 예방하기 위한 것이다.
  - 필요한 경우에는 어음청취역치검사에서와 마찬가지 방법으로 차폐를 할 수 있다.

자료

미로성 난청과 후미로성 난청의 구별

미로성 난청과 후미로성 난청의 구별은 본 절의 '3. 어음명료도 곡선' 참조

자료

어음명료도검사의 활용

어음명료도검사는 말소리에 대한 이해능력을 측정하는 방법으로 청력손실 정도를 알 수 있으며, 청각장애의 병변부위, 보청기 적용 및 선택, 청능훈련 및 언어치료 등에 필요한 정보를 제공하고 재활의 효과를 파악할 수 있다(최성규 외, 2015).

- 피검자에게 어음을 들려주면서 이를 소리 내어 말하거나 받아쓰게 한다.
  - 어음청취역치와 달리 어음명료도 측정에서는 검사용 단어를 미리 불러 주지 않는다.
- ⓒ 어음청취역치(SRT)보다 30~40dB 더 큰 강도 또는 쾌적역치로 자극음을 들려준다.
  - 어음명료도검사는 어음청취역치검사와는 달리 친숙화 과정을 필요로 하지 않지만, 어음을 편안하게 듣는 쾌적역치를 확인해야 한다.
  - 보통은 건청인인 경우에 어음청취역치에 대략 30~40dB을 더한 강도로 제시하면 가장 편안하게 느끼지만, 청각장애인인 경우에는 청각장애 정도뿐만 아니라 쾌적역치도 다양하게 나타나므로 반드시 개인별로 확인해야 한다.
- ⓒ 제시되는 단어 간격은 약 4초로 한다.
④ 10dB 혹은 20dB 간격으로 명료도(%)를 구하고 이 점들을 연결하면 어음명료도 곡선이 된다.
  - ㉠ 어음명료도는 총 제시한 단어 개수 중 옳게 인지한 단어 개수를 파악하여 백분율(%)로 산출한다.
    - 예 50개의 단음절어 중 48개의 단어를 옳게 인지하였다면 어음명료도는 96%가 된다.
  - ㉡ 만약 검사결과 50dB HL/Score 100%라면, 50dB HL에서 들려준 어음의 100%를 정확하게 인지하였다는 것을 의미한다.

자료

어음명료도 해석 시 주의사항

DeBonis 등(2008)은 어음명료도 결과가 96~100%이면 인지도가 매우 우수, 86~95%이면 우수, 80~85%이면 좋음, 70~79%이면 보통, 50~69%이면 저조, 50% 미만이면 매우 저조하다고 범주화하였다. 그러나 이것은 듣기 쾌적한 강도에서 제시한 어음의 인지 능력이므로 청자의 실생활 속 의사소통 능력을 완벽하게 반영하지 않음에 주의해야 한다(한국청각학교수협의회, 2020).

좌측 귀 검사	단음절어 맞춤(○) 또는 틀림(×)										반응
15dB	안	양	귀	개	구	편	딸	잠	물	침	30%
	○	×	×	×	○	×	×	×	×	○	
25dB PB50	은	도	돈	짐	너	끝	산	팔	김	역	60%
	○	×	○	○	○	×	○	×	×	○	
35dB	비	요	붓	금	입	담	월	목	정	색	90%
	○	○	○	○	○	×	○	○	○	○	
45dB PBmax	군	눈	시	틀	소	손	말	형	활	법	100%
	○	○	○	○	○	○	○	○	○	○	
55dB	돌	날	설	밭	키	자	적	강	책	혀	100%
	○	○	○	○	○	○	○	○	○	○	

| 어음명료도검사 예시 |

출처 ▶ 유은정 외(2013)

3. 어음명료도 곡선 ^{12중특, 17중특, 19초특, 20초특, 22중특}

어음명료도 곡선은 피검자의 어음 이해능력을 보다 정확하게 보여 준다.

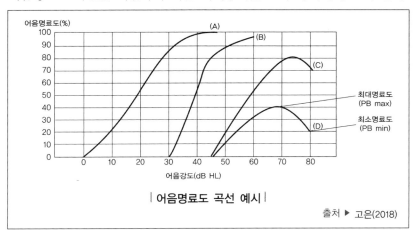

┃ 어음명료도 곡선 예시 ┃

출처 ▶ 고은(2018)

(비교)

어음명료도 곡선

A: 정상, B: 전음성 청각장애,
C: 감각신경성 청각장애, D: 감각신경성 청각장애

출처 ▶ 이필상 외(2020)

① 그래프의 횡축은 검사 어음의 강도를, 종축은 검사 어음의 백분율을 표시한다.

② (A)는 정상 청력을 가진 경우에 해당한다.

- (A)는 어음 강도를 20dB로 하였을 때 전체 검사 어음의 50%를 정확히 이해하고 40dB로 올려 주면 100%에 도달한다는 것을 알 수 있다.

③ (B)는 전음성 청각장애에서 나타나는 명료도 곡선으로 말소리의 강도를 조금 높여 주면 어음 이해력이 높아진다고 볼 수 있다.

- (B)는 40dB을 들려주었을 때 50%의 정반응을 보이다가 60dB로 어음 강도를 높여 주면 거의 100%의 명료도를 보이고 있다.

④ (C)와 (D)는 감음신경성 청각장애에서 나타난다.

- ㉠ (C)는 와우에 이상이 있는 미로성 난청의 전형적인 곡선으로 소리 강도를 높이더라도 최대명료도가 80%를 넘지 못한다.

- ㉡ (D)는 후미로성 난청의 전형적인 명료도 곡선으로 말림현상이 매우 뚜렷하게 나타난다. 후미로성 난청은 최대명료도가 매우 낮을 뿐만 아니라 말림현상이 뚜렷하게 관찰된다.

말림현상
통 롤오버(rollover)현상

⑤ 말림현상이란 최대명료도에서 소리 강도를 높이면 오히려 명료도가 낮아지는 현상을 말한다.

　㉠ 말림현상에 의한 후미로성 난청의 진단은 다음과 같은 공식에 의해 산출되는 말림지수를 통해 이루어진다.

> 말림지수(RI) = (최대명료도 − 최소명료도) ÷ 최대명료도

　　• 최대명료도(PBmax)는 강도가 계속해서 상승해도 점수가 더 이상 향상되지 않는 지점을 말한다. 예시 곡선(D)의 경우 최대명료도는 40이다.

　　• 최소명료도(PBmin)는 최대명료도를 얻은 강도보다 더 높은 강도의 지점에서 나타난 가장 낮은 어음명료도 점수를 말한다. 예시 곡선 (D)에서 최소명료도는 20이다.

　　• 최대명료도와 최소명료도를 말림지수 산출 공식에 대입하면, 예시의 (D)의 경우 말림지수는 0.5([40 − 20] ÷ 40)가 된다.

　㉡ 말림지수가 0.45 이상이면 후미로성 난청을 의심할 수 있다.

06 Ling의 6개음 검사

01 Ling의 검사에 대한 이해

1. Ling의 5개음 검사 ^{11초특, 12초특 · 중특, 23중특}

① Ling의 5개음 검사는 가정이나 학교에서 부모나 교사가 청각장애 학생의
어음 청취력을 간단하고 간편하게 진단할 수 있는 주관적인 검사방법이다.

 • 약 1.8m 거리에서 대화할 때 나타나는 말소리의 중요한 요소를 그 음의
 개략적인 강도에 따라 주파수 대역별로 청력도에 표시한 것이다.

② 5개 음에는 ee[i], oo[u], ah[a], sh[ʃ], ss[s]가 포함된다.

 ㉠ 5개 음은 학생이 잘 듣고 있는지 그리고 언어를 배우기 위해서 필요한
 대화 영역의 의미 있는 단서가 나타나는 각각의 주파수에서 대표적인
 음이다.

 ㉡ 이를 청력도에 표시하면 다음과 같다. ^{13유특(추시), 18중특}

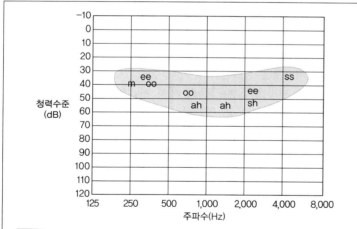

설명 5개음에는 /m/이 제외된다. 각 주파수 내의 어음 정보는 연구자마다
조금씩 다르다. 따라서 정확한 주파수 정보보다는 대략적인 특성으로 이해하
여야 한다.

| 바나나 스피치 |

③ 청력도에 나타나 있는 바와 같이 자극음의 분포는 약 250~8,000Hz까지, 그리고 30~60dB의 범위 안에 놓여 있다.
  • 이 영역을 CLEAR라 하며, 일명 바나나 스피치라고 한다.

④ 링의 5개음 검사는 다음과 같은 측면에서 유용하게 사용될 수 있다.
  ㉠ 발성 또는 발화가 시작하기 전에 아동의 청취력을 평가하는 데 유용하게 사용될 수 있다.
  ㉡ 학생의 보청기 및 인공와우가 알맞게 기능하는지, 학생의 청각 특성에 적합한지를 신속하게 조사하는 데에도 유용하다.

2. Ling의 6개음 검사 13유특(추시), 17초특

① 6개음 검사란 바나나 스피치에 근거하여 모든 말소리를 검사하는 대신 6개의 말소리만을 가지고 주파수 대역의 청취능력을 알 수 있는 검사이다.
  • 5개음 검사와 마찬가지로 약 1.8m 거리에서 대화할 때 나타나는 대략적인 강도에 따른 주파수 대역을 청력도에 표시한 것이다.

② 말소리를 가지고 검사하며 피험자의 구어 반응을 요구한다는 점에서 주관적 어음청력검사의 하나로 분류된다.

③ Ling이 제시한 '5개음 검사'에 [m]을 추가한 것으로 ee[i], oo[u], ah[a], sh[ʃ], ss[s], mmm[m]의 6개의 말소리 음이 제시된다.
  • 6개음이 검사 어음인 이유는 6개음은 순음청력검사의 주파수 대역(250~8,000Hz)의 범위 안에 있는 대표적인 말소리로 분류되기 때문이다.

④ Ling의 6개음 검사는 저주파수, 중주파수 그리고 고주파수 범위에 대한 정보를 제공하며, 자극음의 제시 거리와 강도 수준을 달리하여 학생의 탐지와 확인 반응을 평가할 수 있다.

바나나 스피치 자극음의 분포

2023 중등A-3 기출 고은(2018)	250~8,000Hz
권순우 외(2018) 이필상 외(2020) 최성규 외(2015)	200~6,000Hz

6개음 검사의 검사 거리

고은(2018)	1.8m
최성규 외(2015)	1.2m

02 바나나 스피치

링의 6개음 검사를 이해하기 위해서는 바나나 스피치의 성격을 알 필요가 있다.

1. 바나나 스피치의 개념

① 말소리는 250~8,000Hz의 범위 안에 놓이며, 말소리에 들어 있는 각각의 음소를 오디오그램에 표시하면 바나나 모양이 되기 때문에 '바나나 스피치'라고 불린다.

② ee[i], oo[u], ah[a]는 두 개의 음형대가 존재하기 때문에 두 곳에 표시되어 있다. [21초특]

③ 검사방법은 다음과 같다. [21유특]

　㉠ 일반적인 방법은 다음과 같다.

　　• 6개음이 들어 있는 그림카드를 보여 준다.

　　• 입을 가린 상태에서 특정음을 들려주고 해당 카드를 고르도록 한다.
　　　– 검사를 할 때는 입 모양을 보고 음소를 추측할 수 없도록 입을 가린 상태에서 해야 한다.
　　　– 반응은 연령에 따라 다를 수 있다. 들리는 소리를 따라 말하거나 손들기 등의 행동을 하도록 한다.

　㉡ 자극과 반응에 대해 익숙해지면 음의 제시 방향, 거리 혹은 강도를 다르게 하여 실시할 수 있다.

　　• 자극음의 제시 방향, 거리 혹은 강도를 달리하는 것은 검사의 신뢰도를 높이고 학생이 가장 잘 들을 수 있는 방향과 거리 그리고 강도들을 알기 위해서이다.

> **KORSET 합격 굳히기 음형대**
>
> 1. 음형대란 말소리 에너지가 특별히 높은 특정 주파수 영역을 말한다(심현섭 외, 2017).
>   ① 모음의 특징을 지니고 있는 주파수 대역을 말한다.
>   ② 성도의 단면적이 어느 부분이 좁혀졌느냐에 따라 달리지고, 달라지는 음형대가 모음의 인상을 바꾼다.
>
> 2. 어떤 음을 조음할 때 발성기관이 공명체 역할을 하게 되는데, 자기의 고유진동수에 일치하는 외부음에 대해서만 공명한다. 이때에 해당 진동수 근처에 소리에너지가 집중되어 음질이 구별된다. 진동수가 낮은 것부터 차례로 제1, 제2, 제3...음형대라 하고 F1, F2, F3...으로 표기한다.
>
> 3. 모음을 상호 식별토록 해주는 것은 제1, 제2음형대만으로 충분하며, 대개 제1음형대는 혀의 높낮이와 관계가 있고 제2음형대는 혀의 전후 위치와 관계가 있다.
>
> 출처 ▶ 이규식 외(2020)

[자료]

링의 6개음

소리	한국어 Ling 6음	영어권 Ling 6음
음 /mmm/	'음~' 하고 맛있는 음식을 음미하는 모습	맛있는 아이스크림
우 /oo/	우유를 따르는 모습	귀신
아 /ah/	아가가 '아 하고 입을 벌리고 있는 모습	비행기
이 /ee/	입을 벌려 이를 보이는 모습	벌
쉬 /sh/	입에 손가락을 대고 '쉬' 하는 모습	(아기 재우는 엄마) 조용히!
스 /ss/	스키를 '스르르' 타는 모습	뱀이 내는 소리

✎ 오디오그램

오디오그램이란 주파수별 순음청력치 결과를 그림으로 표시한 것을 말한다(한국산업안전보건공단, 2014).

음형대

🔄 형성음, 포먼트, formant

2. 검사 결과의 활용 ^{10중특, 11중특}

① 바나나 스피치를 통해 다음과 같은 정보를 알 수 있다.

　㉠ 모든 말소리는 250~8,000Hz에 놓여 있다.

　㉡ 대부분의 모음은 1,000Hz 이하 주파수 대역에 분포하고, 강도에 있어서도 자음과 비교하여 비교적 큰 특성을 가지고 있다.

　㉢ 대부분의 자음은 1,000Hz 이상의 고주파수 대역에 분포되어 있다.

　㉣ 250Hz에는 초분절적 요소(강세, 억양, 속도, 어조)와 /ㅁ/, /ㄴ/와 같은 비음 등이 분포되어 있다.

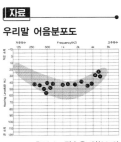

｜자료｜

우리말 어음분포도

출처 ▶ 권순우 외(2018)

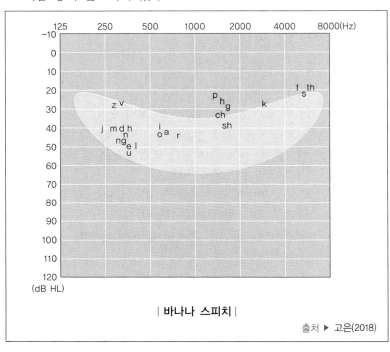

｜ 바나나 스피치 ｜

출처 ▶ 고은(2018)

② 바나나 스피치는 청각장애 학생의 청능수준과 어음능력을 예측하는 단서가 될 수 있다.

　• 바나나 스피치에 위치해 있는 주파수 대역에서 청력손실이 큰 경우에는 해당하는 어음을 식별하는 데 어려움을 보인다.

　　🅰 평균청력역치는 정상에 가까우나 4,000Hz와 8,000Hz에서 40dB 이상의 청력손실을 가지고 있을 경우 /s/와 같은 마찰음을 잘 들을 수 없다. 그럴 경우 "서울에 사는 심서방은 너무 심술궂어."라는 문장을 들려주면 "뭐가 너무 어쩐다고 하긴 하는데 무슨 말인지 잘 모르겠다."고 반응한다.

③ 순음청력검사 결과 특정 주파수의 청력역치가 바나나 스피치 영역 바깥에 있을 경우에는 그에 해당하는 음소를 듣는 데 문제를 보인다.

• 보청기나 인공와우를 착용한 후에도 특정 말소리를 듣지 못한다면 해당 주파수 대역에서의 이득이 충분하지 못하다는 것을 말한다.

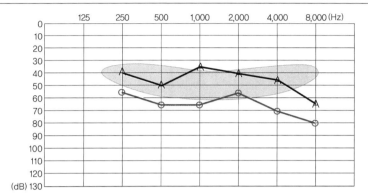

O: 착용 전 / A: 착용 후

설명 보청기 착용 전은 주파수 대역의 역치가 대부분 바나나 스피치 밖에 위치하고 있기 때문에 대부분의 자음은 식별할 수 없다. 따라서 보청기에서 각 주파수별 이득을 다음과 같이 조정했다는 것을 알 수 있다. 250Hz와 500Hz에서는 15dB을, 1,000Hz에서는 30dB을, 2,000Hz에서는 15dB을, 4,000Hz에서는 25dB, 8,000Hz에서는 15dB의 이득을 주었다. 그 결과 /ㅅ/음을 제외한 모든 말소리를 식별할 수 있다는 것을 예측할 수 있다.

| 보청기 착용 전-후 청력도 |

출처 ▶ 고은(2018)

01 언어발달

1. 음운론적 발달 특성 [16중특]

① 청각장애 학생은 초기 음운발달 단계에서 다음과 같은 특성을 보인다.

ㄱ 전혀 소리를 듣지 못하는 농아동도 쿠잉 단계와 초기 옹알이 단계에서는 말소리를 산출한다.

ㄴ 생후 6개월 전후에 나타나는 옹알이 단계에서 점차적으로 나타나는 음소확장과 음소축소 현상이 뚜렷하게 나타나지 않는다.

- 건청 아동의 경우에는 옹알이 단계에서 자음과 모음을 결합하여 여러 가지 소리를 만들어 반복하는 반면, 청각장애 아동은 똑같은 소리를 반복하는 경향을 보인다.
- 건청 아동은 성인의 말소리를 의식적으로 모방하고 이와 비슷한 소리를 지속적으로 만들어 내는 반면, 청각장애 아동은 오히려 정체된 경향을 보인다.

② 농학생의 말 명료도는 평균 20% 수준인 것으로 알려져 있는데, 이는 청각장애에 익숙하지 않은 사람과의 구어 의사소통을 매우 어렵게 한다.

- 농학생의 말 명료도가 낮은 것은 타인의 음성을 듣고 자신의 음성과 비교하여 스스로 조절하고 산출하는 능력이 제한적이기 때문이다.

③ 모음 산출의 특성을 살펴보면 다음과 같다.

ㄱ 모음은 말 명료도에 결정적인 영향을 미치는데, 청각장애 학생은 구강 내 혀의 움직임이 제한적이기 때문에 모든 모음이 비슷하게 들리는 모음의 중성화가 나타난다. **예** /ㅣ/ 발음 시 /ㅏ/에 가깝게 발음함

- 모음의 중성화란 일종의 모음 변형으로, 예를 들면 전설모음 /i/를 발음할 때 중성음인 /a/를 섞어서 발음하는 것을 말한다. [20중특]

ㄴ 모음의 지속 시간이 건청 학생보다 길어서 장모음화가 되거나 비음화가 되는 경향이 있다.

④ 자음 산출의 특성을 살펴보면 가장 두드러진 특징은 생략과 대치 오류다. 이중에서도 가장 흔한 오류 유형은 생략이며, 음향학적으로 강세가 주어지지 않는 종성과 구강의 중간과 뒤쪽에서 만들어지는 자음이 빈번히 생략된다.

자료

모음 사각도

출처 ▶ 고은(2021)

⑤ 말(speech)에 있어서 가장 두드러진 특성은 초분절적 요소에서 나타난다.

㉠ 청각장애 학생은 조음운동 속도가 느리고, 말하는 도중에 자주 쉬며, 자음과 모음의 지속 시간이 길어서 말의 속도가 매우 느리다.

㉡ 부적절한 리듬과 단조로운 억양이 매우 특징적으로 나타난다.

㉢ 호흡과 발성의 조화가 이루어지지 않아서 말의 의미와 상관없이 문장이나 단어 중간에서 숨을 쉬기 때문에 의미 전달에 방해가 된다.

⑥ 공명 문제에 있어서도 과소 비음과 과대 비음이 모두 나타나고, 음성의 질에서도 쉰 목소리, 거친 소리, 쥐어짜는 소리가 나타난다.

2. 의미론적 발달 특성

① 발달 패턴은 동일하지만, 발달 속도는 지체된다.

② 어휘력은 생활연령이 증가함에 따라 점차 향상된다. 건청 학생에 비하여 어휘력이 빈약하고 제한적이지만 경험이 늘어날수록 어휘력도 꾸준히 증가한다.

③ 일상생활과 관련이 적은 어휘의 경우에는 습득이 힘들다.

④ 문맥에 적절하지 않은 어휘를 사용한다.

⑤ 구체적인 단어보다 추상적인 어휘를 습득하는 데 어려움을 보인다.

⑥ 명사보다 동사를 습득하는 것이 더 어렵다.

⑦ 다의어에 대한 이해가 어렵다.

3. 구문론적 발달 특성

① 문법 습득에 어려움을 겪는다.

- 문법 구조에 대한 지식 부족으로 정형화된 문법 구조를 과다하게 사용하는 경향이 있다.

② 특정 단어만 반복되어 나타나는 짧은 문장 형식을 사용한다.

③ 내용어 사용은 많으나 기능어 사용은 제한적이다. ^{09중특}

㉠ 조사 생략이 많다.

㉡ 조사 대치 등의 문법 형태소의 오류를 많이 나타낸다.

④ 명사와 동사만을 사용한 단문 산출이 많다.

⑤ 시제 사용에 어려움을 갖는다.

⑥ 복문 산출 시 적절한 연결어미를 찾는 데 어려움을 보인다.

- 연결어미 사용에 있어서는 ~고(나열), ~여서(인과)가 주로 사용된다.

⑦ 낱말의 순서가 잘못된 문장을 사용한다.

⑧ '무슨', '무엇', '어느' 등의 관형사 사용에 혼돈이 잦다.

4. 화용론적 발달 특성

① 청각장애 학생은 듣고 말하는 데 한계가 있기 때문에 효율적인 대화를 유지하는 것은 쉽지 않다.

② 상대방의 말이 정확하게 들리지 않는다거나 자기가 말하려고 하는 바를 뚜렷한 '말'의 형태로 만들지 못함으로써 대화의 질이 떨어질 수 있다.

③ 청각장애 학생은 순서교대에 어려움을 보인다.

- 청각장애 학생의 경우에는 청각손실로 인하며 타인이 대화를 개시하는 말소리에 민감하게 반응하기 어렵다. 또한 여러 명의 대화자가 있을 때 한 사람에게 집중하면 다른 사람의 말을 잘 듣지 못하여 말이 중첩될 수 있다.

④ 청각장애 학생은 대화에서 인접쌍의 문제를 보인다.

- 청각장애 학생은 대화 흐름에 대한 정보 수집에 실패했기 때문에 선행 발화와 의미적으로 연결되지 않는 말을 하거나, 질문을 무시하는 등의 태도를 보일 수 있다.

⑤ 대화가 길어질수록 청각장애 학생은 상대방의 말을 주의 깊게 듣고 상대방의 생각이나 관점을 이해하는 데 어려움을 보인다.

✿ 청각장애 학생의 말·언어 영역별 특성

영역		특성
말	초분절적 요소	• 말의 속도가 느린 편이다. 자음과 모음의 지속시간이 길고, 쉼(pause)이 잦고 조음운동이 느리다. • 호흡 조절이 어렵다. 숨쉬기와 말하기의 조화가 안 되어 부적절한 곳에서 숨을 쉬므로 음절과 낱말이 부적절하게 묶이고 의미 전달이 어렵다. • 말의 리듬이 부적절하다. 단어나 문장 내 부적절한 음절에 강세를 둔다. • 음도: 음도가 너무 높거나 낮고, 음도 변화가 과하거나 부족하다. • 공명: 과대 비음과 과소 비음이 모두 나타난다. • 음성의 질: 쉰 목소리, 거친 소리, 쥐어짜는 소리
	모음	• 모음의 중성화: 구강 내 혀의 전후, 상하 움직임이 제한적이다. • 모음의 지속 시간이 길다. • 이중모음이 왜곡된다. • 모음이 비음화된다.

📝 인접쌍

두 명의 화자가 대화를 할 경우 두 발화가 하나의 유형화된 쌍을 구성한다는 것으로서 질문은 대답을 전제로 하며, 요청은 승낙과 거부로 쌍을 이룬다. 두 명의 상이한 화자가 대화를 유지하기 위해서는 상호 연관성이 바탕이 되어야 하며, 이러한 주제 유지 능력에 문제를 보일 경우 대화 단절 현상을 경험할 수 있다.

【자료】

초분절적 요소와 말소리 명료도

청각장애 아동의 말소리 명료도가 낮은 중요한 요인 중 하나는 초분절 자질의 오류다. 초분절적 자질은 개인의 감정적인 의도나 정보의 긴박함을 전달할 수 있게 하고, 단어의 의미를 맥락에 맞게 이해할 수 있게 한다. 청각장애 아동은 이러한 초분절 자질의 습득이 어렵며. 초분절 자질의 불완전한 사용은 말소리 명료도를 낮게 하여 말의 이해를 어렵게 한다. 특히 비전형적인 억양은 전체적인 말소리 명료도를 저하시킨다(김영욱, 2007 : 195).

언어	자음	• 생략 오류가 많다. 특히 종성 자음과 입의 중간과 뒤쪽에서 산출되는 자음이 빈번히 생략된다. • 대치 오류가 많다. 유성 자음과 무성 자음의 대치, 조음 방법에 따른 대치, 조음 위치에 따른 대치, 비음성 유무에 따른 대치 오류가 나타난다. • 과소 비음화와 과대 비음화가 나타난다. • 모음이 자음 사이에 덧붙여진다.
	어휘	• 새로운 어휘를 습득하는 데 오랜 시간이 걸린다. • 또래 건청 아동보다 어휘 수가 부족하며, 나이가 들수록 격차가 더욱 커진다. • 낱말의 의미에 대한 지식이 일반적이지 못하다. • 다의어를 이해하는 데 어려움을 겪는다.
	문법	• 복문의 이해와 사용이 어렵고, 단순하고 짧은 문장 구조를 사용한다. • 내용어를 나열한 전보식 문장을 사용한다. • 문법 규칙 습득의 어려움이 구어와 문어 모두에서 나타난다. • 언어의 하위요소 중 문법 지식의 습득과 사용에서 가장 큰 어려움을 겪는다.
	화용	• 구어 의사소통의 사용 빈도가 낮고, 비구어적인 수단을 자주 사용하는 경향이 있다. • 다양한 의사소통 의도를 사용하지 않는다. • 대화기술이 부족하다. 주제 유지하기, 차례 지키기, 주제 전환하기에서 어려움을 겪는다. • 명료화 요구 기술이 부족하고, 적극적으로 사용하지 않는다.

02 청각장애 학생의 읽기와 쓰기

1. 청각장애 학생의 읽기

(1) 읽기 특성 [09중특]

① 내적 언어 결손으로 읽기 발달이 지체된다.

  • 청각장애 학생은 일반적으로 언어적 경험을 청각적으로 표상화하고 내면화하는 청각적 언어 그리고 이와 밀접한 관련이 있는 경험적, 인지적, 언어적 기술이 지체되어 있다.

② 단어 이해의 어려움이 구와 문장 수준의 어려움으로 이어져 문단 전체 글의 이해 능력 부족이 나타나며, 대부분 읽기 능력이 10~11세, 4~5학년 수준에 머무른다.

③ 통사적 구조보다 의미 중심으로 이해하려는 경향이 있다.

- 통사적 구조의 사용은 단문보다는 문단 구조에서 어려워하는 데 반해 통사적 구조의 이해는 문장보다는 문단에서 의미를 바탕으로 하기 때문에 상대적으로 수월하다.

④ 문맥과 상황의 이해 어려움과 관용적 표현(속담, 비유어, 은유어)을 이해하는 데 많은 어려움이 있다.

⑤ 어휘 활용은 명사와 동사가 가장 많으며, 다의어의 이해에 어려움을 보인다.

⑥ 수동문을 능동문으로 이해하는 오류, 접속문으로 연결된 인과 관계 문장의 이해에 어려움을 보인다.

⑦ 오류 형태는 대치, 생략, 첨가 순으로 많이 나타난다.

⑧ 실제 생활에서 경험되지 않는 내용 그리고 배경지식이 없는 텍스트를 이해하는 데 어려움을 보인다.

⑨ 학업성취도 평가의 하위 검사에서 철자법보다는 단어의미 이해력이 낮다.

⑵ 읽기에 어려움을 보이는 이유

① 낮은 어휘력 때문이다.

② 음운론적 능력의 결함 때문이다.

- 소리를 듣고 음운을 구성하는 음운부호화(음운기억)가 잘 이루어지기 위해서는 음성언어 습득이 전제되어야 한다. 그러나 청각장애 학생은 음성언어 습득이 제대로 되지 않아 시각적 부호화에 의존하게 된다.

③ 구문론적 능력의 결함 때문이다.

- 단어를 알고 있다고 하더라도 문법 지식이 없으면 문장을 이해하는 데 문제를 보인다.

④ 읽기 전략의 실패 때문이다.

- 글을 읽을 때 그 과정이나 전략을 스스로 조절하는 능력이 숙달되지 못할 경우 읽기 성취수준은 낮다.

2. 청각장애 학생의 쓰기

(1) 쓰기 특성 ^{09중특}

① 청각장애 학생의 쓰기 발달은 건청학생과 비교하여 지체되어 있으며, 문장 구성에서도 양적·질적 차이를 보인다.

② 음성언어의 통사구조가 아닌 그들만의 독특한 구조로 표현하기도 한다.
   - 청각장애 학생의 쓰기에서는 수화의 언어적 특성이 나타나는데, 예를 들면 문법 형태소를 생략하거나 내용어를 연결하는 나열구조 사용이 잦으며 수화식 서술어를 사용하는 경향이 관찰된다.

③ 청각장애 학생은 쓰기에서 다음과 같은 특성을 자주 보인다.
   ㉠ 부적절한 어순을 사용한다.
   ㉡ 문법 형태소(조사)의 생략 및 오류가 많다.
   ㉢ 어휘가 한정되어 있으며, 동일한 어휘를 반복하여 사용한다.
   ㉣ 짧고 단순한 문장을 사용한다.
   ㉤ 맥락에 맞지 않는 문장들을 사용한다.
   ㉥ 단문 사용이 많다.
   ㉦ '그리고'와 '-어서'와 같은 특정 접속사를 지나치게 많이 사용한다.
   ㉧ 문장 표현이 미숙하며 표현이 단조롭다.
   ㉨ 문장 표현이 구체적이며 추상성이 떨어진다.
      - 비유적 표현에 어려움을 보인다.
   ㉩ 결속표지 사용률이 낮다.

(2) 지원 전략

청각장애 학생의 쓰기 지도는 다음과 같은 특별한 지원 전략이 필요하다.

① 철자오류 분석을 통해 학생이 잘못된 음운법칙을 사용하고 있는지 등을 우선 점검한다.

② 개념이 명확한 단어들을 핵심단어로 하여 다양한 문장을 만들어 보는 훈련을 한다.

③ 피드백이 적용되는 인터넷 기반 애플리케이션 등을 활용한다.

④ 수화에 기초한 어휘 이해와 구체적인 어휘 설명을 부가적으로 해준다. 발음, 어휘, 맞춤법, 고유어 이해 활동 등을 별도로 지도한다.

⑤ 문장형식의 오류는 음성언어의 문법 지식의 부재에서 비롯되므로 별도의 문법 지도를 한다.

08 보청기와 인공와우

01 보청기

1. 보청기의 기본 구조 [11중특]

대부분의 보청기는 신호 처리 방식이나 형태에 관계없이 거의 비슷한 구조를 가진다. 기본 구성 요소로는 송화기, 증폭기, 수화기 등이 있으며, 경우에 따라 건전지, 음질조절기, 압축조절기, 최대출력조절기, 텔레코일, 음향입력잭 등이 추가될 수 있다.

송화기(마이크로폰)	외부의 소리를 전기신호로 바꾼다.
증폭기	송화기에서 바뀐 전기신호를 증폭시킨다.
수화기(이어폰)	증폭된 전기신호를 다시 음향신호로 바꾼다.

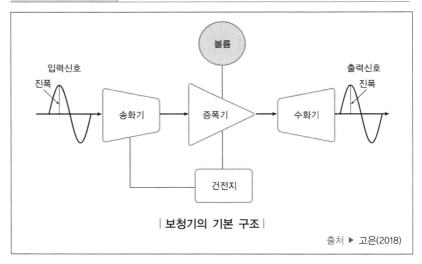

| 보청기의 기본 구조 |

출처 ▶ 고은(2018)

2. 보청기의 종류

(1) 착용 위치에 따른 분류

보청기를 착용 위치에 따라 분류하면 완전 귓속형(고막형), 일반 귓속형, 귓속형, 귀걸이형(상자형) 등으로 구분한다.

비교

보청기의 구조

고은 (2018)	본문 참조
권순우 외 (2018)	송화기, 증폭기, 수화기, 여과기, 음량조절기
최성규 외 (2015)	송화기, 증폭기, 수화기, 여과기, 음량조절기, 텔레코일

자료

보청기의 구조 및 명칭

출처 ▶ 고은(2018)

(2) 신호처리방식에 따른 분류

① 아날로그 보청기

㉠ 아날로그 보청기는 입력신호의 변환 과정 없이 증폭하여 수화기로 전달하는 방식의 보청기이다.

- 소리신호를 전기신호로 바꾸어 증폭시키고 다시 소리신호로 전환하는 가장 단순한 형태의 보청기이다.

㉡ 소리의 압축 과정 없이 원음 청취가 가능하며, 가격이 저렴하다는 장점이 있다.

㉢ 잡음도 다른 소리와 동일하게 증폭하므로, 최대 입력보다 입력신호가 크면 왜곡 현상이 쉽게 일어나고 잡음이 많이 들린다.

㉣ 아날로그 보청기는 기존 청각장애인들에게는 청각적 기능을 보완해주는 획기적인 기기였음에도 불구하고, 다음과 같은 문제점들로 인해 사용상의 불편함을 초래한다.

- 보청기 자체에 시끄러운 소음이 존재한다.
- 말소리의 울림 현상이 있다.
- 말소리가 선명하지 않다.
- 작은 소리는 듣기 어렵다.
- 조용한 환경에 있는 경우 보청기 마이크의 잡음이 상대적으로 크게 들린다.
- 전화 대화가 어렵다.
- 집단 대화 시에는 잘 듣지 못한다.
- 소음이 많은 외부환경에서는 잘 듣지 못한다.

② 디지털 보청기

㉠ 디지털 보청기는 입력된 아날로그 전기신호를 2진수인 '0' 또는 '1'의 숫자로 변환하여 처리한 다음, 다시 아날로그 신호로 환원하여 수화기로 전달하는 방식의 보청기이다.

- 변화된 디지털 신호는 디지털 신호 처리기로 입력된 이후에 디지털－아날로그 변환기를 통해 아날로그 신호로 환원하여 수화기로 전달하는 방식이다.
- 디지털 보청기는 주파수별 음성신호의 증폭뿐만 아니라 음의 왜곡 현상을 줄일 수 있고, 채널을 이용해 주파수별 소리 증폭과 압축을 정확하게 조절할 수 있다.

자료

착용 위치에 따른 보청기의 종류

〈완전 귓속형－CIC〉

〈일반 귓속형　　〈귓속형
－ITC〉　　　－ITE〉

〈귀걸이형－BTE〉

출처 ▶ 김남진 외(2017)

✎ 신호 대 잡음비
잡음 속에서 말소리 같은 신호음을 인지하는 비율이라고 생각하면 이해하기가 쉽다(최성규 외, 2015).
㊌ 신호 대 소음비

ⓛ 디지털 보청기는 다음과 같은 장점이 있다. [17초특, 20유특, 22중특]

- 디지털 소음처리 기술을 이용하여 불필요한 주파수 대역의 소음 제거 및 어음주파수 대역의 신호 증가를 통한 신호 대 잡음비(signal-to-noise ratio, SNR)를 증가시킬 수 있다.
  - 신호 대 잡음비는 잡음의 크기에 비해서 신호의 크기가 얼마나 더 큰가를 상대적으로 나타내는 수치이다.
  - 양수(+)의 SNR은 교사의 음성이 소음보다 크다는 것을, 그리고 음수(−)의 SNR은 소음이 교사의 음성보다 크다는 것을 나타낸다.
  - 선행연구들에 의하면 청각장애 학생들을 위해서는 교실의 신호 대 잡음비가 최소한 +10~+15dB 정도 되어야 한다.
- 보다 선명한 소리를 제공한다.
- 입력신호의 스펙트럼 특징에 근거하여 주파수 반응을 형성하기 위한 순응적인 여과장치를 사용할 수 있다.
- 하나의 회로에서 다양한 신호로 변환할 수 있어 정확한 출력을 낼 수 있다.
- 보청기 자체의 회로잡음이 작다.
- 초기에는 크기와 전기 소모량의 문제가 있었으나 최근에는 과학기술의 발달로 이와 같은 문제점은 해결되었다.

(3) 압축방식에 따른 분류

① 선형증폭기

ⓐ 선형증폭기는 모든 강도의 입력음압에 대해 출력음압의 증가 비율이 동일하다. 즉, 이득(gain)을 모두 일정하게 한다.

- 이득이란 증폭기로 들어간 입력과 증폭되어 나온 출력 사이의 차이를 말한다.
  - ⓔ 선형증폭기의 경우 40dB SPL의 신호가 증폭기에서 80dB SPL로 출력되면 이때 이득은 40dB이 된다. 마찬가지로 60dB SPL은 100dB SPL로, 70dB SPL은 110dB SPL로 출력된다.

ⓛ 선형증폭기는 모든 입력신호에서 동일한 이득을 주어 출력하는 방식으로 청력손실이 크지 않은 전음성 난청의 경우에는 적당한 방식이다.

- 전음성 난청은 청력역치가 높은 만큼 불쾌역치도 함께 높아지기 때문에 역동범위가 정상 청력과 비교하여 큰 차이가 나지 않기 때문이다.

┃자료┃
난청학생의 SNR

양한석 (2000)	본문 참조
김영욱 (2007)	• 말소리를 변별할 수 있는 가장 좋은 환경은 소음보다 신호음이 30dB 큰 경우다. 따라서 가능한 교실 상황에서 신호음을 20dB 이상 크게 해주는 것이 좋다.
이정학 외 (2020)	• 건청인의 언어이해도는 약 +15dB의 신호 대 잡음비, 즉 주변 소음보다 말소리가 15dB 클 때 최고치에 이를 수 있지만, 난청인은 +20~+30dB의 신호 대 잡음비에서 청각을 최대로 활성화할 수 있다. • 감각성 난청인의 어음분별력을 좋게 하려면 경도·중도 난청에서는 SNR이 4dB 정도이어야 하며, 심도난청에서는 10dB 정도이어야 한다.
임미숙 (2007)	• 정상 성인이 말소리를 최대로 이해하기 위해서는 SNR이 +6~+10dB 정도 요구된다. 감각신경성 난청이 있는 성인의 경우 자신의 청력을 최대한 활용하기 위해서는 정상인보다 약 15dB 정도 더 높은 신호 대 잡음비가 요구된다는 연구결과가 있다.

② 비선형증폭기

　　㉠ 비선형증폭기는 입력음압과 출력음압의 증가 비율을 서로 다르게 적용한 방식을 말한다.

✎ 정점 절단
보청기의 최대 출력을 제한하기 위한 보청기 기술로, 보청기가 낼 수 있는 최대 출력에 소리가 도달하면 출력 이상의 소리는 잘라내는 것

PART
13

　　　　• 그림에서 선형증폭시스템(a)의 경우 모든 입력음압에 대해 30dB의 동일한 이득을 주어 포화점에 도달하기 전까지의 범위에서 동일한 증가비율을 갖는다. 입력음압이 10dB이 증가하면 출력음압도 10dB 증가하는 것을 알 수 있다. 이 경우 입력음압이 80dB이 되면 출력음의 정점 절단에 의한 왜곡이 발생한다.

　　　　• 그림에서 비선형증폭시스템(b)은 50dB SPL이 되기 전까지는 일정한 증폭량을 보이다가 그 이상에서는 출력음압의 증가율이 감소하는 특성을 갖는다. 이렇게 입력음압의 증가율과 출력음압의 증가율이 서로 다른 증폭방식을 비선형증폭시스템이라 한다.

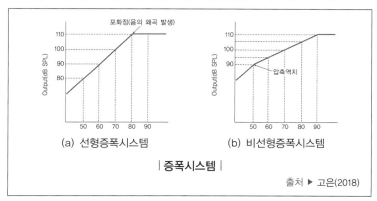

(a) 선형증폭시스템　　　　(b) 비선형증폭시스템

| 증폭시스템 |

출처 ▶ 고은(2018)

　　㉡ 비선형증폭시스템은 큰 소리가 입력되면 보청기 이득을 감소시키고 작은 소리가 입력되면 큰 이득을 주기 때문에 '자동이득조절식(AGC) 보청기'라고도 한다.

　　㉢ 비선형증폭기는 음의 왜곡현상을 방지할 수 있다는 장점이 있다.

　　　　📖 위의 증폭시스템 그림에서 선형증폭시스템의 경우, 최대 출력이 110dB SPL일 경우 80dB SPL 이상에서는 왜곡현상이 발생한다. 그러나 비선형증폭시스템에서는 50dB SPL에서부터 이득을 점차 줄여 주기 때문에 90dB SPL이 되어야 출력음압이 포화점에 도달하게 되고, 따라서 그 이하에서는 음의 왜곡현상이 발생하지 않는다.

　　㉣ 작은 소리는 이득을 크게 주고, 큰 소리는 이득을 조금 주는 방식이므로 역동범위가 좁은 감음신경성 난청의 경우에는 비선형증폭기가 바람직하다.

　　　　• 감음신경성 난청의 경우 비선형증폭시스템을 적용해야 하는 이유는 누가현상 때문이다.

　　　　• 비선형증폭시스템을 적용하여 작은 소리에는 이득을 많이 주고 큰 소리는 이득을 조금만 주어서 감음신경성 난청인이 큰 소리를 불편하지 않게 들을 수 있도록 조절해 주어야 한다.

청각장애의 유형과 보청기의 선택

• 전음성 난청은 일반적으로 청력손실이 크지 않기 때문에 소리 증폭만으로도 대부분의 소리에 대한 이해가 높아지면서 말의 명료도도 향상될 수 있다. 압축 방식에서도 대부분 선형증폭기 시스템으로도 보청기의 효과를 얻을 수 있다.

• 청력손실이 큰 감음신경성 난청의 경우에는 누가현상으로 인하여 이득을 줄 수 있는 폭이 좁다. 따라서 이 경우는 반드시 비선형증폭기를 사용해야 한다. 만약 선형증폭시스템을 사용하면 작은 소리에 대해서는 이득이 작아서 잘 듣지 못하게 되며, 큰 소리에 대해서는 정점절단 현상이 발생하여 왜곡이 발생할 수 있기 때문이다.

출처 ▶ 고은(2018)

KORSET 합격 굳히기 **누가현상(보충현상)**

1. 개념

① 내이의 유모세포의 손상으로 인하여 작은 소리는 잘 듣지 못하지만 작은 소리의 변화에 민감하게 반응하는 것을 말한다. 누가현상은 청력역치는 높지만, 불쾌수준은 정상청각과 비슷하거나 약간 감소된 상태를 말한다. 즉, 청력역치는 증가하지만 불쾌수준은 증가하지 않는 것이다. 작은 소리는 듣지 못하고, 보통 크기의 소리는 약하거나 매우 작게 들으며, 큰 소리에 대해서는 (정상청각)과 비슷한 크기나 오히려 더 큰 소리로 지각하게 된다(고은, 2018).

② 누가현상이란 자극음의 강도를 일정하게 증가시킴에 따라 느끼는 음의 크기가 비정상적으로 크게 증대되는 것으로 다시 말하면 역치상에 가청음역이 축소된 현상이다(이상흔, 1996).

③ 누가현상은 가청범위가 좋아서 미세한 소리의 크기 변화를 비정상적으로 크게 느낀다(허승덕, 2015).

2. 예시

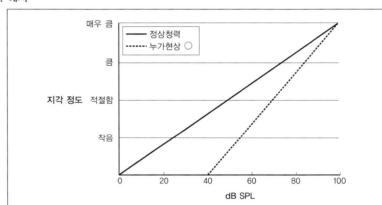

설명 정상청력의 경우 0dB에서 20dB은 소리가 작다고 느끼고, 약 50dB은 적절한 소리 크기로, 약 70dB을 '크다', 100dB에서 매우 크다고 지각한다. 그러나 누가현상의 경우에는 70dB의 소리 크기를 적절하다고 느끼는 반면에 80dB에서 크다고 느끼고 100dB SPL에서는 정상청력과 마찬가지로 불쾌수준에 도달하게 된다. 이러한 와우의 누가현상으로 인하여 역동 범위가 좁아지면 보청기의 착용효과가 줄어든다.

| 누가현상 |

출처 ▶ 고은(2018)

(4) 채널방식에 따른 분류 ^{21초특}

① 단채널이 1,000Hz를 기준으로 저주파수와 고주파수로만 분리된 방식이라면, 다채널은 여러 개의 채널이 모여서 주파수 대역에 따라 이득과 압축 비율 등을 자유롭게 조절하는 방식이다.

② 채널의 숫자가 많을수록 주파수 영역을 더 세분화하여 기능을 조절할 수 있으며, 개인의 청력수준에 따른 이득 조절이 가능하다는 장점을 갖는다.

(5) 특수 보청기 ^{15유특}

특수 보청기에는 FM 보청기, 골도 보청기, 주파수 전위보청기, 크로스형 보청기 그리고 인공중이나 인공와우와 같은 이식형 보청기가 포함된다.

① **FM 보청기** ^{13유특, 17초특, 19유특, 21유특}

㉠ FM 보청기는 일반적인 보청기의 소음과 거리 그리고 반향효과의 부작용을 최대한 줄여서 청취하기 위한 목적으로 주파수 변조(frequency modulation) 방식 라디오 송수신 원리를 이용하여 제작된 기기이다.

· 주변 소음이나 음원으로부터의 거리에 상관없이 말소리만 증폭시켜 줌으로써 신호 대 잡음비를 높여 주기 때문에 주변 소음이 많거나 거리가 멀어지면 말소리를 이해하지 못하는 청각장애 학생에게 도움이 된다.

> 예 상대방과 청각장애 학생의 거리가 멀다고 가정하면, 먼 거리를 통해서 청각장애 학생이 대화음을 청취하는데 신호 대 잡음비(SNR)가 크게 줄어들어 어음명료도가 감소할 것이다. 그러나 전파를 이용한 무선 방식으로 청각장애 학생에게 전달된다면 어음명료도가 향상될 수 있다. 이처럼 상대방과 청각장애 학생이 착용하고 있는 보청기 사이를 전자기파를 이용해 무선 방식으로 연결하는 것이다.

㉡ FM 보청기는 크게 FM 송신기와 FM 수신기로 구성된다.

㉢ FM 보청기는 보청기, 인공와우 등의 증폭기기를 착용했을 때 좀 더 높은 신호 대 잡음비가 필요한 난청인이 착용하며, 회의, 교육환경, 식당, 업무 등 청자의 집중이 필요한 경우 사용을 고려할 수 있다.

㉣ FM 보청기의 형태는 주로 귀걸이형이고, 이동용 무선마이크로폰은 화자가 목에 걸거나 화자의 입 주변 옷깃 등에 장착하여 사용한다.

· 강의실, 회의, 식당, 일상생활, 업무 등의 다양한 환경에서 사용할 수 있다.

FM 보청기
등 FM 시스템

│ 자료 │

FM 보청기

〈FM 송신기〉

〈FM 수신기〉

│ 자료 │

FM 보청기의 작동 원리

송신기의 마이크로폰으로 들어온 음향신호는 전기신호로 바뀐 다음 증폭기에서 증폭되며, 증폭된 신호는 주파수변조기에서 MHz 또는 GHz 대역의 주파수로 변조된 후 안테나를 통해 수신기의 안테나로 전달된다. 수신기는 안테나에서 받아들인 신호를 주파수복조기에서 원하는 신호로 분리하고, 이 신호를 다시 증폭한 다음 수화기에서 인간이 들을 수 있는 음향신호로 변환한다(이정학 외, 2020).

│ 자료 │

FM 보청기 이용 방법

화자는 마이크를 착용하고 말을 하며, 수신자는 보청기나 인공와우에 결합된 수신기를 통해 듣는다. 멀리 있는 화자가 무선용 마이크로폰에 대고 말을 하면, 청자는 수신기를 통해 그 소리를 전파를 이용한 무선방식으로 듣게 되는 것이다(고은, 2018).

ⓔ FM 보청기의 장점을 소음, 거리, 반향효과 측면으로 구분하여 살펴
보면 다음과 같다.

자료

반향
반향에 대한 자세한 내용은
'[KORSET 합격 굳히기] 반향'
참조

소음 측면	• FM 보청기는 발화자와 청취자가 심하게 움직이고 있다고 하더라도 항상 최적의 거리를 유지하는 듯한 효과를 가지므로 일정한 음압을 유지할 수 있기 때문에 소음의 문제를 최소화시킬 수 있다.
거리 측면	• FM 보청기는 음을 전달하는 데 있어 거리와는 관계없이 최상의 상태를 유지시키는 역할을 한다.
반향효과 측면	• 반향은 소리가 교실 안의 단단한 벽에 반사되어 길게 늘어나는 것으로, 소음 수준과 서로 상호작용하므로 청각장애 학생들이 말을 인식하는 데 어려움을 주는 요소다. 　－ 일반적으로 개인용 보청기는 소음이 심한 곳에서의 언어인지는 거의 불가능한데, 이는 소음 그 자체 외에도 소음이나 소리가 반사되는 반향효과와도 깊은 관련이 있다고 할 수 있다. • FM 보청기는 소음이 심한 조건에서 다른 보청기에 비해 탁월하게 음성언어를 인지할 수 있다.

ⓕ FM 보청기의 단점은 다음과 같다.

• 보안성이 없다
　－ 다른 주파수와의 혼선이 발생할 수 있다. 주변에 같은 주파수
　　대역의 FM 보청기를 착용한 사람이 있다면 송신기에서 나오는
　　화자의 말을 알아들을 수 있다.

• 주변 전기 및 전자기기로 인한 잡음을 완전히 차단할 수 없다.
　－ 주변의 전기·전자기기는 물론 자동차의 엔진 등에 영향을 받
　　아서 수신기 내에 잡음을 일으킬 수 있다. 그러나 최근의 FM
　　보청기는 GHz 대역의 높은 변조주파수를 사용하기 때문에 전
　　자기기의 영향을 거의 받지 않는다.

• FM 신호체계는 차폐물에 매우 약하다.
　－ 교사와 학생 사이에 신호를 방해하는 물체가 있으면 소리 전달이
　　원활하지 않을 수 있다.

• 청능훈련의 궁극적인 목적은 일상적인 소음 속에서도 듣고자 하는
　음성을 잘 듣고, 그 의미를 파악할 수 있도록 하는 데 있다. 그러나
　FM 전파를 통한 양질의 소리만을 듣는 훈련은 일반화에 문제를
　초래할 수 있다.

Ⓐ FM 보청기를 사용할 때는 다음 사항에 유의한다. ^{21유특}

- 부모나 교사는 학생과 관련없는 대화를 나눌 때에는 항상 무선송화기의 스위치를 꺼서 학생이 혼란스럽지 않도록 해야 한다.
- 수화기가 보청기 자체에 설치되지 않은 상자보청기인 경우에는 수신기를 허리 쪽보다는 가슴 근처에 착용하는 것이 좋다. 그 이유는 학생이 의자에 앉을 때 신호의 전달이 책상에 의해 방해를 받아서 잡음을 발생하거나 수신 강도가 약해질 수 있기 때문이다.

KORSET 합격 굳히기　반향 ^{17초특}

1. 반향은 소리가 교실 안의 단단한 벽에 반사되어 되울리는 것인데, 이것은 소음과 서로 상호작용하여 청각장애 학생의 말 인식을 어렵게 하는 요소다.

2. 교실은 보통 상당한 소음에 둘러싸여 있다. 보통 교실 소음은 55dB, 체육관은 85dB, 식당은 80dB에 이른다.

3. 교실 및 학교 환경으로부터의 소음으로 청각장애 학생은 의사소통에 어려움을 겪을 수 있다. 따라서 가능한 한 교실 상황에서는 신호음을 크게 해주는 것이 좋으며, 교실 안에서의 반향은 0.3초 이하가 되도록 방음 처리를 하는 것이 좋다.

4. 주변 소음의 방해를 줄여 주고 신호음의 청취를 도와줄 수 있는 방법으로 FM 보청기를 활용할 수 있다.

출처 ▶ 이필상 외(2020)

② 크로스 보청기 ^{18초특, 19초특}

㉠ 크로스(Contralateral Routing Of Signal, CROS) 보청기는 청력이 나쁜 쪽 귀로 들어오는 신호를 청력이 좋은 쪽 귀로 보내줌으로써 소리를 좋은 쪽 귀에서 청취할 수 있도록 해주는 보청기이다.

㉡ 크로스 보청기는 주로 편측성 혹은 비대칭형 청력손실이 있는 경우에 사용한다.

㉢ 편측성 청각장애의 경우 크로스 보청기를 이용하여 소리증폭 효과를 볼 수 있다.

- 좌우 청력 차가 커서 한쪽만 보청기를 착용할 경우 한쪽이 양호하더라고 잡음이 있을 경우 어음이해력이 크게 떨어지고 방향 분별이 어렵기 때문에 크로스 보청기 착용이 필요하다.

크로스 보청기 이용 대상

이정학 외(2020) 이필상 외(2020) 한국청각학교수협의회 (2020)	본문 참조
고은(2018)	편측성

✎ 편측성 난청
- 한쪽 귀는 정상 청력 수준이며, 다른 쪽 귀는 최소한 경도의 영구적 청력손실이 나타나는 경우(이필상 외, 2020)
- 편측성 난청이란 한쪽 귀의 청력은 정상 또는 25dB HL을 초과하지 않으나 다른 한쪽 귀의 청력은 46dB HL 이상을 나타내는 아동으로 정의된다(최성규, 1996).

✎ 비대칭형 청력손실
양쪽 귀에 청각손실이 있지만 순음 청력역치레벨의 정도와 형태, 어음인지도, 불쾌음량레벨, 역동범위 등의 측면에서 비슷하지 않은 경우를 비대칭형 청력손실이라 한다(이정학 외, 2020).

자료

크로스 보청기의 유형

• 크로스 보청기는 청력이 나쁜 귀 쪽으로 들어오는 신호를 좋은 쪽 귀로 유선 혹은 무선을 통하여 전달하는 외부 크로스 보청기와 골전도를 통하여 신호를 전달하는 내부 크로스 보청기로 구분한다.

• 이 중에서 외부 크로스 보청기는 좋은 쪽 귀의 청력이 건청 혹은 미도난청일 때 사용하는 단일크로스 보청기와 좋은 쪽의 청력이 중도 또는 고도 난청일 때 사용하는 바이크로스 보청기 등이 있다.

출처 ▶ 한국청각학교수협의회(2020)

자료

단일-크로스 보청기 작동 원리

〈단일-크로스〉

출처 ▶ 한국청각학교수협의회(2020)

자료

바이-크로스 보청기 작동 원리

〈바이-크로스〉

출처 ▶ 한국청각학교수협의회(2020)

✎ **음향 되울림 현상(howling)**

보청기에서 증폭된 소리가 수화기를 통해 출력되어 다시 송화기로 돌아가 불필요한 진동을 생산하여 재증폭되는 현상을 말한다. 즉, 귓속형 혹은 귀꽂이 보청기를 외이도에 착용했을 경우 이들 사이에 생기는 틈새나 환기구를 통하여 보청기와 고막 사이에 잔여 공간에 있는 소리가 귀의 외부로 새어 나올 수 있다. 이 소리는 단순히 귀의 외부로 새어 나온 것으로 끝나는 것이 아니고, 다시 송화기로 입력되는 피드백 현상에 의해 보청기에서 음향 되울림 현상을 일으킬 수도 있다(권순우 외, 2018).

㉣ 크로스 보청기는 좋은 쪽의 청력이 건청 혹은 경도일 때 사용하는 단일-크로스 보청기와 좋은 쪽은 청력이 중도 혹은 고도난청일 때 사용하는 바이-크로스 보청기로 구분한다. [24중특]

단일-크로스 보청기		
	• 크로스 보청기를 착용할 쪽의 귀는 고도난청 또는 농이면서 다른 한쪽은 청력이 좋아야 한다. 　– 좋은 쪽 귀: 정상 또는 경도 　– 나쁜 쪽 귀: 고도난청 또는 농 • 나쁜 쪽 귀에는 마이크로폰(송화기)을, 좋은 쪽 귀에는 수화기를 착용한다. 즉, 나쁜 쪽 귀로 소리가 들어오면 유선 또는 무선 방식을 통해 좋은 쪽 귀로 송신해 주는 구조이다. • 단일-크로스 보청기의 장단점은 다음과 같다.	
	장점	– 나쁜 쪽 귀에서 입력되는 소리신호를 좋은 귀로 전달하여 듣는다. – 송화기와 수화기가 따로 있기 때문에 음향 되울림 현상이 감소한다.
	단점	– 양 귀에 수화기와 송화기를 따로 착용해야 한다. – 소음이 나쁜 귀로 들어오면 말소리의 이해력이 감소된다.
바이-크로스 보청기		
	• 좋은 쪽 귀 역시 난청의 정도가 심한 경우에 착용한다. 　– 좋은 쪽 귀: 중도 또는 고도난청 　– 나쁜 쪽 귀: 고도난청 또는 농 • 좋은 쪽 귀에 일반보청기를 착용하고 나쁜 쪽 귀로 입력된 소리신호를 좋은 쪽 귀로 보내준다. 이때 청력이 좋은 쪽 귀에서는 양쪽 귀에서 보낸 소리가 증폭된 후 고막으로 전달된다. • 바이-크로스 보청기의 장단점은 다음과 같다.	
	장점	– 좋은 귀에 일반보청기를 착용하여 양측으로 소리신호가 입력된다. – 양쪽에서 입력되는 소리가 증폭되기 때문에 방향 감각이 좋아진다.
	단점	– 음향 되울림 현상이 발생할 수 있다.

출처 ▶ 고은(2018). 내용 요약정리

3. 보청기의 사용

(1) 착용 방법

① 보청기는 편측 착용과 양측 착용을 할 수 있는데, 양측 착용을 하는 것이 좋다.

    ㉠ 보청기의 양측 착용 목적은 양이효과를 얻기 위한 것이다.

    ㉡ 양이효과란 두 귀로 소리를 들음으로써 얻는 효과를 말한다.

② 양측 착용 시 기대되는 장점은 다음과 같다. [13유특, 25중특]

    ㉠ 소리의 방향을 감지하기 쉽다.

    ㉡ 소리의 크기가 건청인의 경우 약 3dB 증가하는 양이합산 현상이 나타난다.

    ㉢ 양이진압 현상으로 잡음에 대한 감소현상이 커진다. 신호 대 잡음비가 향상된다.

    ㉣ 같은 소리를 두 번 반복해서 청취하는 것과 같은 양이중복이 발생한다.

    ㉤ 어음명료도를 향상시킨다.

(2) 착용 방법의 적응

① 보청기를 외이도에 착용할 때 공기가 외이도로 들어가지 않도록 외이도를 꽉 막아 주어야 한다.

② 이어 몰드가 맞지 않거나, 청각장애 학생이 성장하면서 이어 몰드가 작아지면 공기가 유입되어 음향 되울림 현상이 나타나게 된다.

③ 음향 되울림 현상이 지속적으로 나타날 경우 반드시 이어 몰드를 교체해 주어야 한다.

④ 이외에도 보청기를 매일 착용하여야 하고, 잠자리에 들 때 보청기를 빼고, 잠에서 깨어날 경우 바로 보청기를 착용하는 습관 등을 교육하여야 한다.

(3) 조작 방법의 적응

① 보청기를 처음 착용하는 청각장애 학생의 경우 혹은 나이가 어릴수록 보청기를 조작하는 방법에 서툴러 보청기를 적절하게 활용하지 못하는 경우가 나타난다.

② 특히 청각장애 학생이 어릴수록 부모나 보호자가 지속적으로 보청기를 온−오프하는 방법을 도와주거나 혹은 가르쳐 줌으로써 적응할 수 있도록 도와야 한다.

단일/바이−크로스 보청기 착용 대상

고은 (2018)	본문 참조
이정학 외 (2020)	• 단일−크로스 : 한쪽 청력은 정상 또는 경도이고, 다른 한쪽은 심도나 농 상태의 감음신경성 난청이어서 일반보청기로 도움을 받을 수 없는 편측성 혹은 비대칭적 난청일 때 • 바이−크로스 : 좋은 쪽 귀는 중도에서 고도로 일반보청기의 도움을 받을 수 있지만, 청력이 나쁜 쪽 귀는 심도나 농 상태의 난청이어서 일반보청기의 도움을 받을 수 없는 비대칭적 난청인 경우

이어 몰드
⑤ 귀꽂이

음향 되울림
⑤ 음향 피드백

(4) 소리의 적응

① 보청기를 통해 증폭된 소리는 때와 장소에 따라 다르게 나타난다. 특히 고주파수 영역의 소리는 청각장애 학생의 강한 거부감으로 이어질 수 있다.

② 보청기를 착용할 때 소리에 대한 거부감이 발생하지 않도록 보청기 착용 시간을 조용한 청취 환경에서 조금씩 늘려 나가는 것이 좋다.

> **KORSET 합격 굳히기** **보청기 착용 귀의 선택**
>
> 1. 양측 귀에 청력손실이 있는 경우 양이 착용이 원칙이나 반드시 양이 착용을 고수할 필요는 없다. 그러나 양측 귀 대칭형 청력손실 아동이 편측 착용보다 양이 착용을 우선적으로 하는 이유는 양이 효과(biaural hearing) 때문이다.
>   - 두 개의 귀로 소리를 들을 때는 한쪽 귀로 듣는 것보다 역치 부근에서 약 3dB 정도 크게 들을 수 있으며, 특히 고주파수 대역에서 두영 효과로 인한 영향을 덜 받는 것으로 알려져 있다. 또한 양이 착용이 소음이나 반향으로 인한 소리의 방해를 덜 받고 어음인지도를 높일 수 있기 때문이다.
>   - 그러나 여러 이유 때문에 편측 착용을 할 수밖에 없는 경우 첫째, 역동범위가 상대적으로 넓은 귀를 선택하며, 둘째, 어음인지도(어음명료도)가 높은 쪽 귀에 보청기를 착용하는 것이 효과적이다.
>
> 2. 양이의 청력손실이 비대칭적일 때는 먼저 1~2개월 정도 시험기간을 갖는 것이 좋으며, 보청기를 착용해야 할 귀를 선택할 때는 첫째, 양이의 청력이 모두 55dB 이하인 경우는 청력손실치가 큰 쪽에 착용하고 둘째, 양이의 청력이 모두 80dB 이상으로 심한 청각장애인 경우 청력이 좋은 쪽에 착용하는 것이 좋다.
>   - 양이 청력의 차이가 매우 큰 경우, 즉 한쪽은 거의 최고도 수준이며 다른 한쪽은 중도인 경우에는 청력이 좋은 쪽에 착용하도록 권하는 것이 좋다.
>
> 출처 ▶ 이필상 외(2020)

4. 보청기의 관리

(1) 보청기 관리 요령 [11중특]

보청기를 오랫동안 효율적으로 사용하려면 다음과 같이 평소에 잘 관리하고, 지속적인 점검이 필요하다. 나이가 어릴 경우 관리 요령을 익히도록 지도하여야 한다.

① 취침이나 목욕할 때는 반드시 보청기를 빼 둔다.

② 정전기가 발생하지 않도록 주의한다.

③ 보청기에 무리한 힘을 가하거나 떨어뜨리지 않도록 한다.

④ 물에 닿지 않도록 한다.
   - 물에 닿았을 때에는 자연 상태로 건조시키거나 헤어 드라이기를 사용한다.

✎ 두영 효과

두영 효과는 한쪽 귀로 들어온 소리가 반대쪽으로 전달될 때 그 에너지가 감소하는 현상을 말한다 (이정학 외, 2020).

보청기 착용 귀 선택

특별한 이유로 단측 착용이 불가피한 경우는 다음과 같은 방법으로 선정한다.

조건	착용 위치
양쪽 귀의 청력역치가 55dB보다 좋은 경우	나쁜 쪽 귀에
양쪽 귀의 청력역치가 55dB보다 나쁜 경우	좋은 쪽 귀에
비슷한 역치를 가질 경우	어음인지도가 좋고 역동범위가 넓은 귀에
양측 청력의 차이가 없을 경우	오른쪽 귀에

출처 ▶ 고은(2018)

⑤ 보청기 청소를 주기적으로 실시한다.

- 송화기를 아래로 향하게 손에 쥐고 전용 청소용 솔로 부드럽게 털어 준다. 무리하게 힘을 주지 말고 솔을 송화기의 구멍에 넣지 않도록 한다.

⑥ 보청기는 서늘하고 습기가 없는 곳에 보관한다.

- 보청기를 장기간 사용하지 않을 때는 건전지를 분리하여 제습제가 든 통에 보관한다. 보청기 보관 장소는 너무 춥지 않고, 공기가 잘 통하며, 건조하고, 냄새가 없고, 전기 자기장을 발생하는 기계로부터 멀리 떨어진 곳에 건전지를 분리하여 보관한다.

(2) 보청기의 이상 해결 방법

① 보청기가 작동하지 않을 경우

㉠ 소리가 달라지거나 갑자기 소리가 나지 않을 경우에는 보청기 기기 자체에서 문제가 발생한 것이다.

- 보청기의 노후화, 증폭기 및 각종 조절 장치의 고장, 건전지의 방전 등을 원인으로 볼 수 있다.
- 또는 장기간 보청기를 사용하지 않았거나 보청기를 부적절한 장소에 보관하여 땀 혹은 수분 등으로 보청기가 부식되었을 가능성도 있다.

㉡ 보청기가 작동하지 않을 경우 보청기의 건전지를 새것으로 교환한다.

② 보청기의 소리가 이상한 경우

보청기의 증폭기 유형에 따라 조절 방법은 달라지나 보통 대화음이 잘 들리지 않을 경우에는 음량 조절기, 압축 역치, 압축 비율 등을 조절하면 해결이 되므로 센터나 청능사를 만나도록 지도한다.

③ 보청기에서 소리가 발생(음향 되울림)하는 경우 [20유특]

㉠ 음향 되울림이란 보청기에서 증폭된 소리가 수화기를 통해 출력되어 다시 송화기로 돌아가 불필요한 진동을 생산하여 재증폭되는 현상을 말한다.

㉡ 음향 되울림 현상이 발생하면 보청기의 이어몰드나 건전지 상태를 확인해야 한다.

- 음향 되울림 현상이 발생하면 이어몰드나 귓속형 보청기의 외형이 청각장애 학생의 외이도에 맞는지 확인하고 소리가 새면 다시 제작하여 착용한다.
- 귀걸이나 이어몰드가 보청기의 수화기에 정확하게 삽입되어 있는지 확인한다. 찢어지거나 균열된 이어몰드, 튜브 및 이어 후크는 새것으로 교환한다.

 비교

보청기 문제 유형 및 해결 방안

문제 유형	해결 방안
소리가 약해짐	• 배터리의 소모 여부를 체크한다. • 청력의 추가 손실 여부를 점검한다.
소리가 나지 않음	• 보청기의 전원을 확인한다. • 배터리를 교체한다. • 마이크, 스피커의 먼지 확인 후 보청기전문센터를 방문한다.
'삐−' 소리가 남	• 보청기를 귀에 재착용한다. • 이어몰드의 크기를 확인한다. • 보청기전문센터를 방문하여 확인한다.

출처 ▶ 최성규 외(2015)

- 건전지 교체시기를 놓치면 소리가 약해지거나 정상적으로 들리지 않는다. 또한 소리의 왜곡, 잡음 또는 음향 되울림 현상이 발생하며 자꾸 소리가 끊기는 현상이 나타난다.
- 위와 같은 조치에도 음향 되울림 현상이 반복되면 보청기 자체의 문제이므로 전문가에게 의뢰하는 것이 바람직하다.

02 인공와우

- 인공와우는 내이가 손상되어 고도의 감음신경성 청각장애 또는 농이 된 사람에게 청신경의 전기 자극으로 청력을 제공하는 장치이다. 즉, 소리를 전기에너지로 변환하여 청신경을 직접 자극하는 전자 보조장치를 의미한다.
  11중특

- 인공와우는 인간의 말소리를 잘 들을 수 있게 하는 데 초점이 맞춰져 있다.
  19유특

1. 인공와우의 이식

(1) 이식 대상의 선정 11중특

① 와우이식은 양측 귀에 고도의 감음신경성 난청이 있고, 보청기로 적절한 기간 동안 청력재활을 하여도 효과가 없는 경우를 대상으로 한다.

② 청신경이 기능을 하고 있음이 증명되어야 한다.

③ 전신마취나 수술에 금기가 될 신체적·정신적 문제가 없고, 환자와 보호자가 수술에 대한 강한 동기를 가지고 있을 때 시행한다.

④ 청각학적 기준뿐 아니라 환자의 사회적 환경 또한 중요한 요소가 된다. 우선 환자 자신과 환자의 가족이 수술 후 재활치료에 적극적이고, 와우이식술과 수술 후 결과에 대해 충분히 이해하고 있어야 하며, 비현실적인 기대를 갖지 않아야 한다.

(2) 이식할 귀의 선택

① 양쪽 귀가 모두 전농인 경우 전농 기간이 짧은 귀, 즉 최근에 전농이 된 귀를 선택한다.

② 양쪽 귀 모두 보청기를 사용하여도 도움을 받지 못한다면 조금이라도 청력이 남은 쪽을 선택한다.

③ 양쪽 귀에 모두 잔청이 어느 정도 남아 있으면 청력이 나쁜 귀를 선택하여 와우이식을 시행하고 반대편에 보청기를 계속 착용하여 양쪽으로 들을 수 있는 장점이 있다.

④ 영상검사에서 내이 기형 등의 이상 소견이 있을 때는 정상에 가까운 귀를 선택한다.

2. 인공와우의 구조 ¹¹초특, ¹¹중특, ¹²중특

인공와우는 기본적으로 외부장치와 내부장치로 구성된다. 외부장치는 송화기(마이크로폰), 어음처리기, 송신기(헤드셋)의 세 부분으로 구성되며, 내부장치는 수신기와 전극으로 구성된다.

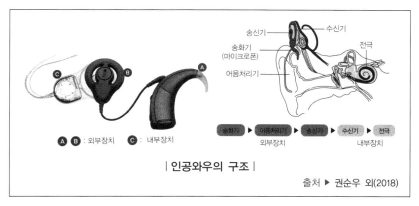

| 인공와우의 구조 |

출처 ▶ 권순우 외(2018)

(1) 외부장치

송화기 (마이크로폰)	주변의 소리를 감지하여 어음처리기로 보낸다.
어음처리기	입력된 소리를 프로그램에 따라 전기신호로 변환시킨다.
송신기 (헤드셋)	측두골에 위치한 송신기는 자석과의 접촉을 통해 내부장치와 연결되어 있다.

(2) 내부장치

수신기	수신기에 전달된 신호는 와우 내에 삽입된 전극으로 전달된다.
전극	와우에 삽입되며 신호에 알맞은 전극이 청신경을 자극한다.

Tip

인공와우의 외부장치와 내부장치를 명확하게 구분할 수 있어야 한다.

3. 수술 후의 청능 재활 ^{11중특, 12초특 · 중특, 17유특 · 초특, 19유특}

① 인공와우를 이식했다고 해서 바로 소리를 들을 수 있는 것은 아니다.

    ㉠ 수술 후에 매핑(mapping), 그리고 개별화된 청능훈련 등의 재활 프로그램이 뒷받침되지 않으면 만족도가 떨어질 수밖에 없다.

    ㉡ 인공와우 수술을 늦게 받은 경우 음성 언어를 접한 지 오래되지 않아서 소리 구조를 이해하는 것이 쉽지 않기 때문에 조용한 환경에서도 말소리를 잘 이해하지 못할 수 있다.

    ㉢ 인공와우 수술을 받은 학생의 경우에도 학생의 효율적인 청취를 위해 적절한 학급 환경을 조성해야 한다.

② 매핑이란 어음처리기를 프로그램밍하는 것으로 인공와우 이식자가 외부 장치를 착용하고 컴퓨터와 연결된 진단적 프로그래밍 시스템을 사용하여 전극이 편하고 적절한 음 자극을 할 수 있도록 하는 것을 의미한다.

    ㉠ 매핑의 궁극적인 목적은 이식된 전극이 편하고 적절한 음 자극을 할 수 있도록 하는 데 있다.

    ㉡ 삽입된 각각의 전극을 활용하여 자극역치와 쾌적역치를 결정한다.

        • 자극역치와 쾌적역치가 모두 결정되면 하나의 맵으로 산출되어 어음처리기에 저장된다.

        • 만들어진 맵은 각각의 전극에 대한 자세한 전류 정보가 기록되어 있으므로 다른 사람이 사용할 수 없으며, 소리자극에 대한 수용능력이 변화할 때마다 교체해 주어야 한다.

자극역치
⑧ T-레벨

쾌적역치
⑧ C-레벨

KORSET 합격 굳히기   매핑(mapping)

1. 인공와우 이식 후 검사는 매핑과 말·언어 평가로 이루어진다. 매핑은 전기생리학적 검사결과를 활용하는 객관적 방법과 환자의 주관적인 반응을 토대로 이루어지는 주관적 방법이 있으며, 상호 보완적으로 사용한다. 말·언어 평가는 매핑의 적절성과 말 지각 등의 수행력 향상 유무를 확인할 수 있다.

2. 수술 후 약 1개월이 경과한 후 수술 부위가 완전히 치유된 것이 확인되면 언어합성기(어음처리기)에 프로그래밍을 하는 과정이 필요하다. 프로그램의 궁극적인 목적은 이식된 전극이 편하고 적절한 음 자극을 할 수 있도록 하는 것이고, 이를 위해 여러 가지 변수를 조절하고, 이들 정보는 언어합성기에 저장된다. 각 전극은 각각 일정한 범위의 주파수의 소리를 받아들이게 되며, 각각의 전극이 담당하는 주파수의 범위에서 역치(T-level : 소리 자극을 감지하는 가장 작은 소리, 크기의 정도)와 최대치(C-level : 너무 커서 고통스럽지는 않은 정도이면서 가장 큰 정도의 소리 수준)를 찾아서 조절해 주는데, 이러한 과정을 매핑이라 한다.

3. 각 전극에 대한 역치와 최대치가 정해지면 각 전극에 입력되는 소리의 크기가 서로 균형이 잘 맞는지를 점검하는 절차가 필요한데, 이는 말소리가 왜곡되지 않고 편안하게 들리도록 하기 위해 중요하다. 매핑은 수술 3개월까지는 1~2주에 한 번씩 병원을 방문하여 조절하고, 그 이후에도 정기적으로 검사하여 역치의 변화를 관찰한다.

4. 소아의 매핑 과정은 매우 어려운데, 협조가 잘 이루어지지 않고 선천성 청각장애로 소리의 감지나 크기에 대한 개념 자체가 부족한 소아의 경우는 더욱 그러하다. 이 경우 소리에 대한 자극-반응 훈련과 행동 관찰을 통해 매핑을 하게 된다.

출처 ▶ 유은정 외(2013)

4. 인공와우의 관리 ^{12초특 · 중특, 13유특}

① 인공와우 이식자와 가족은 인공와우 관리방법, 즉 송신기를 붙이는 방법, 배터리 교환하는 방법, 기기를 조작하고 고장을 점검하는 방법 등에 대해 지도를 받아야 한다. 부모나 가족은 학생이 착용하기 전에 기기를 점검해 주어야 하고, 안전 등에 주의하도록 알려 주어야 한다.

② 이식한 부위에 충격이나 강한 자극을 주지 않도록 하고, 어음처리기를 떨어뜨리거나 강하게 부딪히지 않도록 주의를 주어야 한다.

- 인공와우는 체내에 수신기가 있기 때문에 학생이 머리에 충격을 받지 않도록 유의하고, 부딪쳤을 때는 유양돌기 주변이 부어 있는지 확인하고 조치해야 한다.

③ 기종과 상관없이 습기를 조심해야 한다.

④ 플라스틱 미끄럼틀이나 정전기를 발생시키는 물건을 가지고 놀 때는 외부장치를 빼놓도록 해야 한다.

- 정전기는 어음처리기에 있는 프로그램을 손상시킬 수 있으므로 조심하여야 한다.

⑤ MRI 촬영이 필요할 때에는 주의가 필요하다. MRI는 강력한 자기장을 이용한 검사 장비이기 때문에 촬영을 할 경우에는 인공와우 내부에 포함된 자석이 움직일 수 있고, 자석 주변으로 영상 왜곡이 발생하여 정확한 진단이 어려울 수 있으므로 자석이 움직이지 않도록 내부기기 주변으로 압박붕대를 감거나, 자석을 제거하고 촬영해야 한다. 인공와우 기기별로 MRI 촬영 기준에 다소간의 차이가 있기 때문에 MRI 촬영이 필요한 경우 반드시 전문의료진의 지시를 따르는 것이 좋다.

KORSET 합격 굳히기 ● **인공와우의 사후관리**

병원 측에서는 인공와우 착용방법과 기기 조작 등에 대한 설명을 충분히 해주어야 하며, 부모는 다음과 같은 관리방법을 숙지하고 있어야 한다.

1. 아침에 일어날 때는 기기의 전원을 켰는지 확인하고, 볼륨과 민감도를 조절해 준다.

2. 박스형일 경우에는 활동 중에 옷 속에 조절기가 감길 수 있으므로 테이프 등을 감아 두거나 잠금 기능을 사용할 수도 있다.

3. 대부분의 제품은 건전지 소모를 LED 액정에 표시되도록 되어 있다. 표시 내용을 수시로 확인한다.

4. 건전지를 교체할 경우에는 전원을 끄고 도어를 연 다음 새것으로 교체하는데, +극과 −극 방향을 반드시 확인한다. 그런 다음 전원을 다시 켠다.

5. 건전지 수명은 어음처리기의 프로그램 유형, 착용시간, 볼륨크기에 따라 다르다. 귀걸이형이 박스형보다 건전지 소모량이 많으며, 충전식 건전지는 평균 12~15시간, 일회용인 알카라인 건전지는 24시간 정도 사용 가능하다.

6. 가급적 여분의 건전지를 소지해 두는 것이 좋다.

7. FM 보청기나 텔레코일(보청기 내에 설치해 놓은 코일로서, 텔레코일로 소리를 듣게 되면 마이크로폰을 통하지 않고 바로 코일로 소리를 감지하게 된다)을 사용할 경우에는 모드 설정 버튼을 'T'로 조절하여 사용한다.

8. 이식한 부위에 충격이나 강한 자극을 받지 않도록 주의한다.

9. 어음처리기를 떨어뜨리거나 충격을 받지 않도록 해야 한다. 특히 귀걸이형은 분실의 위험이 있으므로 주의해야 한다.

10. 물에 닿지 않도록 하며, 습기를 조심해야 한다. 물놀이를 하는 등의 활동에서는 외부 기기를 빼야 한다.

11. 습기는 인공와우 외부기기, 특히 마이크에 손상을 줄 수 있으므로 인공와우용 습기 제거 통을 사용할 수 있다.

12. 정전기에 주의해야 한다.

13. MRI 촬영 등을 할 경우에는 반드시 인공와우를 착용하고 있다는 사실을 알리고 외부 기기의 자석을 제거하거나 특별한 방법으로 촬영하는 등의 의사 지시를 따르도록 한다.

14. 비행기를 탈 경우에는 인공와우 착용자라는 시술 확인 카드를 지참한다.

15. 인공와우의 마이크는 습기에 노출될 경우 고장이 날 수 있으니 정기점검이 필요하다.

16. 인공와우의 코일은 오래 사용하거나 기타 요인으로 손상될 수 있으니 정기점검이 필요하다.

출처 ▶ 고은(2017)

09 구화 지도

01 청능훈련

구화교육(또는 구화법)은 청각장애 학생이 일반사회의 언어(즉, 우리나라의 경우에는 한국어)를 배워야 한다고 믿는 교육철학에 기초하며, 수화와 같은 다른 의사소통 방법은 허용하지 않는다. 구화교육에서는 직접적이고 매우 엄격한 말소리 교육을 통한 전형적인 구어 발달을 강조하기 때문에 보청기 사용을 중요시하며, 청능훈련과 독화(말읽기) 능력을 강조한다.

1. 청능훈련의 개념

① 청능훈련이란 청각장애를 가지고 있는 농·난청학생 또는 성인에게 남아 있는 잔존청력을 최대한 활용해 음향이나 말소리를 듣는 청각적인 수용력을 발달시키는 것을 말한다.

- 청각적 수용력이란 소리를 듣고 의미를 알고, 말을 듣고 이해하는 능력을 말한다.

② 일반적인 청능훈련의 목적은 원활한 의사소통 촉진을 위해 훈련을 통해서 잔존청력을 최대한 활용하는 것이다. 구체적인 목표는 다음과 같다.

ㄱ 어음변별 능력을 향상시킨다.

ㄴ 보다 명료하고 자연스러운 말을 사용한다.

ㄷ 다른 사람의 말을 보다 더 잘 이해할 수 있다.

ㄹ 언어습득과 정상적인 언어발달을 돕는다.

ㅁ 보청기나 인공와우의 착용효과를 높인다.

ㅂ 학교생활 적응력을 높이고 교과목 성취수준을 향상시킨다.

자료

청능훈련의 목적(Hudgins)
1. 청각적 어음 지각의 개발이다.
2. 말할 때 보다 명료하고 자연스럽고 리듬감 있게 말하는 것이다.
3. 의사소통 기술을 향상시켜 일반 교과프로그램의 성취를 촉진하는 것이다.

출처 ▶ 고은(2018)

2. 청능훈련의 계획 원리

청능훈련을 시행하기 위해서는 학생의 청능 기술이 어느 수준인지, 제시되는 자극의 단위는 어떤 수준이 적절한지, 공식적 활동과 비공식적 활동 중 어떤 활동이 적절한지, 활동의 난이도 수준은 어떻게 조절할 것인지를 고려해서 청능훈련을 계획해야 한다.

(1) 청능 기술

청능훈련을 계획하는 데 있어 학생의 듣기 수준은 매우 중요하다. 일반적으로 청능 기술은 다음과 같이 4단계로 구분되며, 이 4단계는 연속적이면서 중복되는 성격을 가지고 있다.

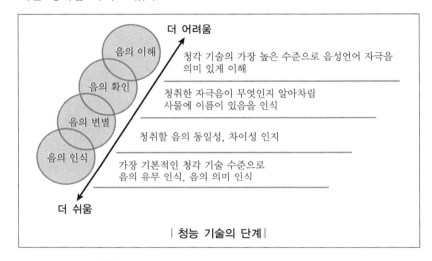

| 청능 기술의 단계 |

① 음의 인식 [23중특]

ㄱ 소리의 존재 유무를 아는 단계이다.

· 소리의 존재를 탐지하고, 그 소리에 주의를 기울이는 것을 학습한다.

　예 특정한 소리가 들리면 구슬(블럭)을 바구니에 넣는다. / 특정한 소리가 나면 자리에서 일어나 뛴다. / 소리가 들렸을 때 자연스럽게 음원을 찾는다.

ㄴ 소리의 유무에 대한 일관적이고 지속적인 반응을 지도하고, 작은 반응이라도 나타나면 즉각적으로 반응(강화)해 준다.

ㄷ 훈련 초기에는 구조적인 상황에서 주어진 소리에 대해 반응하도록 하고, 차츰 자연스러운 일상에서도 소리의 유무에 대해 반응할 수 있도록 유도한다.

자료

청능훈련 시 고려할 점

청능 수준	· 음의 인식 · 음의 변별 · 음의 확인 · 음의 이해
자극 단위	· 음성적 수준 · 문장 수준
활동 형식	· 형식적 활동 · 비형식적 활동
과제의 난이도	· 반응 수준 · 자극 요소 · 자극의 유사점 · 문맥 단서 · 수업 환경 · 듣기 상황

출처 ▶ 이필상 외(2020)

청능 기술

동 청각 기술, 청각 기능, 듣기 기능

Tip

청능 기술의 4단계는 '청능 훈련의 4단계'(**예** 2016 중등A-8 기출, 이필상 외, 2020)로 표현되기도 한다.

음의 인식

동 음의 탐지, 음의 감지

② **음의 변별** ²⁰초특, ²²중특, ²³중특

  ㉠ 특정한 소리와 다른 소리가 서로 같은지 다른지를 아는 단계이다.
    예 개 짖는 소리와 고양이 울음소리를 들려주고 같은지 다른지 말해 보도록 한다.

  ㉡ 음의 변별 단계는 청능훈련의 목적에 따라 환경음과 말소리로 구분
    되며, 처음에는 환경음으로 훈련하고 점차 말소리를 사용하는 것이
    효과적이다.

    • 말소리 사이에 존재하는 음의 차이보다 환경음 사이의 차이가 훨씬
      크고 명확하기 때문이다.
      예 여러 개의 환경음(악기)을 듣고 서로 다른 소리가 들렸을 때 반응한다.

  ㉢ 훈련 초기에는 학생이 충분히 들을 수 있는 소리 가운데 음향적 변별
    특성의 차이가 큰 소리를 이용하고, 활동이 진행될수록 음향적 차이가
    작은 것으로 난이도를 높이며 청각적 민감도를 키워준다.

③ **음의 확인** ¹³유특(추시), ²¹중특

  ㉠ 청각적 정보를 자신이 이미 알고 있는 정보와 비교하여 인식하고 반응
    하는 단계이다.

  ㉡ 확인 단계에서는 가리키기, 쓰기, 명명하기, 제시된 청각 정보를 정확
    하게 인식하여 따라 말하기 등의 방법으로 알아맞히는 훈련을 한다.
    예 고양이 소리를 듣고 여러 개의 그림 가운데 고양이 그림을 찾아보도록 한다. / 음절
    수가 다른 두 개의 단어를 듣고 해당하는 단어를 찾아보도록 한다. / 음절 수가 같은
    두 개의 단어를 듣고 해당하는 단어를 찾아보도록 한다.

  ㉢ 학생에게 친숙한 단어와 사물을 이용하는 것이 효과적이며, 초분절적
    지각훈련을 먼저 실시하고, 자음과 모음 등의 분절적 지각 순으로 훈
    련한다.

  ㉣ 간단한 청각 자극에서 복잡한 자극으로 진행하며, 음소에서 단어, 문장
    순으로 전개시킨다.

④ **음의 이해** ¹⁵초특, ¹⁶중특, ¹⁷유특, ²²초특

  ㉠ 음성언어 자극을 의미 있게 이해할 수 있는 단계이다.

  ㉡ 질문하기 또는 질문에 답하기, 소리에 대한 이해를 설명하기, 음성
    자극을 다른 구문으로 바꾸어 말하기, 지시 따르기 등 말의 의미를
    의미 있게 이해할 수 있는 훈련을 한다.
    예 자신이 궁금한 점을 질문하거나 질문에 대답도 잘 하고, 지시 따르기를 잘 한다. /
    "문을 닫으세요."라고 말하면 학생이 문을 닫는다. / "빨간색 크레파스를 주세요."라고
    말하면 여러 가지 색 중에서 빨간색을 고른다. / 이야기를 들려주고 질문을 하면 대
    답한다. / '토끼'라는 단어로 문장을 만들어 보도록 한다.

Tip

확인 단계는 변별 단계와 혼동하
기 쉬우나, 변별 단계는 소리가
같고 다름을 구분하였다면, 확인
단계에서는 소리가 어떠한 소리
인지 알 수 있어야 한다.

음의 변별과 확인

단계	활동 내용
변별	• /사/, /자/, /차/ 중에서 2개 (예 /사/−/사/, /사/−/자/) 를 듣고, 서로 같은 소리로 들리면 'O' 카드, 다른 소 리로 들리면 '×' 카드 들기
확인	• /사/, /자/, /차/ 중 1개를 듣고, 들리는 소리에 해당 하는 글자카드 가리키기 • /사/, /자/, /차/ 중 1개를 듣고, 들리는 소리를 글자로 쓰기 • /기사/, /기자/, /기차/ 중 1개를 듣고, 들리는 대로 따 라 말하기

출처 ▶ 2020 초등A–6 기출

✿ 청능훈련 프로그램

단계	내용
음의 인식	• 특정한 소리가 들리면 구슬(블록)을 바구니에 넣는다. • 특정한 소리가 나면 자리에서 일어나 뛴다. • 소리가 들렸을 때 자연스럽게 음원을 찾는다.
음의 변별	• 개 짖는 소리와 고양이 울음소리를 들려주고 같은지 다른지 말해 보도록 한다. • 여러 개의 환경음(악기)을 듣고 서로 다른 소리가 들렸을 때 반응한다.
음의 확인	• 고양이 소리를 듣고 여러 개의 그림 가운데 고양이 그림을 찾아 보도록 한다. • 음절 수가 다른 2개의 단어를 듣고 해당하는 단어를 찾아보도록 한다. • 음절 수가 같은 2개의 단어를 듣고 해당하는 단어를 찾아보도록 한다.
음의 이해	• "문을 닫으세요."라고 말하면 학생이 문을 닫는다. • "빨간색 크레파스를 주세요."라고 말하면 여러 가지 색 중에서 빨간색을 고른다. • 이야기를 들려주고 질문을 하면 대답한다. • '토끼'라는 단어로 문장을 만들어 보도록 한다.

출처 ▶ 고은(2018)

(2) 자극

① 청능훈련은 제시하는 자극 단위에 따라 음성적 수준(분석적 훈련 접근법)과 문장 수준(종합적 훈련 접근법)으로 나눈다.

음성적 수준	• 상향식 접근으로 언어를 이루는 작은 단위부터 훈련을 시작한다. • 음소나 음절 같은 말소리의 음향학적 요소에 초점을 두며, 이후 단어, 문장 단위의 이해 향상을 목표로 한다. • 음성적 수준에서는 자음과 모음의 음향학적 대조, 출현 빈도, 음소 발달, 어휘 난이도 등을 고려하여 말소리의 분절적 요소를 중심으로 자극을 제시한다.
문장 수준	• 하향식 접근으로 의미 있는 문장 등을 훈련 자극으로 사용한다. • 발화 전체의 의미를 파악하는 활동에 초점을 둔다. • 문장 수준에서는 다양한 듣기 상황과 방법에서 발화의 의미를 이해할 수 있도록 자극을 제시한다.

② 두 가지 접근법은 완전히 분절되기보다 활동 과제의 강조점에 따라 연속상에 있는 것으로 보아야 한다. 실제로 대부분의 청능훈련 프로그램은 두 가지 접근법을 모두 포함한다.

(3) 활동 유형

① 청능훈련의 활동 유형은 형식적 활동과 비형식적 활동으로 나눈다. 각각의 강조점을 가지고 있지만 완전히 분리된 접근은 아니다.

형식적 활동	• 정해진 치료 시간에 교사나 치료사에 의해 이루어지는 것을 말한다. • 형식적 활동(훈련)에서는 정해진 시간 내에 일대일 혹은 소그룹 상황에서 고도로 구조화된 활동을 진행한다. • 나이가 많고 잔존청력이 적을수록 형식적 훈련이 적절하다.
비형식적 활동	• 청각장애 학생과 접촉이 가장 많은 어머니가 가정에서 지도할 수 있으며, 일상생활과 놀이 장면을 청능훈련에 활용하는 방법이다. • 비형식적 활동(훈련)에서는 일상활동, 대화, 학교 공부와 같은 다른 활동의 한 부분으로 청능 과제를 수행한다. • 어린 아동이나 청력손실 정도가 적은 아동일수록 비형식적 훈련이 적절하다. 　－ 어린 아동의 경우에는 비형식적 방법으로 접근하는 것이 효과적이지만, 쉽게 산만해지는 위험성도 존재한다.

② 대부분의 청능훈련 프로그램에서는 형식적 훈련을 시행하더라도 전이나 일반화 문제를 고려하여 비형식적 훈련 내용을 포함시키고 있으며, 비형식적 훈련을 시행하는 경우에도 음소나 음절 변별과 같은 특정 기술의 습득을 위해서 형식적 훈련의 요소를 포함시킨다.

(4) 난이도

① 청능훈련에서 사용되는 듣기 과제나 자극은 일반적으로 쉬운 자극에서 시작하여 점차 어려운 자극으로 과제의 난이도를 조절해야 한다. 그러나 경우에 따라서는 병행하여 실시할 수 있다.

② 일반적으로 소음이 없는 장소에서 일대일로 가까이 앉아 폐쇄형 과제를 제시하는 것이 쉽고, 시끄러운 장면에서 여러 사람과 앉아 멀리서 들리는 개방형 과제가 어렵다.

③ 난이도는 크게 환경 요소, 자극 요소, 상황적 맥락 그리고 활동 방법 등을 조작하여 다음과 같이 결정한다.

변인	낮은 난이도에서 ➡	높은 난이도로
환경 요소	• 배경 소음이 없는 장소 • 화자의 거리가 가까움 • 구조화된 구성	• 배경 소음이 있는 장소 • 화자의 거리가 점차 멀어짐 • 환경 중심의 구성
자극 요소	• 단어나 짧은 구 • 반복하여 제시 • 말의 길이가 짧고 단순한 말 • 말의 속도를 천천히 • 초분절적 요소를 많이 사용 • 친숙한 음성 • 통합적인 방법 • 자극의 유사성이 적음	• 완전한 문장 • 한 번만 제시 • 말이 길고 내용이 복잡한 말 • 말의 속도를 빠르게 • 초분절적 요소를 적게 사용 • 친숙하지 않은 음성 • 분석적인 방법 • 자극의 유사성이 큼
상황적 맥락	• 폐쇄형 과제 • 맥락에 의해 예측 가능	• 개방형 과제 • 예측하기 어려움
활동 방법	• 수업을 통한 구조화 • 교사와 1 : 1 또는 소집단 • 형식적 활동(formal)	• 자연스러운 의사소통 상황 • 일상생활을 활용 • 비형식적 활동(informal)

출처 ▶ 권순우 외(2018)

02 독화 지도

1. 독화의 이해

(1) 개념 09중특, 25초특

① 독화란 상대방의 입 모양이나 움직임을 시각적으로 받아들이고 해석하여 음성언어를 이해하는 기술이다.

② 독화는 청각장애 학생의 듣기를 돕는 수단으로 또는 청력손실이 큰 학생의 경우 음성언어를 수용하는 주요 의사소통 양식으로 활용할 수 있다.

③ 한국어의 기본 단위가 음소인 것처럼 독화의 기본 단위는 '독화소'이다.

㉠ 독화소란 시각적으로 유사한 음소들을 하나로 묶어 동일한 시각적 변별 자질로 보는 음성의 가장 작은 시각적 단위를 말한다.

예 /ㅂ, ㅁ, ㅍ, ㅃ/, /ㄷ, ㅌ, ㄸ, ㄴ/

독화
🔁 말읽기

독화소
🔁 시각소

ⓛ 독화소의 분류는 연구자마다 약간의 차이가 있다.

연구자	자음 · 모음	최소 독화 단위
김영욱 (2007)	자음	/ㅂ, ㅁ, ㅍ, ㅃ/, /ㄷ, ㅌ, ㄸ, ㄴ/, /ㅅ, ㅆ/, /ㄱ, ㅋ, ㄲ, ㄹ, ㅎ/, /ㅈ, ㅊ, ㅉ/, /ㅇ/
	모음	/아, 야/, /오, 요/, /우, 유/, /어, 여/, /위/, /워/, /이, 으, 의/, /예, 얘, 애, 에/, /외, 웨, 왜, 와/
이규식 (1993)	자음	/ㅂ, ㅁ, ㅍ/, /ㄷ, ㅌ, ㄴ, ㄹ/, /ㅅ, ㅈ, ㅊ/, /ㄱ, ㅋ, ㅇ/
	모음	/오, 우/, /으, 이/, /아, 어/, /에, 애/

출처 ▶ 고은(2018)

(2) 한계점 ^{14중특, 16유특, 20중특}

독화가 갖고 있는 한계를 항목별로 정리하면 다음과 같다.

말소리의 낮은 가시도	독화는 자 · 모음의 조음적 특징을 익히는 것이지만 양순음을 제외한 치조음(ㄷ, ㄸ, ㅌ 등), 경구개음(ㅈ, ㅉ, ㅊ 등), 연구개음(ㄱ, ㄲ, ㅋ 등) 등의 조음운동은 시각적으로 확인할 수 없어서 시각적 변별이 어렵다.
동구형이음어	동구형이음어란 /마, 바, 파/와 같이 소리와 철자는 다르지만 입 모양이 비슷하게 보이는 음을 의미한다. ⑩ /봄, 몸, 봅/, /부리, 무리/, /엄지, 검지, 염치/ 등은 소리 철자가 다르지만 입의 움직이는 모양은 비슷하게 보이므로, 독화만으로 의미를 파악하기에는 많은 어려움이 뒤따른다.
빠른 구어속도	정상적인 회화어의 속도는 빠르므로 독화자가 자기에게 필요한 정보를 빠짐없이 눈으로 받아들이는 것은 어려운 일이다. 그러므로 독화자와 대화할 때는 정상적인 구형으로 보통 말하기 속도보다 약간 느린 속도로 말하는 것이 좋다.
음운환경에 따른 전이효과	한국어는 선 · 후행하는 음소에 따라 자음과 모음은 다르게 발음된다. ⑩ '굳이'로 쓰고 /구지/로 발음하는 것
조음운동의 개인차	동일한 음소를 말하더라도 사람마다 입을 더 크게 벌리기도 하고 더 적게 벌리기도 하며 혀의 위치도 차이가 있을 수 있다.
환경적 제약	독화자가 화자의 얼굴이나 입을 계속 주시하는 것도 어렵고, 화자나 독화자가 등을 돌리거나 조명 상태가 좋지 않거나 물체 등에 의해 시야가 방해받으면 독화자는 정보를 부분적으로 놓치게 된다.

출처 ▶ 한국청각언어장애교육학회(2012). 내용 요약정리

동구형이음어의 개념

한국청각 언어장애 교육학회 (2012)	본문 참조
고은 (2018)	/마/, /바/, /파/와 같이 입 모양은 같지만 다른 의미를 가지고 있는 음

🔵 동형이음어

2. 독화 관련 변인

(1) 독화자 변인

① 시각능력

시각능력은 다음과 같은 하위요소를 포함한다.

시지각	시각 정보를 처리하는 능력으로서, 눈으로 보는 능력뿐만 아니라 시각자극을 두뇌에서 해석하는 것을 말한다.
지각의 속도	독화를 하는 데 매우 중요한 요소로서 잘 보되, 신속하게 보아야 한다는 것이다.
시각적 주의집중	관찰력과도 같으며, 소리를 변별하는 데 특히 영향을 미친다.
주변 시력	입뿐만 아니라 얼굴이나 주변으로부터 정보를 얻는 능력으로서 독화를 하는 데 매우 중요한 기초적 기능에 해당한다.

출처 ▶ 고은(2018). 내용 요약정리

② 종합능력 ^{23중특}

수용된 일부의 정보를 가지고 의미를 가진 전체로 연합하는 과정은 고도의 지적능력을 필요로 하는데, 지적능력은 종합능력으로 대표된다.

㉠ 종합능력이란 낱낱의 부분들을 의미 있게 연결하여 전체적으로 의미를 구성하는 능력이다.

㉡ 종합능력이 성공적인 독화의 전제조건이 되는 이유는 하나하나의 입 모양을 단순히 결합시킨다고 말을 완전히 이해할 수 있는 것은 아니기 때문이다.

• 시각적으로 받아들인 요소들은 실제로 상당 부분 지각되지 않는 경우가 많기 때문에 추측과 사고를 통해 누락된 요소를 보충하고 종결하고 추리해 내야만 말을 이해할 수 있다.

㉢ 종합능력은 지각종결과 개념종결로 구성된다.

• 지각종결과 개념종결은 거의 동시에 이루어진다.

지각종결	지각종결이란 받아들인 시각정보에 추측한 내용을 보충하여 이해하는 것을 말한다. - 시지각을 통해 수용한 것과 추측한 내용을 결합하여 인식하는 능력을 의미한다. - 형식과 형태를 연상하는 능력에 가깝다.
개념종결	개념종결이란 지각된 내용을 조직하고 분류하며 빠진 단어를 채워 넣어 가면서 전달된 내용을 전체적으로 받아들이는 것을 말한다. - 전달내용을 전체로 인식하는 것으로 빠진 단어를 채워 넣을 수 있는 능력이 이에 속한다. - 낱말과 사물을 연상하는 능력과 더 밀접하다.

③ 유연성

⦿ 유연성이란 처음에 내린 판단으로는 의미가 통하지 않거나 내용이 적절하지 못한 경우에 잠정적인 종결을 수정하는 능력을 말한다.

• 지각종결에 대한 수정 능력과 개념종결에 대한 수정 능력으로 구성된다.

⦿ 독화에서 구형(口形)은 많은 경우 비슷하거나 혹은 시각적으로 지각할 수 없기 때문에 독화자는 재빨리 자신이 받아들인 정보를 상황에 따라 수정해 주어야 한다.

④ 언어이해력

⦿ 독화는 알고 있는 언어의 말소리를 읽는 것이기 때문에 화자의 언어 능력과 독화수행력은 매우 밀접한 관계를 갖는다.

⦿ 어휘력과 관용적 표현의 이해력이 높을수록 독화가 용이하다.

> **유연성**
> ⑤ 융통성

KORSET 합격 굳히기 ▶ 연상훈련

1. 유연성을 발휘하기 위해서는 시각기억이 중요하다. 그 외에 유연성의 가장 중심이 되는 요소는 문맥과 상황 요인이다. 이 세 가지 요소를 각각의 과정으로 분리하여 독립적으로 가르칠 수는 없으며, 한 가지 자료가 세 영역을 효과적으로 훈련하기 위하여 공통적으로 사용된다. 이런 훈련을 연상훈련이라고 한다.

2. 훈련은 점진적인 방법, 즉 초급 단계에서 고급 단계에 이르기까지 등급에 따라 쉬운 것에서부터 차츰 어려운 것으로 지도하도록 구성하여야 한다. 이는 친숙한 내용일수록, 가시도가 높을수록, 언어 구조에 대한 단서를 많이 제공할수록, 문맥을 통하여 단서를 제공할수록, 알고 있는 화제이거나 상황이 예견 가능할수록 아주 쉽게 변별된다는 기본 가정을 기초로 한다.

출처 ▶ 이필상 외(2020)

(2) 화자 변인

독화를 하는 청각장애 학생과 대화를 할 때 화자는 다음과 같은 점에 유의하여야 한다.

① 자연스럽게 말소리를 낸다.

② 청각을 최대한 이용할 수 있도록 교사의 목소리 크기를 조금 높이고 말의 속도는 조금 늦추는 것이 좋다.

• 지나치게 크거나 지나치게 느릴 경우에는 독화에 도움이 되지 않는다.

③ 말을 할 때 조음기관을 지나치게 과장하지 않는다.

• 입술과 턱은 많이 움직이되, 한 음절씩 말하지 않고 어절 단위로 끊어 주는 것이 좋다.

④ 얼굴표정을 풍부하게 하되, 무관자극이 되지 않도록 주의한다.

• 불필요한 몸짓은 자제하고 가급적 짧은 문장으로 이야기하는 것이 좋다.

(3) 환경 변인

① 화자의 입이 잘 보이는 밝은 곳이 좋으며, 화자가 해를 등지고 말하면 독화를 할 때 눈이 부시기 때문에 피해야 한다.

② 거리는 2~3m 정도가 적당하며, 소음이 통제된 곳에서 말하는 것이 좋다.

③ 독화 시 적정 조도는 대략 400~700룩스(Lux) 정도이며 화자의 차림새는 너무 화려하지 않은 것이 좋다.

④ 여러 사람이 말하는 상황에서는 독화가 어려울 수 있으므로 주의하고, 불가피한 경우에는 화자가 누구인지 손을 드는 등의 방법으로 신호해 주는 것이 좋다.

3. 독화 지도법

청력손실이 클수록 청각보다는 시각을 통한 정보수용 요구가 크다. 어떤 의사소통 양식을 사용하는지와 무관하게 독화는 모든 청각장애 학생에게 필요한 소통수단이기 때문에 독화 지도는 반드시 필요하다. 독화 능력은 체계적인 지도에 의해 훈련되기 때문이다.

(1) 전통적 독화 지도법과 총체적 접근법

① 전통적 독화 지도법

분석적 접근법	• 분석적 접근은 모음과 자음의 지각 기술을 개발하는 데 목적이 있다. 따라서 훈련은 음소, 음절 단위에서 시작하여 단어, 문장 순으로 확대된다. • 분석적 접근은 기본 단위 각각을 독립적으로 습득해야 한다는 입장이다. • 분석적 접근은 자료 주도적 또는 상향식 처리 방식을 강조한다. • 시각 요소와 소리, 입 운동과 말소리의 연합이 신속하고 정확하게 일어날 수 있도록 지도한다. • 분석법은 독화 기능의 하위 요소 가운데 시각 능력의 신장에 초점을 맞춘 접근법이다.
종합적 접근법	• 종합적 접근은 의사소통 상황에서 언어적·상황적 단서를 사용하여 의미를 파악하는 것을 강조하는 방법이다. • 종합적 접근법에서는 화자의 말을 문장 또는 문단 단위로 지각하고 이해하는 훈련을 주로 한다. 훈련 과제는 문장 수준의 청능훈련 과제와 유사하게 보이지만 난이도가 훨씬 높다. • 종합적 접근은 낱소리나 낱말의 지각보다 전체적인 의미의 이해에 초점을 둔 지도방법으로, 개념 주도적 또는 하향식 처리 방식을 강조한다.

자료

분석적 접근법 예시
• 유성성과 자음의 조음 방법은 같고, 조음 위치만 다른 자음 쌍을 구분한다. 예 /칼/과 /딸/
• 자음의 조음 위치는 같고, 유성성과 조음 방법이 다른 자음 쌍을 구분한다. 예 /말/과 /밤/
• 자음의 조음 위치와 조음 방법 혹은 유성성이 같은 자음 쌍을 구분한다. 예 /팔/과 /발/
출처 ▶ 권순우 외(2018)

자료

종합적 접근법 예시
• 보기가 주어진 조건에서 간단한 지시를 따른다.
예 바다를 파란색으로 색칠하세요.
• 4개의 유사성이 없는 그림에서 문장을 확인한다.
• 4개의 유사한 그림에서 문장을 확인한다.
• 특정 주제와 관련된 문장을 따라 말하거나 바꾸어 말한다.
예 냄비에 라면을 넣으세요. 물이 끓으면 준비하세요. 정수기 물을 담아요.
출처 ▶ 권순우 외(2018)

> • 종합적 접근법에서는 시지각 과정에서 누락된 요소를 정신적
>   으로 보충하는 훈련을 한다. 이때는 인지적 유연성이 요구된다.
> • 종합적 접근법은 독화 기능의 하위 요소 가운데 종합능력의
>   신장에 초점을 맞춘 접근법이다.

② 총체적 접근법

　㉠ 전통적 접근법은 구체적인 독화기능의 숙달에 중점을 두고 시각적
　　단서만을 활용한 반면에, 총체적 접근법은 독화 지도에 청각을 함께
　　활용한다. 뿐만 아니라 큐드 스피치, 수화, 지문자의 사용 그리고 진
　　동보청기 등이 효과적으로 사용된다.

　㉡ 총체적 접근법에서는 독화와 청능훈련을 함께 하는 것이 효과적이
　　라고 보고, 주변 소음 등의 청각 환경의 개선도 함께 고려한다.

　㉢ 총체적 접근법은 아동 중심 접근법으로서 실생활에서의 경험에 중점을
　　두고 자기평가와 다양한 의사소통 상황에서의 독화훈련을 강조한다.

　㉣ 총체적 접근법에서는 다음과 같은 지도 전략이 강조된다.

　　• 다양한 의사소통 상황에서 독화력을 평가한다.

　　• 독화를 사용함으로써 얻는 효과에 대한 믿음을 스스로 갖는다.

　　• 청각을 최대한 활용하고, 발성 및 발화훈련도 함께 한다.

　　• 적극적으로 독화하는 태도를 갖는다.

　　• 교사 중심이 아닌 아동 중심의 교수·학습을 강조한다.

　　• 자기평가를 강조한다.

　　• 가능한 실제 생활에서 독화할 수 있는 기회를 제공한다.

　　• 다양한 주변 사람과 독화를 해보도록 한다.

　　• 독화 과제는 학생에게 친숙하고 흥미로우며 상황적 맥락을 가지고
　　　있어야 한다.

　　• 학생의 언어발달 수준에 맞는 독화 과제로 한다.

　　• 독화의 난이도는 언어적인 복잡성, 화제 및 어휘의 친숙성, 시각적
　　　환경 조건, 학생의 흥미와 요구 등을 고려하여 조정한다.

　　• 필요한 경우에는 시각적 변별 단서나 촉각장치 등을 활용한다.

(2) 말추적법 ^{15초특}

① 말추적법(speech tracking)은 대화 맥락에서 사용하는 의사소통 보충 전략으로, 서로 연결된 담화에 대한 인지도를 측정하고 훈련하기 위해 개발되었다.

- 말추적법은 독화 지도와 함께 사용할 수 있으며, 의사소통 중심 구어 지도에 적절하다.

② 말추적법은 청각적으로 이해한 단어, 구, 문장을 반복하면서 전체를 이해할 때까지 정보를 채워 나가는 전략을 사용한다.

㉠ 전달자인 화자가 미리 준비된 내용을 짧게 읽어 주고, 수신자인 독화자는 전달자가 말한 그대로를 되풀이해서 말한다. 이때 화자는 다음 절로 넘어가기 전에 독화자가 하는 반응을 수정할 수 있는 구어적 전략을 적용하도록 한다. 이 과정에서 시간을 측정하여 1분에 전달되는 단어 수에 따라 점수를 매긴다.

㉡ '날씨'를 주제로 한 대화를 통해 말추적법 적용 사례를 제시하면 다음과 같다.

> 교사 : 오늘은 날씨가 매우 춥습니다.
> 청자 : 오늘……매우……? 뭐라고 하셨죠?
> 교사 : 오늘은 날씨가 매우 춥습니다.
> 청자 : 오늘은 날씨가……춥다……? 오늘은 날씨가 다음에 뭐라고 하셨지요?
> 교사 : 매우
> 청자 : 매우?
> 교사 : 네
> 청자 : 오늘은 날씨가 매우 춥다.
> 교사 : 아니요, 매우 춥습니다.
> 청자 : 아, 오늘은 날씨가 매우 춥습니다.
> 교사 : 네, 맞아요.

큐드 스피치
🔓 발음암시법

(3) 큐드 스피치 ^{14중특, 22중특}

① 큐드 스피치는 뺨 근처에서 자모음의 말소리를 나타내는 수신호를 추가하는 것이다.

② 큐드 스피치는 독화의 보조 단서로 활용하거나 초기 언어 학습지도 시 시각적으로 식별이 어려운 음의 발성 형태를 지도하기 위해 고안되었다.

③ 큐드 스피치는 구화법의 단점을 보완하기 위한 방법으로 음소와 입의 모양에 기초한 것이지 언어 또는 언어적 개념은 아니다.

KORSET 합격 굳히기 **큐드 스피치**

1. 큐드 스피치(cued speech)는 구어언어의 보조수단으로 개발되었으며, 교육에서는 수화나 독화와 함께 선택적으로 사용되기도 한다.

2. 1967년 갈로넷 대학교의 코넷에 의해 개발되었으며, 큐드 스피치의 활용 방법을 청각장애 아동의 부모에게 전수하여 청각장애 아동과 부모가 서로 원활한 의사소통을 할 수 있도록 하는 데 목적이 있었다.

3. 낮은 가시도와 변별의 어려움이 독화의 제한점이라면, 큐드 스피치는 보다 정확하게 청각적 메시지를 시각적으로 전달해 준다.

4. 수신호와 입 모양을 동시에 사용함으로써 화자의 메시지를 읽을 수 있는데, 큐드 스피치의 가장 큰 특성은 구어언어를 음소 단위로 변환하여 전달할 수 있다는 것이다. 예를 들면, '꽃잎'이라는 단어를 지문자와 수화로 설명하면 다음과 같다.

① 지문자

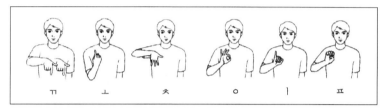

② 수화

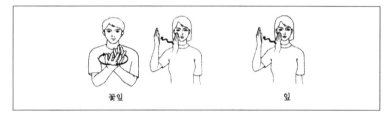

③ 큐드 스피치

큐드 스피치로 전달되는 '꽃잎'은 발음 나는 대로 /꼰닙/으로 전달하게 되며, 화자는 이때 최소한 '꼰닙'으로 입 모양을 지어야 하며, 청자는 입 모양과 손 모양 그리고 손 위치를 동시에 코딩하여 '꼰닙'의 음소를 해독한다.

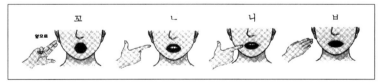

출처 ▶ 고은(2018)

4. 독화 지도 시 고려사항 13중특(추시), 16유특 · 중특, 21중특, 25중특

독화를 직접 지도하거나 혹은 학급에 독화를 하는 청각장애 학생이 있을 경우 교사는 다음과 같은 점에 주목하여야 한다.

① 가능한 독화 단서를 모두 활용하도록 한다.

  • 다양한 시각적 보조자료를 사용하여 학생의 이해를 돕는다.

② 교사는 입 모양을 좀 더 분명하게 하고, 정상적인 형태를 유지하면서 명확한 발음을 하는 방법을 익혀야 한다.

  • 말은 과장하지 않고 자연스럽게 한다.

③ 학생의 독화 수준에 따라 난이도를 조절해야 한다. 또한 처음 사용되는 단어는 가시도가 높고 친숙한 단어여야 하며, 내용을 연상시킬 수 있는 사전 단서를 제공하는 것이 좋다.

④ 청각장애 학생의 자리 배치는 독화하기 좋은 자리로 하되, 학생과 상의하여 결정한다.

  ㉠ 교사의 얼굴이 잘 보이는 자리에 학생을 배치한다.

  ㉡ 눈부심을 방지하기 위하여 창문은 가급적 학생을 등지고 있는 것이 좋다.

  ㉢ 교사는 칠판 앞에서 학생의 눈을 마주치고 움직임을 최소화하여 수업하는 것이 좋다.

  ㉣ U자형이나 O형은 집단토의를 할 때 독화를 좀 더 용이하게 하는 장점을 갖는다.

⑤ 항상 동일한 위치와 방향에서 독화하지 않도록 한다. 1개월에 1회 정도는 좌석을 이동하여 학생이 여러 각도에서 구형을 익히도록 한다.

⑥ 수업 시 말할 때는 항상 좀 더 큰 소리로 말해야 하며, 1~2개의 핵심 단어를 칠판에 써 넣으면 독화를 하는 데 도움이 된다.

⑦ 말하면서 판서를 하지 않는다.

03 말 · 언어 지도

1. 발음 지도

(1) 발음 지도의 이해

① 청각장애 학생의 대부분은 발음상의 문제가 있으며, 이는 말의 명료도를 낮게 하는 주원인이 된다.

② 청각장애 학생의 발음을 개선하기 위해서는 시각적 단서를 활용하는 것이 효과적이다.

③ 조음점 지시법, 조음훈련 보조시스템, 입 도장을 활용한 발음 지도 등이 청각장애 학생들의 발음 지도를 위해 사용되고 있다.

(2) 발음 지도법의 종류

① 조음점 지시법

㉠ 조음점 지시법은 교사의 입 모양이나 구형도와 같은 시각적 단서를 활용하는 방법이다.

㉡ 교사는 손가락이나 설압자로 조음 위치를 조정해 주거나 거울이나 구형도 등을 사용하여 조음방법을 설명할 수 있다.

㉢ 학생은 시각적 피드백을 받으며 의식적으로 조음점을 찾아가며 발음을 하게 되는데, 조음점 지시법은 특히 청각장애 학생에게 적절하다고 알려져 있다.

② 조음훈련 보조시스템

㉠ 조음훈련 보조시스템은 다양한 컴퓨터 소프트웨어 프로그램을 활용하여 발음을 인식하고 피드백 정보를 제공해 주는 것을 말한다.

㉡ 스스로 훈련할 수 있는 시간이 늘어나고, 학생의 경우에는 흥미를 유발할 수 있다는 장점이 있다.

㉢ 올바른 발음의 동영상을 보고 현재 자신의 발음과 올바른 발음과의 차이에 대한 시각적 피드백을 받을 수 있다.

③ 입 도장을 활용한 발음 지도

㉠ 입 도장을 활용한 발음 지도는 개개의 음소를 다른 음소와 변별하여 발음하는 데에 효과적이며 다양한 방법으로 연습할 수 있다.

㉡ 놀이 중심의 지도가 가능하다는 점에서 학생들의 흥미를 유발할 수 있다.

2. 의사소통 전략

(1) 의사소통 전략

의사소통 전략이란 화자와 청자의 의사소통 과정을 용이하게 하거나 강화 혹은 회복하는 전략으로서, 청각장애 학생은 화자의 입장이 되기도 하고 청자의 입장이 되기도 한다. 대표적인 의사소통 전략은 다음의 세 가지를 포함한다.

① 예기 전략 [24중특]

㉠ 예기 전략은 청각장애 학생이 다가올 의사소통 상황에서 필요한 내용이나 상호작용을 미리 준비하는 것을 말한다.

　㉮ 병원에 가서 의사의 진료를 받아야 하는 경우라면 의사 혹은 병원의 진료 과정에서 사용 가능한 어휘 목록을 미리 준비하거나 의사가 자신에게 물어볼 가능성이 큰 질문을 미리 목록화하여 연습해 볼 수 있다.

| 자료 |

모음 입도장 예시

음소	[a]	[e]
구형		
입 도장		

출처 ▶ 고은(2018)

    ⓛ 사용 가능한 어휘, 질문, 의사소통 상황, 의사소통 상황에서 예측되는 어려움 등을 미리 검토하고 연습하여 실제 의사소통 환경을 쉽게 느끼게 한다.

② 수정 전략 ^{22초특}

    ㉠ 수정 전략은 화자의 부적절한 행동이나 바람직하지 못한 환경이 구어 인식을 방해할 때 이를 수정하도록 요구하는 것을 말한다.

       ⓔ "좀 더 조용한 곳으로 가서 이야기할까요?", "저를 보고 이야기해 주시겠어요?"

    ⓛ 화자의 지나치게 빠른 말, 화자의 입 가리기, 주변의 큰 소음, 너무 어두운 조명 등이 구어 인식을 방해할 때 이를 수정하려고 노력하는 것이다.

③ 회복 전략 ^{18중특, 24중특}

    ㉠ 회복 전략은 대화의 메시지를 놓쳤거나 낮은 언어이해력으로 인하여 상대방의 말을 알아듣지 못하였을 때, 메시지의 내용과 구조 혹은 화자의 의사소통 행동 모두를 수정하도록 요구하는 것을 말한다.

    ⓛ 수정 전략과 회복 전략은 명확하게 구분하는 것이 쉽지 않다.

    ⓒ 회복 전략에는 반복 요구하기, 바꾸어 말하기, 간략화 요구하기 등이 있다.

유형	설명	예시
반복 요구하기	화자에게 다시 말해 줄 것을 요구하는 전략이다.	화자 : 주말에 연습 열심히 하고 오세요. 청자 : 다시 한 번 이야기해 주시겠어요? 화자 : 주말에 연습 열심히 하고 오세요.
바꾸어 말하기	다른 단어를 사용해서 유사한 의미를 가진 문장으로 재구조화하여 말해 줄 것을 요구하는 전략이다.	화자 : 내가 생각했던 것과는 너무 상이한 결과였어. 청자 : 다른 단어로 말해 주시겠어요? 화자 : 내가 생각했던 것과 결과가 많이 달랐어.
간략화 요구하기	쉬운 단어나 단어의 수를 적게 하여 말해 줄 것을 요구하는 전략이다.	화자 : 차라리 그 인간이 황홀한 지경이 되도록 칭찬을 해주는 거야. 청자 : 쉬운 말로 해줄래? 화자 : 그 인간에게 칭찬을 많이 해 주라고.

｜자료｜

의사소통 전략 예시

• 대상 : 청각장애 학생 미라

특성	미라가 사용할 의사소통 전략
• 보청기를 사용함 • 구어 위주의 의사소통 방법을 선호함 • /ㅅ/ 음을 잘 듣지 못함 • 지적장애가 있음	예기 전략 : • 수업 장면에서 나올 /ㅅ/가 들어가는 말을 미리 생각해 본다.
	수정 전략 : • 수업 중 교실 밖 소음으로 인해 듣기에 방해가 되어 창문을 닫는다. • 교사의 말이 잘 들리지 않아서 보청기의 볼륨이 적절한지 점검하여 조정한다. • 교사의 말이 잘 들리지 않아서 교사와 가까운 자리로 옮겨 앉는다.
	회복 전략 : • 교사의 말을 이해하지 못하면 중요한 단어를 다시 말해 달라고 요청한다.

출처 ▶ 2022 초등B-4 기출

(2) 발화 수정 전략

의사소통 전략 중 발화 수정 전략은 청각장애 학생의 말을 상대방이 잘 알아듣지 못했을 경우 청각장애 학생이 스스로 회복할 수 있는 수정 전략을 포함한다.

① 발화 수정 전략에서는 청각장애 학생이 화자 입장이 된다.
- 매우 불분명한 발음으로 인하여 상대방이 이해하지 못했을 때 청각장애 학생 스스로가 수정 전략을 사용하여 의사소통을 유지할 수 있다. 즉, 화자의 입장에서 내용이나 형태를 수정하는 것이다.

② 발화 수정 전략의 목적은 서로 의사소통이 단절되었을 때 메시지를 수정하거나 변경해서 의사소통을 유지하는 데 있다.

③ 발화 수정 전략의 유형은 다음과 같다(Jenkins의 분류 기준). [20중특]

유형	정의	예시
반복	이전 발화의 내용을 똑같이 반복한다.	A(청각장애 학생): 칭찬받았어요. B(건청 학생): 뭐라고? A: 칭찬받았어요.
수정	발화를 새로운 단어나 구문으로 반복한다.	A: 오늘 영화는 다 매진이래. B: 뭐라고? A: 오늘 영화는 자리가 없대.
부연 설명	이전 발화를 자세히 설명한다.	A: 홍준이 봤어? B: 뭐라고? A: 아까 모임에서 홍준이 봤냐고?
구어 확인	청자가 요청한 정보만을 구어로 제시한다.	A: 그 집은 짜장면 값 얼마야? B: 짜장면? A: 응, 짜장면.
비구어 반응	몸짓으로 청자의 질문에 대답하는 것이다.	A: 그 중국집 최고야. B: 양이 많아서? A: (고개 끄덕임)
부적절한 반응	반응하지 않거나 이전 발화와 관련없는 단어나 구문으로 반응한다.	A: 칭찬받았어요. B: 뭐라고? A: ─

출처 ▶ 고은(2018)

10 수어 지도

01 수어의 이해

1. 수어의 개념 및 필요성

(1) 개념 [13중특]

① 수어란 손의 움직임과 비수지 신호(얼굴표정과 몸짓)를 사용하여 공간적 차원에서 표현하는 시각언어인 동시에 문법체계를 갖춘 농인들의 일차언어이다.

　㉠ 수어교육은 구어교육과 대비되는 개념으로 사용된다.

　㉡ 건청학생이 말을 습득하는 것과 마찬가지로 농학생도 수화 환경에 노출되면 자연스럽게 수어를 습득한다.

② 건청인들이 사용하는 언어는 청각−음성언어 체계임에 반해 수어는 시각−운동 체계이다.

(2) 종류 [19유특, 21중특]

수화는 자연수화와 문법수화로 구분한다.

① **자연수화** [23초특]

　㉠ 자연수화란 농인들이 문화와 관습 속에서 자연발생적으로 만들어 낸 수화를 말한다.

　　• 청각장애인들의 의사를 전달하기 위하여 자연적으로 만들어져 사용되는 수화이다.

　　• 자연수화는 '농식수화' 또는 '한국수화(KSL)'라고도 불린다.

　㉡ 자연수화는 문법이 국어와 다르고 자체의 문법과 규칙을 가지고 있다.

　㉢ 관용적 표현이 많은 것이 특징이다.

│자료│

자연수화와 문법수화의 차이 예시

지도교사 : 국어대응식수화는 한국수어를 사용하는 농학생은 이해하기 어렵습니다. 예를 들면 다음과 같습니다. (자료를 보여 주며)

　• 한국어 : 나는 친절한 친구가 좋다.
　• 국어대응식수화 : [나] [친절하다] [친구] [좋다]

위와 같은 국어대응식수화 문장은 한국수어를 사용하는 농학생이 "나는 친절하다. 친구가 좋아한다."라고 해석할 수 있습니다.

예비교사 : 아! 한국수어의 문법 체계는 한국어 문법 체계와 다른 거군요.

출처 ▶ 2023 초등A−3 기출

KORSET 합격 굳히기 **자연수화의 통사적 특징**

1. 수어의 통사적 특징은 한국어의 통사적 특징과 다르다. 한국수어에는 문법적인 관계를 나타내는 형태소의 발달이 거의 없고, 각각의 낱말이 독립되어 어순에 따라 문법적인 기능을 하는 고립어와 유사하다.

2. 한국수어는 한국어와 기본적으로는 유사하지만, 한국어가 의미 형태에서 조사, 어미와 같은 형식 형태소가 붙어 문법적 기능을 하게 되는 교착어인 반면, 한국수어는 문법적인 관계를 나타내는 형태소의 발달을 거의 찾아보기 힘들고 각각의 말이 독립되어 일반적인 어순에 따라 문법적인 기능을 하는 고립어와 유사하다.

출처 ▶ 이필상 외(2020)

② 문법수화

  ㉠ 문법수화란 각국의 언어 문법에 맞게 인위적으로 만들어 낸 수화를 말한다.

   • 청각장애인들의 의사소통 지도를 위한 도구로 교육기관에서 문법에 맞게 수화를 재정리한 것이다.

   • '표준수화'라고도 불린다.

  ㉡ 자연수화가 관용적 표현 중심인 반면, 문법수화는 국어문법에 맞도록 개발되었다는 의미에서 '국어대응식 수화' 또는 문장 형식의 수화가 중심이 되기 때문에 '문장식 수화'라고도 한다.

✿ 자연수화와 문법수화의 특성

자연수화(한국수화)	문법수화(국어대응식 수화)
• 축약하여 표현함 • 구조와 어순 등이 음성언어와 매우 다름 • 국어에 대한 이해가 필요 없음 • 지문자를 거의 활용하지 않음 • 문법 형태소를 생략함	• 말이나 문장을 그대로 표현함 • 구조와 어순이 음성언어와 유사함 • 국어 문법지식을 필요로 함 • 지문자를 적극 활용함 • 문법 형태소를 지문자나 수화어휘로 표현함

출처 ▶ 고은(2018)

자료

자연수화와 문법수화의 특성

구분	자연수화	문법수화
국어와 일치도	말의 의미, 문법을 국어와 일치시키지 않고, 다소 독자적 문법을 가지고 있다.	말의 의미, 문법이 국어와 일치되며, 조사나 용언의 활용 어미 사용이 특히 현저하다.
이해의 용이성	국어를 이해하지 못해도 직관적으로 이해하기 쉽다.	국어 미습득자는 이해에 다소의 곤란을 가진다.
지문자 사용	사용은 하나 적다.	적극적으로 사용한다.
구어 병용	병용을 전제하지 않는다.	병용을 전제한다.

출처 ▶ 이규식 외(2020)

KORSET 합격 굳히기　　**수어의 특성**

1. 수어의 일반적 특성

① 음성언어가 음향적 신호의 발신과 수신에 의존하는 청각 의존적 언어라면, 수어는 시각적 신호의 발신과 수신에 의존하는 시각 의존적 언어이다.

② 수어는 공간에 대해 언어적으로 이용한 것이고 어휘적·문법적·문장론적 차원에서 공간을 언어적으로 이용한다.

③ 음성언어가 일차적이고 또 시간적인 순서에 따라 표현되는 것에 비해 수어는 동시 다발적이며 입체적이다.

2. 수어의 언어적 특성

① 수어는 시각언어로 시각적 단서가 주요 문법적 자질을 내포하고 있다.

　예 평서문은 수어를 종결할 때 얼굴표정에 변화가 없는 경우이고, 의문문은 눈과 눈썹이 올라가면서 종결하게 되며, 부정문은 얼굴이 찌푸려지는 것이다.

② 의미의 차이의 경우 한국어에서는 어휘에 의미가 내포되지만 수어는 의미 중심의 어휘를 전달하는 차이를 보인다.

　예 한글 중심의 문법수어는 '{식사}{하다}{-까?}(말을 함께 함)'으로, 자연수어는 '{식사}{끝}(눈썹이 올라감)'으로 차이를 보인다.

③ 수어의 능동문과 수동문은 수동의 방향과 얼굴표정으로 구분한다.

　예 '개가 고양이를 물다.'는 {개}(얼굴표정 밝음) {고양이}(무표정) {물다}(얼굴표정 밝음)로, '개가 고양이한테 물리다.'는 {개}(얼굴표정 어두움) {고양이}(무표정) {물리다}(얼굴표정 어두움)로 차이를 구분한다.

④ 한국어 문법 구조에는 조사가 활용되지만 수어에는 조사가 없다.

　예 수어에도 주격과 목적격을 구분하기도 하는데, 즉 몸통 안에서 인칭을 지칭할 때는 주격이 되고, 목적격을 표시할 때는 몸을 앞으로 숙이는 움직임 또는 팔을 바깥으로 빼는 형태를 취함으로써 구분한다.

출처 ▶ 이필상 외(2020)

---

(3) 수어교육의 필요성

① 농학생이 건청학생과 비슷한 수준의 학업성취를 얻기 위해서는 언어능력을 개선할 필요가 있다. 자연수화는 농학생이 접근할 수 있는 가장 자연적인 언어이다.

② 농학생의 수어 습득에 대한 지식과 경험은 음성언어 습득에 큰 영향을 미친다. 또한 수어는 읽기와 쓰기 능력의 향상에도 도움이 된다.

③ 자연수화를 사용하는 의사소통 환경에 일찍 노출된 농학생은 인지발달 측면에서 더 긍정적인 결과를 나타낸다.

④ 오늘날의 수어는 사회언어학적 측면에서 사회적 언어로 인정받는다.

⑤ 이중언어 입장에서 1차 언어(수어)는 2차 언어(국어)의 습득을 방해하지 않는다.

2. 수어의 구성 특성

수어는 다른 언어와 마찬가지로 분명한 체계를 가지고 있기 때문에 하나의 완전한 언어로 인정받는다. 수어의 구성 특성은 다음과 같이 요약할 수 있다.

(1) 도상성 13중특, 15중특

① 도상성(圖像性)이란 실제로 지시하는 대상이 언어에 투영되어 있는 것을 말한다.

② 자의성과 반대되는 개념으로 음성언어와 비교하였을 때는 도상성이 높다고 할 수 있으나, 실제로 수어의 대부분은 자의적이다.

📕 집, 전화, 세수하다

| 양손을 펴서 손끝을
마주 댄다.
〈집〉 | 오른손 1, 5지를 펴서
귀와 입에 댄다.
〈전화〉 | 양손을 펴 얼굴 앞에서
상하로 움직인다.
〈세수하다〉 |

| 도상성 |

출처 ▶ 고은(2018)

(2) 자의성 13중특, 15중특, 25중특

① 자의성(恣意性)이란 낱말과 대상 간에 직접적인 관계가 없는 것을 말한다.

② 음성언어와 마찬가지로 수어는 임의적인 약속기호이다. 📕 엄마, 이름

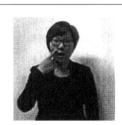 

| 오른손 2지로 코 옆을 스친 후
5지를 앞으로 내민다.
〈엄마-KSL(한국수화)〉 | 손을 펴서 1지로 턱을
두 번 쳐 준다.
〈엄마-ASL(미국수화)〉 |

수어의 구성 특성

공간적 배열	• 수어는 공간에서 배열 한다. • 음소를 순차적으로 배 열하는 음성언어와 차 이를 보인다.
사상성과 자의성	• 사상성=도상성 • 자의성
동시성	• 수어는 양손을 주요 운 동기관으로 하고 공간과 몸을 운동하는 장소로 하는 시각적 기호다. • 수어는 동시적 분절을 지님으로써 수형, 수위, 수동이 동시에 단어를 형성한다.
가역성	• 가역성은 수어만의 독 특한 특성으로 음성언 어에는 존재하지 않으 며, 대개 반의어에서 관 찰된다.
반복성	• 의성어, 의태어 그리고 강조를 표현할 때 나타 내는 것으로 '항상' '자주' 등은 반복으로 의미를 나타낸다.
발신의 운동량	• 수어는 음성언어의 조 음에 필요한 운동량보 다도 운동량이 더 큰 편 이다.
비수지 운동적 기능	• 비수지 운동에는 표정, 머리의 방향, 몸의 방향 등이 포함된다.

출처 ▶ 이필상 외(2020)

도상성
동 사상성

PART 13

오른손 1, 2지를
왼쪽 가슴에 댄다.
〈이름－KSL〉

양손 2지와 3지를 펴서
서로 두세 번 두드려 준다.
〈이름－ASL〉

| 자의성 |

출처 ▶ 고은(2018)

(3) 동시성 13중특

① 수어의 동시성(同時性)은 음성언어의 분절성과 반대되는 개념이다.

② 음성언어는 분절음의 선형 연속체(linear sequence)라 할 수 있다. 즉, 문장은 단어로, 단어는 형태소로, 형태소는 다시 각각의 분절음으로 쪼개진다.

- 예를 들면, 음성언어에서의 단어 '친구'는 '친'+'구'로 결합되며, 다시 /ㅊ/+/ㅣ/+/ㄴ/+/ㄱ/+/ㅜ/라고 하는 음소 배열을 갖는다. 음성언어에서는 2개의 말소리가 동시에 발성되지 않는다. 그러나 수어는 공간에서 표현되기 때문에 여러 가지 요소가 동시에 산출되는 '동시성'을 갖는다.

오른손의 2지와 3지를 펴서
입 앞에서 돌리며 밖으로 올린다.
〈노래하다〉

손가락을 펴서 1지를 배에 대고
나머지 손가락을 배에 댄다.
〈배고프다〉

| 동시성 |

출처 ▶ 고은(2018)

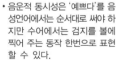

(4) 가역성

① 가역성(可逆性)이란 물질이 어떤 상태로 변했다가 본 상태로 되돌아가는 성질을 말한다.

② 가역성을 어떤 변화의 과정을 역으로 밟아 가면 다시 원상으로 복귀될 수 있다는 의미로 해석한다면, 수어는 음성언어와 달리 가역성을 가지고 있는 언어이다.

> **예** '낮 / 밝다' 또는 '밤 / 어둡다'는 수어에서 수형은 같고 수향이 반대가 된다. 즉, '낮' 또는 '밝다'는 양손을 펴서 얼굴 앞에서 포갠 후 벌린다면 '밤' 또는 '어둡다'는 양손을 펴서 벌린 후 얼굴 앞으로 포갠다.

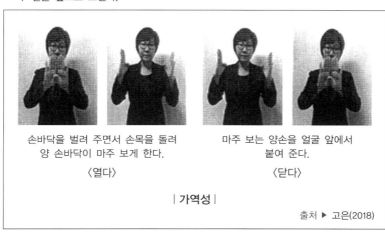

손바닥을 벌려 주면서 손목을 돌려 양 손바닥이 마주 보게 한다.

〈열다〉

마주 보는 양손을 얼굴 앞에서 붙여 준다.

〈닫다〉

| 가역성 |

출처 ▶ 고은(2018)

(5) 축약성

① 언어에서 축약은 일상적인 의사소통 상황에서 흔히 발견되는 현상이다.

② 전달하려는 메시지에 손상을 주지 않으면서 화자와 청자 간에 시간을 절약하거나 의미를 간결하게 하기 위해 사용된다.

- 예를 들면, 구화에서는 디지털 카메라(digital camera)를 디카(dica)로 줄여서 표현하거나, "아침밥 먹었어?"라는 질문을 "아침 먹었어?"라고 축약하기도 한다. 이렇듯 음성언어에서도 간혹 축약성이 발견되기도 하는데, 주로 형태·음운론적 측면에서 나타난다.

③ 수화는 통사론적 측면에서 매우 두드러진 축약성을 갖는데, 특히 자연수화는 긴 말을 짧게 줄여서 표현하는 축약성이 문법수화에 비해 훨씬 크다.

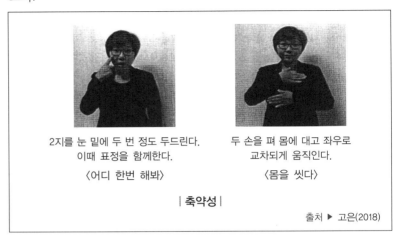

2지를 눈 밑에 두 번 정도 두드린다. 이때 표정을 함께한다.

〈어디 한번 해봐〉

두 손을 펴 몸에 대고 좌우로 교차되게 움직인다.

〈몸을 씻다〉

| 축약성 |

출처 ▶ 고은(2018)

(6) **공간성** ^{13중특}

① 수어의 중요한 특성 중 하나는 바로 공간성이다. 메시지가 공간에서 이루어질 뿐만 아니라 어떤 특정 공간에서 수어가 만들어지느냐에 따라 의미와 문법이 달라지기 때문이다.

② 예를 들면, 대화에서 "A와 B가 경기를 했는데 A는 이기고 B는 졌다."를 수어로 표현할 때는 공간을 둘로 나누어 의미를 전달한다.

A와 B

경기

A 이기고 B 지다

〈경기에서 A가 B를 이겼다〉

| 공간성 |

출처 ▶ 고은(2018)

3. 수어소

(1) 개념 ^{09중특, 13중특}

① 수어소란 수어를 구성하는 요소를 의미한다.

- 수어는 체계적이며 일정한 순서와 규칙 그리고 정해진 방법에 의해 결합되는 하나의 언어이다. 음성언어는 자음−모음과 같은 분절음을 사용하여 단어를 만드는 반면, 수어는 수어소를 사용하며 어휘를 구성한다.

② 수어소는 음성언어에서 소리의 차이를 가져오는 가장 작은 단위인 음소에 해당한다.

(2) 종류 ^{19중특, 21중특, 22중특}

수어소에는 수형, 수위, 수동, 수향, 비수지 신호 등이 있다.

수형(손의 형상)	수형은 수어를 할 때 손의 모양을 말한다.
수위(손의 위치)	수위는 수어를 하는 손의 위치를 말한다.
수동(손의 운동)	수동은 수형의 움직임에 따라 분류하는 것이다.
수향(손바닥의 방향)	수향은 손바닥과 손가락의 방향이 어디를 향하는지에 따라 분류한다.
비수지 신호	• 비수지 신호(非手指信號, non-manual signals)란 수지 신호의 반대 개념으로, 얼굴표정이나 입 모양, 머리와 상체의 움직임 등과 같이 손동작 외의 몸짓이 주는 신호를 말한다. ⑩ '왜?'를 표현하기 위해 오른 주먹의 1지를 펴서 끝을 오른쪽 관자놀이에 댄 다음, 의문스러운 표정을 짓는다. / '찾다'는 찾는 듯한 눈의 동작이 요구된다. • 비수지 신호는 음성언어에서 초분절음과 같은 역할을 한다. 　− 초분절음은 강세, 고저 또는 장단에 의해 만들어지는 소리로서 뜻이 구별되는 기능을 하는데, 수어에서 비수지 신호는 문장을 이해하는 데 중요한 역할을 하며, 문법적 기능을 담당한다.

⏱Tip

수어소란 수어를 구성하는 요소를 의미하므로 수어소의 종류를 묻는 질문은 '수어의 구성 요소' (2022 중등B−11 기출)로 표현되기도 한다.

✎ 수어소

음성언어의 음소에 해당하는 개념으로 수형소, 수동소, 수위소, 수향소, 비수지 기호 등이 있다 (특수교육학 용어사전, 2018).

PART **13**

비수지 신호

🔵 비수지 기호

(3) **특징**

① 수어소를 음소 및 독화소와 비교하면 다음과 같다.

음소	• 국어 음운론상의 최소 단위 • 자음 19개, 모음 21개
독화소	• 말읽기의 시각적 최소 단위 • 학자마다 자음, 모음 및 이중모음의 구분이 다름
수어소	• 수어의 시각적 최소 단위 • 수형 29개소, 수동 36개소, 체동 20개소, 수위 23개소, 수행 20개소

② 수화에서 '최소대립쌍'이란 수형, 수위, 수동, 수향에 해당하는 수어소 가운데 하나에서만 대조를 보임으로써 의미가 달라지는 것을 말한다.

18초특, 22중특

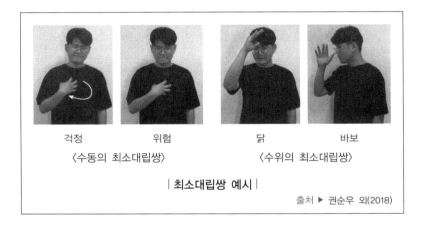

걱정	위험	닭	바보
〈수동의 최소대립쌍〉		〈수위의 최소대립쌍〉	

| **최소대립쌍 예시** |

출처 ▶ 권순우 외(2018)

02 지문자

- 적절한 수화 표현이 없거나 고유명사의 경우는 지문자를 사용하기도 한다.
- 청각장애 학생들이 듣지 못하는 음소가 들어 있는 단어들은 지문자로 제시하면 해당 단어를 정확하게 이해할 수 있도록 해준다.

1. 한글 지문자 12중특, 14초특, 16초특, 18중특, 22초특·중특, 23중특, 24초특

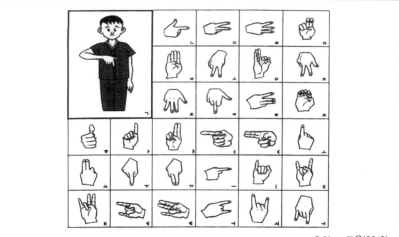

출처 ▶ 고은(2018)

2. 숫자 지문자 11초특, 12중특, 14초특, 21초특, 25초특

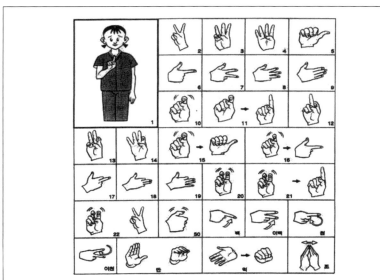

출처 ▶ 고은(2018)

Tip

한글 지문자의 경우 문제의 요구 사항이 지문자를 단어로 쓰는 것인지, 자모로 쓰는 것인지 유의한다.

PART 13

3. 영어 지문자 ^{17초특}

출처 ▶ 고은(2018)

교육적 접근

01 농교육 방법론

1. 농교육 방법론의 역사 개관

① 초기에는 수어주의가 우위를 점하였다.

② 1880년에 개최된 밀라노 국제농교육자회의를 계기로 구화주의가 언어 방법론의 주도권을 쥐게 되었다.

③ 1950년대 구소련을 중심으로 한 신구화주의는 농유아에게 일찍 지문자를 익히게 하여 아동의 말하기와 말읽기 기능을 강화시키는 것이다.

  ㉠ 신구화주의는 미국에서 자신들이 개발한 말하기, 말읽기와 더불어 지문자를 사용하는 로체스터법으로 발전하였다.

  ㉡ 로체스터법은 지문자를 사용하여 청각장애 아동에게 구화를 시각적으로 보충하는 것으로 효과를 보았다.

④ 1970년대 미국을 중심으로 총체적 의사소통법(토털 커뮤니케이션)의 철학과 개념이 등장하였다.

⑤ 총체적 의사소통법의 실천적 한계가 드러나면서 최근에는 이중언어-이중문화 접근이 농교육에 확산되고 있다.

2. 총체적 의사소통법 13중특, 23초특

① 총체적 의사소통법은 의사소통에 사용할 수 있는 모든 수단을 상황에 따라 적절하게 병행하여 사용하는 방법을 말한다.

  ㉠ '청각장애인과 일반인, 그리고 청각장애인끼리의 효과적인 의사소통을 확립하기 위해 청각적·구화적·수화적 의사소통 양식을 적절히 융합하고자 하는 철학'(미국 농학교실행협의회, 1976)으로 정의된다.

  ㉡ 말소리, 지문자, 수화, 몸짓, 상징, 읽기, 쓰기 등 모든 소통 수단이 의사소통 수단이 된다.

✏️ **총체적 의사소통법**
청각장애인이 교육에서 말하기, 독화, 지화, 수화를 각각 독립된 의사소통 수단으로 생각하지 않고 이들 매체를 동시에 결합하여 의사소통하는 것이다. 구화와 수화 매체를 통한 동시 수용은 다른 한쪽의 매체로 수용할 때 부족한 부분에 대해 부가적 정보를 마련해 준다는 것을 전제로 한다. 지화와 독화를 결합하여 사용할 경우 독화만으로 이루어지는 말소리를 지각하는 것보다 의사소통에서 효율성이 있으며, 거기에 수화를 결합한 경우는 지화와 독화를 결합한 경우보다 이익을 가져온다는 것을 전제로 한다(특수교육학 용어사전, 2018).
🔁 토탈 커뮤니케이션, 종합적 의사소통법, 동시적 의사소통법, 동시법, 결합법

② 극단적인 구화주의를 부정하며 농인 중심의 의사소통 방법을 우선시한다는 측면이 강하다.

- 총체적 의사소통법이 가지는 가장 중요한 의미는 특정의 의사소통 양식에 대한 정당성이 중요한 것이 아니라, 그 사람에게 가장 적합하고 용이한 의사소통의 모든 양식이 수평적으로 똑같이 존중되어야 한다는 데 있다.

③ 총체적 의사소통법은 농인의 입장에서 수어의 효용을 긍정적으로 평가하였다는 측면에서 가치가 있다. 또한 그동안 논란이 되어 왔던 소모적인 방법 논쟁이 아닌 새로운 철학으로 농인의 생존권과 발달권 보장을 위한 주체적이고 실질적인 측면에서 수어의 가치를 높였다는 점에서 의의가 있다.

3. 이중언어 - 이중문화 접근법

(1) 청각장애에 관한 관점 ^{23초특}

① 청각장애를 보는 관점이 병리적 관점에서 사회문화적 관점으로 그 패러다임이 변하면서 수어를 시각을 통해 정보를 입수하는 사람들의 언어로 인정하고, 청각장애인을 수화를 사용하는 언어공동체로 인정하기 시작하였다.

병리적 관점	의학적으로 청력에 문제가 있어 고쳐야 할 대상으로 판단하고, 보청기나 인공와우 등 보조기기를 통해 청능훈련과 언어치료를 받는 '치료'에 목적을 둔다.
사회문화적 관점 (문화적 관점)	스스로 자신을 '농인'이라 표현하고 수화를 모국어로 쓰며, 농인 특유의 문화 및 농인으로서 정체성을 가진다.

출처 ▶ 에듀에이블 뉴스

② 사회문화적 관점이란 농문화를 수어 사용 소수집단 구성원들의 생활양식으로 인정하는 관점을 의미한다.

㉠ 농에 대한 사회문화적 관점에 기반할 때, 농인들은 그들의 생산적인 삶에서 주도적으로 사회에 참여하고 직업과 건강에서 보다 효과적인 경험을 하는 총체적인 존재라고 설명될 수 있다.

㉡ 사회문화적 관점에서 청각장애는 청각 상실보다는 사회적인 장애로 보고 비병리화하는 것으로, 청각장애를 반드시 고쳐야 할 질병으로 보지 않는다는 것이다. 비병리적 관점은 청력 상실을 부정적으로 보는 시각을 배제한다.

(2) 이중언어-이중문화 접근법 13중특, 16유특, 18초특, 19중특

① 이중언어-이중문화 접근법(bilingual-bicultural approach)은 '두 가지 언어와 두 가지 문화를 배우는 것'을 의미하는 것으로, 교실에서 교수를 위한 1차 언어로 그들이 자유롭게 구사하는 수어를 채택하여 가르치는 것을 말하며, 국어를 읽기와 쓰기를 위한 2차 언어로 가르친다.

㉠ 2개 이상의 언어를 구사하는 능력과 그 언어를 배경으로 한 문화의 차이를 이해하는 것으로, 청각장애인 사이의 문화를 제1문화로 보고 수어를 의사소통과 사고 활동을 위해 사용하는 지배적인 문화로 인정하고 가청인의 문화를 제2의 것으로 학습하는 것이다.

이중언어	• 청각장애인의 언어인 자연수어와 가청인이 사용하는 음성언어를 각각 독립된 언어로 인정하고 청각장애인에게 있어서 수어는 그들의 모국어가 되며 가청인이 사용하는 국어(음성언어와 문자언어)는 청각장애인에게 제2언어의 개념으로 보는 것이다. 　- 이중언어 접근은 수어를 농학생의 모국어로 인정하고 음성언어와 문자언어를 이차언어로 이해하는 것이다. • 이중언어 교수법에서 농학생의 자연수화 접근은 매우 중요한 과업이다. 　- 수어의 사용은 청각장애 학생의 자아실현과 학업성취도 및 언어 발달을 촉진할 수 있을 뿐만 아니라 수요자 중심의 교육을 지향하는 현행 특수학교 교육과정의 취지에도 부합된다.
이중문화	• 청각장애인 문화와 가청인 문화를 동등하게 보고 농문화를 또 하나의 문화로 인정하는 것이다. 　- 농문화란 농인들이 농사회의 구성원으로서 습득한 지식, 가치관, 도덕, 삶의 방식, 신념 등의 총체를 의미한다. • 이중문화 접근은 농인의 정체성을 확립시키고 1차 언어로서 수어의 발달을 촉진한다. 　- 이중문화 접근에서 주목하는 것은 농교육의 성공을 위해 농문화의 실체를 이해하려는 노력이 함께 수반되어야 한다는 자각에 있다. • 이중문화 정체성을 갖도록 도울 수 있는 지원 방안은 다음과 같다. 18초특 　- 정기적으로 수어 단어를 학급 친구들에게 가르쳐 줄 기회를 준다. 　- 자연수화를 1차 언어로 습득하게 하고, 이를 통해 2차 언어인 국어를 습득하게 한다. 　- 본받고 싶은 청인과 농인 사례를 골고루 접할 수 있는 기회를 갖게 한다. 　- 학교 친구뿐만 아니라 다른 학교에 있는 농인 친구와도 만날 수 있는 기회를 갖게 해 준다.

이중언어-이중문화 접근법
圄 2Bi 접근법

✎ 농문화
청각장애인들에 의하여 형성된 청각장애인 고유의 문화이다. 수화를 함께 사용하는 공통적인 의사소통 양식으로 인하여 청각장애인들 간에 집단 정체감의 형성이 농문화와 밀접한 관계가 있다(특수교육학 용어사전, 2018).

PART 13

© 이중언어-이중문화 접근법은 청각장애 학생 언어교육 방법의 새로운 패러다임이다.

- 이중언어-이중문화 접근은 언어를 보는 패러다임의 변화다. 언어와 문화는 분리할 수 없는 관계로 언어는 형식이 아니라 의미임을 배경으로 하고 있다.

② 이중언어-이중문화 접근법의 가장 기본적인 교수 전략은 농문화의 이해와 존중, 제1언어로서의 자연수어의 정착, 수어를 통한 교과수업에 있다.

③ 이중언어-이중문화 교육의 목적은 농학생의 사고에 필요한 도구를 발달시키고, 다른 농인과의 관계를 통해 건강한 자아의식을 발달시키기 위해서 강력한 시각적 1차 언어를 갖도록 하는 것이다.

02 청각장애 학생을 위한 통합교육 지원

1. 일반교사

(1) 수어 사용 학생 지원

다음은 일반교사가 수어를 사용하는 농학생의 학급 참여를 촉진할 수 있는 내용이다.

① 모든 수업에서 청각장애 학생의 참여를 격려하는 의사소통 환경을 제공한다.

② 청각장애 학생을 구성원으로 포함하는 효과적인 소집단을 구성한다.

③ 교사와 수어통역사는 학생의 학급 참여와 학생을 촉진할 수 있도록 협력하며, 수업 시간에 학생이 교사와 수어통역사를 동시에 바라볼 수 있도록 자리를 배치한다.

④ 청각장애 학생에 대한 긍정적인 태도를 취한다.

⑤ 가능하면 교사 가까이에 앉을 수 있도록 자리를 배치한다.

⑥ 교사의 얼굴에 반사 빛이 들지 않도록 하며 말을 할 때는 학생을 쳐다보고 말한다.

⑦ 그룹 토의할 때는 청각장애 학생이 다른 학생들을 모두 바라볼 수 있도록 자리를 배치한다.

⑧ 수업 시간에 필요한 주요 어휘를 알고 있는지 확인하고 칠판에 미리 판서해 둔다.

⑨ 사진이나 시각 자료를 많이 사용한다.

⑩ 환경 소음을 최대한 줄이고 소음원에서 떨어진 곳에 자리를 배치한다.

⑪ 교과 지도 시 친구를 지정하여 노트 필기한 내용을 빌려 주도록 한다.

✎ 농정체성

농인으로서 가지는 자기 동일성을 농정체성이라고 한다. 농정체성은 농인이 청인과 다르다는 것을 자각하며, 청인처럼 되려고 노력하는 것이 가치가 없다고 생각하여 스스로 삶의 우선순위를 청각적인 것이 아닌 시각적인 것에 두는 것이다. 아울러 농인들 간에 농인 문화의 가치를 공유한다(특수교육학 용어사전, 2018).

기출 청각장애 학생의 자리 배치

청각장애 아동의 자리 배치에 있어서 무조건 앞자리에 배치할 것이 아니라 학급 전체의 분위기를 쉽게 파악할 수 있고 상호작용을 통한 사회적 교류가 활발히 일어날 수 있는 U자형 배치를 고려하여, 수업의 내용과 흐름을 놓치지 않기 위해 도우미를 배치하는 것 역시 필요하다(한국청각언어장애교육학회, 2012).

(2) 난청학생 지원 ^{13중특, 21중특, 25유특 · 중특}

난청학생을 위한 교육적 조치는 다음과 같다.

① 보청기나 인공와우를 착용하고 청각을 활용할 수 있도록 지도한다.

② 말읽기와 필기를 동시에 할 수 없는 난청학생을 위해 옆자리 친구에게 필기를 대신하게 하고 이를 보여 주도록 권한다.

③ 학생이 잘 이해하지 못했다면 다시 말해 준다.

④ 학생이 이해했다고 추측하지 말고 교사의 지시를 이해했는지 질문하거나 학생에게 말해 보게 한다.

⑤ 자연스럽게 말하고, 너무 빠르게, 너무 과장되게 말하지 않는다.

⑥ 독서 지도를 할 때에는 시각적 단서가 많은 교재를 선정한다.

⑦ 다른 학생들에게 요구되는 행동을 난청학생에게도 기대한다.

　　예 올바른 매너, 학급 규칙, 과제 등

⑧ 보청기에 관심을 기울인다. 등교하면 보청기나 인공와우를 착용했는지, 잘 작동되는지를 항상 확인한다.

⑨ 학생의 효율적인 청취를 위해 적절한 학급 환경을 조성한다.

　• 교실의 소음과 반향에 주의를 기울인다.

　　예 교실에 커튼이나 카펫 등을 활용하여 반향음을 줄여 준다.
　　의자, 책상 다리에는 소음용 덮개를 씌워주는 것이 소음을 줄이는 데 효과적이다.

⑩ 독화를 하는 학생을 위해 교사는 칠판 앞에서 학생과 눈을 마주치고 움직임을 최소화하여 수업한다.

⑪ 여러 사람이 동시에 말하지 않도록 하기, 한 사람씩 순서대로 말하기와 같은 학급 규칙을 만든다.

2. 특수교사

① 일반학급 교사와 일반학생에게 청각장애에 관한 정보를 제공한다.

　㉠ 일반학급 교사와 학생들에게 보청기 또는 인공와우 착용 사실을 알린다.

　㉡ 청각장애에 관한 정보는 일반학급 교사에게 효과적인 의사소통을 촉진할 수 있도록 도움을 주며, 학생에 대한 이해를 증진시켜 긍정적인 태도를 갖게 할 수 있다.

② 의사소통 문제해결 방법을 알려 준다.

　• 학급에서 학생들 간 의사소통 단절이 일어날 경우 청각장애 학생과 가청학생 간 의사소통을 향상시키는 특정 전략을 제안할 수 있다.

③ 청각장애 학생과 가청학생을 위한 특별한 활동을 조직한다.

　예 청각장애 학생과 가청학생이 함께 교외 활동이나 체험학습을 하는 것

자료

학급 규칙 예시

	어떤 특별한 활동을 할 때 손가락 인형 등을 활용하여 주의를 집중시킨다.
	청각장애 학생은 상대방의 말을 이해하지 못했거나 본인이 발언을 해야 할 때 카드를 제시할 수 있다.
	이 카드를 받은 사람만이 발언권을 갖는다.
	조용히 하라는 신호로 사용된다. 입은 다물고 귀는 열자는 신호이다.
	주변이 소음으로 시끄러워지거나 분위기를 바꾸기 위한 목적으로 불을 껐다가 다시 켠다.

출처 ▶ 고은(2018)

3. 수화통역사 09유특, 13중특, 16유특·중특

특히 통역사를 수업에 활용 시에는 다음과 같은 사항에 유의해야 한다.

① 수화통역사는 교사와 청각장애 학생의 대화를 촉진하는 역할을 할 뿐이므로, 대화 중에 수화통역사에게 의견이나 충고, 개인적인 감정에 대해 묻지 말아야 한다.

② 학생이 교사와 수화통역사를 동시에 바라볼 수 있도록 자리를 배치한다.

③ 수화통역사 활용 시 유의점을 수업 전과 수업 중으로 구분하여 구체적으로 살펴보면 다음과 같다.

비교

수화통역사의 위치
• 수화통역사를 활용하는 경우에는 청각장애 학생이 교사 혹은 칠판과 수화통역사를 번갈아 볼 수 있도록 유의하여 자리를 배치한다(유은정 외, 2013).
• 통역사의 위치는 교사의 뒤, 약간 옆쪽이 좋다. 통역사가 너무 밝은 조명을 등지지 않도록 할 것(한국청각언어장애교육학회, 2012).

상황	수화통역사 활용 시 유의할 점
수업 전	• 청각장애 학생이 교사, 수화통역사, 다른 시각적 교수 자료를 번갈아가며 보기가 쉽도록 자리 배치에 유의한다. 소집단 토의 때는 반원형이 좋다. • 칠판, 지도, OHP 등의 시각적 자료를 다양하게 활용하여 수화통역사의 설명을 이해하기 쉽게 해준다. 불을 꺼야 할 때도 부분 조명을 이용하여 수화통역사를 볼 수 있도록 한다. • 수화통역사는 수업 내용에 대해 익숙하지 않으므로 사전에 교안, 주요 단어, 교재 등을 제공하여 학습내용 중 어려운 수어나 개념 등을 미리 준비할 수 있게 하고, 토론을 하거나 기자재를 이용하게 될 때에는 자리 배치에 대해 미리 생각하도록 한다. • 수화통역사의 역할을 확실히 한다. • 수화통역사와 교사 간의 정기적인 회의시간을 정해 놓는다.
수업 중	• 가능한 한 고정된 위치에서 청각장애 학생을 마주 보고 수업한다. 수화통역사가 있어도 교사의 말을 독화하거나 제스처 등을 보아야 하기 때문이다. • 학생의 행동 지도 및 학급 관리는 교사가 담당하고 수화통역사에게 맡기지 않는다. • 학생이 이해하는지에 대한 책임은 수화통역사가 아니라 교사 자신에게 있음을 인식한다. • 수화통역사가 용어나 개념을 설명할 때 충분한 시간을 준다(특히 난이도가 높은 문장으로 된 교재나 시험문제 등). • 교사나 또래 모두 질문을 할 때는 학생에게 직접 하고(예 길동이는 어떻게 생각하니?), 수화통역사에게 하지 않는다(예 길동이에게 어떻게 생각하는지 물어보세요). • 수화통역사가 학급 전체를 대상으로 수어를 소개하고 가르칠 수 있도록 기회를 마련한다.

4. 교육방법상 고려사항 ^{09중특, 11초특, 12중특, 13중특(추시), 15유특·초특, 25초특}

① 수업이 강의식으로 진행될 때는 최소한 두 명의 친구에게 노트를 빌릴 수 있게 한다. 독화하면서 동시에 필기하는 것이 불가능할 수 있기 때문이다.

② 수업을 시작할 때 중요한 내용을 미리 요약하고, 마칠 때도 요점을 정리해 준다.

③ 교사나 또래들이 청각장애 학생과 이야기할 때는 자연스럽게 이야기하고, 몸짓도 자연스럽게 하되, 얼굴을 마주보며 말하도록 한다.

④ 완전한 문장으로 말해 준다. 알아듣지 못했을 때에도 한두 단어만 말해 주지 말고 전체 문장을 다시 반복하거나 말을 바꾸어 해준다. 한두 개의 단어보다는 문장 속에서 내용과 의미를 더 잘 파악할 수 있기 때문이다.

⑤ 학생이 교사와 동료의 말에 청각적·시각적으로 접근하도록 보장해 준다.
　㉠ 교실 구성, 일상 수업 및 발표 수업 이전에 활동에 대한 자료를 미리 제공한다.
　㉡ 소음원에서 떨어진 곳에 배치하고, 교사의 얼굴이 섬광의 영향 없이 잘 인식될 수 있는 장소에 앉게 한다.
　㉢ 학생의 이름을 부르기 전에 학생의 청각적·시각적 주의를 먼저 얻음으로써 학생이 준비하게 한다.

⑥ 자료를 제시할 때 여러 가지 방법을 동시에 사용하지 않는다. 예를 들면, 칠판에 적으면서 동시에 말을 하면 시각적 정보(말 읽기)와 청각적 정보의 강도가 모두 감소한다.

⑦ 가르치는 개념에 대해 명확하게 설명하고, 시각적 예를 많이 사용한다. 용어는 일관되게 사용하는 것이 좋다.
　㉠ 게시판을 사용하거나 그림, 도표, 컴퓨터 그래픽 등 가능한 시각적인 교수방법을 최대한 활용한다.
　　• 시각적 자료를 활용할 때는 시각적 자료를 보여준 후에 그 자료에 대해서 설명해 준다.
　㉡ 중요한 단어나 새로운 단어는 칠판에 써주고, 수업 전에 미리 새로운 단어를 공부할 수 있게 한다.
　㉢ 비디오나 컴퓨터 동영상 자료 등을 볼 때 자막이 있는 것을 선택한다.
　㉣ 과제물이나 공지사항, 새로운 어휘, 페이지 번호 등을 말할 때 칠판에도 적어 준다.

⑧ 수업 내용을 이해했는지 질문하고 확인한다. 항상 잘 이해하는 것이 아니며 교사에게 질문하는 것을 어렵게 생각하는 경우가 많기 때문이다.

⑨ 학급 토의를 할 때는 다음과 같은 방법으로 청취 환경을 개선할 수 있다.

17초특, 20유특

㉠ 책상 배열을 U자나 원으로 하여 모든 토론자들이 최대한 서로 볼 수 있게 한다.
  - 청각장애 학생이 제일 오른쪽이나 왼쪽에 앉아 의자를 살짝 돌려 전체 학급을 볼 수 있도록 좌석을 배치한다.

㉡ 소그룹 토의의 경우 다음 화자에게 FM 마이크를 넘길 수 있으므로 토의의 속도를 천천히 진행해야만 화자를 시각적·청각적으로 따라갈 수 있다.

㉢ 토론 활동 시 한 번에 한 사람씩 말하게 하고, 누가 말하는지 알려 주어 누구를 보아야 하는지 알 수 있도록 한다.

⑩ 학급 또래들이 수어를 배우고 싶어 할 수도 있으므로 이러한 경우 배울 수 있는 기회를 마련한다.

KORSET 합격 굳히기　청각장애 학생의 통합교육을 위한 수업전략

시각화	• 내용을 프로젝터나 랩톱을 활용하여 문자로 써준다. • 새로운 어휘나 주요 내용 혹은 읽어야 할 페이지 등은 칠판에 써준다. • 그림카드나 문자카드를 제시해 준다. • 동영상에 자막을 넣어 준다. • 과제나 일정 등과 같은 중요한 내용은 칠판이나 메모를 활용한다.
조직화	• 순서화한다. • 수업목표와 수행과제 등을 분명하게 한다. • 집중력 등을 고려하여 과제수행 단계를 적절히 나누어 준다. • 기본원리를 이해하기 쉽게 제시한다. • 교사나 혹은 다른 학생들을 통해 주요 수업내용을 반복한다.
차별화	• 양적·질적으로 과제를 수정한다. • 다른 학생들과 다른 수정된 자료를 준다. • 부연설명을 한다. • 친구와 협력할 수 있는 과제를 준다.

출처 ▶ 고은(2018)

5. 동반 입학 ^{25유특}

① 동반 입학은 몇 명의 청각장애 학생을 일반학급에 같이 배치하고, 일반 교사와 수화에 익숙한 특수교사, 농교사 등이 협력하여 가르치는 교육 형태를 의미한다.

- 한 학급에 청각장애 학생을 한 명만 배치하지 않고 두 명 이상 배치하는 교육 형태이다.

② 동반 입학은 전통적인 통합과는 다른 몇 가지 특징이 있다.

- ㉠ 청각장애 학생이 한 교실에 일정 인원으로 같이 배치된다.
- ㉡ 두 개의 언어가 투입된다.
  - 수화와 음성언어가 다 지원되며 이 학급 내에서는 청각장애 학생과 일반학생 모두에게 학습과 의사소통을 지원한다.
- ㉢ 협력교수와 협동학습이 교사와 학생에 의해 수행된다.
  - 일반교사, 농교사, 수화에 능한 특수교사, 수화통역사 등의 협력교수가 이루어지는 교수적 통합이 이루어지는 환경이다.
- ㉣ 청각장애 학생과 일반학생 사이의 교육을 수월하게 하기 위한 통합 교실 조건을 만들어 내는 전반적인 철학이다.

③ 동반 입학의 장점은 다음과 같다.

- ㉠ 청각장애 학생은 정서적으로 의지·의존할 수 있는 친구가 있다는 것에 심리적인 안정감을 가질 수 있다.
- ㉡ 동반 입학 프로그램을 통하여 일반학생들이 수화를 배우면 통합학급에서의 동료 수용이나 사회적인 교류 무대가 확대된다.

자료

동반 입학 시 청각장애 학생 비율

이상적인 비율은 청각장애 학생과 일반학생의 비율이 1 : 3 또는 1 : 4로 배치되는 것이다(이한나 외, 2015).

자료

이중언어 접근과 동반 입학

이중언어 접근의 한 실천으로써 최근 청각장애 학생 통합교육에 제기되고 있는 프로그램 중에 하나가 동반 입학이다(이한나 외, 2015).

03 청각장애 학생을 위한 평가 조정 방법

1. 환경 조정

평가 조정 유형	평가 조정 설명
독립 공간 제공	• 청각장애 학생에게 일대일 지원, 과제 상기, 지시 반복 및 명료화, 보조 인력(수어 통역사, 보조원, 사회복무 요원 등) 배치 등의 평가조정이 필요할 때 별도의 독립 공간에서 평가를 시행한다.
소음의 최소화	• 청각장애 학생은 듣기 평가 시 주변의 소리에 심각한 방해를 받을 수 있다. • 따라서 소음을 최소화한 공간에서 평가를 시행한다.
증폭, 방음 장치 제공	• 청각장애 학생은 일반적으로 청각적 자극을 수용하는 데 제약이 있으므로 음성언어의 듣기에 어려움을 겪을 수 있다. 인공와우나 보청기를 착용하여 일상생활에 어려움이 없더라도 듣기의 질은 건청인과 다를 수밖에 없다. • 따라서 듣기의 질(소리가 들리는 정도)을 높여 공정한 평가를 받을 수 있도록 음성 증폭 장치, 청각적 자극을 최소화할 수 있는 방음장치, FM 시스템 등을 사용하여 평가를 시행할 수 있다.
자리 배치 고려	• 청각적 자극을 수용하기 쉽도록 스피커와 가까운 자리 또는 교사의 얼굴이 잘 보이는 자리에 배치한다.
특수교사 또는 보조인력 배치	• 독립적으로 말 지시 이해가 어려운 청각장애 학생의 경우, 특수교사, 수어 통역사 등 보조 인력을 배치하여 평가한다.
학교 외 별도의 공간에서 시행	• 장기입원 또는 순회교육을 받는 청각장애 학생에 국한하여 병원 등의 학교 외 별도의 공간에서 평가를 실시할 수 있다. 이 경우 평가 보안에 유의해야 한다.

출처 ▶ 국립특수교육원(2016)

2. 시간 조정

평가 조정 유형	평가 조정 설명
시간 연장	• 말하기가 포함된 평가에 한해 청력손실 정도를 고려하여 시간 연장을 할 수 있다. 청각장애 외에 평가 시 고려할 다른 장애를 수반하지 않을 경우, 비장애학생과의 형평성을 고려하여 제한적으로 제공해야 한다. • 시간을 진동으로 알려 주는 손목 수신기를 제공하면 청각장애 학생이 시험시간을 독립적으로 관리할 수 있다.

출처 ▶ 국립특수교육원(2016)

3. 제시형태 조정

평가 조정 유형	평가 조정 설명
수어 제공	• 청각장애의 청력손실 정도가 독립적으로 듣기를 이해하고 평가에 참여하기 어려운 경우, 수화통역사를 배치하거나 수어 영상을 제공하여 평가한다.
비디오 (영상, 자막 제공)	• 청각장애의 청력손실 정도가 듣기만으로 평가 내용을 이해하기 어렵고 말 읽기나 수어 읽기가 필요한 경우, 아나운서의 입 모양, 자막, 수어, 영상 등을 비디오로 제공하여 평가한다. • 국립장애인도서관에서 수어영상도서자료와 자막영상자료를 이용할 수 있다. 수어영상도서자료는 도서의 내용을 수어로 변환하여 제작한 영상자료로, 한 권의 도서를 전부 재연한 완역과 줄거리만 짧게 축소한 요약으로 구분하여 제공하고 있다. 수어영상도서와 자막영상자료는 누리집상에서 열람이 가능하다.
필답 대체	• 청각장애 학생의 청력손실 정도가 듣기만으로 평가 내용을 이해하기 어려워 수어나 비디오 제공 등의 조정도 제공할 수 없는 경우, 듣기 평가를 필답으로 대체하여 평가한다.

출처 ▶ 국립특수교육원(2016)

4. 반응형태 조정

평가 조정 유형	평가 조정 설명
수어 응답	청각장애 학생에게 적합한 의사소통 양식이 구어보다 수어일 경우 수어 통역 보조 인력을 배치하여 학생이 수어로 응답한 것을 답안지에 옮겨 적게 하여 평가한다.
청각 보조기 사용	대부분의 청각장애 학생은 보청기나 인공와우를 착용하므로 평가 시 청각 보조기를 사용하는 것을 허용해야 한다.
개별 평가	청각장애 학생은 지필평가 시 수어 통역이나 운영상의 조정이 필요하거나, 실기평가 시 합창이나 게임 등 단체 평가에 참여하기 어려운 경우가 있다. 이때 청각장애 학생이 개별로 평가받는 것이 유리하다면 일대일로 평가한다.

출처 ▶ 국립특수교육원(2016)

개념확인문제

01

2012 중등1-31

청각장애를 진단하기 위한 청력검사에 대한 설명으로 옳은 것만을 〈보기〉에서 있는 대로 고른 것은?

┤ 보기 ├

ㄱ. 뇌간유발반응검사(ABR)는 청성 초기 반응을 측정하는 객관적 검사이다.

ㄴ. 링(D. Ling)이 제시한 5개음 검사는 청취력을 간단하게 진단하는 데 유용한 검사로, 검사음은 [i], [u], [ɑ], [ʃ], [s]이며, [m]를 더하여 6개음 검사를 하기도 한다.

ㄷ. 순음청력검사는 주파수별로 순음을 들려주어 청력 수준을 측정하는 주관적 검사로, 기도와 골도 검사 결과를 통해 청력손실 정도와 청각장애 유형을 알 수 있다.

ㄹ. 어음청취역치검사는 검사음의 50%를 정확히 대답하는 최대 어음 강도인 어음청취역치를 알아보는 검사로, 어음청취역치는 일반적으로 순음평균청력치와 20dB 정도 차이가 난다.

ㅁ. 어음명료도 검사는 검사 어음을 얼마나 정확히 이해하는지를 측정하는 검사로 최대명료도값(PBmax)과 명료도 곡선을 구할 수 있는데, 약 60dB에서 100%의 어음명료도를 보이면 감각신경성 청각장애로 추정한다.

① ㄱ, ㄹ
② ㄷ, ㅁ
③ ㄱ, ㄴ, ㄷ
④ ㄱ, ㄴ, ㄷ, ㄹ
⑤ ㄴ, ㄷ, ㄹ, ㅁ

02

2014 중등A-10

다음은 기도순음청력검사를 통해 산출된 청각장애 학생 A의 오른쪽 귀 평균청력손실치에 대한 설명이다. 괄호 안의 ㉠과 ㉡에 해당하는 말을 각각 쓰시오.

학생 A의 오른쪽 귀 평균청력손실치 75dB은 대부분의 (㉠)이/가 분포되어 있는 주파수인 1,000Hz, 500Hz, (㉡)Hz의 각각의 청력손실치로 계산하여 구한 값이다. 즉, 1,000Hz의 청력손실치 75dB의 2배 값에 500Hz의 청력손실치 70dB과 (㉡)Hz의 청력손실치 80dB을 더한 값을 4로 나눈 값이다.

03

2013추시 중등A-7

(가)는 청각장애 학생들의 청력 특성이다. 물음에 답하시오.

(가) 청각장애 학생들의 청력 특성

이름	⊙ 평균 청력역치 (ⓛ dB HL)	
병철	기도 좌측 50	우측 50
	골도 좌측 50	우측 50
수미	기도 좌측 35	우측 0
	골도 좌측 5	ⓒ 우측 −5
지우	기도 좌측 70	우측 65
	골도 좌측 35	우측 35

1) (가)의 청각장애 학생들 중 외이나 중이에 손상이 있는 학생의 이름을 모두 쓰시오.

2) ⊙을 3분법이 아니라 4분법으로 구할 때의 장점을 1가지 쓰시오.

4) ⓒ의 의미를 0dB HL의 의미에 비추어 쓰시오.

04

2015 중등A-2

다음은 순음청력검사에 대한 설명이다. 괄호 안의 ⊙에 들어갈 현상을 쓰고, 밑줄 친 ⓒ의 이유를 쓰시오.

기도청력검사의 경우는 양귀의 기도청력역치가 40dB 이상 차이가 있거나 검사 귀의 기도청력역치와 비검사 귀의 골도청력역치가 40dB 이상 차이가 있을 때 차폐(masking)를 해야 한다. 이는 주파수에 따라 차이가 있으나, 검사 귀에 제시한 음이 두개골을 지나면서 최소한 40dB 이상의 (⊙)이/가 일어나기 때문이다. 그리고 ⓒ 골도청력검사의 경우는 항상 차폐를 해야 한다.

05

다음은 특수교사와 학생 E의 어머니가 나눈 대화 내용이다. ㉠과 같은 방법으로 순음을 측정하는 이유를 제시하고, ㉡에 들어갈 내용을 1가지 쓰시오. 그리고 전음성 청각장애와 감음 신경성 청각장애는 ㉢에서 어떠한 차이를 보이는지 설명하시오.

어 머 니 : E가 순음청력검사와 어음청력검사를 받아야 한다고 하네요. 이 검사들은 어떤 검사인가요?

특수교사 : 순음청력검사는 소리 자극을 들려주고, 들을 수 있는 가장 작은 소리의 강도를 다양한 주파수에서 알아보는 검사입니다. 구체적으로는 ㉠ 125~8,000㎐ 정도의 주파수 대역에서 순음을 측정하고, 기도청력검사와 골도청력검사로 구성됩니다.

… (중략) …

어 머 니 : 순음청력검사를 통해 알 수 있는 것들은 무엇인가요?

특수교사 : 순음청력검사를 실시한 이후 그 결과를 바탕으로 (㉡)을/를 알 수 있어요.

어 머 니 : 그럼, 어음청력검사는 어떤 검사인가요?

특수교사 : 어음청력검사는 순음청력검사 결과를 기초로 말소리 청취와 이해 수준을 알아보는 검사로, 대표적인 것으로는 어음명료도 검사가 있습니다.

어 머 니 : 어음명료도 검사를 설명해 주시겠어요?

특수교사 : 어음명료도 검사는 최적의 듣기 강도에서 말소리 이해 정도를 나타내는 ㉢ 어음명료도(speech discrimination score)를 알아보고, 이후 청능훈련을 하거나 보청기를 착용하고자 할 때 활용될 수 있는 검사입니다.

06

청각장애학교에 재학하고 있는 A학생은 감음 신경성 청각장애로 진단받았다. 〈보기〉에서 A학생에게 해당될 수 있는 설명을 고른 것은?

┤ 보기 ├
ㄱ. 침골과 등골에 손상이 있다.
ㄴ. 코르티기에 손상이 있다.
ㄷ. 기도와 골도 검사 결과 모두에 청력손실이 있고, 그 정도가 유사하다.
ㄹ. 기도 검사 결과에는 청력손실이 있고, 골도 검사 결과는 정상 범위에 있다.
ㅁ. 보청기 착용 효과가 없는 경우에는, 인공와우 이식을 고려한다.
ㅂ. 보청기 착용 효과가 충분히 예상되므로, 보청기 적합 절차를 거쳐 착용한다.

① ㄱ, ㄷ, ㅁ　　　　② ㄱ, ㄷ, ㅂ
③ ㄱ, ㄹ, ㅁ　　　　④ ㄴ, ㄷ, ㅁ
⑤ ㄴ, ㄹ, ㅂ

07

다음의 청력도는 학생의 순음청력검사 결과이다. 이 학생의 오른쪽 귀의 청각 특성에 대해 옳은 것을 〈보기〉에서 모두 고른 것은?

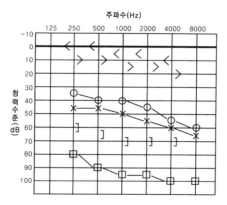

┤ 보기 ├

ㄱ. 전음성 난청이다.

ㄴ. 인공와우 이식을 하게 되면 듣기 능력이 향상 된다.

ㄷ. 남자 목소리를 여자 목소리보다 더 잘 들을 수 있다.

ㄹ. 조용한 장소에서 1.8m 떨어져 대화할 때 마찰음 말소리를 들을 수 있다.

ㅁ. 조용한 장소에서 1.8m 떨어져 대화할 때 대부분의 모음을 들을 수 없다.

ㅂ. 조용한 장소에서 두 사람이 속삭이는 소리를 1.2m 거리에서 듣는 데 어려움을 겪는다.

① ㄱ, ㄴ, ㄹ
② ㄱ, ㄷ, ㅂ
③ ㄱ, ㄷ, ㅁ, ㅂ
④ ㄴ, ㄷ, ㄹ, ㅁ
⑤ ㄴ, ㄷ, ㄹ, ㅁ, ㅂ

08

다음은 선천성 청각장애 학생의 순음청력검사 결과이다. 이 학생의 청력도에 근거하여 알 수 있는 내용으로 옳은 것만을 〈보기〉에서 모두 고른 것은?

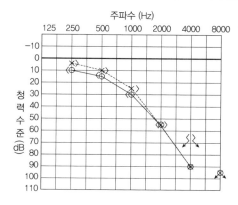

┤ 보기 ├

ㄱ. 5개음 검사 결과, '아'음을 들을 수 있다.

ㄴ. 청각장애의 원인은 중이에 의한 청력손실이다.

ㄷ. 발성 시 자음 산출에 어려움이 있고, 과대비성이 나타난다.

ㄹ. 3분법으로 계산한 왼쪽 귀의 평균 청력수준은 35dB(HL)이다.

ㅁ. 청력형은 고음장애형이며, 역동범위는 건청학생에 비하여 넓다.

ㅂ. 청능훈련을 할 때 큰 북과 캐스터네츠 소리를 각각 들려준 후, 어떤 소리에 반응하는지를 살펴본다.

① ㄱ, ㄴ, ㄹ
② ㄱ, ㄷ, ㅂ
③ ㄱ, ㄷ, ㅁ, ㅂ
④ ㄴ, ㄷ, ㄹ, ㅁ
⑤ ㄴ, ㄷ, ㄹ, ㅁ, ㅂ

09

다음은 청각장애 아동 혜주의 특성에 대한 기록이다. 이 기록을 기초로 하여 혜주에게 언어를 지도하려고 할 때, 〈보기〉에서 적절한 방법을 모두 고른 것은?

- 성명 : 김혜주(여)
- 특성 : 선천성 청각장애
  - 동작성 지능지수(IQ) : 94(K-WISC-Ⅲ 검사)
  - 사회성숙지수(SQ) : 85(사회성숙도 검사)
  - 가정환경 : 건청인 부모 밑에서 외동으로 성장하고 있으며 아파트에 거주함, 부모 모두 직장생활을 하고 있음
  - 또래관계 : 또래들과 어울리려고 노력하나 주로 혼자 보내는 시간이 많음

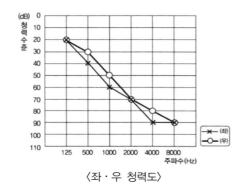

〈좌 · 우 청력도〉

┤ 보기 ├

ㄱ. 말의 정보를 반복적으로 제공하여 혜주가 의사소통 단서를 파악하도록 유도한다.

ㄴ. 관용적으로 사용되는 표현은 혜주가 이해하기 어려울 수 있으므로 별도로 지도한다.

ㄷ. 읽기 지도에서 동시는 완성된 문장보다 쉽게 받아들이므로 동시를 활용하여 문장에 대한 이해를 높인다.

ㄹ. 혜주는 중이 손상에 의해 초래된 전음성 난청이므로 교과활동 시 교사는 음의 강도를 높여 지도해야 한다.

ㅁ. 교사는 혜주에게 정확한 입모양을 보여주기 위해 문장을 읽어줄 때, 음절마다 분리하여 천천히 말을 한다.

① ㄱ, ㄴ　　　　② ㄴ, ㄷ
③ ㄱ, ㄴ, ㄹ　　④ ㄷ, ㄹ, ㅁ
⑤ ㄱ, ㄷ, ㄹ, ㅁ

10

다음은 청각장애학교에 교육실습을 나온 교생 A와 B가 나눈 대화이다. ㉠~㉺ 중에서 옳은 내용만을 있는 대로 고른 것은?

교생 A : 우리 반 준희는 내이에 손상을 입은 감음신경성 청각장애에요.

교생 B : 아, ㉠ 감음신경성 청각장애는 외이나 중이에는 손상이 없으니까 헤드폰을 통해 순음을 들려주어 검사하는 기도검사 결과가 정상이겠군요.

교생 A : 준희는 ㉡ 내이에 손상이 있으니까 골도검사에서 청력 손실이 나타나지요.

교생 B : 참, ㉢ 기저막에 손상을 입으면 전음성 청각장애이지요. 그 외 청각기관의 손상 부위에 따른 청각장애의 종류는 무엇이 있나요?

교생 A : ㉣ 유모세포의 손상으로 음파가 전기에너지로 제대로 전환되지 않아 대뇌피질까지 소리가 전달되지 않는 중추성 청각장애가 있어요.

교생 B : 그런데, 정미는 ㉤ 고막과 이소골 두 곳에 손상이 있다고 하니 혼합성 청각장애이겠군요. 이런 학생들의 순음청력검사 결과는 어떤가요?

교생 A : ㉥ 혼합성 청각장애는 기도와 골도검사 모두에서 청력 손실이 나타나는데, 기도검사의 청력 손실이 골도검사의 청력 손실보다 더 크게 나타나지요.

① ㉠, ㉡

② ㉡, ㉥

③ ㉠, ㉢, ㉥

④ ㉡, ㉣, ㉤

⑤ ㉢, ㉣, ㉤, ㉥

11

(가)는 일반학급에 통합된 학생 K의 청력도이고, (나)는 특수교사와 일반학급 교사가 나눈 대화이다. 〈작성 방법〉에 따라 서술하시오.

(가) 학생 K의 청력도

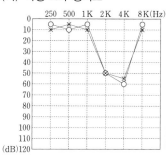

〈6분법 기준 평균청력〉
• 우측 귀 기도: 30dB HL
• 좌측 귀 기도: 30dB HL

(나) 특수교사와 일반학급 교사의 대화

일반교사 : 선생님, 학생 K가 청력은 괜찮다고 하는데 수업 시간에 가끔 제가 하는 말을 잘 듣지 못하는 것 같아요. 왜 그런가요?

특수교사 : 예, 학생 K의 ㉠ 청력도를 해석하면 그 이유를 알 수 있습니다.

… (중략) …

일반교사 : 학생 K가 의사소통을 잘 할 수 있는 방법이 있을까요?

특수교사 : 예, 여러 방법이 있지만 그중 ㉡ 회복전략을 참조하면 좋겠네요.

┤ 작성 방법 ├

• (가)에 근거하여 학생 K가 듣기 곤란한 한국어 음소를 1가지 쓸 것

• 밑줄 친 ㉡ 중에서 학생 K가 사용할 수 있는 방법을 2가지 서술할 것

12

(가)는 청각장애 학생 G의 특성이고, (나)는 학생 G의 의사소통 증진을 위해 일반교사와 특수교사가 나눈 대화의 일부이다. (다)는 학생 G의 발화 수정 전략이다. 〈작성 방법〉에 따라 서술하시오.

(가) 학생 G의 특성

- 초등학교 1학년 때부터 보청기를 착용함
- 음성언어(구어)로 주로 의사소통함
- ⓐ 독화로 음성언어를 수용하나, 독화의 시각적 한계로 인한 어려움을 보임
  - ㉠ /ㅁ, ㅂ, ㅍ/를 구분하지 못함
- 말 명료도가 낮음
  - '결석'을 [겨서]로 발음함
  - ㉡ [i] 발음 시 [a]에 가깝게 발음함

(나) 대화

일반교사 : 학생 G가 발음은 정확하지 않지만, 적극적으로 말을 하려고 해요. 그런데 가끔씩 학생 G의 발음이 분명하지 않아서 무슨 말을 하는지 제가 알아듣지 못해요. 그래서 대화가 끊어질 때가 있어요. 그럴 땐 어떻게 하면 좋을까요?

특수교사 : 네, 학생 G가 스스로 수정해서 말하도록 대화에 적절한 반응을 보여주세요. 그러면 학생 G가 계속해서 말하려고 시도할 겁니다.

(다) 발화 수정 전략

유형	내용	예시	목표발화
반복	이전 발화 내용을 똑같이 반복함	학생 : 다당면 먹어서요. 교사 : 뭐라고? 학생 : 다당면 먹어서요.	짜장면 먹었어요.
수정	(㉢)	학생 : 비수가 겨서 해서요. 교사 : 뭐라고? 학생 : 비수가 아와서요.	지수가 결석했어요.
부연 설명	이전 발화를 자세히 설명함	학생 : 저바 저워서요. 교사 : 뭐라고? 학생 : 제가 아가 저바 저워서요.	칠판 지웠어요.

┤ 작성 방법 ├

- (가)의 밑줄 친 ⓐ와 같은 특징을 고려하여, 독화에서 ㉠에 해당하는 용어를 쓰고, 그 의미를 서술할 것
- (가)의 밑줄 친 ㉡과 같은 발음의 현상을 의미하는 용어를 쓸 것
- (나)의 대화를 참고하여 (다)의 ㉢에 해당하는 수정 내용을 서술할 것

13

2013 중등1-16

다음은 청각장애학교가 채택한 의사소통 방법에 따른 교육적 접근법에 대한 기술이다. 각각의 교육적 접근법에 대한 설명으로 옳은 것은?

- A 학교 : 농문화를 존중하며 자연수화를 사용하여 수업을 한다.
- B 학교 : 말과 함께 수화와 지문자 등을 사용하여 수업을 한다.
- C 학교 : 청능훈련을 통해 잔존 청력을 최대한 활용하여 음성언어 발달을 강조하며, 음성언어를 사용하여 수업을 한다.

① A 학교 교육적 접근법의 구체적인 실천 방법은 로체스터법이다.
② A 학교의 교육적 접근법에서는 이차언어로 자연수화를 가르치므로 국어 교육과정에 수화 관련 내용을 추가한다.
③ B 학교 교육적 접근법의 구체적인 실천 방법은 동시적 의사소통법이다.
④ B 학교의 교육적 접근법에서는 음성언어보다 문자언어의 사용을 더 강조한다.
⑤ C 학교의 교육적 접근법에서는 말소리의 이해를 돕기 위해 수화를 함께 사용한다.

14

2013추시 유아A-8

다음의 (가)는 지수의 청능 훈련 활동이고, (나)는 지수의 청력도이다. 물음에 답하시오.

(가) 지수의 청능 훈련 활동

지수는 인지적 문제를 동반하지 않은 만 4세 청각장애 유아이다. 현재 지수는 양쪽 귀에 보청기를 착용하고 있다. 교사는 ㉠ 링(D. Ling)의 6개음 검사를 실시한 후 다음과 같이 청능 훈련을 하였다.

교사 : 지수야, 선생님이 하는 말을 잘 들어 보세요. (입을 가리고) '엄마 어디 있어?'
지수 : ㉡ (엄마를 가리키며) '엄마'
교사 : (입을 가리고) '우산'
지수 : ㉢ '우…잔'…… '우잔'

(나) 지수의 청력도

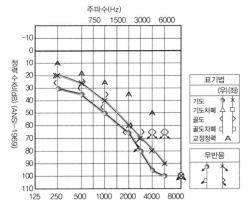

1) ㉠에서 /m/를 제외한 나머지 5개음의 음소를 쓰시오.

2) ㉡은 청능 훈련 계획 시 고려할 청능 기술(auditory skill)의 4단계 중 어디에 해당하는지 쓰시오.

3) ㉢과 같이 지수가 /ㅅ/를 /ㅈ/로 듣고 반응하는 이유를 /ㅅ/의 음향음성학적 특징과 지수의 청력도를 근거로 쓰시오.

15

청각장애 학생을 위한 의사소통 지도 요소에 관한 설명으로 옳지 않은 것은?

① 국어 음운론상의 최소 단위를 음소라 한다.
② 수화의 시각적 최소 단위를 수화소라 한다.
③ 말읽기의 시각적 최소 단위를 독화소라 한다.
④ 한국 수화소의 수는 국어 음소의 수보다 많다.
⑤ 국어 독화소의 수는 한국 수화소의 수보다 많다.

16

수화(자연수화)에 대한 설명으로 옳은 것만을 〈보기〉에서 있는 대로 고른 것은?

┤ 보기 ├

ㄱ. 수화를 구성하는 요소인 수화소는 음성언어의 형태소에 해당한다.
ㄴ. 음운론, 형태론, 통사론 등 규칙과 문법 체계를 가지고 있는 언어이다.
ㄷ. 수화 단어의 형태와 의미 사이에는 도상성(사상성)이 강하지만, 자의성(규약성)이 있는 단어도 많다.
ㄹ. 공간성과 동시성이라는 특성은 단어 구성 시에 나타나는 것으로 문장 수준에서는 나타나지 않는다.
ㅁ. 건청아동이 말을 습득하는 것과 마찬가지로 농아동도 수화 환경에 노출되면 자연스럽게 수화를 습득한다.

① ㄴ, ㄹ
② ㄱ, ㄷ, ㄹ
③ ㄴ, ㄷ, ㅁ
④ ㄱ, ㄴ, ㄷ, ㅁ
⑤ ㄱ, ㄴ, ㄹ, ㅁ

17

2019 중등B-3

(가)는 ○○중학교에 재학 중인 청각장애 학생 G의 정보이고, (나)는 일반교사와 특수교사의 대화 내용 일부이다. 〈작성 방법〉에 따라 서술하시오.

(가) 학생 G의 정보

- 부모 모두 농인이며, 수어를 1차 언어로 사용함
- 수어통역사를 배치하여 수업을 진행함

(나) 대화 내용

일반교사 : 학생 G는 수어통역 지원으로 수업을 잘 받고 있어요. 선생님께서 지난 번에 읽기와 쓰기 지도도 중요하다고 하셨지요?

특수교사 : 네. 수어를 1차 언어로 하고, 읽기나 쓰기를 위한 한국어를 2차 언어로 가르치는 이중언어접근법으로 지도하고 있어요. 학교에서 이중언어접근법을 강조하는 이유는 학생 G의 (㉠)을/를 목표로 하기 때문이지요.
　　　　　　　… (중략) …

일반교사 : 수어에서도 음성언어의 고저나 장단 같은 초분절음의 역할을 하는 특성이 있나요?

특수교사 : (㉡)이/가 음성언어의 초분절음과 같은 역할을 합니다.

일반교사 : 수업 시간에 활용할 수 있는 수어 하나 알려주시겠어요?

특수교사 : 이 수어를 알고 있으면 좋을 것 같아요.

⊢ 작성 방법 ⊢

- 괄호 안의 ㉠에 해당하는 내용을 1가지 서술할 것
- 괄호 안의 ㉡에 해당하는 용어를 쓰고, ㉡이 가지는 수어에서의 기능을 1가지 서술할 것 (단, (나)에서 제시한 내용은 제외할 것)

18

2011 중등1-27

보청기와 인공와우에 관한 설명으로 옳은 것만을 〈보기〉에서 모두 고른 것은?

⊢ 보기 ⊢

ㄱ. 보청기는 서늘하고 습기가 없는 곳에 보관한다.

ㄴ. 보청기의 기본 구조는 마이크로폰, 증폭기, 이어폰으로 이루어져 있다.

ㄷ. 인공와우는 소리를 전기에너지로 변환하여 청신경을 직접 자극하는 전자 보조장치이다.

ㄹ. 인공와우 이식은 양쪽 귀 모두 중등도(moderate) 감각 신경성 청각장애인을 대상으로 한다.

ㅁ. 인공와우의 체내부 기기는 전극과 마이크로폰이며, 인공와우 수술 후 기계의 점검, 맵핑, 청능훈련 등의 재활 프로그램이 필요하다.

① ㄱ, ㄴ　　　　　　② ㄱ, ㄷ
③ ㄷ, ㄹ　　　　　　④ ㄱ, ㄴ, ㄷ
⑤ ㄴ, ㄷ, ㄹ

19

2019 유아A-1

다음은 통합학급 박 교사와 김 교사가 특수학급 윤 교사와 협의회에서 나눈 대화의 일부이다. 물음에 답하시오.

윤 교사 : 유아들 지도하느라 많이 힘드시죠?

박 교사 : 윤수가 최근에 인공와우 수술을 받은 거 아시죠?

윤 교사 : 알죠. ㉠ 인공와우는 인간의 말소리를 잘 들을 수 있게 하는 데 초점이 맞춰져 있어요. 그리고 무엇보다도 매핑(mapping)이 중요하죠.

박 교사 : 매핑이 뭔가요?

윤 교사 : ㉡ 매핑은 어음처리기를 프로그래밍(programming) 하는 것을 말하죠.

김 교사 : 저의 조카도 인공와우 수술을 받았어요. 보청기와는 달리 ㉢ 별다른 청능훈련이 필요하지 않다고 하던데요.

박 교사 : 수술을 해도 ㉣ 모두 정상적인 청력을 갖게 되지는 않는다고 알고 있어요. 그리고 윤수는 ㉤ 유아들 간 상호작용이 활발한 활동을 할 때면 소음으로 인해 지시를 잘 이해하지 못하던데, 제가 어떻게 해야 할지 모르겠어요. 다른 유아들도 있는데 윤수만 고려해서 조용한 활동만 할 수도 없잖아요. … (중략) …

윤 교사 : 김 선생님은 어떠세요?

김 교사 : 저는 그림책을 보거나 사물을 관찰하는 활동을 할 때, 경호에게 확대경을 제공하고 있어요. 그런데 확대경이 모든 저시력 유아에게 도움이 되는 것은 아니라고 하던데 맞나요?

윤 교사 : 맞아요. 확대경 사용이 대부분의 저시력 유아들에게는 도움이 되지만, ㉥ 어떤 유아들은 사용하면 안 되는 경우가 있어요.

김 교사 : 그래요? 저는 모두 도움이 되는 것으로 알고 있는데 아니었군요. 그런데 경호가 손잡이형 확대경을 사용할 때 손이 흔들려서 많이 힘들어 해요.

윤 교사 : 그렇군요. 그러면 (㉧)을/를 사용하게 해 보세요.

---

1) ㉠~㉣ 중 적절하지 않은 내용을 찾아 바르게 고쳐 쓰시오.

2) ㉤의 상황에서 박 교사가 윤수를 위해 제공할 수 있는 대안적 지원을 쓰시오.

20
2012 중등1-30

다음은 청각장애 학생 A를 담당하고 있는 일반교사와 특수교사의 대화이다. ㉠~㉤ 중에서 옳은 내용만을 있는 대로 고른 것은?

일반교사 : 우리 반의 청각장애 학생 A는 최근에 인공와우 수술을 받았다고 해요. 제가 어떻게 도와야 할까요?

특수교사 : 그 학생은 ㉠ 귀 속에 송신기와 전극을 삽입했기 때문에 머리를 심하게 부딪히지 않도록 조심해야 해요. 그리고 머리에 착용한 기기는 습기에 약해요. 특히 ㉡ 정전기는 어음처리기(speech processor)에 있는 프로그램을 손상시킬 수 있으므로 조심해야 해요.

일반교사 : 특별히 제가 신경써야 할 게 있나요?

특수교사 : 매일 인공와우를 꼭 착용하도록 하고 제대로 작동하는지 확인해 주세요. ㉢ 인공와우 수술을 했기 때문에 매일 기기를 착용만 한다면 정상적인 청력을 가진 사람과 똑같이 말을 알아들을 수 있어요. 다만 교실의 소음과 반향에는 신경써 주셔야 해요.

일반교사 : 수업시간에는 어떻게 하는 것이 좋을까요?

특수교사 : ㉣ 학생 A에게는 단어로 말하기보다는 완전한 문장으로 말해 주세요. 수업시간에는 시각적 자료를 많이 제시하는 게 좋은데, ㉤ 시각적 자료를 활용할 때는 시각적 자료를 보여준 후에 그 자료에 대해서 설명해 주세요.

---

① ㉠, ㉢

② ㉡, ㉢

③ ㉠, ㉣, ㉤

④ ㉡, ㉣, ㉤

⑤ ㉠, ㉡, ㉣, ㉤

1	③
2	㉠ 말소리, ㉡ 2,000
3	1) 수미, 지우 2) 4분법은 말소리를 지각하는 데 가장 중요한 주파수인 1,000Hz를 두 번 반영하는 방식이므로, 말소리에 대한 청력 수준을 더 정확히 알 수 있다. 4) 0dB은 건청인의 귀가 반응하는 가장 작은 소리를 들을 수 있음을 의미하는 것이므로 −5dB은 평균적인 사람들보다 훨씬 소리를 잘 듣는다는 것을 의미한다.
4	㉠ 이간감쇠 ㉡ 골도검사에서는 이간감쇠가 거의 발생하지 않기 때문이다.
5	㉠ 이유 : 125~8,000Hz 정도의 주파수 대역은 말소리의 주요 주파수를 모두 포함하고 있기 때문이다. ㉡ 평균순음역치, 손상 부위에 따른 청각장애 유형, 청력형 중 택1 ㉢ 전음성 청각장애는 60dB로 어음강도를 높여 주면 거의 100%의 명료도를 보이지만 감음신경성 청각장애는 소리 강도를 높이더라도 100%에 이르지 못한다.
6	④
7	②
8	②
9	①
10	②
11	• 마찰음 /s/ • 반복 요구하기, 바꾸어 말하기, 간략화 요구하기 등의 전략을 이용한다.
12	㉠ 동구형이음 / 소리와 철자는 다르지만 입 모양이 비슷하게 보이는 음을 의미한다. ㉡ 모음의 중성화 ㉢ 발화를 새로운 단어나 구문으로 반복한다.
13	③
14	1) /i/, /u/, /a/, /ʃ/, /s/ 2) 음의 확인 3) /ㅅ/은 마찰음으로 4,000Hz, 35dB 주변에 분포하는데, 청력도에 의하면 지수는 마찰음을 듣기 어렵기 때문이다.
15	⑤
16	③
17	• ㉠ 사고에 필요한 도구를 발달시키고, 다른 청각장애인과의 관계를 통해 건강한 자아의식을 발달시키는 것이다. • ㉡ 비수지신호 / 문법적 기능을 담당한다.(또는 문장을 더 잘 이해할 수 있도록 해준다.)
18	④
19	1) ㉢ / 인공와우 수술 후에 개별화된 청능훈련 등의 재활 프로그램이 뒷받침되어야 한다. 2) 윤수가 FM 보청기를 이용할 수 있도록 지원한다.
20	④

MEMO

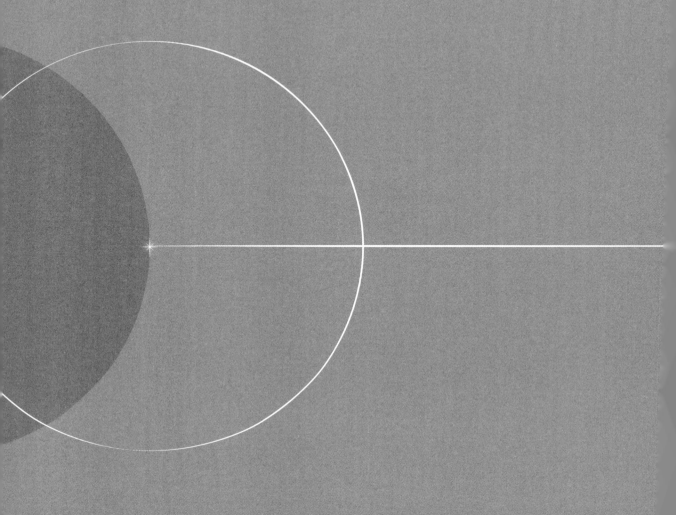

김남진
KORSET
특수교육 4

전환교육

Chapter 1 전환교육의 이해

① 전환 및 전환교육의 개념 ┬ 전환의 개념
└ 전환교육의 개념

② 전환교육과 교육과정 ┬ 기본 교육과정 : 실과
├ 기본 교육과정 : 진로와 직업
├ 선택 중심 교육과정 특수교육 전문교과 : 직업·생활
├ 특수학교 전공과
└ 특수학교 학교기업

Chapter 2 전환교육 모델

① Will의 교량 모형 ┬ 이론적 특징
└ 주요 개념 : 일반적 서비스, 시간제한적 서비스, 지속적 서비스

② Halpern의 독립생활과 지역사회 적응 모형 ┬ 이론적 특징
└ 주요 개념 : 취업, 주거환경, 사회·대인관계 기술

③ Wehman의 지역사회 중심 직업훈련 모형 ┬ 이론적 특징 ┬ 1. 투입과 기초 단계
│ ├ 2. 과정 단계
│ └ 3. 취업 결과 단계
└ 기본 원리

④ Brolin의 생활 중심 진로교육 모형 ┬ 이론적 특징
└ 주요 구성요소 ┬ 1차원 : 능력
├ 2차원 : 경험
└ 3차원 : 단계 ┬ 1. 진로 인식 단계
├ 2. 진로 탐색 단계
├ 3. 진로 준비 단계
└ 4. 진로 배치, 동화, 추수지도 또는
평생교육 단계

⑤ Clark의 포괄적 전환교육 서비스 모형 ┬ 모형의 가정
├ 주요 구성요소 ┬ 지식과 기술 영역
│ ├ 진출 시점과 결과 ┬ 수직적 전환
│ │ └ 수평적 전환
│ └ 서비스 전달 체계와 지원
└ 강조점

◢⑥ Kohler의 전환 프로그램 분류 모형 ┬ 이론적 특징
└ 모형의 다섯 가지 영역 ┬ 학생중심계획
├ 학생 개발
├ 기관 간 협력
├ 프로그램 구조
└ 가족 참여

`Chapter 3` **전환평가**

◢① 전환평가의 이해 ┬ 전환평가의 개념과 특성 ┬ 개념
│ └ 특징
├ 전환평가 체제
└ 전환평가 요소 ┬ 미래 계획을 위한 요구 및 목표 평가
├ 자기결정/자기옹호 기술에 대한 평가
├ 학업 및 행동 기술 평가
├ 생활기술 평가
└ 직업 흥미·적성·능력에 대한 직업평가

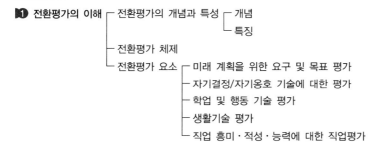

◢② 전환평가의 유형 ┬ 형식적 평가와 비형식적 평가
├ 조사와 인터뷰
├ 기능적 평가
├ 교육과정 중심 사정
├ 작업표본 평가 ┬ 개념
│ ├ 형태 ┬ 실제 직무표본
│ │ ├ 모의 작업표본
│ │ ├ 단일 특성표본
│ │ └ 군특성 표본
│ └ 장단점
├ 상황평가 ┬ 개념
│ ├ 장점
│ └ 단점
├ 직무현장평가 ┬ 개념
│ └ 장단점
└ 기타 유형 ┬ 직무분석
└ 관심목록

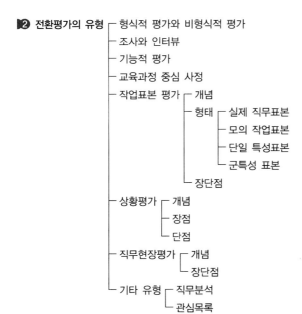

Chapter 4 전환의 결과

1 경쟁고용 ┌ 경쟁고용의 개념
　　　　　└ 경쟁고용의 주요 특징

2 지원고용 ┌ 지원고용의 개념
　　　　　├ 지원고용의 주요 특징
　　　　　├ 지원고용 관련 주요 개념
　　　　　├ 지원고용의 과정
　　　　　└ 지원고용의 유형 ┌ 개별배치 모델
　　　　　　　　　　　　　├ 소집단 모델
　　　　　　　　　　　　　├ 이동작업대 모델
　　　　　　　　　　　　　└ 소기업 모델

3 보호고용 ┌ 보호고용의 개념 : 장애인 직업재활시설의 유형 ┌ 장애인 근로사업장
　　　　　│　　　　　　　　　　　　　　　　　　　　├ 장애인 보호작업장
　　　　　│　　　　　　　　　　　　　　　　　　　　└ 장애인 직업적응훈련시설
　　　　　└ 보호고용의 특징

4 주거 ┌ 독립생활
　　　├ 보호생활
　　　├ 공동생활가정
　　　└ 양육가정

Chapter

01 전환교육의 이해

01 전환 및 전환교육의 개념

1. 전환의 개념

① 전환이란 한 가지 조건이나 장소로부터 다른 조건이나 장소로 변화해 가는 과정을 의미한다.

- 개인은 생애를 통해 전환의 다양한 형태를 경험하게 되고 이러한 과정을 통해 발전해 간다.

② 전환은 성숙해 가며 겪는 변화에 대처하기 위한 수직적 전환(웹 유아기에서 아동기로의 전환, 중·고등학생에서 성인으로의 전환 등), 상황과 환경의 변화에 따라 대처하기 위한 수평적 전환(웹 분리교육에서 통합교육, 병원에서 가정, 전학, 이직 등)으로 나눌 수 있다.

- 전환의 개념과 수직적·수평적 전환의 관점에 따른다면 모든 사람은 일생 동안 한두 번이 아닌 여러 차례의 수직적·수평적 전환과정을 경험하게 되며, 이를 통하여 끊임없는 변화와 새로운 역할 수행에 대한 도전을 받게 됨을 알 수 있다.

2. 전환교육의 개념

전환교육의 발전 과정을 살펴보면 '직업교육'과 '진로교육' 및 '전환교육'이라는 용어가 혼재되어 사용되어 왔다. 그 이유 가운데 한 가지는 이 개념들이 서로 독립적인 것이라기보다는 상호 관련된 요소를 지니고 있기 때문이라는 것이다.

① 일반적 의미로 직업교육이란 직업에 종사하기 위해 필요한 지식이나 기능을 가르치는 것을 말한다.

② 진로교육은 자신의 독립적인 삶과 관련된 진로 탐색 및 선택 그리고 수행이 원활하도록 지원하는 개념으로서 직업교육보다 종합적이고 전체적인 접근이라고 할 수 있다.

③ 전환교육은 직업교육과 진로교육의 개념을 모두 포괄하는 것으로서, 학교에서의 교육과정뿐 아니라 학교 이후 활동으로의 이동을 원활하게 하고자 하는 성과 중심의 일련의 지원 활동을 의미한다.

자료

수직적·수평적 전환

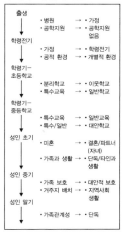

출처 ▶ Bryant et al.(2013)

✎ 전환교육

장애학생들이 학교생활을 마치고 성인 사회의 생활로 옮겨가는 과정을 순조롭게 하기 위해 마련하는 교육 모형이다. 이 교육 모형은 다음 세 가지 조건을 갖추어야 한다. ① 중등 이후 교육, 직업교육, 취업(지원고용 포함), 평생교육, 성인 서비스, 자립생활, 지역사회 활동에 참여하는 데 필요한 기술과 기능을 가르치는 결과 중심의 교육이어야 하며, ② 반드시 학생 개개인의 욕구나 기호, 취미를 반영한 교육이어야 하며, ③ 필요에 따라서는 중증 장애인의 일상생활 기능과 직업 기능 평가를 포함하는 교육을 의미한다. 그리고 전환교육에서 중요한 것은 교육기관뿐만 아니라 부모와 성인 서비스 기관과의 협력체계하에 교육을 해야 한다는 것이다(특수교육학 용어사전, 2018).

🔁 전이교육

④ 전환교육의 궁극적 목적은 장애학생의 졸업 이후 삶의 비전이 긍정적인 결과로 나타나는 것이다. 졸업 이후 성인으로서 생활하게 될 직장, 주거, 지역사회 참여 등이 각 개인의 성취와 연관되어야 한다.

- 이를 위해 개인의 현재 능력, 흥미와 관심, 활용할 서비스 내용 등이 고려되어야 한다. 또한 개인에 대한 구체적인 정보를 파악하여야 한다.

⑤ 「장애인 등에 대한 특수교육법」에는 전환교육의 정의가 직접적으로 명시되어 있지 않다. 대신 유사한 개념의 하나로 '진로 및 직업교육'의 정의가 제시되어 있다. 관련 법 조항 및 내용을 살펴보면 다음과 같다.

제2조 진로 및 직업교육	특수교육대상자의 학교에서 사회 등으로의 원활한 이동을 위해 관련 기관의 협력을 통하여 직업재활훈련·자립생활훈련 등을 실시하는 것을 말한다.
제23조 진로 및 직업교육의 지원	① 중학교 과정 이상의 각급학교의 장은 특수교육대상자의 특성 및 요구에 따른 진로 및 직업교육을 지원하기 위하여 직업평가·직업교육·고용지원·사후관리 등의 직업재활훈련 및 일상생활적응훈련·사회적응훈련 등의 자립생활훈련을 실시하고, 대통령령으로 정하는 자격이 있는 진로 및 직업교육을 담당하는 전문 인력을 두어야 한다. ② 중학교 과정 이상의 각급학교의 장은 대통령령으로 정하는 기준에 따라 진로 및 직업교육의 실시에 필요한 시설·설비를 마련하여야 한다. ③ 특수교육지원센터는 특수교육대상자에게 효과적인 진로 및 직업교육을 지원하기 위하여 대통령령으로 정하는 바에 따라 관련 기관과의 협의체를 구성하여야 한다.
제24조 전공과의 설치·운영	① 특수교육기관에는 고등학교 과정을 졸업한 특수교육대상자에게 진로 및 직업교육을 제공하기 위하여 수업연한 1년 이상의 전공과를 설치·운영할 수 있다. ② 교육부장관 및 교육감은 지역별 또는 장애유형별로 전공과를 설치할 교육기관을 지정할 수 있다. ③ 전공과를 설치한 각급학교는 「학점인정 등에 관한 법률」 제7조에 따라 학점인정을 받을 수 있다. ④ 제1항 및 제2항에 따른 전공과의 시설·설비기준, 전공과의 운영 및 담당 인력의 배치 기준 등에 관하여 필요한 사항은 대통령령으로 정한다.

⑥ 미국 「장애인교육법」에서는 전환을 중등학교 이후 교육, 전환훈련, 통합고용(지원고용 포함), 계속적인 성인교육, 성인 서비스, 독립생활이나 지역사회 참여를 포함하는 학교에서 학교 이후의 활동으로 이동을 촉진하는 결과 중심 과정 내에서 고안된 장애학생을 위한 일련의 통합된 활동으로 정의하고 있다.

02 전환교육과 교육과정

전환교육은 기본 교육과정의 초등학교 '실과', 중학교 '진로와 직업'과 연계되고 선택 중심 교육과정 특수교육 전문 교과 중 '직업·생활' 교과와도 관련성을 가진다(2022 개정 특수교육 교육과정 기준).

│자료│
기본 교육과정 실과의 내용 체계 (2022 개정 특수교육 교육과정 기준)
• 기본생활
• 기술·정보
• 생명·안전
• 진로 인식

1. 기본 교육과정 : 실과

① 실과는 개인이 일상에서 자립적으로 살아가는 데 필요한 지식과 기능을 습득하도록 하여, 일상생활을 충실하게 수행하고, 미래 사회 변화에 유연하게 대처할 수 있는 능력과 태도를 기르는 데 목적이 있는 기능 교과인 동시에 교양 교과의 성격을 지닌다.

② 실과는 실천 교과의 성격을 가진 교과로서, 초등학교 5~6학년에 편제·운영되고 중학교 진로와 직업, 기본 교육과정 초등학교 5~6학년의 각 교과, 공통 교육과정 실과, 선택 교과 중 정보통신활용, 일상생활 활동과 연계되어 운영되며, 생활 중심, 실습 및 실천 중심 접근을 통해 일상생활에서 요구되는 기초적인 능력을 함양하는 데 중요한 역할을 담당하는 교과이다.

　㉠ 실과는 학생의 실제 삶과 직접적으로 연관되는 영역과 내용으로 구성하고, 학생이 자립적으로 살아가는 데 핵심적으로 요구되는 기능적 생활 중심 교육 내용으로 구성한다.

　㉡ 실과에서는 학생이 서로 협동하고 배려하는 가운데 이루어지는 실생활 중심의 실천적 체험 활동을 중시하며, 이러한 교육적 경험이 학생 개개인의 소질을 계발하고 문제 해결력, 창의성, 협동성을 증진하는 데 기여할 수 있도록 한다.

2. 기본 교육과정 : 진로와 직업 ^{15초특}

① 진로와 직업과에서는 특수교육 대상 학생의 흥미, 적성, 특성 등에 기반한 교육적 요구를 반영하여 진로 방향을 설정하고, 4차 산업혁명 시대의 생태적 요구를 반영하여 다양한 직업의 세계를 능동적이고 주도적으로 탐색·체험·실습하는 직접적인 경험을 강조하였다.

② 진로와 직업에서의 교육적 결과를 단순히 취업으로 한정하는 것이 아닌 학생이 지역사회 안에서 '자립생활', '직업생활', '계속교육'을 실천할 수 있도록 맞춤형 교육과정을 지향하였다.

③ 진로 발달 단계를 기반으로 졸업 후 자신의 진로와 직업을 준비할 수 있도록 '자기 인식', '직업의 세계', '작업 기초 능력', '직업 태도', '진로 설계', '진로 준비'의 6개 영역으로 교육과정을 구성하였다.

④ 진로와 직업과는 기본 교육과정의 실과와 종적 연계성을, 선택 중심 교육과정의 전문 교과인 직업·생활과 횡적 연계성을 갖는 교과이다. 기본 교육과정 초등학교 5~6학년 실과에서 '진로 인식' 영역과 진로와 직업과의 중학교, 고등학교 '내용 체계 및 성취기준'이 종적으로 연계되도록 하였다. 또한 선택 중심 교육과정의 전문 교과인 직업·생활의 내용과 연계하거나 대체하여 운영할 수 있다.

3. 선택 중심 교육과정 특수교육 전문교과 : 직업·생활

① 선택 중심 교육과정 특수교육 전문 교과 직업·생활 교과는 학생의 교육적 요구와 희망 직업, 미래 사회에 전개될 산업 구조와 노동 시장의 변화, 산업체의 요구 등을 고려하여 고등학교에 재학 중인 특수교육 대상 학생의 진로 준비와 직업 기능, 졸업 후 생활을 지원하는 데 목적을 둔다.

  • 2022 개정 교육과정에서는 기존 교육과정에서 '직업'이라는 교과명으로 11개 과목으로 편제되었던 것에서 '직업·생활'이라는 새로운 교과명을 부여하면서, '사회적응', '시각장애인 자립생활', '농인의 생활과 문화' 3개 과목을 신설하여 14개 과목으로 확대하였다.

② 직업·생활 교과는 진로 준비, 직업 기능, 직업 사회생활의 세 가지 축을 중심으로 성립되며, 특수교육 대상 학생의 필요와 요구의 우선순위에 따라 선택하여 적용할 수 있다.

진로 준비	직업 기능	직업 사회생활
• 직업준비 • 안정된 직업생활	• 기초작업기술 I • 기초작업기술 II • 정보처리 • 농생명 • 사무지원 • 대인서비스 • 외식서비스 • 직업현장실습	• 직업과 자립 • 시각장애인 자립생활 • 농인의 생활과 문화 • 사회적응

4. 특수학교 전공과 [24중특]

① 전공과는 고등학교 과정을 졸업한 특수교육대상자들에게 진로 및 직업 교육을 제공하기 위하여 특수학교 및 특수학급에 설치된 수업 연한 1년 이상의 과정으로 설치된 교육기관이자, 「직업재활법」에 근거한 장애인 직업재활 실시기관이다.

② 특수학교 전공과 교육과정은 생활 적응을 위한 교양 교과, 직업훈련을 위한 전문 교과, 창의적 체험활동 등으로 편성 운영되고 기본 교육과정 및 선택 중심 교육과정의 전문교과를 혼합하여 편성하며 지역 및 학교 특성과 요구에 따라 단위학교에서 편성한다.

5. 특수학교 학교기업

① 특수학교 학교기업은 "장애학생 현장실습 확대 및 지역사회 사업체와의 연계를 통한 취업률 증가를 목적으로 특수학교 내에 일반사업장과 유사한 형태의 직업교육 환경을 조성하고 교육과정과 연계하여 직접 물품의 제조·가공·수선·판매, 용역의 제공 등을 하는 부서"라고 할 수 있다.

② 특수학교 학교기업은 전공과 교육과정과 연계하여 학교 내 기업적인 환경을 조성하고 학생들이 물품의 제조 및 판매 등의 활동에 참여하면서 직업현장에서 요구되는 지식, 기술, 태도를 습득하는 등 특수학교 진로와 직업교육 교육과정 실행 중심의 현장실습의 장으로 특수학교에서 이용되고 있다.

02 전환교육 모델

01 Will의 교량 모형 [12중특]

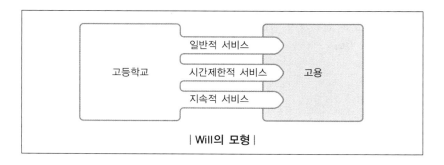

| Will의 모형 |

1. 이론적 특징

① 중등학교에서 직업준비과정으로 가교역할을 하는 세 가지 다른 수준의 교육과정을 준비하여야 한다는 것이다.
- 고등학교와 고용 사이의 다리 역할로서의 전환교육을 강조한다.

② 기본 목표는 학생이 학교를 졸업한 후 지역사회에 적응하는 데 필요한 적절한 직업기술을 갖도록 학교 교육과정에서 특수교육과 직업교육을 확고하게 설정하는 것이다.
- 전환의 초점을 과정보다는 결과인 '고용'에 둔다.

2. 주요 개념

일반적 서비스	학생들이 고등학교 때까지 교육받아 자신이 습득한 자원을 활용하여 졸업 후 외부의 지원 없이 성인의 세계로 나아가는 방법을 스스로 찾는 서비스이다.
시간제한적 서비스	취업을 위하여 직업재활이나 전문 직업훈련 등의 단기간의 서비스를 받는 것을 의미한다.
지속적 서비스	고용인과 피고용인에게 지속적인 서비스를 제공하는 취업의 한 유형을 의미한다.

시간제한적 서비스
🔵 시간제 서비스

02 Halpern의 독립생활과 지역사회 적응 모형

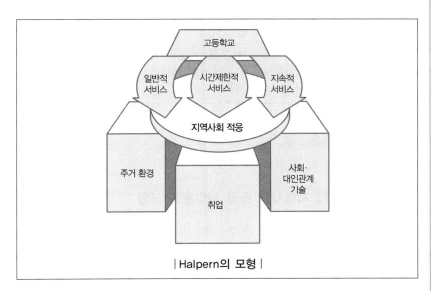

| Halpern의 모형 |

1. 이론적 특징

① Halpern의 모형은 주거환경과 사회·대인관계 기술 연결망을 포함하여 Will의 교량 모형을 더 확대하였다.

② Will의 교량 모형이 고용 자체에만 중점을 두었다면 Halpern의 모형은 진로교육 접근에 좀 더 비중을 두고 있다.

　㉠ Halpern은 "성인생활을 원만하게 적응하기 위해서는 비직업적 차원도 고용이라는 궁극적 목적에 의미 있게 기여한다."고 주장하면서 전환의 비직업적 측면을 강조함으로써 전환의 목적과 범위를 확대하였다.

　㉡ 고용에 성공했다고 해서 나머지 인생도 성공한 것으로 보지 않기 때문에 그는 서비스를 결정할 때 개인의 모든 삶의 차원에서 프로그램을 개발하여야 한다고 주장하였다.

　　• 장애인이 학교에서 성인사회로의 전환에 성공하기 위해서는 취업을 위한 준비, 질적인 주거환경, 그리고 사회·대인관계 기술이 함께 갖추어지는 것이 중요하므로 전환교육의 범위를 확대하였다.

③ Halpern의 모형은 전환 과정에 있어 효과적인 전환을 위해서는 학생이 지역사회 생활을 준비할 방법을 향상시킬 뿐만 아니라 가능한 모든 사적·공적 자원이 학생이 학령기 이후 목표를 성취하는 데 중점을 둘 수 있도록 해야 한다는 점을 강조한다.

④ Halpern의 모형 역시 전환교육의 일차적인 목표인 취업을 위하여 직업교육과 훈련에 중점을 둔 것이다.

2. 주요 개념

취업	직업훈련 프로그램, 직업조사기술, 최저임금수준 등을 고려하였다.
주거환경	주거지역에 접근할 수 있는 거리 내에 지역사회 서비스와 레크리에이션 활용 가능 여부, 이웃과의 관계와 안전 등을 의미한다.
사회 · 대인관계 기술	일상적인 의사소통 기술, 자아존중, 가족지원, 정서적 성숙, 우정, 친밀한 관계 등을 포함한다.

지역사회 중심 직업훈련 모형
🔵 장애학생을 위한 3단계 직업 전환 모형

03 Wehman의 지역사회 중심 직업훈련 모형 [13중특(추시)]

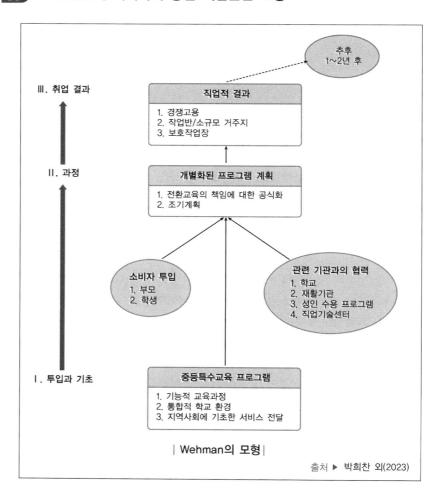

| Wehman의 모형 |

출처 ▶ 박희찬 외(2023)

1. 이론적 특징

① 지역사회 중심 직업훈련 모형은 전환교육을 투입과 기초－과정－취업 결과의 단계로 나누어 제시하였으며, 학교에서 중심적으로 이루어져야 할 내용을 강조하였다.

- 학교에서 어떤 것들이 투입되어야 하는지 결정하고, 과정적으로 적용해야 할 것을 고려하며, 마지막으로 취업 결과로서 기대되는 내용을 고려해야 한다는 것이다.

투입과 기초 단계	• 학교에서 장애학생의 성공적인 고용을 준비시키기 위한 전제 조건으로 통합된 학교 환경을 제시한다. • 중등특수교육 프로그램 내 기능적 교육과정과 통합된 학교환경에서의 교육, 지역사회에 기반한 서비스를 제공하는 것이 포함된다.
과정 단계	• 모든 장애학생에게 개별화된 전환교육 프로그램을 계획하여 실시하는 것을 다룬다.
취업 결과 단계	• 학교에서 중등특수교육 프로그램을 제공받고 개별화된 프로그램 계획이 세워진 장애학생들이 실제로 직업현장에 배치되어 적응하는 단계이다. • 경쟁고용, 작업반/소규모 거주지, 보호작업장 등의 결과가 있으나 그중에서도 경쟁고용 또는 지원고용(이동작업반, 개별배치 모형)을 목표로 한다. • 1~2년 후의 추수지도 및 지원도 포함하여 고용 성과를 도모하고자 하였다.

출처 ▶ 박희찬 외(2023). 내용 요약정리

② 지역사회 중심 직업훈련 모형은 중등 장애학생을 위한 전환 지원과 관련된 특수교육, 직업교육, 재활에 관한 직업 준비의 연계를 강조한다.

③ 최초로 학령기 시기 전환교육, 즉 중등특수교육 프로그램의 구성요소와 체계를 제시하였다는 데 의의가 있다.

　㉠ 특히 프로그램은 실제 사회와 같은 통합된 학교 환경에서 이루어져야 하며 현장 중심의 직업훈련 기회 역시 제공해야 한다는 것이 강조되었다.

　㉡ 전환교육의 실시를 위해서는 교사, 학생, 부모에서부터 관련 기관까지 모든 사람이 참여해야 하며, 고등학교 졸업 이전에 전환교육 프로그램 계획이 수립되어야 한다고 주장한다.

PART 14

2. 기본 원리

① 훈련과 서비스 전달체제 내에 있는 구성원들은 반드시 참여해야 한다.

② 부모는 필수적으로 구성원에 포함되어야 한다.

③ 직업 전환계획은 반드시 21세 이전에 수립되어야 한다.

④ 과정은 반드시 계획적이고 체계적이어야 한다.

⑤ 양질의 직업교육 서비스가 제공되어야 한다.

04 Brolin의 생활 중심 진로교육 모형

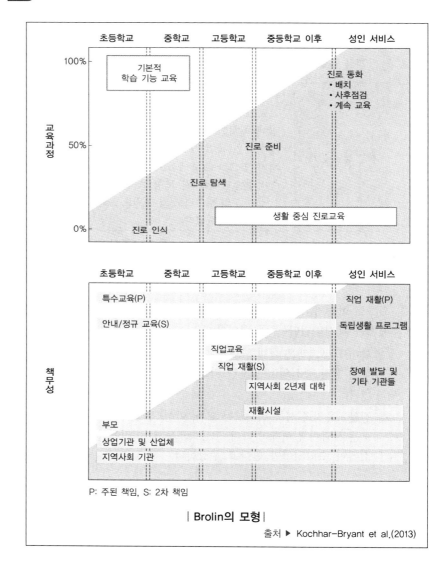

| Brolin의 모형 |

출처 ▶ Kochhar-Bryant et al.(2013)

1. 이론적 특징

① 취학 전부터 진로 중심 교육을 강조한다.

- Brolin 등은 진로교육을 "학생이 자신의 진로개발을 하도록 돕기 위한 목적적이고 순서적인 계획적 접근"이라고 정의하였다.

② 생활 중심 진로교육 모형은 능력 기반 접근을 통해 고안되었는데, 크게 세 가지 능력, 즉 1) 일상생활 기능, 2) 개인−사회적 기능, 3) 직업 안내 및 준비로 분류된다.

- 각 능력마다 능력 요소와 하위능력 요소, 간단한 훈련과제가 포함되며, 이를 다시 23개의 주요 기능을 담은 기능적 교육과정을 제안하였다.

③ 생활 중심 진로교육 모형은 학교, 가정 및 지역사회 간 또는 특수교육, 직업교육, 직업재활기관 및 관련 기관 등 상호 협력하에 모든 요소를 조정하여 개인적 직업능력을 최대한 발전할 수 있도록 준비한다.

- 이러한 일차적인 능력/기능은 다른 두 개의 차원과 연결되는데, 학교 및 가정, 지역사회의 경험으로의 연결 및 직업교육의 4단계와 연결되어 3차원적인 직업교육 모형으로 구성된다.

④ 생활 중심 진로교육 모형이 다른 전환교육 모형과 차별화되는 점은 다음과 같다.

㉠ 진로교육에서 학교, 가정, 지역사회에서의 경험 및 진로발달 4단계의 두 가지 주요 차원으로 22개 기능들을 연결시켰다.

㉡ 각각의 진로발달 단계에서 어떤 능력을 가르쳐야 할지 제시하고 있기 때문에 기존 학교 프로그램을 전면적으로 폐지하거나 바꾼다기보다, 학생 능력의 향상을 촉진하기 위해 학생 진로발달 단계에 맞는 기능적 교육 내용을 선정해야 함을 강조한다.

㉢ 성공적인 진로개발과 전환교육은 단순히 교사 혼자의 책임이 아닌 학교, 학부모, 기업 및 산업, 지역사회 기관 간의 능동적인 유대관계를 통해 연계해야 하며, 고등학교 이후에도 지속되어야 하는 것이 특징이다.

PART 14

2. 주요 구성요소

(1) 1차원 : 능력

① 학생이 성공적인 성인이 되기 위해 완전히 습득해야 할 22개의 주요 능력으로 구성된 세 개의 주요 영역으로 되어 있다.

② 세 개 주요 영역들은 아래와 같이 분류될 수 있다.

자료

생활 중심 진로교육 영역

일상생활 기능 / 직업 지도와 준비 / 개인-사회적 기능

학문적 기능

출처 ▶ 김삼섭 외(2013)

일상생활 기능	개인 – 사회적 기능	직업 안내 및 준비
1. 가정경제 관리 2. 가정의 선택, 관리, 유지 3. 자기 필요의 충족 관리 4. 자녀양육, 가정생활 양상 5. 음식 구입 및 관리 6. 의복 구입 및 관리 7. 시민적 활동이행 8. 오락과 여가활동 9. 지역에서의 이동	10. 자기 인식 11. 자신감 획득 12. 사회적 책임수행 기능 13. 좋은 인간관계 유지 기능 14. 독립적 행동 15. 문제해결 기능 16. 타인과의 적절한 의사소통	17. 직업 가능성 인식과 탐색 18. 직업 선택과 계획 19. 적절한 신체적 수동적 기능 과시 20. 숙달된 신체적 수동적 기능 과시 21. 구체적 기능 습득 22. 직장 발견 및 지속

(2) 2차원 : 경험

모든 생활 경험은 각 사람이 발달의 각 단계에서 각자의 역할에 적합한 행동들을 배우는 것을 허용하도록 되어 있다.

(3) 3차원 : 단계

① 발달의 각 단계의 행동 요구사항은 다른 단계의 그것들과 다르다.

② 각 단계는 발달하는 사람에게 다양한 역할들을 위해 일상생활(일상생활 기능), 개인적－사회적 관계(개인－사회적 기능), 직업적 지식과 행동의 새로운 기술을 배우도록 요구한다.

③ Brolin 등은 진로교육의 활동 단계를 다음과 같이 제시하였다.

진로 인식 단계

- 초등학교에서 시작되어 학생이 유급과 무급의 직업 세계에 대한 인식을 발달시키도록 돕는 것에 초점이 맞추어진다.
- 학생은 이 단계에서 진로교육 및 미래직업에 바탕을 둔 사회에 그가 어떻게 적응할 것인가에 대한 이해를 얻는다.

진로 탐색 단계

- 중학교와 고등학교에서 일어난다.
- 바라는 삶의 유형과 잠재적인 직업과 연관된 학생의 흥미와 능력을 탐색하도록 돕는 것에 초점이 맞추어진다.

진로 준비 단계

- 고등학교 시기에 강조된다.
- 바라는 삶의 유형을 성취하기 위해 필요한 기술의 획득과 진로 의사결정을 포함한다.
- 학생은 진로교육 중 이 단계에서 자신의 흥미와 적성을 찾아낸다.

진로 배치, 동화, 추수지도 또는 평생교육 단계

- 진로 배치, 동화, 추수지도 또는 평생교육은 중등학교 이후에 일어난다.
- 중등학교 이후 훈련과 지역사회 적응에 초점을 맞춘다.
- 학생은 유급직업을 가지는 것뿐만 아니라 직업, 가족, 시민 또는 봉사활동 등과 같은 질 높은 성인 생활에 성공적으로 참여한다. 필요하다면 이 단계에 있는 학생들에게 필요한 평생교육과 추수지도 지원서비스가 제공된다.

출처 ▶ Kochhar-Bryant et al.(2013). 내용 요약정리

비교

진로 탐색 단계 기간

Kochhar-Bryant et al. (2013)	본문 참조
박희찬 외 (2023)	초등학교 고학년부터 중학교까지

진로 배치, 동화, 추수지도 또는 평생교육 단계

😊 진로적응 단계

비교

진로 배치, 동화, 추수지도 또는 평생교육 단계 기간

Kochhar-Bryant et al. (2013)	본문 참조
박희찬 외 (2023)	주로 고등학교 시기에서부터 시작

PART 14

05 **Clark의 포괄적 전환교육 서비스 모형** 12중특, 15초특, 21중특

Clark의 포괄적 전환교육 서비스
모형
종합적 전환교육모델,
Sitlington 등의 포괄적 전환교육
서비스 모형

지식과 기술 영역	발달적 혹은 생애 단계	진출 시점과 결과
의사소통 학업적 수행 자기결정 대인관계 통합된 지역사회 참여 건강과 체력관리 테크놀로지 및 보조공학 여가 및 레크리에이션 이동성(교통수단) 독립적/상호의존적 생활 직업 준비성 대학 준비성	영아/유아기	학령전 프로그램, 지역사회 참여로
	학령전기	초등학교, 지역사회 참여로
	초등학교	중학교, 지역사회 참여로
	중학교	고등학교 프로그램, 지역사회 참여로
		초보 고용, 청소년 서비스로
	고등학교	중등이후 교육, 초보 고용, 성인 및 평생교육, 전업 주부, 군대, 지역사회 참여, 성인 서비스 제공자
	성인 초기 및 성인기	초보, 특수한, 기술적, 전문적, 혹은 관리직 고용으로
		증등 이후 교육: 학부, 대학원, 혹은 전문적 프로그램; 상급 CTE 프로그램, 성인 및 평생교육으로
		전업주부, 지역사회 참여, 군대, 독립생활, 성인 서비스 제공자

| 포괄적 전환교육 서비스 모형: 지식과 기술, 생애 단계 및 진출 시점 |

출처 ▶ Sitlington et al.(2014)

발달적 혹은 생애 단계	서비스 전달 체계와 지원
영아 및·유아기 0~3세	• 가정, 학교중심 조기 중재 서비스(관련서비스) • 보육(daycare) • 가정과 이웃(가족, 친구들) • 기관들(예: 사회보장, 발달장애)
학령전기 3~5세	• 공립 유치원: 특수 및 일반교육, 관련서비스 • 사립 유치원과 보육 • 가정과 이웃(가족, 친구들) • 기관들(예: 사회 서비스)
초등학교 시기 5~10세	• 특수 및 일반교육, 관련서비스 • 가정과 이웃(가족, 친구들) • 기관들(예: 발달장애, 정신건강)
중학교 시기 11~14세	• 지원이 있는 혹은 지원이 없는 일반교육 • 특수교육, 관련서비스 • 가정과 이웃(가족, 친구들) • 기관들(예: 발달장애, 정신건강)
고등학교 시기 15~21세	• 지원이 있는 혹은 지원이 없는 일반교육 • 특수교육, 관련서비스, 지역사회중심 프로그램들 • 진로 및 기술 프로그램들, 작업학습 프로그램 • 청소년 고용 혹은 중도탈락 예방, 노동력 프로그램 • 가정과 이웃(가족, 친구들) • 기관들(예: 직업재활, 사회 서비스)
성인 초기 및 성인기 18~25세	• 커뮤니티 칼리지, 대학, 대학교, 기술 학교 • 가정과 이웃(가족, 친구들) • 지역사회 내의 기업체: 고용 • 직업훈련 프로그램들(예: 원스톱 센터, 노동력 프로그램) • 성인 서비스 제공자들(지원고용, 주간, 주거) • 기관들(예: 사회보장, 사회 서비스, 복지, 정신건강)

| 포괄적 전환교육 서비스 모형: 생애 단계, 서비스 체계 및 지원 |

출처 ▶ Sitlington et al.(2014)

1. 모형의 가정

① 한 학생의 전환을 위해 필요한 교육내용은 열두 가지 지식과 기술 영역으로 포괄적인 전환에 맞추어 확대한다.

- 열두 가지 지식과 기술 영역의 구체적인 내용은 다음과 같다. [21중특]

의사소통 기술	• 표현 기술(예 말하기, 수화하기 및 보완적 의사소통 기술)과 듣기 기술(예 구어적 이해, 수화 읽기 및 말 읽기)을 의미한다.
학업적 수행 기술	• 학업적 기술들은 자료와 교과서를 이해하기 위해 읽기 기술뿐 아니라 쓰기(문법, 구문론 및 철자), 수학 이해 및 수학 계산 기술을 요구한다. • 또한 학업적 수행은 학생들이 교실에서 조정(accommodation)들을 사용하도록 하는 것과 주(state)의 평가, 학습 그리고 쓰기, 공부하기 및 시험 보기를 향상시키기 위한 전략들을 나타내 보이는 것, 그리고 학업 내용 과목들에서 성공을 촉진하는 학습 양식을 판별하는 것에 초점을 두어야 한다.
자기결정 기술	• 자기결정 기술은 성과 목표의 복잡성과 그것이 일어나는 환경과 관련해서 확실히 다양하다. • 개인이 희망하는 발달적 기술의 하나로서 생애에 걸쳐서 그 위력이 증가할 때 그것을 교수 가능한 기술로 보는 것이 중요하다. • 교육 및 지원서비스 체계들은 장기간에 걸친 자기결정 기술 발달 과정에 관심을 두어야 하고, 그것을 다루려고 학교 경험의 마지막 단계까지 기다리지 말아야 한다.
대인관계 기술	• 대인관계 기술 혹은 사회화 기술은 모든 연령 수준에 걸쳐서 다양한데, 가정, 학교 및 지역사회 관계들에서 사용되는 기본적 대인관계 기술로 구성된다. • 기술들은 공유하기, 협동하기와 협력하기, 다른 사람의 프라이버시와 물건을 존중하기, 다른 사람의 느낌과 선호뿐 아니라 문화적 정체성 및 가치에 민감하기, 그리고 특정 환경에 관련하여 사회적 행동 기대를 나타내기와 같은 긍정적·사회적 행동을 포함한다.
통합된 지역사회 참여 기술	• 통합된 지역사회 참여 기술들은 지역사회의 흥미 있는 환경에 어떻게 접근하는가에 대한 지식부터 그러한 환경들에 참여하는 데 필요한 실제적 지식 혹은 기술에까지 광범위하다. • 지역사회 참여의 예들은 쇼핑 대안들, 지역사회의 특별한 행사, 종교적 조직 혹은 지역사회 활동들, 장애권리를 위한 옹호, 자원봉사, 투표하기와 공원에 접근하기, 레크리에이션 센터들 그리고 공공 도서관에 참여하는 것을 포함한다.

건강과 체력관리 기술	• 신체적 건강과 체력관리는 건강에 대한 문제(예 건강 상태, 영양, 몸무게, 만성 질환 혹은 증상 및 약물 복용)뿐 아니라 체력관리(예 안녕과 강점, 스테미나, 지구력, 운동 범위 및 이동성)를 다룬다.
테크놀로지 및 보조공학	• 장애학생들은 가정, 학교 및 지역사회에서 테크놀로지를 사용할 필요가 있다. • 보조공학은 로우테크 혹은 하이테크 장치들과 학생들이 학교, 가정, 지역사회 및 직업에서 더욱 독립적이 되는 것을 도울 서비스를 포함할 수 있다.
여가 및 레크리에이션 기술	• 장애학생들은 여가 대안들에 대한 그들의 인식과 기술을 개발하고 확장해야만 하고 그들의 여가 기회뿐 아니라 활동들, 사회적 기대 및 자기 결정에 관련된 기술들에 대한 요구와 권리를 주장하는 것의 가치를 이해해야만 한다.
이동성 (대중교통) 기술	• 버스를 타는 것, 일하는 곳에 가기 위해 다른 근로자와 함께 팀을 만드는 것, 운전하는 것, 길을 건너는 것, 혹은 어떤 상황에 택시와 같은 개인적 이동수단을 마련하는 것을 포함한다.
독립성/ 상호의존적 생활 기술	• 옷 입는 기술 및 의복에 대한 결정, 개인적 위생 기술들, 기본 음식 준비, 의복의 관리 및 유지, 운전을 하거나 대중교통 수단의 이용, 자신의 금전 관리, 자신의 약물 복용 요구에 대해 책임지기, 그리고 가정, 학교 및 지역사회에서 권위의 규칙에 순응하는 것을 포함한다.

직업 준비성 (고용) 기술		• 직업 준비성 기술들은 일반적인 고용 기술, 직업 관련 기술, 직업 기술을 의미한다.
	일반적 고용 기술	지시 따르기, 과제집중 행동 보이기, 직무의 속도뿐 아니라 직무의 질에 대한 관심 표명하기, 실수 혹은 문제들을 인식하고 수정하기, 출근과 시간엄수에 대한 이해, 교수를 받고 비판을 수용하는 능력과 같은 일반적인 직업 기술
	직업 관련 기술	직업을 구하고 얻는 기술, 수학·의사소통 및 대인관계에서 시장성 높은 초기 기술들을 보이기, 할당된 직무과제에서 속도·정확도 및 정밀도를 나타내기, 직무 환경 변화에 적응하기, 직무 수행의 반복과 단조로움에 적응하기, 직업 유지에서 기술을 나타내기
	직업 기술	진로 및 기술교육(CTE) 프로그램 혹은 직무에서의 경험을 통하여 학습되는 구체적인 기술들

| 대학 준비성 기술 | • 중등 이후 직업 및 기술 학교들, 커뮤니티 칼리지, 4년제 대학과 대학교들, 대학원 및 전문적 교육, 군사 혹은 기업체에서 제공되는 교육과 훈련, 성인교육, 그리고 개인적 혹은 직업적 평생교육을 포함한다. |

출처 ▶ Sitlington et al.(2014). 내용 요약정리

② 전환은 한 번만 있는 것이 아니라 학령기 동안 여러 번 있으며, 이러한 각 단계의 성공이 이후 전환에서의 성공 가능성을 증가시킨다.

③ 학교만이 전환과정을 계획하는 것이 아니라, 해당 지역사회 서비스 기관들이 참여하는 포괄적인 범위의 교육과 서비스를 제공해야 한다.

2. 주요 구성요소

지식과 기술 영역	다양한 발달 수준들에 걸쳐 삶의 요구에 성공적으로 대처하는 데 중요하다고 믿는 기능 혹은 수행 영역들 − 의사소통 − 학업적 수행 − 자기결정 − 대인관계 − 통합된 지역사회 참여 − 건강과 체력관리 − 테크놀로지 및 보조공학 − 여가 및 레크리에이션 − 이동성(교통수단) − 독립적/상호의존적 생활 − 직업 준비성 − 대학 준비성	
진출 시점과 결과	유아기에서 시작해서 성인기까지의 전환교육과 서비스 내의 모든 중요한 진출 시점들이 있으므로 전문가나 가족들은 각 주요 교육적 수준에서 연령에 적절하고 환경특징적인 기대와 함께 전환 과정이 있다는 것을 알아야 한다.	
	수직적 전환	유아기에서 초등학교 시기로 성장하는 것과 같이 생활연령과 관련하여 다음 연령 시기로 이동하는 것을 말한다.
	수평적 전환	분리교육 상태에서 일반학교의 통합교육 장면으로 옮겨 가거나 독신 상태에서 결혼 상태로 바뀌는 등 지금까지와 다른 상황으로 이동하는 것을 의미한다.
서비스 전달 체계와 지원	장애인이 평생 동안 직면하게 될 전환 중 하나 혹은 그 이상을 위한 지식과 기술을 개발하는 데 포함되어야 할 일련의 공식적 혹은 비공식적 체계	

3. 강조점

① 전환 서비스의 기본이 되는 주요 지식과 기술 영역을 강조한다.

② 생애 전반에 걸친 전환에 대한 개념과 다양한 전환 진출 시점에 대한 개별적인 기대를 강조한다.

③ 다양한 전환교육과 서비스 제공 체계에 대한 공유된 책임과 잠재력을 강조한다.

자료

개정 이전의 포괄적 전환교육 서비스 모형

전환진출 시점과 결과

(지식과 기능 영역)	발달/생애 국면	진출 시점
• 의사소통, 학문적 수행 능력 • 자기결정 • 상호 관계성 • 통합 지역사회 참여 • 위생과 건강 • 독립/상호의존 생활 기술 • 레저와 레크리에이션 • 고용 • 장래 교육과 훈련	유아/걸음마와 가정 훈련	학년기 프로그램과 통합된 지역사회 참여
	학령 전, 가정 훈련	초등학교 프로그램과 통합된 지역사회 참여
	초등학교	중등학교/주니어 고등학교 프로그램, 시기적절한 자기결정, 통합 지역사회 참여
	중등학교/ 3년제 고등학교	고등학교 프로그램, 입학 단계 고용, 시기적절한 자기결정, 통합 지역사회 참여
	고등학교	중등학교 교육 혹은 입학 단계 고용, 성인, 계속적인 교육, 전임 홈메이커, 자기주도적인 삶의 질, 통합 지역사회 참여
	중등학교 이후 교육	전문화, 기술, 전문가 혹은 관리 고용, 대학원 혹은 전문 과정 학교 프로그램, 성인과 계속적인 교육, 전임 홈메이커, 자기주도적인 삶의 질, 통합 지역사회 참여

| 포괄적 전환교육 모형 |

교육과 서비스 전달 체제

(지식과 기능 영역)	교육과 서비스 전달 체제
• 의사소통, 학문적 수행 능력 • 자기결정 • 상호 관계성 • 통합 지역사회 참여 • 위생과 건강 • 독립/상호의존 생활 기술 • 레저와 레크리에이션 • 고용 • 장래 교육과 훈련	• 가정과 이웃 • 가족과 친구 • 공립 · 사립 유아/걸음마 프로그램 • 지원서비스와 관련된 일반교육 • 지원서비스와 관련된 특수교육 • 일반적인 지역사회 조직과 기관(고용, 건강, 법률, 주택, 재정) • 특별한 지역사회 조직과 기관(위기 서비스, 시간제한적 서비스, 계속적인 서비스) • 도제기간 프로그램 • 학교와 지역사회 작업 중심 학습 프로그램 • 중등학교 이후 직업 혹은 응용 기술 프로그램 • 지역사회 대학 • 4년제 대학과 종합대학 • 대학원 혹은 전문가 과정 학교 • 성인과 계속적인 교육/훈련

| 포괄적 전환 서비스 모형 |

출처 ▶ 김삼섭 외(2013)

06 Kohler의 전환 프로그램 분류 모형 ^{23중특}

23중특 → [23중특]

전환 프로그램 분류 모형
전환교육 분류체계 모형,
혼합형 진로교육 모형

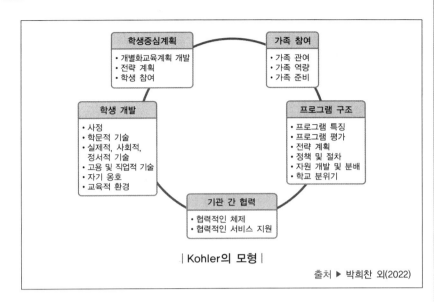

| Kohler의 모형 |

출처 ▶ 박희찬 외(2022)

1. 이론적 특징

Kohler의 전환 프로그램 분류 모형은 전환교육과 전환 서비스, 프로그램들을 계획하고 조직하며 평가하기 위한 종합적인 전환교육 및 서비스를 위한 체계로서 최근 미국 내에서도 가장 널리 알려진 모형 가운데 하나이다.

① 전환 프로그램 분류 모형은 전환교육에서 제공하여야 할 교육내용을 강조하는데, 그 영역은 학생중심계획, 가족 참여, 프로그램 구조, 기관 간 협력 그리고 학생 개발이다.

② 실제적 지원을 중심으로 유목화되어 있기 때문에 학교에서 실제적 지원을 위한 교육을 실시하기 위해 사용되는 모형이다.

③ 전환 프로그램 분류 모형의 핵심은 전환도 교육의 한 측면으로 강조되어야 한다는 것이다. 이에 다음의 세 가지 주요 활동을 모형의 틀에 포함시켰다.

　㉠ 졸업 이후의 목적은 학생의 능력, 흥미, 관심, 그리고 선호도에 따라 정해져야 한다.

　㉡ 교수활동과 교육경험은 학생들의 졸업 이후 목적을 달성하기 위해 개발되어야 한다.

　㉢ 학생들을 포함하는 다양한 인사들이 목적을 정하고 목적을 개발하는 데 함께 참여해야 한다.

④ 전환 프로그램 분류 모형은 포괄적인 맥락에서의 전환계획을 고려한 교육 그리고 결과 지향 계획 및 개별화를 강조하는 모형이라고 할 수 있다.

2. 모형의 다섯 가지 영역 [23중특]

학교의 교육내용은 전환 중심의 교육인 다섯 가지 영역으로 구성되었다.

학생중심계획	• 학생의 진단평가 정보를 활용하여 개별화된 중등 이후 목표 및 프로그램을 개발하는 것이다. • 계획 과정에서 학생의 참여를 중시하고 자기결정을 촉진한다.
학생 개발	사회성, 자기결정, 자기옹호, 독립생활기술, 직업 기술을 포함하는 여러 영역에서 학생에 대한 평가와 교수를 실시하여 역량을 개발하는 것을 말한다.
기관 간 협력	지역사회 사업체나 관련 기관들의 참여를 촉진하고 협력을 증진하는 것을 말한다.
프로그램 구조	프로그램 철학, 계획, 정책, 평가, 인적자원 개발을 포함한 전환 서비스의 효율적이고 효과적인 전달을 위한 체제를 말한다.
가족 참여	전환 서비스를 계획하고 제공하는 데 가족을 참여시키고 다양한 전환 영역에서 가족 훈련을 통해 역량을 강화하는 것이다.

✿ **전환교육 모형의 특징 및 교육적 시사점**

전환교육 모형	특징	교육적 시사점
교량 모형	• 전환성과를 '고용'으로 봄 • 전환의 초점은 과정이 아닌 결과 • 고용으로의 전환을 지원하는 서비스 세 가지를 연결다리로 표현함(일반적 서비스, 시간제한적 서비스, 지속적 서비스)	• 성인기 전환성과로 고용의 중요성을 강조함
독립생활과 지역사회 적응 모형	• 전환의 성과를 '지역사회 적응'으로 봄 • 고용뿐만 아니라, 주거환경, 사회·대인관계 기술에 의해 성과가 결정됨	• 성인기 전환성과로 고용보다는 지역사회 적응을 위한 전반적인 접근을 강조하며 전환교육의 범위를 확장함
지역사회 중심 직업훈련 모형	• 학교중심의 전환교육 모형으로 전환교육 개념에 중등특수교육 프로그램을 최초로 포함함 • ① 투입과 기초, ② 과정, ③ 취업 결과의 3단계로 구분하여 중등학교 직업교육 프로그램을 강조함	• 학교중심의 전환교육 모형 • 개별화된 전환교육 계획(전환교육의 책임에 대한 공식화, 조기계획) • 학생 및 부모의 참여, 관련 기관과의 협력을 강조함(예 학교, 재활, 성인 수용 프로그램, 직업기술센터)

생활 중심 진로교육 모형	• 세 가지 목표 영역(일상생활 기술, 개인−사회적 기술, 직업 지도와 준비) 내 22개의 주요한 기술, 1,128개 훈련과제를 제시함	• 직업 안내 및 준비 이전에 일상생활 및 개인−사회적 기술을 강조함 • 진로발달 단계를 강조함
포괄적 전환교육 서비스 모형	• 전환 계획은 전생애에 걸쳐 영·유아 교육 시기로부터 성인기까지 종합적이고 체계적으로 계획되고 실행되어야 함 • 삶의 요구에 성공적으로 대처하기 위해 열두 가지 지식과 기술 영역을 다뤄야 함	• 생애주기에 따른 단기 목표를 제시함(모든 발달단계에서 전환계획이 이루어짐) • 전환은 조기에 시작할 필요가 있음 • 의사 결정 시 상호 보완의 협력적 체계가 필수적임
전환 프로그램 분류 모형	• 효과적인 전환교육의 실제를 학생중심계획, 학생 개발, 기관 간 협력, 가족 참여, 프로그램 구조의 다섯 가지 범주로 분류함	• 학령기 이전, 학령기, 학령기 이후 연결의 중요성을 강조함 • 포괄적인 전환교육 계획 및 평가의 틀 제시

출처 ▶ 박희찬 외(2023)

PART 14

03 전환평가

01 전환평가의 이해

1. 전환평가의 개념과 특성

(1) 개념

① 전환평가란 "현재와 미래의 직업 요구, 교육적·생활적·개인적·사회적 환경의 요구와 관련되는 개인의 강점·요구·선호도·흥미 등에 관한 지속적인 정보 수집과정"을 의미한다(미국 특수아동협회의 진로개발 및 전환교육분과, DCDT).

② 전환평가 과정에서 수집한 정보는 개별화 교육계획과 개별화 전환계획을 수립하고, 학생의 교과와 기능적 수행, 중등 이후 목표를 상세화하는 데 사용된다.

③ 전환평가의 목적은 전환평가 결과를 어떻게 활용한 것인가와 관련된다. 전환평가 결과는 진로개발, 직업훈련, 고등교육 목표, 기능, 건강과 대인관계 및 훈련적 기술에 연관된 개인의 강점, 요구나 선호, 흥미 등을 결정하기 위한 자료로 제공되어야 하기 때문이다. 따라서 전환평가의 목적은 다음과 같이 제시될 수 있다.

㉠ 학교 졸업 이후 생활을 안내하는 것이다.

- 학생의 관심, 필요 그리고 선호하는 것을 결정하도록 하는 정보와 경험을 제공하는 것이다.

㉡ 학생 자신이 스스로의 평가와 전환과정을 조정하고 책임을 인식하는 것이다.

- 학생이 자신의 관심, 필요, 선호 등에 대해 파악할 수 있도록 하는 것이다.

㉢ 학교 졸업 이후에 요구되는 기술을 이해하도록 지원하는 것이다.

- 학교 졸업 이후 성인생활과 관련된 기술을 철저하게 이해하도록 하는 것이다.

(2) 특징 [11중특]

① 전환평가는 학생 중심적이어야 한다.

  ㉠ 학생 중심적이라는 것은 전환평가에서 학생이 요구하는 것이 무엇인가를 파악하는 것이다. 학생의 의견이 무시되고 부모나 교사의 의사에 의해 결정되어서는 안 된다. 이를 위해 교사들은 학생이 자기인식, 지식과 권리, 자기주장과 책임의식을 가질 수 있도록 지도하여야 한다.

  ㉡ 중등교육 이후의 전환을 효과적으로 준비하기 위하여 개인중심계획을 통해 장애학생의 적극적인 참여를 유도하고 학생과 가족, 전문가가 서로 협력하여 장애학생의 교육적 요구를 파악하는 것이 중요하다.

② 전환평가는 지속적이어야 한다.

  • 전환평가가 진행 과정이라는 것은 전환과 관련된 개별화교육 이전에 필요한 정보를 수집하는 것으로 시작하여, 졸업 이후 바람직한 적응을 하기까지 계획된 평가가 전 학령기를 통하여 지속적으로 이루어져야 한다.

③ 전환평가는 많은 장면에서 이루어져야 한다.

  ㉠ 앞으로 있을 졸업 이후에 초점을 둔 자연적인 환경, 즉 고용 장면이나 지역사회 상황 등에서 학생들이 선택하고 학습하는 기술들에 대해 평가하여야 한다.

  ㉡ 다양한 상황은 여러 고용 유형, 졸업 이후 교육, 지역사회 주거, 지역사회 참여 등이 될 수 있다.

④ 전환평가는 관련된 다른 사람들의 참여가 있어야 한다.

  ㉠ 예를 들어 학생 본인, 동료, 부모 및 기타 가족, 지역 인사, 고용주, 행정 관련 인사, 친구 등이 참여할 수 있다.

  ㉡ 다양한 자연적 상황에서의 기관 간 협력은 전환평가의 질을 높일 수 있고, 이들 인사들 간의 영역별 팀 접근이 이루어졌을 때 효과적일 것이다.

⑤ 전환평가 자료는 유용하고 이해될 수 있는 것이어야 한다.

  • 일반적으로 늘 활용되고 있는 자료들은 관련된 모든 사람들에게 유용하고 이해될 수 있을 것이다. 그기 위해서는 표준화된 각종 검사 결과 자료들을 학생뿐만 아니라 관련 인사들에게 이해할 수 있도록 해석해 주어야 한다.

⑥ 전환평가는 다양한 상황과 사람들에게 합리적이어야 한다.

  • 평가 도구와 기준, 준거 등은 장애학생들의 장애 정도와 수준, 문화적 차이를 고려하여 해석되어야 한다.

자료

개인중심계획
개인중심계획에 대한 자세한 내용은 Part 04. 지적장애아교육, Chapter 01. 지적장애의 이해, '05 지원모델에 대한 이해' 참조

PART 14

2. 전환평가 체제

Sitlington 등은 전환평가, 진로평가, 직업평가의 관계를 다음과 같이 제시하였다.

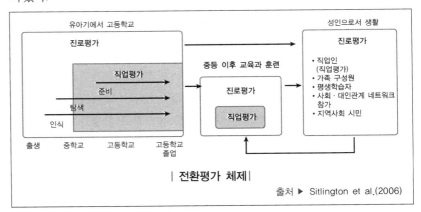

| 전환평가 체제 |

출처 ▶ Sitlington et al.(2006)

① 전환평가는 진로평가와 직업평가를 포함하는 포괄적 용어이다.

② 전환평가는 모든 삶의 역할들과 관계가 있으며, 성인생활로의 전환 이전·중·이후에 필요한 지원과 관계가 있다.

3. 전환평가 요소 11중특, 13중특, 24중특

효과적인 전환계획을 수립하기 위해서는 다양한 평가자료가 수집되어야 한다. Miller 등은 미래 계획을 위한 요구와 목표, 자기결정 및 자기옹호 기술, 학생의 학습 형태·행동·학업적 강점 및 제한점에 대한 평가, 필요한 생활기술에 대한 평가, 학교와 지역사회 모두에서 보이는 직업 흥미·적성·능력에 대한 평가의 다섯 가지 요소를 제안하고 있다.

① 미래 계획을 위한 요구 및 목표 평가

ㄱ 전환평가에서의 첫 단계는 미래 계획에 대한 평가인데, 이는 미래 계획 평가가 전환평가 과정의 매우 중요한 구성요소임을 의미한다.

ㄴ 미래 계획 평가는 학생, 가족, 교사가 고등학교 이후 삶의 방식에 관한 목표를 포함하여 진로목표에 도달하기 위한 장기적인 계획을 개발하는 데 도움이 된다.

• 전환계획 수립 시 장애학생이 원하는 진로와 성인기 전환영역을 고려하여 학생과 학생의 현재 및 미래 환경에 대한 포괄적인 전환평가가 선행되어야 한다.

✎ **직업평가**

직업평가는 장애인의 직업적 흥미, 적성, 강점 및 제한점, 잠재능력을 파악·분석하기 위해 신체능력평가, 심리평가, 작업표본평가, 상황평가 및 현장평가 등을 실시하는 직업재활 서비스로서, 장애인에게 적합한 직업재활 방향을 설정하고 직업을 효과적으로 선택할 수 있도록 지원하는 서비스다(박희찬 외, 2021).

자료

직업평가

직업평가는 장애 또는 장애가 있는 사람을 위한 최적의 결과를 식별하기 위해 개인의 신체적·정신적·정서적 능력, 한계 및 작업지속력 등을 평가하는 포괄적인 학제간 과정이다. 직업평가는 개인의 기능과 장애를 확인하는 데 있어 도움이 되는 정보를 획득하는 과정이다. 직업평가에서는 성격, 적성, 흥미, 작업습관, 신체적 작업 능력, 손재주 등의 영역에서 찾아볼 수 있는 장애학생의 직업적 강점과 약점 등의 요소를 평가한다(박희찬 외, 2022).

② 자기결정/자기옹호 기술에 대한 평가

　　㉠ 두 번째 단계인 자기결정에 대한 평가는 미래 계획과 함께 효과적인 전환계획의 토대를 이룬다. 학생의 동기를 존중하고 교육과정의 주도권을 학생과 가족에게 양도하고자 하는 과정이기 때문이다.

　　㉡ 미래 계획에 대한 평가와 자기결정에 대한 평가의 기본 전제는 교육이 효과적이고 의미 있기 위해서 학생 중심적이고 소비자 주도적이어야 함을 의미한다.

③ 학업 및 행동 기술 평가

　　㉠ 학업기술의 문제가 고등학교 이후 진로 선택에 반드시 어려움을 유발하는 것은 아니지만, 향후 전환계획을 위해 학업기술 수준에 대한 언급은 꼭 필요하다. 고용시장에서 고임금을 받기 위해서는 높은 수준의 기술이 필요하며 읽기, 쓰기, 셈하기 기술은 과거 어느 때보다 더 중요한 비중을 차지하기 때문이다.

　　㉡ 행동상의 문제는 모든 학생이 일반 교육과정에 성공적으로 참여하는 데 결정적으로 중요한 측면이므로, 고등학교 생활과 졸업 이후 삶이 성공적이기 위해 학생 능력에 영향을 줄 수 있는 사회적·행동적 측면에 관한 정보를 수집하여야 한다.

④ 생활기술 평가

　　㉠ 기능적 생활기술에 대한 평가는 총체적 전환평가를 위해 없어서는 안 될 요소다. 성인기 삶의 모든 측면은 수많은 환경 속에서 행해지는 광범위한 생활기술을 요구하고 있기 때문이다.

　　㉡ 성인기 생활기술은 가정 및 학교생활, 여가생활, 개인적 책임과 관계, 신체적/정서적 건강, 사회적 참여, 고용 등의 영역으로 학자에 따라 다소 상이하게 논의될 수 있으며, 이에 따라 중등 특수교육과정은 일반적으로 학업기술, 직업기술, 사회적 기술, 자립생활 기술의 네 가지 영역으로 구성되어 왔다.

⑤ 직업 흥미·적성·능력에 대한 직업평가

직업평가의 기본적 기능은 장래 직업훈련 및 고용을 준비하기 위한 직업 프로그램에 장애학생을 배치하는 데 있다.

효과적인 전환계획을 고안하기 위해 평가자료 사용하기

효과적인 전환계획 세우기

직업평가
1. 흥미
2. 능력
3. 적성

형식적 및 비형식적 평가
1. 기술 준비/학교에서 직업으로의 전환평가
2. 지역사회 중심 평가
3. 상황/작업장 평가

예상되는 환경을 위한 준비

장단기 미래를 위한 계획

모든 관련 영역에서의 학업 및 행동 기술평가
1. 준거참조검사
2. 규준참조검사
3. 학습 스타일 평가

미래 계획을 위한 요구 및 목표 평가
1. 가정생활
2. 지역사회 참여
3. 직업 및 직업훈련
4. 레크리에이션 및 여가
5. 중등 이후 교육 및 훈련

일반적 및 구체적 직업기술

생활기술 평가
1. 일상생활 기술
2. 사회성 기술

형식적 및 비형식적 환경
1. 가정
2. 학교
3. 지역사회

학생의 자기결정/자기옹호 기술에 대한 평가
1. 학업
2. 직업 및 직업훈련
3. 중등 이후 교육 및 훈련

설명 Miller 등의 전환평가 모델에서는 다섯 가지의 전환평가 요소들의 관계를 보여 주고 있다. 이들 평가요소는 서로 복잡한 상호작용 관계를 가지며, 이러한 과정이 장애 학생의 효과적 전환을 위한 총체적 조망과 교육적 의사결정을 위한 맥락을 제공하는 데 기여할 수 있다. 화살표 모양의 나누어진 양 하위 영역의 기술이 상위 영역에 영향을 미치고 최종적으로 직업평가를 통해 효과적인 전환계획을 설정할 수 있게 구성하였다.

| **전환평가 모델** |

출처 ▶ 송준만 외(2022)

02 전환평가의 유형

1. 형식적 평가와 비형식적 평가

① 형식적 평가는 배점과 해석 등 수행 과정이 표준화된 절차를 따르는 것이 특징으로 학생이 얻은 점수에 대한 명확한 해석과 표준화된 정의에 따라 학생의 위치한 규준을 알게 된다.

㉠ 특정한 목적을 위해 구조화된 상황을 설정하며 비교할 수 있는 규준 집단을 설정한다.

㉡ 평가의 목적은 학생의 관심, 태도, 학습의 선호도, 작업 기술, 직업 표준 흥미 및 태도 관련 정보를 얻기 위해 사용한다.

② 비형식적 평가는 구조화되지는 않았지만 융통성이 있으며, 다른 장애학생과 비교하지 않고 학생 본인의 수행 준거를 참조하기 때문에 가르친 것에 대한 효과를 확인한다든가, 다양한 조건이나 환경에서 자료를 수집할 수 있다는 장점을 가지고 있다.

- 비구조화된 다양한 상황(◉ 작업장, 학급, 지역사회, 가정 등)에서 주로 평가하며, 기록물, 면담, 관찰, 조사, 상황평가, 현장평가, 교육과정 중심 평가 등이 있다.

2. 조사와 인터뷰

① 조사와 인터뷰는 정보를 개인으로부터 직접 혹은 간접적으로 수집하는 평가자료이다.

② 대상은 장애학생 당사자가 될 수 있고, 부모, 교사, 직장 동료, 상사, 고용주, 공동생활가정 생활지도사, 친구 등 다양한 사람들이 될 수 있다.

3. 기능적 평가

① 기능적 평가는 직업 계획과 전환 준비에서 고려되어야 할 전반적인 구성요소를 제공한다.

② 장애학생에 대한 기능적 기술은 학업이나 교과 혹은 신체적 결함이 무엇인가 찾기보다는 이들이 무엇을 할 수 있고, 무엇을 배우고 성취할 수 있을 것인가에 중점을 두어야 한다.

③ 기능적 평가는 가정, 학교, 직장, 지역사회 등 자연적 환경에서 장애학생의 기술에 관심을 두어야 한다. 이는 이들이 살아갈 통합 환경에서 어떻게 역할을 할 것인가를 중시하기 때문이다. 이러한 이유로 기능적 평가는 생태적 혹은 환경적 평가 과정을 고려한다.

4. 교육과정 중심 사정

① 교육과정 중심 사정(CBA)은 학생을 지도하는 교육자가 구체적인 교육과정에서 학생의 수행에 대한 정보를 수집하기 위해 실시하는 것을 의미한다.

② 교육과정 중심 사정은 표준화된 평가에서 실제 일상생활이나 상황에서 학생의 수행 과정에 대한 평가를 충분히 할 수 없다는 단점을 보완하기 위한 방법으로 사용된다. 이러한 이유로 교육과정 중심 사정은 교수적 계획을 위한 자료를 수집하기 위해 과제분석, 작업표본 분석, 포트폴리오 평가, 준거참조 평가를 활용하기도 한다.

✍ **작업표본**
실제 직업 혹은 직업군과 동일하거나 유사한 과제, 재료, 수단과 관계되는 작업 활동(Sitlington et al., 2006)

5. 작업표본 평가

(1) 개념

① 작업표본 평가는 실제 직업이나 직업군에서 사용하는 것과 거의 유사한 작업표본 도구를 통해 평가를 실시하는 것이다.

- 작업표본 평가는 실제 직무나 모의된 직무를 평가실에서 실시하여 직업 평가의 목적을 달성하고자 하는 것이다. 즉, 검사를 하기 위한 목적으로 실제 작업활동을 생산활동으로부터 분리해서 실시하는 것이라고 볼 수 있다.
  - 실제의 작업에 쓰고 있는 재료, 도구, 기계 및 공정을 사용하도록 작업 과제를 표본으로 추출하여 준비하고 그 과제 수행을 평가 도구로 하여 작업 결과를 양적·질적인 면에서 파악하고 관찰한다.

② 작업표본 평가의 주요 목적은 장애인에게 실제 직업상황과 유사한 작업 및 환경을 제공함으로써 기대되는 직종을 스스로 이해할 수 있도록 하고, 직업 적성 및 흥미를 평가하여 그 결과들을 실제 작업상황과 결부시켜 직업선정과 직업적응을 위한 객관적인 자료를 얻는 데 있다.

자료
작업표본 평가 예시
우리 학교의 직업교육실을 실제 세탁 직무를 수행하는 장소와 유사하게 꾸며서 평가하면 좋을 것 같습니다. 작업 과제나 재료, 도구도 실제 세탁 직무에서 사용하는 것과 유사한 것을 활용한다면, 학생들이 더욱 실제적인 작업환경을 경험하게 되니 작업 동기도 향상될 수 있습니다.
출처 ▶ 2021 중등A-6 기출

작업표본의 유형

| 2021 중등A-6 기출 | '작업표본 평가의 형태'로 제시 |
| 김형일 | '작업표본의 유목'으로 제시 |

(2) 형태 [21중특]

실제 직무표본	• 산업체에 있는 특정 직무를 그대로 사용한다. 그리고 이 표본에는 산업현장에 적용되는 장비, 과제, 원료, 비품, 절차, 엄격한 규범이 포함된다.
모의 작업표본	• 지역사회에 있는 하나 또는 그 이상의 직무를 모의하는 핵심이 되는 작업 요인 및 과제, 자료, 장비, 비품 등이 사용된다. • 실제 직무표본과 모의 작업표본의 차이는 지역사회에서 발견되는 특정 직무와의 관련성에 있고, 실제로 반드시 완벽하게 구별되기 어려운 경우가 있다.
단일 특성 표본	• '고립 특성 작업표본'이라고도 하며, 단일 근로자 특성을 평가한다. • 특정 직무나 많은 직무와 관련된다.
군특성 표본	• 근로자의 특성군을 평가할 수 있게 설계되어 있다. • 하나의 직무 혹은 다양한 직무에는 많은 특성이 내재해 있기 때문에 다양한 직무를 수행할 수 있는 잠재력을 평가한다. - 학생이 근무할 곳의 근로자 특성을 파악할 수 있도록 설계되어 다양한 직무 수행 잠재력을 평가하는 방법이다.

(3) 장단점

장점	• 학생들로 하여금 통제된 상황에서 여러 가지 직업을 탐색하고 시도해 볼 수 있는 기회를 제공한다. • 직업의 일부분을 학교나 교실로 옮겨 올 수 있다. • 흥미나 태도 검사보다 더 실제적인 작업을 경험하게 함으로써 동기를 더 갖게 해준다. - 작업표본 평가는 보다 구체성이 있기 때문에 직접적인 평가 결과를 얻을 수 있으며, 내담자의 동기 유발을 강하게 촉진시키는 장점이 있다. • 흥미, 태도, 작업 습관을 포함한 다양한 작업 특성을 평가할 수 있게 한다.
단점	• 인성적인 측면보다는 생산품의 질과 양을 강조한다. • 직무 수행과 관련된 조건(환경)이 작업표본에 의해 충분히 나타낼 수 없기 때문에 흥미와 태도의 심층적인 면을 제시하는 데 한계를 갖는다. • 작업표본을 활용하는 데 비용과 시간 소비가 많다. • 심리측정적인 면에서 특정한 직업 수행을 정확하게 예측하는 데 있어 확신이 부족하다.

6. 상황평가

(1) 개념 [13중특]

① 상황평가는 장차 장애인이 일하게 될 현장과 유사하게 구조화된 장소에서 관찰을 통해 직무수행 정도, 행동, 태도 등을 기록하는 과정이다.

    ㉠ 상황평가는 재활시설의 작업장이나 실제의 작업 현장과 유사한 작업 상황을 만들어 놓고 그 안에서 평가 대상자가 작업하는 행동을 평가하는 방법이다.

    ㉡ 상황평가는 작업활동, 감독, 임금, 근로시간 등이 전체 작업환경과 유사한 모의 환경에서 이루어지는 것이며, 이를 통해 내담 장애인의 직업 잠재력과 직업 스트레스 등의 문제 상황에 대한 해결 능력을 관찰하는 것이다.

        • 작업표본 평가는 어느 정도 통제된 상황에서 작업능력을 위주로 평가하는 데 비해, 상황평가는 작업현장의 분위기를 유지하면서 그 안에서의 직업행동을 중심으로 평가한다.

② 상황평가는 작업표본 평가와 전통적인 심리검사의 결과를 검증하는 기능을 갖는다. 또한 직무 능력과 직업 적응력을 측정하는 종합적 평가의 기능을 하거나 특정 평가질문에 답하기 위해 정해진 몇 가지 행동 유형에 초점을 맞추기도 한다.

비교

상황평가

김삼섭 외 (2013)	본문 참조
김형일 (2013)	• 직접관찰은 상황평가라고도 한다. 장애학생이 생활하는 실제 상황에서 실시한다. 교내 취업이나 졸업 이후, 지역 사회에서 학생을 전문가가 직접 보고 평가하는 것이다. • 동일 문헌의 직무현장평가 내용에서는 상황평가와 직무현장평가를 구분하고 있다.
박희찬 외 (2022)	• 상황평가(현장평가 또는 환경평가라고도 함)는 실제 고용 및 지역사회 환경을 사용하는 평가이다. • 상황평가는 실제 작업 환경에서 사용되는 기술을 평가할 수 있다는 장점이 있다.
Sitlington et al. (2006)	• 상황평가는 한 개인의 미래 생활, 고용, 교육 환경과 가능한 한 가까운 환경 속에서 행동들을 평가하기 위한 체계적인 관찰 과정이다.

③ 상황평가를 통해 수집된 정보가 유용하려면, 행동 관찰이 체계적이어야 하고 다양한 환경 속에서 이루어져야 한다.

    ㉠ 서로 다른 팀 구성원들이 한 사람을 다양한 상황 속에서 관찰함으로써 수집된 정보가 타당하고 신뢰로울 수 있다.

    ㉡ 현장에서 행동을 관찰하고 기록하는 데는 이야기체 기록, 시간 표집, 사건 기록, 평정 척도 등의 다양한 기법들이 활용될 수 있다.

(2) 장점

① 상황평가는 작업표본에 비해 평가 환경이 실제 산업 현장과 유사하며, 내담자가 인간관계나 과업에 적응해 나가는 방식을 관찰함으로써 직업과 사회성 기술 문제를 발견하고 수정할 수 있다는 장점이 있다.

    • 상황평가는 실제 작업장과 유사한 분위기 속에서 평가를 수행하기 때문에 실제 작업능력은 물론 현장에서의 적응도까지 비교적 정확하게 예측할 수 있다.

② 내담자가 근로자로서의 역할을 학습할 수 있고 전통적인 심리검사에서 나타나는 검사에 대한 불안감이 일어나지 않는다.

③ 표준화된 심리검사나 작업표본 평가보다 다양한 직업 행동을 평가할 수 있다.

④ 직무현장평가에 비해 비용이 적게 들며 많은 장비가 필요하지 않다.

⑤ 내담자가 직업재활과 가장 밀접한 직업 배치에서의 잠재적 경쟁고용 장면과 가장 흡사하다는 장점이 있다.

(3) 단점

① 표준화된 검사나 객관화된 수치가 아니므로 행동관찰을 중심으로 한 비체계적인 주관적 평가와 신뢰도 문제가 제기될 가능성이 있다.

    • 평가될 특성이 불분명하고 모호할 경우, 특히 주관성의 문제는 심각하다. 평가 내용을 양적으로 제시하는 일과 조작적 정의의 어려움으로 인해 불명료성을 지닐 수 있다.

② 평가자의 관대한 평가에 의해 내담자의 개인차를 나타내기 어려울 때가 많다.

③ 평가자에게 전적으로 의존하기 때문에 고도의 평가자 훈련과 경험이 요구되며, 관찰은 잘 계획된 관찰요령과 양식이 요구된다.

④ 보통의 복잡한 유형의 작업상황은 시설 내에 설치하기 어렵기 때문에 아주 기본적인 유형의 작업상황(예 비숙련을 요하는 단순 조립 및 제조)에서의 평가만이 가능하다는 단점이 있다.

7. 직무현장평가 [25중특]

① 직무현장평가(On the Job Evaluation, OJE)란 기업이나 공장, 서비스 업체의 실제 작업상황에서 작업수행도 및 작업행동을 평가하는 것을 말한다.
- 직무현장평가는 내담자의 인성, 태도, 적성, 직업특성, 직업기술, 신체적 능력의 측정에 목적이 있으며 실제 산업현장과 재활시설이 평가 장소가 된다.

② 직무현장평가를 상황평가와 비교하면 다음과 같다.

공통점	평가자가 현장에서 직접 평가한다.
차이점	• 상황평가는 평가자가 작업영역에서 개인의 시간, 의무, 책임 뿐만 아니라 물리적 요구 및 환경 특성까지도 조절할 수 있는 융통성을 가지고 있다. • 직무현장평가는 개인을 경쟁적인 작업환경에 배치하고 작업환경이나 유형을 거의 바꾸지 않는 상태에서 개인의 성공적인 작업 수행과 유지를 평가한다.

③ 직무현장평가는 이전의 평가결과를 토대로 평가의 마지막 단계에서 실행되는 것이 적합하며, 직무현장평가만을 계획하는 것은 내담자, 고용주, 평가자 모두에게 시간낭비이며 부정적 경험을 제공할 가능성이 있다.
- 이는 내담자의 적성, 흥미 영역을 심리검사나 상황평가를 통해 파악하여 고용 가능성이 높은 특정 직업분야에 배치하여 직무현장평가를 실시하는 것이 효율적임을 의미하는데, 내담자는 낯선 작업환경 때문에 흥미와 적성과는 관계없이 조기에 평가를 포기하는 경우도 있기 때문이다.

④ 직무현장평가의 장단점은 다음과 같다.

장점	• 실제 작업상황에서 평가함으로써 다른 어떤 기법보다 타당도가 높다.
	• 작업현장을 직접 경험할 수 있다.
	  - 정규 근로시간, 정규 근로자, 자신의 흥미 분야의 직무과업이 제공되는 경쟁고용형태의 작업장에서 직무수행을 통해 자신을 평가할 기회를 가진다.
	  - 작업장에서 발생할 수 있는 문제점을 찾아서 미리 개선할 수 있다.
	• 수행 과정에서 사회성과 작업능력을 동시에 평가할 수 있다.
	• 해당 직종이 요구하는 능력의 정확한 평가와 관찰이 가능하다.
	• 일의 숙련도, 작업의 순서 등 일련의 과정을 일정한 기준을 두고 평가할 수 있다.

직무현장평가
⑤ 현장평가

PART 14

단점	• 실제 현장을 직무현장평가의 장소로 이용하기 때문에 장소 선정이 어렵다. − 산업현장·산업체와의 협조가 필수적이다. • 작업상황이 복잡할 경우 능력과 적성에 대한 효과적인 구분이 어렵다. • 평가할 수 있는 인원이 제한적이며 평가에 많은 시간이 소요되어 경제적 측면에서 비효율적이다.

8. 기타 유형

(1) 직무분석 [13중특]

① 직무분석이란 어떤 직무의 특성을 직무배치 전에 과학적·체계적으로 분석하는 활동을 말한다.

- 직무분석은 직무를 구성하고 있는 일의 전체와 그 직무를 수행하기 위해서 담당자에게 요구되는 경험, 기능, 지식, 능력, 책임 및 그 직무와 구별되는 요인을 각각 명확하게 밝혀 기술하는 수단이다. 일반적으로 직무분석에는 직업, 직업환경, 직업에 대한 요구사항 등의 과제분석을 포함한다.

② 정확한 직무분석은 많은 시간이 소요되므로 작업자를 직접 관찰하고 작업자 및 직속상관과 이야기할 수 있는 장소에서 행해져야 한다.

③ 직무분석은 다음과 같은 직무활동의 네 가지 측면에 중점을 두어야 한다.

학생 반응	• 직무분석을 통해 주어진 각 작업을 완수하기 위해 개인이 어떻게 반응해야 하는지 확인한다. • 반응들은 관찰 가능하고 측정 가능해야 한다.
자극	• 직무분석을 통해 각 반응을 유발하는 자연적인 자극을 파악해야 한다. • 다른 지역사회 활동에서처럼 학생이 반응을 할 시간과 방법을 통제하는 다양한 단서가 있을 수 있다.
속도와 관련된 요구 조건	• 능숙한 수행은 취업 환경에서 성공하는 데 매우 중요하다. 따라서 직무분석은 각 업무의 속도와 관련된 요구 조건이나 '생산율(미리 정해 놓은 시간 동안 개인이 완수해야 하는 과제의 수)'을 파악해야 한다. • 속도 조건이나 생산율은 사업체에서 정하기도 한다. 또 다른 상황에서는 교사가 그 학생만을 위한 기준을 마련할 수도 있다.
작업 질과 관련된 요구 조건	• 교사는 고용주나 관리자가 학생이 수행할 각 과제의 질적 요구들을 파악해야 한다. • 동일한 업무를 하는 다른 근로자와 논의함으로써 감독관이 기대하는 정확률을 결정하는 것도 바람직한 방법이다.

✎ 직무

직무란 생산 활동을 하는 개별 종사자에 의해 계속적으로 수행되었거나 수행되도록 설정·교육·훈련된 업무로 직업 분류의 가장 기본적인 개념이다(김삼섭 외, 2013).

［자료］

직무분석의 일반적인 절차

직무분석의 계획

분석될 직무의 선정

관련 문헌의 개관

직무분석의 실시자 선정

자료의 수집

출처 ▶ 김삼섭 외(2013)

---

(2) **관심목록** ^{13중특}

① 관심목록은 일반적인 흥미와는 달리 여러 가지 직업 가운데 특정한 직장에 대하여 호의적이고 수용적인 관심과 태도를 갖는 것을 말한다.

  • 직무기술의 잠재적 유창성을 측정하기보다는 직업의 여러 가지 유형에 대한 학생의 느낌 및 선호도를 평가하는 데 활용될 수 있다.

② 흥미에 접근하는 방식에는 표현된 흥미, 행동화된 흥미, 검사된 흥미의 세 가지가 있다.

표현된 흥미	• 표현된 흥미는 어떠한 직업, 과제, 활동 및 사물과 같은 자극에 대해 좋아한다고 언어적으로 표현하는 것이다. • 표현된 흥미는 내담자의 경험, 사회, 문화, 가족환경, 대중매체의 영향, 자아개념, 경제력 그리고 직업 세계의 경향과 변화에 따라 영향을 받는다.
행동화된 흥미	• 행동화된 흥미는 다른 사람들에 의해 관찰될 수 있는 흥미를 말한다. 이는 대상 학생의 과제, 직업 및 활동에 참여하는 것으로 드러난다. • 많은 시간이 소요되지만 가장 정확한 방법으로 흥미평가에서 높은 점수를 얻은 영역에 알맞은 작업표본 평가 혹은 현장평가 등을 통하여 보완적으로 측정할 수 있다. • 평가 과정에서 내담자의 긍정적, 부정적 행동이 관찰되는데, 부정적 행동은 내담자의 태도나 동기의 문제 혹은 평가되는 작업에 대한 흥미의 결여에 기인할 수 있다.
검사된 흥미	• 객관적인 평가 방법(**예** 여러 가지 심리검사 도구들)을 통해 측정되는 흥미를 말한다. • 검사된 흥미는 표현된 흥미와 같은 경우가 많은데, 이는 대부분의 흥미평가가 자기보고 형식으로 구성되기 때문이다.

관심목록
⑤ 흥미평가

04 전환의 결과

01 경쟁고용

1. 경쟁고용의 개념

고용주가 요구하는 일을 수행하고, 비장애 동료들과 같이 통합된 환경에서 일을 하며, 정부가 정한 최저임금 이상의 보수를 받는 형태이다.

2. 경쟁고용의 주요 특징 [16중특]

① 비장애인 근로자와 충분한 통합의 경험을 가질 수 있다.

② 정상인들이 받는 임금과 같은 혜택을 받는다.

③ 배치 전이나 초기에 집중적인 지원서비스를 받는다.

④ 개인은 작업과 관련하여 생산성을 높이기 위한 기술, 대인관계, 작업 관련 기술을 독립적으로 익히고 수행할 수 있어야 한다.

⑤ 경쟁고용이 지원고용과 중요한 차이점은 경쟁고용은 지원 기간이 일시적으로 제한되고, 개인이 취업을 하고 나면 서비스가 중지된다는 점이다. 그 이후는 개인 스스로 직업을 유지해 가야 한다.

02 지원고용

1. 지원고용의 개념

① 미국 「재활법」에서는 지원고용을 "경쟁적 고용이 불가능한 상태에 있거나, 혹은 심한 장애로 인하여 고용이 때때로 중단되거나 방해를 받게 되는 중증장애인을 대상으로 통합된 작업장에서 계속적인 지원서비스를 제공함으로써 이루어지는 경쟁적 작업"으로 정의하고 있다.

② 지원고용 체계는 통합된 작업장, 지속적인 지원서비스의 제공, 경쟁적 작업의 세 가지 요인을 충족해야 한다.

통합된 작업장	대부분의 작업장 내 동료가 비장애인으로 구성되어 있으며, 한 작업장에서의 장애인 수가 8인을 넘지 않는 작업장을 말한다.

지속적인 지원서비스의 제공	장애인이 작업을 제대로 수행할 수 있도록 취업기간 내내 적어도 월 2회 이상 작업장 안팎에서 제공되는 계속적 혹은 간헐적 지원을 말한다.
경쟁적 작업	전일제 혹은 시간제로 이루어지는 작업으로서, 평균 주당 20시간 이상의 일을 하며, 최저임금에 기준하여 급여나 기타 보상을 받을 수 있도록 하는 경우를 의미한다.

2. 지원고용의 주요 특징 [16중특]

① 지원고용은 심한 중증장애를 가진 사람들에게 통합된 작업장에서의 경쟁적인 일자리를 제공한다.

· 지원고용은 중증장애 때문에 전통적으로 경쟁적인 고용이 불가능했거나 그러한 시도가 중단되거나 간헐적으로 이루어졌던 사람을 대상으로 한다.

② 지원고용 대상자가 고용을 성공적으로 지속할 수 있도록 하는 데 필요한 작업장 내 혹은 작업장 밖에서의 지속적인 지원서비스가 제공된다.

③ 전통적인 직업훈련과의 비교를 통해 지원고용의 특징을 살펴보면 다음과 같다.

기준	전통적 접근	지원고용
기본접근	선훈련-후배치	선배치-후훈련
과정	특정 상황에서 학습된 행동은 다른 상황으로 전이됨	· 직무를 수행해야 할 작업환경 내에서 학습할 때 가장 효과적임 · 전이나 일반화가 어려움
중재 유형	일상생활, 작업활동, 보호고용 프로그램을 설치하고 대상자를 모집함	실제 작업환경 내에서 작업에 대한 과제분석을 실시하고, 개인별 혹은 소집단별 맞춤식 훈련을 실시함
지원, 지도 & 감독	개인의 필요와 욕구보다는 프로그램의 내용, 방법 등이 규정으로 정해지고, 그 규정에 따라 진행됨	· 훈련 초기에는 집중적인 훈련을 하고 시간이 경과함에 따라 지원의 양을 줄여 나감 · 훈련의 양은 개인의 필요나 요구에 따라 정해짐
진단 및 평가	학습이나 훈련이 이루어지기 전에 개인에 대한 평가가 일반적으로 실시됨	훈련이 이루어지기 전과 훈련의 과정에서 개인과 환경의 두 측면에서 직무수행 가능성과 직무적합성에 대하여 진단·평가가 실시됨

비교 — 지원고용

한국장애인단체총연맹은 지원고용을 조작적 정의와 법적 정의로 구분하여 제시하고 있다(김형일, 2013).

· 조작적 정의: 지원고용은 중증장애인을 대상으로 통합된 작업장에서 일반고용이 가능하도록 지원고용 전문가를 활용하여 대상자 선정 및 평가, 실시 사업체 및 직무분석, 직무배치, 훈련 및 계속적 지원을 제공하는 고용 서비스이다.
· 법적 정의: 「장애인 고용촉진 및 직업재활법」 제13조 제1항에 따르면 고용노동부장관과 보건복지부장관은 중증장애인 중 사업주가 운영하는 사업장에서 직무수행이 어려운 장애인이 직무를 수행할 수 있도록 지원고용을 실시하고 필요한 지원을 하여야 한다고 규정하고 있다.

비교 — 전통적 접근과 지원고용의 과정

· 박희찬 외(2021): 본문 참조
  - 선훈련-후배치의 모델은 발달의 단계론에 근거하여 고용을 위해 고용 준비가 될 때까지 훈련이 이루어져야 한다고 가정하고 있으며, 일단 훈련된 내용은 전이나 일반화가 될 수 있다고 간주하고 있다. 그러나 지원고용에서는 중증장애인의 대부분을 차지하는 발달장애인의 경우 일반화에 상당한 어려움이 있음을 지적하였다.
· 김형일(2013)

전통적 접근	전이나 일반화가 어려움
지원 고용	· 직무를 수행해야 할 특정 상황에서 학습된 행동은 다른 상황으로 전이됨 · 작업환경 내에서 학습할 때 가장 효과적임

프로그램 유형	일상활동, 작업활동, 보호고용	개별배치, 소집단, 이동작업대, 소기업
비장애인과 통합기회	통합이 제한적이거나 주류사회와 분리됨	통합이 강조되며 지역사회에 중심을 둔 프로그램에 많이 참가함
작업과 관련된 기능	직업기능은 직업을 갖기 위한 전제 조건으로 간주되고, 작업 과정에서의 향상은 크게 강조하지 않음	작업현장에서 훈련과 지원으로 능력이 향상되며, 직무조정도 실시됨
임금	임금수준이 낮고 임금 인상의 기회가 제한됨	경쟁적 임금체계 또는 작업결과에 따라 비교적 높은 수준의 임금이 지급됨

출처 ▶ 박희찬 외(2021)

3. 지원고용 관련 주요 개념

① 통합

　㉠ 통합은 지원고용에서 가장 필수적인 특성이라고 할 수 있으며, 장애인들이 일반인들과 더불어 살아갈 수 있게 하는 것이다.

　㉡ 통합의 수준은 지원고용 서비스의 성공의 수준을 반영하게 된다. 통합이 물리적인 수준을 넘어 완전한 참여, 즉 고용인으로서 일반 동료와의 관계와 우정을 형성할 수 있는 기회를 제공하여야 한다.

② 선배치, 후훈련

　㉠ 전통적인 직업훈련의 기본은 선훈련－후배치이다. 그러나 많은 경우 이와 같은 배치는 성공적인 고용으로 이어지지 못했다. 많은 중증장애인들은 그들이 배운 기술을 실제 작업장에서 일반화하는 데 어려움을 나타냈다.

　㉡ 선배치－후훈련은 이러한 한계를 극복하고 실제 작업환경에 먼저 배치하고 적응하도록 훈련하는 프로그램이다.

③ 지속적이고 생애에 걸친 지원

　㉠ 중증장애인들은 전 생애에 걸쳐 지원을 필요로 한다. 생활의 다른 측면과 마찬가지로 고용에서도 지원은 필요하다.

　㉡ 고용이 유지되기 위해 계속적인 지원이 이루어져야 한다.

④ 일반인들과 차별 없는 임금과 혜택의 보장

일반고용인들과 같이 일한 것에 대한 공정한 보수를 받는 것이다. 또한 일반인들과 같이 의료보장, 근로시간, 상여금, 연수, 휴가 등 동일한 혜택을 받는 것을 의미한다.

⑤ 차별 금지의 원칙

ㄱ 지원고용 서비스에 접근하는 데 있어 장애의 정도가 심하다는 이유로 인해 거절되거나 거부되어서는 안 된다.

ㄴ 전통적인 직업훈련에서는 중증장애인들은 제외되거나 배척되어 훈련에서 혜택을 받지 못하였다.

⑥ 융통성 있는 지원의 강조

지원서비스는 장애인 개인이 고용에 성공하는 데 도움이 되는 내용들이 포함되어야 한다. 이러한 지원체제는 서비스를 전달하는 사람들의 융통성도 포함된다.

⑦ 선택

ㄱ 지원고용은 장애인들로 하여금 자신의 생활과 삶을 선택할 수 있게 한다. 이러한 선택은 직업 유형, 작업시간, 일의 위치 등에서 기회가 주어진다.

ㄴ 선택 능력을 발휘하기 위해 연습할 기회를 제공한다.

KORSET 합격 굳히기 **지원고용의 가치**

Wehman 등(1998)은 기본적인 지원고용의 가치를 아홉 가지로 개관하였다.

동등한 임금과 혜택	장애인은 동일한 혹은 유사한 업무를 수행하는 동료들과 같은 임금과 혜택을 받아야 한다.
지역사회 연계	사람들은 수용, 성장, 발달을 위해 지역사회의 공식적, 비공식적 네트워크와 연계될 필요가 있다.
모든 사람은 일을 할 수 있음	장애의 정도 혹은 형태와 관계없이 누구나 직업을 가질 권리와 능력을 가지고 있다.
능력에 초점	장애를 가진 사람은 그들의 장애보다는 능력, 강점, 흥미의 관점에서 인식되어야 한다.
지속적인 지원	지원고용 서비스 이용자는 그들이 지원을 필요로 하는 한 그들의 열망을 성취하는 데 필요한 지원을 제공받을 것이다.
실제적인 직업	지역사회 내 일반사업체의 노동시장에서 고용이 이루어진다.
기회에 대한 권리	장애와 상관없이 모든 사람은 그들이 선택한 직업에서 일할 수 있는 기회를 가져야 한다.
자기결정 권리	모든 사람은 스스로 의사결정을 할 권리가 있다.
시스템의 변화	전통적 시스템은 소비자가 자신을 조절할 수 있도록 보장하는 방향으로 변화되어야 하며, 이는 지원고용의 핵심 요소이다.

출처 ▶ Sitlington et al.(2006)

비교

지원고용의 가치

Wehman 등(2003)은 양질의 지원고용 프로그램의 기초가 되는 아홉 개의 핵심 지원고용 가치를 개발하였다.

가치	설명
고용의 전제	장애의 수준이나 유형에 상관없이 모든 사람은 일을 할 수 있고 직업을 가질 권리가 있다.
경쟁고용	일반적인 지역사회 사업체의 지역 노동시장 내에서 발생하는 고용이다.
자기결정과 통제	장애인이 자신의 고용 지원과 서비스를 선택하고 관리할 때 진로에 만족하게 된다.
상응하는 급여와 혜택	장애인은 동일하거나 유사한 직업에 종사하는 동료와 동등한 급여와 혜택을 받아야 한다.
잠재력과 능력에 대한 중점	장애인은 그들의 장애보다는 그들의 능력, 강점, 관심사라는 관점에서 판단되어야 한다.
관계의 중요성	공동체 관계는 작업 내외적인 상호 존중과 포용을 가능하게 한다.
지원의 힘	장애인은 자신의 개인적 목표를 결정해야 하고, 바라던 것을 이루기 위해 여러 지원을 받을 필요가 있다.
시스템 변화	전통적인 시스템은 소비자 통제를 보장하기 위해 변화해야 하며, 이것이 지원고용의 통합에 매우 중요하다.
지역사회의 중요성	사람들은 포용과 성장과 발전을 위해 지역사회의 공식적·비공식적인 사회적 네트워크에 연결될 필요가 있다.

출처 ▶ McDonnell et al.(2015)

4. 지원고용의 과정 [10중특]

지원고용은 일반적으로 다음과 같은 절차에 따라 이루어진다.

비교

지원고용 절차

박희찬 외 (2021)	본문 참조
김형일 (2013)	지원고용의 절차는 학자에 따라 내용과 단계를 달리 제시하고 있지만 공통적인 내용을 제시하면, ① 진로 계획, ② 직무분석, ③ 작업자 평가, ④ 직무배치 ⑤ 교수(instruction), ⑥ 계속지원 등의 과정을 거친다. 특히 한국장애인단체총연맹(2003)은 우리나라 실정에 맞는 실제적인 지원고용 절차를 '직업재활 계획 수립−대상자 분석−사업체 개발 및 직무분석−지원계획 수립−직무배치 및 훈련−계속적 지원−취업 후 적응 지도'로 제시하였다.

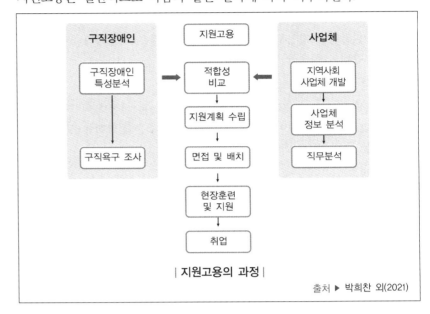

| 지원고용의 과정 |

출처 ▶ 박희찬 외(2021)

(1) 구직장애인

① 구직장애인인 지원고용대상자의 특성은 초기면접 및 직업평가 결과 또는 직업적응훈련 등의 직업재활 서비스 과정에서 지속적으로 진행된 상담과 평가의 내용을 바탕으로 파악할 수 있다.

② 구직장애인의 특성 및 구직욕구는 취업알선 시 사업체의 직무에서 요구되는 특성들과의 적합성을 비교하는 데 활용된다.

(2) 사업체

사업체 개발	사업체 개발은 지역사회 내 장애인이 직업을 가지고 생활할 수 있는 잠재적인 취업가능 사업체를 개발하는 전문적이고 종합적인 활동이다.
사업체 정보 분석	• 사업체가 장애인 채용에 대한 의사를 나타내면 사업체와 구인 직무를 구체적으로 파악하여야 한다. • 사업체 정보는 크게 사업체의 현황과 구인 조건으로 구분할 수 있으며, 이는 적합성 비교의 과정에서 사용되고 알선대상의 구직장애인에게 충분히 설명되어야 할 중요한 정보라고 할 수 있다.

직무분석	• 직무분석은 사업체의 일반 직무 또는 구인 직무를 수행하기 위해 필요한 신체능력, 인지, 작업능력, 변별력, 사회성 등의 기능 정도를 파악하는 것이다. • 사업체 정보 조사와 해당 직업의 적합성에 관련된 주요 요소를 평가하여 구직장애인에게 특정 직무가 적합한지 여부를 결정하는 핵심 자료다.

(3) 적합성 비교와 직무배치

① 적합성 비교란 구직장애인의 성공적인 직업배치를 위하여 구직요건과 구인요건이 일치하는지 상호 비교하여 구직장애인에게 알선할 사업체를 결정하는 과정이다.

  • 구직장애인의 직업특성 및 구직욕구와 직무분석을 포함한 사업체 정보를 비교·분석·검토하여 실제 취업으로의 연결 가능성 여부를 결정하는 것이다. [10중특]

② 적합성 비교 결과를 바탕으로 지원고용이 결정되면 현장 직무배치 전후에 구직장애인에게 필요한 서비스 지원계획을 수립하고 계획을 실현하기 위한 시간과 절차들을 구체화한다.

(4) 현장훈련 실시 및 지원

① 지원계획 수립 후 사업체에 지원고용대상자의 직무배치가 이루어지면 직무지원원은 현장훈련을 실시한다.

② 직무지원원은 현장훈련을 실시하면서 구직장애인의 직무수행 및 적응 수준과 사업체의 요구사항에 대한 적합성 비교 결과에 따라 지원내용을 결정해야 한다.

  • 직무지원원이 제공하는 현장훈련이나 지원은 대표적인 인위적 지원 으로 장차 소거해야 할 과제를 안고 있다.

③ 직무수행 능력을 높이기 위하여 인위적 지원의 제공과 함께 자연적 지원을 활용한다. [10중특]

  ㉠ 자연적 지원은 지원고용대상자의 작업동료나 직무환경 내에서의 자연 스러운 맥락 속에서 자발적이고 지속적으로 제공되는 특성이 있다.

    • 자연적 지원은 지원고용대상자와 함께 일하는 비장애 작업동료나 직장상사 등이 직무환경에서 함께 일하면서 지원고용대상자가 점차 독립적인 직무수행이 가능하도록 지원하는 것이다.

자료

적합성 비교
직업평가와 직무분석 결과를 비교하여 지원고용의 적합성 정도를 분석한다(2010 중등1-22 기출).

직무지원원
🔁 직업코치

자료

현장훈련 시 지원방법
현장훈련 시 지원방법은 구직장애인의 개인적 특성이나 직무 난이도에 따라 다양하게 선택하고 적용될 수 있는데 과제분석, 촉진, 모델링, 시범, 신체적 안내, 자연적 지원 등 다양한 방법을 시도할 수 있다(박희찬 외, 2021).

ⓛ 자연적 지원은 조직적 지원, 물리적 지원, 사회적 지원, 훈련적 지원으로 구분할 수 있다. [25중특]

지원	내용
조직적 지원	• 필요한 재료들을 찾기 쉬운 장소에서 제공하기: 직무순서 조정하기 • 이동을 고려하여 직무 배치하기: 필요할 때 적절한 업무 찾아 주기 • 필요한 장비 제공하기: 위험 요인에 대해 미리 설명하기 • 훈련 일정에 대해 안내하기
물리적 지원	• 사용하는 도구 수정하기: 일이 없을 때 쉴 수 있는 공간 제공하기 • 보조공학도구 사용하기
사회적 지원	• 쉬는 시간에 이야기 나누기: 간식 함께 먹기 • 실수를 했을 때 위로해 주기: 작업장에서 지켜야 할 규칙 설명하기 • 같이 일하는 직원 소개해 주기: 의사소통 시작 행동 먼저 하기
훈련적 지원	수행방법에 대한 모델 제공하기: 이해하지 못하는 것에 대하여 설명하기

출처 ▶ 박희찬 외(2021)

(5) 취업 후 적응지원

① 취업 후 적응지원은 장애인, 사업주나 동료, 가족 등을 대상으로 장애인이 취업된 이후 직장 내 다양한 문제들에 대해 적절히 대처할 수 있도록 지원하는 서비스를 의미한다.

㉠ 취업장애인이 직장생활에서 겪게 되는 여러 가지 문제를 해결하기 위해 장애인, 가족, 사업주 등을 대상으로 수행 직무, 사회심리적 관계 직장환경 등의 측면에서 필요한 사항을 지원하여 취업장애인이 만족스러운 직장생활을 유지하도록 한다.

㉡ 취업 후 적응지원에서는 취업장애인의 담당 직무에 변화가 있을 시 직무 조정 및 지도 등 변화에 따른 적응을 지원한다.

② 취업 후 적응지원은 지원고용대상자의 고용안정 및 만족스러운 직장생활 유지를 도모하는 데 목적이 있다.

5. 지원고용의 유형

지원고용의 유형은 다양하지만 경제적 및 지역적 여건이 다른 상황에서 성공적으로 실시할 수 있는 모델을 중심으로 제시하면 다음과 같다.

(1) 개별배치 모델 ^{13중특(추시), 22중특}

① 개별배치 모델의 가장 큰 특징은 작업자를 위한 직무지도원이 장애인과 일대일로 배치되어 전반적인 훈련을 실시한다는 점이다.

② 직무지도원은 배치와 훈련 및 추수지도 등 작업 전반에 대해 관리하고 지원을 하면서 지원의 강도와 횟수 등을 점차 줄여간다.

③ 전통적인 방법과 다음과 같은 측면에서 서로 다르다.

　　㉠ 직장에 배치하기 전에 직업 준비 과정을 요하지 않고 직업현장에 배치된 다음에 작업 방법, 사회성 기능, 지역사회 내에서의 이동기능 등에 대해 포괄적으로 훈련시킨다.

　　㉡ 단기적이거나 한시적인 훈련 절차가 아니다.

　　㉢ 직무지도원 한 사람이 직업 개발, 직업 배치, 직업 훈련, 추수지도 등을 모두 담당한다.

④ 개별배치 모델의 장단점은 다음과 같다. ^{13중특(추시), 22중특}

장점	• 한 명의 직무지도원이 한 명의 작업자에게 집중적인 개별 서비스를 제공할 수 있다. • 직무지도원이 모든 일을 전담하기 때문에 고용주 입장에서 한 사람과 일을 해결하면 된다.
단점	• 전적으로 직무지도원 한 사람의 역량에 의존하고 있어 프로그램의 효율성이 한 사람에 의해 좌우될 수 있다. • 한 명의 직무지도원이 한 명의 작업자를 담당하기 때문에 시간과 경비에서 비경제적인 측면이 있다.

자료

개별배치 모델 예시

A장애인 복지관 직업재활팀에서는 제빵에 관심이 많은 지원고용 대상자를 지역사회 내 제빵 사업체로의 취업을 알선하였다. 이 복지관에서는 지원고용 대상자가 제빵에 흥미가 있으며, 지역사회 내 제빵 사업체에서의 직무를 수행하는 데 어느 정도 적합하다는 결정을 하고, 제빵 사업체에 1명을 배치하여 현장에서의 훈련과 지원을 실시한 것이다. 그 결과 지원고용 대상자는 지역사회 내 제빵 사업체에서 부여받은 직무를 수행하고, 통합고용이 이루어지게 되었다(박희찬 외, 2021).

PART **14**

(2) **소집단 모델** [25중특]

① 소집단 모델은 특정 사업장 안에 소집단으로 지원고용의 기회를 제공하는 것이다.

  ㉠ 소집단은 어떤 주어진 사업장 안에서 장애인이 전체 8명을 넘지 않는 규모여야 한다.

   • 보통 3~8명의 장애인을 집단으로 지역사회 내에 있는 기업에 배치하는 것이다.

  ㉡ 소집단은 전형적으로 유사한 직업흥미와 프로그램 서비스 유형을 가진 개인들의 집단으로 구성된다.

  ㉢ 일반적으로 개별배치 모델에서보다 심한 장애를 가지고 있어서 개별 통합이 어려운 경우 사용되는 모델이다.

② 소집단 내의 작업자들은 회사의 다른 작업자들과 동일한 임금, 근로시간, 휴가, 상여금 등을 받게 된다.

③ 소집단 모델은 다음과 같은 장점과 단점을 가지고 있다.

장점	• 개별배치 모델보다 더 장기적인 지원을 제공할 수 있다. • 지역사회 내의 특정 직업에 적절히 적응하지 못하는 대상에게도 고용의 기회를 제공할 수 있다. • 한 명의 감독자가 여러 명에게 동시에 고용의 기회를 제공할 수 있다. • 소집단 구성원 중에서 정규사원으로 채용되면 다른 장애인이 그 자리에 채워질 수 있다. • 유사한 직업흥미와 목표, 서비스의 욕구를 가진 사람들이 모여 있으므로 지원고용 전문가의 시간 사용이 경제적이다.
단점	소집단으로 구성하게 되므로 개별배치의 경우보다 통합의 질이 떨어질 수 있다.

(3) **이동작업대 모델**

① 이동작업대는 한두 명의 감독이 3~8명의 작업자들을 담당하도록 하는 집단적인 지원고용 운영 형태이다.

② 이동작업대는 지역 내에서 특정한 하청 서비스를 수행한다. 주로 수위(경비), 눈 치우기, 건물관리 및 청소, 정원 관리, 농장 용역, 식물 관리, 칠 작업 등 용역 작업이 주류를 이룬다.

③ 이동작업대 모델은 장애인에게 소집단으로 고용기회를 제공한다는 점에서 소집단 모델과 유사하다.

  • 그러나 이동작업대 모델은 구체적인 계약의 내용에 따라 사업장을 이동하면서 서비스를 제공한다는 점에서 소집단 모델과 차이가 있다.

④ 감독자는 중증장애인을 훈련할 수 있는 능력을 갖추어야 하고 지역의 하청을 수주하고 이동작업을 위한 전반적인 작업 및 일정관리를 할 수 있어야 한다.

⑤ 이동작업대 모델의 장단점은 다음과 같다.

장점	• 기업체가 적은 중소도시 및 농어촌에 적합한 형태로서 지역사회의 요청에 따라 융통성을 가질 수 있다. • 지역의 여러 곳을 이동해 다니기 때문에 자연스럽게 통합의 기회가 주어진다. • 일반 지역민들에게 장애인들의 직업적인 잠재능력을 보여줄 수 있는 기회를 준다. • 초기 장비 구입 등 사업 착수 비용이 들고 나면 이후 비용이 적게 들고 수입이 발생할 경우 활동비용으로 충당할 수 있다.
단점	• 일반적으로 이동작업대 모델은 모든 근로자의 생산성이 총생산성의 수준에 이르지 못하기 때문에 초과 비용이 든다. • 많은 감독이 필요하다. • 공공기금을 사용해야 한다.

(4) 소기업 모델

① 소기업 모델은 상품을 생산하거나 지역사회에 서비스를 제공하기 위하여 소기업을 창업하고 운영하는 방법이다.

 ㉠ 소기업은 장애인과 비장애인이 함께 고용되어 영리를 목적으로 운영되는 기업이다.

 ㉡ 사업을 통해 수입을 창출하고 직원들에게 임금을 지급하는 일반기업과 같이 운영된다.

 ㉢ 소기업 모델은 공동으로 사업체의 실질적 주인이 될 수도 있다. 이러한 소기업에 비장애인을 고용해서 장애인과 비장애인이 통합될 수 있는 방식으로 운영된다.

  예 장애가 심한 학생의 부모 4명이 재정을 투자하여 카페를 차리고, 카페 운영의 실질적 경험이 있는 비장애인을 점장으로 고용한다.

② 소기업 모델은 심한 장애를 가진 중증장애인이라고 하더라도 생산적인 활동을 할 수 있고, 사회에 기여할 수 있다는 것을 지역사회에 보여 줌으로써 지역인들의 장애에 대한 편견을 완화하는 데 기여할 수 있다.

③ 소기업 모델은 중도의 장애인에게 유급의 취업 기회를 제공할 수 있다는 장점을 가지고 있지만, 작은 규모의 보호작업장과 같은 방식이 될 수 있어 사회적 통합을 위한 기회가 줄어들 수 있다. 또한 일부 하청 중심으로 이루어지는 소기업은 하청 물량에 따라 고용 여부가 결정되는 기존의 보호작업장의 단점을 그대로 가질 수 있다는 한계가 있다.

자료

소기업 모델 예시

D장애인 복지관에서는 시청과 협의를 거쳐 청사 1층 로비에 카페를 설치하였다. 이 카페에서는 음료 및 다과를 판매하고 있으며, 1명의 비장애인 점장과 3명의 장애인이 함께 일하고 있다. 3명의 장애인은 바리스타 보조, 카페 내 정리, 청소 등을 담당하고 있으며, 근무 시간은 오전 8시 30분부터 오후 6시 30분까지다. 이 카페는 시청 직원들뿐만 아니라 민원을 위해 방문한 시민이 이용한다(박희찬 외, 2021).

KORSET 합격 굳히기 전환고용 모델

1. 전환고용 모델은 지역사회의 다양한 사업장 안에서 시간제한적인 작업 기회를 제공한다.
   • 이 모델은 정신장애를 가진 성인에게 서비스를 제공하는 기관이나 프로그램에서 널리 활용되고 있다.

2. 전환고용 모델의 목적은 프로그램 참가자들이 작업 기술을 배우고 긍정적인 경험을 가질 수 있도록 단기간의 고용 기회를 제공하는 데 있다.

3. 전환고용은 일반적으로 시작 수준의 낮은 과제로서 장기간의 직업훈련을 요구하지 않고, 어느 정도의 기간 동안 다양한 장애인들이 일의 경험을 가질 수 있도록 채용된다.
   • 전환고용은 일반적으로 3~6개월간 지속되며, 대부분 시간제를 기본으로 이루어지며, 작업 수행의 결과에 따라 최저임금이나 사업체 기준에 따라 임금을 받는다.

4. 전환고용 경험은 자신감을 형성하고 미래에 보다 독립적이고 영구적인 취업을 할 수 있도록 연결하는 데 도움을 준다.

출처 ▶ 김삼섭 외(2013), 박희찬 외(2021)

---

03 보호고용

1. 보호고용의 개념 [19중특]

① 통상적인 경쟁노동시장에서 불리하여 고용이 될 수 없는 중증장애인을 위하여 특별히 계획된 조건과 보호적인 조건하에서 행해지는 훈련 및 고용이며, 일반적으로 서비스를 제공하는 일 또는 작은 계약의 일을 수행한다.

② 보호고용의 목적은 장애인을 지원고용 사업장에 배치하기 위한 적응 훈련과 직업 기능 훈련을 시키는 데 있다.

③ 우리나라에서는 주로 장애인 근로사업장, 장애인 보호작업장, 장애인 직업적응훈련시설과 같은 장애인 직업재활시설의 형태로 이루어지고 있다 [「장애인복지법 시행규칙」 제41조(보건복지부령 제932호, 일부개정 2022. 12.30.) 기준].

㉠ 장애인 직업재활시설의 유형은 다음과 같다. ^{24중특}

장애인 근로사업장	직업능력은 있으나 이동 및 접근성이나 사회적 제약 등으로 취업이 어려운 장애인에게 근로의 기회를 제공하고, 최저임금 이상의 임금을 지급하며, 경쟁적인 고용시장으로 옮겨갈 수 있도록 돕는 역할을 하는 시설
장애인 보호작업장	직업능력이 낮은 장애인에게 직업적응능력 및 직무 기능 향상훈련 등 직업재활훈련 프로그램을 제공하고, 보호가 가능한 조건에서 근로의 기회를 제공하며, 이에 상응하는 노동의 대가로 임금을 지급하며, 장애인 근로사업장이나 그 밖의 경쟁적인 고용시장으로 옮겨갈 수 있도록 돕는 역할을 하는 시설
장애인 직업적응훈련시설	작업능력이 극히 낮은 장애인에게 작업활동, 일상생활훈련 등을 제공하여 기초작업능력을 습득시키고, 작업평가 및 사회적응훈련 등을 실시하여 장애인 보호작업장 또는 장애인근로사업장이나 그 밖의 경쟁적인 고용시장으로 옮겨갈 수 있도록 돕는 역할을 하는 시설

㉡ 장애인 보호작업장의 장애인은 장애 유형과 정도에 따라 개별화된 고용의 기회를 지원받고 직업재활서비스를 받음으로써 사회적 역할을 수행할 수 있다. 또한 사회 통합의 목적을 이루기 위해 직무에 필요한 서비스뿐만 아니라 사회 적응에 필요한 서비스도 제공받게 된다.

2. 보호고용의 특징

① 보호고용에는 장애인이 작업할 수 있는 시설이나 장비, 환경에 대한 배려가 있다.

② 보호고용은 보호된 환경에서 주로 장애인을 중심으로 고용이 이루어지므로 사회통합의 제한이라는 한계가 있으며, 임금의 수준이 낮고 직종의 다양성도 떨어지게 된다.

자료

장애인 보호작업장
• 장애인들만으로 구성된 시설에서 일을 하고 있어서 지역사회 통합의 경험을 가지기는 힘들지만, 보호작업장은 장애인이 적절한 수입을 보장받으며 작업에 필요한 기능과 작업 습관 등을 익힐 수 있는 기회를 제공하기 때문에 장애인의 직업적 욕구를 충족시켜 주고 건전한 사회생활을 영위하도록 도울 수 있는 중요한 기관으로 인정받고 있다.
• 장애인 보호작업장의 장애인은 장애 유형과 정도에 따라 개별화된 고용의 기회를 지원받고 직업재활서비스를 받음으로써 사회적 역할을 수행할 수 있다. 또한 사회 통합의 목적을 이루기 위해 직무에 필요한 서비스뿐만 아니라 사회 적응에 필요한 서비스도 제공받게 된다.
출처 ▶ 박희찬 외(2023)

주거 유형의 특성

주거 유형	특성
지원 생활	• 장애인이 지역사회에서 최대한 자립하고 통합되어 생활하는 유형이다. • 각 장애인의 개별화된 요구를 반영한 적절한 지원을 받을 수 있다.
양육가정	• 가정을 개방하는 가족과 함께 일정 기간 동안 생활하는 유형이다. • 일상적인 가족활동에 참여하고 친밀한 인간관계를 형성할 수 있다.
공동생활가정	• 소집단의 장애인들이 가족형태의 공동생활을 하는 유형이다. • 그룹 홈 직원으로부터 필요한 지원을 받을 수 있다.

출처 ▶ 방명애 외(2019)

04 주거

주거 배치는 최소 제한 환경의 원리를 적용하여 주거 생활을 선택하는 것으로, 특히 개별적으로 고려되어야 한다.

1. 독립생활

① 독립생활은 장애인을 지역사회에 배치하는 데 있어 공식적인 서비스와 지원이 더 이상 필요하지 않는 경우이다. 만약 도움이 필요하다고 해도 가족, 친구 혹은 지역사회 기관을 방문하거나 전화하여 문제를 해결할 수 있는 정도를 말한다.

② 적절한 독립생활의 주거 양식은 개인의 장애유형, 수준, 특성 등에 따라 변할 수 있으며, 개인 선호도, 연령, 직장과의 근접성, 친구관계, 이웃 등을 고려하여 선택할 수 있다.

③ 궁극적으로 독립생활은 장애인들의 최종 목표이다.

2. 보호생활

다양한 형태의 지원과 감독이 이루어지지만 가능하면 장애인으로 하여금 가정과 같은 상황에서 독립적이고 완전하게 살 수 있도록 하는 것이다.

3. 공동생활가정

① 공동생활가정이란 가정에서 대부분의 서비스와 지원이 이루어지고 함께 가정에서 생활하는 다양한 주거 유형을 의미한다.

② 공동생활가정은 발달장애인들이 가장 많이 생활하는 지역사회의 한 유형이다.

　㉠ 3명 정도의 소규모 가정도 있지만, 15명이 함께 생활하는 규모가 큰 가정도 있다.

　㉡ 같이 생활하는 상담사(생활지도사)가 있는 경우도 있지만, 교대로 근무하는 직원이 배치되는 경우도 있다.

　㉢ 어떤 가정은 거주자가 영구적으로 생활하도록 설치되기도 하고, 다른 경우는 일시적으로 거주자의 독립성을 훈련시키는 장소로 설치되어 훈련을 마치면 이들은 제한이 적은 환경으로 이동할 수 있도록 한다.

③ 공동생활가정은 규모가 작고 지역사회를 기반으로 설치되었기 때문에 대규모 집단 시설보다는 덜 제한적이다.

KORSET 합격 굳히기 　장애인 거주시설

「장애인복지법 시행규칙」 제41조(보건복지부령 제932호, 일부개정 2022.12.30.)에 규정되어 있는 장애인 거주시설의 종류는 다음과 같다.

장애유형별 거주시설	장애유형이 같거나 유사한 장애를 가진 사람들을 이용하게 하여 그들의 장애유형에 적합한 주거지원, 일상생활지원, 지역사회생활지원 등의 서비스를 제공하는 시설
중증장애인 거주시설	장애의 정도가 심하여 항상 도움이 필요한 장애인에게 주거지원, 일상생활지원, 지역사회생활지원, 요양서비스를 제공하는 시설
장애영유아 거주시설	6세 미만의 장애영유아를 보호하고 재활에 필요한 주거지원, 일상생활지원, 지역사회생활지원, 요양서비스를 제공하는 시설
장애인 단기거주시설	보호자의 일시적 부재 등으로 도움이 필요한 장애인에게 단기간 주거서비스, 일상생활지원서비스, 지역사회생활서비스를 제공하는 시설
장애인 공동생활가정	장애인들이 스스로 사회에 적응하기 위하여 전문인력의 지도를 받으며 공동으로 생활하는 지역사회 내의 소규모 주거시설

4. 양육가정

① 양육가정은 발달장애인이 가정집에서 가족으로 함께 생활하는 것이다.

② 양육가정은 가정과 같은 자연스런 생활을 할 수 있어 가장 덜 제한적이라고 볼 수 있다.

③ 장애인은 가정에서 가족 구성원들과 상호작용하고, 함께 지역사회 생활을 할 수 있다. 또한 직원들에 의한 관리가 아니라 하루 24시간 늘 동일한 가족 구성원의 관심을 받을 수 있다.

개념확인문제

01

장애학생의 전환교육 및 전환계획과 관련된 내용 중 옳은 것만을 〈보기〉에서 모두 고른 것은?

┤ 보기 ├

ㄱ. 전환계획 수립 시 장애학생이 원하는 진로와 성 인기 전환 영역을 고려하여 학생과 학생의 현재 및 미래 환경에 대한 포괄적인 전환평가가 선행 되어야 한다.

ㄴ. 장애학생의 전환교육과 관련하여 「장애인 등에 대한 특수교육법」에서는 관련 기관과의 협력을 통해 직업재활훈련 및 자립생활훈련을 실시하는 지원고용을 강조하고 있다.

ㄷ. 개별화전환계획은 개별화교육계획의 한 과정으로, 성공적인 성인기 전환을 준비하기 위하여 학령 초기에는 학업기술에 집중하고 청소년기부터 체계적으로 전환교육을 실시하는 것이 중요하다.

ㄹ. 장애학생의 전환교육과 관련하여 '2008년 개정 특수학교 기본 교육과정' 직업교과의 직업기능 영역에서는 사회생활과 작업을 통하여 일과 직업에 대한 이해, 감각 및 신체적 기능 향상, 기초 학습 기능 향상 등에 중점을 두고 있다.

ㅁ. 중등교육 이후의 전환을 효과적으로 준비하기 위하여 개인중심계획(person-centered planning)을 통해 장애학생의 적극적인 참여를 유도하고 학생과 가족, 전문가가 서로 협력하여 장애학생의 교육적 요구를 파악하는 것이 중요하다.

① ㄱ, ㄹ
② ㄱ, ㅁ
③ ㄴ, ㄷ
④ ㄱ, ㄹ, ㅁ
⑤ ㄴ, ㄷ, ㄹ

02

다음은 지적장애 특수학교 고등학교 과정에 다니는 자녀를 둔 학부모가 교육청 질의응답 게시판에 올린 글이다. 전환교육의 개념과 「2015 개정 교육과정에 따른 특수교육 교육과정(교육부 고시 제2015-81호)」의 기본 교육과정에 비추어 학부모의 글에서 틀린 내용을 3가지 찾아 바르게 고쳐 서술하시오.

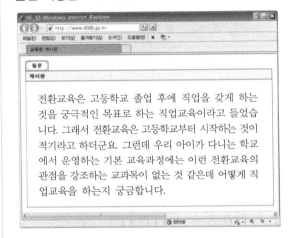

전환교육은 고등학교 졸업 후에 직업을 갖게 하는 것을 궁극적인 목표로 하는 직업교육이라고 들었습니다. 그래서 전환교육은 고등학교부터 시작하는 것이 적기라고 하더군요. 그런데 우리 아이가 다니는 학교에서 운영하는 기본 교육과정에는 이런 전환교육의 관점을 강조하는 교과목이 없는 것 같은데 어떻게 직업교육을 하는지 궁금합니다.

03

다음은 두 가지 전환 모형의 특성을 설명한 것이다. 각 모형의 특성에 대한 설명으로 옳은 것만을 있는 대로 고른 것은?

전환 모형	특성
Will의 모형	(가) 전환의 초점을 과정보다는 결과인 '고용'에 둔다. (나) 고등학교와 고용 사이의 다리 역할로서의 전환교육을 강조한다. (다) 전환교육의 범위에는 고용뿐만 아니라, 주거 환경, 사회 · 대인관계 기술이 포함된다.
Clark의 모형	(라) 전환 프로그램의 지식과 기능 영역에는 의사소통, 자기결정, 여가와 레크리에이션이 포함된다. (마) 전환 과정을 투입과 기초, 과정, 취업 결과의 3단계로 구분하고, 중등학교 특수교육의 직업교육 프로그램을 강조한다. (바) 생애의 각 단계마다 수료점과 결과 (exit point and outcomes)가 있어, 전환은 생애에 걸쳐서 한 번이 아니라 여러 번 나타난다.

① (가), (다), (마)
② (나), (라), (바)
③ (가), (나), (라), (바)
④ (가), (다), (마), (바)
⑤ (나), (다), (라), (마)

04

(가)는 김 교사가 A특수학교 중학생 경아에 대해 진로 상담을 한 내용이다. 물음에 답하시오.

(가) 경아의 진로 상담 내용

- 김 교사는 경아 부모님과의 진로 상담을 통해, 경아가 ㉠ 고등학교를 졸업하고 취업하기를 원하는 것을 알게 됨
- 김 교사는 경아 부모님께 고등학교 졸업 후 성공적으로 취업한 영수의 사례를 소개함

  ─〈영수의 사례〉─
  ㉡ 영수의 직업담당 교사는 인근 복지관의 직원과 협력하여 영수가 개별적으로 지역사회 사업체에 배치되도록 지도하였음. 배치 후에도 계속적인 훈련과 지원을 하여 현재까지 고용 상태를 유지하고 있음.

- 김 교사는 향후 경아의 진로 지도 계획을 수립하기 위하여, 올해의 진로와 직업교과의 성과를 2011 특수교육 교육과정 중 기본 교육과정에 근거하여 평가할 계획임

1) ㉠을 위해 전환 과정을 '투입과 기초', '과정', '취업의 결과' 3단계로 구분하여 중등학교 직업교육 프로그램을 강조한 전환모형 1가지를 쓰시오.

2) ㉡에 해당하는 지원고용의 유형을 쓰고, 그 유형의 장점을 1가지만 쓰시오.

05

2013 중등1-9

다음은 장애학생의 전환계획을 수립하기 위해 실시한 전환평가(transition assessment)에 대한 설명이다. 옳은 것만을 〈보기〉에서 있는 대로 고른 것은?

┤ 보기 ├

ㄱ. 학생의 자기결정 및 자기옹호 기술, 학습스타일, 생활기술 관련 교육적 요구, 직업의 흥미, 적성 및 능력 등에 대한 평가가 포함된다.

ㄴ. 상황평가는 학습 및 직업 상황과 유사한 과제와 자료 등을 활용하여 실제 생활환경의 통제된 조건하에 실시한다.

ㄷ. 직무분석은 장애학생의 능력과 수준에 맞추어 직무과제를 여러 요소로 나누고, 그 요소들을 추가, 면제, 재결합하여 직무배치 후 실시한다.

ㄹ. 장애학생 개인에 대한 평가와 더불어, 미래의 생활·학습·직업 환경에서 요구되는 사항이 무엇인지 파악하고, 미래의 생활·학습·직업 환경에서 어떤 지원이 제공되는지 확인한다.

ㅁ. 관심목록(interest inventory)은 직무기술의 잠재적 유창성을 측정하기보다는 직업의 여러 가지 유형에 대한 학생의 느낌 및 선호도를 평가하는 데 활용될 수 있다.

ㅂ. 장애학생의 능력과 흥미에 부합하는 직업을 찾아주는 역할이 중요하므로, 모든 성인 생활 영역에 대한 포괄적 평가보다는 교육 및 고용 영역에 국한하는 집중성과 특수성에 초점을 맞추어 평가한다.

① ㄱ, ㅂ
② ㄷ, ㅁ
③ ㄱ, ㄹ, ㅁ
④ ㄴ, ㄹ, ㅂ
⑤ ㄱ, ㄴ, ㄷ, ㅂ

06

2018 중등A-13

(가)는 지적장애 특수학교 고등학교 과정의 진로와 직업 수업 운영을 위한 김 교사와 최 교사의 대화이다. 〈작성 방법〉에 따라 서술하시오.

(가) 진로와 직업 수업 운영을 위한 두 교사의 대화

김 교사: 맞춤형 직업체험 활동을 진행하기 위해서는 먼저 학생 개개인을 대상으로 직업 흥미와 적성 등을 분석해야 하고, 분석을 위한 평가 방법으로는 심리검사 및 (㉠), 상황평가, 현장평가 등이 있습니다.

최 교사: 그렇군요. 저도 우리 학생들에게 ㉡ 실제 작업에 쓰이고 있는 재료, 도구, 기계, 공정을 작업 과제로 추출하고, 그 과제에 대한 작업 공정 중 핵심적인 목록을 평가도구로 하여 작업 결과를 질적, 양적으로 평가하고 있습니다. 이때 평가실에서 실제 직무나 모의 직무를 평가한답니다.

┤ 작성 방법 ├

• 「2015 개정 특수교육 교육과정(교육부 고시 제 2015-81호)」 중 기본 교육과정 진로와 직업 '교수·학습 및 평가'와 밑줄 친 ㉡의 내용에 근거하여 ㉠에 들어갈 평가의 명칭을 쓸 것

07

(가)는 ○○특수학교 고등학교과정 학생을 위한 진로와 직업 교과 교수 · 학습 과정안의 일부이고, (나)는 지적장애 학생의 전환평가를 위한 대화 내용이다. 〈작성 방법〉에 따라 서술하시오.

(가) 교수 · 학습 과정안

단원명	5. 효율적인 작업	제재	지속적인 작업
학습 목표	지속적인 작업을 위한 신체를 준비할 수 있다.		
단계	교수 · 학습 활동		지도중점사항
	… (중략) …		
전개	<활동 1> 튼튼한 몸 만들기 • 올바른 식습관 알아보기 • 나의 몸무게 알고 관리하기 <활동 2> 간단한 운동 따라하기 ㉠ • 작업을 오래 지속하기 위해 필요한 내용 알기 • 교사의 시범을 보면서 운동 동작 따라하기		• 음식과 비만, 신체적 영향의 관계성 알기 • 운동을 통해 건강한 신체 단련하기

(나) 대화

김 교사 : 학생들의 세탁 보조에 대한 직무평가를 어떤 방법으로 해야 할지 고민입니다.

박 교사 : 우리 학교의 직업교육실을 실제 세탁 직무를 수행하는 장소와 유사하게 꾸며서 평가하면 좋을 것 같습니다. 작업 과제나 재료, 도구도 실제 세탁 직무에서 사용하는 것과 유사한 것을 활용한다면, 학생들이 더욱 실제적인 작업을 경험하게 되니 작업 동기도 향상될 수 있습니다. ㉡

김 교사 : 학교에서 활용할 수 있는 전환평가 방법일 것 같군요. 그렇다면 전환평가 방법 중 ㉢ <u>학생이 근무할 곳의 근로자 특성을 파악하도록 설계되어 다양한 직무 수행 잠재력을 평가하는 방법</u>도 있겠군요.

박 교사 : 이외에 직무현장평가(On the Job Evaluation) 방법을 학생들에게 적용하는 방안도 고려해 봅시다.

┤ 작성 방법 ├

• (가)의 ㉠에 해당하는 '지식과 기술 영역'의 명칭을 쓸 것 [단, 클라크(G. Clark)의 종합적 전환교육 모델에 근거할 것]
• (나)의 ㉡이 의미하는 전환평가의 명칭을 쓰고, ㉡의 한 형태인 ㉢의 명칭을 쓸 것

08

2010 중등1-22

장애학생의 졸업 후 취업 방안으로 '지원고용'을 고려할 때, 이를 실시하는 방법에 대한 설명으로 옳은 것을 〈보기〉에서 모두 고른 것은?

─┤ 보기 ├─

ㄱ. 직업평가와 직무분석 결과를 비교하여 지원고용의 적합성 정도를 분석한다.

ㄴ. 직업 현장에 배치되기 전에 그 직업에 대한 기술 훈련을 집중적으로 실시한다.

ㄷ. 직업적응을 위해 직업 현장에서의 조정(accommodations)은 최소로 이루어지게 한다.

ㄹ. 직무수행 능력을 높이기 위하여 인위적 지원의 제공과 함께 자연적 지원을 활용한다.

① ㄱ
② ㄱ, ㄴ
③ ㄱ, ㄹ
④ ㄷ, ㄹ
⑤ ㄴ, ㄷ, ㄹ

09

2016 중등B-7

다음은 일반 고등학교에 다니는 정신지체 학생인 준하의 개별화교육계획(IEP) 관련 상담 내용이다. 밑줄 친 ⓛ과 ⓒ이 갖는 공통점 2가지와 차이점 1가지를 설명하시오.

특수교사 : 오늘은 준하의 IEP에 대해 의견을 듣고자 합니다.

어 머 니 : 저는 우리 아이가 졸업 후에 비장애인들과 함께 일할 수 있도록 교육을 받았으면 해요.

특수교사 : 네, 그렇군요. 장애 학생의 진로를 결정하는 데 효과적인 방법의 하나로 개인중심계획(PCP, person-centered planning)을 적용하여 전환 계획을 수립하는 것이 강조되고 있어요. 이제 준하의 진로를 위해서 우리도 전환 계획을 구체화할 필요가 있겠네요.

담임교사 : 네, 준하는 친구들과 지내는 데 별 문제가 없으니까 친구들과 함께 일할 수 있겠네요.

특수교사 : 준하야, 너는 졸업하면 어떤 곳에서 일하고 싶니?

준　　하 : 저는 우리 반 친구들이랑 같이 일하고 싶어요.

특수교사 : 그렇구나. 여러분의 의견을 들어 보니 준하는 졸업 후 ⓛ 지원고용이나 ⓒ 경쟁고용을 고려해 보는 것이 더 좋겠네요. 이제 준하의 진로 준비를 위해서 직무능력 평가와 생태학적 목록(ecological inventory)을 조사해 봐야 할 것 같아요.

10

다음은 ○○고등학교 현장실습위원회가 협의한 내용의 일부이다. 밑줄 친 ㉠에 해당하는 고용 모형의 명칭을 쓰고, 밑줄 친 ㉡이 의미하는 지원 방법의 명칭을 쓰시오.

장 교사 : 학생들의 현장실습을 위해 교내·외 실습 장소에서 도움을 줄 수 있는 방법에 대해 논의해 봅시다.

홍 교사 : 통합된 환경에서 실습이 어려운 중도장애 학생들을 위해 교내에서는 특수학급에서 워크 액티비티를 실시하고, 외부 실습은 ㉠ 장애인 직업재활시설 작업장에서 인근 사업체 하청 작업(볼펜 조립)을 반복적으로 수행하여 작업 기능을 높일 수 있도록 합시다.

민 교사 : 분리된 환경에서의 실습은 사회 통합의 기회를 제한할 수 있습니다. 교내실습은 보조 인력을 제공하고, 외부에서 실시하는 바리스타 실습은 직무지도원을 배치하여 도울 수 있습니다.

최 교사 : 유급 인력의 공식적인 지원에만 의존하는 것도 사회 통합을 방해할 수 있을 것입니다. ㉡ 교내에서는 비장애 또래를 통해 도움을 제공하고, 외부에서는 직장 동료의 도움을 활용하는 방법으로 지역사회 통합과 개인의 삶의 질 향상을 도모할 수 있도록 합시다.

11

다음은 직업 현장 실습에 대해 ○○고등학교 특수학급 3학년 학생 A의 보호자와 특수교사의 전화 대화이다. 괄호 안의 ㉠에 해당하는 명칭을 쓰시오.

안녕하세요? 이번에 '△△'에서 현장 실습생을 모집합니다. 현장 실습 후 고용으로 이어질 수도 있다고 합니다.

특수 교사

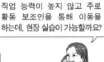
'△△'에서는 무슨 일을 하나요? 우리 아이는 또래 학생들에 비해 직업 능력이 높지 않고 주로 활동 보조인을 통해 이동을 하는데, 현장 실습이 가능할까요?

학생 A 보호자

네, '△△'는 주로 화장지를 생산하고, 제품을 하청 받아 생산하는 (㉠) 입니다. 그리고 (㉠)은/는 중증 장애인에게 고용 기회를 제공하는 직업재활시설의 일종이며, 다양한 프로그램을 통해 사회적응 능력도 기를 수 있습니다. 다만 분리된 작업 환경이고 보수가 일반적으로 적습니다.

특수 교사

1	②
2	• 전환교육은 직업교육뿐만 아니라 진로교육까지도 포괄하는 교육이다. • 전환교육은 고등학교부터 시작하는 것이 아니라 생애 전반에 걸쳐 이루어진다. • 전환교육은 기본 교육과정의 초등학교 '실과', 중학교 '진로와 직업'과 연계되고 선택 교육과정 전문 교과Ⅲ의 직업 교과와도 관련성을 가진다.
3	③
4	1) 지역사회 중심 직업훈련 모델 2) 개별배치모형 / 한 명의 직무지도원이 한 명의 작업자에게 집중적인 개별 서비스를 제공할 수 있다.
5	③
6	작업표본 평가
7	• ㉠ 건강과 체력관리 기술 • ㉡ 작업표본, ㉢ 군특성표본
8	③
9	• 공통점 : 통합된 환경에 배치된다. / 차별 없는 임금과 혜택이 보장된다. • 차이점 : 경쟁고용은 개인이 취업을 하고 나면 지원이 중단되지만, 지원고용은 고용이 된 후에도 지속적이고 생애에 걸친 지원이 이루어진다.
10	㉠ 보호고용 ㉡ 자연적 지원
11	장애인 보호작업장

김남진(Kim, Namjin)

약 력

대구대학교 대학원 특수교육학과 석사
대구대학교 대학원 특수교육학과 박사
전) D대학교 연구소 전임연구교수
　　G대학교 특수보육과 전임강사
　　K대학교 중등특수교육과 조교수
현) 박문각 임용학원 특수교육 전임강사

주요 저서

• 김남진 KORSET 특수교육(박문각)
• 김남진 KORSET 특수교육 기출분석(박문각)

김남진 KORSET 특수교육 DAUM 카페
http://cafe.daum.net/korset

김남진
KORSET
특수교육 ❹

초판인쇄 | 2025. 2. 5.　**초판발행** | 2025. 2. 10.　**편저자** | 김남진
디자인 | 박문각 디자인팀　**발행인** | 박 용　**발행처** | (주)박문각출판
등록 | 2015년 4월 29일 제2019-000137호
주소 | 06654 서울특별시 서초구 효령로 283 서경 B/D　**팩스** | (02)584-2927
전화 | 교재 문의 (02)6466-7202, 동영상 문의 (02)6466-7201

저자와의
협의하에
인지생략

정가 38,000원
ISBN 979-11-7262-414-9 / ISBN 979-11-7262-410-1(세트)